Schriften der Brüder Grimm-Gesellschaft e.V.
Herausgegeben von Bernhard Lauer
Neue Folge · Band 29 · 2000

SCHRIFTEN DER BRÜDER GRIMM-GESELLSCHAFT

(Neue Folge)

Band 29

Brüder Grimm-Gesellschaft e.V.

BRIGITTE BULITTA

Zur Herkunft und Geschichte von Spielbezeichnungen

Untersuchungen am Beispiel traditioneller Bewegungsspiele

Kassel 2000

Impressum

Schriften der Brüder Grimm-Gesellschaft
Herausgegeben im Auftrag des Vorstandes
der Brüder Grimm-Gesellschaft e.V.
von Bernhard Lauer

Gedruckt mit Hilfe der Geschwister Boehringer Ingelheim Stiftung
für Geisteswissenschaften in Ingelheim am Rhein

Die Deutsche Bibliothek – CIP-Einheitsaufnahme

Bulitta, Brigitte: Zur Herkunft und Geschichte von Spielbezeichnungen. Untersuchungen am Beispiel traditioneller Bewegungsspiele. – Kassel: Brüder Grimm-Ges., 2000. – 432 S.; Taf.
(Schriften der Brüder Grimm-Gesellschaft; N.F., Bd. 29).
ISBN: 3-929633-49-3   ISSN: 0177-8366

Satz: Brigitte Bulitta unter Mitarbeit von Bernhard Lauer
Scans: Norman Seeliger
Herstellung: Druckerei Hesse, Fuldabrück
Gedruckt auf alterungsbeständiges (säurefreies) Papier

Diese Arbeit wurde 1996 von der Philosophischen Fakultät
der Ludwig-Maximilians-Universtität München
als Dissertation angenommen.

© Copyright 2000 by Brüder Grimm-Gesellschaft e.V.

Alle Rechte, auch die des auszugsweisen Nachdrucks, der photomechanischen Wiedergabe und der Übersetzung, bleiben vorbehalten. Dies betrifft auch die Vervielfältigung und Übertragung einzelner Textabschnitte, Zeichnungen oder Bilder durch alle Verfahren der Speicherung und Übertragung auf Papier, Transparente, Filme, Bänder, Platten, Disketten und andere Medien, soweit es nicht § 53 und § 54 URG ausdrücklich gestatten.

Meinen Eltern
in Dankbarkeit gewidmet

„Ludendo discimus" · Titelkupfer aus dem Wörterbuch
Primitiva latina linguae · Nürnberg, 1730

Dank

Allen, die zur Entstehung dieser Arbeit beigetragen haben, spreche ich an dieser Stelle meinen Dank aus.

Bei meiner Recherche wurde ich von verschiedenen Archiven, Wörterbucharbeitsstellen, Bibliotheken, Museen und anderen Forschungsstätten unterstützt. Für die freundliche Aufnahme und Hilfsbereitschaft fühle ich mich besonders den Mitarbeiterinnen und Mitarbeitern des Deutschen Wörterbuchs in Berlin verbunden, wo ich das Belegarchiv und die Bibliothek benutzen durfte. Auch den Mitarbeitern des Bayerischen Wörterbuchs in München danke ich für den Zugang zum Archivmaterial. Ebenso gilt mein Dank dem Mittelelbischen und dem Thüringischen Wörterbuch für die Übersendung unveröffentlichten Archivmaterials sowie dem Institut für Österreichische Dialekt- und Namenlexika in Wien für Auskunft. Das Amt der Salzburger Landesregierung genehmigte mir freundlicherweise den Zugang zum Archiv *Spiel und Spruch* in der Richard-Wolfram-Forschungsstelle am Salzburger Landesinstitut für Volkskunde, das normalerweise gesperrt ist.

Für Auskünfte, Anregungen und Übersendung von Material bin ich dem Institut für Spielforschung und Spielpädagogik unter der Leitung von Professor Günther Bauer (Salzburg), dem Spieleforscher Professor Dr. Gert Eichler (Hamburg), der Spielforschungsstelle unter Professor Dr. Hans Holländer (Institut für Kunstgeschichte in Aachen), Herrn Dr. Alois Döring vom Amt für Rheinische Landeskunde (Bonn), dem Deutschen Spiele-Archiv in Marburg, dem Volksliedarchiv in Freiburg, der Arbeitsstelle für Leseforschung und Kinder- und Jugendmedien (ALEKI) in Köln, dem Institut für Volkskunde und der Kommission für Deutsche Literatur des Mittelalters (Bayerische Akademie der Wissenschaften München) zu Dank verpflichtet.

Für die Bereitstellung von Bildvorlagen und Reproduktionsgenehmigungen habe ich verschiedenen Museen und Bibliotheken im Aus- und Inland zu danken: dem Metropolitan Museum of Art in New York, der Bodleian Library in Oxford, der British Library in London, der Bibliothèque Nationale in Paris, dem Musée Condé in Chantilly, der Bibliothèque Interuniversitaire in Montpellier, dem Nationalmuseet in Kopenhagen, dem Kunsthistorischen Museum in Wien, den Museen der Stadt Gotha, dem Germanischen Nationalmuseum in Nürnberg, der Universitätsbibliothek Heidelberg und schließlich der Bayerischen Staatsbibliothek in München, der ich auch für die kompetente Beratung in bibliographischen Fragen und für die Bücherbereitstellung ausdrücklich danke.

Bei der Übersetzung der griechischen Belegtexte erfuhr ich dankenswerterweise Unterstützung durch Herrn Dr. Arnold (Bayerische Staatsbibliothek München), beim Niederländischen durch Herrn Professor Dr. ter Haar (Niederländische Philologie, Universität München).

Frau Dr. Schier-Oberdorffer bin ich für wertvolle inhaltliche Anmerkungen und Literaturhinweise zum Bereich der volkskundlichen Spielforschung sehr dankbar.

Meinen herzlichsten Dank spreche ich Herrn Professor Dr. Elmar Seebold aus, der diese Arbeit angeregt, betreut und mit richtungsweisenden Vorschlägen gefördert hat. Herrn Professor Dr. Dietmar Peil danke ich für die Übernahme des Zweitgutachtens.

Bei der Erstellung der Druckvorlage und in vielen Einzelfragen haben mir Julia Knödler, Martin Linde und Dr. Angelika Strauß vom Mittellateinischen Institut (München) geholfen. Meiner Kollegin Dr. Christiane Wanzeck danke ich für kritische Hinweise inhaltlicher und formaler Art, Ute Tobiasch für die sorgfältige Durchsicht des Manuskripts und Hilfe bei der Beschaffung der Bildvorlagen aus dem Ausland.

Der Geschwister Boehringer Ingelheim Stiftung für Geisteswissenschaften schulde ich Dank für die Gewährung eines großzügigen Druckkostenzuschusses.

Schließlich danke ich der Brüder Grimm-Gesellschaft in Kassel und dem Herausgeber der Reihe „Schriften der Brüder Grimm-Gesellschaft", Herrn Dr. Bernhard Lauer, für die Annahme der Arbeit und die drucktechnische Betreuung.

Vorwort

Die vorliegende Untersuchung, die im Frühjahr 1996 von der Philosophischen Fakultät der Ludwig-Maximilians-Universität München als Dissertationsschrift angenommen wurde, versteht sich als eine Sammlung von Spielbezeichnungen, die zum Teil heute noch bekannt und gebräuchlich sind, teilweise aber auch nur mehr in der schriftlichen und ikonographischen Überlieferung erhalten sind. Bei vielen Spielen ist unklar, warum sie so heißen. Dieser Frage sollte am Beispiel traditioneller Bewegungsspiele von Erwachsenen und Kindern nachgegangen werden.

Während es jedoch für Brettspiele wie *Schach* jahrhundertealte, schriftliche Regelwerke gibt und andere Spiele mit Spielgeräten wie Ball-, Würfel-, Karten- oder Kreiselspiele archäologische Überreste hinterlassen, sind Bewegungsspiele wie etwa das Fangen oder Verstecken nur schwer greifbar, da sie mündlich und durch praktisches Mitspielen vermittelt werden. Werden also solche Spiele in alten Quellen erwähnt, hat das normalerweise einen besonderen Grund. Diese Quellen setzen außerdem meist voraus, daß dem Leser das Spiel bekannt ist, und spielen nur darauf an. So kommt es durchaus vor, daß sich ein zitiertes Spiel nicht zuordnen oder sich der Sinn eines geschilderten Spiels nicht mehr erschließen läßt. Dies ist besonders dann der Fall, wenn man ein Spiel nicht aus eigener Erfahrung kennt.

Selbst der relativ geringe zeitliche Abstand vom Kind- zum Erwachsensein macht deutlich, wie schnell die Erinnerung an die alltäglichen Spiele der Kindheit verblassen kann. Erwachsene, die sich wirklich detailliert an die Namen der Spiele, Spielanlässe und -durchführungen, Spiellieder, -dialoge und Ausdrücke für bestimmte Spielelemente erinnern können, stellen die Ausnahme dar.

Dennoch bin ich meiner Suche nach Spielbezeichnungen bestimmter Spieltypen besonders in den Archiven dialektaler Wörterbücher auf eine solche Fülle von Material gestoßen, daß ich eine Auswahl treffen mußte. Ebenso mußte ich, ausgehend von den gefundenen Spielbezeichnungen, die anfangs zugrundegelegte Auswahl der Spieltypen um bisher unbekannte erweitern und die Spieltypen selbst stärker modifizieren.

Die Sammlung wäre also weiterzuführen und sicher gibt es einige Bezeichnungsvarianten, die zu erwarten wären, hier aber fehlen. Fremdsprachiges Bezeichnungsmaterial wurde zum Vergleich und zur Ergänzung herangezogen. Ich habe mich darum bemüht, die im Rahmen von volkskundlichen Sammlungen erhobenen Bezeichnungen anhand entsprechender Wörterbücher zu prüfen, häufig fehlte jedoch Vergleichsmaterial.

Um einerseits der Komplexität und Abwandelbarkeit von Spielen und andererseits der Mehrdeutigkeit von Spielbezeichnungen gerecht zu werden, habe ich das übliche Verfahren, eine Spielbezeichnung durch eine andere zu erklären, vermieden und stattdessen den anzunehmenden Spieltyp durch eine möglichst genaue, längere Paraphrase umschrieben.

Die Erstellung der Druckvorlage und die Beschaffung der Bildvorlagen aus dem In- und Ausland haben viel Zeit in Anspruch genommen und die Drucklegung verzögert. Wichtige Neuerscheinungen wurden nach Möglichkeit bis zum Schluß eingearbeitet.

München, im Juni 2000   Brigitte Bulitta

Inhalt

Vorwort 9

Einleitung 17
I. Ziele und Probleme der Untersuchung 17
II. Zur Tradierung von Spielen und ihren Bezeichnungen 20
III. Zur Bildung und Verwendung von Spielbezeichnungen 21
IV. Materialgrundlage 26
V. Vorgehensweise 27

Erster Teil: Forschungsüberblick 29
I. Bibliographien 29
II. Materialsammlungen 31
III. Erforschung antiker Spielbezeichnungen 35

Zweiter Teil: Spielzeugnisse 37
I. Gründe der Überlieferung 37
II. Probleme der Interpretation schriftlicher und ikonographischer Zeugnisse 42
III. Aufzählungen von Spielen in Quellen des 14. bis 17. Jahrhunderts ... 45
    A. Die Aufzählung in Meister Altswerts Minneallegorie *Der Tugenden Schatz* (14. Jh.) 45
    B. Die Aufzählung im *Buch von Troja* nach Columnis (15. Jh.) 61
    C. Die Aufzählung im *Gargantua* von Rabelais (1534) und ihre Übertragungen 65
    D. Die Aufzählung des Grafen von Dohna (vor 1618) 68

  E. Die Aufzählung in Grodnaus *Neu auffgefuehrter Geschicht-Seule Erste Ecke* (1646) 69
  F. Die Aufzählung in den *Facetiae facetiarum* (1657) 70
  G. Die Aufzählung in Hoevelens *Helden Lust-Uben* (1663) 71
  H. Abschließende Bemerkung 72
IV. Zeugnisse von Spielen in Sprachlehrwerken des 16. und 17. Jh. 73
  A. Der neue Stellenwert des Spiels in der humanistischen Erziehung 73
    1. Körperliche Übungen und Spiele als Ausgleich für geistige Anstrengung 73
    2. „Ludendo discimus" 75
    3. Das Lateinsprechgebot beim Spiel 76
  B. Die Spiele in Schülergesprächsbüchern des 16. bis 18. Jahrhunderts 77
  C. Das *Onomastikon* des Pollux (2. Jh.) und seine Rezeption 78
  D. Die Spiele in Camerarius' *De gymnasiis dialogus* (1536) 81
  E. Die Spiele in Junius' *Nomenclator omnium rerum* (1567) 83
  F. Spielmonographien des 17. Jahrhunderts 85
  G. Spiele in Sprachlehrwerken des Comenius 86
    1. Die Spiele in der *Janua linguarum reserata* (1632) 87
    2. Die Spiele in der *Schola ludus* (1657) 88
  H. Die *Menstrui ludi* im *Vestibulum* (1662) von Redinger 89

Dritter Teil: Fang- und Versteckspielbezeichnungen 93

I. Nachlaufen und Fangen mit Abschlagen 93
  A. Die Bezeichnung *Zeck* (*Zick*, *Tick*) 94
  B. Die Bezeichnung *Fangen* 96
  C. Die Bezeichnung *Haschen* 97
  D. Zur Wortgeographie von Fangspielbezeichnungen 97
  E. Weitere Benennungsmöglichkeiten 99
II. Nachlaufen und Fangen mit Abschlagen zum Abschied 103
  A. Die Bezeichnung *Den Letzten geben* 103
  B. Die Bezeichnung *Den Alten haben* 106
III. Nachlaufen und Fangen auf einem Bein 107

    A. Die Bezeichnung gr. *ἀσκολιασμός* und ihre volkssprachlichen
       Äquivalente 108
    B. Die Bezeichnung lat. *Empusae ludus* 111
    C. Die Bezeichnung *Fuchs ins Loch* 113
    D. Weitere Benennungsmöglichkeiten 117
IV. Nachlaufen und Fangen in paarweiser Aufstellung im Kreis 119
    A. Ikonographische Zeugnisse 119
    B. Die Bezeichnung *Den dritten schlagen* 120
    C. Weitere Benennungsmöglichkeiten 121
V. Nachlaufen und Fangen in paarweiser Aufstellung in einer Reihe
    hintereinander 123
    A. Die Bezeichnung *Hinten weg und vorne dran* 123
    B. Weitere Benennungsmöglichkeiten 124
VI. Nachlaufen und Fangen zweier Gruppen im Gelände 126
    A. Die Bezeichnung lat. *ludus furum et vigilum* (*Wächter und
       Diebe*) 126
    B. Die Bezeichnung *Räuber und Gendarm* 127
    C. Weitere Benennungsmöglichkeiten 129
VI. Nachlaufen und Fangen zweier Gruppen im Gelände 126
VII. Nachlaufen und Fangen zweier Gruppen mit zufälliger Parteiennen-
    Zuweisung 130
    A. Die Bezeichnung gr. *ὀστρακίνδα* und ihre volkssprachlichen ....
       Äquivalente 130
    B. Die Bezeichnung *Tag oder Nacht* 134
VIII. Nachlaufen und Fangen zweier Gruppen zwischen zwei Lagern ... 135
    A. Die Bezeichnung *Barrlaufen* 135
       1. Die Überlieferung im Französischen 136
       2. Die Überlieferung im Deutschen 142
       3. Etymologie 149
    B. Die Bezeichnung lat. *lusus velitaris* 151
    C. Die Bezeichnungen *Kriegsdingen* und *Kriegsspiel* 153
    D. Die Bezeichnung *Ritterspiel* 154
    E. Weitere Benennungsmöglichkeiten 155

IX. Fangen im Kreis mit einem weichen Schlaggegenstand 157
   A. Die Bezeichnung gr. σχοινοφιλίνδα und ihre volkssprachlichen Äquivalente 158
   B. Die Bezeichnung *Plumpsack (Klumpsack)* 162
   C. Die Bezeichnung *Der Fuchs geht um* 167
   D. Die Bezeichnung *Der Lunzi kommt* 167
   E. Die Bezeichnung *Gùrtulli, trag ich dich* 169
   F. Weitere Benennungsmöglichkeiten 169

X. Fangen im Sitzen ohne oder mit Hüter 173
   A. Ikonographische Zeugnisse 175
   B. Die Bezeichnung gr. χυτρίνδα und ihre volkssprachlichen Äquivalente 177
   C. Die Bezeichnung *Helfen und Geben* 181
   D. Die Bezeichnung *Birnen (Pflaumen) essen, schütteln* 182
   E. Die Bezeichnung *Bärentreiber* 185
   F. Die Bezeichnung *Rüpflein* 187
   G. Die Bezeichnung *Geierrupfen* 188
   H. Die Bezeichnung *Eulenspiel* 190
   I. Die Bezeichnung *Weinausrufen* 191
   J. Weitere Benennungsmöglichkeiten 194

XI. Verstecken ohne oder mit Anschlagen 196
   A. Die Bezeichnungen gr. ἀποδιδρασκίνδα und gr. κρυπτίνδα 197
   B. Die Bezeichnung lat. *vaccae latebrae* 197
   C. Volkssprachliche Äquivalente zu gr.-lat. *apodidrascinda* und lat. *vaccae latebrae* 199
   D. Die Bezeichnung *Verstecken* 203
   E. Die Bezeichnung *Verbergen* 205
   F. Die Bezeichnung *Spinkelwinkel* 207
      1. 'Versteckspiel (mit Anschlagen)' 207
      2. 'Verwirrt, kopflos sein' 208
      3. 'Personen auffinden und im Sitzen erraten' 209
      4. Etymologie 211
   G. Die Bezeichnung *Hütewinkel* 212
   H. Die Bezeichnung *Finkenstein* 212
   I. Die Bezeichnung *Güggelstein* 214
   J. Die Bezeichnung *Kuckuck* 215

K. Die Bezeichnung *Guckenbergen* 217
L. Weitere Benennungsmöglichkeiten 220

XII. Suchen und Fangen im Dunkeln oder mit verbundenen Augen 228
   A. Die Bezeichnung gr. μυῖα χαλκῆ 229
   B. Die Bezeichnung gr. μυΐνδα 231
   C. Volkssprachliche Äquivalente zu gr.-lat. *myia* und *myinda* 236
   D. Die Bezeichnung *Blinde Mäuse* (*Blindmausen, Blinzelmaus,
      Blinzelmausen*) 244
     1. Bedeutungen 244
       a) 'Sich zum (unerlaubten) Geschlechtsverkehr zurückziehen' 244
       b) 'Sich oder etwas verstecken, geheimhalten' 246
       c) 'Unerkannt bleiben wollen' 247
       d) 'Verstecken spielen' 248
       e) 'Ein (Versteck-)Spiel im Dunkeln spielen' 251
       f) 'Jmd. betrügen' 254
       g) 'Jmd. mißhandeln, töten' 255
       h) 'Suchen und Fangen mit verbundenen Augen spielen' 257
       i) 'Sonstige Spiele im Dunkeln oder mit verbundenen Augen
         spielen' 261
     2. Etymologie 262
       a) Zur Bildung der Bezeichnungen 262
       b) Zur Semantik von *blind* 263
       c) Zur Semantik von *blinzeln* 264
       d) Zur Semantik von *Maus* und *mausen* 266
       e) Zusammenfassung 267
   E. Die Bezeichnung *Blinde Kuh* 270
     1. Ikonographische Zeugnisse 272
     2. Bedeutungen 274
       a) 'Etw. aufs Geratewohl tun' 274
       b) 'Fehlgreifen, sich irren' 277
       c) 'Etw. (Unrechtmäßiges) im Verborgenen tun' 278
       d) 'Jmd. betrügen' 279
       e) 'Sich zum (unerlaubten) Geschlechtsverkehr zurückziehen' 279
       f) 'Unerkannt bleiben wollen' 280
       g) 'Schlagraten mit verhülltem Kopf spielen' 280
       h) 'Ein Spiel wie *Blinde Maus* spielen' 281
       i) 'Suchen und Fangen mit verbundenen Augen spielen' 282

j) 'Verstecken spielen' 288
   3. Etymologie 289
F. Die Bezeichnung *Blinde Katze* 295
G. Die Bezeichnung *Blinde Henne* 299
H. Die Bezeichnung *Blinde Nadel* 301
I. Weitere Benennungsmöglichkeiten 304

Vierter Teil: Zur Herkunft und Geschichte von Spielbezeichnungen 313

I. Rechtsaltertümer im Kinderspiel 316
II. Latinismen 322
III. Schreck- und Spottgestalten 324
IV. Schlußbemerkung 325

Anhang 329

I. Abkürzungen 329
   A. Allgemeine Abkürzungen und Abkürzungen der Sprachbezeichnungen 329
   B. Abkürzungen der Zeitschriften und Reihen 330
II. Literaturverzeichnis 333
III. Texte 372
   A. Die Aufzählung in Meister Altswerts Minneallegorie *Der Tugenden Schatz* (14. Jh.) 372
   B. Der *Dialogus de lusu velitari* von Apherdianus (1552) 374
   C. Das Gespräch *Barrenschlag* von Redinger (1662) 377
   D. Das Gespräch *Blinde kuh/ blinzenmausen/ litzel* von Redinger (1662) 379
IV. Register 381
   A. Sachregister 381
   B. Wortregister 384
V. Abbildungsnachweis 398
VI. Abbildungen 401

EINLEITUNG
I. Ziele und Probleme der Untersuchung

In dieser Untersuchung geht es um die Erfassung und Bestimmung von Bezeichnungen traditioneller Bewegungsspiele, wie sie in Quellen bezeugt und überliefert sind. Solche Spiele sind, zumindest wohl heute noch, jedem aus seiner Kindheit und Jugendzeit bekannt. Sie bilden einen zentralen Bereich der Gemeinschafts- und der Alltagskultur. Gleichwohl gelten sie als trivial, was die wissenschaftliche Beschäftigung mit ihnen nicht eben gefördert hat. Die Brüder Grimm waren es, die nicht nur den selbständigen Wert der Märchen als Forschungsgegenstand erkannt haben. Mit der von Wilhelm Grimm verfassten Abhandlung über *Kinderwesen und Kindersitten* aus dem Jahr 1819[1] gaben sie auch den Anstoß zu einer philologisch-historischen und regional ausgerichteten Erfassung von Kinderspielen (allerdings auch ihrer mythologischen Ausdeutung).[2] Jacob Grimm hatte bereits 1809 im *Allgemeinen Anzeiger der Deutschen* eine Anfrage über die europäischen Gesellschaftsspiele, „namentlich über die in Deutschland gewöhnlichen und vorzüglich der ältern zeit" veröffentlicht, in der er sich „belehrung oder wenigstens einzelne nachweisungen über die ältern pfänder-, plumpsack-, nachspreche-spiele etc."[3] wünschte.

Aus sprachwissenschaftlicher Sicht sind solche Spiele in mehrfacher Hinsicht interessant. Da sie ganz auf den privaten Bereich beschränkt bleiben und ihre Bezeichnungen ähnlich wie die Alltagswörter nicht oder nur selten und zufällig in der schriftlichen Überlieferung auftauchen, entfällt die korrigierende und normierende Wirkung der Hochsprache, der andere Wortschatzbereiche unterliegen. So entziehen sich Spielbezeichnungen in ihrer lautlich-morphologischen und semantischen Entwicklung den in der Hochsprache geltenden Regularitäten. Spielbezeichnungen stellen darüberhinaus einen nicht unbedeutenden Bereich des Wort-

---

[1] Hinrichs (1881, 1: 359–398, 399–404).
[2] Vgl. Schier-Oberdorffer (1985: 20).
[3] Ehrismann (1992:7).

schatzes dar. Sie werden in literarischen Texten zitiert oder metaphorisch gebraucht und kommen in sprichwörtlichen Wendungen vor, die ohne die Kenntnis des entsprechenden Spiels und eben seiner Benennung nicht verstehbar sind.

In dieser Arbeit sollen solche Bezeichnungen aufgespürt und erklärt werden. Einerseits werden heute noch geläufige Spielbezeichnungen historisch zurückverfolgt, andererseits aber auch obsolete und ausgestorbene Ausdrücke wiederentdeckt.

Die der Untersuchung zugrundegelegten Bewegungsspiele gehören zum archetypischen Grundbestand des menschlichen Spielrepertoires. Fang- und Versteckspiele werden hier verstanden als zeitüberdauernde strukturierte Regelspiele von Kindern und in früherer Zeit auch Erwachsenen, in denen das Fangen oder Verstecken die zentrale Spielhandlung darstellt.[4] Ein strukturiertes Regelspiel ist im Unterschied zum freien, nachahmenden Spiel durch „ein Handlungsschema und Regeln, nach denen die Beteiligten in einem vorgegebenen Situationsrahmen agieren" bestimmt. Charakteristischerweise hat ein Spiel auch ein übergeordnetes Thema.[5] Konstituierend für diese Spiele ist die erfolgreiche Bewältigung einer vorgegebenen Aufgabe durch einen oder mehrere Hauptspieler.

Da es bisher keine konsistente Klassifikation der Bewegungsspiele gibt, wird hier eine eigene Einteilung der Spieltypen nach unterscheidenden formalen Merkmalen unter Berücksichtigung der Bezeichnungslage vorgenommen. Erfaßt werden Bezeichnungen zu folgenden Spieltypen: „Nachlaufen und Fangen mit Abschlagen" (z. B. *Zeck*), „Nachlaufen und Fangen mit Abschlagen zum Abschied" (z. B. *den Letzten geben*), „Nachlaufen und Fangen auf einem Bein" (z. B. *Fuchs ins Loch*), „Nachlaufen und Fangen in paarweiser Aufstellung im Kreis" (z. B. *den Dritten schlagen*), „Nachlaufen und Fangen in paarweiser Aufstellung in einer Reihe hintereinander" (z. B. *Hinten weg und vorne vor*), „Nachlaufen und Fangen zweier Gruppen im Gelände" (z. B. *Räuber und Gendarm*), „Nachlaufen und Fangen zweier Gruppen mit zufälliger Parteienzuweisung" (z. B. *Tag und Nacht*), „Nachlaufen und Fangen zweier Gruppen zwischen zwei Lagern" (z. B. *Barrlaufen*), „Verfolgen im Kreis mit einem Schlagge-

---

[4] Da das Fangen oder Verstecken in den sogenannten „Handlungsspielen" („dramatische" oder „szenische" Spiele) wie z. B. *Hex im Keller* lediglich als spielauflösendes Element fungiert, werden diese komplexen Spiele nur am Rande berücksichtigt.

[5] Schier-Oberdorffer (1993: 1337).

Einleitung 19

genstand" (z. B. *Der Fuchs geht um*), „Fangen im Sitzen mit oder ohne Hüter" (z. B. *Geierrupfen*), „Verstecken mit oder ohne Anschlagen" (z. B. *Versteckerles*) und „Suchen und Fangen im Dunkeln oder mit verbundenen Augen" (z. B. *Blinde Kuh*).

Zu den genannten Spieltypen werden historisch nachweisbare Bezeichnungen zusammengetragen und in Abhängigkeit von der jeweiligen Beleglage auf verschiedene Fragestellungen hin untersucht: Wann und in welcher Quelle läßt sich die Bezeichnung zum ersten Mal nachweisen?[6] In welcher Form (Schreibung, Lautung, Bildungsweise) ist sie überliefert? Ist die Bezeichnung im Textzusammenhang wörtlich oder übertragen gebraucht? Läßt sich ihre Bedeutung aus dem Kontext erschließen? Kann die Bezeichnung verschiedene Spiele benennen? Wie sieht die räumliche Verbreitung der Bezeichnung aus? Wie ist die Spielbezeichnung motiviert? Wie kann der Spieltyp noch bezeichnet werden?[7]

Eine Untersuchung der Spielbezeichnungen zu den genannten Spieltypen ist mit verschiedenen Problemen verbunden. Das größte Problem ist die schlechte Beleglage. Einige Bezeichnungen lassen sich mangels Vergleichsmaterials gar nicht oder nicht sicher bestimmen. Bei der Auswertung der schriftlichen Zeugnisse zeigt sich, daß Spiele häufig nur dem Namen nach und ohne weitere Angaben zum Spielverlauf bezeugt sind. Da jedoch Spielbezeichnungen unter Umständen verschiedene Spielformen bezeichnen können oder auf andere Spieltypen übertragbar sind, ist eine Zuordnung zu einem bestimmten Spiel in manchen Fällen gar nicht möglich. Umgekehrt stellen Spiele keine scharf bestimmbare, konstante Größe dar. Spiele und Spielelemente können miteinander kombiniert, gegeneinander ausgetauscht oder abgeändert werden, so daß eine Entscheidung, ob es sich bei „verwandten" Spielen um verschiedene Spieltypen oder nur um verschiedene Ausformungen eines Spieltyps handelt, schwer fallen kann.[8] Schließlich wird die Erfassung der Spiele und ihrer Benennungen durch die besonderen Bedingungen ihrer Tradierung erschwert.

---

[6] Die erste schriftliche Erwähnung eines Spiels fällt normalerweise nicht mit dem ersten Auftreten des Spieltyps zusammen. Soweit es möglich ist, erfolgt jedoch eine Angabe, wann der Spieltyp zum ersten Mal historisch faßbar ist.

[7] Hier geht es um die Erfassung von Bezeichnungsvarianten aus anderen Zeiten („diachronische Varianten"), aus anderen Dialekten („dialektale Varianten", „Heteronyme") und Sprachen („fremdsprachige Varianten").

[8] Vgl. Schier-Oberdorffer (1985: 13) und (1993: 1338f.).

II. Zur Tradierung von Spielen und ihren Bezeichnungen

Traditionelle Bewegungsspiele und ihre Bezeichnungen werden im Gegensatz etwa zu Schach- oder anderen Brettspielen, für die es schriftliche Regelwerke gibt, ausschließlich mündlich und praktisch vermittelt. Das Erlernen und die Weitergabe dieser Spiele findet konkret durch das Mitspielen statt. Eine lebendige Tradierung von Spielen setzt aktive Spieler in freien, informellen Spielergemeinschaften voraus, die das Spiel weitergeben, nach verbindlichen Regeln ausführen und in den folgenden Spielergenerationen beibehalten. Diese Tradierungsform hat manche Spiele und ihre Bezeichnungen über Jahrhunderte hinweg bewahrt. Die Generationenabfolge gewährleistet die Vermittlung von Spielen, läßt aber auch Innovations- und Aussonderungsprozesse zu.[9]

Im Spiel verwendete Ausdrücke, die metonymisch zu Spielbezeichnungen werden können, werden mündlich, mit hoher emotionaler Beteiligung, meist laut und schnell, weitergegeben. Dies gilt insbesondere für die im Spiel vorkommenden Rufe, wie die schwer erklärbaren, regional verschiedenen Rufe beim Erreichen des Freimals im Fangenspiel, z. B. ofrk. *Kúmbäk*, schlesw.-holst. *Pax di lax* oder böhm. *Bigripani*, die bisher kaum erforscht sind. Der Mundartforscher Otto Heilig hat zwar schon 1897 in einer Umfrage auf das Phänomen der Spielrufe hingewiesen und zum Sammeln aufgerufen, über den Rücklauf ist aber nichts bekannt. Die Spielrufe sind meist so stark entstellt, daß sie nur schwer oder gar nicht herzuleiten sind. Das gleiche gilt für nachgedeutete Spielrufe. Dies hat innerhalb der kulturgeschichtlich orientierten Kinderspielforschung dazu geführt, in solchen oder anderen Sprachäußerungen Bann- oder Zauberformeln zu sehen.[10]

Spielbezeichnungen sowie die im Spiel verwendeten Ausdrücke sind regional gebunden, nur in Ausnahmefällen hat sich eine hochsprachlich gültige Bezeichnung durchgesetzt wie etwa bei *Fangen* oder *Blinde Kuh*. Das heißt wiederum nicht, daß die Sprecher in solchen Fällen automatisch auf die ihnen geläufige regionale Bezeichnung verzichten. Damit stellt sich

---

[9] Vgl. Schier-Oberdorffer (1993: 1338).
[10] Vgl. dazu das weiter unten ausgeführte Beispiel bair.-österr. *Asl, wasl Domas Glasl*.

Einleitung

das Problem, wie man auf ein bestimmtes Spiel, für das es keinen allgemein gültigen Ausdruck gibt, verweisen soll, will man nicht immer umständlich paraphrasieren. Ebensowenig gibt es eine „Metasprache", mit der man die zur Spielstruktur gehörenden Bestandteile wie das Abschlagen oder den Abschlagruf beim Fangen angemessen beschreiben könnte. Um nicht auf festgelegte, regional gebundene Begriffe zurückgreifen zu müssen, wird in einigen Fällen eine eigene terminologische Lösung angestrebt oder eine möglichst eindeutige Umschreibung geprägt.

III. Zur Bildung und Verwendung von Spielbezeichnungen

Spielbezeichnungen begegnen in unterschiedlichsten Formen: als Simplizia (*Wolf*), komplexe Wörter (*Spinkelwinkel*), nominale oder verbale Fügungen (*Fuchs aus dem Loch, den Geier rupfen*) oder ganze Sätze (*Der Fuchs geht um*).

Traditionelle Bewegungsspiele werden häufig nach ihrer zentralen Spielhandlung benannt, indem das zugehörige Verb substantiviert oder eine deverbale Ableitung dazu gebildet wird. Die Umwandlung kann in Form des Infinitivs (*Fangen, Verstecken*), durch Ableitung ohne Markierung (*Greif*[11], *Versteck*) oder durch Ableitung mit Markierung (*Verkriechen-ings*) erfolgen.

Die vielfältigen Möglichkeiten der Weiterbildung von Spielbezeichnungen aus Verben sollen hier kurz am Beispiel dialektaler Benennungen des einfachen Fangenspielens beschrieben werden. Die regional verschiedenen Verbstämme werden häufig durch Präfixe oder Partikel linkserweitert wie in *Verfang-, Derfang-, Zufaß-, Anschlag-, Abtapp-, Einkriege-, Ankriege-* und *Nachlauf-*. Ebenso können sie durch Suffixe rechtserweitert sein. Bei den Suffixen handelt es sich oft um ein regional gültiges Diminutivsuffix. Dieses kann wiederum durch ein *-s* erweitert sein, das ursprünglich den in der verbalen Fügung mit *spielen* erforderlichen Genitiv markierte. Exemplarisch seien einige Suffixe aus dem Bayerischen aufgeführt: für den Verbstamm *fang-* sind zur Bildung einer Spielbezeichnung

---

[11] Im DWB (4, 1: Sp. 11) wird die Form als substantivierter Imperativ bestimmt. Diese Bildungsmöglichkeit gibt es zwar auch, trifft aber für dieses Spiel nicht zu.

die folgenden Suffixe und Suffixkombinationen belegt: *-erl(n), -sti (-ste, -stö), -ste(r)l(n), -st(e)rus, -sten (-stein), -is* und *-us*.[12] Wohl um Varianten zu hochdeutsch *-er-lein-s*, das an den Verbstamm tritt, handelt es sich bei den Suffixen *-erles, -erlas, -erlus, -ellourns, -erletz* und *-erlatz*. Schließlich können die genannten Verbstämme auch Bestandteile von Komposita und Zusammenbildungen sein, wie die Bezeichnungen *Einkriegezeck, Rennezeck, Fangamandl, Haschemann, Zeckjagen, Tickkrieg* belegen.

Charakteristisches Kennzeichen von Spielbezeichnungen ist die Erweiterung durch Diminutivsuffixe. Diminutivsuffixe zeigen die informelle, gesprochene Sprache an und sind deshalb an geschriebenen und gedruckten Quellen nur schwer oder gar nicht zu untersuchen.[13] Gerade Spielbezeichnungen bieten reiches Material für Diminutivformen und ihre regionale Verteilung, sind aber, wie bereits ausgeführt, selten in der Schriftsprache anzutreffen und wurden deshalb wohl auch noch nicht für diese Fragestellung ausgeschöpft. Die in der deutschen Gegenwartssprache geltende Distributionsbeschränkung für *-chen* auf substantivische oder adjektivische Grundwörter und für *-lein* auf substantivische Grundwörter[14] trifft für die historisch bezeugten und dialektalen Spielbenennungen nicht zu. Hier können Diminutivsuffix nicht nur an Substantive wie in *Blinde Mäus-lein*, sondern auch an Verbstämme wie in *Rüpf-leins* oder *Fangchens* treten.[15] Nicht ungewöhnlich sind zwei verschiedene Diminutivsuffixe in Folge (hess. *Versteck-el-che[n]-s*).

Diminuierte Spielbezeichnungen sind heute auf die Umgangssprache beschränkt, in der Hochsprache wird das Suffix in der Regel unterdrückt. Die überlieferten Formen von Spielbenennungen und die Tatsache, daß auch in anderen Sprachen der Diminutiv verwendet wird (frz. *cligne-musette* 'Versteckenspielen'), deuten darauf hin, daß der Diminutiv nicht allein ein Charakteristikum der Kindersprache oder der informellen Sprache ist,

---

[12] Zugrundegelegt ist das Archivmaterial des BWB zu den Fragebögen 5/44, 74/39, 93/15, 94/37, 101/55, 135/54, 139/28, 139/29, in denen nach den Fangspielbezeichnungen *Bammes, Jäger tun, Fangsterus/ Fangsterl spielen/ fangsterln, katzgeben, abgeiern, Habicht und Tauben einfangen, Hautdrein laufen, Geierlaufen/ Taubenlaufen, Nachlaufen/ Nachherlaufen/ Derlauferles/ Nachlauferletz* gefragt wurde.

[13] Vgl. Seebold (1985: 1250).

[14] Vgl. Fleischer/Barz (1995: 38).

[15] Ob das Diminutivsuffix direkt an den Verbstamm oder erst an eine Abstraktbildung zum Verb tritt, ist nicht entscheidbar.

Einleitung   23

sondern ihm eine eigene Funktion zukommt: er fügt einem beliebigen Ausdruck das Merkmal 'Spiel' hinzu.

Neben den meist deverbalen Ableitungen treten Spielbezeichnungen auch als Komposita (*Blinzelmaus*), Reduplikationen (*Hasch-hasch, Zürlinmürlin*), Zusammenbildungen (*Bockspringen*), Zusammenrückungen (*Vornevor*) oder lexikalisierte syntaktische Fügungen (*Blinde Kuh*) auf. Spielbenennungen, die aus einem Spielruf, aus dem Anfang eines im Spiel vorkommenden Spruches, Dialoges oder Liedes metonymisch hervorgehen, können auch satzförmig sein (*Wer täte dir das?*).

Sie treten als Akkusativ-Objekte zum Verb *spielen* und bilden mit diesem ein verbales Gefüge.[16] Bis etwa ins 17. Jahrhundert regierte *spielen* jedoch noch den Genitiv (*Verstecken-s spielen*). Schon in mittelhochdeutscher Zeit konkurrierte der Genitiv mit dem Akkusativ. Teilweise wurde dann das Genitiv-*s* nicht mehr als Flexionsmarkierung erkannt, sondern als lexikalisierter Bestandteil des Spielausdrucks auch in der Verwendung als Akkusativ-Objekt beibehalten: „[er] spielet [...] mit uns das *Versteckens*" (Wesenigk 1702). Die Markierung durch das Genitiv-*s* hat sich in erstarrter Form bis in die heutige Zeit erhalten, wie das im Oberdeutschen produktive „Spiel-Suffix" *-les* aus *-lein-s* beweist. Der Akkusativ wird erst in neuhochdeutscher Zeit bei der Neubildung von Spielfügungen bevorzugt.[17] Präpositionale Gefüge werden zum Anschluß von Spielzeug oder Spielgerät verwendet (*mit Bauklötzen spielen*).

Während im Mittel- und Frühneuhochdeutschen das Genitiv-Objekt häufig mit Artikel steht (*der untriuwen, des Versteckens* etc.), aber nicht stehen muß (*greselins spilen*), werden Akkusativ-Objekte eher ohne Artikel angeschlossen (*tumbheit spilen*), vor allem wenn es sich um nominale oder verbale Gefüge handelt (*bein uber bein spilen*). Im Neuhochdeutschen fällt der Artikel bei Akkusativ-Objekten normalerweise aus (*Verstecken spielen*). Wird dazu ein Kompositum gebildet (*Versteckspiel*) und dieses als Akkusativ-Objekt verwendet, muß der Artikel wieder stehen (*das Versteckspiel spielen*).

Gerade im Bereich des Spiels besteht nun ein großes Benennungsbedürfnis, denn im Prinzip kann jede Tätigkeit oder Situation in den Rang

---

[16] An der Stelle von *spielen* können regional auch andere Verben stehen, z. B. im Oberdeutschen *machen* oder *tun* (vgl. Grimm 1898: 798). Auch andere Konstruktionsmöglichkeiten gibt es, wie etwa bair. *ins [Fanga] gehn*.

[17] Vgl. Grimm (1898: 798). Zu Belegen vgl. DWB s. v. *spielen* (10, 1: 2352–2360).

eines Spieles erhoben werden und dann eigens benannt werden. Kinder setzen alle möglichen Beobachtungen und Erfahrungen phantasievoll im freien Spiel um und finden ohne weiteres entsprechende Bezeichnungen dafür, wenn es sich dabei auch nur um Bedarfsbildungen handelt, die nicht lexikalisiert werden (*Photographieren spielen, U-Bahn spielen* etc.). Sie haben nur solange Bestand, bis das Interesse an der damit bezeichneten Spieltätigkeit nachläßt und ein neues Spiel beginnt.

Die Bezeichnungen traditioneller Spiele sind als Einheiten des Wortschatzes lexikalisiert, d. h. es handelt sich Wörter, deren Bedeutung gelernt werden muß, wenn sie richtig gebraucht werden sollen.[18] Selbst hinter einem regelmäßig als Verbalsubstantiv gebildeten Spielausdruck wie *Fangen* steht letzlich nicht die damit bezeichnete Tätigkeit, sondern ein komplexer, genau festgelegter Spielablauf, der lediglich durch dieses Verb sprachlich repräsentiert wird. Deutlicher sind Fälle wie *Ackree* 'Versteckspiel' oder *Plumpsack* 'Fangspiel im Kreis mit einem weichen Schlaggegenstand', deren Bedeutung nicht aus den verwendeten Elementen erschließbar ist. Eine Lexikalisierung kann verschiedene Ursachen haben. Zum einen kann sie auf semantischer Seite erfolgen, d. h. der tatsächliche Gebrauch eines Wortes weicht von der Bedeutung der einzelnen Bestandteile und der zugehörigen Bildungsregeln ab. Ein deutliches Beispiel hierfür ist die syntaktische Fügung *blinde Kuh*, die eigentlich die Bedeutung 'weibliches Rind ohne Sehvermögen' haben müßte, tatsächlich aber in der Bedeutung 'Name eines Spiels, bei dem der Fänger verbundene Augen hat' gebraucht wird. Hier liegt eine „Idiomatisierung"[19] vor. Eine Form der Lexikalisierung auf der formalen Seite ist dagegen die „Fusionierung". Sie besagt, daß ein Wort nicht mehr als eine ursprünglich gegliederte Bezeichnung erkennbar ist. Einzelne Bestandteile können abgeschwächt und miteinander zu einer Einheit verschmolzen (fusioniert) sein.[20] So läßt sich zum Beispiel der unverständliche Abschlagruf nl. *lessak* beim nl. *Krijgertje spelen* 'Fangenspielen' als eine Zusammenrückung aus nl. *letst-tak* 'letzter Schlag' erklären, der im Lauf der Zeit über nl. *lestak* zu nl. *lessak* verschmolzen wurde.[21] Fusionierungen treten bevorzugt bei Spielbezeichnungen mit erstarrter Genitiv-Endung oder Affixhäufungen auf. Schließlich

---

[18] Vgl. Seebold (1981: 219).
[19] Vgl. Seebold (1981: 219).
[20] Vgl. Seebold (1981: 221).
[21] Vgl. Kroes (1917).

Einleitung

gibt es noch die „Isolierung" als Form der Lexikalisierung, bei der der Zusammenhang mit einem Ausgangselement der Bildung verlorengegangen ist, weil dieses ausgestorben ist.[22] Dies ist etwa der Fall bei der weiter unten behandelten Spielwendung *die Letze geben*, bei der das zugrundeliegende Substantiv *die Letze* als Wortschatzbestandteil ausgeschieden ist. Allerdings wurde die Spielwendung daraufhin in ihrer Ausdrucksform an ein ähnlich lautendes, im Wortschatz vorhandenes Wort angepaßt und zu *den Letzten geben* „nachgedeutet". Eine „Nachdeutung" oder „Sekundärmotivation" liegt vor, „wenn die Lautform eines Wortes verändert wird, um die Ähnlichkeit mit einem anderen, historisch gesehen unverwandten Wort zu erhöhen.[23] So wurde zum Beispiel auch frz. *cache-cache Nicolas* als Name eines Spiels, bei dem ein Gegenstand versteckt wird[24], nachgedeutet aus frz. *cache cache mitoulas*.[25] Die Form des Wortes beruht auf einer Kontraktion und Umstellung von frz. *mie tu l'as* wörtl. 'nicht hast du es' anstelle von *tu ne l'as mie* 'du hast es nicht'. Nachdem die Negationspartikel frz. *mie* durch frz. *pas* verdrängt und der Satzteil somit undurchsichtig geworden war, wurde er zu einem ähnlich klingenden Wort, nämlich dem Eigennamen *Nicolas*, nachgedeutet.

Da Spielbezeichnungen auch auf Bedeutungsverschiebungen und -übertragungen beruhen können, ist die Frage wichtig, ob sie im Spiel selbst motiviert sind oder ob sie aus anderen Zusammenhängen stammen. Bezeichnungen, die auf ein oder mehrere für das Spiel charakteristische Elemente Bezug nehmen, können als „spielintern motiviert" gelten. Dazu gehören in erster Linie Handlungselemente, also bestimmte, im Spiel zu verrichtende Tätigkeiten, aber auch sprachliche Elemente wie Spielrufe oder spieleröffnende Dialoge, dann Spielzubehör und andere Ausgestaltungen des Spiels, die ganz zur Benennung herangezogen werden oder nur modifizierend zur Benennung hinzutreten. Als „spielextern motiviert" werden Bezeichnungen von Spielen angesehen, die aus einem außerhalb des Spiels liegenden Bereich übertragen wurden. Dies ist zumeist bei Spielen der Fall, die ein bestimmtes Thema haben. Ein Spielthema deutet be-

---

[22] Vgl. Seebold (1981: 222).

[23] „In der Regel spielt dabei auch eine Angleichung der Bedeutung mit, doch ist dies keine Voraussetzung" (Seebold 1981: 227).

[24] Vgl. D'Allemagne (1904: 72).

[25] Vgl. Furetière (1690: s. v.), der es als „jeu de jeunes gens, qui consiste à mettre quelque chose secrettement entre les mains ou dans les habits de quelqu'un de la compagnie: ce qu'on propose à deviner à une tierce personne" beschreibt.

reits auf eine besondere Ausformung des Spieltyps hin. Das Thema kann der kulturellen Umwelt des Kindes oder der Erwachsenen entnommen sein und Entsprechungen zu verwandten kulturellen Äußerungen (Erzählformen, Brauchtum, Volksglauben) aufweisen.[26] Spielextern motivierte Spielbezeichnungen werden in der Regel durch Bedeutungsübertragung gebildet. Häufig werden Tier- oder Personennamen als Benennungsmittel herangezogen, die willkürlich herausgegriffen scheinen, für deren Wahl aber doch meist ein konkretes, wenn auch nicht immer eindeutig bestimmbares Vergleichsmerkmal vorliegt. Auffallend sind auch Übereinstimmungen zwischen sprichwörtlichen Redensarten und Spielbezeichnungen, ohne daß immer ersichtlich ist, in welche Richtung eine Übernahme erfolgte oder ob nur gleiche Anknüpfungspunkte vorliegen. Vom kulturhistorischen Standpunkt aus sind solche Benennungen sehr interessant (vgl. z. B. das Spiel *Weinausrufen*), die Zusammenhänge müssen aber ausreichend nachgewiesen werden können. Sachlich muß dabei die Möglichkeit der Polygenese, sprachlich die der Zufallsentstehung in Betracht gezogen werden. Bei der Zufallsentstehung „wird eine in einer Einzelsituation zufällig auftretende Lautfolge einem bestimmten Bedeutungsumkreis zugeordnet; sie kann dann bei Wiederholung bestimmte Gebrauchsgewohnheiten entwickeln und zu einer lexikalischen Einheit werden."[27]

IV. Materialgrundlage

Grundlage für die Erstellung des Bezeichnungs- und Belegkorpus bilden die historischen Beleg- und Dialektwörterbücher des Deutschen mit ihrem zum Teil unveröffentlichten Archivmaterial[28] und die volkskundlichen

---

[26] Vgl. Schier-Oberdorffer (1985: 47–49; 56–59; 152–161). Zu bestehenden Zusammenhängen zwischen Märchen und Spiel vgl. Schier-Oberdorffer (1995).

[27] Seebold (1981: 187).

[28] Ein Großteil der historischen literarischen Belege entstammen dem Archiv des Deutschen Wörterbuchs in Berlin. Dialektale Belege konnten im Archiv des Bayerischen Wörterbuchs in München erhoben werden. Sie sind mit „BWB" und der Nummer des mundartgeographischen Fragebogens gekennzeichnet. Die Belege aus dem Archiv *Spiel und Spruch* in Salzburg sind nur mit „ASS" nachgewiesen, da die dortigen Numerierungen unbrauchbar sind.

Einleitung   27

Quellensammlungen zum (Kinder-)Spiel.[29] Darüberhinaus wurde Material aus den spielgeschichtlich wertvollen, für den Schulunterricht bestimmten Sprachlehrwerken des 16. und 17. Jahrhunderts erhoben.[30]

Während die Zahl historisch überlieferter Belege für Spielbezeichnungen eher gering ist, zeigt sich bei der Erfassung dialektaler Bezeichnungen wie z. B. bei den Bezeichnungen für das Mal im Versteck- oder Fangspiel eine lexikographisch kaum erfaßbare Heteronymenvielfalt. Ikonographische Quellen des Kinderspiels wurden möglichst berücksichtigt, da sie bestimmte Details enthalten können, die nie verschriftlicht wurden und für die Bestimmung der Spielweise und auch des Benennungsmotivs als dem kennzeichnenden Merkmal der Benennung wichtig sein können.

V. Vorgehensweise

Nach einem knappen Überblick über den Stand der philologisch-historischen Spielforschung werden die wichtigsten historischen Zeugnisse für die Bewegungsspiele und ihre Bezeichnungen in chronologischer Reihenfolge abgehandelt. Zunächst werden literarische und ikonographische Quellen vorgestellt, dann folgen die im weitesten Sinne pädagogischen Quellen. Sie werden gesondert betrachtet, weil die Berücksichtigung der Spiele darin eine Folge kulturhistorischer Entwicklungen ist, die näher auszuführen sind.

Im Hauptteil werden ausgewählte Spieltypen und ihre Bezeichnungen einzeln untersucht. Die Erfassung und Bestimmung der Spielbezeichnungen erfolgt zunächst aus onomasiologischer Sicht (*Wie kann ein bestimmter Spieltyp bezeichnet werden?*) und dann auch aus semasiologischer Sicht (*Welche Bedeutungen kann die Bezeichnung noch haben?*). Die zu untersuchenden Spielbezeichnungen werden nach ihrer überlieferten Spielweise zunächst einem der angesetzten Spieltypen zugeordnet, wenn dadurch auch der Blick darauf verstellt werden kann, daß sie ursprünglich einem anderen Spiel zugewiesen waren oder zur Benennung anderer Spieltypen herangezogen wurden. Bei undurchsichtigen Bezeichnungen wird versucht, die ursprünglich zugrundeliegende Spielweise zu erschließen, um das Benennungsmotiv bestimmen zu können. Dies geschieht zum einen

---

[29] Vgl. weiter unten das Kapitel „Materialsammlungen".
[30] Vgl. weiter unten das Kapitel „Zeugnisse von Spielen in Sprachlehrwerken".

durch die Suche nach parallelen Bildungen in anderen Sprachräumen, deren Benennungsmotiv gut erschlossen ist, zum anderen durch die Autopsie und Interpretation der Belegstellen der betreffenden Spielbezeichnung und schließlich durch die Überprüfung der Spielweise anhand ikonographischer und spielkundlicher Quellen.

Unzulänglichkeiten der Orthographie und Interpunktion in den zitierten Quellen wie den lediglich in Frühdrucken vorhandenen lateinischen Texten oder den mundartgeographischen Fragebögen wurden nicht emendiert. Die einigen fremdsprachigen oder dialektalen Belegstellen beigefügten Übertragungen dienen lediglich als Verständnishilfen.

Erster Teil

FORSCHUNGSÜBERBLICK

I. Bibliographien

Einen umfassenden bibliographischen Überblick zur Kinderspielforschung aus volkskundlicher Sicht gibt der Artikel *Kinderspiel* in der *Enzyklopädie des Märchens* von Schier-Oberdorffer[31], in dem neben spezieller Forschungsliteratur die wichtigsten regionalen Spielbücher und Sammlungen des deutschen Sprachraums sowie europäische Sammelwerke zu Kinderreim und -spiel seit dem 19. Jahrhundert nachgewiesen sind. Entlegenere landschaftliche Sammlungen von Kinderliedern und Kinderspielen finden sich, nach Gegenden geordnet, im Handbuch *Kinderlied und Kinderspiel* von Wehrhan.[32]

Dialektale Untersuchungen zu einzelnen Spielen und Spielelementen lassen sich bis zum Jahr 1962 über das Kapitel „Stichwörter der Wortkarten" in Siegls Beitrag *Deutsche Wortkarte 1890–1962: Eine Bibliographie* auffinden.[33] Literaturtitel zum Thema Spiel (Spiel, spielen, Kinderspiele, Spielgeräte, Gesellschaftsspiele und antike Wettkampfspiele) als Gegenstand der Sprachwissenschaft führt das *Bibliographische Handbuch zur Sprachinhaltsforschung. Teil II: Systematischer Teil (Register)* auf.[34]

Den ersten Ansatz für eine übergreifende Bibliographie des Volks- und Kinderspiels im europäischen und außereuropäischen Sprachraum liefert Pinon in seinem materialreichen Aufsatz *Probleme einer europäischen Kinderspielforschung*.[35] Außerdem enthält sein mehrteiliger Aufsatz *La nouvelle Lyre Malmédienne ou la Vie en Wallonie malmédienne reflétée*

---

[31] Schier-Oberdorffer (1993: 1336–1354). Vgl. auch den bibliographischen Anhang in Schier-Oberdorffer (1985).
[32] Wehrhan (1909: bes. S. 172–181).
[33] Siegl (1964: 665–691).
[34] Gipper/Schwarz (1989: 83–84).
[35] Pinon (1967: 20, bes. Anm. 38–72).

dans la chanson folklorique sprachübergreifende Literaturangaben zu einzelnen Spielen.[36]

Eine Bibliographie europäischer Spielbücher vom 15. bis 18. Jahrhundert, deren erster Band für den Zeitraum 1473–1700 bereits erschienen ist, wird am Salzburger Institut für Spielforschung und Spielpädagogik von Zollinger erstellt.[37]

Einen Schwerpunkt auf sportliche Spiele legt die fachübergreifende, etwa 1000 Titel umfassende Literaturzusammenstellung von Henze.[38]

Für den englischsprachigen Raum sei die Bibliographie *Children's Games: A Bibliography* von Daiken[39] sowie das Werk *The Study of Games: a Source Book* von Avedon und Sutton-Smith angeführt.[40] Literatur zur Erforschung der Kinderkultur stellt die *Select Bibliography of Childlore* von Grider zusammen.[41] Wertvolle Literaturhinweise finden sich darüberhinaus in dem Werk *Children's Games in Street and Playground* von Iona und Peter Opie.[42]

Für den französischsprachigen Raum ist nach wie vor die dialektal aufgeschlüsselte Bibliographie *Jeux, jouets et divertissements* von Gennep einschlägig.[43] Französisch und englisch kommentiert ist die Bibliographie *Jouets, jeux, livres d'enfants: répertoire bibliographique d'ouvrages utiles aux collectionneurs et aux chercheurs* von Rostagni.[44]

Als früheste eigenständige Bibliographie zum Thema Spiel nach damaligen Verständnis kann das 1761 in Leipzig erschienene Werk *Primae lineae bibliothecae lusoriae* von Clodius gelten.

---

[36] Pinon (1952), (1953), (1954) und (1955).
[37] Vgl. Zollinger (1996) und (1993).
[38] Henze (1959: 184–216).
[39] Daiken (1950: 218–222).
[40] Avedon/Sutton-Smith (1979).
[41] Grider (1980).
[42] Opie/Opie (1969).
[43] Gennep (1938: 813–833).
[44] Rostagni (1974).

II. Materialsammlungen

Die Erfassung von Spielen und ihren Benennungen nach ihrer dialektalen Verbreitung fällt in den Zuständigkeitsbereich der Volkskunde und der Dialektologie. Eine überregionale Sammlung von Bewegungsspielen und ihren Benennungen wurde leider nie angelegt. Den einzigen Versuch stellt die Forschungsstelle *Spiel und Spruch* (*Mittelstelle für Spielforschung*) unter der Leitung von Karl Haiding (Paganini) aus den dreißiger Jahren dar. Sie wurde von der Reichsleitung Rosenberg gegründet und gehörte zur Hohen Schule der NSDAP. Die Reste dieses nach dem zweiten Weltkrieg zerstörten Archivs bewahrt seit 1985 die Richard-Wolfram-Forschungsstelle am Salzburger Landesinstitut für Volkskunde auf.[45] Der Wert dieses Archivs, das auf eigenen Sammlungen und auf Abschriften bereits bestehender Spiel- und Spruchsammlungen beruht und eine große Bildkartei enthält, läßt sich schwer einschätzen. Das Bezeichnungsmaterial kann bei der ohnehin schlechten Überlieferungslage als Ergänzung von Nutzen sein, reicht aber an die Sammlungen dialektaler Wörterbücher nicht heran.

Die Erstellung eines Bezeichnungskorpus für Spiele kann nur auf der Grundlage und Kombination verschiedener Hilfsmittel erfolgen. Auf volkskundlicher Seite kommen im wesentlichen Volkskunde-Atlanten, regionale Kinderlied- und Kinderspielsammlungen, Volksliedarchive[46] sowie Umfragen neuerer Zeit in Frage. Zum Beispiel hat der Volkskunderat Rhein-Maas in den Jahren 1981/82 eine Kinderspielumfrage im Gebiet Rhein und Maas, Eifel und Ardennen durchgeführt.[47] Am Ludwig-Uhland-Institut der Universität Tübingen befindet sich eine Sammlung von Kinderspielen und Spielliedern württembergischer Gemeinden.[48] Auf sprach-

---

[45] Über die Geschichte, den Aufbau, die Mängel und die nicht vollendete Neuordnung des Archivs gibt das 1993 erschienene Buch *Erinnerungen: Karl Haiding und die Forschungsstelle „Spiel und Spruch"* von Doris Sauer umfassend Auskunft, ohne daß alle Fragen geklärt werden können. Doris Sauer, die als Mitarbeiterin mit dem Archiv von Anbeginn vertraut war, ist 1993 verstorben.

[46] Das Deutsche Volksliedarchiv in Freiburg im Breisgau besitzt neben umfangreicher Literatur zum Thema Kinderspiel Liedmappen mit mündlichen und schriftlichen Belegen sowie Literaturhinweisen zu einzelnen Spielen (briefliche Auskunft).

[47] Döring (1987: 261); vgl. auch *Spielwelten der Kinder an Rhein und Maas* (1993).

[48] Vgl. Baader (1979).

wissenschaftlicher Seite müssen Sprachatlanten, Dialektwörterbücher und wortgeographische Untersuchungen herangezogen werden.

Bei den Kinderspielsammlungen handelt es sich um regionale und auch nationale Aufzeichnungen, die aus altertumskundlichem und folkloristischem Interesse in ganz Europa entstanden.[49] Die Sammlungen der Volkskinderlieder und -reime, in denen auch in unterschiedlichem Umfang Kinderspiele berücksichtigt wurden, beruhen auf verschiedenen Sammelkonzeptionen und -methoden.[50]

Der *Atlas der deutschen Volkskunde* (ADV) hat die Fang- und Versteckspiele der Kinder in seinen Umfragen nicht berücksichtigt.[51] Auch im österreichischen Volkskundeatlas fehlen sie, wohingegen die Schweizer diese Spiele laut Fragebogenregister gesammelt, die Ergebnisse jedoch nicht publiziert haben. Erfaßt sind „Wettkämpfe und Wettspiele"[52], von den „Traditionellen Spielen" nur Kegeln, Boccia, Kugel- und Plattenwurfspiele[53], Paar-Zieh-Spiele und Paar-Stoss-Spiele[54], das Schwingen, Hornussen, Mazzaschlagen, Steinheben und Steinstossen[55]. Neben „Kartenspielen"[56] kommen von den „Kinderspielen" nur die Marmelspiele nach den Benennungen der kleinen Kugeln und den Spielarten vor.[57]

Ähnlich sieht es im Bereich der Sprachatlanten aus. Der *Deutsche Wortatlas* hat Spielbezeichnungen nicht erhoben. Der *Wortatlas der deutschen Umgangssprachen* hat hingegen die Benennungen von Kinderspielen, darunter das Fangenspiel, abgefragt.[58] In den Nachbarländern erhalten die Fangen- und Versteckenspiele größere Beachtung, z. B. im *Sprach- und Sachatlas Italiens und der Südschweiz*, im *Sprachatlas der deutschen Schweiz* und in verschiedenen französischen Sprachatlanten.[59]

---

[49] Vgl. Schier-Oberdorffer (1993: 1342 und 1985: 280–296).
[50] Vgl. die Untersuchung von Wedel-Wolff (1982).
[51] Briefliche Auskunft von Frau Dr. Gerda Gröber-Glück.
[52] Karte 135 62.
[53] Karte 136 63 u. 65.
[54] Karte 137 63 u. 65.
[55] Karte 138 63 u. 65.
[56] Karte 141.
[57] Karte 142 67 und Karte 143 67.
[58] Eichhoff (1977, 1: 34, Karte 49).
[59] AIS (1932, IV); SDS (1983, V); ALF (1482, 1511) und ALLy (V) u. a.

Forschungsüberblick

Die großräumigen dialektalen Wörterbücher des Deutschen berücksichtigen die Fang- und Versteckspiele in zunehmendem Maße.[60] Untersuchungen einzelner Kinderspielbezeichnungen wie der Aufsatz über Knöchel- und Steinchenspiele von Simon[61] oder über dialektale Benennungen des Murmelspiels von Mohr[62] sind jedoch die Ausnahme. Besonders hinzuweisen ist auf Müller, der aus dem Material des Rheinischen Wörterbuchs mehrfach einzelne Beiträge über Kinderspiele verfaßt hat.[63]

Grundlegende Erkenntnisse zur Problematik der Erforschung traditioneller Kinderspiele aus volkskundlicher Sicht enthält die Monographie *Hex im Keller. Ein überliefertes Kinderspiel im deutschen und englischen Sprachbereich* von Schier-Oberdorffer.[64]

Historische literarische Zeugnisse für Spiele und ihre Bezeichnungen einschließlich der überlieferten Bewegungsspiele werden nur von wenigen Sekundärwerken eigenständig erschlossen. Die grundlegenden Werke stammen alle noch aus dem 19. Jahrhundert. An erster Stelle ist die Zusammenstellung bei Zingerle, *Das deutsche Kinderspiel im Mittelalter*[65], zu nennen, der bereits auf Belege aus dem Werk *Alemannisches Kinderlied und Kinderspiel aus der Schweiz* von Rochholz zurückgreifen kann.[66] Diese Sammlung beruht größtenteils auf selbst aufgezeichneten, zeitgenössischen Kinderreimen und -spielen aus der ersten Hälfte des 19. Jahrhunderts und nimmt durch ihre Authentizität eine herausragende Stelle ein. Altfranzösische und mittelhochdeutsche Belege zum Kinder- und Gesellschaftsspiel finden sich bei Schultz, *Das höfische Leben zur Zeit der Minnesinger*[67] und Spitzer, *Beiträge zur Geschichte des Spieles in Alt-Frankreich*.[68] Belege aus England stellt Strutt in seinem Werk *The Sports and*

---

[60] Vgl. das Hess.-Nass. Wb. (2: 416, Karte 46) mit einer Karte zum *Nachlaufen(s) (spielen)*, das Pfälz. Wb. (1: 1134, Karte 63: *Bott*) mit einer Karte zu den Freimalbezeichnungen oder das Thür. Wb. mit einer Synonymenkarte zum *Blinde-Kuh*-Spiel.
[61] Simon (1990).
[62] Mohr (1964).
[63] Z. B. Müller (1917). Vgl. die bibliographischen Angaben in Quadri (1952).
[64] Schier-Oberdorffer (1985).
[65] Zingerle (²1873).
[66] Rochholz (1857).
[67] Schultz (1879, 1: 117–121, 411–424).
[68] Spitzer (1891). Mehr oder weniger um Kompilationen handelt es sich bei Pawel (1885), Richter (1895), Wünsche (1897) und Zettler (1893). Eigenständiger ist Iselin (1886).

Pastimes of the People of England. From the Earliest Period, Including the Rural and Domestic Recreations, May Games, Mummeries, Pageants, Processions and Pompous Spectacles[69] zusammen. Einen guten quellengestützten Überblick über das Kinderspiel und Kinderspielzeug im Mittelalter und Renaissance gibt in neuerer Zeit Arnold in seinem Werk *Kind und Gesellschaft in Mittelalter und Renaissance* sowie in seinem Artikel *Kind* im *Lexikon des Mittelalters*.[70] Die mittelalterlichen Dichtungen sind insgesamt jedoch als Quellen für überlieferte Kinderspiele relativ unergiebig.[71] Überdies wurde der Aspekt des Kinderspiels in Dissertationen über die Darstellung des Kindes oder der Kindheit in der Literatur lange vernachlässigt.[72]

Eine wertvolle Arbeit, in der Quellen vom 15. bis 18. Jahrhundert neu erfaßt und abgedruckt werden, ist Boltes zweiteiliger Aufsatz *Zeugnisse zur Geschichte unserer Kinderspiele*.[73] Quellen für Kinderspiele in Spanien speziell aus dem 16. Jahrhundert finden sich in dem Beitrag *Varios juegos infantiles del siglo XVI* von Rodríguez.[74] Schließlich sind die von Moser-Rath in dem Aufsatz *Zeugnisse zum Kinderspiel der Barockzeit* zusammengetragenen Belegstellen aus der deutschen Predigtliteratur zu nennen.[75]

Bewegungsspiele werden in der älteren Forschungsliteratur gelegentlich zusammen mit den Leibesübungen oder sportlichen Spielen abgehandelt, die im Gegensatz zu den zweckfreien Bewegungsspielen primär der körperlichen Ertüchtigung dienen und einen ausgeprägten Wettkampfcharakter haben. Wichtig sind die beiden quellenreichen Werke *Leibesübungen in Graubünden einst und heute* und das *Schweizerbuch der alten Leibesübungen* von Masüger.[76] Von den zahlreichen Abhandlungen und Bibliographien zur Geschichte der Leibesübungen sei hier exemplarisch auf die mehrbändige *Bibliographie Geschichte der Leibesübungen* von Len-

---

[69] Strutt (1903).

[70] Arnold (1980: 68–76) und (1991, 5: bes. 1144f.).

[71] Gray (1974: 137–146) konnte nur wenige Belege für kindliche Vergnügungen und Tätigkeiten aus der höfischen Epik, aus den Jesusviten und Legenden, aus der Spruch- und Liederdichtung und aus Schulordnungen und Urkunden zusammentragen.

[72] Vgl. die bibliographischen Angaben bei Arnold (1980: 15).

[73] Bolte (1909) und (1922).

[74] Rodríguez (1931) und (1932).

[75] Moser-Rath (1962); vgl. auch Moser-Rath (1991: 163–169).

[76] Masüger (1946) und (1955).

nartz verwiesen.⁷⁷ In *The Study of Medieval Sports 1927–1987* von Carter ist Literatur zur Erforschung von Sport und Körperkultur im Mittelalter bibliographiert.⁷⁸

Historische Monographien zu einzelnen Spielen wie es sie etwa für *Kollabismos*⁷⁹ oder zu *Vogel am Faden*⁸⁰ gibt, sind eher die Ausnahme. Besser erfaßt sind Spiele mit Spielgeräten wie Ballspiele oder sportliche Spiele wie z. B. *Tennis*.⁸¹

III. Erforschung antiker Spielbezeichnungen

Die griechischen Kinderspiele der Antike sind im Vergleich zu den römischen ausgesprochen gut überliefert, auch wenn die zentrale Schrift περὶ τῶν παρ' Ἕλλησι παιδιῶν des römischen Biographen G. Suetonius Tranquillus (ca. 70–140 n. Chr.) nicht mehr erhalten ist. Fragmente und Auszüge aus direkter und indirekter Überlieferung sind in *Suétone: Περὶ βλασφημιῶν. Περὶ παιδιῶν. Des termes injurieux. Des jeux grecs (extraits byzantins)* ediert.⁸² Es läßt sich rekonstruieren, daß die Schrift aus drei Teilen bestand, den *ludi maiores* (Würfel-, Knöchel-, Ballspiel), darin eingeschlossen die *ludi convivales* (Rätsel, die Spiele gr. ἑωλοκρασία und gr. κότταβος), und die *ludi minores*, worunter die Spiele der Kinder fallen.⁸³

Als älteste und wichtigste erhaltene Quelle für das Altertum gilt das *Onomastikon* des Julius Pollux aus dem 2. Jahrhundert n. Chr., in dessen neuntem Buch von §94 bis §129 eine Fülle von Spielen und ihren Benennungen aufgeführt und knapp beschrieben werden.⁸⁴ Daß einige Spiele sowohl von Sueton als auch von Pollux behandelt werden, deutet darauf hin, daß beide auf die gleiche Quelle zurückgreifen.⁸⁵

---

⁷⁷ Lennartz (1972ff.).
⁷⁸ Carter (1980).
⁷⁹ Enäjärvi-Haavio (1933).
⁸⁰ Brednich (1972).
⁸¹ Gillmeister (1992).
⁸² Taillardat (1967).
⁸³ Vgl. Taillardat (1967: 31 und 41f.).
⁸⁴ Vgl. das Kapitel „Das *Onomastikon* des Julius Pollux (2. Jh. n. Chr.) und seine Rezeption".
⁸⁵ Vgl. Taillardat (1967: 36–41).

Wertvolle Ergänzungen zu Pollux' *Onomastikon* finden sich im Lexikon des Grammatikers Hesych aus Alexandria aus dem 5./6. Jahrhundert n. Chr. und im Lexikon des byzantinischen Gelehrten Eusthatios aus dem 12. Jahrhundert, bei dem einige sonst nicht überlieferte Spiele der Sueton-Schrift beschrieben sind.

Über die Bewegungsspiele der griechischen Antike liegen mehrere Untersuchungen vor. Neben Überblicksartikeln über Spiele und Artikeln zu einzelnen Spielnamen in Pauly/Wissowas *Realencyclopädie der classischen Altertumswissenschaft*, Daremberg/Saglios *Dictionnaire des Antiquités grecques et romaines*, Klausers *Reallexikon für Antike und Christentum* und dem *Neuen Pauly* sei hier auf die umfassendste, wenn auch schon ältere Darstellung der griechischen Jugendspiele anhand griechischer Quellentexte in Grasbergers Werk *Erziehung und Unterricht im klassischen Altertum* hingewiesen.[86] Ergänzungen und Korrekturen dazu gibt Vogt in seinem Aufsatz *Untersuchungen zu den gymnastischen Knabenspielen der alten Hellenen: Bewegungsspiele ohne Geräte*.[87] Zusätzliche Verweise auf die Entsprechungen der Spiele und ihrer Benennungen im Deutschen mit Belegen finden sich im Aufsatz *Antike Kinderspiele* von Böhm.[88] Die Spieldialoge stehen im Aufsatz *Les formules de jeux d'enfants dans la Grèce antique* von Lambin 1975 im Mittelpunkt, der auch literarische Belege einbezieht.[89] Speziellere Literaturangaben finden sich in der *Bibliography of Greek Education and Related Topics* von Beck.[90] Literarische und ikonographische Dokumente sind zuletzt in dem Bildband *Spiele und Spielzeug in der Antike. Unterhaltung und Vergnügen im Altertum* von Fittà 1998 zusammengestellt.[91]

---

[86] Grasberger (1864).
[87] Vogt (1905).
[88] Böhm (1916).
[89] Lambin (1975).
[90] Beck (1986: 138–139).
[91] Fittà (1998).

Zweiter Teil

SPIELZEUGNISSE

I. Gründe der Überlieferung

Als eine triviale Erscheinung des Alltags sind Bewegungsspiele, die auf Spielgerät weitgehend verzichten, mit ihren mündlich tradierten Spielliedern, -reimen oder -rufen eher zufällig und versteckt überliefert. In welchen Quellen und Kontexten werden solche Spiele überhaupt erwähnt oder thematisiert? Warum oder in welcher Absicht geschieht dies?

Die frühesten Belegstellen für Spiele sind einfache Aufzählungen innerhalb literarischer Quellen, was verschiedene Hintergründe haben kann, wie noch näher ausgeführt werden wird. Da sich Spiele sehr gut als Mittel der Veranschaulichung eignen, werden sie als Titel von Pamphletschriften, dramatischen Werken, Prosaliteratur und Gedichten herangezogen. Spiele werden allegorisch gedeutet[92] und in der Predigtliteratur zur Exemplifizierung eingesetzt.

In (auto-)biographischen Schriften oder Reiseberichten werden Spiele eher um ihrer selbst willen thematisiert. Während jedoch die in Reiseberichten enthaltenen Angaben über Spiele, wie sie etwa in *Sophiens Reise von Memel nach Sachsen (1774–1776)* von Hermes vorkommen, bisher noch nicht systematisch erschlossen sind, sind für autobiographische Schriften Ansätze erkennbar, wie die Werke *Sport, Spiel und Spaß in englischen Tagebüchern und Autobiographien von den Anfängen bis zum 17. Jahrhundert*[93] von sporthistorischer Seite und *Jeux et jouets dans les autobiographies du XVIe siècle*[94] aus sozialgeschichtlicher Sicht beweisen.

---

[92] Zu Ballspielen des Spätmittelalters und der Renaissance vgl. Gillmeister (1986), spätmittelalterliche deutsche Spielallegorien werden von Malich (1970) als sozialgeschichtliche Quelle ausgewertet.
[93] Rühl (1983).
[94] Retter (1987).

Spielbücher werden schon seit dem 15. Jahrhundert als Anleitung und Anregung für gesellige Unterhaltung der Erwachsenen oder Kinder eigens verfaßt.[95] Bewegungsspiele finden hier jedoch erst seit dem 18. Jahrhundert zusammen mit Frage- und Pfänderspielen Aufnahme.

Für nichtliterarische, ungedruckt vorliegende Quellen wie etwa Visitations- oder Physikatsberichte fehlen im Deutschen Auswertungen. In den archivalischen Quellenkarteien des Instituts für Volkskunde der Bayerischen Akademie der Wissenschaften München und der Universität Kiel finden sich zu den in Frage stehenden Spieltypen leider keine nennenswerten Belege. Kramer z. B. stellt in seinem Werk *Volksleben im Fürstentum Ansbach und seinen Nachbargebieten (1500–1800)* fest, daß Kinderspiele sich in den von ihm verwendeten archivalischen Quellen, wenn überhaupt, dann nur sehr zufällig fänden: „Gelegentlich hört man noch von der Beteiligung von Kindern an den Spielen Erwachsener, v. a. beim Kegelspiel, das auf die heranwachsende Jugend große Anziehungskraft ausgeübt hat".[96] In Frankreich gibt es hingegen eine Untersuchung mit dem Titel *Les jeux au royaume de France du XIIIè au début du XVIè siècle*[97], in der Spiele sowie ihre näheren Umstände und ihre gesellschaftliche Einbindung vom 13. bis zum Beginn des 16. Jahrhunderts auf der Grundlage von Begnadigungsschriften (*lettres de rémission*) dargestellt werden.

In schulgeschichtlichen Quellen wie etwa den Diarien der Jesuiten finden sich „nur sehr karge Notizen über Jugendspiele im eigentlichen Sinne des Wortes", wie es in der *Geschichte des Königlichen Erziehungs-Institutes für Studirende (Holland'sches Institut) in München* heißt.[98] Dennoch ergibt sich anhand solcher Quellen ein anschauliches Bild von den im 17. Jahrhundert in dieser Schule üblichen Spielen und Zeitvertreiben. Die speziell in Jesuitenschulen üblichen Spiele hat Schröteler in seinem Werk *Die Erziehung in den Jesuiteninternaten des 16. Jahrhunderts* anhand von gedruckten und ungedruckten Statuten herausgearbeitet.[99] Auch Regelungen des Tagesablaufs in Internatsschulen können Belege enthalten, wie eine lateinische Tagesordnung (*Distributio temporis ordinaria*) aus dem

---

[95] Vgl. Zollinger (1993) und (1996).
[96] Kramer (1961: 278f).
[97] Mehl (1990).
[98] Stubenvoll (1874: 249).
[99] Schröteler (1940: 412–417).

Jahr 1633 beweist, in der dem Spiel im Tagesablauf der Schüler ein fester Platz zugewiesen wird.[100]

Eine weitere mögliche Quelle stellen die Anweisungen für die Erzieher an den Adelshöfen, die sogenannten „Hofmeisterinstruktionen", dar. In der *Hofmeister-Instruktion Kaiser Ferdinands für die Erziehung der Edelknaben König Maximilians von Böhmen aus dem Jahre 1553* wird der Hofmeister angehalten, die Knaben zur Sommerszeit in einen nahegelegenen Garten zu führen, „da sy abermals allerlay khurczweil, mit springen, ringen, tanczen, wetlauffen, stain vnd stangen werfen, palspielen vnd dergleichen khurczweil oder ritterspill treiben mugen doch wan die knaben dergleichenn khurczweil yeben, das allemal er hofmaister oder ain preceptor, bey inen sey, damit khainem vbels bescheche". Im Winter sollen sie „in der herberg" bleiben und sich „in der musica vnd andern ehrlichen khunsten yben oder es soll einer von ihnen in teutscher sprach ain schonne khurczweilige, tapfere vnd erliche khriegshistori"[101] vorlesen.

Für die Erschließung eines bestimmten Spieltyps und seiner Benennung sind ikonographische Quellen von zentraler Bedeutung.[102] Zu den frühesten bildlichen Darstellungen der überlieferten Bewegungsspiele gehören Drolerien in illuminierten Handschriften seit Mitte des 13. Jahrhunderts.[103] Besonders ergiebig sind seit dem 15. Jahrhundert die Marginalien französischer Stundenbücher.[104]

Im weltlichen Bereich kommen Spiele als Bildthema auf Minnekästchen[105], Wandfresken[106] und Wandteppichen vor.[107] Dem Oberrheinischen Wandteppich mit höfischen Spielen aus den achtziger Jahren des 14. Jahrhunderts kommt dabei eine herausragende Bedeutung zu.[108]

Wichtigstes ikonographisches Zeugnis für die Kinderspiele des 16. Jahrhunderts ist das im Wiener Kunsthistorischen Museum aufbewahrte

---

[100] Vgl. Stubenvoll (1874: 149).
[101] Felgel (1895: 294).
[102] Zu ikonographischen Spiel-Quellen vgl. Wilckens (1985: 21).
[103] Vgl. Wilckens (1985: 9); Randall (1966); Randall (1972); Meyer (1988); Wettwer (1933).
[104] Vgl. Bouissounouse (1925); Randall (1972); Mettken (1983); Hansen (1984).
[105] Vgl. z. B. Kohlhaussen (1925).
[106] Vgl. Kurth (1911).
[107] Vgl. Leyen/Spamer (1910); Kurth (1926); Cantzler (1990).
[108] Vgl. Anhang, Abb. 6 und 26; vgl. dazu Falke (1857); Kurth (1926, 2: Taf. 105–107); Lauffer (1947); Wilckens (1985: 10).

„Kinderspielbild" mit etwa 90 Spielen von Pieter Bruegel dem Älteren aus dem Jahr 1560.[109] Daneben ist aber auch ein um 1570 entstandenes Kinderspielbild von Martin van Cleve zu nennen, das sich in der Alten Galerie am Landesmuseum Johanneum in Graz befindet.[110] Über die Identifizierung der einzelnen Spiele auf dem Breugelschen Kinderspielbild sowie über die Gesamtdeutung des Bildes existiert eine Fülle von Sekundärliteratur aus kunsthistorischer, volkskundlicher, spiel- und sportgeschichtlicher Sicht.[111]

Für die Dokumentation überlieferter Kinderspiele relevant sind des weiteren die graphischen Darstellungen einzelner oder mehrerer Spiele, die von erläuternden Versen begleitet sind, also im weitesten Sinne zur emblematischen Literatur gehören. Die früheste Quelle dieser Art ist das 1587 von Guillaume le Bé und später der Witwe von Jean Le Clerc herausgebrachte Werk *Les trente-six figures contenant tous les jeux qui se peuvent jamais enventer et représenter par les enfants tant garsons que filles depuis le berceau jusques en l'aage viril*.[112] Verschiedene Kinderspiele werden auch zur Darstellung des zehnten Lebensjahres in einer Lebensalterfolge herangezogen.[113] 1667 erscheinen in Paris *Les jeux et plaisirs de l'enfance* von Jacques Stella. In der emblematischen Literatur werden nicht nur Kinder, sondern auch Putten oder Affen beim Spiel gezeigt. Die Kinderspiele gelten als „Nichtigkeiten" (lat. *nugae*). So trägt die Graphik *Kinder-Spel* von Jacob Cats aus dem Jahr 1618 den Titel *Ex Nugis seria*.[114] Kinderspiele sollen Lebensweisheiten versinnbildlichen und werden den Erwachsenen als ein Spiegel ihres närrischen Treibens vorgehalten[115], so z. B. in einem Straßburger Flugblattstich von Jacob van der Heiden aus

---

[109] Vgl. Anhang, Abb. 2.
[110] Vgl. die Abb. in Wilckens (1985: 13).
[111] Vgl. die bibliographische Zusammenstellung in Demus (1981: 71f.). Ausführlich besprochen ist das Bild von Meyere (1941), Hills (1957; 2. Aufl. 1998), Hindman (1981) und Boulboulle (1986).
[112] Das in der Nationalbibliothek von Paris befindliche Exemplar [Cabinet des estampes: Ea 79 Rés. fol. 54–59] ist nicht vollständig (vgl. Adhémar 1938, II: 355f.). Auszugsweise abgedruckt ist das Werk in dem anonym erschienenen Aufsatz *Anciens jeux* von 1847.
[113] Vgl. Wilckens (1985: 23).
[114] *Spielbücher und Spielgraphik* (1993, Abb. 24). 1628 erscheint sie in abgewandelter Form unter dem Titel *Houwelyk; dat is de gantsche ghelegenhuit des Echten Staats* (Scheible 1847: 570f.)
[115] Vgl. Wilckens (1985: 13, 26).

dem Jahr 1632[116] oder in den *Sechs und zwanzig nichtigen Kinderspielen* aus dem Jahr 1657, einer Übersetzung der niederländischen *Sinnen- en Minnebeelden* (1618) von Jacob Cats durch den Schaffhauser Rat und Münzmeister Johann H. Amman. Von Conrad Meyer aus Zürich stammen die neuen Kupferstiche sowie ein Nachtrag mit der Überschrift „Zugabe diser Kinderspielen/ in noch etlichen andern/ bey der Jugend diser Landen/ ueblichen Kurtzweilen" von acht Spielen. Die angestrebte „Unterweisung in guten Sitten" erfolgt durch eine sinnbildliche Ausdeutung bekannter Kinderspiele, die in Merkregeln und Sprichwörtern münden. Die Kupferstiche veranschaulichen die in Verse gekleideten Lebensregeln, Ratschläge und Warnungen[117]. Ausgelegt wird zum Beispiel das *Larfenspiel*, das *Blasen schwuemmen*, das *Zickenspiel*, das *Studum-spiel*, das *Hoernerspiel*, das *Wein-außruffen*, *Huenlein hueten* und das *Bogenschießen*. Ein wichtiges niederländisches Emblembuch mit 37 Sinnbildern ist das 1626 bei Calom gedruckte *Kinderwerck ofte Sinne beelden van Spelen der Kinderen*.[118] 24 Spiele und Vergnügungen eines oder mehrerer geflügelter Cupido mit jeweils einem zweizeiligen Vers als Bildunterschrift sind 1694 in den *Speelen van Cupido* von Margareta van Bancken zusammengestellt.[119]

Die schriftliche Bezeugung von Spielen kann also ganz unterschiedliche Gründe und Anlässe haben. Spiele finden einerseits dort Erwähnung, wo sie aus rechtlichen oder religiös-moralischen Gründen geregelt, verboten oder angeprangert werden. Dies gilt insbesondere für „verbotene Spiele" wie Würfel- oder andere Glücksspiele um Geld.[120] Andererseits werden Spiele aber auch genannt, um sie aus medizinischer[121] oder pädagogisch-didaktischer Sicht zu empfehlen. Pädagogisch nutzlose Spiele und Spiele ohne auffällige Bewegungsformen, ohne Spielmittel oder musikalische Komponenten werden dagegen selten aufgezeichnet.[122]

---

[116] Vgl. Rausch (1909); Bolte (1909: 395–400); Wilckens (1985: 13 u. 25).

[117] Vgl. HKJL (II: 1160f.).

[118] Vgl. die Inhaltsübersicht bei Cock/Teirlinck (1902, 1: 44–47).

[119] Vgl. Meyer (1962: 533–541) mit weiteren Bildzeugnissen.

[120] Zum Spiel, seiner Entwicklung und Bedeutung im deutschen Recht vgl. Schuster (1878).

[121] Scherz und Spiel nahmen noch im 16. Jahrhundert einen wichtigen Platz bei der Behandlung der Melancholie ein (vgl. Schmitz 1972: 144–156).

[122] Vgl. Schier-Oberdorffer (1985: 133).

II. Probleme der Interpretation schriftlicher und ikonographischer Zeugnisse

Sehr häufig sind Spiele nur namentlich und ohne weitere Angaben zum Spielverlauf bezeugt. Dies gilt für eine Reihe von Erstbelegen und Hapax legomena. Die frühesten Quellen sind Spiele-Auflistungen, die reine Wortbelege liefern. Die Kenntnis des genannten Spiels als Bestandteil des alltäglichen Lebens wird einfach vorausgesetzt. Solche Spieleaufzählungen erlauben zwar die zeitliche und auch räumliche Einordnung einer Spielbezeichnung, aber keine sichere inhaltliche Bestimmung. So ist das *Barrlaufen* im Deutschen zwar schon seit dem 13. Jahrhundert nachweisbar, Schilderungen des Spielverlaufs gibt es aber erst drei Jahrhunderte später, so daß ungewiß ist, wie das ursprüngliche Spiel tatsächlich vonstatten ging. Die Kommentatoren verfahren meist so, daß sie eine woanders und später überlieferte oder ihnen selbst bekannte Spielweise angeben. Dadurch wird jedoch der Blick darauf verstellt, daß der bezeichnete Spieltyp ursprünglich möglicherweise ein anderer war, was wiederum wichtig für die Frage des Benennungsmotivs ist. Wenig hilfreich ist es auch, eine Spielbezeichnung durch eine andere erklären zu wollen. Würde man das als *Hinkepinken* überlieferte Spiel lediglich mit *Himmel und Hölle* oder *Kästchenhüpfen* gleichsetzen, würde jemand, der das gemeinte Spiel nicht kennt, allein mit diesen Angaben nicht viel anfangen können. Noch heikler ist es, wenn die zu identifizierende Bezeichnung lediglich aufgrund der Übereinstimmung eines Bestandteils mit einer noch bekannten Bezeichnung gleichgesetzt wird, wie z. B. bei frz. *colin bridé*, das ohne nähere Begründung als eine Form des Spiels frz. *colin maillard* ausgegeben wird[123], nur weil darin ebenfalls das Wort frz. *colin* vorkommt.

Auch die dialektalen und volkskundlichen Sammlungen von Spielbezeichnungen sind problematisch. Oft handelt es sich um Auflistungen, die ohne Spielbeschreibung unter einem Spieltyp subsumiert werden und somit nicht mehr nachprüfbar sind.[124] In entsprechenden lexikographischen

---

[123] Vgl. Johanneau (1823: 433).
[124] Vgl. z. B. die Auflistungen niederländischer Versteckspielbezeichnungen bei Cock/Teirlinck (1902, 1: 149f.) oder die rheinischen Varianten für das *Blinde-Kuh*-Spiel bei Müller (1917).

Werken fehlen diese Bezeichnungen meistens, so daß sie auch dort nicht verifiziert werden können.

In frühen Zeugnissen werden Spielbezeichnungen vielfach übertragen verwendet. Dies ist z. B. beim *Spinkelwinkel*-Spiel der Fall, das in einem Beleg aus dem Jahr 1652 vorkommt. Der Sinn dieser Stelle erhellt sich zufällig dadurch, daß es einen parallelen Beleg aus dem Jahr 1746 gibt, in dem stattdessen von einem *Versteck-Spiel* die Rede ist, ohne daß damit der Spieltyp genau bestimmt wäre. Nicht nur der Spielausdruck selbst erschwert also das Verständnis, sondern auch die Tatsache, daß es sich um eine heute nicht mehr übliche metaphorische Verwendung handelt.

Besondere Probleme bereiten Spielbezeichnungen, die seit dem 16. Jahrhundert in der lexikographischen Überlieferung als volkssprachliche Äquivalente griechischer oder lateinischer Lemmata auftreten. Die schwierigen griechischen Ausdrücke werden von den Lexikographen teils gar nicht, teils falsch verstanden. So kann es vorkommen, daß ein Ausdruck ohne Kenntnis des betreffenden Spiels lediglich wörtlich übersetzt wird wie beim *Topfspiel*, ohne daß das Spiel im Deutschen wirklich so hieß. Unter diesem Namen gab es vielmehr ein ganz anderes Spiel. Die Authentizität dieser Bezeichnungen ist auch deshalb in Frage zu stellen, weil sie in der Regel nur aus einer Vorlage übernommen sind. Schließlich geben solche Äquivalente häufig auch nur ein aufgrund irgendeines Merkmals vergleichbares Spiel wieder. Nichtsdestotrotz sind einige Bezeichnungen wie *Atzelbergen* oder *Kutz auß der Aschen* bisher nur aus der lexikographischen Überlieferung bekannt.

Der Idealfall, daß also sowohl die Spielbenennung als auch der Spielverlauf detailliert erfaßt sind, kommt selten vor und wenn, dann meist erst zu einem überlieferungsgeschichtlich späten Zeitpunkt. Während einige Spielbeschreibungen lediglich das Verständnis eines Spiels sicherstellen sollen und deshalb nur die wichtigsten Merkmale, nicht die Ausgestaltungen im einzelnen nennen, wollen andere das Spiel nachspielbar machen und sind deshalb sehr detailliert. Als Beispiel hierfür seien die Spielbücher des Philantropisten Johann C. Gutsmuths Ende des 18. Jahrhunderts angeführt. Dennoch erschließt sich der Sinn eines Spiels, das man nicht aus eigener Erfahrung kennt, oft nur schwer, selbst wenn ausführliche Beschreibungen vorliegen.

Schließlich kann es auch vorkommen, daß ein Spiel seinem Ablauf nach zwar beschrieben ist, sein Name jedoch unerwähnt bleibt, wie etwa in einer Predigt Bertholds von Regensburg, der einen charakteristischen, jedoch nicht näher bezeichneten *ludus puerorum* zu einem Vergleich heranzieht.[125] Hier wird die Nähe zu ikonographischen Zeugnissen spürbar, die ebenfalls nur eine charakteristische Spielszene, nicht aber die zugehörige Spielbenennung festhalten. Die Interpretatoren greifen beim Versuch, das dargestellte Spiel zu identifizieren, in der Regel auf einen konkreten Spielnamen zurück.[126] Dieser kann der Gegenwartssprache entstammen, historisch überliefert, aber sogar selbst geprägt sein. Dazu kommt, daß die Zuweisung zu einer Spielbezeichnung und einem Spieltyp oft nur aufgrund der Übereinstimmung in einer einzigen Spielhandlung wie etwa dem Schlagen oder Blenden eines Mitspielers erfolgt. Dabei kann die Spielszene auch einen ganz anderen Spieltyp darstellen oder auf ein in der Gegenwart nicht mehr bekanntes und gar nicht schriftlich überliefertes Spiel hindeuten, das ursprünglich einen ganz anderen Namen hatte.

Bestimmte, auf eine konkrete Spielweise festgelegte und darin motivierte Bezeichnungen werden auf diese Weise zu Oberbegriffen für ganz verschiedene Spiele umfunktioniert, die man unter einem ausgewählten Aspekt zusammenordnen will. Einige Spielbezeichnungen sind aber auch von Anfang an mehrdeutig und in verschiedenen Spielen motiviert, wie z. B. frz. *jeu de mouche*.

Bei der Interpretation und Identifikation historischer, nicht mehr bekannter Spielbezeichnungen und Spieldarstellungen ist es daher sinnvoll, für den Spieltyp zunächst eine möglichst eindeutige, charakterisierende Paraphrase zu finden und erst dann eine konkrete Spielbezeichnung anzuführen, was allerdings angesichts der Komplexität von Spielen ein schwieriges Unterfangen sein kann. Als Beispiel sei hier die umschreibende Prägung „Schlagratespiel" oder kurz „Schlagraten" angeführt als Oberbegriff für Spiele, bei denen eine kniende oder sitzende Person, der die Sicht genommen ist, geschlagen wird. Der Schläger muß dann von ihr erraten oder erhascht werden. Hierfür gibt es eine Vielzahl von Abwandlungs- und Ausgestaltungsmöglichkeiten, die sich auch in der Benennung widerspiegeln. Im Deutschen gilt etwa regional die Bezeichnung *Schinkenklopfen*, wobei *Schinken* ein Ausdruck für das Gesäß ist, auf das direkt geschlagen wird. Im Französischen dagegen hält die Bezeichnung *la main chaude*

---

[125] Vgl. das Spiel *Helfen und Geben*.
[126] Vgl. z. B. den Aufsatz über die Ikonographie des Spiels engl. *frog in the middle* von Randall (1958).

'heiße Hand' die Folgen des Schlagens fest, nämlich daß die Hand heiß (frz. *chaud*) wird. Aus Abbildungen geht hervor, daß das Opfer das Gesäß nicht direkt, sondern mit einer schützend darüber gelegten Hand mit der Handfläche nach oben als Angriffsfläche präsentierte. Einzelne Details bei der Ausgestaltung eines Spiels können also für die Spielbenennung ausschlaggebend sein und umgekehrt lassen Spielbezeichnungen Rückschlüsse auf eine ganz bestimmte Spielweise zu.

III. Aufzählungen von Spielen in Quellen des 14. bis 17. Jahrhunderts

In diesem Kapitel werden einzelne, spielhistorisch wichtige Zeugnisse des 14. bis 17. Jahrhunderts vorgestellt, die Bezeichnungen von Bewegungsspielen enthalten und bei der Einzeluntersuchung von Spielbezeichnungen mehrfach zitiert werden. Hierzu gehört der Bereich der Spieleaufzählungen in literarischen Quellen, von denen nur die früheste Aufzählung in Meister Altswerts Minneallegorie *Der Tugenden Schatz* ausführlicher besprochen wird, sowie der funktional festgelegte Bereich der Paedagogica-Practica-Literatur. In den Belegstellen sind mögliche Fang- und Versteckspielbezeichnungen durch Kursivierung hervorgehoben.

A. Die Aufzählung in Meister Altswerts Minneallegorie *Der Tugenden Schatz* (14. Jh.)

Die früheste Quelle einer Vielzahl von Spielbezeichnungen im Deutschen findet sich in der Minneallegorie *Der Tugenden Schatz* des elsässischen Dichters Meister Altswert, deren Entstehungszeit in das letzte Drittel des 14. Jahrhunderts fällt. Überliefert ist das Werk in den Handschriften Cgp 313 (Hs. A), Cgp 355 (Hs. B) und Cgp 358 (Hs. C) der Universitätsbibliothek Heidelberg, die alle aus dem ausgehenden 15. Jahrhundert stammen.[127] In dieser Minneallegorie stellt der für seine detailgetreue Schilderungen bekannte Verfasser verschiedene „Spiele" in einem 54 Verszeilen

---

[127] Vgl. Brandis (1968: 167).

langen Verzeichnis zusammen, mit denen sich die Männer und Frauen an einem paradiesähnlichen Ort, dem „Venusberg"[128], die Zeit vertreiben. Ein vollständiger synoptischer, diplomatischer Abdruck der drei verschiedenen handschriftlichen Fassungen[129] dieses Verzeichnisses findet sich im Textanhang.

Kurt Ranke hat 1952 in seinem Aufsatz *Meister Altswerts Spielregister* eine ausführliche und grundlegende lexikalische Interpretation der aufgeführten Spiele gegeben, ohne allerdings die handschriftliche Überlieferung und die Funktion dieses Spielverzeichnisses innerhalb der Minneallegorie ausreichend zu berücksichtigen, die eine stellenweise andere Deutung dieser Quelle nahelegen.

Die Aufzählung ist in eine Traumerzählung eingebettet, die schildert, wie sich ein verliebter Sänger von einer schönen Mailandschaft in feindliches, unwegsames Gelände verirrt. Von dort führt ihn ein Martinsvöglein ['Schwarzspecht'][130] zu einem Zwerg, der den Eingang zum Venusberg bewacht. Der Sänger wird eingelassen, nachdem er seine Kleider gegen die des Hofgesindes der beiden Personifikationen Frau Venus und Frau Ehre getauscht hat. Dann zeigt ihm der Zwerg die Freuden des Venusberges. Der dort stattfindende Reigen nimmt bei ihrem Eintreffen gerade ein Ende. Männer und Frauen gehen zu Paaren zusammen, um sich mit den aufgezählten Vergnügungen zu unterhalten.

Stilistisch ist die Aufzählung dadurch charakterisiert, daß jede der 54 Verszeilen anaphorisch mit *Zwei* beginnt. Häufig fungieren *beginnen, wollen, spielen* als finite Verben. In mehr als einem Drittel der Verse wird die genannte Tätigkeit in einen Relativsatz verlegt. Die Problematik dieser Quelle liegt in der Deutung der einzelnen Verse. Einige davon nennen nämlich sportliche Übungen wie das Steinstoßen oder Regelspiele wie das Schachspiel, andere sind jedoch als verhüllende, sexuelle Metaphern er-

---

[128] Vgl. Glier (1971: 218–222); Blank (1970: 178); VL (1:319f.); LL (1: 177f.).

[129] Cgp 313, 192ʳ–216ʳ (A), Cgp 355, 75ʳ–106ʳ (B), Cgp 358, 40ʳ–66ʳ (C). Das Spiele-Verzeichnis aus Hs. A ist abgedruckt in Wackernagel (1827: 7f.), das aus Hs. B in Mone (1833). Die Fassung der Hs. C, die entscheidend von A und B abweicht, ist bisher nicht veröffentlicht. Die Edition von Holland/Keller (1850: 88–90) basiert auf Hs. B, die sich als Leithandschrift anbietet, weil sie sowohl Übereinstimmungen mit A als auch mit C aufweist. Die Fassungen aus B und C stehen einander näher als A und C. Überdies folgt Hs. C einem anderen, jedoch in einigen Fällen möglicherweise authentischeren Überlieferungsstrang als A und B.

[130] Vgl. Böhme (1897: Xf.); vgl. aber auch HDA (5, 1724).

kennbar wie in dem Vers *Zweÿ die trib michel wonder* (35). Etliche Verse sind doppeldeutig wie der Vers *Zweÿ die brachen rosen* (2) oder gar nicht entschlüsselt wie der Vers *Zweÿ eins vff den flaß schreit* (42).

Aufgrunddessen hat dieses Spielverzeichnis im 19. Jahrhundert einen Gelehrten-Streit ausgelöst. Massmann stellte die Behauptung auf, daß alle genannten Spiele, „so mannigfaltig sie auch klängen", auf das „Minne-Spiel" hinausliefen.[131] Gegen diese Auslegung traten Hoffmann von Fallersleben[132], Meyer[133] und Wassmannsdorff[134] ein, die in der Auflistung nur „unschuldige Unterhaltungen der tugendhaften Minne" erkennen wollten. Wie ist das Verzeichnis nun zu verstehen?

Für Maßmanns Deutung spricht zunächst, daß sich zu einem Spiel auffälligerweise immer nur zwei Personen zusammenfinden, auch wenn eigentlich mehrere Spieler vonnöten wären, wie etwa beim Schlagratespiel *Wer täte dir das?* (37). Gegen Maßmanns Deutung ließe sich dagegen einwenden, daß es heißt, die Paare hätten sich angemessen und artig benommen: „Sie triben hundert hand schimpf, / Das taten sie als mit gelimpf".[135]

Die Frage, wie die einzelnen Verse zu deuten sind, läßt sich nicht beantworten, ohne die Frage nach der Funktion dieser umfangreichen, formal und inhaltlich von anderen Spielverzeichnissen[136] abweichenden Auflistung von Belustigungen innerhalb der Minneallegorie zu stellen. Normalerweise finden sich Auflistungen von Vergnügungen und Kurzweil in Zusammenhang mit Schilderungen höfischer Feste. Hartmann von Aue nennt im *Iwein* (65ff.) Gespräch und Tanz, Gesang und Saitenspiel sowie Wettkämpfe im Laufen, Springen und Schießen als ritterliche und höfische Spiele anläßlich des Pfingstfestes am Hof König Artus. Ebenfalls anläßlich eines Hoffestes von König Artus werden in dem Gedicht *Der Mantel* die Arten von Kurzweil, die sich für das Ritteramt geziemen, aufge-

---

[131] Massmann (1827: 1077) und (1833: 312f.).
[132] Hoffmann von Fallersleben (1838: 188f.).
[133] Meyer (1889: 11–14).
[134] Wassmannsdorff (1899a: 70–78).
[135] Holland/Keller (1850: 90).
[136] Zu früheren Spielverzeichnissen, die meist nur einige Zeilen umfassen, vgl. Ranke (1952: 137) und Wassmannsdorff (1899b). Über die bei den Niederländern im 14. und 15. Jahrhundert beliebten Spiele, Unterhaltungen und Vergnügungen gibt die Einleitung zu den um 1364 entstandenen, 1412 in der Hulthemer Handschrift überlieferten *abelen spelen ende sotternien* mit dem Titel *Een beghinsel van allen spelen* Aufschluß (vgl. Hoffmann 1838: 1f. und 169–180).

führt.[137] Meister Altswert geht es jedoch nicht darum, einen möglichst vollständigen Katalog der in der höfischen Gesellschaft üblichen Spiele zu erstellen, die im Freien stattfinden können. Die Vielfalt und Fülle der genannten Aktivitäten soll vielmehr die auf dem paradiesischen Venusberg herrschende *fröude* darstellen, an der der verirrte Sänger nicht teilhaben kann, weil seine Dame, die er mit „min G" apostrophiert, nicht anwesend ist:

Menglich hat fröud, an ich.
Hett ich min G, so fröut ich och mich.[138]

Der vielschichtige Begriff *fröude* bezeichnet im Minnesang persönliches (Liebes-)Glück, das meist durch Dienst erstrebt wird.[139] In der spätmittelalterlichen Literatur wird der Begriff jedoch häufig in erotischem Zusammenhang verwendet, wie Kratz in seiner Dissertation *Über den Wortschatz der Erotik im Spätmittelhochdeutschen und Frühneuhochdeutschen* belegt, in der allerdings Meister Altswerts Spiele-Auflistung als mögliche Quelle nicht berücksichtigt ist.[140] Die Tatsache, daß „der Geschlechtsakt, wie die Liebe überhaupt, gerne als ein angenehmer Zeitvertreib, ein Spiel, betrachtet" wird, legt die zu überprüfende Annahme nahe, daß mhd. *fröude* auch in dieser Quelle die mit der körperlichen Liebe einhergehenden Freuden meint. Für die Interpretation der einzelnen Verse hätte dies zur Folge, daß nicht hinter jedem Vers tatsächlich ein Spiel stehen muß. Davon ging Kurt Ranke jedoch stillschweigend aus, obwohl ihm der „mehr oder minder erotische Inhalt" der einzelnen Belustigungen vor allem zu Beginn und Ende des Verzeichnisses durchaus auffiel. Im folgenden soll gezeigt werden, daß die Mehrdeutigkeit der Verse von Meister Altswert im Hinblick auf die *fröude* des Venusberges durchaus gewollt ist.

Vor diesem Hintergrund sollen die in den Versen des Spieleverzeichnisses genannten Tätigkeiten thematisch zusammengeordnet und einige Verse neu gedeutet werden.

11 der 54 Verse umschreiben das Austauschen von Liebkosungen und Zärtlichkeiten, die als Pars-pro-toto-Metaphern auch den Geschlechtsakt

---

[137] Vgl. Haupt (1840, 2: 217–240). Zu den neben Buhurt, Musik und Tanz in der mittelhochdeutschen Dichtung von 1140–1240 genannten Zerstreuungen und Wettkämpfen vgl. Marquardt (1985).
[138] Holland/Keller (1850: 91).
[139] Vgl. Dinzelbacher (1992: 269).
[140] Kratz (1949: 408–412).

meinen können. Dazu gehören die Verse 1, 9, 16, 20, 30, 35, 36, 49, 52, 53 und 54. *Zweÿ begúnden kosen* (1) kann hier nicht nur 'Zwei sprachen miteinander', sondern 'Zwei plauderten zärtlich miteinander' oder auch 'Zwei waren zärtlich zueinander, liebkosten sich' bedeuten.

Zweÿ die würden rùmen (9) könnte übersetzt werden mit 'Zwei wollten (den Platz) räumen, weggehen'. Mhd. *rûmen* kann jedoch auch eine Variante zum Verb mhd. *rûnen* 'raunen' sein. Tatsächlich lautet in Hs. C der Vers *Zwei begonden rünen* 'Zwei begannen zu flüstern, miteinander zu tuscheln', so daß hier wie bei *kosen* ein Verbum dicendi mit einem Übergang von der Bedeutung 'zärtlich miteinander sprechen' zu 'zärtlich miteinander sein, Zärtlichkeiten austauschen' angenommen werden könnte.[141]

Zweÿ geilten mit einander vil (16) kann sowohl mit 'Zwei waren miteinander ausgelassen'[142] als auch mit 'Zwei waren miteinander unanständig'[143] wiedergegeben werden.

Die Verse *Zweÿ eins das ander vmb fieng* (20) 'Zwei umarmten einander', *Zweÿ begunden sich schmücken* (49) 'Zwei begannen sich aneinander zu schmiegen', *Zweÿ begund zuo samen rücken* (52) 'Zwei rückten zusammen', *Zweÿ halsten mit lust* (53) 'Zwei umarmten sich lustvoll' und *Zweÿ eins das ander kust* (54) 'Zwei küßten einander' sprechen das gegenseitige Liebkosen an. Das Küssen und Umarmen ist das Ziel vieler Spiele, insbesondere dem Pfänderauslösen. *Schmücken*, ein Intensivum zu *schmiegen*, und *halsen* sind in anderen Quellen aber auch als Euphemismen für den Geschlechtsverkehr nachweisbar.[144] *Halsen* und *küssen* werden gerne formelhaft koordiniert.[145] Die Wendung kommt auch auf einem Medaillon des „Regensburger Wandteppich der Medaillons" aus der zweiten Hälfte des 14. Jahrhunderts vor, in dem ein Paar eng umschlungen steht und sich küßt. Die Medaillon-Umschrift lautet dazu: „halsen und kussen war uns pedew[146] wol gehÿt vor".[147]

---

[141] Ranke (1952: 144) faßt diesen Vers mit dem folgenden *Zwey die wolten busamen* zusammen und hält sie für „Spielmaterial", das Meister Altswert einer möglichen Vorlage, der *Klage um eine edle Herzogin* entnommen hat, wo es heißt: „Schalmien und bisunnen / Hort man da schallig runnen" (LS 2: 279).

[142] Zu *geilen* vgl. DWB (4, 1, 2: 2594f.).

[143] Zu *geil* 'lüstern, wollüstig' vgl. die Belege bei Kratz (1949: 474–479).

[144] Zu *Schmücken, smucken* vgl. Milnes (1949: 71) und Kratz (1949: 313ff.), zu *halsen* Kratz (1949: 310f.).

[145] Vgl. Milnes (1949: 71).

[146] Die Form *pedew* kann zu mhd. *bediu* 'deshalb' oder zu mhd. *bêde* 'beide' gehören.

Während der Vers *Zweÿ die trib michel wonder* (35) 'Zwei trieben große Wunder' ersichtlich eine verhüllende Umschreibung für erotisches Treiben ist, sind die beiden Verse *Zweÿ spilten bein vber bein* (30) 'Zwei spielten Bein über Bein' und *Zweÿ einß tet sich da vnder* (36) 'Von zweien tat sich eines unter' unklar. *Bein über Bein* könnte wie *Beineverschränken* in der Wendung mhd. [beim Liebesspiel] *ermel flehten, bein verschrenken* zu verstehen sein.[148] In Fischarts Spieleaufzählung (1575) kommt ein Spiel mit Namen *der geschrenkten Schenckel* vor, das möglicherweise damit gleichzusetzen ist.[149] Das *Sich Untertun* 'sich einem untertänig machen' in Vers 36 kommt in vielen Spielen vor[150], ist aber ebenfalls in sexueller Bedeutung nachgewiesen.[151]

Acht Verse des Spielverzeichnisses (Vers 2, 4, 8, 11, 14, 18, 38 und 51) beinhalten einige im Frühjahr und Sommer übliche Brauchhandlungen oder schlichte Vergnügungen im Garten und in der freien Natur. Das Brechen von Blumen und Maienzweigen in den Versen *Zweÿ die brachen rosen* (2), *Zweÿ die brachen blümelin* (11) und *Zweÿ brachen des meÿen riß* (18) 'Zwei brachen Maienzweige', wie es neben anderen höfischen Belustigungen auf Fresken des Schlosses Lichtenberg in Tirol aus dem letzten Drittel des 14. Jahrhunderts abgebildet ist[152], ist eine geläufige sexuelle Metapher.[153]

Ein typischer Frühlingsbrauch ist auch das Veilchensuchen, das in dem Vers *Zweÿ die suochten fiol* (4) genannt wird. Im Mai zogen Erwachsene und Kinder aus, um das erste Veilchen zu suchen, das symbolisch für das Ende des Winters stand. Der Fund wurde mit Gesang und Tanz gefeiert.[154]

---

[147] Leyen/Spamer (1910: 9).

[148] Belege bei Milnes (1949: 70).

[149] Ranke (1952: 167) deutet die Wendung als Geschicklichkeitsübung, bei der man auf dem Boden sitzt und die Beine vor sich „verschränkt" an den Körper gezogen hat. Den Kopf zwischen die Knie gedrückt, kann man sich dann aus eigenem Schwung kullernd vorwärtsbewegen (vgl. Anhang, Abb. 2). Die Übung heißt auch *Butterfaß rollen* oder *Brot auswirken*.

[150] Vgl. Ranke (1952: 172f.).

[151] Vgl. Kratz (1949: 393).

[152] Vgl. Kurth (1911: 78).

[153] Vgl. Kratz (1949: 446), Ranke (1952: 144) und Röhrich (1994, 4: 1253f.). Belege für die Verwendung als erotische Metapher gibt Kratz (1949: 444f.).

[154] Vgl. Zingerle (1873: 28–30).

Zeugnisse von Spielen und Spielbezeichnungen 51

In erotischem Zusammenhang wird dieser Frühlingsbrauch in einem Fastnachtspiel aus dem 15. Jh. genannt.[155]

Der Vers *Zweÿ wolten mit eigern klücken* (51) 'Zwei wollten mit Eiern klicken' klingt ebenfalls doppeldeutig. Er bezieht sich auf ein an Ostern übliches Wettspiel, bei dem man ein Ei an das eines Gegners klopfte. Wessen Ei kaputt ging, hatte verloren und mußte dieses abgeben.[156]

Die Verse *Zweÿ wolten in bluomen fallen* (8) und *Zweÿ lagen in dem graß* (38) beschreiben, wie die Paare sich in die Blumen einer Wiese fallen lassen und im Gras liegen bleiben. *Liegen* wird häufig in Ausdrücken erotischer Art wie z. B. *in Freuden liegen, verborgen liegen* gebraucht.[157]

Unklar ist der weitere Sinn des Verses *Zweÿ die stigen vff die bom* (14) 'Zwei die steigen auf die Bäume'.[158]

Die drei Verse *Zwaÿ was mitein ander wol* (3) 'Zwei fühlten sich wohl miteinander', *Zweÿ die lebten im gom* (13) 'Zwei lebten in Aufmerksamkeit'[159] und *Zweÿ lebten än rùwen* (31) 'Zwei lebten ohne Kummer' umschreiben das Glücklichsein und dienen so als verhüllende sexuelle Metaphern. Die Verse werden auch von späteren Dichtern wie Hermann von Sachsenheim, Hans Sachs, Johann Fischart, Leonhard Thurneysser und Johannes Geiler von Kaysersberg „in teils recht anstössigem Sinn" verwendet.[160]

Die „Freude" läßt die Paare laut werden, wie insgesamt fünf Verse (Vers 5, 7, 10, 21, und 45) zeigen. Sie singen (Vers 5: *Zweÿ begunden singen*), lärmen (Vers 7: *Zweÿ begunden schallen* sowie Vers 21: *Zweÿ wòlten göln*) und musizieren (Vers 10: *Zweÿ die wolten basùmen* 'posaunen'). Auch die häufig bezeugte Formel *singen unde sagen* 'gesangartig hersagen oder lesen' wird in asyndetisch koordinierter Form im Vers 45 *Zweÿ die wolten singen sagen* in die Aufzählung aufgenommen.[161]

Die in den Versen 6, 25, 27, 28, 29 genannten Tätigkeiten verweisen auf den Bereich der Wettkämpfe und Kraftsportarten. Zum Teil ist ihre erotische Konnotation naheliegend, zum Teil entsteht sie erst durch die

---

[155] Keller (1853: 410), vgl. Kratz (1949: 447).
[156] Vgl. Ranke (1952: 196). Benennungen der Eierspiele sind im ADV erfaßt.
[157] Vgl. Kratz (1949: 334–337).
[158] Vgl. Ranke (1952: 147–149).
[159] In Hs. A findet sich *im góm*, Hs. C hat *in gomen*. Vermutlich ist gemeint 'Zwei lebten im Glück' (vgl. dazu Ranke 1952: 147f.).
[160] Ranke (1952: 141)
[161] Vgl. Ranke (1952: 190).

Aufnahme in die Auflistung. Genannt wird das Springen im Vers *Zweÿ die wolten springen* (6), das Steinstoßen im Vers *Zweÿ die stiessen den stein* (29) und das Wettschießen *Zweÿ schüssen zuo dem zile* (25).[162] In Vers 6 kann einfach das ausgelassene Springen und Tanzen gemeint sein, als sportliche Übung kommt aber auch das Weitspringen mit oder ohne Stab in Betracht, wie es in zeitgenössischem Bildmaterial überliefert ist.[163] Das Steinstoßen war eine in allen Volksschichten verbreitete Übung zum Kräftemessen. Wie auf einer Miniatur der Manessischen Liederhandschrift ähnelte es in der Technik dem heutigen Kugelstoßen.[164]

Problematisch ist die Bestimmung der aufeinander folgenden Verse *Zweÿ lieffen die här* (27) und *Zweÿ spilten reisen bar* (28), die im Zusammenhang mit *Barrlaufen* noch eingehender diskutiert werden.[165] Die in Hs. A und B bezeugte Wendung *die Härr* bzw. *die Harr laufen* könnte einen Laufwettkampf meinen. Das *reisen bar* (28) wird sowohl als *Barrlaufen* wie auch als *eisenbar* 'Werfen der Eisen-Barre oder -Stange' bestimmt.[166] Von *stein vnd yssinbar werfen*[167] ist in der Autobiographie *Reisen nach der Ritterschaft* des schwäbischen Ritters Georg von Ehingen (1428–1508) die Rede. In der Romanze *Of Three Kings' Sons and the King of Sicily* heißt es: „noman did so wele as he [...] in shotyng & castyng of the barre".[168] Das Werfen mit Eisengeräten heißt jedoch auch *Stangenschieben* und *Bengel zucken*.[169]

Aus dem Bereich der Jagd, genauer gesagt der Beizjagd, von der es verschiedene Arten gab[170], stammt der Vers *Zweÿ die ritten beÿssen* (48) 'Zwei ritten auf Falkenjagd'.

In 16 Versen, nämlich in Vers 15, 19, 22, 23, 24, 26, 32, 33, 34, 37, 39, 43, 44, 46, 47 und 50 lassen sich traditionelle Regelspiele, wie sie zum Teil heute noch üblich sind, nachweisen. Zwei Brettspiele, *Schach* und *Trick-*

---

[162] Vgl. Ranke (1952: 162).
[163] Vgl. Wettwer (1933: 19).
[164] Vgl. Ranke (1952: 167), Meyer (1988: 7–9, 19) und Wettwer (1933: 20–25) mit englischen Quellen des 14. Jahrhunderts. Anstelle eines Steines konnte auch ein Eisenbarren verwendet werden, was jedoch seltener bezeugt ist.
[165] Hs. A hat *Zwei spilten risenbar*, Hs. C hat nur *Zwei spilten der bar*.
[166] Vgl. z. B. Wassmannsdorff (1899a: 77).
[167] Ehrmann (1979, 1: V. 37).
[168] Harl. MS. 326: 28, zitiert nach Wettwer (1933: 15).
[169] Vgl. Wassmannsdorff (1864: 401) mit Belegen.
[170] Vgl. dazu Meyer (1988: 6f.).

track, werden in den Versen *Zweÿ die zugen schachzabelspil* (15) *und Zweÿ spilten wirtzebel spil* (26) genannt.[171] Vermutlich ist das *Wurfzabelspiel* 'Wurfbrettspiel' gemeint, das auch unter den Namen *Tricktrack*, *Puff* und heute als *Backgammon* verbreitet ist.[172] *Zabelspil* bedeutet im Mittelhochdeutschen auch 'Liebesspiel'.[173]

In den drei Versen 19, 22 und 23 werden verschiedene Kugel- und Kegelspiele zitiert. Bei dem im Vers 19, *Zweÿ schlůgen durch den ring*, genannten, häufig bezeugten Spiel muß eine hölzerne Kugel oder ein Ball mit einem Holz, das schaufelartig ausläuft, durch einen aufgesteckten eisernen Ring geschlagen werden.[174] Dieses gut bezeugte Spiel ist als lat. *ludus sphaerae per anulum ferreum* in einem Schülergespräch in Erasmus' *Familiarum colloquiorum formulae* aus dem Jahr 1522 und im *Tyrocinium* des Apherdianus aus dem Jahr 1552 thematisiert.

Ein nicht näher bestimmbares Kugelspiel, vielleicht das in Frankreich unter dem Namen *jeu de boule* bekannte, ist mit dem Vers *zweÿ spilten der boln* (22) 'zwei spielten ein Spiel mit Kugeln' gemeint.[175] Eine sexuelle Konnotation ist auch in diesem Fall nicht auszuschließen. Der Vers *Zweÿ walten zuo dem zwegk* (23) umschreibt wohl das Kegelspiel, wobei mhd. *walen* 'wälzen, rollen' bedeutet und mhd. *zwec* den in der Mitte der Zielscheibe steckenden Nagel oder Pflock, der als Ziel diente, bezeichnet.[176]

Das Fangen als Spieltätigkeit spielt in mehreren Versen eine Rolle. Vers 24, *Zweÿ die spilten zeck*, ist insofern doppeldeutig, als er 'Zwei spielten Fangen', aber auch 'Zwei neckten sich' und 'Zwei berührten sich' bedeuten kann, da bereits das zugrundeliegende Verb *zecken* 'einen (leichten) Schlag geben, sich reizen, necken' polysem ist.

Der Vers *Zweÿ die spilten schelcklichs* (*schelcklins*) (33) wäre mit 'Zwei spielten Schalk' wiederzugeben. Ranke geht davon aus, daß *Schalk* und *Schelm* vor allem in der Bedeutung 'Dieb' synonym verwendet werden

---

[171] Hs. A hat *wirczbel*, Hs. C hat *würczobel*. Zu weiteren Formen vgl. Lexer III, s. v. *wirzebelspil, wortzabelspil, wurzabel* und DWB (14, 2: 2187f.).

[172] Vgl. Glonnegger (1984: 4) mit dem Hinweis auf ein Exemplar dieses Spiels aus Süddeutschland aus den Jahren 1560–1580 im Bayerischen Nationalmuseum München.

[173] Koller u. a. (1990: 269).

[174] Vgl. die Belege bei Rochholz (1857: 385f.), Ranke (1952: 155f.).

[175] Vgl. Ranke 1952: 156–158. Zu einer Miniatur mit einem Kugelspiel im Codex Manesse vgl. Meyer (1988: 9f.).

[176] Zum Kegelspiel vgl. z. B: Rothe (1879: 9); Schröder (1882: 95).

können[177], und zieht ein Rollenspiel wie das im *Appenzeller Sprachschatz* unter dem Namen *Schelmismachen* bezeugte Tuchdiebspiel[178] oder das bei Rochholz beschriebene alem. *Schölmen*[179] in Betracht. Es muß sich aber nicht unbedingt um ein Spiel gehandelt haben. Sollte es sich bei der in Fassung A und B verwendeten Form *schelcklichs*[180] um ein Adverb handeln, müßte man die Stelle lesen als 'zwei spielten in hinterhältiger, loser Weise', was wiederum doppeldeutig ausgelegt werden kann.

Den Vers *Zweÿ stünden für ein mit fliß* (34) versteht Ranke in der Bedeutung 'zwei standen aufmerksam vor einem dritten' und identifiziert es als „Nachlaufen und Fangen in paarweise Aufstellung im Kreis".[181] Dagegen lassen sich zwei Einwände erheben: In Handschrift C lautet der Vers *Zwei spieltent für ein mit fliß*. Statt *stehen* wird das Verb *spielen* verwendet. Des weiteren kann im Mittelhochdeutschen nach der Präposition *für* statt *einander* bloß *ein* stehen, wovon auch hier ausgegangen werden kann. Dann lautet die Stelle: 'Zwei standen mit Eifer vor einander' oder nach Fassung C: 'Zwei spielten mit Eifer vor (für) einander'.

In dem Vers *Zweÿ begunden loffen jagen* (46) 'Zwei begannen zu laufen und zu jagen' könnte *jagen* 'eilen' eine Wiederholung und Steigerung des Verbs *laufen* sein. Es könnte aber auch *jagen* im Sinne von 'verfolgen' und damit der Zweck des Laufens gemeint sein.[182] Wer oder was gejagt werden soll, wird nicht gesagt.

Zwei Verse deuten auf ein Schlagratespiel hin, bei dem einer, dem die Sicht genommen ist, erraten muß, wer ihm einen Schlag gegeben hat. Dazu gehört das „Spiel der Untreue" in *Zweÿ spilten der vntrüwen* (32)[183] und das Spiel „Wer täte dir das" in *Zweÿ spilten wer tet dir das* (37). Das Spiel der Untreue kommt auch als Umschrift des achten Medaillons auf dem Regensburger Wandteppich vor: „amor wir spielen der untrewe die wirt alta nev" ['Amor, wir spielen Untreue, die wird allda neu'].[184] Zu sehen ist ein Mann, der seinen Kopf in den Schoß einer Frau hält, wobei er über den

---

[177] Vgl. Ranke (1952: 171–172); vgl. auch DWB (8, 1071, 1074, 1508ff.); Schwäb. Wb. (5, 671) und DWB (2, 1085ff.), Schweiz. Id. (8, 701).
[178] Tobler (1837: 384).
[179] Rochholz (1857: 413).
[180] Hs. C hat *Zwei die spielten schelcklins* 'Zwei spielten Schalk'.
[181] Ranke (1952: 172); so schon Bolte (1909: 390).
[182] Vgl. Ranke (1952: 190).
[183] Vgl. Ranke (1952: 168–170).
[184] Vgl. Leyen/Spamer (1910: 6f.).

Knien eines davor sitzenden Mannes liegt. Hinter ihm sitzt eine Frau, die einen Stock in ihrer rechten Hand hält. Der Mann, über dessen Knie er liegt, hält auch etwas in seiner Rechten, vermutlich ein Stück Tau. Der Mann im Schoß muß erraten, wer ihn geschlagen hat. Die „Untreue", also der Betrug bei diesem Spiel, könnte darin bestehen, daß der Kniende davon ausgeht, von einem der hinter ihm Stehenden geschlagen zu werden, nicht aber von dem, über dessen Knie er gebeugt ist. Bis er diesen Betrug durchschaut hat, muß er eine Menge Schläge über sich ergehen lassen. Auf dem gleichen Prinzip beruht auch das Spiel *der vntrew under dem mäntlin spilen*[185] bzw. *Des ungetreuen Nachbarn spielen*. Im *Teutsch-Lateinischen Wörterbuch* von Frisch aus dem Jahr 1742 findet sich die folgende Beschreibung:

> „Es setzten sich zwey mitspielende unter einen mantel oder tuch, davon der eine dieses Spiel nie gesehen; der nun mit ihm unter der Decke sitzt, schlägt sich mit einem hölzernen Teller oder etwas anders selbst auf den kopf und stellt sich, als wenn ers errathen und so lang leiden müszte, bis er errathen, wer es gethan. endlich schlägt eben dieser den andern unter der decke bey ihm auch, bis er endlich nach vielen rathen auf andre merkt, dasz es sein ungetreuer nachbar gethan".[186]

Dieses Spiel, bei dem der Ahnungslose von seinem *Nachbarn*, der angeblich sein Leidensgenosse ist, betrogen wird, wird auch übertragen verwendet.[187] Die Doppeldeutigkeit dieses Verses besteht darin, daß *der Untrew spilen* auch 'Ehebruch begehen' bedeuten kann, wie etwa im *Buch der Liebe* aus dem Jahr 1587, wo es heißt: „sein Weib [hatt] solcher *untrew* mit jm *gespilt*", oder überhaupt als sexuelle Metapher verwendet wird: „die kuplerin [...] leeret sy [die Mägde] der *unthrüw spilen*".[188]

Das zweite Schlagratespiel *Wer täte dir das?* ist wohl das am frühesten und am häufigsten belegbare Gesellschaftsspiel überhaupt.[189] Auf dem Oberrheinischen Wandteppich mit höfischen Spielen ist die Spielweise abgebildet, die hier in Frage kommen könnte.[190] In der Spielgruppe links von der Burg legt ein Mann seinen Kopf in den Schoß einer vor ihm sitzenden

---

[185] Vgl. z. B. Fischart (1575) in Alsleben (1891: 261).
[186] Frisch (1742, 2: 387ᵃ), vgl. auch DWB (11, 3: 1959); Böhme (1897: 631).
[187] Vgl. Schwäb. Wb. (6, 262). DWB (10, 1: 2357 u. 2299), DWB (11, 3: 1959), Ranke (1952: 168–170). Auch ein Kartenspiel ist unter dem Namen *untreu Spiel* bezeugt.
[188] Vgl. DWB (11, 3: 1959f.); vgl. auch DWB (10, 1: 2383f.).
[189] Vgl. die Monographie von Enäjärvi-Haavio (1933) und Ranke (1952: 176).
[190] Vgl. auch die linke Seite des Elfenbeindiptychons in Anhang, Abb. 18.

Frau. Eine zweite Frau drückt seinen Kopf nach unten, damit er auch wirklich nichts sehen kann. Von der hinter ihm stehenden Gruppe schlägt ihm eine dritte Frau aufs Gesäß. Er darf sich nach dem Schlag sofort umdrehen, um die betreffende Person an ihrer Haltung oder an ihrer schadenfrohen Miene zu erraten.

Ein Fingerspiel, das als Abzählspiel der Kinder, aber auch als obszöne Gebärde bestimmt werden kann, verbirgt sich hinter dem Vers *Zweÿ spilten zùrlin mùrlin* (39).[191] Diese im Alemannischen verbreitete Reimbildung aus den Verben *zirlen* (*zurlen*) 'mit den Fingern spielen', aber auch 'lutschen', und *mirlen* (*mürlen*), das vielleicht nur aus lautspielerischen Gründen dazugetreten ist, waren die Anfangsworte eines Verses, der von einer obszönen Gebärde begleitet wurde. Darauf weisen Belege aus dem 16. Jahrhundert eindeutig hin. In dem Werk *Brösamlin* von Geiler von Kaysersberg heißt es: „Wan man sitzt vnd die hend vmb einander wicklet[192] und machet *zirlin, mirlin, gassentirlin*"[193]. Aus weiteren Belegen bei Geiler von Kaysersberg geht hervor, daß vor allem Frauen dieses Gebärdenspiel machen, wenn sie nichts zu tun haben. Dann liefen sie ziellos herum, stellten sich in die Tür oder ins Fenster und stocherten dort mit einem Messer, mit Spindeln oder mit dem Finger in einer Spalte: „das ist ein gewarzeichen, das sie böse Fantasien in inen hon".[194] Die Geste ist als obszöne Aufforderung oder derbe, beleidigende Spottgeste zu verstehen. Worin sie genau bestand, läßt sich nicht eindeutig bestimmen. In diesem Zusammenhang ist wohl nicht das „Däumchendrehen" gemeint[195], sondern die den Geschlechtsakt andeutende Geste, bei der Zeigefinger und Daumen der einen Hand zu einem Ring geschlossen werden und der Zeigefinger der anderen Hand hineingesteckt wird. *Zirlen* kann auch lediglich eine Gebärde der Ratlosigkeit oder der Langeweile meinen, wenn man sich mit der einen Hand an einem Finger der anderen Hand zupft oder mit den Fingern spielt, woran die übertragene Bedeutung 'zaudern, tändeln'[196] anzuschließen ist. Daran knüpft wiederum die Bedeutung 'verzierendes Um-

---

[191] Vgl. Ranke (1952: 177–184), DWB (15: 1622f.), Schirokauer (1948).

[192] *Umeinander wickeln* bedeutet nicht 'umeinanderschlingen', sondern 'hin und her bewegen, tanzen, gaukeln, zauberische Gebärden machen' (vgl. BMZ 3, 618).

[193] Geiler von Kaysersberg (1517, 1: 17). Vielleicht wurde beim Aussprechen des Wortes *Gassentirlin* noch eine andere Handbewegung als bei *zirlin, mirlin* ausgeführt.

[194] Geiler von Kaysersberg (1517, 1: 17b).

[195] Vgl. Rochholz (1857: 425f.).

[196] Vgl. Schweiz. Id. (4: 418).

spielen eines Gegenstandes durch Schnörkel' an.[197] *Zürlin mürlin* ist bis ins 20. Jahrhundert hinein auch in Kinderreimen überliefert, die zu verschiedenen Spielen gehören. Ein Berner Vers lautete:

> „*Schürli, Mürli, Gartetürli*[198], / Hus über Hof, / Alli vieri gsattleti Ross. / Es geit e Frou i ds Hüenerhus / List die beste Hüener drus, / Der Tschyppel u der Tschappel, / Spräggelochtigs Huen: / Weles söll me drus und dänne tuen?"[199]

Auch die Geste hat sich im Kinderspiel erhalten. Das Kind, das den Spruch sagt, steckt dabei seinen Zeigefinger in die zu einem Becher geformten Hände der um den Tisch herumsitzenden Kinder. Die gleiche Geste war auch im norddeutschen Raum, in der Mark Brandenburg, zusammen mit dem Kinderreim „Bettel-bettel-Müsekin, / schmiet mi wat int Hüsekin, / loat mi ni so lange schtoan, / ik mut no vör alle Deären goan"[200] Mitte des 19. Jahrhunderts noch bekannt. Das „Zürlin-mürlin" zeigt, wie Erwachsenenbrauchtum zu Kinderbrauchtum werden und dort fortleben kann. Dabei sind verschiedene Wege der Übertragung denkbar. Die Kinder können den Spruch mit der Geste bei Erwachsenen oder dem Gesinde beobachtet und übernommen haben, er kann ihnen aber auch absichtlich in Form von Fingerabzählreimen von diesen vermittelt worden sein.[201]

Einen Reigen, bei dem die Teilnehmer einen kleineren inneren und einen größeren äußeren Kreis bilden, die sich in entgegengesetzter Richtung drehen und in deren Mittelpunkt noch eine bestimmte Spielhandlung stattfindet, könnte der Vers *Zweÿ spilten inden kreissen* (47) meinen.[202]

Das Spiel *der Faulen Brücke* ist in dem Vers *Zweÿ spilten der fülen bruck* (50) bezeugt.[203] Der Ausdruck *der faulen Brücke springen* ist im 16. Jahrhundert mehrfach belegt.[204] Bei diesem Knabenspiel, das verschiedene Durchführungen haben kann, wird eine Brücke gebildet, indem sich ein Mitspieler mit abgewinkeltem Oberkörper an einem Baum oder ähnlichem festhält und sich weitere Mitspieler in gebückter Haltung hinter ihm auf-

---

[197] Vgl. Elsäss. Wb. (2, 94).
[198] Das Wort *Gartentür* kommt auch in folgendem Berner Kinderreim vor: „Gartetöri offe, / Gartetöri zue: / Gäll, i ha di troffe? / Gäll, du bisch es Chue?" (Züricher 1902: Nr. 536). Laut DWB (4, 1, 1: 1415) wird das Türlein mit der Hand gebildet.
[199] Züricher (1902: Nr. 537).
[200] Engelien/Lahn (1868: 179).
[201] Vgl. allgemein dazu Messerli (1991: 58–61); Schmidt (1896: 120).
[202] Vgl. Ranke (1952: 190f.).
[203] In Hs. A heißt es nur abweichend von B und C: *Zwey spilten vff der brucken*.
[204] Vgl. Schweiz. Id. (5: 339f.), vgl. auch Hills (1998: 30–32).

stellen, wobei jeweils der Vordermann umfaßt wird. Mit Anlauf springen nun nacheinander andere Mitspieler auf die „Brücke" und versuchen, möglichst weit vorne zu landen, ohne dabei herunterzufallen. Umgekehrt versucht die „Brücke", unter dem Gewicht nicht „faul" oder „morsch" zu werden und auseinanderzubrechen. Nach einer Beschreibung des Spiels aus der Mitte des 18. Jahrhunderts mußte es dem letzten gelingen, aufzuspringen und im Sitzen dreimal in die Hände klatschen. Dann galt das Spiel als gewonnen.[205] Fischart vergleicht in seiner *Geschichtklitterung* (1575) die „wackelige Position" der herrschenden Schicht mit diesem Spiel:

> „Dann die auff der höchsten spitzen stehen, stehen nit satt; es wird ihnen nichts mehr, dann daß sie, wie im Spiel der faulen Brucken, einmal die händ zusammen schlagen vnd jauchtzen vnd alsdann wieder herabspringen, ritschen vnd burtzeln".[206]

Die beiden Verse *Zweÿ spilten blinder músen* (43) 'Zwei spielten blinder Mäuse oder Blindmausen'[207] und *Zweÿ die wolten lussen* (44) 'Zwei wollten sich verstecken'[208] verweisen nicht einfach nur auf Versteck- und Suchspiele, sondern umschreiben damit das heimliche, erotische Treiben im Verborgenen. Die Bedeutung, Etymologie und Geschichte des gut bezeugten Spielausdrucks *Blinde Mäuse* wird weiter unten näher ausgeführt. Das Verb mhd. *lûzzen* bedeutet 'verborgen liegen, sich versteckt halten, lauern',[209] im Schweizerdeutschen 'lauschen, mit scharfen Blick (besonders in der Dunkelheit) lauern'.[210]

Zu den nicht eindeutig bestimmbaren Spielen gehört das in *Zweÿ spilten über füßlin* (12) 'Zwei spielten über Füßlein' genannte Spiel. Vielleicht ist damit das 'Treten auf den Fuß' gemeint, das als Rechtsgebärde die Herrschaft oder das Besitzrecht über jemandem zum Ausdruck bringt.[211] Möglich wäre auch eine Interpretation des Verses als Annäherungsgeste, für die es im Schwäbischen die Wendung *über den Fuß dürfen* gibt. Im

---

[205] Vgl. Gugitz (1954: 13), vgl. nl. *ezele springen* (Cock/Teirlinck 1902, 1: 294–308).
[206] Alsleben (1891: 341).
[207] Hs. A hat *Zwey spilten blinds músen* 'Zwei spielten blindes Mausen'. Die Form *rüssen* in Hs. C ist unklar. Vielleicht liegt eine Verschreibung vor.
[208] Hs. C hat *Zwei die lieffent lußen*.
[209] Vgl. Lexer (I: 2000), BMZ (I: 1061).
[210] Vgl. Stalders Schweiz. Id. (Bigler 1994: 423). Zu anderen Deutungsmöglichkeiten vgl. Ranke (1952: 190).
[211] Vgl. Ranke (1952: 144–147).

Schelmenliedchen wie auch im Spieleverzeichnis wird der Ausdruck als Pars-pro-toto-Metapher für den Geschlechtsakt herangezogen:

> „Du därfst mir net drüber 'nüber, / Drüber 'nüber über meinen Fuss, / Bis dass du mir versprichst, / Dass du mich heiraten tust [...]".[212]

Wie das *Gräsleinspielen* in *Zweÿ spilten greßlis* (17), das nur noch in einer Schilderung von höfischen Vergnügungen in der anonymen Minnerede *Kloster der Minne* begegnet[213], vor sich ging, läßt sich nicht bestimmen. Es könnte sich um das Gräslein- oder Halmziehen handeln, wie es zum Auslosen oder als Liebesorakel verwendet wird.[214] *Gras*, *grasen* und damit verbundene Wendungen sind auch erotisch konnotiert.[215]

In dem Vers *Zweÿ sprach der plaß ist min* (40) kommt wahrscheinlich ein Ausdruck für ein Platzwechselspiel vor.[216] Das Wort *Platz* kommt auch in den von Dohna 1618 überlieferten Ausdrücken d. *Euer platz gefellt mir* und frz. *Voster place me plaict* vor. Die Hs. C hat jedoch statt *plaß* 'Platz' *flachs* 'Flachs', auch in Hs. A ist eher *flas* als *plas* zu lesen.

Der Flachs kommt in einer weiteren Wendung des Spielverzeichnisses vor: *Zweÿ eins vff den flaß schreit* (42). Ranke faßt *flaß* als einen Schreibfehler für 'Platz' auf und geht von der verbalen Fügung *auf etwas schreien* 'mit dem Begehren nach etwas schreien'[217] aus, so daß er den Vers mit 'Von zweien oder mehreren Spielern begehrt einer laut einen Platz' übersetzt.[218] Gegen diese Lesart spricht, daß alle drei Handschriften das Wort *Flachs* verwenden. Da die Form *schreit* auch als Präteritumform zu mhd. *schrîten* 'schreiten, steigen' bestimmt werden kann, könnte *auf den Flachs* (Hs. A, B) bzw. wohl richtiger *über den Flachs* (Hs. C) eine direktive Ergänzung zu *schreiten* sein. Dann lautete der Vers 'Von zweien schritt einer über den Flachs', sein Sinn wäre jedoch nach wie vor unklar.

Der Vers *Zweÿ spilten tumpheit* (41) 'Zwei spielten Dummheit' lautet in Hs. C *Zwei spieltent dümpheit dorpheit*. Man könnte den Vers mit 'Zwei spielten Torheit und Ungehörigkeit' wiedergeben, zwei benahmen sich also albern und ungehörig. Die *Dummheit* oder *Narrheit* kommt in mehreren

---

[212] Schwäb. Wb. (2: 82).
[213] LS (2: 200).
[214] Ranke (1952: 149–155) diskutiert weitere Möglichkeiten.
[215] Vgl. die Belege bei Kratz (1949: 123ff. u. 224–230).
[216] Vgl. Ranke (1952: 184f.) und Bolte (1909: 191).
[217] Vgl. DWB (9, 1716).
[218] Vgl. Ranke (1952: 186), vgl. auch Böhme (1897: 654).

Spielbenennungen vor[219], ohne daß sich eine eindeutige Zuordnung vornehmen läßt.[220]

Zusammenfassend läßt sich festhalten, daß zahlreiche Verse sich nicht auf konkrete Spiele beziehen, sondern die Freude und das Glück zweier Liebender umschreiben.[221] Dies ist die eigentliche Funktion sämtlicher Verse der Auflistung, einschließlich der von Ranke als „unverständlich und nichtssagend" bewerteten „Flickverse", mit der das Verzeichnis aus „Sucht nach Stoffülle aufgeschwemmt" werde. Darin, und nicht etwa in Meister Altswerts „berüchtigter Schematisierungssucht"[222], ist auch der Grund zu sehen, daß jeder Vers anaphorisch mit „zwei" beginnt. Die Kunst der Aufzählung von Vergnügungen in der Minneallegorie *Der Tugenden Schatz* liegt gerade darin, daß die Entscheidung, „ob Spiel, ob süsses Nichtstun oder Liebelei [...] nicht leicht zu treffen" ist[223], da Meister Altswert sowohl eindeutig sexuelle Metaphern als auch bewußt doppeldeutige Verse und schließlich unverdächtige, als sexuelle Metapher unübliche Tätigkeiten in sein Verzeichnis aufnimmt. Die Beteuerung „Sie triben hundert hand schimpf / Das taten sie als mit gelimpf" erscheint nun ebenfalls in einem doppeldeutigen, ironischen Sinn, denn auch *schimpfen* 'spielen, scherzen' und *glimpfen* 'miteinander artig sein' können „alle möglichen Stufen des Liebesgenusses" ausdrücken.[224] Es bleibt also weitgehend in der Schwebe, ob nur das verliebte Gebaren der Paare metaphorisch durch die Überfülle an Wendungen und Ausdrücken von Spiel und Vergnügen in Worte gefaßt werden soll, wie etwa in der anonymen Minnerede *Kloster der Minne* aus der ersten Hälfte des 15. Jahrhunderts, oder ob hier die weniger harmlosen Freuden genannt werden, wie dies später zum Beispiel in Thurneyssers *Archidoxa* aus dem Jahr 1575 der Fall ist:

„In dem [Palast] pflag man der liebe spil/ Da saß ein Tisch voll/ die kurtzweil Mit Essen/ Trincken/ küssen hetten/ In dem Sal etlich tantzen tetten. Do spielten etliche in dem Brett/ Das Venus vndrem furtuoch hett/ Der Rett/ schimpft

---

[219] Vgl. *Welches Narrheit wer dir lieber* (Fischart 1575) und *Des Spital der Narren* (Fischart 1575) bzw. *Der Narren Spital* (Harsdörffer 1644: 284 und 306).
[220] Vgl. Ranke (1952: 185f.).
[221] Eine Interpretation als Spiel, wie sie Ranke (1952) versucht, trifft z. B. für die Verse 36, 53, 54 nicht zu.
[222] Ranke (1952: 149).
[223] Ranke (1952: 141).
[224] Katz (1949: 397). Vgl. die Belege bei Milnes (1949: 148f.) und Kratz (1949: 397–401; 459ff.).

mit eim Weib in lust Küsts an ein Wenglein greift andprust. Vnd sonst an Ort/ die loß ich bleiben/ Wie dann die Buoler stettigs treiben [...]."[225]

Daß es sich um ein erotisches Spielverzeichnis handelt, bestätigt schließlich auch eine von späterer Hand auf Handschrift B hinzugesetzte Überschrift. Sie lautet: „Ettliche reimen von dem buolen".

B. Die Aufzählung im *Buch von Troja* nach Guido de Columnis (15. Jh.)

Die nun folgenden Spieleaufzählungen befinden sich in verschiedenen deutschen Prosaübersetzungen des *Buches von Troja nach Guido de Columnis* aus spätmittel- und frühneuhochdeutscher Zeit. Sie sind dem antiken Mythos von der Entstehung der Spiele zur Zeit der Belagerung Trojas durch die Griechen zu verdanken. Ursprünglich besagt dieser Mythos, daß der wegen vieler Erfindungen gerühmte Palamedes während des Trojanischen Krieges auch die Würfel- und Brettspiele erdacht habe. Nach Herodot (1, 94) nehmen jedoch die Lyder die Erfindung aller bei ihnen und den Griechen üblichen Spiele für sich in Anspruch, insbesondere des Würfel-, Knöchel- und Ballspiels sowie aller anderen Spiele außer dem Damespiel. Angeblich haben sie die Spiele in der Zeit erfunden, in der sie das Land am Tyrrhenischen Meer besiedelten. Durch Würfel-, Knöchel- und Ballspiel vertrieben sie ihren Hunger. An einem Tag spielten sie, um nicht ans Essen zu denken, am nächsten Tag aßen sie wieder und spielten nicht. Auf diese Weise sollen sie 18 Jahre lang gelebt haben.[226]

Guido de Columnis geht in seiner *Historia destructionis Troiae* aus dem Jahr 1287 im Zusammenhang mit der Beschreibung der Stadt Troja auf die Spiele ein, die im Lager vor Troja erdacht worden sein sollen:

„Huius autem ciuitatis diuersorum ludorum diuersa genera diuersis in ea adinuentionibus statuerunt. In ipsa primo adinuenta fuerunt scac[c]orum solatia curiosa, ibi ludi subito irascibiles alearum, hic repentina dampna et lucra momentanea taxillorum. Ibi tragedie et comedie dicuntur primitus institute, quamuis quidam asserant in insula Sicilie inuentam fuisse primitus comediam. Ibi inuenti leguntur ludi circenses et maiuma, que primo uidelicet ueris tempore,

---

[225] Thurneysser (1575: Bl. 37ᵃf.).
[226] Vgl. Weiler (1993: 25) und das Kapitel *De lvdorum origine* bei Boulenger (1627/1699: 907).

arboribus in multa fronde uirentibus et floribus in prima pubescentibus iuuentute, fieri primo mensis Maii consueuit. Ibi multorum aliorum ludorum genera adinuenta fuerunt, que consueuerant hominum animos demulcere et humanis aspectibus solatia delectationes inger[r]ere ad exillarandas intuentium uoluntates."[227]

Seine weit verbreitete lateinische Darstellung des Trojanischen Krieges, der zu den beliebtesten literarischen Stoffen des europäischen Mittelalters gehörte, nimmt unter allen anderen Bearbeitungen eine herausragende Stellung ein.[228] Sie wurde im späten Mittelalter mehrfach, zum Teil anonym, in deutsche Prosa übersetzt. Von den anonymen Verdeutschungen sind diejenigen kultur- und spielgeschichtlich besonders aufschlußreich, deren Übersetzer sich an verschiedenen Stellen von der Textvorlage lösen und die eigenen, zeitgenössischen Verhältnisse einfließen lassen. Im folgenden werden drei von den sechs anonymen, zum Teil nur fragmentarisch erhaltenen Fassungen herangezogen, in denen die betreffende Stelle besonders ausgestaltet ist: eine ostmitteldeutsche Fassung (B) aus dem frühen 15. Jahrhundert[229], eine ebenfalls in der ersten Hälfte des 15. Jahrhunderts entstandene mitteldeutsche Fassung (P)[230] und eine bei Mortiz Brandis 1495 erschienene niederdeutsche Druckfassung (N) aus Magdeburg.[231] Da die ostmitteldeutsche (thüringische) Handschrift B die meisten „Spiele" nennt, dient sie als Grundlage. Die beiden anderen Handschriften P und N werden vergleichend herangezogen.

Die Auflistung *Was spel zcu Troye erdacht worden* ist eine für das 15. Jahrhundert aufschlußreiche, aber wenig bekannte Quelle.[232] Sie enthält einige sonst nicht bezeugte Spielbezeichnungen. Laut Handschrift B wurden bei der Belagerung Trojas durch die Griechen sowohl in der Stadt als auch bei den Heeren vor der Stadt die folgenden Spiele erfunden:

„In der stat worden erdacht mancherhande spel, als schachczabel, bretspil, grisen vnd andere spil. Do worden ouch erdacht mancher hande schimph, als jostiren, rußliren, torniren, stechen, schirmen, ryngen, springen, steyne vnd glegib werffen, tanczen vnd schregken, seytenspil, pfiffen, pasunen, pucken, orgeln;

---

[227] Griffin (1936: 49).
[228] Vgl. Boková/Bok (1990: 15); Brunner (1990); VL (2: 1101–1104).
[229] Berlin, Ms. germ. fol. 1202, editiert von Stammler (1963: 58–69).
[230] Prag, Bibliothek des Domkapitels, Hs. G XXIX, editiert von Boková/Bok (1990).
[231] Ediert von Krogerus (1951).
[232] Vgl. Stammler (1963: 110) und Boková/Bok (1990: 33f.) mit einer kurzen Kommentierung der Stelle.

vnd vil geylikeit, dy junge lüte triben, ballenspel, *vornevor, blynczenspel* und alle andere spele, davon dy lute lust vnd froude haben, sint alle zcu Troye yn der stat vnd ouch yn den heren vor der stat erdacht vnd funden".[233]

Mit der lateinischen Vorlage stimmt nur die Nennung des Schach-, Würfel- und Brettspiels überein. Weggelassen werden dagegen die Tragödie und Komödie, die Zirkusspiele und die *Maiuma*[234], die zu Beginn des Monats Mai üblichen Festlichkeiten und Spiele.

Die entsprechende, mit der Randglosse „Von spile" versehene Stelle in der mitteldeutschen Handschrift P lautet:

„In der stat wurden erdocht mancherhande spile, als schachzabel, bretspil, greyßen mit wurffeln. Do wurden ouch all meister gesenge und discantiren zcum ersten funden, tanczen noch liden und uch nach seyten spil, und pfeyffen wart uch do ersten funden und irdocht und vil geilikeit, die jungen luthe treben. Also ba&[l]spil, *vornevor, plinczenspil* und alle ander spil, do von di leut lust und frewden gewinnen, mit thu&n und mit zu sehen, sint alle vor Troya funden und irdocht worden".[235]

In der niederdeutschen Druckfassung (N) aus dem Jahr 1495 findet sich unter der Überschrift „Watterleye spele tho Troya erdaht worden" folgende Aufzählung:

„In der stat Troya worden meningerleye spele erdacht: schachtafele, bretspeel vnde ander speel. Ock wart dar erdacht mennigerleye schimp, alse torneren, steken, schermen, ringen, springen, steine vnde bomwerpen, danzcen vnde schricken vnde mennigerleye sedenspele, alse luten, pipen, bassunen, bungen, orgelen, balwerpen vnde alle ander spel, dar de lude lust, leue vnde vroude van hebben, de sint alle tho Troya in der stat vnde ock vor der stat in dem here erdacht vnde gevunden worden".[236]

Diese Auflistungen der Spiele lassen einen Vergleich zu, welche regional typischen Vergnügungen der jeweilige Bearbeiter des Stoffes unter „Spiel" versteht. Interessant ist dabei die vom Übersetzer der Hs. B vorgenommene Untergliederung in mhd. *spel* 'Spiel', mhd. *schimpf* 'Spaß, Kurzweil, Zeitvertreib' und mhd. *geylikeit* 'Geiligkeit, Fröhlichkeit' der jungen Leute, denen die zeitgenössischen, im ostmitteldeutschen Raum üblichen Vergnügungen und Belustigungen zugeordnet werden. „Spiele" sind nach die-

---

[233] B 62ª; Stammler (1963: 60).
[234] Zu den Mai-Spielen (*May Games*) vgl. Strutt (1903: 275–282).
[235] Boková/Bok (1990: 25f.).
[236] 18ᵛ; Krogerus (1951: 100).

ser Einteilung das Schachspiel (*schachczabel*), Brettspiel (*bretspil*) und ein nicht identifizierbares *grisen* (?) bzw. *greyßen mit wurffeln*[237] genanntes Würfelspiel. Unter „Schimpf" werden die ritterlichen Wettkämpfe zu Pferd wie das *jostiren* 'Lanzenstechen'[238], *rußliren* 'ein Roß tummeln'[239] und *torniren* 'am ritterlichen Turnier teilnehmen' gerechnet. Des weiteren gehören das Kämpfen mit stumpfen Waffen wie das *stechen* 'Stechen' und *schirmen* 'Fechten mit einem stumpfen oder hölzernen Schwert und der Rundtartsche'[240] oder das Kämpfen ohne Waffen wie das *ryngen* 'Ringen'[241] und *springen* 'Weit- oder Stabweitsprung'[242] sowie der Weitwurf mit Steinen und der *glevîe* (*glebib*) 'Lanze'[243] dazu. In Hs. N wird das Lanzenwerfen durch das regional typische *bomwerpen* 'Baumwerfen' ersetzt, das im 14. Jahrhundert in England als *cast the tree* bezeugt ist.[244] Schließlich wird auch das *tanczen* und *schregken* 'Tanzen und Hüpfen' unter „Schimpf" gefaßt. Diese ritterlichen Spiele fehlen der Hs. P ganz. Stattdessen findet sich dort die Bemerkung, daß die *meister gesenge* 'Meistergesänge' und das *discantiren* 'die Oberstimme singen, mehrstimmig musizieren' vor Troja erfunden worden seien. Alle Handschriften überliefern das Musizieren auf Instrumenten, das Saitenspiel (*seytenspil*), Pfeifen (*pfiffen*), Posaunen (*pasunen*), Pauken (*pucken* bzw. *bungen*), und Orgeln (*orgeln*) als vor Troja erfundene Beschäftigung.[245] In Hs. N wird noch das Laute spielen (*luten*) genannt. Zu den ausgelassenen Bewegungsspielen der jungen Leute gehören das Ballspiel sowie das Spiel *Vornevor* und das *Blinzenspiel*. Die Nennung der beiden letztgenannten, weiter unten ausgeführten Bezeichnungen im Rahmen einer Aufzählung der vor Troja erfundenen Spiele stellt eine Besonderheit dar.

---

[237] Vgl. Hs. P. In Taubers Dissertation über das Würfelspiel im Mittelalter und der frühen Neuzeit (1987) ist der Ausdruck *grisen, greyßen* nicht erfaßt.

[238] Vgl. Meyer (1988: 33f.) mit einem Kommentar zu den Tjostszenen der Manesse-Miniaturen.

[239] Vgl. Stammler (1963: 110).

[240] Vgl. Meyer (1988: 28, 35).

[241] Vgl. hierzu die von Wettwer (1933: 80–89) zitierten und kommentierten Quellen.

[242] Vgl. Wettwer (1933: 17–20).

[243] Vgl. Stammler (1963: 110).

[244] Vgl. Wettwer (1933: 29f.); Strutt (1903/1968: 62); Seering (1953: 78f.). Als *tossing (throwing) the caber* lebt der Wettkampf heute noch in den schottischen „Highland-games" fort.

[245] Zu den Instrumentenbezeichnungen und Tonerzeugungsverben im Alt-, Mittel- und Neuhochdeutschen vgl. Relleke (1980).

C. Die Aufzählung im *Gargantua* von Rabelais (1534) und ihre Übertragungen

Im 20. Kapitel „L'estude et diete de Gargantua, scelon la discipline de ses precepteurs Sorbonagres" des satirischen Romans *Gargantua* von François Rabelais (1494–1536) aus dem Jahr 1534 wird das scholastische Bildungswesen, nach dem Gargantua eine Zeitlang erzogen wurde, scharf angegriffen. Anschaulich wird dargestellt, wie sich Gargantua der Lehre seiner „précepteurs sophistes" gemäß benimmt: Er schläft, ißt, trinkt und spielt übermäßig viel, studiert aber nur wenig. Anhand des Themas „Spiel" bringt Rabelais nun den Gegensatz zwischen scholastischem und humanistischem Bildungswesen deutlich zum Ausdruck.[246] Die namentlich aufgeführten Spiele, in der ersten Auflage sind es 142, später etwa 220[247], sollen die sinnlose Zeitvergeudung vor Augen führen, der der Schüler nach der alten Erziehungslehre überlassen ist.[248] Das neue, humanistische Bildungsideal schränkt das Spielen zeitlich ein. Studium, körperliche Ertüchtigung und Spiel wechseln einander nun sinnvoll ab und ergänzen sich gegenseitig.

Ähnlich wie bei der Auflistung der Spiele in Meister Altswerts Minneallegorie *Der Tugenden Schatz* wird auch hier der Vorwurf erhoben, daß die Zahl der Spiele „künstlich in die Höhe getrieben" sei.[249] Die hohe Zahl der Spiele ergäbe sich deshalb, weil einige Spiele zweimal aufgeführt würden, wenn auch in unterschiedlicher Schreibung.[250] Einige Benennungen wie frz. *martres* und frz. *pingres* seien lediglich Heteronyme. Manche Benennungen verwiesen auf einander ähnliche Vergnügungen. Des öfteren werde nicht das Spiel selbst, sondern ein im Spiel vorkommender Ausdruck genannt. Eine Reihe von Ausdrücken wie z. B. frz. *ventre contre ventre* könnten sowohl ein Spiel benennen als auch in sexuellem Sinn vestan-

---

[246] Vgl. Retter (1992: 78).
[247] Vgl. Edition von Calder (1970: 134–140). Kommentiert sind die Spiele in Psichari (1908 und 1909) und in den Rabelais-Ausgaben von Esmangart/Johanneau (1823) und Lefranc (1912). Vgl. auch die deutsche Übersetzung von Regis (1832: 68–72).
[248] Vgl. Calder (1970: 134).
[249] Vgl. Mehl (1990: 495).
[250] Die angeführten Beispiele frz. *mousche* vs. frz. *mousque* und frz. *blanche* vs. frz. *blancque* sind aber möglicherweise doch für verschiedene Spiele nachweisbar.

den werden. Auch würden volkstümliche Bräuche, die nicht im eigentlichen Sinne Spiele sind, genannt.[251]

Berechtigter erschiene dieser Vorwurf, der von der bis heute rätselhaften Funktion solcher Aufzählungen in literarischen Texten zeugt, gegenüber der Spiele-Auflistung in der deutschen Gargantua-Bearbeitung des Johann Fischart (1546–1590) mit dem Titel *Geschichtklitterung*, die zuerst 1575 erschien und sogar um das Dreifache erweitert ist.[252] Die Namen der Spiele in Fischarts Verzeichnis gehen teils auf die französische Ausgabe von Rabelais, teils auf die niederländischen Bezeichnungen im weiter unten besprochenen *Nomenclator* des Hadrianus Junius von 1567 und teils auf elsässische Spiele, die Fischart selbst bekannt waren, zurück. Neben Spielnamen enthält das Register auch Liedanfänge, Sprichwörter und Redensarten, Wortspiele, Rätsel, Scherzfragen und Bezeichnungen für Tänze. Neu erfunden hat Fischart wohl keinen der Ausdrücke, er hat sie entweder mehr oder weniger getreu aus dem Französischen oder Niederländischen übersetzt oder lehnt seine Phantasiebildungen zumindest lautlich an Vorbilder an.[253]

Die Spieleaufzählung befindet sich im Kapitel „Von des Gargantuwalts mancherley Spiel, vnd vngewuel"[254]. Das Kapitel schildert die ungesunde Lebensweise des Gargantua: Nach dem Abendessen, bisweilen auch nach dem Mittagessen wird der Tisch abgeräumt und ein grüner Teppich aufgelegt. Dann werden Karten, Würfel und Brettspiele gebracht. Daneben spielt Gargantua zahlreiche andere Spiele, und zwar mit und ohne Frauen, mit und ohne Gesinde sowie bei Licht und bei Dunkelheit:

> „Jedoch hett er allerley Spiel inn allerley Wehren vor, mit vnnd ohn Frawen, ohn vnd mit Frawen, mit vnd ohn das gesind, bei Liecht vnd bei keim Liecht: war gar kurtzweilig wie ein Floh im Ohr, lustig wie ein Nasser Sontag, vnd dasselb spilender vnd gailender weiß".[255]

---

[251] Interessant wäre ein Vergleich der Spiele-Auflistung im *Gargantua* mit der Auflistung in dem Gedicht *La friqvassee crotestyllonnee, des antiqves modernes chansons. Ieux, et menu Fretel des petits Enfans de Rouen, tant Ieunes que vieux* aus dem Jahr 1557 (Blanchemain 1878).

[252] Vgl. die synoptische Edition von Alsleben (1891) und die Edition der Ausgabe letzter Hand von Nyssen (1963) mit einem Glossar.

[253] Zum Spielverzeichnis vgl. den Kommentar von Rausch (1908a und b).

[254] Alsleben (1891: 258–271; Nyssen (1963: 238–251).

[255] Alsleben (1891: 259).

Nun werden über 620 Spiele aufgezählt. Mit diesen „bossierlichen Rockenstubnarrischen Spil" und „schlafftruencklichen uebungen" samt zahlreichen Rätseln weiß Gargantua seine Zuschauer zu amüsieren. Hat er genug gespielt, trinkt er gehörig und schläft ein Weilchen, um danach noch mehr Wein zu trinken. Dann fängt er ein wenig zu studieren an, um bald darauf zum Fischen zu gehen, seinen Hund abzurichten und „sonsten spiel, die inns Feld gehoerten zu ueben".[256] Nach seiner Rückkehr ißt und trinkt er ausgiebig mit seinen Nachbarn, worauf die „schoene[n] Euangeli von Holtz, das ist, Vollauff Prettspiel, oder das schoen Fluessen, Eß, dauß, troi" auf den Plan kommen. Nach diesen Spielen „ohne Frauen" ziehen sie noch einmal durchs Dorf, gehen in die Spinnstuben und amüsieren sich bei Spielen „mit Frauen":

> „[...] sie [giengen] herumb gassatum, Hipenspilatum, Mummatum, dummatum, fenstratum, Raupenjagatum, vnnd sonst zu den heimlichen Klostercolaetzlin, Jungfrawbancketlin, zum Liecht vnnd zun Schlafftruencken".[257]

Dann gehen sie mit Kleidern ins Bett und schlafen bis tief in den Morgen. Im folgenden 26. Kapitel wird beschrieben, wie die Erziehung Gargantuas in geordnetere Bahnen gelenkt wird. Dort findet sich eine weitere Auflistung von Spielen, in der auch das *Barrlaufen* zitiert wird.

Die englische Rabelais-Bearbeitung von Sir Thomas Urquhart und Peter le Motteux aus dem Jahr 1653 enthält im 22. Kapitel „The Games of Gargantua" nur 217 Ausdrücke.[258] In den meisten Fällen kann man davon ausgehen, daß die französischen Spiele der Vorlage mit den entsprechenden englischen Bezeichnungen wiedergegeben werden.[259]

In der niederländischen Gargantua-Bearbeitung von Claudio Gallitalo *Alle de geestige werken van Francois Rabelais* aus dem Jahr 1682 werden nur 154 Spiele genannt, die aber wohl ebenfalls alle als authentisch, d. h. als im 17. Jahrhundert bekannt und gebräuchlich gelten dürfen.[260]

---

[256] Alsleben (1891: 270).
[257] Alsleben (1891: 271).
[258] Urquhart (1653: 81–84).
[259] Vgl. Hills (1998: 10).
[260] Vgl. die Edition von Hoffmann (1838: 184–188). Knapp kommentiert sind die Spiele in Cock/Teilinck (1902, 1: 48–56).

D. Die Aufzählung des Grafen von Dohna (vor 1618)

Um eine nichtliterarische Quelle handelt es sich bei der ehemals im gräflich dohnaschen Archiv zu Schlobitten in Ostpreußen befindlichen Liste von 71 Spielbezeichnungen, die wohl vor 1618 von dem anhaltischen und kurpfälzischen Rat, Burggraf und Freiherr Christoph von Dohna (1583–1636) angelegt wurde.[261] Dohna, der dem Heidelberger Hofkreis angehörte und ein guter Kenner der französischen Sprache und des französischen Hoftons war, trug in seiner Funktion als Kämmerer des pfälzischen Kurfürsten Friedrich V. zur Einführung französischer Hofsitten an den deutschen, protestantischen Fürstenhöfen bei.[262] Wie aus zeitgenössischen Gemälden oder aus den Briefen der Herzogin Charlotte von Orléans hervorgeht, war es am französischen Hofe üblich, sich miteinander durch Spiele aller Art zu unterhalten. Von dort aus breitete sich diese Mode auch in den deutschen Hofkreisen aus. Hier liegt sicher der Grund dafür, daß Dohna die Spielnamen festgehalten hat. Er hat sie sich aufnotiert, um Anregungen für die Gestaltung gesellschaftlicher Abende zu haben. Die ersten fünf Spiele haben französische Namen, die übrigen Spielbezeichnungen könnten aus dem Oberpfälzer Raum stammen.[263] Genannt werden unter anderem die Bewegungsspiele *Den dritten schlagen*, *Der blinden mauß*, *Des versteckens* und *Das schnupfduech fallen lassen*:

„Je vous vend mon nom, mon surnom, ma devise, ma couleur et mon serviteur / Pique, raffe, taille / Au propos / Voster place me plaict / Ainsi fait l'oie, ainsi fait lengeor, [ainsi] fait le petit canar [!] / Auf der prucken zu Paris, da man geht nach etc. / Den zeinerdanz spilen oder danzen / *Den dritten schlagen* / Das stock spilen / Des umblaufens spilen / Des handwerks spilen / Adam der hat sieben söhn, sieben söhne hat Adam / Weiss hat sein farb verloren, ist nit wahr etc. / Schweinfüsslein tragen [o]der sonst ein holzlein in 31 thail gethailet / Gott gruess Euch, bruder Eberhard / Aus den vier elementen etwas nehmen / Wozu ist das stro guet? / Die stille music / Ein wachtel im sack und ein rechen etc. / Kneipichen ohne lachen / Ein bohn in mein sack / Wo beutelt man häsel[nuss]? / Das eisen halten / Euer platz gefellt mir / Das holz schneiden / Wechfelde [?] pankeroth / Wie gehts, brueder Gigack? / Herr ritter, herr witter ritter? / Wer das nicht kan, der kans nit / *Der blinden mauß* / Der sehenden katzen / Die beide blinden mit den schlüsseln / Herr schultheis, darf ich zum Buchsichen gehn?

---

[261] Fasz. 59/3, ediert von Chroust (1895: 415) und Bolte (1909: 390–392), jeweils mit einem kurzen Kommentar.
[262] Vgl. Chroust (1895: 411).
[263] Vgl. Chroust (1895: 415).

/ Ich hab dich lieb, womit unterhelt man die lieb? / Forällichen, an mein nüstrichen / Was vergleicht sich eines bösen weib am besten? / Was hastu am liebsten, ein pferd, ein klaid oder ein ring? / Seit ihr frau ros, ich hett gern ein negelestock / Warumb habt ir euern bulen lieb? / Das bixchen [!] von der lieb; was ist etc. / Das propos herumb gehn lassen / Ich trag Wohlgemueth, wo tregstu in hin? / König alter, wo sol ich mich hinbehalten? / Den König verstecken / Den versteckten schue suchen / Der gluckhennen spilen / Des wolfs spilen / Ich sitz auf mein hüttigen / Herr apt, herr apt, was ist des closters orden? / Ich hab ein garten, was für einen baum, vogel ...? / Stirbt der fuchs, so gilt der balk / Mich muhet, mich muhet / *Des versteckens* / Nun tretet heran, ich will euch frölich machen, ob ich kan. Nun sehet auf mich all, die in disem tanze gehen, die thun wie ich / Frau, wolt ihr sauer milch kaufen? / Den alten Haupel / Den hirten haissen, wan man euch mit den ohren herumberführt / Des blinden richens / *Das schnupfduech fallen lassen* / Ich hab dich lieb, reciproce, wen hast lieber als mich? / In der bernhaut / Mit 3 wickfeln [!] paschen / Den steinigen errathen / Blau waschen / Das schäflein austhailen, den Kopf, füs, wanst etc. / Herr könig, ich dient euch gern / Das gänsel rupfen under dem leilach / Einen buchstaben aus dem abc, darauf sagen die statt, das zeichen, den vor [?], die wirtin etc. / Die schwereste gens heben / Den hasen hinderm busch / Ich will dir einen pfening geben, kauf darumb, was du wilt [!] ausserhalb ja und nein".[264]

E. Die Aufzählung in Grodnaus
Neu auffgefuehrter Geschicht-Seule Erste Ecke (1646)

In Grotnitz von Grodnaus Leipziger Roman *Neuauffgefuehrter Geschicht-Seule Erste Ecke* aus dem Jahr 1646 werden *allerhand Kurtzweil=Spiel* aufgeführt, mit denen sich Prinzessin Ramisa mit ihrer Hofgesellschaft die Zeit vertreibt. Bei den 32 aufgeführten Spielen handelt es sich vorwiegend um Pfänderspiele, aber auch Bewegungsspiele wie *Ich fange euch ohne einen Meyen* (?), *Ich fange euch, wo ich euch finde* (?)[265], *Der blinden Kuh* und *Verbergens*[266] werden genannt. Der Reiz einiger der genannten Spiele liegt darin, daß die Teilnehmer ihre heimlich empfundene Liebe durch Gebärden und wechselnde Gesichtsfarbe verraten. Laut Bolte habe

---

[264] Bolte (1909: 390–392).
[265] Die beiden Wendungen *Ich fange euch ohne einen Meyen* und *ich fange euch wo ich euch finde*, frz. *a je vous prens sans verd* beziehen sich wohl auf ein im Frühling geübtes Spiel (vgl. Rausch 1908a: 80).
[266] Grotnitz (1646: 227f.).

diese Spielliste keinen Wert, da sie einfach aus Fischarts Verzeichnis abgeschrieben sei[267]:

> „Koenigsloesen: der Richter: Burckart mit der Nasen/ komm hilff mir grasen: wir geben und nehmen einander: des Gluecks: wer findt/ der gewinnt: nun fahe den Ball ehe er fall: womit dienstu deinem Buhlen: Was fuer Blumen gebt ihr mir zum Krantz: Des Liebrathens: Ich fisch in meines Herrn Teich: *Der blinden Kuh:* Wechseltantz: Gevatter leihet mir ewren Sack: Des hoeckerichten Hofmans: Der HofAempter: Welches Narrheit were dir am liebsten? Was gilt ein groß Maul guts? Ich fange euch ohne einen Meyen: Ich fange euch wo ich euch finde: Der neun Haende: Der Koenigin: Des Todentantzes: Den Habern saeen: Spring aus dem Busch: Rath wer hat dich geschlagen? Fuer sich/ hinter sich: Rath was ist das? Der Schoensten den Stein: Es kommt ein Fisch/es kommt ein Voegelein: Rathet ihr/ was stund im Brief? Ich ruehr/ ich ruehr: Wer das nicht kan der kan nicht viel: Der unverstaendlichen Sprachen: Wozu ist das Stroh gut? Was schenckestu mir ins Haus? Warumb hastu deinen Liebsten lieb? Helmlein ziehen: *Verbergens*: Da sitz ich/ da wart ich auff dich: Vnd dergleichen lustige Kurtzweilen mehr".[268]

F. Die Aufzählung in den *Facetiae facetiarum* (1657)

In dem Kapitel „De virginibus theses inaugurales" der lateinischen *Facetiae Facetiarum* aus dem Jahr 1657[269] werden in einem eingeschobenen deutschen Textstück „allerley Christliche Spiel" genannt, mit denen man sich neben ausgelassenem Tanz die Zeit vertreibt. Laut Bolte hat der Verfasser „aus Fischarts Liste nur die verfänglichsten Spielnamen ausgelesen".[270] Von den 19 Spielnamen gehen 13 tatsächlich auf Fischarts Aufzählung der Ausgabe von 1590 zurück. Von den Fang- und Versteckspielen wird das *Blinde Maeuß*-Spiel angeführt:

> „da hüpffen sie auch wol nach einer rostigen Trumpel/ Hackmesser/ Becken/ oder dergleichen: Oder fangen sonst allerley Christliche Spiel an/ als da sind die *Blinde Maeuß*/ Sackmutter/ Fickmuohl/ Auß vnd ein/ Vbereck ins Bein/ das Allefentzel/ Greiff ans Schwaentzel/ des Venus Tempels/ des Fuchs/ des

---

[267] Bolte (1909: 401f.). Um vier Spielnamen erweitert findet sich diese Spielaufzählung 1702 in Georg Wesenigks Werk *Das Spielsüchtige, siebenfächtige Polysigma der Bösen Spiel-Sieben* (Wesenigk 1702: 16f.) wieder.

[268] Grotnitz (1646: 227f.).

[269] Bolte (1909: 390) zitiert eine Ausgabe von 1615.

[270] Bolte (1909: 390).

Vogelkuessens/ des letzten Stichs/ der jhn so wol thut/ Loch zu loch/ In die Wuerst fahren/ Der liebe Predigt/ Bauch wider Bauch/ des Stichgruebels/ Es mueth mich: Quid est, ein jeder Vogel in sein Nest".[271]

G. Die Aufzählung in Hoevelens *Helden Lust-Uben* (1663)

Moralische Bedenken veranlassen Konrad von Hoevelen in seinem Werk *Helden Lust-Uben, oder Ehren- Tantz- und Sing-Schau-Spiele Entwurf* aus dem Jahr 1663 zu einer Auflistung von Spielen. Ehrbare Jungfrauen sollen sich möglichst nicht bei geselligen Anlässen wie Hochzeitstänzen unter die Männer mischen, mit ihnen tanzen oder Spiele treiben, weil dies „allerhand Wollust/ Bulerisch Anlachen/ ungebuerliges Anblikken/ uebermaessiges Brunst=giren/ leichtfaertiges Bezuepfen/ unzimliges Springen/ und wol gar nicht wolanstaeheliges Kleider Entbloessen und gailes Begreifen" zur Folge hätte.[272] Hoevelen nennt fünfzehn auf „Gastereien/ Spazirfarten/ Feierfaesten/ Nachtwachen" geübte Spiele, darunter die Fang- und Versteckspiele *Blindekuhe laufen, Drittenslagen* und *Saehet euch nicht um, mein Knuetgen gaeht um*:

„als KoenigsSpilen/ Schuhe verstaekken/ Ballen suchen/ Ring aus dem Munde naemen/ *Blindekuhe laufen/ Dritten slagen/* Haesichen jagen/ Kuessen umtragen/ Pfand=gaeben/ Hi kommen wir kaekken Nonnen her/ Herr Domine. Morgen wollen wir Heberen maehen/ Kaetgen las dich nicht erwischen/ *saehet euch nicht um/ mein Knuetgen gaeht um*. Hei wisch einmal herum. Adam hatte 7. Soene/ u: s: f:".[273]

---

[271] *Factiae Facetiarum* (1657: 280f.).
[272] Hoevelen (1663, III: 36f.).
[273] Hoevelen (1663, III: 36f.).

H. Abschließende Bemerkung

Damit sind exemplarisch einige wichtige Spiele-Auflistungen erfaßt, wie es sie auch in anderen Sprachen und Literaturen gibt.[274] Sie zeugen von der Fülle geübter Spiele, deren Spielweise wir heute nicht mehr kennen oder rekonstruieren können. Es sollte gezeigt werden, in welchem Zusammenhang solche Auflistungen begegnen, da dieser für die Bedeutung der einzelnen Spielbenennungen ausschlaggebend sein kann. Der Wert solcher Auflistungen liegt darin, daß sie die zeitliche und räumliche Einordnung einer Spielbezeichnung (mit Einschränkungen) erlauben. Aus dem weiteren Kontext läßt sich entnehmen, wer spielt (Erwachsene, Kinder), in welcher gesellschaftlichen Schicht ein Spiel üblich ist (höfische Gesellschaft, Gesinde) und welches der Spielanlaß ist (ein Fest, eine gesellschaftliche Zusammenkunft am Abend, eine Leichenwache[275] usw.).

---

[274] Vgl. auch die Spiele in Jean Froissarts Gedicht *L'Espinette amoureuse* von 1370 (Fourrier 1963, Planche 1980) oder die Gesellschaftsspiele in der Volksmärchensammlung *Lo cunto de li cunti* (1634–1636) von Giovanni Battista Basile (1575–1632) (Brewster 1950/51).

[275] Zum Spiel des Gesindes bei der Leichenwache vgl. auch den *Spin-Rocken* des Johannes Praetorius (1678: 219).

IV. Zeugnisse von Spielen in Sprachlehrwerken des 16. und 17. Jahrhunderts

Nicht nur namentlich aufgelistet, sondern auch inhaltlich thematisiert werden traditionelle Bewegungsspiele zum ersten Mal in Lehrwerken des Humanismus und Barock, insbesondere in den für den Lateinunterricht bestimmten Sprachlehrwerken wie den sogenannten Schülergesprächsbüchern, Wörterbüchern und enzyklopädischen *Orbis-Pictus*-Büchern.[276] Warum der Bereich des Spiels auf einmal einen festen Platz in der Unterrichtsliteratur erhält und welche Zeugnisse in diesem Zusammenhang vom sprach- und kulturgeschichtlichen Standpunkt aus wichtig sind, wird im folgenden näher ausgeführt.

A. Der neue Stellenwert des Spiels in der humanistischen Erziehung

1. Körperliche Übungen und Spiele als Ausgleich für geistige Anstrengung

Die Einstellung der mittelalterlich-scholastischen Erziehung zu den Bewegungsspielen und der Spielalltag in den Dom- und Klosterschulen des Mittelalters ist im einzelnen noch nicht untersucht. Specht kommt in seiner *Geschichte des Unterrichtswesens in Deutschland von den ältesten Zeiten bis zur Mitte des 13. Jahrhunderts* zu dem Schluß, daß man „an den geistlichen Schulanstalten des Mittelalters der Kindesnatur im allgemeinen einigermaßen gerecht wurde".[277] An schulfreien Tagen durften die Schüler des Triviums und Quadriviums gemeinsam bei Fackelschein bis in die Nacht spielen und ihre Kräfte im Werfen mit Steinen, im Wettlauf um ausgesetzte Preise und im Ringkampf messen.[278] Die humanistischen Pä-

---

[276] Vgl. die Gattungsübersicht im HKJL (I: 46).
[277] Specht (1885: 216–229).
[278] Vgl. Specht (1885: 219), der als Quelle z. B. das Vakanzlied Eckehard IV heranzieht. Dieser Kanon gymnastischer Spiele findet sich schon in den *Etymologien* Isidors von Sevilla (Buch 18, Kap. XVII–XXIII).

dagogen ausgehend von Italien[279] erkannten nun durch ihre Beschäftigung mit der Antike den Wert körperlicher Übungen neu und räumten ihnen in ihrem Erziehungsprogramm einen wichtigen theoretischen und praktischen Platz ein.[280] Körperliche Übungen und Spiele sollten den nötigen Ausgleich zu geistiger Anstrengung schaffen, den Körper stärken und den Geist erfrischen. Bevorzugte Leibesübungen waren das Laufen, Springen, Ringen, Speerwerfen und Steinstoßen.[281] Die neue Einstellung der Humanisten spiegelt sich in den theoretischen und praktischen Erziehungsschriften wider, in denen das Thema Spiel nun weitgehend systematisch berücksichtigt wird. Da die Spiele darin jedoch unter dem Aspekt abgehandelt werden, welches jeweils als Erziehungsmittel für ein bestimmtes Erziehungsziel besonders geeignet ist, läuft dies in der Regel auf eine bloße Nennung des Spiels hinaus, ohne daß nähere Sachinformationen über das Spiel selbst festgehalten werden.

Wertvolle Quellen für die näheren Umstände des Spielens, aber ebenfalls wenig aufschlußreich für die Spielweise, sind die sogenannten „Kinderzucht-Büchlein". In dem von Reinhard Hadamar verdeutschten Werk *De Civilitate Morum* des Erasmus von Rotterdam geht es z. B. in Frage und Antwort darum, mit welcher Einstellung man spielen soll, wie man sich beim Spiel benehmen soll, warum man überhaupt spielen darf, und welche Spiele zulässig sind. So sind „Spilbret/ Wuerffel vnnd karten/ vnd im wasser schwimmen" verboten, erlaubt hingegen „mit dem topff/ ball/ bolen/ schussern/ vnd wormschern spilen/ den leib regen/ mit lauffen vnnd springen/ mit gleichen fuessen hupffen wie ein frosch/ oder auff einem fuß huckeln".[282] Weitere Fragen sind, wie man den Charakter einer Person am besten erkennen kann, wie man sich beim Spiel anständig verhält, wodurch Spiele lustiger werden können, welche Spiele sich für diejenigen geziemen, die die freien Künste studieren, ob man um Geld, Bücher oder Nadeln und dergleichen spielen und deshalb den Eltern etwas heimlich wegnehmen darf, und schließlich, was sonst als Spieleinsatz erlaubt ist. Die Antwort, in der einige Spielstrafen genannt werden, lautet:

---

[279] Vgl. dazu Krampe (1895), Körbs (1938) und Dallmann (1939).

[280] Vgl. Schmitz (1972: 143). Zu den einzelnen Auffassungen der wichtigsten Pädagogen des 15. und 16. Jahrhunderts vgl. Schwerd (1913 u. 1914) und Rossow (1903).

[281] Vgl. die Übersicht bei Rossow (1903: 146).

[282] Hadamar (1563: d iiij).

"Sie sollen spilen/ daß einer macht hab/ dem andern/ welcher verlieren wirt/ etwas zugebieten vnd haissen außrichten. Als wasser holen/ sein kamer keren/ Oder soll jm etwas schreiben/ singen/ oder Vers auß gehoerten Autoribus recitiren/ Oder etlich stunden ein Krantz von Kletten gemacht tragen/ Oder dergleichen/ wie sie eins worden seind/ thuon".[283]

Die Schulordnungen und Schülerregeln beschäftigen sich mit der Regelung des Spielens und geben Aufschluß darüber, welche Spiele erlaubt, welche verboten waren. In den Schulgesetzen der Lateinschule zu Mansfeld in Hessen um 1580 handelt z. B. das neunte Kapitel „De lusibus" von den Spielen. In acht Punkten wird geregelt, was, wo, wann und wie gespielt werden darf: Zu den erlaubten *lusus honesti* zählen Ballspiele, Laufspiele, Spiele mit Murmeln und ähnliche (*[lusus] pilarum, cursuum, globulorum et similium*). Verboten sind Würfel- und Kartenspiele der Gewinnsucht und des möglichen Betrugs wegen („turpes et illiberales lusus, qui fieri solent tesseris aut chartis lusoriis quaestus et decipiendi alios gratia"). Die Schüler sollen nicht über die ausgemachte Zeit hinaus und auch nicht an öffentlichen Orten spielen, wo sie andere Leute belästigen können, sie sollen beim Spielen Zank vermeiden und nur mit ihresgleichen spielen. Ausdrücklich verboten wird das Hantieren mit Waffen, das Fischen im Sommer, das Schwimmen im kalten Wasser, das Werfen mit Schneebällen und das Laufen auf Eisflächen im Winter.[284]

2. „Ludendo discimus"

Überhaupt wird das Spiel innerhalb der neuen humanistischen Bildungsdidaktik, die den überkommenen scholastischen Schulbetrieb ablösen soll, bewußt zum Erlernen des Lateinischen und anderer Bildungsinhalte eingesetzt.[285] Die Formel „ludendo discimus"[286] ['durch das Spielen lernen wir'] bringt zum Ausdruck, daß der Schüler so unterrichtet werden soll, daß es

---

[283] Hadamar (1563: d V).
[284] Windhaus (1891: 227f. u. 235f.). Zur Leibesübungen in Schulordnungen des 16. und 17. Jahrhunderts vgl. auch Schwerd (1949).
[285] Vgl. Retter (1992: 77). Zu Spielen wie z. B. mathematischen Kartenspielen, die eigens als „Reizmittel für das Studium" erfunden wurden, vgl. Klement (1903: 25–28). Zum Spiel in der Lateinschule in Frankreich vgl. Bierlaire (1982).
[286] Vgl. z. B. das Titelkupfer des Wörterbuchs *Primitava latinae lingvae* von 1730.

ihm wie ein Spiel und nicht wie Arbeit vorkommt.[287] Diese Funktionalisierung des Spiels geht unmittelbar einher mit dem Lateinsprechgebot.

3. Das Lateinsprechgebot beim Spiel

Wichtige Quellen zum Kinderspiel sind dem von den Humanisten im Schulbetrieb angestrebten Ziel der aktiven Beherrschung des Lateins zu verdanken. Um dieses Ziel zu erreichen, wurde das Sprechen in der Volkssprache (lat. *vulgarizare, teutonizare*) bei Strafe verboten, die Benutzung des Lateinischen strikt vorgeschrieben und auch überwacht.[288] Diese Vorschrift galt gerade für die außerhalb des eigentlichen Unterrichts liegenden Lebensbereiche des Schülers. Er sollte auch in seiner Freizeit beim Spiel Latein sprechen, wie zahlreiche Schulordnungen beweisen. Die Verpflichtung, ausschließlich Latein zu sprechen, bestand an den Schulen und Universitäten des Mittelalters allgemein, wenn die Verbote auch erst seit Mitte des 14. Jhs. belegt sind.[289] Die Tradition des Lateinsprechens reicht bis ins 20. Jahrhundert hinein.[290] In den in Nürnberg gedruckten Schülerregeln *Statuta vel precepta scolarium* aus dem Jahr 1507[291] wird das Üben der lateinischen Sprache gerade als einer der Gründe genannt, warum gespielt werden durfte und sollte:

> „Ludus his permittitur causa recreandi.
> Et ideoma sedula latinum usitandi.
>
> Durch der sachen erlaubt man jn
> Alle heylig tage spylen gen
> Das sye kriegen vnd sich erholen die arbeyt
> Das in die lateinisch rede werde bereyt".[292]

Diese einst weit verbreitete Schülervorschrift gibt genau Auskunft darüber, wann gespielt werden durfte (nämlich nur sonn- und feiertags), wo die Schüler spielen durften (auf dem Kirchhof), wie dort gespielt werden

---

[287] Vgl. Stevens (1978/79) mit Beispielen.
[288] Zum Verbot der Volkssprache vgl. Henkel (1988: 94–102), Rossow (1903: 200f.) und Müller (1882: 198–204).
[289] Vgl. Henkel (1988: 95ff.).
[290] Vgl. Fritsch (1990).
[291] Vgl. HKJL (I: 1193f.).
[292] Vgl. den unzuverlässigen Abdruck bei Bahlmann (1893).

Zeugnisse von Spielen und Spielbezeichnungen 77

sollte (ohne Geschrei und Fluchen, nicht mit Würfeln, ohne den Mauerstein der Kirche zu zerstoßen oder mit Steinen zu werfen), und sie rät dem Schüler schließlich, was er tun soll, wenn er keine Lust zum Spielen hat oder in der Schule nichts wußte (aufs Spielen verzichten und lernen).

Zur praktischen Durchführung des Lateinsprechgebots verfaßten die humanistischen Pädagogen entsprechende Anleitungen. Darauf, daß es eigens über Spiele verfaßte Werke gab, weist ein Gebot der Magdeburger Schulordnung aus dem Jahr 1553 ausdrücklich hin:

> „Cum de lusibus scripti a bonis viris extent dialogi, autoritate eorum nemo nisi latine loquatur excepto casu veniae".[293]

Gemeint sind die sogenannten Schülergesprächsbücher, ein herausragender kultur- und spielgeschichtlicher Quellentyp.

B. Die Spiele in Schülergesprächsbüchern des 16. bis 18. Jahrhunderts

Ende des 15. Jahrhunderts entwickelten die Humanisten die sogenannten „Schülergesprächsbücher".[294] Sie waren bis ins 19. Jahrhundert hinein in Gebrauch und werden heute für den Lateinunterricht wiederentdeckt.[295] Diese Lehrbücher für Schüler hatten das Ziel, „den aktiven Umgang mit der lateinischen Sprache zu fördern, angefangen mit Werken phraseologischen Charakters, die einzelne Sätze und Formeln liefern [...] bis zu solchen, die ganze Szenen „aus dem Leben" in Gesprächsform darbieten [...]".[296] Auch das Spiel wird darin regelmäßig berücksichtigt. Allerdings sind selbständige Schriften, die ausschließlich Spiele oder gar nur ein spezielles Spiel zum Inhalt haben, selten erhalten, zumal sie in einer sehr niedrigen Auflagenzahl gedruckt wurden. In Dialogform eingekleidet werden zahlreiche Regelspiele, meist mit Spielzeug wie Bällen, Murmeln, Kegeln, Kreiseln, Karten, Würfeln, Nüssen oder Nadeln, behandelt.[297] Eine

---

[293] Vormbaum (1860, 1: 432); Rossow (1903: 201).
[294] Zu den lateinischen Schülergesprächen der Humanisten mit Textauszügen und Register vgl. Bömer (1897); vgl. auch Streckenbach (1931).
[295] Vgl. Wirth-Poelchau (1986).
[296] Henkel (1988: 95).
[297] Zu den Spielen in Schülergesprächsbüchern vgl. Bömer (1899: 212–128).

genaue Übersicht, welches Spiel in welchem der Gesprächsbücher und ihren zahlreichen Bearbeitungen behandelt wird, fehlt bisher. Die Lauf-, Fang- und Haschespiele berücksichtigen die Humanisten in ihren Spielebüchern normalerweise jedoch nicht.[298] Eine Ausnahme bildet das zuerst 1545 in Antwerpen erschienene, lateinisch-niederländische *Tyrocinium latinae linguae* des Harderwijker Schulrektors Petrus Apherdianus (Peter Afferden) von 1552. 1575 erschien in Köln die erste Ausgabe mit deutscher Übersetzung. Das *Tyrocinium* beruht zum Teil auf Erasmus' *Familiarum colloquiorum formulae* aus dem Jahr 1522 und enthält mehrere Kapitel über Spiele, zu denen dann die jeweils wichtigsten Ausdrücke und Wendungen zusammengestellt sind. Die Kapitelüberschriften lauten „De Lvsv. Vom spielen", „De ludis sphaerarum per annulum ferreum. Vom klotzspiel durch den boegel", „De sphaeris missilibvs. Von werffkloetzen", „De püila palmaria. Von handt/ oder Katzball", „De clavibvs plvmbatis. Von Bleykolben", „De charta lvsoria. Vom Kartenspiel". Erst am Ende des Büchleins findet sich ein spielgeschichtlich wichtiges Zeugnis für ein Fangenspiel. Im Dialog „De lusu velitari" wird ein zwischen zwei Mannschaften ausgetragenes Fangspiel in Szene gesetzt. Der weiter unten besprochene Dialog ist so ausführlich und anschaulich, daß sich das Spiel genau bestimmen läßt.

C. Das *Onomastikon* des Pollux (2. Jh. n. Chr.) und seine Rezeption

Neben der Neubewertung der Bewegung und des Spiels innerhalb des humanistischen Erziehungskonzepts mußte aber noch die sprachliche Voraussetzung dafür erfüllt sein, bestimmte Spiele in die Lehrwerke des alt- und fremdsprachlichen Unterrichts aufnehmen zu können. Um die täglichen Dinge des Lebens in guter lateinischer Umgangssprache ausdrücken zu können, wurde das Latein von den humanistischen Gelehrten aus klassischen Schriftstellern neu geschöpft. Für den Bereich der kindlichen Bewegungsspiele ohne Spielmittel stellte die antike römische Literatur je-

---

[298] Vgl. Rossow (1903: 175).

doch keine lateinischen Benennungen bereit.[299] Dieses Problem löste sich erst mit der Wiederentdeckung einer griechischen Quelle, dem *Onomastikon* des Julius Pollux aus dem 2. Jahrhundert n. Chr., in dem zahlreiche Spiele und ihren Benennungen festgehalten sind. Es wurde zum erstenmal 1502 von Aldus in Venedig gedruckt.[300] Abdrucke dieser Ausgabe erschienen 1520 bei Junta in Florenz und 1536 in lateinischer Sprache mit einem Vorwort von Simon Grynaeus (1493–1541) in Basel.[301]

Dieses Werk wurde durch wichtige humanistische Gelehrte wie Joachim Camerarius (1500–1574) und Hadrianus Junius (1511–1575) rezipiert und vermittelt. Die griechischen Bezeichnungen wurden mit unwesentlichen morphologischen Veränderungen oder als Lehnübersetzungen ins Lateinische übernommen und so für die lateinische Umgangssprache der Schüler nutzbar gemacht.[302]

Die im 9. Buch von §94 bis §129 angeführten Spiele des *Onomastikon* von Pollux sind zunächst thematisch angeordnet, d. h. es werden die bei Symposien üblichen Spiele wie Würfel-, Brett-, Knöchel- und Ballspiele erörtert. Die darauffolgenden Spiele, unter anderem auch die Fang- und Versteckenspiele, werden dann jedoch nach einem formalen Kriterium, der Bildungsweise ihrer Benennungen, abgehandelt.

In der Absicht, die Unverständlichkeit der Spielnamen zu erklären, stellt Pollux zunächst eine Reihe von Spielbenennungen zusammen, denen das Suffix -ίνδα gemeinsam ist:

„Dicam vero et aliorum ludorum nomina, eandem formam cum nominum definitione habentium· Basilinda, *ostracinda*, dielcystinda, *myinda*, *chytrinda*, Phryginda, cinetinda, acinetinda, *schoenophilinda*, scaperda, ephentinda, streptinda, pleistobolinda, *apodidrascinda*."[303]

---

[299] Vgl. Väterlein (1976: 23). Zu den überlieferten römischen Kinderspielen vgl. auch Rieche (1984) und (1986).

[300] Zur handschriftlichen Überlieferung des *Onomastikon* vgl. Bethe (1895).

[301] Der Grynaeus-Text liegt auch der lateinischen Pollux-Ausgabe von Rudolph Gualther (1541) und der bekannten griechisch-lateinischen Wetstein-Ausgabe von 1706 zugrunde (vgl. Bethe 1895: 323; Fabricius 1798, 6: 141–145). Die heute maßgebliche historisch-kritische Edition des griechischen Originals stammt von Bethe (1931).

[302] Diese griechisch-lateinischen Bezeichnungen sind noch in der lexikographischen Literatur des 20. Jahrhunderts anzutreffen.

[303] Grynaeus (1536: 421). Ich zitiere nach der ersten lateinischen Übersetzung durch Simon Grynaeus im Jahr 1536.

Nachdem er diese Spiele besprochen hat[304], handelt er die Substantive ab, die auf -*ιγμός* und -*ισμός* enden[305]:

> „Sunt praeterea et alij ludi, quae nominum formae respondent, Chalcismus, implicatorius [ἱμαντελιγμὸς][306], ephedrismus, hypostracismus, *ascoliasmus*".[307]

Schließlich stellt er die Bildungen zusammen, die weder in die erste noch in die zweite Gruppe passen:

> „Sunt præterea et alij lusus, in cotyla, *ænea musca* [χαλκῆν μυῖαν], præstantißime ô Philelie [ἔξεχ' ὦ φιλ'ἤλιε], fecatio [τρυγοδίφησις], galleruca [μηλολάνθη], Chelichelona, talitro ludere [σκανθαρίζειν], rathapygizare, pentalitha, phittamaliades, phittari, phittameliæ, crepitaculum [πλαταγώνιον], telephyllum, lilium [κρίνα], maloru[m] grana [σπέρμα μήλιων], lattages, collabissare".[308]

Den Ableitungen der zweiten Gruppe mit dem Suffix -*ίσμος* zur Bildung von Nomina actionis stehen eine wesentliche größere Zahl von Ableitungen mit dem Suffix -*ίνδα* 'adverbial termination of words signifying a game or sport, mostly with παίζειν'[309] gegenüber. Das Suffix kann sowohl an verbale als auch nominale Grundwörter treten. Von Verben abgeleitet sind z. B. *μυΐνδα* (< *μύω* 'die Augen schließen'), *ψηλαφίνδα* (< *ψηλαφάω* 'ich taste'), *ἀποδιδρασκίνδα* (< *ἀποδιδράσκω* 'ich verschwinde, laufe weg') und *κρυπτίνδα* (< *κρύπτω* 'ich verstecke mich'). Substantivische Grundwörter haben Adverbien wie *ὀστρακίνδα* (< *ὄστρακον* 'Scherbe, Muschelschale').

Chantraine führt die Adverbien auf -*ίνδα* mit der ungewöhnlichen Konsonantengruppe -*νδ*- auf ein aus dem Lydischen entlehntes Suffix zurück.[310] Dabei stützt er sich auf den Herkunftsmythos des Herodot (I, 94), nach dem die Lyder behaupten, die Spiele erfunden zu haben, die bei ihnen und bei den Griechen üblich sind. Dieses Formans soll in Verbindung mit ebenfalls entlehnten Grundwörtern wie *βασιλεύς* und als Analogiebildung zu den Adverbien auf -*δα* in die griechische Sprache Aufnahme gefunden haben und dort auch in Verbindung mit rein griechischen Formen

---

[304] 9. Buch, §110–118.
[305] 9. Buch, §118–121.
[306] Griechische Ausdrücke, die nicht einfach in latinisierter Form entlehnt, sondern ins Lateinische lehnübersetzt oder ganz durch lateinische Ausdrücke ersetzt sind, wurden zum Vergleich in eckige Klammern gesetzt.
[307] Grynaeus (1536: 423).
[308] Grynaeus (1536: 424).
[309] Liddell/Scott (1968: 830).
[310] Vgl. Chantraine (1933: 281).

produktiv geworden sein.[311] Schmidt spricht sich jedoch gegen eine Interpretation der Spielbezeichnungen als Adverbien aus. Er sieht sie vielmehr als pluralische Neutra an, was er mit einem Verweis auf die Wörter gr. ἀγχιστίνδην, ἀριστίνδην, πλουτίνδην und γαρυγίνδην zu stützen versucht, die „das jenen pluralischen Neutren vollständig entsprechende singularische Feminin enthalten und die ganz ähnliche Anwendung erfahren".[312]

D. Die Spiele in Camerarius' *De gymnasiis dialogus* (1536)

Eine eigene Abhandlung über körperliche Übungen und Bewegungsspiele in Gesprächsform mit dem Titel *De gymnasiis dialogus* hat der Humanist Joachim Camerarius (1500–1574) verfaßt.[313] Sie erschien zuerst 1536 in Basel im Anschluß an seine *Praecepta vitae puerilis, cum parte paraenetici Isocratis ad Demonicum in latinum conversa*.[314]

Camerarius weilte zu dieser Zeit in Tübingen, wohin er 1535 von Simon Grynaeus berufen worden war, um die Universität zu reformieren.[315] Grynaeus war in dieser Zeit gerade mit der Übersetzung des *Onomastikon* von Julius Pollux ins Lateinische beschäftigt und machte wohl auch Camerarius auf diese bedeutende lexikographische Quelle aufmerksam. Dieser ließ seine neuerworbenen Kenntnisse über Spiele in den *De gymnasiis dialogus* einfließen, der zur gleichen Zeit erschien wie die gesamte Übersetzung des *Onomastikon* ins Lateinische durch Grynaeus.

Der *De gymnasiis dialogus* ist kein Schülergespräch, wie der Titel nahelegt, sondern eine in Gesprächsform gekleidete erziehungstheoretische Schrift, die das Ziel verfolgt, anderen Lehrern oder Erziehern Wissen über den pädagogischen Wert der Leibesübungen zu vermitteln und gleichzeitig eine Handreichung für deren praktische Umsetzung im schulischen Bereich zu sein. Deshalb werden die Übungen und einige Bewegungsspiele konkret genannt und vorgestellt.

---

[311] Vgl. Chantraine (1933: 282).
[312] Schmidt (1846: 271–275).
[313] Vgl. HKJL (I: Sp. 949f.), Bömer (1897: 220–222), Schwerd (1914: 31–35), Rossow (1903: 77–81). Eine deutsche Übersetzung findet sich in Wassmansdorff (1872) und Hirth (1893: 1: 279–287).
[314] Zu späteren Ausgaben vgl. Bömer (1904: 237–275). Vgl. auch HKJL (I: Sp. 949f.).
[315] Vgl. LL (2: 349–350).

In dem Gespräch informiert sich ein Gast (*hospes*) bei einem Knaben (*puer*) über die Einstellung seines Lehrers zu den Leibesübungen und ihrer Handhabung. Der Gast bedauert den Verfall der gymnastischen Kultur, wie sie im antiken Griechenland üblich war. Durch den Knaben erfährt er jedoch, daß der Lehrer, der von der gegenseitigen Abhängigkeit körperlichen und geistigen Wohlbefindens weiß, dies bereits erkannt habe. Leibesübungen, wie sie laut griechischer Überlieferung die Germanen betrieben hätten, z. B. das Reiten, Laufen, Springen, Kämpfen zu Pferd und zu Fuß, Durchschwimmen von Flüssen, Werfen von Felsbrocken statt des Diskus sowie eine unmäßige Lebensführung schätze der Lehrer als übertrieben, gefährlich und letzten Endes sinnlos ein. Seiner Ansicht nach sollten Leibesübungen vor dem Essen stattfinden, nach dem Essen sei aber entsprechend der antiken Gesundheitslehre das Singen erlaubt. Die Art der Übungen richte sich zum einen nach dem Alter der Schüler, zum anderen nach den räumlichen Gegebenheiten. Bei schönem Wetter würden die Schüler auf einen Platz vor der Stadt geführt, wo sie ringen (*luctationes aggredi*), fechten (*digladiationes aggredi*), den Ball werfen (*pilam iacere*) und um die Wette laufen (*spatia decurrere*). Von den Übungen, die im engen Schulhaus durchgeführt werden und die keines eigenen Übungs- (*palaestra*) oder Sandplatzes (*arena*) bedürfen, führt der Knabe das Hängen am Seil oder einer Stange, das Seilklettern, das Aufbiegen verschränkter Arme oder der geschlossenen Faust bei einem Mitschüler, das sich Befreien aus einer Umklammerung, das gegenseitige Wegdrängen hinter eine bestimmte Grenze und das Heben von Gewichten an. Auf diese *umbratica exercitia* folgen die Spiele (*ludicra*). Die im Sitzen ausgeführten Spiele (*ludicra sedentaria*), wozu das Würfelspiel (*aleae*) gerechnet wird, würden zwar als nicht altersgemäß eingestuft, aber auch nicht strikt verboten. Der Gast will über die Arten erlaubter Spiele ein anderes Mal mehr wissen, jetzt solle der Knabe die Bewegungsspiele (*ludicra motoria*) nennen. Dieser leitet seine Ausführungen mit den Worten ein, daß sie mit den Spielen der alten Griechen weitgehend übereinstimmen und dem Lehrer das meiste Vergnügen bereiten. Nun wird ein lat. *caecus musculus* 'blindes Mäuschen' genanntes Fangspiel mit verbundenen Augen, das Huckepack-Tragen, Wurfspiele mit Murmeln und Münzen, das Spiel lat. *vaccae latebrae* 'Versteck der Kuh' und ein Laufspiel zwischen zwei Gruppen (*discursio*) beschrieben. Verstöße und Ordnungswidrigkeiten im Spiel ahndet der Lehrer nach dem Bericht des Knaben mit Nachsicht, da die

Schüler durch Züchtigung und Beschimpfung verhärten, abstumpfen und unterwürfig würden, für die Studien aber aufgeweckte und aufnahmewillige Schüler Voraussetzung seien.

Bemerkenswert ist zum einen die literarische Umsetzung dieser Erziehungsschrift. Camerarius legt seine Kenntnisse, Ansichten und Vorschläge einem Lehrer in den Mund, der wiederum nicht selbst auftritt, sondern durch einen seiner Zöglinge referiert wird. Durch diese doppelte Brechung nimmt Camerarius der Schrift ihren belehrenden Charakter, der Leser läßt sich bereitwillig und genauso interessiert wie der im Dialog auftretende Gast auf die Ausführungen des Knaben ein.

Die besondere Bedeutung des Dialogs liegt zum anderen in der Nennung und Beschreibung von Spielen, die nicht speziell der ritterlichen Ausbildung dienen oder auf den Adelsstand ausgerichtet sind. Die Erziehungslehren der älteren Humanisten gehen in der Regel von der Erziehung in einer Adelsschule aus, weshalb die von ihnen geforderten Leibesübungen mehr oder weniger mit den traditionellen Übungen des Adels zusammenfallen.[316] Camerarius dagegen nennt sportliche Übungen, wie sie in einer städtischen bürgerlichen Schule vorkommen können (*umbratica, sedentaria ludicra, motoria ludicra*), z. B. das Heben von Gewichten, das Klettern und Hängen an herabhängenden Seilen oder waagerecht angebrachten Stangen, aber auch einfache, alltägliche Bewegungsspiele.

E. Die Spiele in Junius' *Nomenclator omnium rerum* (1567)

Das *Onomastikon* von Julius Pollux hat unabhängig von Grynäus und Camerarius auch der Arzt und Philologe Hadrianus Junius (1511–1575), der seit 1563 Rektor der Lateinschule in Haarlem war, als Quelle für seinen 1567 in Antwerpen erschienenen *Nomenclator omnium rerum propria nomina variis linguis explicata indicans* genutzt.[317] Ursprünglich ist der *Nomenclator* siebensprachig angelegt.[318] In dem fast 60 Einträge umfassen-

---

[316] Vgl. Rossow (1903: 80).
[317] Zu den Quellen vgl. z. B. Rademaker (1967/68). Einige griechische Spielbezeichnungen handelt Junius bereits in seinem *Lexicon graeco-latinum* (1548) ab.
[318] Deutsch wird abgekürzt mit *Al.*, Niederländisch mit *B.* für *Brabantisch* und *Fl.* für *Flandrisch*, Französisch mit *G.*, Italienisch mit *It.*, Spanisch mit *H.* und Englisch mit *Angl*.

den Kapitel „Ludicra"[319] stellt er mit Bedauern den Verlust des Werkes von Sueton fest und verweist den interessierten Leser an Pollux:

> „Si liber Suetonij Tranquilli de lusuum puerilium generibus exstaret, plura certioraque hoc loco tradi potuissent: nunc ea ope destituti, lectorem curiosum ad Iulium Pollucem, qui hæc ipsa, nonnullaque alia enumerat, remittimus".[320]

In diesem Kapitel finden sich dann neben Bezeichnungen der Würfel-, Knöchel-, Brett-, Karten- und Ballspiele sowie der Angabe ihrer typischen Ausdrücke und ihres Zubehörs auch die bei Pollux genannten Fang- und Versteckenspiele *ascoliasmus*, *apodidrascinda*, *myinda*, *chytrinda*, *ostracinda* und *schœnophilinda* in latinisierter Form. Dazu gibt Junius eine knappe lateinische Beschreibung und führt niederländische sowie anderssprachige Äquivalente an.

Junius' *Nomenclator* wurde in verschiedenen Ländern nachgedruckt und erschien in gekürzter Fassung auch als zwei- bzw. dreisprachige epitomierte Version. Aufgrund ihrer dialektalen Ausprägung wertvoll sind die „ostmitteldeutsche Version" von Adam Siber aus dem Jahr 1570, die „oberdeutsche Version" von Matthias Schenck aus dem Jahr 1571 und die „westniederdeutsche Version" von Peter Horst aus dem Jahr 1588. Der *Nomenclator* wurde auch als Vorbild für selbständige Werke herangezogen[321], so daß von nun an Kinderspiele und ihre Bezeichnungen in die sachlich und alphabetisch geordneten Wörterbücher eingehen. Ihnen wird ein mit „De ludis (et instrumentis lusoriis)", „De lusibus recreationis", „Lusoria", „De luso et recreatione" oder ähnlich überschriebenes Kapitel gewidmet. Allerdings weichen die Werke in ihrem Spielebestand voneinander ab. In den Spiel-Kapiteln der Wörterbücher von Byber (1578), Golius (1579) und Chytraeus (1582) fehlen die Fangen- und Versteckenspiele.

Auch spielgeschichtliche Schriften wie die *Historia ludicra* von Baldassare Bonifacio aus dem Jahr 1656 greifen auf Junius' *Nomenclator* zurück. Bonifacio geht im elften Buch der *Historia ludicra* auf die Fang- und Versteckspiele ein. Er übernimmt wortgetreu die Beschreibungen des *Nomenclator*, gibt aber bei einigen Spielen die in den Dialekten Italiens gebräuchlichen Benennungen dafür an.

---

[319] Junius (1567: 319–324).
[320] Junius (1567: 324).
[321] Vgl. De Smet (1986: 61). Zur Wörterbuchfamilie der aus dem *Nomenclator* von Junius entwickelten Vokabulare vgl. Müller (1996).

F. Spielmonographien des 17. Jahrhunderts

Im ersten Drittel des 17. Jahrhunderts entstehen zwei zentrale Schriften über die Bewegungsspiele der Griechen. Der Niederländer Johannes Meursius, Professor für Geschichte und Griechisch an der Universität Leyden, verfaßte 1625 ein Werk mit dem Titel *Græcia Ludibunda. Sive de Lvdis Græcorum, liber singularis*[322], in der er die einschlägigen antiken Quellen zu den einzelnen Spielen unter ihrem griechischen Namen in alphabetischer Reihenfolge zusammenstellte und zum Teil lateinisch paraphrasierte. Eine seiner Quellen ist das *Lexicon graeco-latinum* von Junius aus dem Jahr 1548. Auf Angaben volkssprachlicher Benennungen verzichtete er leider.[323]

Fast zeitgleich, nämlich 1627 erscheint ein Werk von Jules César Boulenger mit dem Titel *De ludis privatis ac domesticis veterum liber unicus*[324], das neben einem kurzen Abriß über das Würfelspiel ein Kapitel über den Ursprung der Spiele und über ihre Einteilung enthält. Aus dieser erhellt sich auch der Titel seiner Abhandlung. Boulenger unterteilt die Spiele in öffentliche (*ludi publici*), worunter in Griechenland die olympischen, in Rom die circensischen Spiele zu rechnen seien, und in private, häusliche Spiele (*ludi privati*), „qui minus vulgati sunt, maxime de iis, qui Romæ in usu fuere, si prius monuerimus in omnibus pene ludis aliquid contra bonos mores esse".[325] Boulenger handelt die Spiele in der Regel unter ihren ins Lateinische übernommenen oder übertragenen Namen ab, die Reihenfolge scheint dabei willkürlich gewählt. Griechische Belegtexte werden in wesentlich geringerem Umfang als bei Meursius angegeben. Das meiste davon ist ins Lateinische übersetzt. Boulenger geht kritisch auf die von Meursius vorgeschlagenen Lesarten ein und gibt von Fall zu Fall die entsprechenden französischen Benennungen an.

---

[322] Vgl. auch den Wiederabdruck in Gronovius (1699, 7: 941–996).
[323] Von dieser Schrift hängt wiederum die *Historia Nerdiludii* (1697) von Hyde ab.
[324] Vgl. auch den Wiederabdruck in Gronovius (1699, Bd. 7: 901–940).
[325] Boulenger (1627/1699: 909).

G. Spiele in Sprachlehrwerken des Comenius

Für Johann Amos Comenius (1592–1670), einen der bedeutendsten Sprachdidaktiker und Lehrbuchautoren seiner Zeit, war das Lateinsprechen und -schreiben ein selbstverständliches Ziel des Schulunterrichts.[326] Dabei vertrat er jedoch die Auffassung, daß es „einfach unmöglich, unerfreulich, unnütz, ja sogar schädlich sei, sich mit einer Sprache zu beschäftigen, ohne sich mit den Sachen zu beschäftigen".[327] Deshalb versuchte er, mit drei aufeinander aufbauenden Lehrwerken, dem *Vestibulum*, der *Janua* und dem *Atrium*, die Jugend in die Welt der Sachen und ihren Ordnungszusammenhang einzuweisen. Aufgabe des *Vestibulum* war es, die „fundamenta rerum et sapientiae nostrae circa res" zu legen, die *Janua* bzw. das *Atrium* sollten in die „Structura" bzw. die „Ornamenta" einführen. Der *Orbis sensualium pictus*, verstanden als eine *Encyclopaediola Sensualium*, sollte das universalistische Konzept für eine noch niedrigere Altersstufe verwirklichen.[328] In seinem Bestreben, das gesamte Wissen der Zeit enzyklopädisch und anschaulich zu vermitteln, hat er auch die Arten der Erholung (*ritus recreationum*) erfaßt. In seiner Schrift *Janualis Rerum et Verborum Contextus* teilt er die im 88. Kapitel behandelten „Recreationum ritus" in drei große Gruppen ein[329]: erstens in die *spectacula* 'Schauspiele' (838–841), worunter z. B. Zauberervorstellungen und Theateraufführungen gehören, zweitens in die *commotio* 'Bewegung' (842–850), worunter z. B. das Laufen, Springen, Werfen, Ringen und die Bewegungsspiele fallen, und drittens in die *concertatio* 'Wettkampf, Wettspiel' (851–852), z. B. das Würfeln.

Die Bewegungsspiele (*lusiones motoriae pueriles*) werden unter Nr. 850 eigens aufgezählt und knapp erläutert, wie folgende Übersicht zeigt[330]:

---

[326] Vgl. Fritsch (1990: 25).
[327] Vgl. ODO (1657/1957, II: 51).
[328] Vgl. Schader (1985: 134).
[329] ODO (1657/1957, II: Sp. 572f.).
[330] Nach der Ausgabe A in Cervenka (1959: 308, ODO 1657/1957, II: Sp. 573).

SPIELBEZEICHNUNG	UMSCHREIBUNG
diffugium	quô se fugitant et captitant
myindam (vaccae latebrâ)	quâ se abscondunt et quaeritant
oscillatio	quâ se petauro (à trabe suspenso fune) agitant
incessus grallatorius	gressus divaricando super grallas
ejaculatio globorum in scrobiculos	jactatio globi ad dejiciendum conos
versatio turbinis flagello	–
elisio glandis stupeae è sclopo sambuceo	–

Besonders zwei Sprachlehrwerke des Comenius sind aufschlußreiche Quellen für die Bewegungsspiele der Kinder, die *Janua linguarum* in Form von kurzen Lehrsätzen und die *Schola ludus* darauf aufbauend in Form von dramatisierten Szenen.

1. Die Spiele in der *Janua linguarum reserata* (1632)

Die *Janua linguarum reserata*, ein Sprachlehrwerk des Lateinischen für Anfänger, gilt als das berühmteste, weit über Europa hinaus verbreitete Buch des Comenius. Neben den fünf authentischen lateinischen Editionen erschienen mehr als 250 Ausgaben dieses Werkes, das von verschiedenen Herausgebern bearbeitet und übersetzt wurde.[331]

In der 1632 erschienenen *Janua linguarum reserata* werden im 96. Kapitel „De Ludicris" ohne weitere Beschreibung eine Reihe von Spielen aufgezählt, deren „Berechtigung" darin gesehen wird, daß sie dem Aufbau der Kräfte und der Erholung dienen. Die Spiele werden nach ihrer Eigenschaft, „geistreich" (*ingeniosus*), „kindlich" (*puerilis*), „vom Glück abhängig" (*aleatorius*) oder „anstrengend" (*operosus*) zu sein, in vier Gruppen eingeteilt[332]: Zu den geistreichen Spielen gehören die Scherz- und Schimpfreden, scharfsinnige Sprüche und Reden. Kindliche Spiele sind *pila* 'Ball'[333], *sphæra et conus* 'Kugel und Kegel', *trochus* 'Kreisel', *sclopus* 'Blasrohr', *globuli* 'Murmel', *myinda* 'Spiel mit Augenschließen', und *par impar*

---

[331] Vgl. HKJL (II: 1177); zu den Ausgaben vgl. auch Kvačala (1904: 167–192).

[332] Diese Einteilung wird in den verschiedenen Ausgaben auch abgewandelt.

[333] Das Ballspiel ist in der erweiterten, viersprachigen Ausgabe von Duez (1640: 304) als „gesund" (*sanus*) ausgegliedert.

'Gerade-ungerade'.[334] Als Glücksspiele werden *chartae lusoriae* 'Spielkarten', *talus* 'Knöchel' und *alea* 'Würfel' aufgeführt. Das Spiel mit Schachsteinen (*latrunculi*) wird als 'anstrengend' klassifiziert.

Zu den *ludicra* zählen auch das Tanzen und Springen. Der Stelzenläufer (*grallator grallis*) wird genannt, weil er Riesenschritte machen kann, die Seiltänzer (*funambuli*), weil sie so mutig sind. Für die Läufer (*cursores*) ist typisch, daß sie von den Schranken (*carceres*) hin zu einem Ziel (*meta*) rennen, wobei dem Sieger ein Preis winkt. Ein anderer Wettkampf besteht darin, eine Linie zu ziehen, auf diese loszurennen, aber kurz vorher zu bremsen, ohne darüber hinwegzulaufen oder diese zu berühren. Es folgen das Reiten und Ringen, Wettkämpfe in der Arena, die Gaukler und die Schauspieler. Das Kapitel schließt mit dem Satz, daß an Fastnacht vermummte Personen (*larvati*) auftreten.

2. Die Spiele in der *Schola ludus* (1657)

In dramatisierter Form kommt das Spielkapitel der *Janua linguarum et rerum* auch im Rahmen eines Schultheaterstücks in der *Schola ludus* des Comenius aus dem Jahr 1656 vor, die der Sprachwissenschaftler, Pädagoge und Mystiker Johann J. Redinger (1619–1688) im Jahr 1659 ins Deutsche übertragen hat. Durch seine Übersetzungen ins Deutsche und Holländische trug Redinger entscheidend zur Verbreitung der schulpädagogischen und sprachdidaktischen Vorstellungen des Comenius bei.[335]

In der neunten Szene des zweiten Aktes des Stücks „Haus= und Statt=Verwaltung / Familiae, Urbisque Regimen" tritt zunächst ein Possenreißer auf, der von den Stadtvätern die neben der Arbeit notwendigen *Erkwikungen* einfordert: die von Gauklern, Seiltänzern, vermummten Spieltänzern, Reifenspringern und Schauspielern dargebotenen *specta-*

---

[334] Duez (1640: 304) fügt in seiner stark erweiterten, viersprachigen Ausgabe noch die Ausdrücke *discus, turbo, verticilli, nuces, apodidrascinda, basilinda, oscillum, ascoliasmus* und *cindalismus* hinzu. Vgl. auch die Entsprechungen in den fremdsprachigen Ausgaben von Anchoran (1633: 270), Mochinger (1633), Comenius (1638), Docemius (1657), Comenius (1660) und (1664).

[335] Vgl. LL (9: 329) und die von Dissertation von Schader (1985). Die *Schola ludus* bildete in der Lateinschule in Frankenthal die alleinige Grundlage des Lateinunterrichts der zweiten Gymnasialklasse anstelle der *Janua* (vgl. Schader 1985: 226). Vgl. auch HKJL (II: 1179f.).

cula, die durch „Lauff, Sprung, Wurff, Rung, Gefächt, Ritt, Farth und ballenschlag" zu übenden Bewegungen und die Wettspiele wie *grad oder ungrad spielen* und *foiken*[336]. Des weiteren nennt er die Possen und Rätsel, das Würfel-, Brett-, Karten- und Schachspiel. Der Forderung des Possenreißers gibt der Bürgermeister weitgehend statt, die Glücksspiele verbietet er jedoch, da die Bürger mit ihrer Zeit sparsam umgehen und ihren Gewinn auf ehrliche Weise erwerben sollen. Nun tritt ein kleiner Junge erschrocken mit der Frage vor, ob denn die Kinderspiele ebenfalls verboten seien, die er anschließend nicht nur aufzählt, sondern auch vorführt. Dabei nennt er das Antreiben des Kreisels mit einer Peitsche (*die umtreibung des topfs mit der geisel*), das Schießen mit dem Blasrohr (*die abschießung einer werkiner kugel aus einer holderbuechs*), das Murmelspiel (*ausschießen der gluoker in grueblein*), das Kegeln (*werffen der kugel die kegel zu fellen*),

„Oder das *Verbergen*/ da wir uns selber jagen und fangen: und die *blinde Kuh* (man heißt es der *Kuh schlupf= loch*) da wir uns verbergen und suchen [...]	Aut *diffugium*, cúm nos invicem fugitamus, & captivamus: Et *myinda* (*Latebrum vaccæ* vocant) qva nos abscondimus & qværitamus [...]"[337]

Auch diese Spiele gewährt der Bürgermeister bis auf das gefährliche Schaukeln und Stelzenlaufen unter der Bedingung, daß die Schüler gehorsam sind und fleißig lernen.

H. Die *Menstrui ludi* im *Vestibulum* (1662) von Redinger

Neben seiner *Schola-ludus*-Übersetzung schuf Redinger auch eine eigenständige, authentische Quelle über Kinderspiele. Er übersetzte im Jahr 1662 noch ein weiteres Werk des Comenius, das *Vestibulum*, erweiterte es aber eigenständig, wodurch er eine der bedeutendsten zeitgenössischen Ausgaben des *Vestibulum* gestaltete.[338] Bei einem dieser Zusätze, dem über

---

[336] Lat. *micare digitis*, it. *nori mori* 'Morra-Spiel, bei dem einer die Finger schnell ausstreckt und den anderen erraten läßt, wie viele Finger er angezeigt hat'.

[337] Redinger (1659: 828). Vgl. auch die *Schola ludus*-Übersetzung von Bötticher (1907: 325).

[338] Vgl. Schader (1985: 63).

100 Seiten umfassenden Teil *Monatliche spiele / Menstrui ludi*, handelt es sich um eine kultur- und spielgeschichtlich einzigartige, bisher in der Forschungsliteratur nicht wahrgenommene Quelle, die einen unmittelbaren, realitätsgetreuen Einblick in die Spiel- und Freizeitwelt der Frankenthaler Schüler gewährt.[339] Mit dem Ziel, „die lernkuenste leichter vnnd lustiger zu machen", stellt Redinger zwanzig verschiedene, jahreszeitlich gebundene Kinderspiele und Beschäftigungen in Dialogen deutscher und lateinischer Sprache zusammen und ordnet sie den zwölf Monaten des Jahres zu.[340] Über ihre Authentizität gibt eine knappe Bemerkung Redingers in seiner *Commonefactio* Auskunft, der zufolge seine Dialoge größtenteils aus dem Schülerleben (*traditio discipulorum*) gegriffen sind. Die bei den Schülern gebräuchlichen Spieltermini hat er ins Lateinische übertragen. Daß er sich der Problematik seines Unterfangens bewußt ist, zeigt seine Aufforderung an die Leser, diejenigen Ausdrücke der Schülersprache zu verbessern, die weniger gut übereinstimmen:

> „Accedent huic editioni Ludi menstrui â Translatore hinc illinc conscribillati, magnam partem ex traditione discipulorum ficti: quorum terminos in utraque Lingua minus congruos ab artis peritis emendari amicè postulat".[341]

Redinger hat die *Monatlichen Spiele* möglicherweise für die Gestaltung der nachmittäglichen Freistunde vorgesehen, in der die Schüler während des Spielens lateinisch sprechen sollten, zunächst vielleicht nach dem vorgegebenen Text, später dann davon losgelöst.[342] Literaturgeschichtlich lassen sich die *Monatlichen Spiele* in die Tradition der Schülergesprächsbücher stellen, möglicherweise wurden sie aber auch zu Schüleraufführungen herangezogen. Ein Teil der humanistischen Colloquienliteratur trug die Bestimmung, zu didaktischen Zwecken von Schülern aufgeführt zu werden.[343] Die *Monatlichen Spiele* gelten als eigenständiger Versuch Redingers, die in der Janualklasse mit der *Schola ludus* erfolgreich prakti-

---

[339] Vgl. dazu Schader (1985: 63 u. 228–238). Auszüge sind in Zollinger (1905: 80–82) abgedruckt.
[340] Redinger (1662: 400). Zu jahreszeitlich gebundenen Spielen vgl. Cock/Teirlinck (1902: 21ff.) und bei Hallema/Weide (1948: 86–89).
[341] Redinger (1662: §5).
[342] Vgl. Schader (1985: 231–233).
[343] Vgl. Flitner (1985: 231).

zierte Idee des Schultheaters in reduzierter Form auch für die Vestibularklasse nutzbar zu machen.[344]

In lexikalischer Hinsicht bedeutsam sind die Aufzählungen innerhalb verschiedener Sachbereiche (Fische, Vögel, Weinsorten), die auf die Wortschatzerweiterung der Schüler abzielen. Redinger verwendet außerdem viele dialektale Varianten, weil er möchte, daß sein *Vestibulum* auch an Schulen anderer Gegenden eingesetzt wird.

Das Vorspiel der *Monatlichen Spiele* handelt von der „Bitte/ vnd Zulassung der Spielen".[345] Ein Schüler wird ausgeschickt, um den Lehrmeister im Namen aller Mitschüler um Spielerlaubnis zu bitten, „weil es unmueglich ist den lernuebungen allzeit obzuligen". Der Lehrmeister will ihnen „durch das ganze Jahr zu spilen" erlauben, vorausgesetzt, daß es sich um ehrbare Spiele handle, daß im Spielen Zeit und Maß eingehalten werde und dabei die Pflichten nicht vernachlässigt werden. Ein Schüler muß nun die gebräuchlichen Spiele aufzählen, die der Lehrer als ehrliche Spiele akzeptiert:

Der *Barrenschlag*/ die *versteku[n]g*/	*Ostracinda, apodidrascinda,*
die *blindemauß* das *ballenspil*/	*myinda,* ludus pilæ,
das *klikeren topichen.*	lusus globulorum fictilium, turbinis,
das kegeln/ das blatenschiessen/	ludus conorum, lapidum orbiculatorum,
das baden/ fischen/ etc.	lavatio, piscatio, & c.[346]

Nachdem geklärt ist, welche Spiele sich für Schüler nicht geziemen (*das Bretspiel, Kartenspil, schachspil, der meisten augen mit würffeln*) und wann und wie zu spielen sei, werden neun Gebote aufgeführt, die eingehalten werden sollen, „damit man nicht in zankhaendel/ feindschafften/ schlaege gerathe".[347] Nach diesem Vorspiel werden unter jedem Monat ein oder mehrere Spiele in Form von Gesprächen zwischen Schülern vorgeführt. Die den zwölf Monaten des Jahres zugeordneten Spiele sind in der folgenden Übersicht tabellarisch dargestellt. Sie spiegeln zugleich den im 17. Jahrhundert geltenden, weit gefaßten „Spiel"-Begriff wider:

---

[344] Vgl. HKJL (II: 1173) und Schader (1985: 231–238).
[345] Redinger (1662: 297–303).
[346] Redinger (1662: 299f.).
[347] Redinger (1662: 301).

MONAT	SPIEL (DEUTSCH)	SPIEL (LATEINISCH)
Hartmonat/ Jahranheber/ Jenner	*Barrenschlag*	*Ostracinda*
Hornung/ Rebmonat	*Blinde kuh/ blinzenmausen/ lizel*	*Myinda, cæcus musculus, diffugium*
Lenzmonat/ Merz	Klikerspil/ das klukern Ein andere gatung klikerens	Ludus globulorum fictilium Aliud genus ludi globulorum
Ostermonat/ April	Das Topichspil/ glozen	Ludus trochorum
Wunnemonat/ Mey	Das Kegelspil Das Blatenschiessen [nach dem zwaek] Das Steinstossen	Ludus conorum Ludus discorum, vel lapidum orbiculatorum [ad metam] Jactatio lapidis
Brach- oder Pflugmonat	Das Ballenspil Das Baden/ oder Schwimmen	Ludus pilæ palmariæ vel manuariæ Lavatio, vel Natatio
Hewmonat	Das fischen Fortsezung des fischens	Piscatio Continuatio piscatum
Ernd=Obst=Augst=monat	Das Kippen/ hoeklen Veraenderung des Nußenspilens	Lusus nucum Variatio lusonis nucum
Herbstmonat/ Widmonat	Die Jagt/ das jagen	Venatio, vel venatus
Weinmonat/ Saatmonat	Das Raeiffen Das Trauben lesen/ der Wimmer	Ludus ligneorum circulorum Collectio uvarum, Vindemia
Wintermonat/ Schlachtmonat	Das Gansspil	Ludus Anserum
Christmonat/ Heiligmonat: Wolffmonat	Das Schlieren/ Schleiffen/ Glaenern	Lubricus cursus per glaciem

Redingers Verdienst besteht darin, sich von dem starren Spielekanon, wie er sich in der Nachfolge des Erasmus von Rotterdam und Vives in der Colloquien-Literatur und in den Comenianischen Werke etabliert hat, gelöst zu haben, um auf der Grundlage eigener Beobachtung detailgetreu, lebensnah und anschaulich im Sinne seiner sprachdidaktischen Ziele die Spiele bzw. Freizeitvergnügen der Frankenthaler Schüler und ihrer Ausdrücke nach ihrem Vorkommen im Verlauf des Jahres festgehalten zu haben.

Dritter Teil

FANG- UND VERSTECKSPIEL-BEZEICHNUNGEN

In diesem Teil erfolgt eine Bestandsaufnahme und Bestimmung von Bezeichnungen für Fang- und Versteckspiele. Zunächst wird eine kurze Beschreibung des Spieltyps, der den sachlichen Ausgangspunkt bildet, gegeben. Wenn möglich, folgt ein Überblick über die ikonographische Bezeugung des Spieltyps. Gibt es schon antike Spielbezeichnungen, die in lateinisch-deutschen Sprachlehrwerken des Humanismus und Barock rezipiert wurden, werden sie zusammen mit ihren volkssprachlichen Äquivalenten den in literarischen Quellen bezeugten Spielbezeichnungen vorangestellt. Dann folgen Einzeldarstellungen der Herkunft und Geschichte ausgewählter historisch bezeugter Bezeichnungsvarianten dieses Spieltyps. Sonstige dialektale und fremdsprachliche Benennungsmöglichkeiten werden in einem abschließenden Kapitel nach Benennungsmotiven und -mitteln zusammengestellt und erklärt.

I. Nachlaufen und Fangen mit Abschlagen

Die einfache Form des Fangens besteht darin, daß ein durch Auszählen oder Auslosen bestimmter Fänger den Mitspielern nachläuft, bis er einen von ihnen einholen und ihm einen leichten Schlag mit der Hand geben kann. Der Getroffene muß daraufhin die Rolle des Fängers übernehmen. Normalerweise darf der Schlag nicht unmittelbar wieder an den Fänger zurückgegeben werden. Mit der Rollenübergabe geht keine Spielunterbrechung einher. Für die verfolgten Mitspieler gibt es die Möglichkeit, sich vorübergehend durch eine bestimmte, vor Spielbeginn festgelegte Verhaltensweise, z. B. durch das Laufen zu einem festgelegten Mal oder durch einen bestimmten Ruf, vor dem Abgeschlagenwerden zu schützen.

Das Fangen mit Abschlagen bietet eine Fülle von Ausgestaltungsmöglichkeiten, die in die Spielbenennung eingehen können. Es ist außerdem Strukturbestandteil zahlreicher anderer Spiele, die jedoch als eigenständige Formen gefaßt werden und hier weitgehend unberücksichtigt bleiben.

A. Die Bezeichnung *Zeck* (*Zick, Tick*)

Während im Mittelhochdeutschen lediglich verbale Umschreibungen für das Nachlaufen und Fangen nachgewiesen sind[348], findet sich die früheste Bezeugung einer Spielbezeichnung für das einfache Fangspiel in der bereits vorgestellten Auflistung von Spielen und Vergnügungen in Meister Altswerts Minneallegorie *Der Tugenden Schatz* an der Grenze zum Frühneuhochdeutschen. Die hier bezeugte Form *Zeck* ist für das Alemannische oder Elsässische untypisch, wo eher *Zick(i)*[349] zu erwarten wäre:

„Zwei walten zuo dem zwegk
Zweÿ die spilten *zeck*"[350]

Mit Stammvokal *i* taucht die Bezeichnung 1657 als *Zicken*-Spiel in dem Werk *Sechs- und Zwaenzig nichtige Kinderspiel* von Conrad Meyer zum ersten Mal auf, der sie als eine *bey der Jugend diser Landen [Zürich]/ uebliche Kurtzweil* ausweist. Das Spiel *Zicken* ist hier beschrieben als eine besondere Form des Fangens mit Abschlagen, nämlich als ein bei Anbruch der Dunkelheit zum Abschied gespieltes Fangspiel, das auch den weiter unten besprochenen Namen *den Letzten geben* haben kann:

„*Zikkenspiel.*

Ein Spiel mit dem bey uns die Kinder sich erquikken;
nicht weiß ich ob wo mehr; ist das genente *zicken*.
Und wird auf dise weis getriben und gefuehrt:
daß eins mit flacher hand das andre bloeßlich ruehrt/
und fleucht damit davon: das aber so getroffen
jagt seinem Schlaeger nach; so lang bis er erloffen

---

[348] Vgl. das *Kindheitslied des Wilden Alexander* aus dem letzen Viertel des 13. Jahrhunderts (Kraus 1952: 12) und die mittelhochdeutsche Verslegende *Das Leben der heiligen Elisabeth* (um 1300) (Rieger 1868: 710ff.).
[349] Vgl. Elsäss. Wb. (2: 900); vgl. z. B. auch die Formen *Zi(n)ggi(s)* im AIS (V: Karte 86) und DWB (15: 879).
[350] Vgl. Textanhang, Z. 23–24.

> den gegenstreiche kriegt/ und diser trachtet raasch
> zu gleichem Widerschlag; dieweil man eine schmaach
> das letst zuhaben schaezt. Diß waehret bis die Kinder
> sind voller mattigkeit; und wie die mueden Kinder
> sich legen auf den plan: oft muß die schwartze nacht
> nach hauß sie jagen heim. Diß ist des *Zikken* tracht."[351]

Meyer zieht das *Zicken*-Spiel zur Veranschaulichung des menschlichen Treibens, der Zänkereien, des Neides und Krieges heran, die ebenfalls darauf beruhen, daß keiner nachgeben will. Er spielt mit der Doppeldeutigkeit des Ausdrucks *zicken* 'einen leichten Schag geben' und 'sich zanken'. Auf der zugehörigen Abbildung[352] sind im Hintergrund zwei Frauen zu sehen, die mit Stock und Schlüsselbund aufeinander einschlagen. Auf der linken Seite ist das in ganz Europa verbreitete Schwankmotiv von der streitsüchtigen Ehefrau dargestellt, die immer, selbst noch im Tod, das letzte Wort behalten will.[353] Ihr Mann hat sie aus Wut darüber, von ihr immerzu als *Laußknister* ('jmd, der Läuse zerdrückt') beschimpft zu werden, ins Wasser geworfen und wirft ihr nun das rettende Seil zu. Noch im Untergehen macht diese jedoch mit dem Daumen über ihrem Kopf die Geste des Läuseknisterns. Im Vordergrund sind zwei sich einander jagende Putten dargestellt. Darunter steht:

> „Dem *Ziken spiel* ist gleich das muede Menschen leben:
> Das lezte Niemand wil empfahen; sonder geben."

Mit dem Stammvokal *e* und diesmal als Femininum wird *Zeck* in *Veriphantors Jungerflichem Zeit-Vertreiber* von Gorgias aus Kronstadt 1666 als ein sonntäglicher Zeitvertreib namentlich erwähnt:

> „ob sie [die Jungfern] schon die junge Kerl alle vor engel ansehen/ wie wol vermuthlich ist/ daß auch boese Engel seyn muessen; so sind sie doch in Warheit nicht allzeit also/ wie man sie zu seyn vermeinet. Geht vielleicht ein Spiel als *die Zeck/* etc. an/, so wird gelauffen/ biß sie nicht wie ein Krebs zwischen den Beinen, roht sind. Hernacher wenn sie zu Bette gehen wollen/ so schmiren sie sich mit Speck/ und geben hernach das was ihnen bleibt/ noch wol zu verspeisen."[354]

---

[351] Meyer (1657: o. S.).
[352] Vgl. Anhang, Abb 3.
[353] AT 1365; zum Schwankmotiv vgl. Moser-Rath (1959).
[354] Veriphantor (1666: Diiij f.).

Als Zusammenbildung in der Form *Zeckjagen* ist das Spiel auch 1854 in dem vaterländischen Roman *Isegrimm* des schlesischen Dichters Willibald Alexis bezeugt.

Für die niederdeutsche Variante *Tick* mit unverschobenem *t* im Anlaut sind keine literarischen Belege nachweisbar.[355] Lexikographisch ist sie aber schon in der Mitte des 18. Jahrhunderts in dialektalen Wörterbüchern des Niederdeutschen, z. B. in der Mundart von Hamburg[356], von Bremen[357], von Pommern und Rügen[358], von Göttingen und Grubenhagen[359] sowie im Ostfriesischen[360] erfaßt.

Die Spielbezeichnung *Zick*, benannt nach der Spieltätigkeit des Abschlagens, ist demnach schon Ende des 14. Jahrhunderts (Überlieferungsdatierung Ende des 15. Jhs.) nachweisbar. Sie ist als Verbalsubstantiv und als Verbalabstraktum ohne Suffix mit Stammvokal *i* oder *e* überliefert. Neben den Bedeutungen 'einen leichten Schlag geben' und 'sich zanken' sind die Spiel-Bedeutungen 'einfaches Fangen mit Abschlagen' und 'Fangen mit Abschlagen zum Abschied, bei dem keiner den letzten Schlag einstecken will' nachweisbar. Der Ausdruck begegnet dialektal als wobd. *ziggen, zicken*[361], ondd. *zecken* (vor allem im Berlin-Brandenburgischen)[362] und norddd. *ticken*. Zu vergleichen ist hier engl. *tick*, die im englischen Sprachraum verbreitetste Bezeichnung für 'Fangenspielen'.[363]

B. Die Bezeichnung *Fangen*

Für die heute als hochsprachlich geltende, dialektal im Westoberdeutschen vorherrschende Spielbezeichnung *Fangen* sind im DWB[364] keine historischen Belege nachgewiesen. Als Bestandteil des Kompositums elsäss.

---

[355] Vgl. DWB (11, 1: 480).
[356] Richey (1743–1755: 317).
[357] *Versuch eines bremisch-niedersächsischen Wörterbuchs* (1771, V: 67).
[358] Dähnert (1781: 486).
[359] Schambach (1858: 230).
[360] Stürenburg (1857: 282).
[361] Vgl. den AIS (V: Karte 86) und Schmeller (2: 1080).
[362] Vgl. Obersächs.-Erzgeb. Wb. (2: 695). Im Brandenburg-Berlinischen ist auch die Form *Tack* mit Stammvokal -*a*- bezeugt (vgl. Eichhoff 1977, 1: 34, C57).
[363] Vgl. die Einträge im Register bei Opie/Opie (1969).
[364] DWB (3: 1311–1315).

Fangedissel kommt sie zum Beispiel 1816 in dem Lustspiel *Der Pfingstmontag* von Arnold vor:

> „Kinnee's, der Lunzi kummt und Jaejers, wo's Gebruels Ken End nimmt, Blebbers ['Breiter Stein oder Stück Metall'] noch, Verstekkels, *Fangedissels* Un Gaisufsetzers au, Kopftredders un Blindmysels. Un Kesselhubfers; Spiel muen die han hundertsweys".[365]

Der Ausdruck erscheint 1832 auch in der Spieleauflistung im *Gargantua und Pantagruel* von Gottlob Regis und ist im Elsässischen mehrfach bezeugt.[366] Der zweite Bestandteil *-dissel*, der auch als Simplex *Dissel* in der Bedeutung 'Fangspiel' vorkommt, ist unklar.[367]

C. Die Bezeichnung *Haschen*

Die im Ostmitteldeutschen geläufige Bezeichnung *Haschen* ist in dem Kompositum *Haschemännchen* als ein Spiel der Damen 1791/92 in den in Weimar erschienenen *Ammenmärchen* zum ersten Mal literarisch bezeugt.[368] Als deutsches Äquivalent zum weiter unten besprochenen Ausdruck für das Zwei-Parteien-Fangspiel lat. *ostracinda* kommt das Wort jedoch schon 1607 in Sibers *Nomenclator* vor. Ebenfalls in einem Sprachlehrwerk, dem *Neuesten Zuwachs der teuschen, fremden und allgemeinen Sprachkunde* aus dem Jahr 1783 von Johann C. Rüdiger findet sich ein Eintrag *Hasche spiele* mit der Erläuterung „Kinderspiel, welches eben so in Niedersachsen *Kriegen* heißt".[369]

D. Zur Wortgeographie von Fangspielbezeichnungen

Neben dem hochsprachlichen *Fangen* gibt es eine Vielzahl regionaler Bezeichnungsvarianten. Die wichtigsten davon hat Eichhoff in seinem *Wortatlas der deutschen Umgangssprache* durch eine Umfrage ermittelt und

---

[365] Arnold (1816: o. S.).
[366] Vgl. Elsäss. Wb. (1: 121).
[367] Vgl. Elsäss. Wb. (2: 719).
[368] *Ammenmärchen* (1791/92, 1: 85); vgl. DWB (4, 2: 524).
[369] Rüdiger (1783: 82).

auf der Karte „Fangen (Kinderspiel)" in ihrer geographischen Verbreitung dokumentiert.[370] Schon Kretschmer hat in seiner *Wortgeographie der hochdeutschen Umgangssprache* unter dem Stichwort *Zeck* Bezeichnungsvarianten zusammengetragen.[371] Varianten für *Fangen (spielen)* sammelt auch Seibicke in seinem Werk *Wie sagt man anderswo?*[372] Eine einfache Karte mit den Bezeichnungen des Fangens und des Freimals findet sich in der zweiten Auflage des *Wörterbuchs der deutschen Volkskunde*.[373] Speziell bayerische Benennungen dieses Spiels hat Wolff in seinem Werk *Wie sagt man in Bayern?* zusammengestellt.[374] Schweizerdeutsche Spielbezeichnungen finden sich im SDS[375], italienische im AIS unter *mosca cieca*[376], französische Varianten unter *jouer à la tape* z. B. im ALLy.[377]

Wie die Karte 46 „Nachlaufen(s) spielen" im Hessisch-Nassauischen Wörterbuch[378] zeigt, können innerhalb eines umgrenzten Untersuchungsgebietes verschiedene Bezeichnungsvarianten unmittelbar nebeneinander auftreten, hier zum Beispiel *Kriegen(s)* neben *Greifen(s)*, *Nachlaufen(s)*, *Fangen(s)*, *Haschen* und *Jagen*. Dennoch lassen sich einige Verbreitungsschwerpunkte angeben, z. B. für *Greif(chen)* das Ostniederdeutsche, für *Kriegen* das Westnieder- und Westmitteldeutsche (vgl. nl. *krijgertje spelen*)[379]. Im Ostmitteldeutschen herrscht *Haschen*, im Westoberdeutschen *Fangen* vor. In verschiedener Lautgestalt ist das bereits vorgestellte *zekken, zicken, ticken* im Westoberdeutschen, Ost- und Nordniederdeutschen nachweisbar.

---

[370] Eichhoff (1977, 1: 34) und die Wortkarte 49 zur Frage „Wie nennt man in Ihrer Gegend ein Spiel, bei dem ein Kind den anderen nachlaufen und einem davon einen Schlag geben muß? (Dieses Kind muß dann wieder den anderen nachlaufen)."
[371] Kretschmer (1969: 588–592, 618).
[372] Seibicke (1983: 65).
[373] Erich/Beitl (1955: 411).
[374] Wolff (1980: 50f., Karte 44).
[375] SDS (V: Karte 86).
[376] AIS (IV: Karte 743).
[377] ALLy (V: 583f., Nr. 1996).
[378] Hess.-Nass. Wb. (2: 416).
[379] Nl. *Krijgertje spelen* ist die hochsprachliche Bezeichnung für das Fangenspielen im Niederländischen. Zu den Varianten vgl. Cock/Teirlinck (1902, 1: 71–79).

E. Weitere Benennungsmöglichkeiten

Der Karte Eichhoffs[380] läßt sich entnehmen, daß heute im wesentlichen zehn verschiedene Verbstämme zur Bildung von Fangspielbezeichnungen herangezogen werden. In alphabetischer Reihenfolge lauten sie *fang-, greif-, hasch-, krieg-, lauf-, pack-, renn-, tick-, zeck-, zick-, zigg- (tschigg-)*. Im Kommentar sind noch Spielbezeichnungen zu sieben weiteren Verbstämmen nachgewiesen, nämlich zu *faß-, jag-, klatsch-, klopf-, schlag-, tapp-* und *wisch-*.

Als Benennungsmotiv der daraus weitergebildeten Fangspielbezeichnungen dienen elementare Spielhandlungen. Auf das „Verfolgen" nehmen die Bezeichnungen mit *lauf-, renn-* und *jag-* Bezug, auf das „Ergreifen nach dem erfolgreichen Verfolgen" die Bezeichnungen mit *fang-*[381], *greif-, hasch-, krieg-, pack-, fass-*, auf das „leichte, kurze Berühren mit der Hand, um den Eingeholten abzuschlagen" die Bezeichnungen *tick-, zeck-, zick-*[382], *tapp-* (ostobd. *Abtapperln*) und *wisch-* (ostobd. *Derwischerle(t)s*)[383]. Die unsanfte Form des Abschlagens steht bei den Bezeichnungen mit *klatsch-, klopf-* und *-schlag-* im Vordergrund.

Bisher wurden deverbale Bezeichnungen für das einfache Nachlaufen und Fangen vorgestellt, die nach der Tätigkeit des Nachlaufens, Einholens und Abschlagens benannt waren. Zu diesen Spielbezeichnungen kann der beim Abschlagen geäußerte Ruf als determinierender Bestandteil hinzutreten, wie z. B. im Bayerischen beim *Pfennig-Fangen*.[384] Das *Aichacher Mundartlexikon* beschreibt das Spiel folgendermaßen:

> „Pfenning = Bfennig. Gleiche Spielregeln wie „Verfangerles", nur daß beim Abschlagen (Berühren des Kindes mit der Hand) das Wort „Bfennig" gerufen wurde."[385]

---

[380] Eichhoff (1977, 1: 34; Karte 49).

[381] Vgl. weiter oben das Kapitel „Zur Bildung von Verwendung von Spielbezeichnungen".

[382] Entsprechend bedeutet *auszicken* 'auszählen', weil jeder Mispieler dabei vom Auszählenden einen leichten Schlag erhält.

[383] *Wischen* 'sich haschen' wird 1820 zum ersten Mal in dem Werk *Die deutsche Sprache in dem Grossherzogthume Posen* von Bernd erwähnt.

[384] Vgl. obb. *Pfennenfanga* (BWB 12/35), ndb. *den Pfennig geben, Pfenningschlagn* (BWB 93/15), opf. *Pfenning, Pfenning laufa* (BWB 135/54, 139/29).

[385] Christl (1988: 152).

Über die Motivation des Abschlagrufs *Pfennig* läßt sich nur spekulieren. Handelt es sich wie beim *Letzten geben* um ein „Abschiedsgeschenk"? Oder ist der Ausdruck *Pfennig* aus einem anderen Spiel übernommen, in dem tatsächlich das Geldstück *Pfennig* eine zentrale Rolle spielt? Dies wäre zum Beispiel beim Spiel bair. *Pfennig einschenken (einstreichen)* der Fall. Mit dem Spruch „Ich schenk (streich) dir einen Pfenni(n)g ein, sag nicht ja und nicht nein, nicht schwarz und nicht weiß, nicht Nadel und nicht Zwirn (nicht Straße, nicht Gasse, nicht Platz, nicht hinten und nicht vorne)" wird einem Mitspieler ein Steinchen in die Hand gelegt und gefragt: „Was kaufst du dir um diesen Pfenni(n)g?", wobei bei der Antwort keines der im Spruch „verbotenen" Wörter ausgesprochen werden darf.[386] Die „Übergabe" eines Pfennigs könnte als Vorstellung auf das Abschlagen beim Fangenspielen übertragen worden sein und sich im Abschlagruf *Pfennig!* manifestieren.

Unklar ist auch der Abschlagruf bair. *Dedde* in der obb. Spielbezeichnung *Deddefonga, Dedifanga, Debby fonga*.[387]

Vielfach geht die Festlegung, wie der Verfolgte sich kurzfristig vor dem Verfolger schützen darf, in die Fangspielbezeichnung ein.[388] Als schützend gilt das Berühren von Holz z. B. in schlesw.-holst. *Boomtick*, bad. *Baumfangis*, böhm. *Holzete-Holz*[389] oder Eisen in schweiz. *Eisenziggi*, schweiz. *Vater, i ha ke Ise meh*[390] und *Eisenmännchen*[391]. In der Literatur wird immer wieder die apotropäische Wirkung von Eisen geltend gemacht, vom spieltechnischen Standpunkt aus gesehen eignen sich Eisenbeschläge, Türklinken oder Eisengitter nun einmal gut als Freimale, weil sie selten und weit verstreut vorkommen.

Kreistick heißt in Schleswig-Holstein ein Spiel, bei dem jeder Spieler mit einem Stöckchen einen Kreis um sich ziehen kann, wenn ihm der Fänger zu nahe kommt, ebenso wird beim *Kreuztick* statt eines Kreises ein Kreuz in den Boden geritzt, auf das man sich bei Gefahr stellen kann[392]. In Eger gibt es ein *Schanzavotalas* 'Schanzenvaterleins' genanntes Fangspiel.

---

[386] WBÖ (3: 48).
[387] BWB 93/15.
[388] Zu den Benennungen nach dem Freimal vgl. auch das Kapitel „Rechtsaltertümer im Kinderspiel".
[389] ASS.
[390] Rochholz (1857: 406).
[391] Böhme (1897: 560).
[392] ASS.

Die *Schanze* ist das Freimal, eine Haustür, eine Zaunlatte oder ähnliches. *Voter* 'Vater' heißt der Fänger.

Nach dem Hilferuf, mit dem man einen Mitspieler herbeizitiert, um ihn an die Hand zu nehmen und sich so vor dem Fänger zu schützen, wird das Fangen *Bruder hilf!*, *Schwester Hilf!* oder *Hilffangis* genannt. Bleiben zwei Spieler zu lange zusammen, ruft der Fänger z. B. *Es brennt!*, worauf sie sich loslassen müssen.[393]

Vor dem Fänger sicher ist man auch dann, wenn man rechtzeitig in die Hocke geht, wovon die Bezeichnungen brand.-berl. *Huckzeck*, pomm. *Huckgreif*, westd. *Hückchen ist Paar ['Ruhe']*, pfälz. *Setzefanges* und *Hoggelchers*[394], elsäss. *Krupfangis*[395], bad. *Hürlefangis*[396], bair. *Saß*[397] zeugen, oder umgekehrt, wenn man auf eine erhöhte Stelle springt, wie z. B. in schlesw.-holst. *Hochtick*, pfälz. *Hochfanges* und *Hochstellchers* oder frz. *chat perché* zum Ausdruck kommt. Ein Mitspieler kann einen anderen vor der Verfolgung schützen, indem er zwischen Verfolgtem und Verfolger hindurchläuft, ihren Weg „durchkreuzt" oder „durchschneidet", was schlesw.-holst. *Griepekrüz* und das aus dem Französischen entlehnte elsäss. *Coupers*[398] festhält.

Die Möglichkeiten der Benennung nach anderen Ausgestaltungen des Spiels sind damit keinesfalls erschöpft, sollen aber hier nicht weiter aufgeführt werden. Nicht mehr zum Spieltyp des einfachen Nachlaufens und Fangens mit Abschlagen zu rechnen sind etwa die Spiele wie *Katz und Maus*[399] oder bair. *Daum ausm Kowi treibn* 'Tauben aus dem Kobel treiben'[400], die in natürlichen, beobachtbaren (Jagd-)Szenen motiviert sind.

---

[393] BWB, ASS.
[394] ASS.
[395] Elsäss. Wb. (1: 121).
[396] ASS.
[397] BWB.
[398] ASS.
[399] Böhme (1897: 649).
[400] BWB.

Ebenso scheiden die Fangspiele als Sonderformen aus, die nach der spieleinleitenden Provokation benannt sind, wie z. B. *König, ich bin in deinem Land*[401], wenngleich diese kulturhistorisch interessant sein können.[402]

Auch bei den nach einer menschlichen oder tierischen Schreckgestalt benannten Fangspielen mit Abschlagen, wie das vermutlich als „Kinderstehlspiel"[403] zu bestimmende *Wolf spielen*[404] oder das heute noch lebendige Spiel *Der schwarze Mann*[405], liegen spezielle Ausformungen des Fangenspiels vor. Die Behauptung, das Fangspiel *Schwarzer Mann* sei ein Nachklang des Schauspiels vom Totentanz[406], ist zurückzuweisen, auch wenn der *schwarze Mann* den Tod personifizieren kann. Vielmehr liegt der Name einer Schreckgestalt zugrunde, die schon 1643 von Moscherosch in seiner Erziehungsschrift *Insomnis Cura Parentum* genannt wird:

> „Man soll die Kinder in der jugend nicht mit vnnoehtigen Dingen schrecken, noch sich foerchten machen, wie etliche vnverstaendige Elttern vnd loses Gesinde thun, welche die zahrte ohne das bald erlegte Kinder mit dem Mummel, Butzenmummel, Langen Mann, *dem schwartzen Mann*, der Holtzmutter, dem boesen Mann, dem Hopman, dem Kemmetfeger, vnd weiß nit was fuer Narren schroecken, stillen vnnd geschweigen wollen."[407]

---

[401] Meier (1851: Nr. 397); vgl. auch Künßberg (1952: 56f.) und Drost (1914: 15–17) mit historischen Belegen.

[402] In Pommern lautete eine Spielprovokation „Kieper, Kieper, Olesteckel!" (ASS), die das verbotene Aalestechen thematisiert. Es wurde nachgeahmt, indem man mit langen Stöcken abgefallenes Laub aufspießte. Der Ruf forderte den Fänger, der den *Kieper* 'Fischmeister' vorstellte, zum Fangen auf.

[403] Vgl. dazu Schier-Oberdorffer (1985: 117f.) unter *Schafdieb*.

[404] *Des Wolfs spielen* ist belegt in der Dohnaschen Liste (1618), in den *Colloquia scholastica* von Meister (1621, 6. Gespräch). Vgl. auch *Der Wolff hat mir ein Schaeflein gestolen, weil ich Kaes vnd Brot will holn* in Fischarts Spieleaufzählung (1575). Zum Spieltyp *Wolf und Schafe* bzw. *Schafe, kommt heim* vgl. Schier-Oberdorffer (1985: 116f.) und Böhme (1897: 572).

[405] Gutsmuths (1796: 159–161).

[406] Die Behauptung geht wohl auf Wackernagel (1853: 338) zurück.

[407] Pariser (1893: 83).

II. Nachlaufen und Fangen mit Abschlagen zum Abschied

A. Die Bezeichnung *Den Letzten geben*

Das Spiel *den Letzten (das Letzte, die Letzte) geben* oder *letzteln*[408] ist zwar ebenfalls ein einfaches Fangspiel mit Abschlagen, es ist aber zusätzlich situativ und zeitlich gebunden, so daß es einen eigenen Namen hat. Es findet nämlich nur dann statt, wenn die Kinder auseinandergehen müssen, z. B. nach der Schule, am Abend oder zur Essenszeit. Zum Abschied gibt ein Kind einem anderen mit dem Ruf *Hast den letzten!* einen leichten Schlag und rennt weg. Das getroffene Kind versucht, den Schlag sofort wieder zurück- oder weiterzugeben. Da keiner den letzten Schlag einstekken will, entspinnt sich ein Spiel, das solange geht, bis schließlich doch einer nachgibt.

Die Etymologie der Spielwendung *(einander) den letzten geben* ist unklar. Handelt es sich um eine gekürzte Form von *(einander) den letzten Schlag geben*? Muß ein anderes Bezugsnomen angenommen werden? Oder gibt es gar kein Bezugsnomen?

Im oberdeutschen, besonders alemannischen Sprachraum überwiegt die feminine Form *die Letzte geben*.[409] Im Badischen ist *die Nachtletscht*[410], in der Oberpfalz *d' Nocht-Letzt* bezeugt.[411] Bezeichnungen für diesen Spieltyp werden häufig durch die Angabe der Tageszeit, wie in bad. *Nachtbatsch*[412] oder schweiz. *'s Mittagzinggi*[413], aber auch durch einen Abschiedsgruß, z. B. elsäss. *Adjebatsch*[414] näher spezifiziert.

Daß nicht das Adjektiv *letzt*, der Superlativform zu *laß*, zugrundeliegt, zeigen die Formen, die ohne das auslautende -t der Superlativendung

---

[408] Vgl. Kretschmer (1969: 588), Kieser (1938: 15). Unter dieser Form sind z. B. auch im SDS (V: 86) verschiedene Schweizer Benennungen zusammengestellt.
[409] Vgl. Geiger (1917: 94). Im SDS (V: 87) sind auch die beiden anderen Genera belegt, vgl. *de, die, s Le(t)scht(i)*.
[410] Lenz (1887: 28), Heilig (1914: 253).
[411] Mehler (1921: 80).
[412] Heilig (1914: 253).
[413] Geiger (1917: 94).
[414] Elsäss. Wb. (2: 122).

-(e)st gebildet sind wie schweiz. *Letzi, Nachtlöitschi*[415] oder bad. *Nachtletze*[416]. Stattdessen liegt das im Frühneuhochdeutschen bezeugte Sustantiv *Letze, Letzt* 'Abschied, Abschiedsfeier, Abschiedsgeschenk' vor, das zum Verb *letzen* 'sich laben' gehört. *Letze* wurde dann aber sekundär auf das Adjektiv *letzt* bezogen. In der Spielwendung hat sich die im 16. Jahrhundert gebräuchliche Wendung *die Letze geben* 'den Abschiedsgruß, den Segen zum Abschied geben'[417] erhalten. Bei Luther heißt es:

> „[Der heilige Paulus] thut auch ein solche vermanung nach seiner predigt, damit er die von Epheso gesegnet, und jnen *die letze gibt*".[418]

Erhalten ist das Substantiv noch in den Komposita *Letztemahl* 'Abschiedsessen' und *Letztnacht* 'Abschiedsnacht' als Benennungen für den festlichen Abschluß der Spinnstube[419] und in der Fügung *zu guter Letzt*.[420]

An die spezielle Bedeutung 'den Abschiedstrunk, Abschiedsschmauß geben' der Wendung knüpft die Spielbezeichnung schweiz. *denantsoubeké* 'einander das Abend(brot) geben' an.[421]

Woanders ruft der Knabe, der den letzten Schlag einstecken muß: „Der Henker (der Schinder) gibt die Letze!" Mit dem Ausdruck *Henker* beschimpft er einerseits den, der ihm den Schlag versetzen konnte, andererseits paßt der „Henker" gut ins Bild des „Letz(t)engebens", denn der Henker reichte dem Verurteilten vor der Vollstreckung des Urteils das Abschiedsmahl, die „Henkersmahlzeit".[422]

Da in der Benennung *die Letze geben* 'den Abschied geben' selbst nicht zum Ausdruck kommt, daß der Schlag als etwas Negatives gilt, wurde sie vermutlich schon recht früh an das Adjektiv *letzt* in negativer Bedeutung angeschlossen. In dem zitierten Beleg bei Conrad Meyer heißt es, daß kei-

---

[415] Schweiz. Id. (3: 1562, 1563).
[416] Heilig (1914: 253).
[417] DWB (6: 798).
[418] Luther (2: 404b); DWB (6: 798).
[419] Vgl. Scherzer (1959, 2: 160).
[420] Vgl. Kluge/Seebold (1995: 516).
[421] SDS (V: 87). Anders verläuft die Entwicklung im Sächsischen: Die Bedeutung von sächs. *Dätsch* 'leichter Schlag mit der Hand' ist über *Tätsch* 'letzter Schlag beim Dreschen' verschoben zu 'Schmaus der Drescher nach dem letzten Drusch', mit dem die Beendigung dieser wichtigen Arbeit gefeiert wurde (vgl. Bruns 1916: 67; Kieser 1938: 15).
[422] Borchardt/Wustmann (1894: 221, 302). Vgl. *Henkersmahl und Johannisminne*. In: ZSSR 44 (1924): 319.

Fang- und Versteckspielbezeichnungen

ner „das Letzte", also das Schlechteste, bekommen, sondern nur weggeben will: „Das lezte Niemand wil empfahen; sonder geben".[423] Es herrschte aber nicht nur die Vorstellung, daß der Schlag etwas Schlechtes, Peinliches ist. Auch die Einbildung, mit dem Schlag seien schädliche Folgen verbunden, von denen man sich nur durch Zurückgeben des Schlages lösen kann, war verbreitet.[424] Vergleichbar ist der Volksaberglauben, wonach man den Schaden einer Hexe, die einen berührt hat, abwenden kann, indem man ihr den Schlag zurückgibt. So schreibt Alphons von Liguori in seinem *Compendium theologiae moralis*:

> „Unde patet, licere repercutere sagam, quae te tetigit: ea enim repercussam, solet noxa cessare, ut habent Lessius et Sanchez."[425]

Von einem Glauben an die negative Wirkung des „letzen Schlags" zeugen verschiedene Abwehrgesten. Anfang des 20. Jahrhunderts streckten die Kinder dem Schläger zur Abwehr die Hand mit über den Zeigefinger gelegtem Mittelfinger entgegen oder machten mit Händen oder Beinen ein Kreuz. Auch gekreuzte Schürzen-, Zopf- oder Schuhbänder galten als Abwehrmittel.[426] Diese Gestik als Schutzmaßnahme ist allgemein beim Fangenspielen üblich und gilt als Fortleben eines ursprünglichen Abwehrglaubens, denn das Fingerkreuzen, Händekreuzen oder Beineverschränken wird als „eine primär abwehrende Gebärde" auch in anderen Zusammenhängen verwendet.[427] Sogar aus der Entfernung konnte man den „letzten Schlag" rechtzeitig verhindern, wenn man die richtige Entgegnung auf einen drohenden Ruf parat hatte. Dies wurde schweiz. ʼs *Ziggi awerfe* genannt. Rief ein Spieler „Ziggi agworfe!", mußte man antworten: „Ziggi abbutzt!" Dies galt als Abwehr.[428] Auch anzügliche Spottverse wie schweiz. „Ziggi mag i nit verträge, / Bist gester z'nacht bim Schätzeli gläge"[429] die-

---

[423] Meyer (1657: o. S.).

[424] Vgl. Mehler (1921: 80).

[425] Neyraguet (1851: 103). Geiger (1917: 94) bestätigt dies mit dem Bericht einer Frau aus dem Schweizer Ort Fislisbach: „Eine alte Hausiererin ging nie zum Haus hinaus, ohne die Mutter (der Erzählerin) zuletzt zu berühren; dann gabs nachher aber immer einen kleinen Unfall im Haus. Auf den Rat Anderer rührte nun die Mutter zuletzt einmal die Alte an und ging dann schnell ins Haus zurück; es schien ihr dabei, die Hausiererin wolle ihr nachlaufen. Darauf kam sie aber nie mehr".

[426] Vgl. Schön (1911: 198); Geiger (1917: 94).

[427] Röhrich (1967: 29f.); vgl. auch Schmidt-Wiegand (1971: 1417).

[428] Vgl. Geiger (1917: 94).

[429] Geiger (1917: 94).

nen der „Abwehr", sie werden aber auch zum Abschlagen gerufen, wie z. B. in Braunschweig: „Nachtletschen kann ik doch verdragen, / Bî dînen bräddigam haste doch eslâpen".[430]

Die Wendung *die Letze geben* 'den Abschiedsgruß geben' ist heute ausgestorben, sie lebt aber in der zu *den letzten geben* nachgedeuteten Form fort, wobei das Femininum *Letze* durch das Adjektiv *letzt* ersetzt und ein Genuswechsel vom Femininum zum Maskulinum vorgenommen wurde.

B. Die Bezeichnung *Den Alten haben*

Eine zu *den letzten geben* synonyme Spielwendung lautet obsächs. *den ollen haben*[431], *den Aalen haben*[432], tirol. *die Alte haben*[433]. Vielleicht besteht ein Zusammenhang mit dem Letztenbrauchtum, bei dem derjenige, der beim Abschluß landwirtschaftlicher Tätigkeiten als letzter fertig wird, von der Gemeinschaft verspottet wird.[434]

Ursprünglich bezieht sich *der Alte*[435] auf die letzten Halme, die beim Mähen übrigbleiben, weil man die Vorstellung hatte, der „Alte", auch „Hase" oder „Wolf" u. a. genannt, sitze darin: *Da sitt de Olle drin*[436]. Wer also die letzten Halme mähte, „hatte den Alten". Da dies mit Schande und Spott verbunden war, wollte ihn keiner haben. Die letzte Garbe, der „Alte", wurde zu einer menschenähnlichen Gestalt gebunden und herausgeputzt und dann von den Erntearbeitern mit einem besonderen Spruch dem Hofbesitzer übergeben.[437] Dieser veranstaltete zum Abschluß der Getreideernte das Fest des „Alten", das in Pommern *Ullebeier* oder *Ulleköst* wurde.[438] In der Rothenbaumer Gegend in Österreich hieß das Festessen nach dem Flachsbrechen *Dar olt' Mo'* 'der alte Mann'.[439] Benannt wurde es nach

---

[430] Andree (1901: 438).
[431] Obsächs.-erzgeb. Wb. (2: 695a).
[432] Kieser (1938: 15).
[433] Fink (1966: 190).
[434] Vgl. dazu Röhrich (1994, 3: 958); Kieser (1938: 14).
[435] Vgl. HDA (1: 328-334).
[436] Vgl. Lämke (1939: 78).
[437] Vgl. Lämke (1939: 83).
[438] Vgl. Lämke (1939: 87).
[439] Vgl. Blau (1899: 243).

dem *alten Mann*, einer menschenförmigen Figur aus Teig, die in einer Schüssel voller Kuchen stand.[440]

III. Nachlaufen und Fangen auf einem Bein

Dieser Spieltyp unterscheidet sich vom einfachen Nachlaufen und Fangen unter anderem dadurch, daß der Fänger beim Verfolgen nur auf einem Bein hüpfen darf. Dabei lassen sich zwei Spielformen unterscheiden: Die eine besteht darin, daß der Fänger von einem bestimmten, vorher festgelegten Mal aus startet, wobei er seine Ausfälle mit einem Ruf ankündigt. Gelingt es ihm, einen Mitspieler mit der Hand oder einem geknoteten Taschentuch abzuschlagen, muß ihn der Getroffene ablösen. Auch die Mitspieler haben geknotete Taschentücher, mit denen sie den Abgeworfenen ins Mal zurücktreiben und den Fänger bestrafen, wenn er seinen Warnruf vor dem Auslaufen vergessen hat oder auf beiden Beinen Halt suchen muß.[441]

Bei einer anderen Ausgestaltung müssen die Abgeschlagenen mit dem Fänger Hand in Hand weiterfangen, so daß die Zahl der Fänger zu- und die der Verfolgten abnimmt. Diese Umverteilung der Rollen läßt sich mit Blick auf die Gruppe der zu Fangenden als Spielmotiv der Aufzehrung charakterisieren[442], umgekehrt kann man mit Blick auf die anwachsende Gruppe des Fängers vom Motiv der Proliferation[443] oder des Zuwachses sprechen. Für diese Spielvariante, die *Bärenschlag, Urbär, Freiwolf, Roland, Holland und Seeland*[444] genannt wird, wird im folgenden der Terminus „Proliferations-Fangspiel" verwendet.

---

[440] Vgl. auch HDA (5: 314).
[441] Vgl. Böhme (1897: 575f.); zum Hüpfspiel vgl. auch Vries (1957).
[442] Vgl. Rüssel (1953: 124).
[443] Vgl. engl. *proliferation* (Opie/Opie 1969: 89).
[444] Böhme (1897: 597).

A. Die Bezeichnung gr. ἀσκολιασμός und ihre volkssprachlichen Äquivalente

Das „Nachlaufen und Fangen auf einem Bein" wird neben drei anderen Arten des Hüpfens im 9. Buch, §121[445] des *Onomastikon* von Julius Pollux unter dem Eintrag gr. ἀσκολιασμός aufgeführt. In der Übersetzung des Grynaeus lautet der Text folgendermaßen:

> „In *ascoliasmo* autem, uno subleuato pede, altero solo saltare oportet quod askoliazein uocauerunt. *Videlicet *Aut in longitudinem saltitabant, aut unus quidem *sic *hoc insequebatur, alij uero utroque pede fugiebant donec aliquem, uno pede illatus, persecutor nancisci poterat Aut stantes saltabant, saltus ipsos numerantes penes multitudinem enim, erat uictoria. Ἀσκωλιάζειν quoque uocatur, utri uacuo, sed spiritu inflato, et inuncto insilire, ut propter unguentum laberentur."[446]

[Beim *Ascoliasmus* aber muß man mit einem angezogenen Bein allein auf dem anderen Bein hüpfen, was sie *askoliazein* nannten. Entweder sprangen sie dabei in die Weite, oder ein einzelner kam so einher, während die anderen beidbeinig flohen, bis der Verfolger einen von ihnen mit dem einen (angezogenen) Fuß erreichen konnte. Oder sie sprangen im Stehen, wobei sie ihre Sprünge zählten. Der Sieg richtete sich nämlich nach der Anzahl. *Askoliazein* heißt es auch, auf einem leeren, aber mit Luft aufgeblasenen und eingefetteten Schlauch zu springen, so daß man wegen des Fetts ausgleiten konnte.]

Während die erste Spielweise darin besteht, so weit wie möglich zu hüpfen, kommt es bei der dritten Spielweise darauf an, möglichst oft auf der Stelle zu hüpfen und dabei die Sprünge mitzuzählen, denn wer die meisten Sprünge vorweisen kann, gewinnt. Die vierte Umschreibung deutet auf die an Festtagen übliche Volksbelustigung des Schlauchtanzens hin, bei der sich ein Freiwilliger so lange wie möglich auf einem aufgeblasenen und eingefetteten Lederschlauch halten mußte, ohne die Balance zu verlieren. Der Schlauch konnte statt mit Luft auch mit Wein gefüllt und dem

---

[445] „ὁ δ' ἀσκωλιασμός τοῦ ἑτέρου ποδὸς αἰωρουμένου κατὰ μόνου τοῦ ἑτέρου πηδᾶν ἐποίει, ὅπερ ἀσκωλιάζειν ὠνόμαζον. ἤτοι εἰς μῆκος ἡμιλλῶντο, ἢ ὁ μὲν ἐδίωκεν οὕτως, οἱ δ' ὑπέφευγον ἐπ' ἀμφοῖν θέοντες, ἕως τινὸς τῷ φερομένῳ ποδὶ ὁ διώκων δυνηθῇ τυχεῖν. ἢ καὶ πάντες ἐπήδων, ἀριθμοῦντες τὰ πηδήματα· προσέκειτο γὰρ τῷ πλήθει τὸ νικᾶν. ἀσκωλιάζειν δ' ἐκαλεῖτο καὶ τὸ ἐπιπηδᾶν ἀσκῷ κενῷ καὶ ὑπόπλεῳ πνεύματος, ἀληλιμμένῳ ἵνα περιολισθαίνοιεν περὶ τὴν ἀλοιθήν" (Bethe 1931: 180).

[446] Grynaeus (1536: 424).

Sieger als Preis ausgesetzt sein. Diese volkstümliche Belustigung soll in Athen anläßlich der Lennaeen stattgefunden haben.[447] Möglicherweise ist diese Belustigung aus einem Arbeitsgang der Winzer hervorgegangen. Nach dem Keltern wurde der Wein in Schläuche gefüllt, die daraufhin geprüft werden mußten, ob sie auch wirklich dichthielten. Dazu sprang der Winzer auf den Schlauch und suchte ihn durch Gewichtsverlagerung nach schadhaften Stellen ab.[448]

Der zweiten Spielumschreibung zufolge konnte gr. ἀσκωλιασμός schließlich auch ein Fangspiel bezeichnen, bei dem einer solange auf einem Fuß hüpfen mußte, bis er einen seiner Mitspieler, die beide Füße gebrauchen durften, mit dem angezogenen Fuß berühren konnte. Die Beschreibung scheint unvollständig, denn unter diesen Umständen hätte der Fänger keine Chance. Vielleicht war jedoch die Spielfläche begrenzt. Die Rollenübergabe erfolgte nun also nicht durch das Abschlagen mit der Hand, sondern mit dem Fuß.

Auf ein ähnliches, vielleicht sogar das gleiche Fangspiel deutet ein von Hesych überlieferter, in Tarent üblicher Spielruf hin, zu dem es leider keine Spielbeschreibung gibt: gr. ἐξάγω χωλὸν τραγίσκιον 'ich treibe ein hinkendes Böckchen aus'.[449] Das könnte der Warnruf gewesen sein, mit dem der hinkende Fänger sein Kommen oder das eines gefangenen Mitspielers und damit den Beginn des Fangspiels ankündigte.

Die Bezeichnung gr. ἀσκωλιασμός 'Hüpfspiel' ist von gr. ἀσκωλιάζειν 'auf einem Fuß hüpfen' abgeleitet. Dies ist die älteste Bedeutung des Verbs, in der es bis zum Ende des 4. Jahrhunderts und später ausschließlich belegt ist. Es ist von *ἄσχωλως < ἄν-σκωλος 'jemand, der auf einem Bein steht oder einhergeht' auszugehen, wobei ν vor σ entfallen ist.[450] Die Bedeutung 'auf einem aufgeblasenen Schlauch tanzen' ist erst sekundär von den antiken Grammatikern im Anschluß an gr. ἀσκός 'Haut, lederner Schlauch' hinzugefügt worden.[451] Eine Herleitung von einem Ἀσκώλια genannten Fest ist aus lautlichen und sachlichen Gründen abzulehnen, da es ein solches Fest in Athen nicht gegeben hat und die Verbindung des

---

[447] Vgl. KP (1: 648); Grasberger (1864: 38); vgl. dagegen Latte (1957: 390).
[448] Vgl. Vogt (1905: 566).
[449] Vgl. gr. ἐξάγω χωλὸν τραγίσκιον· παιδιᾶς παρὰ Ταραντίνοις (Latte, 1953, I: s. v.).
[450] Vgl. Latte (1957: 391).
[451] Vgl. Latte (1957: 390).

Volksbrauches mit bestimmten attischen Festen in der antiken Überlieferung nicht bewiesen ist.[452]

In den altsprachlich-volkssprachlichen Wörterbüchern, angefangen mit dem *Nomenclator* von Junius, wird unter gr.-lat. *ascoliasmus* ausschließlich die allgemeine Bedeutung 'auf einem Bein hüpfen' angegeben. Bei Junius heißt das Spiel *Hinckelen* neben brab. *op een been springhen* und *hinckepincken*[453], Adam nennt in seinem Prager *Nomenclator* neben *hinckelen* böhm. *na gedné noze skákati*.[454] Im Kölner *Nomenclator* von Horst findet sich *hincken* ohne Suffixerweiterung[455], in einer der späteren *Nomenclator*-Bearbeitungen von Siber wird dieses ergänzt durch *Vff einem Beine hincken*.[456] Oberdeutsch gilt *hüpfen*: Schenck hat in seiner Augsburger *Nomenclator*-Bearbeitung unter *Auff ainem fuos hupfen*[457], Pomey in seinem Nürnberger Indiculus *Huepffens spielen*[458]. In Hadamars Kinderzuchtbüchlein wird 1563 die Wendung *auff einem fuß huckeln* gebraucht.[459]

Nur Frischlin gibt in seinem *Nomenclator trilingue* gr. ἀσκωλία mit *Saltatio per vnctos vtros, Auff Schlauchen tantzen* wieder.[460]

In der englischen *Nomenclator*-Bearbeitung von John Higgins aus dem Jahr 1585 findet sich die Spielbezeichnung engl. *fox in thy hole* 'Fuchs ins Loch'.[461]

---

[452] Vgl. Latte (1957: 390).
[453] Junius (1567: 323). Das mit der Reimbildung *Hinkepinken* bezeichnete Spiel ist auch unter den Namen *Kästchen-* und *Tempelhüpfen* oder *Himmel und Hölle* bezeugt.
[454] Adam (1586: 318).
[455] Horst (1588: 176).
[456] Siber (1607: 119).
[457] Schenck (1571: 147).
[458] Pomey (1720: 459). In italienischen *Indiculus* findet sich it. *giuocare à correre à piè zoppo* (Pomey 1684: 394).
[459] Hadamar (1563: d iiij).
[460] Frischlin (1594: 481).
[461] Higgins (1585: 298).

B. Die Bezeichnung lat. *Empusae ludus*

Der Ausdruck lat. *Empusae ludus* kommt zum ersten Mal in dem Schülergesprächsbuch *Familiarum colloquiorum formulae* aus dem Jahr 1522 von Erasmus von Rotterdam vor. In dem Kapitel über die verschiedenen Arten des Springens[462] wird das vom Schüler Vincenz vorgeschlagene Hüpfen auf einem Bein vom Schüler Lorenz mit der Begründung abgelehnt, daß dies ein „Spiel der Empusa" sei:

„Vinc. Quid si certemus unica tibia?"[463]

[Vinc.: Was meinst du, wenn wir uns im Hüpfen auf einem Bein messen?]

Das Hinken galt als das typische Kennzeichen eines teuflischen Wesens. Dieser früher allgemein verbreitete, diskriminierende Volksglauben lebt als ein Stereotyp im Spiel, insbesondere in den Fang- und dramatischen Spielen fort.[464] In diesem Sinn und nicht einfach als eine erschwerte Art der Fortbewegung versteht auch Erasmus das einbeinige Hüpfen. Deshalb greift er zur Veranschaulichung auf *Empusa* zurück, einer angeblich einbeinigen Figur aus der griechischen Mythologie, deren Name zuerst bei Aristophanes erwähnt wird.[465]

Dieses „Verdikt" des Erasmus übernimmt Comenius in seine *Ianua linguarum (Sprachenthür)*. In der übersetzten Ausgabe von Docemius von 1657 heißt es ausdrücklich:

„das Hincken auff einem Beine/ stehet einem Gespenst zu".[466]

Auch von Zeitgenossen des Erasmus wird die Bezeichnung gelegentlich aufgegriffen, so z. B. im *De corrupti sermonis libellus* von Mathurin Cordier aus dem Jahr 1534 im Zusammenhang mit dem frz. *jeu de mouche* 'Fliegen-Spiel':

---

[462] Erwähnt werden der Heuschreckensprung oder Froschsprung (lat.: *saltus locustarum sive ranarum*), der mit beiden Beinen und geschlossenen Füßen ausgeführt wird.

[463] Wirth-Poelchau (1989: 72f.).

[464] Vgl. Schier-Oberdorffer (1985: 59) u. (1995: 194). Vgl. auch den Artikel „Hinken, Hinkender" (EM 6: 1047-1053).

[465] Nach Aussage der *Suda* wurde *Empusa*, gr. Ἔμπουσα, danach benannt, daß sie nur auf einem Bein lief (gr. ἑνὶ ποδί) (vgl. Becq de Fouquières 1873: 87); vgl. auch Fittà (1998: 26).

[466] Docemius (1657: XCVI, 941).

„Ludamus *ad muscam*. Certemus *Empúsae ludo*. Empûsa (ut Graecorum fabulae tradunt) fuit monstrum unius pedis. Hinc Erasmus Empusae ludum eleganter appellauit, quem nostrates, Ludere *ad muscam* dicunt".[467]

[Wir wollen das *Fliegenspiel* spielen. Wir wollen uns im Spiel der *Empusa* messen. Empusa (wie die Geschichten der Griechen überliefern), war ein Ungeheuer mit einem Bein. Von daher hat es Erasmus treffend als Spiel der Empusa bezeichnet, das die unseren *Fliegenspiel* nennen.]

Das hier nicht weiter beschriebene Spiel lat. *ad muscam* ist schwer bestimmbar, da ganz unterschiedliche Spiele unter den Namen frz. *mouche* fallen.[468] Um die Jahrhundertwende ist im südwestfranzösischen Lauraguais *a mousco* 'Fliegen-Spiel' genanntes Proliferations-Fangspiel belegt. Dabei läuft der Fänger jedoch nicht hinkend, sondern mit gefalteten Händen aus:

„La mouche est un enfant qui, mains jointes, poursuit ses camarades. Celui qui est touché par la mouche doit aller se placer au milieu d'un cercle tracé sur le sol; s'il ne s'y rend pas en toute hâte, ses camarades le forcent à y entrer à coups de poing. La mouche le prend par la main, et ils poursuivent ensemble les autres joueurs. Celui que l'un ou l'autre touche se joint à eux, après s'être placé dans le cercle; et ainsi de suite jusqu'à ce que tous aient été touchés et se soient joints à la mouche."[469]

Lat. *Empusae ludus* ist also eine gelehrte Bildung des Erasmus von Rotterdam, die wohl auch nur im schulischen Umfeld Geltung hatte.

---

[467] Cordier (1534: 245 f.).

[468] In den *Trente-six figures contenant tous les ieux* von Le Bé (1587) ist ein *jeu de mouche* abgebildet, das im Auszug *Anciens jeux* (1847: 69) jedoch nicht wiedergegeben ist. Auch Stella (1657: 40) widmet einen Kupferstich dem Spiel *la mouche*. Zu literarischen Belegen des 16. Jhs. vgl. Huguet (V: s. v.).

[469] Fourès (1891: 271).

C. Die Bezeichnung *Fuchs ins Loch*

Im Deutschen gibt es für das „Nachlaufen und Fangen auf einem Bein" die Namen *Fuchs ins Loch* neben *Fuchs aus dem Loch*.[470] Im Englischen lautet die Spielbezeichnung *fox in (to) the hole* oder *fox, fox, come out of thy hole*[471] und ist seit dem 16. Jahrhundert in der Form *fox in thy hole* als Entsprechung zu gr.-lat. *ascoliasmos* bezeugt.[472]

Im frühesten deutschen Beleg für diese Spielwendung in Johann Fischarts *Bienenkorb*, einer zuerst 1574 erschienenen Übersetzung der antikatholischen, polemischen Schrift *Den Byëncorf der H. roomsche Kercke* von Philips Marnix van Sint Aldegonde aus dem Jahr 1569, wird *Fuechßlein komm auß dem Hoelchen* jedoch in der Bedeutung 'Versteckspiel' verwendet. In dieser Schrift wird der Brauch verspottet, die Altäre in der Fastenzeit mit blauen Paramenten zu verhüllen und zu „verstecken":

> „Dann die gantze Fasten durch/ so hocken jhre vermumpte bilder hinder den blawen Vmbhaengen/ vnd spilen deß Spiels: Pfeiffet oder ich such euch nicht: Biß die Ostern herbei nahet/ so kommmen [!] die Pfaffen vnd spilen dann fuerter: Haenlein schlieff auß dem Schaelchen. *Fuechßlein komm auß dem Hoelchen.*"[473]

Im 17. Jahrhundert gehörte ein Spiel mit Namen *Fuchs ins Loch jagen* zum Spielrepertoire der Erwachsenen, denn es ist in dem 1636 von dem Barocklyriker Paul Fleming (1609-1640) verfaßten Hochzeitsgedicht *Liefländische Schneegräfin, auf Herrn Andres Rüttings und Jungfrau Annen von Holten Hochzeit* vom Februar 1636 neben anderen Spielen aufgeführt. Das Spiel, über dessen Verlauf nichts gesagt wird, wird im Winter im Freien gespielt:

> „Da ward die ganze Nacht mit Freuden hingebracht.
> Da ging das Scherzen an. Die spielten der fünf Karten,
> Die *jagten Fuchs ins Loch* in dem beschneiten Garten.

---

[470] Vgl. DWB (4, 1, 1: 336):
[471] Zu literarischen Belegen vgl. Brewster (1947: 147), Opie/Opie (1969: 116) und das OED (VI: 132).
[472] Higgins (1585: 298).
[473] Fischart (1588: 153). In der flämischen Schrift fehlt eine Entsprechung für diesen Spielausdruck.

Das Kalb ward ausgeteilt[474]. Des Schuchs, der blinden Kuh,
Des Richters ward gespielt, des Königs auch darzu."[475]

Unter dem Namen *Fuchs zu Loche* hat Gutsmuths das Spiel in sein Werk *Spiele zur Übung und Erholung des Körpers und des Geistes* aus dem Jahr 1796 aufgenommen. Mit diesem Ruf wird der vom alten Fänger („Fuchs") mit dem Plumpsack abgeschlagene neue Fänger ins „Loch", eine kleine Grube, einen Maulwurfshügel oder eine Zimmerecke zurückgetrieben. Ein Warnruf des Fängers, bevor er die Höhle verläßt und die Mitspieler, die „wie ein Bienenschwarm um ihn her [sind], allerley Spass machen und ihn an den Kleidern zupfen", ist nicht überliefert.[476]

In *Krünitz's oekonomisch-technologischer Encyklopädie* wird das Spiel *Fuchs ins Loch* als ein Gesellschaftspiel beschrieben.[477] *Fuchs ins Loch!* ist hier der Ruf, mit dem die Mitspieler den „Fuchs" in sein „Loch", einen mit einem Stock auf einem freien Platz gezogenen Kreis, unter Schlägen mit den zu *Plumpsaecken* gedrehten *Schnupftuechern* zurücktreiben.

Im alemannischen Sprachraum heißt das Spiel *Fuchs aus dem Loche* nach dem gleichlautenden Warnruf des Fängers. Kann der Fuchs keinen abwerfen oder gebraucht er beide Füße, wird er mit dem folgenden Spottvers in sein Loch zurückgetrieben:

„Fuchs, Fuchs, bîß mi nit,
Du häsch es g'höörigs Mûl,
De häsch en guete Schuester gä,
De häsch de Borst im Mûl."[478]

Dieses Lied, das mit gleichem Wortlaut und mit Melodie bereits in Hainhofers *Lautenbuch* aus dem Jahr 1603 überliefert ist, wurde früher von Kindern beim Anblick eines Fuchses gesungen.[479] Hierher gehört wohl

---

[474] Das Spiel *Kalbaustreiben* wird auch in Johannes Praetorius *Taudel- und Zaudelhaftiger Spin-Rocken* (1678: 219) als ein Spiel des Gesindes bei der Leichenwache genannt. Vielleicht kann es mit dem bei Preen (1904) beschriebenen Drischlegespiel *Kaibelausziehen*, eigentlich 'einem Kalb auf die Welt helfen', gleichgesetzt werden.

[475] Lappenberg (1865: 98).

[476] Gutsmuths (1796: 266f.).

[477] Krünitz (1833, 157: 731f.).

[478] Rochholz (1857: 411f.).

[479] Vgl. Böhme (1897: 148).

auch der in Fischarts Spieleauflistung im *Gargantua* (1590) überlieferte Liedanfang *Wolf beiß mich nicht*, der als elsäss. *Fuchs Fuchs üß d'r Hehl* bestimmt wird.[480]

Daß ein „Fuchs" in sein „Loch" getrieben wird, liegt als Thema noch verschiedenen anderen Spielen zugrunde. Im *Kärntischen Wörterbuch*[481] wird unter *den fuchs in's loch jàg'n* das „Verfolgen im Kreis mit einem weichen Schlaggegenstand" beschrieben.

Fuchs in die Lucken treiben, Fuchs ins (durchs) Loch treiben oder *Fuchs aus dem Loch* heißt auch ein Bauernstubenspiel, das sogenannte *Besenstöbern*. Das alpenländische Gesellschaftsspiel *Fuchs in d'Lucka treibn* gibt Gelegenheit, einen Nichtsahnenden „ausgiebig durchzubläuen"[482]:

„Die Mitspielenden stellen sich hintereinander in Seitgrätschstellung auf. Einer geht mit einem Birkenbesen bewaffnet um die Reihe und ruft dabei: Fuchs, Fuchs! oder Has, Has! Der letzte in der Reihe folgt ihm. Sobald der Besenträger am Ende der Reihe ankommt, wirft er seinen Besen weg, schlüpft rasch zwischen den Beinen des letzten in der Reihe durch und kriecht so unter den Beinen der Spieler weiter, bis er vorn wieder herauskommt. Dort reiht er sich mit gegrätschten Beinen vor. Mit dem Hineinschlüpfen muß er aber recht rasch sein, denn der hinter ihm kommende ergreift schnell den Besen und sucht ihm damit eins hintendrauf zu versetzen, so lang er noch nicht ganz in der „*Lucka*" ist. Nun ist der Verfolger der *Fuchs* und der Letzte aus der Reihe folgt. Das Spiel wird solange fortgesetzt, bis der als Fuchs an die Reihe kommt, auf den es abgesehen ist. Wenn der nun rasch ins Loch schlüpfen will, wird er von dem Letzten mit den Beinen festgehalten und erhält vom Verfolger eine Tracht Prügel."[483]

Statt eines Besens wird auch ein *Millibrettl*, ein Schuh oder ein anderer Schlaggegenstand verwendet, der nach Benutzung in einem bereitstehenden Eimer abgelegt wird.[484]

Ein ähnliches Prinzip liegt dem *Fuchs aus dem Loch* genannten Mädchenspiel zugrunde, das Ende des 19. Jahrhunderts bei den Wenden der Niederlausitz in den Spinnstuben üblich war. Hier wird der Besen nicht zum Schlagen, sondern zum Stoßen verwendet:

---

[480] Vgl. Rausch (1908: 107).
[481] Lexer (1862: 104).
[482] Kopp (1925: 51f. mit Abb.).
[483] Kopp (1925: 51f.).
[484] Das Spiel *Fuchs in d'Lucka treib'n* sieht Haiding (1937: 72) zu Unrecht auch auf Bruegels Kinderspielbild dargestellt (vgl. Anhang, Abb. 2). Zu einer neuen Bestimmung vgl. Beitl in: Hills (1998: 84).

„Mehrere Mädchen stellen sich in einer Reihe hinter einander auf und nehmen den vorn zusammengedrehten Rock zwischen die Beine nach hinten. Jede folgende erfaßt diesen Rockteil; so wird die Fuchshöhle hergestellt. Durch diese kriecht ein Mädchen oder Bursche auf allen Vieren hindurch, während andere Mädchen mit einem Stocke oder Besen fortwährend jagen und stoßen".[485]

Die nominale Fügung *Fuchs aus dem Loch* als Spielbezeichnunng ist aus der Fuchsjagd übernommen, bei der es gilt, den Fuchs aus seinem Bau herauszutreiben, um ihn zu erlegen. Daneben gibt es die sprichwörtliche Redensart *jmd. wie einen Fuchs aus dem Loch treiben*, die schon in dem um 1400 entstandenen Volkslied vom Würzburger Städtekrieg von Bernhard von Utzingen vorkommt, in dem die Aufständischen überlegen, wie sie die Ritter und Domherren vom Hof vertreiben könnten:

„wie möcht wir sie vertriben
als einen *fuchs uß dem hol?*
Ich forcht es ge uns niemer wol!"[486]

Die Situation, daß der Fuchs seinen Bau als sicheren Zufluchtsort hat, wird nicht nur auf verschiedene Spiele übertragen. Auch verschiedene Redewendungen greifen darauf zurück. *Der Fuchs muß (kommt) zum loche heraus* bedeutet 'die versteckten, wahren Beweggründe müssen/ kommen ans Licht'.[487] Die Redewendung *Fuchs zu (im) Loch* wird schließlich auch für eine Person gebraucht, die mit List ins Gefängnis gebracht wurde.[488]

Die Wendung ist schon im 15. Jh. in der Form *Fuchs uß dem hol (vertriben)* als Vergleich für die 'Bewerkstelligung eines schwierigen Unterfangens' bezeugt. Als Spielbezeichnung ist sie Ende des 16. Jahrhunderts zum ersten Mal für ein nicht näher bestimmbares 'Versteckspiel' belegt. Neben der Bedeutung 'Nachlaufen und Fangen auf einem Bein' sind auch das 'Plumpsackjagen im Kreis' und das 'Bauernstubenspiel *Besenstöbern*' unter diesem Namen nachweisbar. Benannt ist das Spiel nach dem Ruf *Fuchs aus dem Loch*, mit dem der Fänger, der „Fuchs", ankündigt, daß er seinen schützenden „Bau" (*Loch, Hol*[489], *Luck'n, Hollerlutschn*[490])

---

[485] Müller (1894: 119).
[486] Liliencron (1865, 1: 167)
[487] DWB (4, 1, 1: 334); Röhrich (1994, 2: 480).
[488] DWB (4, 1, 1: 333).
[489] Das *Hol* lebt als Bezeichnung für das Mal in verschiedenen Spielen fort (vgl. Mittenzwei 1884: 90; Wehrhan 1929: 294; Müller-Fraureuth 1: 520).

verlassen wird, „um auf Jagd zu gehen". Mit diesem Ruf provozieren die Mitspieler aber auch den „Fuchs" zum Auslaufen. Eine Abwandlung dazu ist die Bezeichnung nach dem Ruf *Fuchs ins Loch*, mit dem die Mitspieler den „Fuchs" „in (sein) Loch" zurücktreiben.[491]

D. Weitere Benennungsmöglichkeiten

In der Mehrzahl der Fälle ist das Spiel nach dem Fänger benannt. Die Fortbewegungsart geht als attributives Adjektiv oder als determinierendes Erstglied in die nominale Spielbezeichnung ein. Als Benennungsmittel dienen Tiernamen, z. B. „Fuchs" in ndd. *Hinkefoß, Hüppefoß*[492], schweiz. *Gäle Fuchs*[493] 'gelber Fuchs' oder „Bock" in braunschweig. *Kluntjebuk*[494], *Klüntjebuk*[495] (< ndd. *Klunt* 'Klumpen, Klumpfuß'), *Hinkebuck*[496], *Huckepluck*[497]. Das Mal des *Klüntjebuk* genannten Fängers hieß *der Pax*. Sein Warnruf lautete: „Klüntjebuk geiht ut; eins, zwei, drei!". Setzte er den zweiten Fuß auf, wurde er mit dem Ruf „Hat dahl esett, hat dahl esett" zurückgetrieben. Der „Klüntjebuk" durfte bestimmen und variieren, wen oder vieviele seiner Gefangenen, die er seine „Söhne" nennt, ausschickt, ob er mitkommt oder nicht oder ob sie nachkommen sollen usw. Startete er mit einem zusammen, kündigte er ihr Kommen mit dem Ruf „Klüntjebuk geiht mit sienen Sohne ut; eins, zwei, drei!" an, lief er mit all seinen Gefangenen aus, hieß es „Klüntjebuk geiht ut, geiht mit siener ganzen Kaschale ut; eins, zwei, drei!". Waren ihm seine Söhne zu ungeschickt, forderte er die Gegenspieler auf „Lat bimmeln, lat bimmeln, dat't kracht", woraufhin sie seine „Söhne" mit Schlägen in den „Pax" zurücktrieben. Der *Huckepluck* oder *-Buck* genannte Fänger kommt entweder selber, schickt seinen Lehrling oder Gesell aus oder kommt „mit sin' ganzen Hushör'gen".

---

[490] Vgl. burgenländisch *Fuchs aus der Hollerlutschn* (Riedl/Klier 1957: 256, Nr. 3344-3346).

[491] Ein Holzschnitt von Heinrich Bürkel aus dem Jahr 1861 zeigt Knaben beim Spiel *Fuchs aus dem Loch* (vgl. Anhang, Abb. 7).

[492] Schumann (o. J.: 57).

[493] Züricher (1902: 141).

[494] Andree (1901: 444).

[495] Graumann (1902/1903: 291).

[496] Kück (1906: 23).

[497] Niedersachsen (1902/03, 8: 324).

Vielleicht aus *Bock* zu *Bott* entstellt ist ndrhein. *Henkele Bott*[498], schlesw.-holst. *Hinkepott*[499] und *Hinkende bôtt*[500], das ein Proliferations-Fangspiel mit Mal ist. Vielleicht ist aber auch von *Hinkender Bote*[501] auszugehen, einem Tabuwort für den Teufel, der auch *Hinkebein* oder *Hinkefuß* genannt wird. Nach dem „Teufel" heißt das Spiel elsäss. *D'r Deifel kummt allan erüß, eins, zwei, drei!*[502] und frz. *le diable boiteux*. Der Ruf des „Hinkenden Boten" lautet: „Hinkende bôtt kött alleen eruus!" oder „Hinkende bôtt kött mät singem îeschgebôrene sonn eruus", je nachdem ob er alleine oder mit einem Gefangenen ausläuft.

Personenbezeichnungen liegen den folgenden Spielbezeichnungen zugrunde: *Vater* in schlesw.-holst. *Vadder in'n Wind*[503], niedersächs. *Keck Keck Vater* oder *Fischersvoder*[504], *Bauer* in ndd. *Hinkebur, Hömplenbur*[505], schlesw.-holst. *Keesbuur*[506] 'Käsebauer' und *Mann* in österr. *der alte Mann*[507].

Auf den Auslaufplatz des Fängers bezieht sich schlesw.-holst. *Heliland* (*Hilliland, Heligeland*).[508]

Deonomastische Benennungen sind das im Elbostfälischen und Schleswig-Holsteinischen bezeugte *Kolumbus*[509] und frz. *la mère Garuche à cloche-pied*[510]. Wie *Christoph Kolumbus*, der fest in der Kinderkultur verankerte Name des Entdeckers Amerikas, ist auch frz. *Garouche* (*Garuche, Galouche*) ein Eigenname, der auf den Fänger als Schreck- und Spottgestalt übergeht. *Garouche* tritt nicht nur in enger Apposition mit frz. *mère*, sondern z. B. auch mit dem weiblichen Vornamen *Marie* auf.[511] *Garouche*

---

[498] Caro (1906: 68).
[499] Schumann (o. J.: 57).
[500] Schmitz (1896: 62).
[501] Zum *hinkenden Boten* vgl. Röhrich (1994, 1: 246f.).
[502] Rausch (1909: 107).
[503] Schumann (o. J.: 57).
[504] Niedersachsen (1902/03, 8: 390f.).
[505] Caro (1906: 68):
[506] Schlesw.-Holst. Wb. (3: 86 u. 250).
[507] Schüttelkopf (1891: 158).
[508] Schlesw.-Holst. Wb. (2: 724).
[509] Wegener (1883: 170); Schlesw.-Holst. Wb. (3: 250).
[510] Vgl. Belèze (1856: 25-30).
[511] Vgl. Tijskens (1965: 363 u. 368).

ist die movierte Form zu *Garou* in *loup-garou*, das auf westgerm. **wari-wulf* 'Werwolf' zurückgeht.⁵¹²

IV. Nachlaufen und Fangen in paarweiser Aufstellung im Kreis

Beim Spiel „Nachlaufen und Fangen in paarweiser Aufstellung im Kreis", das unter dem Namen *Den Dritten schlagen* verbreitet ist, stellen sich die Mitspieler jeweils paarweise hintereinander stehend im Kreis mit etwas Abstand zueinander auf. Ein Spieler übernimmt die Rolle des Verfolgers, ein anderer die des Verfolgten. Der Verfolgte hat die Möglichkeit, dem Fänger zu entgehen, indem er sich vor ein Paar stellt. Dies zwingt den nun als „dritten" in der Reihe stehenden Spieler dazu, die Rolle des Weglaufenden zu übernehmen. Wer sich fangen läßt, wird Verfolger. Bei der Verfolgung kann auch ein weicher Schlaggegenstand zu Hilfe genommen werden.

A. Ikonographische Zeugnisse

Das Nachlaufen und Fangen in paarweiser Aufstellung im Kreis ist als ein höfisches Spiel der Erwachsenen bereits auf mittelalterlichen Darstellungen wie dem Oberrheinischen Wandteppich von 1385⁵¹³ oder dem Aprilblatt des Stundenbuchs der Adélaïde de Savoye aus der Mitte des 15. Jahrhunderts⁵¹⁴ abgebildet. Zu sehen sind mehrere Spielerpaare, die mit etwas Abstand zueinander im Kreis aufgestellt sind. Bei den Spielerpaaren handelt es sich immer um einen Mann und eine Frau, wobei die hinten stehende Person die vor ihr stehende umfaßt. Während auf dem Stun-

---

⁵¹² Vgl. Greimas (1987: 309).
⁵¹³ Vgl. Anhang, Abb. 5. Es handelt sich um die Spielgruppe in der linken unteren Ecke. Eine Frau läuft, verfolgt von einem Mann, außen um den Kreis herum. Lauffer (1947: 85) bestimmt das Spiel zu Unrecht als das Platzwechsel-Spiel *Kämmerchen vermieten*.
⁵¹⁴ Vgl. Anhang, Abb. 6. Zum Stundenbuch vgl. Bouissounouse (1925) und Metken (1983).

denblatt die Frauen hinter den Männern stehen, verhält es sich auf dem Wandteppich mit einer Ausnahme umgekehrt. Die Darstellung auf dem Wandteppich zeigt außerdem die Spielerpaare eng hintereinanderstehend. Die Hintermänner fassen die Frauen nicht wie auf dem Stundenblatt an den Schultern, sondern unter den Armen hindurch, wodurch die erotische Komponente des Spiels offenbar wird.

B. Die Bezeichnung *Den dritten schlagen*

Die Benennung *Den dritten schlagen* ist seit dem 17. Jahrhundert mehrfach bezeugt.[515] Als ein Erwachsenenspiel wird es vor 1618 in den Aufzählungen von Christoph von Dohna[516] und 1663 bei Konrad von Hoevelen[517] genannt.

Als ein Mädchenspiel[518] lehnen es die Knaben ab, die im *Sechszehende Gespräch/ vom Spielen* des Schülergesprächbuchs *Viertzig Dialogi, oder lustige arten zu reden. [...] in Deutscher vnd Polnischer Sprach* von Nicolaus Volckmar aus dem Jahr 1639 überlegen, was sie spielen könnten:

„Kompt/ wollen *den dritten jagen*.   „Podźmy gonić trze ciego
Das ist ein Maegde Spiel/ last vns lie-   Dźiewcźa to grá/ ráczey bedźiem gazki
ber der Keulchen spielen".   gráć".[519]

Ende des 18. Jahrhunderts ist das Spiel bei Gutsmuths als *Drittenabschlagen* beschrieben[520], es begegnet in fast allen volkskundlichen Spielsammlungen des 19. und 20. Jahrhunderts.[521]

Die Bezeichnung, die vom 17. Jahrhundert bis in die Gegenwartssprache belegbar ist, ist eine verbale Fügung aus *schlagen* und der substanti-

---

[515] Zu bibliographischen Nachweisen über die Verbreitung des Spiels im Deutschen und einigen anderen europäischen Sprachen vgl. Ranke (1952: 172).

[516] Chroust (1895: 411; Bolte (1909: 390).

[517] Hoevelen (1663, III: 36f.).

[518] Als Mädchenspiel ist es auch im Französischen unter dem Namen *jeu des fagots* ausgewiesen (Rolland 1883: 168f.)

[519] Volckmar (1639: 111).

[520] Gutsmuths (1796: 276).

[521] Ein elbostfälischer Reim beim *Drittenabschlagen* lautete: „Ick slaohe, ick slaohe'n Drüdd'n aff, / Ick wett wol, waen ick slaohe; / Ein'n recht'n fett'n Fisch, / Dän droag'ick nao'en Klak'ndisch. / Wat hat'ei vor Tüüch anne? / Hei hat'n blauen (o. grauen) Rock anne" (Wegener 1883: 3).

Fang- und Versteckspielbezeichnungen 121

vierten Ordinalzahl *dritt-* als Akkusativ-Ergänzung. Sie ist im Spielverlauf motiviert, wonach immer der dritte, überzählig Gewordene um den Kreis gejagt wird. Das in den frühen Belegen überlieferte Verb *schlagen* wird später durch die Verben *abschlagen* und *jagen* abgelöst. Die Bezeichnung ist deutlich auf nur eine Spielform festgelegt. Diese ist als Erwachsenenspiel der höfischen Gesellschaft, aber auch als typisches Mädchenspiel bezeugt. Analog aufgebaut ist z. B. die Spielbezeichnung nl. *derde man.* Als Wendung nl. *Sy iaeghen den dorden* taucht sie im Jahr 1550 in den *Ghemeene Nederduytsche Spreckwoorden* auf.[522] In der niederländischen Rabelais-Übersetzung von Gallitalo kommen mehrere Bezeichnungen vor, die dieses Spiel bedeuten könnten: nl. *Van waar zal die man staan* und nl. *Van de voorsten of derde zoeken*[523], das jedoch als ein Kartenspiel bestimmt wird.[524] Ob auch frz. *au tiers*, das 1393 im *Ménagier de Paris*[525] und 1534 in Rabelais *Gargantua*[526] bezeugt ist, 'den dritten schlagen' bedeuten konnte, ist zweifelhaft. Ein Remissionsbrief aus dem Jahr 1391 bezeugt nur die folgende Spielweise: die Spieler müssen sich in drei Gruppen aufstellen, einer muß dann mit verbundenen Augen denjenigen, den er berührt hat, mit Namen nennen, damit er abgelöst wird.[527]

C. Weitere Benennungsmöglichkeiten

Auf die Kardinalzahl drei greifen die Spielbezeichnungen *Drei Mann hoch*[528], frz. *deux c'est assez, trois c'est trop*[529], engl. *twos and threes*[530] zurück.

Nach der „bündelförmigen" Aufstellung der beiden hintereinanderstehenden Spieler heißt das Spiel in Frankreich metaphorisch *jeu des*

---

[522] Drost (1914: 26).
[523] Gallitalo (1682 in Cock/Teirlinck 1902, 1: 48ff.).
[524] Vgl. Cock/Teirlinck (1902, 1: 48).
[525] Pichon (1892: 72); vgl. auch Spitzer (1891: 45).
[526] Calder (1970: 140).
[527] „Ludi genus, cum ludentes tripartito dispositi stant, et explorator andabata illum, quem tetigit, nomine appellare debet, ut ejus loco succedat" (DuCange X: 81).
[528] Georgens u. a. (1882: 118).
[529] Böhme (1897: 560).
[530] Opie/Opie (1969: 82-84).

paquets[531] oder *jeu des fagots*[532]. Das gleiche Benennungsmotiv hat auch die deutsche Spielbezeichnung *Faschinenspiel*[533] (< it. *fascina*, frz. *fascine* 'Rutenbündel').

Auch der direktive Verbzusatz *Hinten weg und vornen dran* wird zur Bezeichnung herangezogen, wie Ende des 18. Jahrhunderts aus einem Beleg aus der Spiel-Sammlung *Die angenehme Gesellschaft* hervorgeht.[534] 1816 wird bei Arnold ein elsässisches Spiel mit diesem Namen als Vergnügung am Pfingstmontag anläßlich einer Silberhochzeit genannt:

> [Nach dem Gottesdienst, dem Essen und dem Waldspaziergang] were Blueme gsuecht for Kraenz und Struyß ze binde, Druf wurd Blindmysels gspielt, der Lunzi kummt, *un hinde N-ewegg und vorne dran*, Verstekkels, wo lauft d'Scher ['Platzwechsel-Spiel'], Stundgläsels, Bemberles ['Federball'] und Pfaenders und Schueejels.[535]

Unter der Bezeichnung *hindenenwegg und vornen dran* ist in der Schweiz jedoch auch ein anderer Fangspieltyp mit paarweiser Aufstellung bezeugt, der im folgenden Kapitel zusammen mit der Spielbezeichnung *Letztes Paar herbei!* vorgestellt werden soll. Dieses Spiel kann auch umgekehrt *Vornen weg und hinden dran* heißen.[536]

---

[531] D'Allemagne (1904: 64f.).
[532] Rolland (1883: 168f.); D'Allemagne (1904: 66f.).
[533] Böhme (1897: 560).
[534] *Die angenehme Gesellschaft* (1790: 105f.).
[535] Arnold (1816: o. S.).
[536] Schweiz. Id. (1: 1021; 10: 167); DWB (12, 2: 1341).

V. Nachlaufen und Fangen in paarweiser Aufstellung in einer Reihe hintereinander

Bei diesem Fangspieltyp mit paarweiser Aufstellung stellt das „hinten weg-" und „vorne vorlaufen" wie beim Spiel *den Dritten schlagen* die zentrale Spielhandlung dar. Die Mitspieler stellen sich jedoch nicht paarweise im Kreis, sondern in einer Reihe hintereinander auf. Mit dem Rücken zur Reihe steht ein überzähliger Spieler, der Fänger, der durch ein bestimmtes Signal, ein Händeklatschen oder einen Ruf wie *Letztes Paar heraus!* das letzte Paar der Reihe auffordert, sich zu trennen und jeweils an der Seite nach vorne zu laufen. Gelingt es dem Paar, an ihm vorbei zu rennen und sich wieder an der Hand zu fassen ohne abgeschlagen zu werden, dürfen sie die Spitze der Reihe einnehmen. Kann der Fänger einen erhaschen, bildet er mit seinem Gefangenen das neue Paar und wird von dem übriggebliebenen Spieler abgelöst. Auch dieses Spiel ist ursprünglich ein Spiel der Erwachsenen, bei denen die Paare von Mann und Frau gebildet und im Spielverlauf anders zusammengeordnet werden.[537]

A. Die Bezeichnung *Hinten weg und vorne dran*

Für dieses Spiel, das eine beträchtliche Anzahl von räumlich verschiedenen Bezeichnungen hat, lassen sich keine literarischen Belege ermitteln. Möglicherweise ist aber der Spielausdruck *Vornevor* hier einzuordnen, der nur in der Aufzählung der bereits vorgestellten ostmitteldeutschen Übersetzungen des *Buches von Troja* von Guido de Columnis aus der Mitte des 15. Jahrhunderts überliefert ist.[538] Da nur der Spielname genannt wird, ist eine Spielbestimmung problematisch. Stammler gibt ohne Begründung ein „Laufspiel wie das heutige Jugendspiel *den Dritten abschlagen*" an.[539] Dem kann zugestimmt werden, wenn man die vergleichbare Bezeichnung *Hinten weg und vornen dran* heranzieht, die in dieser Bedeutung in der Spiel-Sammlung *Die angenehme Gesellschaft* nachgewiesen ist.[540] In der Schweiz

---

[537] Vgl. Anhang, Abb. 9.
[538] Vgl. Hs. B 62ᵃ (Stammler 1963: 60) und Hs. P 142ʳ (Bokova/Bok 1990: 85f.).
[539] Stammler (1963: 110).
[540] *Die angenehme Gesellschaft* (1790: 105f.).

ist jedoch unter diesem Namen in der Form *Hindenenwegg und vornen dran*[541] der Spieltyp „Fangspiel mit paarweiser Aufstellung hintereinander" belegt. Die Bezeichnung *Vornevor* paßt zum einen wie zum anderen Spiel, so daß keine Entscheidung getroffen werden kann.

B. Weitere Benennungsmöglichkeiten

Neben *Letztes Paar heraus!* werden auch andere Rufe zur Spielbenennung herangezogen wie z. B. bei *Müller von hinten!*[542] So kündigt das „von hinten" loslaufende Paar dem vorne stehenden Fänger, der die Rolle des partnerlosen „Müllers" hat, sein Kommen an. Weitere, aus Spielrufen gewonnene Bezeichnungsvarianten sind *Hasch, hasch, das letzte Paar hervor!*[543] oder hess. *Hasch, hasch, Husch, husch!*[544], siebenbürg. *Groschen heraus!*, *Eins, zwei, drei, Groschen herbei!*[545] oder *Fangschon*[546].

Daß bei diesem Spiel eine neue Paarbildung das Ziel ist, wird in den Benennungen schweiz. *Wittlingspiel, Braut und Bräutigam*[547], schwäb. *Wittwer*-Spiel[548] zum Ausdruck gebracht.

In der Steiermark ist dieses Spiel am Ostermontag unter dem Namen *Gonesrennen*[549] 'Gänserich-Rennen' üblich.[550] Der Fänger wird *Tresber*, *Spadl* oder *Gones* genannt. Sein Ruf lautet z. B.: „Gones, Gones, Kickeriko, s' hintere Paar kommt herfür do!" Ursprünglich wurde jedoch ein etwas anderes Lauf- und Fangspiel darunter verstanden, wie aus einer Beschreibung von Johann F. Knaffl in seinem *Versuch einer Statistik vom kameralischen Bezirk Fohnsdorf im Judenburger Kreise* aus dem Jahr 1813 hervorgeht:

---

[541] Schweiz. Id. (1: 1021; 10: 167).

[542] Mittenzwey (1884: 93).

[543] Hoser (1926: 36); Stückrath (1931: 409).

[544] Schöner (1903: 265f.). *Husch-husch* ist die Antwort des letzten in der Kolonne Stehenden.

[545] ASS.

[546] Vgl. Mittenzwey (1884: 93).

[547] Schweiz. Id. (10: 167); Hoffmann (1838: 181).

[548] Meier (1851: 140).

[549] Zum Wort *Gones*, bair. *Gonaus* 'Gänserich' vgl. Schmeller (1: 923f.).

[550] Unger-Khull (1903: 300); ASS.

„Das Gansrennen ist ein Spiel mit 3 Personen. Diese 3 Personen stellen sich in eine gleiche Linie, jedoch jedes von einander beyläufig/ 50 Schritt entfernt. Auf ein gegebenes Zeichen laufen diese 3 Personen zugleich aus, einem gestekten Ziele zu. Die mittlere Person muß bevor die beyden äussern das Ziel erreichen, eine von beyden erhaschen; erhascht sie solche, so ist die Gans gefangen und das Spiel gewonnen; wenn nicht: so ist es für ihn verlohren. Der mittere [!] Läufer wird der Ganeß oder Ganser ['Gänserich'] genannt und die Wiese, auf welcher dieses Spiel gewöhnlich am Ostererchtag ['Osterdienstag'] gehalten wird, heißt der Osteranger, welcher fast durchgehends in jeder Gemeinde vorhanden ist."[551]

Im Schleswig-Holsteinischen heißt das Spiel *Enke herut*[552] 'einzeln heraus'. In Schwaben gibt es als Spielbezeichnung den rätselhaften, nur einmal nachgewiesenen Ruf *Brillo!*, auf den hin das letzte Paar vorlaufen muß.[553] Erklärt wird diese Bezeichnung als eine Entlehnung aus dän. *Bryllup* 'Hochzeit'[554], was vom Benennungsmotiv her sinnvoll wäre, der Weg der Entlehnung bliebe jedoch unklar.

An die Spielregel, daß der vorne stehende Fänger nicht nach der Seite schielen darf, um zu sehen, auf welcher Seite die Frau heraneilt, erinnert die scherzhafte Spielbenennung *Böckchen, Böckchen, schiele nicht!*[555] Den Paaren stand es nämlich frei, vor dem Loslaufen ihre Plätze zu wechseln und so den Fänger im Ungewissen zu lassen, auf welcher Seite der Mann oder die Frau vorbeiläuft.

Bemerkenswert an diesem Spiel ist, daß die Rolle des Fängers ursprünglich wohl nur für den Mann vorgesehen war, wie aus den überlieferten Bezeichnungen *Müller von hinten!*, *Wittling-* oder *Wittwer-Spiel* gefolgert werden kann. Für diese ist nämlich keine movierte, auf das weibliche Geschlecht bezogene Variante bezeugt.

---

[551] Steiermärkisches Landesarchiv, Hs. Nr. 580: 186; Geramb (1928: 69).
[552] ASS.
[553] Meier (1851: 140); vgl. Schwäb. Wb. (I: 1419).
[554] Handelmann (¹1862: 64).
[555] Georgens u. a. (1882: 92f.; vgl. Anhang, Abb. 9).

VI. Nachlaufen und Fangen zweier Gruppen im Gelände

Bei verschiedenen Fangspielen, wie bei den durch die Bezeichnungen *Räuber und Gendarm*, *Tag und Nacht* und *Barrlaufen* repräsentierten drei Spieltypen, steht nicht wie bisher ein Hauptspieler einer Gruppe von Gegenspielern gegenüber, sondern die Rollen verteilen sich auf gleichstarke Gruppen von Spielern.[556]

Hier geht es nun um den als „Nachlaufen und Fangen zweier Gruppen im Gelände" umschriebenen Spieltyp, einem weitläufigen Geländespiel, bei dem Suchen und Fangen kombiniert wurden. Die Gefaßten werden zu einem Mal, dem „Gefängnis", gebracht, wo sie verharren müssen, bis sie von einem Mitspieler freigeschlagen werden.[557]

A. Die Bezeichnung lat. *ludus furum et vigilum*
(*Wächter und Diebe*)

Unter dem Namen *Die Wächter und die Diebe* ist dieser Spieltyp zum ersten Mal bei Gutsmuths beschrieben.[558] Angeregt wurde Gutsmuths dabei durch die *Historia nerdiludii* von Thomas Hyde aus dem Jahr 1694, der ein mesopotamisches Versteckspiel mit Namen *Hassas wa Harami* (lat. *ludus furum et vigilum*) 'Spiel der Räuber und Wächter' aufgenommen hat:

> „Hic autem Ludus hoc modo exercetur: constituuntur tres Turmæ; nempe aliquot qui adsint Officiarii, quales sunt [...] Múfti [...] Kâdi seu Kâzi, [...] Bâshâ, & [...] Sâbashi qui est [...] Hassâs-Bashi seu Vigilum præfectus, eisque is præest tam diurno quam nocturno tempore. Deinde seliguntur fortè 7 aut 8 Vigiles seu Latrunculatores, & totidem Fures. Isti Fures quærunt Latebras, ut seipsos abscondant: quo facto, Vigiles omnia loca permeant & rimantur, ut istos Fures persequantur eosque investigent. Si quem invenerint, eum statim adducunt & coram Officiariis sistunt, ubi stat funiculo in collum injecto, & tandem ad Pati-

---

[556] Zum Motiv der Gegenüberstellung von Haupt- und Gegenspieler vgl. Rüssel (1953: 114–119).

[557] Vgl. Böhme (1897: 596).

[558] Gutsmuths (1796: 247–252).

bulum damnatur. Sed si aliquis Furum poterit imperceptus se eò adducere ut clam veniat ad tangendum aliquem ex Officiariis priusquàm deprehendatur à Vigilibus & Latrunculatoribus, hac ratione salvus euadit, & culpæ suæ veniam obtinet".[559]

Nach Hyde werden die *officiarii* 'Hofbeamten' mit einem *praefectus* 'Kommandanten' für die sieben bis acht *vigiles* oder *latrunculatores* 'Wächter' und ebensoviele *fures* 'Diebe' ausgewählt. Die Diebe verstecken sich und müssen von den Wächtern aufgespürt werden. Wird einer entdeckt, führt man ihn sofort den Beamten vor, nachdem man ihm einen Strick um den Hals gelegt hat, und verurteilt ihn zum Galgen. Kann einer der Diebe sich ungesehen nähern und einen der Beamten berühren, bevor er selbst von den Wächtern gefangen wird, so entkommt der Verurteilte heil und ohne Strafe.

Gutsmuths findet Hydes Beschreibung „wie mehrere Beschreibungen dieses Verfassers so unzulänglich und verworren", daß er „erst ein Spiel daraus machen mußte"[560]: Nach seiner Beschreibung teilt einer die Mitspieler in die Gruppe der Wächter und Diebe auf und übernimmt selbst die Führung der Wächter. Die Diebe müssen sich im Gelände verstecken, die Wächter sie aufspüren und mit dem Ruf *Bordeaux* abschlagen. Ein gefangener Dieb muß zwei-, dreimal *Gassenlaufen*, d. h. die Schläge der Wächter mit ihren zusammengedrehten Taschentüchern über sich ergehen lassen, bevor er Wächter wird. Ziel der Diebe ist es, sich unbemerkt an die Wächter heranzuschleichen und sie durch einen Schlag mit einem zusammengedrehten Schnupftuch und dem Ruf *Rouen* zu Dieben zu machen. Das Spiel ist dann beendet, wenn eine Gruppe keine Mitglieder mehr hat oder es den Dieben gelingt, den Anführer zu fangen.

B. Die Bezeichnung *Räuber und Gendarm*

Unter dem Namen *Räuber und Gendarm* ist im *Deutschen Universalwörterbuch* ein „Kinderspiel im Freien, bei dem die zur Partei der Räuber gehörenden Spieler durch drei Schläge von Spielern der Partei der Gendarmen gefangen werden" umschrieben.[561] Dieses Geländespiel ist heute

---

[559] Hyde (1694: 262f.).
[560] Gutsmuths (1796: 247).
[561] *Deutsches Universalwörterbuch* (1996: 1217c).

eher als Schulhofspiel verbreitet. Im Unterfränkischen gehörte zum *Räuber-und-Gendarm*-Spiel der sogenannte *Bumberkasten*, um die Parteien zu ermitteln. Ein Kind mußte den Bumberkasten machen, d. h. den Oberkörper vorbeugen und auf den Boden schauen, während ihm ein anderes dreimal auf den Rücken klopfte und dabei in die Richtung eines der herumstehenden Mitspieler zeigte, wobei es sang: *Bum, Bum, Bum, wer soll dieser, dieser sein?* Der „Bumberkasten" mußte nun blind festlegen, ob er den Betreffenden zum „Räuber" oder „Gendarm" machen wollte.[562]

Im *Aichacher Mundartlexikon* wird der Spielverlauf von bair. *Reibâ und Schandi* folgendermaßen beschrieben:

> „Reibâ und Schandi. Kinderspiel. Eine Gruppe, die Räuber, mußten sich verstecken, die andere Gruppe mußte die Räuber aufspüren und fangen. Wer eine ausgemachte Freizone (beispielsweise eine Hauswand oder einen Baum) erreichte, ohne gefangen zu werden, rief „hurra" oder „ura". Diese Freizone nannte sich „Hurra" oder „ura". Gewonnen hatte die Gruppe, die die meisten Mitspieler in die Freizone bekam".[563]

Für die vor allem im Oberdeutschen verbreitete Bezeichnung *Räuber und Gendarm* sind in der Bedeutung 'Fangspiel' in den historischen Wörterbüchern des Deutschen keine literarischen Belege nachgewiesen.

Räuber und Gendarm ist daneben auch Name eines im 19. Jahrhundert bei Robrahn & Co in Magdeburg herausgegebenen Würfelspiels, bei dem es darum ging, zwei Parteien gegeneinander auszuspielen.[564]

Die Spielbezeichnung *Räuber und Gendarm* ist eine nominale Fügung, in der zwei antonyme Nomina koordiniert werden, die für zwei einander feindlich gegenüberstehende Personen- oder Tiergruppen bzw. für „gut" und „böse" stehen. Dadurch wird eine Schablone gebildet, die an sich ändernde Gegebenheiten angepaßt werden kann. Das Wort *Gendarm*, das im 19. Jahrhundert aus der französischen Bezeichnung für 'Polizist' entlehnt wurde[565], ist heute weitgehend obsolet, lebt aber in der Kinderspielbezeichnung *Räuber und Gendarm* fort.

---

[562] Diese Form des Auslosens ist mir aus der Grundschulzeit Mitte der 70er Jahre selbst bekannt.
[563] Christl (1988: 153).
[564] Vgl. Glonnegger (1984: 14, Nr. 49).
[565] Vgl. Kluge/Seebold (1995: 312).

C. Weitere Benennungsmöglichkeiten

In einigen Tiroler Spielbezeichnungen schlägt sich die Grenzlage dieses Gebiets nieder. So heißt das Spiel dort neben *Raaberlus und Puli* (*Putz, Polli*) oder *Raber und Karabinieri*[566] auch *Schmuggler und Gendarmen*[567] oder *Schmuggler und Finanzer*[568] ('Zollbeamte'). Tirol. *Zack-zack-zack* wird als dreifache Wiederholung des verhüllenden Ausdrucks *Zack* 'Saccharin', einer Schmuggelware im Vinschgau, erklärt. Mit diesem Ruf ärgern im Spiel die „Schmuggler" die suchenden „Finanzer". Ebenfalls nach einer Schmuggelware hieß das Spiel auch *Schweizer Tabak*[569]. Auf den Namen eines Gauners, der in Meran sein Unwesen trieb, wird tirol. *Hallerlas* zurückgeführt.[570]

Im Burgenländischen hieß das Spiel früher (nicht näher datiert) *Räuber und Pandur*[571], wobei *Pandur* die Bezeichnung für einen Angehörigen der im 17./18. Jahrhundert in Südungarn aufgestellten Truppe der österreichischen Armee war, die sich besonders im Kleinkrieg bewährte.[572]

Historisch sind im Deutschen noch andere Antipoden nachweisbar. Nach Holzach/Rautert hieß das *Räuber-und-Gendarm*-Spiel in Berlin zur Zeit der Befreiungskriege *Franzmann und Preuß*, nach dem ersten Weltkrieg *Spartakus und Regierung*, vor 1933 *Nazis und Sozis*, nach 1961 *Mauer* (*Grenzpolizist und Flüchtling*), Ende der 70er Jahre dann eine Zeit lang *Baader-Meinhof-und-Polente*-Spiel.[573]

---

[566] Vgl. Horak (1989a, II: 138).
[567] Riedl/Klier (1957: 253, Nr. 3325).
[568] Vgl. Horak (1989a, II: 138).
[569] Vgl. Horak (1989a, II: 138).
[570] Vgl. Horak (1989a, II: 138).
[571] Riedl/Klier (1957: 253, Nr. 3324 mit Literaturnachweis).
[572] Berüchtigt war das 1741 von Franz Freiherr v. d. Trenck errichtete Pandurenkorps (dtv-Lexikon 13: 313 mit Abb.).
[573] Holzach/Rautert (1977: 11).

VII. Nachlaufen und Fangen zweier Gruppen mit zufälliger Parteien-Zuweisung

Beim Spieltyp „Nachlaufen und Fangen zweier Gruppen mit zufälliger Parteien-Zuweisung" wird im Unterschied zu den vorhergehenden Zwei-Parteien-Fangspielen nicht vor dem eigentlichen Spiel festgelegt, welche Gruppe Verfolger- oder Wegläuferpartei wird. Diese Entscheidung ist vielmehr ein unmittelbarer Spielbestandteil und bildet das Startsignal für das Loslaufen. Die Mitspieler der beiden Gruppen warten auf die Entscheidung, wobei sie Rücken an Rücken in etwas Abstand zueinander an einer Mittellinie stehen. Der Spielführer steht daneben und wirft einen zweiseitigen Gegenstand, z. B. eine Münze, hoch und ruft das Ergebnis aus. Jede Seite der Münze steht für eine Mannschaft. Die aufkommende Seite bestimmt die Fängerpartei. Diese muß sich blitzschnell umdrehen und der anderen Gruppe, die direkt losläuft, bis zu einer vorher bestimmten Grenze nacheilen. Wer abgeschlagen wird, scheidet aus. Da die Rollenzuweisung in unvorhersehbarer Abfolge wechselt, kann es zu lustig-peinlichen Fehlreaktionen kommen, etwa wenn ein Fänger, anstatt sich umzudrehen und die Verfolgung aufzunehmen, als einziger in die falsche Richtung läuft.

A. Die Bezeichnung gr. ὀστρακίνδα und ihre volkssprachlichen Äquivalente

Dieses Spiel ist unter dem Namen gr. ὀστρακίνδα 'Scherbenspiel' bereits in antiker Zeit bezeugt.[574] Es verlief nach Pollux, 9. Buch, §111f.[575] in der Übersetzung des Grynaeus folgendermaßen:

---

[574] Zum Spiel gr. ὀστρακίνδα vgl. die literarischen Belegstellen und Ausführungen von Lefebvre-Verreydt (1975: 86–89). Neben gr. ὀστρακίνδα wird auch das Spiel gr. ἐποστρακισμός behandelt, bei dem flache Steine so über das Wasser geworfen werden müssen, daß sie möglichst oft auf der Wasseroberfläche aufspringen.

[575] „ὀστρακίνδα δέ, ὅταν γραμμὴν ἑλκύσαντες οἱ παῖδες ἐν μέσῳ καὶ διανεμηθέντες, ἑκατέρα μερὶς ἡ μὲν τὸ ἔξω τοῦ ὀστράκου πρὸς αὑτῆς εἶναι νομίζουσα ἡ δὲ τὸ ἔνδον, ἀφέντος τινὸς κατὰ τῆς γραμμῆς τὸ ὄστρακον, ὁπότερον ἂν μέρος ὑπερφανῇ, οἱ μὲν ἐκείνῳ προσήκοντες διώκωσιν, οἱ δ' ἄλλοι φεύγωσιν ὑποστραφέντες· ὅπερ εἶδος παιδιᾶς αἰνίττεται

„*Ostracinda* uero, cum Pueri linea in medio ducta, & diuisi inter se duas in partes hæc quidem extra testulam, altera intra esse æstimatur. mittente autem aliquo ad lineam, testulam quæcunque pars superior fuerit, hi ad illum festinantes persequuntur, alij uero conversi fugiunt Quod ludi genus & Plato innuit in Amatorijs Ad Phædrum. Quicunque autem fugientium captus fuerit, asinus vocatur. hic uero testulam proijciens, dicit nox, dies. interior enim eius pars, pice oblita est, quæ nocti respondet uocatur autem testulæ transmutatio, hoc ludi genus".[576]

[Beim Spiel *ostrakinda* teilen sich die Jungen in zwei Gruppen, nachdem sie in der Mitte eine Linie gezogen haben. Für die eine Gruppe gilt die Außenseite, für die andere die Innenseite der Tonscherbe. Einer aber wirft auf der Linie die Tonscherbe hoch. Je nachdem, welche Seite oben zu liegen kommt, nehmen die einen, die diese Seite gewählt haben, die Verfolgung auf, und die anderen fliehen. Diese Spielart findet sich auch in Platons Amatoria ad Phaedrum: Wer von den Fliehenden eingeholt worden ist, wird 'Esel' genannt.[577] Derjenige, der die Scherbe hochwirft, ruft „Nacht!" oder „Tag!". Die Innenseite der Scherbe ist nämlich mit Pech bestrichen. Diese Seite entspricht der Nacht. Diese Art des Spiels heißt Drehung der Tonscherbe.]

Der Name des Spiels gr. *ὀστρακίνδα* ist vom Substantiv gr. *ὄστρακον* 'Tonscherbe' abgeleitet. Benannt ist das Spiel nach der Tonscherbe, die über die Verteilung der Verfolger- bzw. Wegläufer-Partei entscheidet. Das Spiel wurde auch gr. *ὀστράκου περιστροφή*, lat. *transmutatio testulae* 'Drehung der Scherbe'[578] oder nach den beiden möglichen Spielrufen gr. *νὺξ* oder *ἡμέρα* 'Tag' oder 'Nacht' genannt. In der Situation und Benennung des Spiels sieht Vogt den Wechsel von Tag und Nacht versinnbildlicht.[579]

Auf die jeweilige Präparierung der Scherbenseiten sind die asyndetisch koordinierten Antonyme *Schwarz-Weiß* und ngr. *βροχὴ ξέρα* 'naß-trocken' zurückzuführen. Eine Seite kann mit Asche geschwärzt werden, sie kann aber auch mit Wasser oder Spucke angefeuchtet werden.

καὶ Πλάτων ἐν τοῖς εἰς τὸν Φαῖδρον ἐρωτικοῖς. ὁ μὲν τοίνυν ληφθεὶς [τῶν φευγόντων], ὄνος οὗτος κάθηται· ὁ δὲ ῥίπτων τὸ ὄστρακον ἐπιλέγει 'νὺξ ἡμέρα·' τὸ γὰρ ἔνδοθεν αὐτοῦ μέρος καταλήλιπται πίττῃ καὶ τῇ νυκτὶ ἐπιπεφήμισται. καλεῖται δὲ [καὶ] ὀστράκου περιστροφὴ τὸ εἶδος τοῦτο τῆς παιδιᾶς" (Bethe 1931: 178).

[576] Grynaeus (1536: 422).

[577] Dem griechischen Originaltext zufolge mußten sich die Eingeholten dann niedersetzen und schieden aus (vgl. dazu Vogt 1905: 593).

[578] Sprichwörtlich steht dieser Ausdruck auch für eine plötzliche Wendung des Schicksals (vgl. RE 18,2: 1672; KP 4: 375).

[579] Vogt (1905: 595).

Das Spiel ist in den humanistisch-altsprachlichen Lehrwerken eher selten belegt. Joachim Camerarius hat es ohne Angabe irgendeiner Bezeichnung als ein dem Anschlagverstecken ähnliches Laufspiel (lat. *discursio*) in seinen *Dialogus de gymnasiis* aus dem Jahr 1536 aufgenommen:

> „Est et huiusmodi quædam nobis in usu *discursio*. In duas partes distribuimur. Tum sorte ducitur qui in medio stans circumagat orbiculum, cuius una nigella sit, altera candida facies. Sortito autem proprius fit alteruter color alteriusutrius partis. Tum ille qui orbiculum intorquet acclamat, uel *dies uel nox*. Vtrius igitur partis color apparuerit post vertiginem orbiculi, ea fugit, alteri sectantur, dum compræhendant aliquem. Atque is postea orbiculum versat, et Asinus nuncupatur". [580]

[Ein derartiges Laufspiel ist auch bei uns Gebrauch. Wir teilen uns in zwei Gruppen auf. Dann wird ausgelost, wer in der Mitte steht und die Scheibe dreht, deren eine Seite schwarz, die andere weiß ist. Nachdem das entschieden ist, wird jeder Gruppe eine Farbe zuteil. Dann ruft der, der die Scheibe dreht, entweder „Tag!" oder „Nacht!". Je nachdem, welche Farbe nach dem Drehen erscheint, muß die entsprechende Partei fliehen, die anderen verfolgen sie, bis sie einen fangen. Dieser muß dann die Scheibe drehen und wird Esel genannt.]

Hadrianus Junius beschreibt das Spiel in seinem *Nomenclator* aus dem Jahr 1567 so, daß statt einer Scherbe eine Kappe (lat. *pileus*) in die Höhe geworfen wird.[581] Außerdem übernimmt diejenige Partei die Verfolgerrolle, die das Aufkommen der Kappe richtig errät. Wer gefangen wird, wird nicht nur als Esel betitelt und muß sich niedersetzen, sondern er muß auch den Ruf nl. *hol of bol* oder nl. *luysen of noppen* wiederholen:

> „*Ostracinda*, lusus genus, quo ducta linea dispartitos in partes pueros dispescit, mox proiecto pileo (olim id fiebat ostraco) pars quæ supinum pronumúe eius casum diuinarit, alteram in fugam dilapsam insequitur. deprehensus (asinum nominabant) considet, repetitque cantionem, nostra lingua quae sonat, *Hol of bol*, quod est, Cauum ne an planum, vel *luysen oft noppen*: velut olim is diuinandum occinebat, Nox an dies. ὀστρακίνδα Polluci".[582]

Der Ruf nl. *hol of bol* bedeutet 'hohl oder gewölbt'. Im Zusammenhang mit dem hochgeworfenen Gegenstand, einer Mütze (lat. *pileus*), wird der Ruf verständlich. Trifft sie so auf, wie man sie aufsetzt, ist sie „gewölbt" (nl. *bol*), trifft sie anderes herum auf, ist sie „hohl" (nl. *hol*). Auf die Außen-

---

[580] Camerarius (1549: 78).
[581] Dem Pollux-Text getreu und nicht den zeitgenössischen Verhältnissen angepaßt ist hingegen Junius' Eintrag ὀστρακίνδα in seinem *Lexicon graeco-latinum* von 1548.
[582] Junius (1567: 323).

Fang- und Versteckspielbezeichnungen   133

bzw. Innenseite der Mütze spielt der Ruf *luysen oft noppen* 'Läuse oder Wollflocken' an, den Fischart als *Lausen oder Noppen* in sein Spielverzeichnis in der Ausgabe 1582 aufnimmt. Laut Cock/Teirlinck spielt *luysen* scherzhaft auf die hohle Seite der Mütze an, mit der das Haar und damit eventuell auch Haarläuse in Berührung kommen.[583] *Noppen* dagegen meint die wollige Außenseite der Mütze. Higgins überträgt in seiner englischen *Nomenclator*-Ausgabe aus dem Jahr 1585 den Ausdruck mit *Lice or nits* 'Läuse oder Nissen'. Er bemerkt, daß das Spiel bei ihnen nicht üblich sei, aber zum Teil aus dem Spiel engl. *crosse or pile* 'Kreuz [auf der Vorderseite der Münze] oder Pfeiler [auf der Rückseite der Münze]'[584], dem Auslosen durch das Hochwerfen einer Münze, und engl. *running at base* 'zum Ziel rennen' bestehe.

Frischlin gibt in seinem zuerst 1586 erschienenen *Nomenclator trilinguis* drei deutsche Interpretamente für gr. ὀστρακίνδα an, von denen allerdings keines mehr ein Gegensatzpaar enthält. Die Spielbezeichnungen *Schlag oder Anschlag*, *Zum Barrlaufen* und *Ritterspiel* kommen eher anderen, weiter unten besprochenen Fangspieltypen zu:

ὀστραχίνδα, Ostracinda, Schlag oder Anschlag/ zum Barrlauffen/ Ritterspiel.[585]

Horst hat die ersten beiden Interpretamente in seine Kölner *Nomenclator*-Bearbeitung von 1588 übernommen:

„Ostracinda, Schlag/ oder Anschlag/ zum Barr lauffen".[586]

In der erweiterten Ausgabe von Adam Sibers *Nomenclator* aus dem Jahr 1607 wird lat. *ostracinda* nur ungenau mit sächs. *Haschen* wiedergegeben:

„Ostracinda, Das haschen".[587]

Schließlich finden sich in den Wörterbüchern von Reyher und Kirsch noch die Bezeichnungen *des Topffs* bzw. *das Topff Spiel*, die wohl Übersetzungen eines anderen Spiels, nämlich gr.-lat. *chytrinda*, sind.[588]

---

[583] Cock/Teirlinck (1904, 4: 87).
[584] Higgins (1585: 299). Zu literarischen Belegen aus dem 17. Jahrhundert für dieses im heutigen Englisch *Heads or Tails* genannte Spiel vgl. Brewster (1947: 146).
[585] Frischlin (1594: 480).
[586] Horst (1588: 176). Auch Henisch (1616: 187) übernimmt alle drei Angaben in seine *Teütsche Sprach vnd Weißheit*.
[587] Siber (1607: 119).
[588] Reyher (1668, 2: 5052) und Kirsch (1718: 859).

Hederich umschreibt lat. *ostracinda* in seinem *Lexicon manuale latino-germanicum* aus dem Jahr 1739 als ein *Spiel der Kinder mit Scherbeln*. Seiner Beschreibung nach gehört nur das Hochwerfen der Scherbe und das Erraten der aufgekommenen Seite, nicht aber das Laufen zum Spiel:

> „Spiel der Kinder mit Scherbeln, da einer dergleichen geworfen wird, und der andere rathen muß, welche Seite oben lieget, und da er es nicht trifft, seine Strafe zu leiden hat".[589]

Während Junius niederländische Entsprechungen für gr.-lat. *ostracinda* kennt und anführt, scheint den deutschen Lexikographen dieser Spieltyp und seine Bezeichnungen im Deutschen nicht geläufig zu sein.

B. Die Bezeichnung *Tag oder Nacht*

Literarische Belege für die Bezeichnung *Tag oder Nacht* sind über die historischen Belegwörterbücher des Deutschen nicht erschlossen. In volkskundlichen Standardwerken ist das Spiel ebenfalls nicht erwähnt.[590] Ein Beleg für die Bezeichnung in der Form *Nacht oder tag* findet sich in Fischarts Spielverzeichnis aus dem Jahr 1590. Ausführlich beschrieben ist es zuerst in Gutsmuths *Spielen zur Übung und Erholung des Körpers und des Geistes*.[591] Das Spiel *Tag oder Nacht* lebt bis in die heutige Zeit fort.[592] Vermutlich ist die Bezeichnung als eine Lehnübersetzung des zuerst im *Dialogus* des Camerarius 1536 belegten Ausdrucks lat. *dies uel nox* anzusehen, der selbst eine Lehnübersetzung des älteren gr. $νὺξ\ ἡμέρα$ ist. Aber auch die Möglichkeit, daß es sich um eine unabhängige Bildung handelt, ist nicht auszuschließen.

---

[589] Hederich (1739: Sp. 923).
[590] Vgl. Rochholz (1857) und Böhme (1897).
[591] Gutsmuths (1796: 264–266).
[592] Mir ist das Spiel *Tag und Nacht* aus dem Sportunterricht der Mittelstufe bekannt.

VIII. Nachlaufen und Fangen zweier Gruppen zwischen zwei Lagern

Das „Nachlaufen und Fangen zweier Gruppen zwischen zwei Lagern" soll ein schon im Mittelalter bei Adel und Volk beliebtes Spiel umschreiben, an dem zwei Mannschaften mit hoher Spielerzahl beteiligt sind. Die Mannschaften haben in großem Abstand voneinander ihre Lager, von denen aus sie nach bestimmten Regeln starten und durch Abschlagen Gefangene machen können.

A. Die Bezeichnung *Barrlaufen*

Das *Barrlaufen*, das Friedrich L. Jahn 1812 in seinen Turnplan aufgenommen hatte[593], war als ein Turnspiel an den Schulen bis zu Anfang des 20. Jahrhunderts üblich. Im Sport-Brockhaus wird das Spiel so beschrieben:

> „Das Spielfeld mißt etwa 25 mal 30 m, die Zahl der Spieler liegt zwischen 20 und 60, die sich hinter Mal-Linien gegenüberstehen. Jeder versucht, einen vor ihm aus dem Mal ins Feld gelaufenen Gegner abzuschlagen. Der so Gefangene muß sich an der rechten Seitenlinie 3 m von der gegnerischen Mallinie entfernt aufstellen und kann dort von einem Spieler seiner Partei durch Handschlag erlöst werden".[594]

Hier ist die Regel festgehalten, daß immer nur der das Recht zu fangen hat, der später als sein Gegner gestartet ist. Durch das ständige Vorlaufen, um einen Gegner zu provozieren, und Zurücklaufen zum Ausgangspunkt, um selbst einen Gegner verfolgen zu dürfen, entsteht ein großes, für einen Außenstehenden kaum zu durchschauendes Gewühl, über das die Spieler und die Mannschaftsführer wachen. Als charakteristische Merkmale dieses Spiels gelten Tätigkeiten wie plötzliches Fortschnellen vom Mal, heftiges Abbremsen, Wiederantreten, um den Gegner abzuschlagen, schnelles Drehen, Ducken, Wenden oder im schnellsten Lauf den eigenen Gefährten aus dem Mal des Gegners Befreien.[595]

---

[593] Vgl. Seering (1953: 68).
[594] Sport-Brockhaus (1989: 48); vgl. auch die Beschreibung bei Trapp/Pinzke (1897: 103f.).
[595] Vgl. Seering (1953: 67).

Barren im Sinne von 'Schranken' kommen nach dieser Beschreibung im Spiel nicht vor, sondern nur Linien, mit denen die Spielfelder markiert und abgegrenzt werden. Es stellt sich die Frage, wie das Wort *Barre*[596] in der Spielbenennung motiviert ist. Ihr soll anhand historischer Zeugnisse dieses Spiels, dessen Name aus dem Französischen entlehnt wurde, nachgegangen werden.

1. Die Überlieferung im Französischen

Zum ersten Mal wird frz. *barres* als ein nicht näher beschriebenes Spiel im *Dictionarius* des englischen Lehrers und Dichters Jean de Garlande (Johannes de Garlandia)[597] (ca. 1195–1272) erwähnt. Der *Dictionarius* ist ein nach Sachgruppen geordnetes, der alltäglichen Konversation dienendes Wörterbuch, das zwischen 1218 und 1220 entstanden ist.[598] Im Zusammenhang mit lat. *vectes* 'Balken zum Verriegeln der Tür' und der französischen Entsprechung *barres* wird auch das Spiel *barres* genannt:

> „Vectes gallice dicuntur barres; Barri sunt genus ludi gallice barres".[599]

Ein weiterer Beleg findet sich in der Mitte des 13. Jahrhunderts entstandenen Legende *Le Dit de Robert le Diable* von Étienne de Boubon, die von der Bekehrung des Mörders Robert erzählt. Nachdem dieser sieben wehrlose Eremiten niedergemetzelt hat, reitet er zum Schloß, wo seine Mutter weilt. Sobald er auf den Hof kommt und die Leute ihn blutverschmiert sehen, fliehen sie aus Angst vor ihm nach allen Seiten. Dies kommentiert der Erzähler ironisch mit dem Satz „Bien pot jouer *aus barres*, pas presse ne li firent"[600] ['Er hätte gut *Barren* spielen können, sie machten kein Ge-

---

[596] Die Bedeutung 'kurze Eisenstange' des Wortes *Barre*, wie sie in mittelalterlichen Wurfspielen vorkommt, bleibt hier außer Acht.

[597] Vgl. LM (V: 578) und VL (6: 616).

[598] Zur Überlieferung vgl. VL (6: 616) und Rubin (1981: 7f.). Ich folge der Ausgabe von Géraud (1837), der die Handschriften Paris, BN, Ms. lat. 11282: fol. 1–29ᵛ und Ms. lat. 7679: fol. 1–23; 34ᵛ–46ᵛ zugrundeliegen.

[599] Géraud (1837: 601). In der von Rubin edierten Handschrift des *Dictionarius* fehlt an dieser Stelle ein entsprechender Hinweis auf das Spiel. Dort heißt es: „Barrarias dicuntur a barris, que sunt vectes; Gallice dicuntur *barres*" (Rubin 1981: 52).

[600] Breul (1895: 478).

Fang- und Versteckspielbezeichnungen   137

dränge um ihn']. Dies deutet lediglich darauf hin, daß bei diesem Spiel viel Platz für den Spieler von Vorteil ist.

Philippe de Beaumanoir zählt in seinem Werk *Coutumes de Beauvaisis* Ende des 13. Jahrhunderts afrz. *jöer as barres* neben dem Lanzenstechen und dem *Soule*-Spiel[601] zu den ritterlichen Spielen, bei denen ein Mitspielender leicht getötet oder verletzt werden kann. Da dies nicht aus Absicht und Boshaftigkeit geschehe, dürfe ein solcher Unglücksfall nicht geahndet werden:

„Aucune fois avient il que jeus est commenciés si comme pour behourder, ou pour çouler, ou pour jouer *as barres*, ou pour autres jeus, et avient qu'aucuns est tués ou afolé pour le jeu par ce qu'il est encontrés contre le cuer, ou que la lance le tue, et en aucune autre maniere. Et quant tele chose avient, l'en n'en doit riens demander a celi qui le fist, car jeu qui est commenciés pour jouer sans malveillance et il mesavient du jeu par mescheance, nule justice n'en doit estre prise".[602]

In einem um 1300 verfaßten Heldengedicht von Jourdain de Blaye ist zum ersten Mal die Fügung afrz. *corre as barres* 'Laufen zu den Barren ('Schranken', 'Grenzlinien'[603]?)' überliefert. Wieder erscheint es mit anderen ritterlichen Spielen:

„A la quintainne et a l'escu jouster
Et *corre as barres* et luitier et verser".[604]

Rätselhaft ist der folgende Beleg in dem satirischen Gedicht *Le Moulin à vent* des belgischen Trouvère Laurent Wagon. Darin wird die Eitelkeit und Angeberei der vornehmen Leute von Arras verspottet. Laurent Wagon will eine Windmühle bauen, die nur aus den Lügnern und Hochstaplern seiner Heimatstadt besteht. Dazu braucht er jedoch einen Zimmermann:

„Un carpentier nos covient (!) faire, / Ki no molin face refaire / Quant li vens l'aura craventé; / J'en counois (!) un qui a venté / Très çou qu'il vint en cest païs,

---

[601] Bei diesem Mannschaftsspiel muß ein Ball mit der Hand, mit den Füßen oder mit Schlägern in ein Ziel getrieben werden (vgl. Mehl 1990: 68 u. 600f.).

[602] Salmon (1900, 2: 488).

[603] Kluge/Mitzka (1975: 53) geben den Ausdruck mit 'Laufen zu den Grenzlinien' wieder.

[604] Godefroy (Compl.: 295b). Der Beleg war an der angegeben Stelle (Hofmann 1882: V. 660) nicht auffindbar.

> / Il est trop de mauvais haïs, / Mais li boin le doivent amer, / Por çou qu'il poet en haute mer / *Juer as bares* sans moillier."[605]

> [Wir bräuchten einen Zimmermann, / der unsere Mühle wieder aufbaut, / wenn der Wind sie zum Einsturz gebracht hat / Ich kenne einen [Zimmermann], der sehr verkehrt geblasen (= gelogen) hat, / als er in diese Gegend kam. / Von den Schlechten wird er überaus gehaßt. / Aber die Guten müssen ihn lieben, / und zwar deshalb, weil er auf hoher See / Barren spielen kann, ohne naß zu werden.]

Auf hoher See Barren spielen, ohne naß zu werden ist hier also eine ironische Umschreibung für 'etwas Unmögliches tun'.[606]

In einem Erlaß aus dem Jahr 1332 wird das Barren-Spiel der Kinder in den Umgebungsstraßen des Westminster-Schlosses in London verboten, da die Parlamentssitzungen durch das Lärmen der Spielenden gestört und Passanten belästigt werden:

> „Que nul enfant .. ne jue .. *as bares* ne as autres jues".[607]

Ein Beleg aus einem Remissionsbrief des Jahres 1400 besagt, daß auf einem bestimmten Platz ein Barrenspiel stattfand, bei dem ein gewisser Jacquot „Tageskönig" war. Deshalb seien Leute aus verschiedenen Städten zusammengekommen:

> „En laquelle place devoit avoir unes *Barres*, dont ledit Jacquot estoit roy pour le jour; et pour ce avoit lors assemblé pluseurs gens et de pluseurs villes pour veoir lesdittes *Barres*".[608]

Aus Einträgen in verschiedenen Inventarien aus dem 15. Jahrhundert, die im *Glossaire archéologique du Moyen Âge et de la Renaissance*[609] zusammengestellt sind, geht hervor, daß z. B. 1424 von der Gemeinde Warloy ein Wollschaf als Gewinn für die stärkste Mannschaft beim *jeu des barres* ausgesetzt war.[610] 1428 bekommen die Teilnehmer neues Schuhwerk, weil sie ihres beim Barren-Spielen kaputtgemacht haben. 1497 werden die Kosten für das Auf- und Abbauen von Pavillons beim Barrenspiel, 1517 die allgemein beim Ausrichten der Barren-Spiele entstandenen Kosten erstat-

---

[605] BNP, Ms. 12615, fol. 211; Scheler (1879, 1: 168).
[606] Vgl. Scheler (1876: 350).
[607] MED (1: 657); vgl. auch Strutt (1903: 68).
[608] DuCange (I: 587).
[609] Gay (1887, 1: 123).
[610] Vgl. D'Allemagne (1904: 56).

Fang- und Versteckspielbezeichnungen 139

tet. Im Jahr 1557 gewann jemand eine Wiese *où il faisoit beau jouer aux barres*.[611]

In der Bedeutung 'Wettlauf innerhalb zweier Grenz- oder Wendepunkte' ist frz. *jouer aux barres* und frz. *courir aux barres* zum ersten Mal in dem französisch-lateinischen *Commentarius puerorum de quotidiano sermone* aus dem Jahr 1541 von Mathurin Cordier beschrieben.[612] Die Barren, frz. *les barres*, markieren den Angaben zufolge das Ziel, lat. *meta* oder lat. *terminus*, frz. *le but* des Laufes:

„Veuls tu *iouer aux barres*? / (Vísne cursu ad metas contendere?) Ordo est Vísne contendere cursu ad metas? Vtrinque enim sunt metae pósitae, intra quas curri solet. / Meta, Le but ou les *barres*. / Metz ung but. Plante le but. / Pone metam. / Essayons lequel de nous deux *courra* le plus tost iusques *aux barres*: c'est a dire Qui sera le premier au but. / Certemus, vter nostrum prior metam contígerit. Contendamus, vter nostrum citius ad términum peruénerit".[613]

[Hast du Lust, *Barren* zu *spielen*? (Möchtest du im Wettlauf zu den Zielen rennen?) [...] / Auf beiden Seiten nämlich sind Ziele gesetzt, innerhalb derer man zu laufen pflegt. / „meta": das Ziel oder die *Barren*. / Setze einen Zielpunkt, stekke einen Zielpunkt fest! / Laßt uns ausprobieren, wer von uns beiden am schnellsten bis zu den *Barren läuft*, d. h. wer als erster ans Ziel kommt. (...)]

Explizit als ein 'zwischen zwei Mannschaften nach bestimmten Regeln ausgeführtes Fangspiel' begegnet der Ausdruck zum ersten Mal in Guillaume Le Bés *Trente-six figures* aus dem Jahr 1587. Der Holzstich, auf dem noch zwei weitere Spiele gezeigt werden, trägt den Titel *Aux barres, couppeteste, & autres ieux*[614]:

„Ils sautent tous, en criant couppe teste[615], / L'vn par sus l'autre, est-ce pas ieu honneste: / Iouënt aussi afin d'eux eschauffer: / Communément à qui retiendra

---

[611] Godefroy (8: 195).
[612] Zum Wettlaufen vgl. Weinhold (1893: bes.18).
[613] Cordier (1541: 316).
[614] Vgl. Anhang, Abb. 11.
[615] Das Spiel frz. *couppeteste* ('Kopf ab') entspricht d. *Bockspringen* und engl. *leapfrog*. Das Spiel ist nach dem Warnruf benannt, mit dem der Springende den vor ihm quer zur Sprungrichtung gebückt Stehenden warnt, seinen Kopf rechtzeitig einzuziehen, damit er nicht mit den Beinen hängenbleibt und ihn dadurch gleichsam „köpft". In dieser Form ist das Springen auch auf Bruegels Kinderspielbild dargestellt (Anhang, Abb. 2).

fer⁶¹⁶, / Et fort souuent aux barres en Esté, / Trotant, courant, d'vn & d'autre costé"⁶¹⁷

[Sie hüpfen alle, wobei sie „Kopf ab!" rufen, / einer über den anderen, ist das nicht ein gefälliges Spiel? / Sie spielen auch, um sich zu erwärmen, / gewöhnlich „Wer hält Eisen"? / Und sehr oft Barren im Sommer, / wobei sie von einer auf die andere Seite traben, rennen.]

Die bildliche Darstellung zeigt zwei einander gegenüberstehende Gruppen. Von der hinteren rennt ein Spieler auf die vordere Gruppe zu, wobei ihm ein Spieler von dort entgegenläuft, um ihn abzuschlagen.

Diese Spielweise findet sich auch ausführlich beschrieben in Nicots *Thresor de la langve francoyse, tant ancienne que Moderne*:

„[...] ieu de *Barres*, lequel se iouë par deux bandes, l'vne front à front de l'autre en plaine campagne, saillans de leurs rangs les vns sur les autres file à file, pour tascher à se prendre prisonniers, là où le premier qui attaque l'escarmouche est *sous les barres* de celuy de la bande opposite qui sort sur luy, [et] cestuy *sous les barres* de celuy qui de l'autre part saut en campagne sur luy, [et] ainsi les vns sur les autres, tant que les deux trouppes soient entièrement meslèes".⁶¹⁸

[*Barrspiel*, das von zwei Gruppen gespielt wird. Dabei steht die eine der anderen auf freiem Feld gegenüber. Dann laufen die einen auf die anderen folgend nacheinander aus ihren Reihen heraus, um sich gegenseitig zu Gefangenen zu machen, und zwar dort, wo der erste, der die Plänkelei anfängt unter den Barren desjenigen der gegnerischen Partei ist, der auf ihn angesetzt ist, und der unter den Barren des Gegners stürzt sich im Feld auf ihn ebenso wie die einen auf die anderen, solange bis die beiden Gruppen eng vermischt sind.]

Frz. *être sous les barres de qqn* 'vom Gegner, der später als man selber ausgelaufen ist, abgeschlagen werden dürfen' könnte als Antonym zu frz. *avoir barre(s) sur qqn* 'über jmd. Macht haben' gebildet worden sein. Mit dem Ruf *j'ai barres sur vous* erklärt der Verfolger den Erhaschten zu seinem Gefangenen. Der Ausdruck wird in Nicots *Thresor* in rechtssprachlichem Zusammenhang genannt und als eine Übernahme aus dem Spiel angesehen. Es könnte aber auch umgekehrt gewesen sein. Frz. *barres* sind nach Nicot im juristischen Bereich Einwände und Verteidigungsreden, mit

---

[616] Das Spiel frz. *qui retiendra fer* ('Wer hält Eisen?') entspricht dem Fangspiel *Eisenmännchen* (vgl. Böhme 1897: 560), bei dem man durch Eisenberührung vor dem Fänger geschützt ist. Mit der Frage „Qui retiendra fer?" fordert der Fänger die Mitspieler auf, ihre gesicherten Plätze zu verlassen.

[617] Le Bé (1587); D'Allemagne (1904: 59).

[618] Nicot (1606: 69).

denen man sich der Forderung einer Person entzieht und Aufschub gewinnt.[619] Die Notare in der Normandie verwendeten deshalb in den Verträgen, die sie schlossen, die folgende Klausel:

> „Renoncerent chacun pour soy à toutes actions, exceptions, *barres* & defenses, & à toutes autres choses pour quoy ce qu'a esté passé puisse estre empesché ne destourbé par quelque voye que ce soit, Selon ce, außi on dit, *l'ay barres sur vous*, pour, l'ay avantage & prinse sur vous. *tibi præualeo* [...]".[620]

Die Wendung *avoir barre sur qqn* bedeutet 'Macht über jmd. haben, jmd. überlegen sein' und speziell im Barrspiel 'prendre l'avantage sur son adversaire'.[621]

Von dem taktischen Manöver, rechtzeitig abzudrehen, könnte die Redewendung frz. *jouer aux barres* 'sich gegenseitig suchen, ohne sich zu treffen' hergeleitet sein.

An das für den Fortgang des Spieles wichtige Berühren oder Schlagen auf die „Barre" knüpft die Redewendung frz. *toucher barres* 'kaum angekommen schon wieder fortgehen' an.[622] Sie könnte aber auch auf einen Wettlauf zurückgehen, bei dem man einmal oder mehrmals zwischen den Barren hin- und wieder zurücklaufen muß.

Nicot leitet den Namen des Spiels von den Absperrungen bzw. Barrieren (lat. *carceres*, frz. *barrières*) her, mit denen die Mannschaften bis zum Spielbeginn zurückgehalten wurden:

> „Palæstra, Ayant paradventure tel ieu prins tel nom par ce que telles bandes estoient retenues de barrières qu'on leur ouvroit, quand il estoit proclamé qu'on laissast aller les vaillans ioüeurs, que les Latins appellent *Carceres*, *Barres*."[623]

> [Sportplatz, dieses Spiel hat seinen Namen zufällig daher, daß die Spielergruppen durch Barrieren zurückgehalten wurden, die man ihnen öffnete, sobald ausgerufen war, daß man die tapferen Spieler gehen ließ, die Römer sprechen von *Carceres* 'Schranken'.]

---

[619] Vgl. schon mlat. *barra* in der Bedeutung 'Behinderung' (Mlat. Wb. I: 1380).
[620] Nicot (1606: 69).
[621] Vgl. Kesselring (1989: 152). Vgl. auch die Wendung frz. *barrer l'huis de travers* 'die Tür mit einem Querbalken verriegeln (als Strafe bei Zahlungsverzug)', die seit dem 16. Jh. auch zu frz. *avoir barre sur* gekürzt wurde (Godefroy 8: 295).
[622] Vgl. TLF (IV: 206).
[623] Nicot (1606: 69).

2. Die Überlieferung im Deutschen

Im Deutschen ist die Wendung zum ersten Mal Ende des 12. Jahrhunderts in dem höfischen Epos *Lanzelet* von Ulrich von Zatzikhoven belegt. Neben dem *Schirmen* 'Übungsfechten mit Holzschwert und Schild' gehört auch das *loufen alebar* zur Ausbildung Lanzelets:

„ouch muost er *loufen alebar*	[auch mußte er *Barren laufen*
und ûz der mâze springen	und so weit wie möglich springen
und starclîche ringen"[624]	und kraftvoll ringen]

Suolahti schließt aus der Form *allabar* 'zur Barre', daß es den Spielausdruck im Altfranzösischen nicht nur im Plural in der Form *as barres*, sondern auch im Singular gegeben haben muß.[625] Dagegen sprechen jedoch die bereits vorgestellten Belege. Im Deutschen tritt dagegen die Ergänzung mehrfach im Singular auf, und zwar im Reim mit dem ebenfalls mehrdeutigen Substantiv *Harre* bzw. *Härre*.

Im dem zwischen 1215 und 1218 entstandenen Kreuzzugsepos *Willehalm* (187, 19) von Wolfram von Eschenbach wird geschildert, wie sich die Ritter und edlen Knaben im Weitsprung, Speerwurf und Barrelaufen üben:

„so *liefen* dise *die barre*.	[wieder andere übten den *Hürdenlauf* (?).
von der maniger slahte harre	Durch die vielen Hindernisse
wart versumet lihte ein man	hätte einer leicht aufgehalten werden können,
der über den hof wolte gan"	der nur über den Hof gehen wollte].[626]

Kartschoke faßt *barre* in seiner Übersetzung als 'Schranke, Hürde' auf und übersetzt mit die Wendung mit 'Hürdenlauf, wofür das folgende Substantiv *harre* spricht, dessen Bedeutung sich paraphrasieren läßt mit 'Stelle, wo man feststeckt, nicht mehr weiterkommt' oder eben 'Hindernis'. Mit den Hindernissen müssen jedoch nicht unbedingt die zu überspringenden Hürden gemeint sein, es kann sich auch um Spielfeldbegrenzungen handeln.

In dem vor 1220 entstandenen Fragment *Der Mantel* Heinrichs von dem Türlin nach dem Ambraser Heldenbuch aus dem frühen 16. Jahrhundert wird geschildert, wie sich die Ritter anläßlich eines von König Ar-

---

[624] Hahn (1845: 7).
[625] Suolahti (1915: 120).
[626] Kartschoke (1989: 121).

Fang- und Versteckspielbezeichnungen

tus an Pfingsten veranstalteten Festes unterhalten. Einige laufen und springen um die Wette, andere spielen Brett-, Würfel- und Ballspiele, wieder andere laufen die Barre:

„Die *liefen die parre*   [Die *liefen die Barre*
Hie mit gaehe, dort mit harre"[627]   Hier mit Schnelligkeit, dort mit Harre (?)]

Der adverbiale Zusatz *mit gaehe* und *mit harre* ist schwer zu interpretieren. Im Hinblick auf den vorausgegangenen Beleg könnten hier zwei verschiedene Formen des Barrlaufens, vielleicht ein Schnellauf und ein Hürdenlauf, gemeint sein. Seering dagegen geht von *Barrlaufen* in der Bedeutung 'Fangspiel zwischen zwei Mannschaften' aus und sieht das *parrelaufen mit gaehe* im schnellen, plötzlichen Anlaufen und Starten (beim Angreifen) motiviert, das *parrelaufen mit harre* dagegen im Abwarten, Zögern (beim Beobachten der Gegenspieler).[628]

In Meister Altswerts Auflistung von Spielen und Vergnügungen kommt nun aber auch *die harr (die här) laufen* neben *bar(r)* als ein eigenständiger Ausdruck vor:

„Zwey lieffen die *harr*   „Zweÿ lieffen die *här*   „Zwei die liefen die *harr*
Zwey spilten *risenbar*"   Zweÿ spilten *reisen bar*"   Zwei spilten *der barr*"[629]

Das *Harrlaufen* sieht Ranke als ein „Mißverständnis" des Dichters an, der aus dem *Barrlaufen mit Harre* einfach ein „eigenständiges Spiel" gemacht habe.[630] Wie ist die Bezeichnung zu deuten? Im Schweizerdeutschen ist ein Substantiv *die Här(r)* bezeugt, das von schweiz. *härren* 'rennen, schnell, wild, auch schweifend laufen' abgeleitet ist, wozu es das Neutrum *Gehärr* 'wildes Laufen, Rennen und Jagen vieler durcheinander' gibt.[631] Dies wäre eine plausible Benennung für das Mannschaftsfangspiel, bei dem es durch das gegenseitige Zuhilfelaufen der eigenen Mannschaft und Zurückweichen des Gegners hinter seine Auslauflinie ebenfalls zu einem „Gehärr" kommt. Im Schwäbischen hat *Härre* aber auch die Bedeutung 'Ort, wo

---

[627] Warnatsch (1883: 21f.).
[628] Seering (1953: 68). Das Zögern könnte sich auch auf die Spieler beziehen, die im Mal auf ihren Freischlag warten, um wieder mitspielen zu können.
[629] Vgl. Textanhang, Nr. 27f.
[630] Ranke (1952: 139 u. 164).
[631] Vgl. Schweiz. Id. (2: 1517); Schweiz. Id. von Stalder (in: Bigler 1994: 302); Schweiz. Id. (2: 1516).

man verharren darf', 'Asyl beim Fangenspiel'[632], so daß auch ein Fangspiel mit Freimal oder Gefängnis in Betracht käme.

Das Wort *Härre* und nicht *Herr* liegt als verdeutlichendes Genitiv-Attribut wohl auch in dem Ausdruck *der Herren Barr* als ein Laufspiel in Pauli's *Schimpf und Ernst* vor:

> „da kam er [Alexander der Große] auf ein matten, da liefen die jungen edlen und burgers sün der *herren barr*".[633]

Nach Birlinger ist *herr(e) bar* identisch mit dem „im alemannischen Allgäu" gebräuchlichen *Herregang*, schwäb. *Härregang*[634], das aber leider in keiner Beschreibung vorliegt.[635]

Johannes Melber von Gerolzhofen unterscheidet in seinem Vocabular aus dem 15. Jahrhundert unter *spectaculum* „*barlouffung et wettlouffung*".[636]

Im 16. Jahrhundert ist der Ausdruck *Barrlaufen* literarisch als nicht näher bestimmte Leibesübung gut bezeugt. In einer Nördlinger Schulordnung aus dem Jahr 1521 soll der alljährliche Brauch des *In die Ruten Ziehens*[637] nicht abgestellt werden, aber auch nicht mehr als vier Mal gestattet sein. Das *Parrlauffen* wird als eine „unnachteilige Leibesübung" gestattet:

> „doch also das der schulmaister, canntor, locaten oder schüler kains wegs vnnder wegen noch sunst in den wurczheusern sullen ligen, auch weder trumen noch pfeffen mit nemen, sonnder des orts die kurczweil des *parrlauffens* vnnd der gleichen vnnachtailige leibs vbung geprauchen".[638]

Eberlin von Günzburg (1470–1533) schreibt in seinem Werk *X Bundtgnosz* aus dem ersten Drittel des 16. Jahrhunderts:

> „Das jung volck mag keglen, schiessen, *barr loufen* oder kurtzwilig comedias fürhalten dem volck: wir heissen es osterspyl, doch das allein erberkeit darin

---

[632] Vgl. Schwäb. Wb. (3: 1182).
[633] Österley (1866).
[634] Schwäb. Wb. (3: 1182).
[635] Birlinger (1875: 65).
[636] Schmeller (1: 1448).
[637] Ein anderer Ausdruck dafür ist *Virgatum gehen*. Laut Falk (1880: 240–242) handelt es sich bei diesem „Rutengang" um ein Kinderfest. Der Lehrer zog mit seinen Schülern ins Grüne, es wurde gesungen, gespielt und gut gegessen. Zuvor wurden jedoch die Ruten geschnitten, mit denen die Kinder später gestraft werden sollten.
[638] Müller (1885: 225).

gehalten werd one ergernüss. Die junckfrawen mögen am reien singen mit einander on man, die ballen werfen, meisterlieder in erberkeit singen".[639]

Im fünften Akt der 1556 erschienenen *Comedia mit 9 personen zu agieren: Julianus, der kayser, im badt* von Hans Sachs spricht die Kaiserin auf einem Spaziergang folgendermaßen zum „Engel-Kayser", dem falschen Ehemann:

> „Nun kummen wir auß dem thiergarten
> Und haben da auß allen arten
> Kurtzweil gesehen der wilden thier,
> Auch von den blumen schmack und zier.
> Die jungkfrawen haben gesungen,
> Das hoffgsind gsprungen und gerungen,
> Stein gstossen und der pallen gschlagen,
> *Der paer geloffen*, stangen tragen".[640]

Obd. *Der Barr laufen* ist auch in folgendem Beleg als eine Art Wettlauf zu verstehen:

> „Do begab sich, das zwen Spanier [...] eintweders *der Barr* oder aber sonst umb ein Gewette liefen".[641]

In Fischarts *Geschichtklitterung* (1575) schildert das 26. Kapitel, wie Gargantua nach dem Lernen der Lektion von seinem Lehrer zum körperlichen Ausgleich ins Freie auf die Wiese geführt wird:

> „da spilten sie des Ballens, sprangen der Roeck, stiessen der Boeck, des Handballens, des vberkreyßschenckens, der Grubenkinder, des Rucksprungs, des Haeuschreckensprungs mit gleichen fuessen fuersich, des Jung-frauwurffs durch die Bein, *der Barr*, des Wettlauffs, des einbeinigen Thurniers, der Garnwind, des Brennjagens, der fuenff Spruëng der weitest, vnd anders, damit sie eben so weidlich den Leib uebten, als sie zuvor das Gemuet vnd die Seel geuebt hetten".[642]

Später wird Gargantua in Astronomie und Musik unterrichtet, in ritterlichen Spielen unterwiesen und lernt, mit Waffen zu streiten:

---

[639] Günzburg (o. J.: Aiija); Birlinger (1875: 65).
[640] Keller/Götze (1880: 123f.). Das *Stangen tragen* könnte mit dem *Stangen werfen* (*schieben*) bzw. *Bengel zucken* identisch sein, wie es in Fechtbüchern des 16. Jahrhunderts überliefert ist (Wassmannsdorff 1864: 402).
[641] Schwäb. Wb. (1: 652).
[642] Alsleben (1891: 274).

"Nachgehends *lieff* er *der Barr*, der eyer, des Hirtzes, des Baerens, des Schweins, des Hasens, des Repphuns, der Roeck, des Fasanen, sprang der Geiß, sprang vber das Gaelglin, klettert auff Maximilianisch oder Teurdanckisch, der Gemsen, spielt des grossen Ballens, schmiß jn so wol mit den fuessen als faeusten in die hoeh".[643]

Im Württembergischen wird *jmd. die Barr vorlaufen* und *jmd. in die Barre lauffen* übertragen für 'einem zuvorkommen, seine Absichten vereiteln' verwendet:

„Wie sie disem und jenem die *Barr* haben vorgeloffen, alle Weg verlegt, damit dieselbigen weder mündtlich noch schriftlich fürkommen."

„Waferr sie im nicht bey Zeiten in die *Barre* lauffen und sein tägliches Wachsen und Zunemmen verhindern würden".[644]

Man kann demnach jemanden bremsen und zur Umkehr bewegen, indem man „ihm die Barre vorläuft" oder „ihm rechtzeitig in die Barre läuft". Es könnte sich um ein taktisches Manöver aus dem Zwei-Parteien-Fangspiel handeln.

In einigen Belegen hat *Barrlaufen* explizit die Bedeutung 'Wettlauf'. Kilian kennt das *Barrlaufen* in seinem *Etymologicum teutonicae linguae* aus dem Jahr 1599 als Turnspiel, genauer gesagt Wettlauf:

„*baeren, baeren-spel*, Gymnas, ludus gymnicus, ecercitium gymnasticum, palaestra, certamen currendi
de baere jaeghen. Cursu ad metas contendere, cursu certare."

Nach der Angabe des *Thesaurus* von Calvisius von 1610 geht es beim *Wettlauff* (lat. *cursus, cursio*) darum, von den *Schrancken deß anlauffens* (lat. *carceres*) als erster das Ziel (lat. *calx*[645]) zu erreichen (lat. *decurrere, pervenire ad calcem*). Lat. *revocare ad carceres* bedeutet 'noch einmal laufen'.[646]

Lat. *cursu certare* gibt Schönsleder in seinem *Promptuarium* von 1618 mit *par-lauffen* an.

---

[643] Alsleben (1891: 281).

[644] Schwäb. Wb. (I: 652).

[645] Lat. *calx* bezeichnet in klassischer lateinischer Zeit das mit Kalk bezeichnete Ende der Rennbahn.

[646] Calvisius (ca. 1610: 1498).

Fang- und Versteckspielbezeichnungen 147

Auch in die *Janua linguarum reserata aurea* des Comenius ist der Wettlauf im 96. Kapitel *De ludicris*, §964 aufgenommen, wird aber nicht *Barrlaufen* genannt:

> „Cursores à carceribus ad metam curriculo festinant, & primus brabium aufert. Die laeuffer eilen von dem schrancken im lauffplatz zum ziel [zum zweck[647]]/ vnd der erste nimbt das gewinnet [den preiß] hinweg/ [traegts davon]".[648]

Im *Orbis sensualium pictus* von 1658 findet sich der Wettlauf im 135. Kapitel *Cursûs Certamina* als „vorzeiten" üblich beschrieben und abgebildet:

> „Vorzeiten lieffen die Wettlaeuffer [lat. cursores] in den Schranken [lat. inter cancellos] nach dem Ziel [lat. ad metam] und welcher am ersten dasselbe erreichte/ der bekame den Dank (das Kleinod) [lat. Brabéum (præmium)] von dem Kampfrichter [lat. brabeuta]".[649]

Auf der zugehörigen Abbildung sieht man zwei Wettläufer zwischen zwei Schranken auf eine Hauswand zulaufen, aus der ein *Zweck* 'Holzpflock' herausragt, der berührt oder herausgezogen werden muß. Daneben wartet der Kampfrichter mit dem Gewinn in der ausgestreckten Hand.[650]

In der Form *zum Barr laufen* ist das Spiel zum ersten Mal 1594 in Frischlins *Nomenclator trilinguis* als ein 'Mannschaftsfangspiel' bezeugt.[651] Allerdings wird sie dort als Interpretament von gr.-lat. *ostracinda*, dem bereits besprochenen Reaktionsfangspiel zwischen zwei Mannschaften verwendet.

Die erste ausführliche deutsche Beschreibung des Spiels als ein 'zwischen zwei Mannschaften nach bestimmten Regeln ausgeführtes Fangspiel' unter dem Namen *Barrenschlag* mit der lateinischen Entsprechung *ostracinda* findet sich in einem Dialog der lateinisch-deutschen *Menstrui ludi* von Redinger aus dem Jahr 1662.[652] Dieses *Lauffspiel* (lat. *certamen currendi*) wird angesichts der winterlichen Kälte im Januar zum Aufwärmen gespielt. Der Spieldialog beschreibt, daß ausnahmsweise die

---

[647] Ahd., mhd. *zwec* '(Holz-)Nagel' bedeutet ursprünglich 'zugespitzter Pflock' (vgl. Paul/Henne/Objartel 1992: 1091). Er dient nicht nur seit dem 15. Jh. als Mittelpunkt der Schießscheibe, sondern auch als Zielpunkt beim Wettlaufen, wie auf der Abbildung im *Orbis sensualium pictus* zu sehen ist (vgl. Anhang, Abb. 12).
[648] Mochinger (1633: o. S.).
[649] Comenius (1658: 275).
[650] Vgl. Anhang, Abb. 12.
[651] Frischlin (1594: 480); vgl. auch Horst (1588: 176) und Henisch (1616: 187).
[652] Vgl. Redinger (1662: 304–307) und die Wiedergabe des Dialogs im Textanhang.

beiden Anführer, die sich sonst eher zurückhalten und nur koordinieren, das Spiel eröffnen. Sie laufen „vom barren oder schranken bis in die Mitte", wo beide gleichzeitig am Ziel (lat. *meta*) ankommen. Der Herausforderer namens *Trazmund* wird aber von seinem Gegenspieler *Baldwin* gefangen und von der feindlichen Partei in Verwahrung genommen. Da er von seiner Mannschaft nicht mehr „erlöst" oder gegen andere Gefangene „ausgetauscht" werden kann, verliert er mit seiner Partei und soll zur Strafe geprügelt werden, was aber als zu hart und grausam abgelehnt wird. Er soll lieber *durch die brem laufen* 'durchs Gestrüpp laufen' (lat. *verberationem cum pileis sustinere*), d. h. durch die Reihe der mit Kappen und Mützen schlagenden Gegner laufen.[653] Man einigt sich dann darauf, daß er dreimal durch den „Rennweg" (lat. *stadium*) rennen muß.

Interessant ist die Terminologie zur Bezeichnung der Spielerhierarchie, die aus dem militärischen Bereich übernommen ist: Die Anführer der Parteien sind die *Hauptleute* (lat. *centuriones*), dann folgen die *Entsaetzer* (lat. *centuriati*), der *Unterhauptman* (lat. *locumtenens*), *Vortraber* (lat. *antepilani*), die *Leibschirmer* (lat. *praetoriani*), der *Vortrabsfuehrer* (lat. *primipilus*) und die *gemeinen Knechte* (lat. *gregarii milites*). Redinger gibt hier wohl die tatsächlich beim Spielen verwendeten Ausdrücke wieder.

Nach der Beschreibung markieren der „Barren" (lat. *vectis*) oder die „Schranken" (lat. *carceres*) den Startplatz. Da das Spiel innerhalb des „Rennplatzes" (lat. *curriculum*) stattfindet, könnte es sich um dessen Begrenzungen handeln. Die Bezeichnung *Barrenschlag* könnte im Berühren der Barre motiviert sein, durch die der Spieler das Recht erhält, neu zu starten und Gefangene zu machen. Da sie aber sonst nicht bezeugt ist, könnte Redinger sie auch in Anlehnung an Frischlins Bezeichnung *Schlag oder Anschlag* mit dem verdeutlichenden Zusatz *Barre* gebildet haben.[654]

Spätere Belege zeigen, daß der Startpunkt für die beiden Mannschaften nicht mehr durch eine Schranke oder einen Querbalken, sondern durch andere Gegebenheiten gebildet wurde, die Benennung *Barre* aber beibehalten wurde:

> „Jenes [das frz. *Barres* genannte Spiel] ist auch in einigen Gegenden Deutschlands gewoehnlich, und wird *Barrlaufen* genannt. Die Knaben theilen sich in zwey Parteyen; eine jede hat einen Baum oder Stock zum Ziel, von wannen sie

---

[653] Dieses Bild veranschaulicht eine ganz geläufige Spielstrafe, das *Spießruten* oder *Gassenlaufen*.

[654] Frischlin (1594: 480).

auslaufen, welches die *Barre* genannt wird. Derjenige, der zuletzt vom Ziel gelaufen ist, und nach ihrer Sprache *frischere Barre* hat, kann den andern zum Gefangnen machen, der eher von dem gegentheiligen Ziel ausgelaufen ist. Daher dieser entweder zu seinem Ziel zurueckläuft, wobei er nicht verfolgt werden darf, oder andere seiner Partey, die noch am Ziel stehen und durch Beruehrung desselben *frischere Barre* holen koennen, ihm zu Hilfe eilen, wodurch sich der Gegner dann fluechtet, nun ebenfalls zurueckläuft oder von den seinigen unterstuetzt wird, welches alles einen Krieg vorstellen soll".[655]

In dieser Bedeutung geht der Ausdruck auch auf andere Spiele mit einem Mal über. So heißt das Anschlagmal beim Versteckspiel frz. *carnaca*, das zwischen zwei gleich großen Gruppen stattfindet, *barre*.[656]

3. Etymologie

Der Bestandteil *Barre* in *Barrlaufen* ist aus dem Französischen entlehnt, obwohl der Ausdruck selbst im Deutschen früher nachweisbar ist als im Französischen, das außerdem die Fügung mit *jouer* 'spielen' statt *courir* 'laufen' bevorzugt. Auch das Englische entlehnt den Ausdruck. Um 1400 heißt es: *Þe children ournen at þe bars* 'die Kinder rennen zu den Barren'.[657] Die Bedeutung 'Mannschaftsfangspiel' ist auch unter den Namen engl. *Bars, Prisoners' bars, Base* oder *Prisoners' base* bezeugt.[658] Mittelniederländisch heißt es mnl. *spelen (lopen) ter ba(e)ren, de baere jaeghen*.[659]

Formal ist der Ausdruck *Barrlaufen* eine lexikalisierte Zusammenbildung aus dem nominalen Element *Barre* und dem Verb *laufen*. Unklar ist das syntaktisch-semantische Verhältnis zwischen dem Verb *laufen* und der Ergänzung *Barre*. Gibt *Barre* das Ziel (*zur Barre laufen*) oder den Ort (*innerhalb von Barren laufen* wie in *Spießrutenlaufen* oder *über Barren laufen* wie in *Hürdenlauf*) an? Aus den Belegen ergibt sich kein eindeutiges Bild über die Bedeutung und Motivation des Ausdrucks *Barre laufen*. Die frühesten Zeugnisse für die Wendung *barre laufen (spielen)* aus dem

---

[655] Hoepfner (1779: 886).
[656] Desrousseaux (1889: 202).
[657] OED (1: 941); MED (1: 657). Zu Belegen aus der englischen Literatur des 16. u. 17. Jh. vgl. Brewster (1947: 144f.).
[658] Vgl. Strutt (1903: 67–69); Gomme (1898: 79–83); Babcock (1888: 265).
[659] Vgl. z. B. den Dialog *Het spel van de baere te lopen* von Antonius van Torre (9. Ausg. 1740; Drost 1914: 18–20).

13. und 14. Jahrhundert lassen sich zwar mit 'einem Lauf-, Ritterspiel nachgehen' umschreiben.[660] Näheres läßt sich aber nicht sagen, da es in dieser Zeit keine Schilderungen über den Ablauf dieses Spiels gab.

Die frühen Zeugnisse deuten darauf hin, daß es sich um eine besondere Art des Wettlaufs handelt. Du Cange beschreibt das Spiel unter lat. *barræ* in seinem *Glossarium* als einen Lauf auf dem Übungsplatz (lat. *decursio palæstrica*), wobei der Laufplatz von Schranken begrenzt wurde:

> „*Barræ*, decursio palæstrica, sic dicta quod palæstra barris seu repagulis clauderetur".[661]

Die Belege weisen die „Barren" in verschiedener Funktion nach. *Barren* können Stangen oder andere Markierungen sein, die den Start, aber auch das Ziel bilden oder den Laufplatz bzw. die Laufbahn ganz umschließen. Die Barren können dabei auch auf dem Boden liegen, wie auf einem Holzschnitt von Christoph Maurer (1558–1614) mit der Darstellung eines Wettlaufs zu sehen ist.[662]

Da einige Belege das *Barrlaufen* als ein groß angelegtes, aufwendiges Schauspiel ausweisen, das Leute von nah und fern anzog, könnte es sich auch um einen Oberbegriff für verschiedene Laufspiele innerhalb von *Barren* 'Schranken' handeln. *Barre* wäre dann in der Bedeutung 'von Schranken umzäunter Raum' anzusetzen. Die Schranken dienten einerseits dazu, das Spielfeld zu begrenzen, konnten andererseits aber auch weitere Funktionen im Spiel (als Start- und Zielpunkt etc.) erfüllen. Für diese Annahme sprächen die verschiedenen überlieferten Spielweisen und die Ausdrücke *Barrlauf mit gaehe* ['Schnell-Lauf' (?)] und *Barrlauf mit Harre* bzw. *Herrenbarr* ['Lauf mit Verzögerung' (?)]. Das in neuerer Zeit unter *Barrlauf* verstandene Zwei-Parteien-Fangspiel würde dann auf einer Bedeutungsverengung beruhen.

Andererseits könnte man auch von der Bedeutung 'Zwei-Parteien-Fangspiel' ausgehen, das aber erst seit dem 16. Jahrhundert in dieser Form sicher bezeugt ist, und annehmen, daß die Grenzmarkierungen ursprünglich durch Schranken und nicht durch einfache Linien gebildet wurden. Die Belege für die abweichenden Bedeutungen müßten dann als sekundär angesehen werden.

---

[660] Fnhd. Wb. (2: 2042 u. 3: 19).
[661] DuCange (I: 586).
[662] Vgl. die Abbildung in Mindt (1938, 2: 328).

B. Die Bezeichnung lat. *lusus velitaris*

Auf den kriegerischen Charakter dieses Fangspiels, bei dem die abgeschlagenen Mitspieler zu Gefangenen werden, hebt die Bezeichnung lat. *lusus velitaris* 'Plänklerspiel, Kriegsspiel' ab, die 1552 im *Tyrocinium linguae Latinae* von Petrus Apherdianus (Peter Afferden), Lehrer im Haus der Brüder vom gemeinsamen Leben zu Harderwyk, im *Dialogus de lusu velitari* detailliert beschrieben ist.[663] Einleitend schickt Apherdianus voraus, daß es sich um ein 'Kampf-Spiel zwischen zwei Gruppen' handle, und erklärt den Namen dieses Spiels:

> „Lvdi genus est, in quo pueri sorte in duas aequales diuisi partes concurrunt, & quasi velitantur qua de causa *pugnam velitarem* appellare licebit, nam ab eo certaminis genere, hic ludus translatus videtur".[664]

> [Es ist ein Spiel, bei dem die Knaben, die sich durch das Los in zwei gleich große Gruppen geteilt haben, zusammentreffen und gleichsam plänkeln, weshalb man das Spiel *Plänkler-Kampf* nennen kann, denn von dieser Art Wettkampf scheint das Spiel übertragen.]

Das Adjektiv lat. *velitaris* 'zum Veliten gehörig, übertr. neckend' ist abgeleitet von lat. *veles* 'leichtbewaffneter Soldat des römischen Milizheeres, der vorwiegend zur Eröffnung des Kampfes und zu Plänklerdiensten Verwendung fand'.[665]

Zusammenfassend geht es im *Dialogus de lusu velitari* um folgendes: Die Schüler Gerhard, Johannes, Heinrich und Theodor entscheiden sich (nach einigen Bemerkungen über das einladende Wetter, die unerwartete Spielerlaubnis des Lehrers, einer kurzen Diskussion der Frage, welches Spiel man nun am besten spielen und was der Spielgewinn sein soll) für das Kampf- bzw. Plänklerspiel (lat. *pugna velitaris*). Dieses Spiel sei nicht nur eine gute Leibesübung und gesundheitsfördernd, es schule auch im Falle eines Rückzugs für den Krieg, wo es darauf ankomme, gut im Laufen

---

[663] Der Dialog ist im Textanhang vollständig wiedergegeben. In niederländischer, lateinischer und französischer Spache findet sich der Dialog unter dem Titel „Het spel van de baere te lopen. Lusus velitaris. Le jeu de barres" auch in den *Dialogi Familiares* des Antonius van Torre (vgl. Drost 1914: 18–20). Vgl. auch die 1663 in Antwerpen erschienenen *Colloquia familiaria* von Cornelius Valerius mit einer französischen und deutschen Übersetzung (vgl. Neve 1962: 209).

[664] Apherdianus (1552: 85); vgl. Textanhang.

[665] KP (5: 1157).

und im Schwimmen zu sein. Dann spricht man über die Spielvorbereitungen. Eine gerade Zahl von Mitstreitern (lat. *commilitones*) wird ermittelt. Die Anführer der beiden Gruppen werden bestimmt und die „Kohorte" aufgeteilt. Wer von den Anführern zuerst wählen darf, wird durch das Messer ausgelost. Es gewinnt der, dessen Seite, entweder die mit dem eingeprägten Zeichen oder die glatte Seite, oben liegt. Nachdem man die zusammengestellte Truppe des Gegners begutachtet und eingeschätzt hat, werden die Lager (lat. *castra*) und Gefängnisse (lat. *carceres*) bestimmt. Auch wer wählen darf, welches Lager er nimmt, wird ausgelost. Man einigt sich darauf, daß die Gefängnisse jeweils fünf Schritte von den Lagern weg sein sollen. Diese werden mit Kleidungsstücken und Zweigen markiert. Dann werden die Regeln des Wettkampfes wiederholt:

1. Innerhalb der Lager ist jeder vor den Feinden geschützt, sowohl vor seinen Ausfällen als auch hinterher.
2. Derjenige, der aus dem Lager herausläuft, um den Feind zu provozieren, muß, wenn er von einem Verfolger mit der Hand berührt und als Gefangener in das Gefängnis bei den Feinden fortgeführt wird, dort bleiben, bis seine Gefährten entweder seine ausgestreckte Hand oder einen anderen Teil des Köpers berühren können. Dann ist er frei und kann zu seinen Leuten zurückkehren.
3. Man darf nur den Feind, der vor einem aus dem Lager herausgelaufen ist, fangen.
4. Man darf nicht von neuem loslaufen, wenn man sich nicht zuvor in sein Lager zurückbegeben hat.
5. Wenn ein Teil sein Lager verläßt, während Ausfälle stattfinden, steht es den Gegnern frei, das leere Lager zu besetzen und alle Zurückkehrenden zu fangen. Wenn es soweit kommt, ist das Spiel zu Ende und den Besiegten wird eine Strafe abverlangt.

Das Spiel verläuft nun folgendermaßen: Gerhard schickt zunächst Nikolaus aus, dem Peter als Hilfe folgen soll. Die übrigen sollen das Geschehen aufmerksam mit verfolgen und sich bei Gefahr bereithalten. Der gegnerische Anführer Heinrich moniert, daß alle gleichzeitig losgestürzt seien, obwohl doch immer nur einer nach dem anderen auslaufen darf. Gerhard sieht seine Gruppe schon verlieren und ist mit seinen lahmen „Veliten", von denen zwei in Gefangenschaft geraten, unzufrieden. Es gelingt zwar, die Gefangenen wieder zu befreien, doch wiederum nur aufgrund eines Regelverstoßes. Deshalb schickt ihnen Heinrich einen Gesandten, der sie darauf aufmerksam macht, daß sie nach ihren Ausfällen nicht richtig in ihr Lager zurücklaufen. Trotzdem besetzt schließlich Gerhards Gruppe das Lager der Gegner und siegt. Über die Besiegten wird die Todesstrafe verhängt. Zwei Henker sollen ihnen ihre Stiefel gegen das Genick schleudern. Als mildere Strafe wird beschlossen, ihnen nur die Kappen herunterzuschlagen. Der Dialog endet mit dem Wunsch nach Pferden für das *Troja*-Spiel, damit man, müde wie man ist, nach Hause reiten kann.

C. Die Bezeichnungen *Kriegsdingen* und *Kriegsspiel*

Ebenfalls auf das kriegerische Treiben bezieht sich der Mitte des 19. Jahrhunderts überlieferte Ausdruck schweiz. *Kriegsdingen*[666], das vielleicht mit 'den Krieg fordern' paraphrasiert werden kann. Zwei ausgeloste Hauptläufer wählen sich ihre Genossen als *Reisläufer* 'Söldner' aus und stellen sich diesseits und jenseits eines Grabens einander gegenüber auf. Dann findet ein kurzer, provozierender Wortwechsel statt:

„– Z' leben in eurem Land / Isch e gottlose Schand!
– In eurem Land ist guet lebe, / d' Schölme wohne danebe!"[667]

Ein guter Läufer wird nun von der *Schelmen*-Partei in das fremde Gebiet ausgesandt, die „Königlichen" zu verspotten:

„I tritt eim König ûf sîn Bode / Und speu ehm ûf d' goldnig Kommode!"[668]

Wird er bei seiner Grenzverletzung gefangen genommen, so muß der beste Springer seiner Partei hinüber, um ihn zu erlösen, d. h. er muß ihn berühren, ohne selbst gefangen genommen zu werden. Hat eine Reihe genug Reisläufer der Gegenpartei dazugewonnen, so rückt sie Arm in Arm verschränkt gegen diese an und versucht, sie zu durchbrechen.[669]

---

[666] Vgl. Rochholz (1857: 415).
[667] Rochholz (1857: 415).
[668] Rochholz (1857: 415).
[669] Vgl. Rochholz (1857: 415).

Ebenfalls in der Schweiz ist unter dem Namen *Kriegsspiel, Chriegsspiel*[670] folgendes Spiel im Frühling, an dem 10 bis 30 Jungen teilnehmen, bezeugt:

> „die beiden Parteien können in der Mitte die beiden Gebiete abgrenzen; die Partei, deren Haupt beim Losen gewinnt, hat das Recht, uf d'Locki z'go(n)[671], und sendet dazu einen oder zwei Spieler aus; wer geschlagen wird, ist gefangen; die Gefangenen bilden von der feindlichen Stellung aus sich die Hände bietend eine Reihe; die Eigenen suchen sie zu erlösen, wobei entweder durch einen Schlag alle erlöst sind, wenn der geschlagen wird, der zunächst am Posten der Gegner ist, oder jeder Einzelne und zwar jeweils der Vorderste besonders erlöst wird. Synonym dazu *barrlaufen*.[672]

D. Die Bezeichnung *Ritterspiel*

Vielleicht verlief das zuerst bei Frischlin 1586 unter gr. ὀστρακίνδα namentlich aufgeführte *Ritterspiel* so, wie es 1857 unter gleichem Namen im *Alemannisches Kinderlied und Kinderspiel aus der Schweiz* beschrieben ist.[673] Es war ein im 17. und 18. Jahrhundert im Appenzellerland verbreitetes Spiel der Erwachsenen, das anläßlich sogenannter „Alp- und Weidstubeten" regelmäßig im Frühling und Herbst auf eigens dafür eingerichteten Sennplätzen abgehalten wurde. Alp- und Weidstubeten sind besondere alpenländische Hirtenfeste, an denen bis zu 400 Tänzer teilnahmen. „Die Erwachsenen beiderlei Geschlechts machten da eine Reihe von Gesellschaftsspielen, die jetzt nur noch im Kinderspiele vorkommen".[674] Beim *Ritterspiel* wurden zwei große Gruppen gebildet, meist getrennt nach Ortschaften, die in einer Entfernung von 500 m von einander Aufstellung nahmen. Dann trat einer aus der ersten Mannschaft hervor und forderte einen aus der anderen Mannschaft mit den Worten „Ritter, Ritter, der

---

[670] Zum *Kriegsspiel* bei den italienischen Humanisten vgl. Rossow (1903: 176f.). In einer Brieger Schulordnung aus dem Jahr 1581 von Petrus Sickius wird ein nicht näher beschriebener *[ludus] instruendae aciei* verboten (Rossow 1903: 176f., 217).

[671] Im pfälzischen Oberndorf nannte man um 1930 ein „Fangspiel wie der Barlauf" nach dem Herauslocken der Gegner *Lockert* (ASS).

[672] Schweiz. Id. (10: 147f. u. 3: 1139).

[673] Rochholz (1857: 416).

[674] Im Winter fanden diese Zusammenkünfte in den Häusern statt (vgl. Rochholz 1857: 416–417).

Hauptmann kommt!" zu einem Wettlauf heraus. Der Zweite versuchte nun, das Ziel des ersteren zu erreichen, währenddessen wieder andere Herausforderungen stattfanden, bis sich beide Mannschaften in vollem Lauf befanden. Wer während des Laufens von einem Gegner eingeholt und ergriffen wurde, mußte sich als Gefangener am Ziel seiner Gegner niedersetzen. Das Spiel dauerte so lange, bis alle stehend oder sitzend an den Zielen versammelt waren. Es gewann die Gruppe mit der Mehrheit von Läufern, die das Ziel des Gegners erreichen konnten, ohne abgeschlagen worden zu sein.

Die Bezeichnung *Ritterspiel* bezieht sich demnach auf den *Ritter* als wichtigen Bestandteil innerhalb der komplexen Spielerhierarchie. Daneben kann *Ritterspiel* auch ein Oberbegriff für 'Turnier, Reiterspiel' sein.[675]

E. Weitere Benennungsmöglichkeiten

Nach dem charakteristischen taktischen Manöver heißt das Spiel 1796 bei Gutsmuths *Foppen und Fangen*.[676] In den dreißiger Jahren des 20. Jahrhunderts wird diese Bezeichnung noch aus Viöl (Schleswig-Holstein) und Landeshut (Schlesien) gemeldet.[677]

In der Schweiz war neben der Bezeichnung *Baar (Paar) abschlagen* auch *Gügen* oder *Gügisspiel* mit einer variierenden Spielweise üblich.[678] Dabei wird das Spielfeld in drei verschiedene „Ziele" abgeteilt. Das Ziel in der Mitte heißt das *Güge*. Zwei Mitspieler, die immer zusammenbleiben müssen, nehmen darin Aufstellung. Die übrigen Mitspieler verteilen sich auf die beiden außen liegenden Ziele. Sie laufen nun einzeln oder zu zweit von einem Ziel zum anderen, können aber in der Mitte von dem im *Güge* stehenden Spielerpaar abgeschlagen werden, sofern dieses sein Ziel nicht schon eher als sie verlassen hat. Sobald ein Mitspieler in Gefahr ist, abgeschlagen zu werden, kommt ihm ein weiterer Spieler zu Hilfe. Er versucht, einen aus dem Verfolger-Paar auf sich zu lenken.[679] Was mit den abgeschlagenen Spielern passiert, wird nicht gesagt.

---

[675] Vgl. Calvisius (ca. 1610: 1497).
[676] Gutsmuths (1796: 235–239).
[677] ASS.
[678] Rochholz (1857: 414f.); Schweiz. Id. (2: 159f.).
[679] Vgl. Rochholz (1857: 414).

Die Bezeichnung *Baar* oder *Paar* könnte für diese Spielweise aus *Barr* nachgedeutet worden sein, weil die Fängerrolle durch ein Spielerpaar besetzt ist. *Gügen*, das ursprünglich 'ins Horn blasen' bedeutet, könnte aus einem anderen Spiel, dem Knabenspiel schweiz. *Geiss-Gügen*, auch *Hornussen* oder *Môrenschlân* genannt, übernommen worden sein. „Nähere Einzelheiten entgehen aber".[680]

Unter dem Namen bair. *Truden* war das Barrlaufen laut Schmeller in Eichstätt üblich:

> „*Truden*, so habe ich bey Eichstädt von Kindern das Spiel nennen hören, bey dem sich die Streiter zweyer in einiger Entfernung von einander stehenden Parteyen gegenseitig zu Gefangenen zu machen suchen, indem die Regel gilt, dass sich jeder, welcher in dem zwischen beyden Parteyen befindlichen Raum von einem Gegner berührt wird, der den Standpunkt seiner Partey später, als er jenen der seinigen verlassen hat, sich diesem ergeben muss, und wo es also darauf ankommt, dass jeder in Gefahr schwebende von einem später auslaufenden von der befreundeten Partey gleichsam entsetzt[681] werde.[682]

Laut DWB steht dieses Verb „in keinem greifbaren Zusammenhang" mit dem überlieferten Verb *truden* 'einen Alpdruck erzeugen, zaubern, hexen'.[683] Die Herkunft dieser Spielbezeichnung ist unklar.

---

[680] Vgl. Schweiz. Id. (2: 159f.). Es wird auf ein nicht näher beschriebenes Spiel *Hirtgeissen* verwiesen, „wo ein Geißhirt vorkommt, dem auch ein Blashorn zugeschrieben werden konnte" (Schweiz. Id. 2: 159).

[681] *entsetzen* 'außer Gefahr bringen', vgl. auch den Ausdruck *Entsaetzer*, lat. *centuriati*, bei Redinger (1662).

[682] Schmeller (1, 650). In Weber (1901) findet sich das Spiel nicht vermerkt.

[683] DWB (11, 1, 2: 1240),

IX. Fangen im Kreis mit einem weichen Schlaggegenstand

Bei diesem Spiel geht ein Spieler singend mit einem weichen Schlaggegenstand in der Hand um einen Kreis von Spielern herum, die sich nicht nach ihm umdrehen dürfen. Wie dieser weiche Schlaggegenstand, der heute *Plumpsack* genannt wird, beschaffen war, beschreibt Lion in seiner Bearbeitung der *Spiele zur Übung und Erholung des Körpers und des Geistes* von Gutsmuths aus dem Jahr 1893:

> „Um einen *Plumpsack* (ein *Knötel*) zu fertigen, wird das Taschentuch zusammengedreht oder in der Mitte desselben ein Knoten geknüpft und es danach zusammengelegt, sodaß beide Enden mit einer Hand festgehalten werden können. Man achte darauf, daß niemand einen Stein in dem Knoten versteckt."[684]

Hinter einem Spieler läßt der Hauptspieler nun heimlich den Plumpsack fallen. Dadurch wählt er einen Mitspieler aus. Das Spiel kann nun auf mindestens zwei verschiedene Weisen fortgesetzt werden. Bei der einfacheren Spielweise sind nur zwei Spieler unmittelbar beteiligt. Derjenige, hinter dem der Plumpsack abgelegt wurde, nimmt ihn auf und verfolgt damit den „Plumpsackleger". Dieser versucht, möglichst ohne geschlagen zu werden, um die im Kreis Sitzenden herum in die Lücke zu gelangen. Bemerkt der Kreisspieler es nicht, bevor der Plumpsackleger die Runde vollendet hat, nimmt der den Plumpsack wieder auf und prügelt ihn damit um den Kreis. Dann muß dieser den Plumpsack austragen.[685]

An der zweiten, etwas komplexeren Spielweise, bei der die Spieler im Kreis stehen, sind drei Spieler beteiligt: Ein Spieler A geht herum und legt den Plumpsack in die nach hinten gehaltenen Hände eines Spielers B ab. Ohne sich etwas anmerken zu lassen wartet B solange, bis der Spieler A seinen Vers bis zu Ende oder nur bis zu einer bestimmten Stelle gesungen hat, und jagt dann seinen Nachbarn C mit Schlägen einmal um den Kreis herum. A tritt in den Kreis an die Stelle von B, C tritt ebenfalls an seinen Platz im Kreis und B übernimmt die Rolle des Plumpsacklegers. Unachtsamkeit, vorzeitiges Umdrehen und Langsamkeit werden im Spiel sofort durch Schläge mit dem Plumpsack bestraft. Der Schwerpunkt und Reiz

---

[684] Gutsmuths (1893: 60).
[685] Eine andere „Bestrafung" besteht darin, daß dieser Spieler als *Faules Ei* in die Mitte muß, bis ihn ein anderer ablöst.

dieses Spiels liegt hier gleichermaßen im Nachlaufen und Verfolgen wie im Austeilen von Schlägen.

Zingerle[686] rechnet das Spiel „zu den beliebtesten Spielen in jeder Jahreszeit". Es gab aber auch besondere Spielanlässe. In Westfalen war es beim aufgeschichteten oder schon brennenden Osterfeuer üblich[687], im Oldenburger Raum fand es im Anschluß daran im Wirtshaus statt, „wobei auch junge Mädchen mitmachten".[688] Im oberen Innviertel gehörte es zu den bäuerlichen Spielen anläßlich von Drischlegen ['Festen nach Beendigung des Druschs'].[689] Auch bei der Leichenwache war das Spiel neben anderen ausgelassenen Spielen üblich.[690]

Auf Pieter Bruegels Kinderspielbild ist der vorgestellte Spieltyp nicht abgebildet, auch wenn ein nicht näher bestimmtes Personenschlagspiel in der Literatur behelfsweise mit dem Namen *Plumpsack* bezeichnet wird.[691]

A. Die Bezeichnung gr. σχοινοφιλίνδα und ihre volkssprachlichen Äquivalente

Das Verfolgen im Kreis mit einem Schlaggegenstand wurde zuerst von Pollux im 9. Buch, §115 seines *Onomastikon* unter dem Namen gr. σχοινοφιλίνδα beschrieben.[692] In der Übersetzung des Grynaeus heißt es:

> „*funem amans *Schoenophilinda, in circulo sedetur, unus autem funem habens, clam apud aliquem deponit· si uero ille, apud quem iaceat, ignorauerit, circulum circumcurrens uapulat. si uero depraehenderit, currentem fugat ueberibus".[693]

[*Einer, der den Strick liebt. Beim Spiel *Schoenophilinda sitzt man im Kreis. Einer aber hat einen Strick, den er heimlich bei einem Mitspieler niederlegt.

---

[686] Zingerle (1873: 41).
[687] Woeste (1850: 288). Das Nachlaufen und Schlagen entfällt laut Beschreibung.
[688] Vgl. HDA (7: 295).
[689] Vgl. Preen (1904: 369).
[690] Vgl. HDA (7: 295).
[691] Vgl. Anhang, Abb. 2, und den Kommentar von Hills (1998: 54).
[692] „ἡ δὲ σχοινοφιλίνδα, κάθηται κύκλος, εἷς δὲ σχοινίον ἔχων λαθὼν παρά τῳ τίθησι· κἂν μὲν ἀγνοήσῃ ἐκεῖνος παρ' ᾧ κεῖται, περιθέων περὶ τὸν κύκλον τύπτεται, εἰ δὲ μάθοι, περιελαύνει τὸν θέντα τύπτων" (Bethe 1931: 179).
[693] Grynaeus (1536: 422f.).

Fang- und Versteckspielbezeichnungen

Wenn nun derjenige, bei dem der Strick liegt, dies nicht bemerkt, muß er um den Kreis herumlaufen, wobei er Prügel bezieht. Wenn aber der Betreffende den Strick bemerkt, jagt er den Läufer mit Schlägen vor sich her.]

Benannt ist das Spiel nach dem verwendeten Schlaginstrument gr. σχοῖνος '(Binsen-)Seil'. Den Zusammenhang zwischen Spielbenennung und Schlaginstrument macht Grynaeus durch die lateinische Lehnübersetzung *funem amans* sichtbar. Wer den Strick hinter sich nicht bemerkt, wird mit ihm für seine Unachtsamkeit bestraft.[694]

Die griechische Spielbezeichnung wird von Junius 1567 in latinisierter Form in das Kapitel *Lusoria* seines *Nomenclator* aufgenommen und als ein Kreisspiel beschrieben, bei dem einer mit einem kurzen Seil oder einem Schnupftuch herumgeht, das er hinter einem der Sitzenden niederfallen läßt. Bemerkt derjenige dies nicht, bevor der andere die Runde ganz beendet hat, muß er dessen Rolle übernehmen. Als brabantische Spielbezeichnung nennt er *cop cop heft geleyt* 'Die Henne hat ein Ei gelegt', wobei es sich um den Anfang eines Spruches oder Liedes handelt, das solange gesungen wird, bis die Verfolgung um den Kreis herum beginnt:

> „*schoinophilinda*, consessum puerorum circulo sedentium obi [!] vnus, funiculumque aut muccinium, aliudúe quid apud vnum aliquem deponit; qui si dolum non praeuiderit, antequam circumcursarit ille, vicem illius obire cogitur. σχοινοφιλίνδα Poll. B. *Cop cop heeft geleyt/* hoc est, Gallina exclusit ouum".[695]

Schenck gibt in seiner *Nomenclator*-Bearbeitung unter lat. *schoenophilinda* obd. *den Schuoch suochen* an.[696] *Des Schuchs* und *des Knoetleins* heißt es ohne weitere Beschreibung in der obersächsischen *Nomenclator*-Bearbeitung bei Siber[697], *Deß Schuchs spielen* in den Wörterbüchern von Calvisius und Stieler.[698] Ein anderes Spiel bezeichnet wohl der Eintrag „*ludere solea detrita*. Alte Schuh spielen" in Pomeys *Indiculus*.[699]

---

[694] Zum griechischen Text vgl. Krause (1841: 326), Grasberger (1864: 52), RE (II, A: 618).

[695] Junius (1567: 323f.). Kilian (1599: 253f.) gibt in seinem Etymologicum unter dieser Beschreibung für Brabant die Bezeichnung *stootballen* an. Drost (1914: 24) nimmt an, daß ein Ball als Schlaggegenstand dient, wie es auch aus der Schweiz überliefert ist (vgl. Rochholz 1857: 392), und dieser an einem kurzen Seil befestigt war. *Stooten* bedeutet 'schlagen'.

[696] Schenck (1571: 147).

[697] Siber (1607: 119).

[698] Calvisius (ca.1610: 1501), Stieler (1691: 1936).

[699] Vgl. Pomey (1720: 460).

Unter dem *Schuhspielen* bzw. *Plumpsack-Verstecken*[700] ist jedoch ein anderes Gesellschaftsspiel zu verstehen, das ebenfalls darauf angelegt ist, einem Spieler Schläge zu versetzen. Die Komponente des Verfolgens fehlt dabei ganz. Bei diesem Spiel muß ein heimlich hinter dem Rücken oder unter den angezogenen Beinen hindurch weitergereichter Schuh oder Plumpsack von einem Spieler entdeckt werden. Um ihm einen Anhaltspunkt zu geben, klopft einer der Mitspieler von Zeit zu Zeit mit dem Schuh auf den Boden. Orientiert sich der Suchende in die falsche Richtung, erhält er einen Schlag mit dem Schuh.[701] Die früheste Beschreibung dieses Spiels findet sich in Amaranthes *Frauenzimmer-Lexikon* von 1715. Es gilt auch als ein typisches Rocken- bzw. Spinnstubenspiel.[702] Synonyme Bezeichnungen sind z. B. *Pantoffel suchen, Schuhplatzen,* schwäb. *Schuhruscheln,* in Magdeburg *Schuhschoppen*[703], bair. *Trittling verstecken*[704], engl. *hunting the slipper*[705]. Zuerst ist das Spiel 1575 als *Schüchle bergen* im 25. Kapitel der *Geschichtklitterung* von Fischart bezeugt, der aber auch ein *Des Schuelins* genanntes Spiel kennt.[706]

In den lateinisch-deutschen Nomenclatoren von Frischlin 1594 und Horst 1588 finden sich unter *schoenophilinda* die weiter unten besprochene Bezeichnung *des Schlaegelins* und die sonst nirgends nachgewiesene Bezeichnung *Ring-Krantz.*[707]

Zehner nennt als deutsche Bezeichnung *Des Hirtleins.*[708] Dieselbe Benennung gibt er aber auch unter lat. *cindalismus* an, einem Wurfspiel mit Stöcken.[709] Zur Etymologie von gr. σχοινοφιλίνδα bemerkt er, daß es von gr.

---

[700] Gutsmuths (1796: 262f.).

[701] Vgl. auch Böhme (1897: 663).

[702] Vgl. Schmeller (2: 390); Knopp (1925: 46); Barack (1859: 48).

[703] Vgl. Bolte (1909: 391) mit weiteren Belegen.

[704] Vgl. Knopp (1925: 46).

[705] Vgl. Liddel/Scott (1968: 1747).

[706] Alsleben (1891: 261, 266).

[707] Frischlin (1594: 480); Horst (1588: 176).

[708] Zehner (1622: 361). Ebenso lautet der Eintrag bei Simon (1656: 247), Reyher (1668: 1330) und Lehmann (1680: 156). Bei Docemius (1657: Nr. 941) findet sich die Umschreibung *mit Pfloecken in der Erden.* Zu diesem Spiel und seine Bezeichnungen im Rätoromanischen vgl. Plangg (1987).

[709] Seybold (1678: 394) beschreibt es folgendermaßen: „Das [...] Hirtleinsspiel ist/ wenn sie [...] zugespitzte Pfloecklein (Stickel) in die Erde werffen". Pomey (1720: 459) gibt *Ludere cindalismo* mit „Hirtleins spielen/ pfutschen" an.

σχοῖνος 'Strick' abgeleitet sei, nun werde dieses Spiel jedoch nicht mehr mit einem Strick gespielt, sondern mit einer Rute (lat. *ferula*):

> „Funis cui nostrates hodiè ferulam substituerunt, Graecis est, σχοῖνω, unde et σχοινοβατής".[710]

Die erste deutschsprachige Beschreibung des Spiels in Seybolds *Officina scholastica* von 1678, einem für das Gymnasium in Schwäbisch-Hall zum Übersetzen ins Lateinische bestimmten Werk, bezeichnet es als *Seilschmeichen* und nennt als Gegenstand, der abgelegt wird, ein *Stricklein* oder ein *Rütlein*:

> „[Die Kinder] haben noch ein anderes Spiel, welches sie das [Randglosse: schoenophilinda, ae] *Seilschmeichen* [Randglosse: vulgo] insgemein nennen/ da die spielende Kinder ein [Randglosse: funiculus] Stricklein oder [Randglosse: virgula] Rütlein [...] heimlich bey einem niderlegen".[711]

In dieser Spielbezeichnung hat sich mhd. *schmeichen* in seiner Ausgangsbedeutung 'streichen'[712] erhalten: *Seilschmeichen* bedeutet also 'mit dem Seil streichen, schlagen'.

Hederich kennt in seinem *Lexicon manuale latino-germanicum* von 1739 offenbar kein deutsches Äquivalent für lat. *schoinophilinda*. Er umschreibt das Spiel folgendermaßen:

> „Art eines Kinderspiels, da sie einem ein Strickgen beyzubringen suchten, und wo er es nicht gewahr wurde, so lange im Kreise herumgehen muste, bis er wieder einen andern überlisten kunte".[713]

Der englische *Nomenclator* von Higgins aus dem Jahr 1585 gibt den sich reimenden Liedanfang engl. *clowt clowt, to beare about* 'Schlägel, Schlägel, herumzutragen' neben engl. *my hen hath layd* 'Meine Henne hat gelegt' an[714], das möglicherweise keine authentische Bezeichnung, sondern nur eine Übersetzung der Vorlage nl. *cop, cop heft geleyt* ist.

Es lassen sich in den Sprachlehrwerken des 16. und 17. Jahrhunderts eine Reihe von Bezeichnungsvarianten für das Verfolgen im Kreis mit dem „Plumpsack" ermitteln, nicht jedoch die Bezeichnung *Plumpsack* selbst.

---

[710] Zehner (1622: 361).
[711] Seybold (1678: 394).
[712] Vgl. Kluge/Seebold (1995: 731).
[713] Hederich (1739: Sp. 2032).
[714] Higgins (1585: 299).

Des Schuhs spielen und *des Hirtleins* können als Namen anderer Spiele ausgeschieden werden.

B. Die Bezeichnung *Plumpsack* (*Klumpsack*)

Der Erstbeleg für die im Oberdeutschen nicht verbreitete Spielbezeichnung *Plumpsack* findet sich in Sylvanus' Werk *Das verwöhnte Mutter-Söhngen, oder Polidors Lebens-Lauff auf Schulen und Universitäten*, das 1728 im sächsischen Freiberg erschienen ist:

> „So denn fing man an mit allerhand Spielen sich die Zeit zu kürtzen.[...] Man ließ dieses Gespraech bald fahren, und fiehl auf neue Zeit=Verkuertzung, bald spielete man die stille Music, bald die heimliche Frage, bald *Plump=Sack*, und dieses wehrte so bis in die Nacht. Endlich trennete sich die Compagnie."[715]

Unter der Hauptüberschrift *Das böse Ding* und der Nebenüberschrift *Der Plumpsack geht herum* beschreibt Gutsmuths dieses Gesellschaftsspiel 1796 in seiner komplexeren zweiten Spielvariante:

> „Die zahlreiche Gesellschaft stellt sich auf einem ebenen Platze in einen Kreis, Mann an Mann, die Gesichter in den Kreis gewendet, und mit den Händen auf den Rücken. Aber Einer, Namens A, geht oder läuft mit dem zusammengedreheten Taschentuche bewaffnet, um den Kreis herum und ruft: *der Plumpsack geht herum, seht euch nicht um!* oder singt (allenfalls nach der Melodie: War einst ein Riese Goliath.): / Es geht ein *böses Ding* herum, / Das wird euch tüchtig zwacken; / Sieht einer nur nach ihm sich um, / So fährts ihm auf den Nacken; / [Alle:] / Und kehrt es gar bey einem ein, / So mögt' ich nicht sein Nachbar seyn!"[716]

Nach Angaben zum *Plumpsack*-Spiel aus der Mansfelder Gegend läßt sich ergänzen, daß der Plumpsack, ein Taschentuch mit Knoten, nach dem Singen der Verszeile *Und kehrt es gar bey einem ein* in die Hände eines der im Kreis stehenden Kinder gelegt werden mußte. Erst nach der letzten Zeile begann das Losschlagen.[717]

---

[715] Sylvanus (1728: 83).
[716] Gutsmuths (1796: 230).
[717] Bei Größler (1897: 210f.) wird noch am Schluß ausdrücklich hinzugefügt: „Fuchs, schlag los!". Vgl. auch Lehnhoff (1922: 64) mit einer dialektalen Fassung des Reims und Schumann (o. J.: 47).

Fang- und Versteckspielbezeichnungen

Ein Eintrag in Krünitz' Enzyklopädie unter *Spiel (Plumpsack-)*, der im wesentlichen auf Gutsmuths basiert, weist darauf hin, daß der Plumpsack als Spielgerät in verschiedenen Spielen Verwendung findet. Die Bezeichnung *Plumpsack* ist bereits auf ein spezielles Spiel festgelegt, wenngleich dafür auch noch andere Ausdrücke gebräuchlich sind:

„Er [der Plumpsack] kommt bei vielen Gesellschaftsspielen, auch bei einigen Kartenspielen dritter Klasse, vor, wo der Fehlende und der Verlierende, noch mit diesem Instrumente einige Hiebe als Strafe erhaelt. [...] Man hat aber auch ein [79] besonderes Spiel, in welchem der *Plumpsack* vorzueglich regiert, welches *das boese Ding*, oder *mein Plumpsack geht herum*, das *Plumpsackspiel* genannt wird. Die Gesellschaft bildet einen Kreis, und haelt die Haende auf dem Ruecken. Einer aus der Gesellschaft, A., geht mit dem Plumpsacke im Kreise herum und ruft: *Seht euch nicht um, mein Plumpsack geht herum*, oder singt: / Es geht ein *boeses Ding* herum, / Nach ihm duerft ihr nicht sehen, / Es wuerde euch, seh't ihr euch um, / Fuerwahr nicht gut ergehen. / (Alle.) / Und wenn das Ding mein Nachbar kriegt, / Dann lauf' ich schnell und saeume nicht."[718]

Dann folgt eine ausführliche Beschreibung der zweiten Spielvariante, bei der der benachbart stehende Spieler mit dem Plumpsack um den Kreis getrieben wird.

Friedrich Adolf Krummacher, geboren 1767 in Tecklenburg, Universitätsprofessor in Duisburg, schildert in seinem Gedicht in vier Gesängen *Die Kinderwelt* aus dem Jahr 1806 die für die jeweilige Jahreszeit in Westfalen üblichen Spiele.[719] Im Winter ist das *Sackspiel* üblich, das mit nl. *sakjagen*[720] zu vergleichen ist:

„Itzt [im Winter] beginnt des *Sackspiels* froher Scherz. / Ein laut Gelächter schallt aus jeder Brust, / Wenn unverhofft dem Säumenden ein Schlag / Herniedersaust; dass ihm der Rücken dröhnt. / So kam vor Alters in Arkadien / Von hintenher der Ziegenfüssler PAN, / Auf leisen Zeh'n, zum trägen Hirten, der / Im Grase nickend sass. Mit breiter Faust / Versetzt' er nun der Schulter einen Hieb, / Dass rings der Wald erscholl. Der Geisshirt blickt / Bestürzt umher; – der Hirtengott verschwand – / Den Schalk verbirgt ein morscher Eichenstamm, / Und schmunzelnd lauscht er durch des Baumes Spalt, / Bis auch der Hirt des eiteln Schrecken lacht, / Und dem Entflohenen Vergeltung dräut".[721]

---

[718] Krünitz (1833, 158: 78f.).
[719] Vgl. dazu Sellmann (1931: 43).
[720] Gallitalo (1682 in Cock/Teirlinck 1902, 1: 48ff.). Im heutigen Niederländisch wird das Spiel *Zakdoekje leggen* genannt.
[721] Krummacher (1806: 211f.).

Der Gebrauch des Plumpsacks ist nicht auf ein bestimmtes Spiel beschränkt.[722] Er wird auch zur Ausübung von Spielstrafen eingesetzt.[723] Als charakteristisches Spiel- bzw. Schlaggerät steht *Plumpsack* metonymisch jedoch nur für einen bestimmten Spieltyp.

Im Preußischen gibt es neben *Plumpsack, Plumsack* auch die fast ebenso früh nachweisbare Bezeichnung *Klumpsack* für den Gegenstand zum Schlägeausteilen. So lautet ein Eintrag in Dähnerts *Plattdeutschem Wörterbuch* aus dem Jahr 1751:

> „*Klumpsakk*. Im Spiel, ein zusammengedreheter [!] Tuch, womit der, welcher das Spiel verlieret, gewisse Schlaege in die Hand erhaelt".[724]

In der Bedeutung 'Name und Strafinstrument eines Kinderspiels' kommt der Ausdruck 1785 auch im *Preuszischen Wörterbuch* von Hennig vor:

> „*Klumpsak*, ein Spiel der Kinder, wo sie ein Schnupftuch wie einen Haarzopf zusammen drehn und dem, so etwas beim Spiel versehen, einige Schläge auf die Hand geben".[725]

Die Form *Klumpsack* ist noch aus dem Schleswig-Holsteinischen[726], Südwestfälischen[727] und aus dem Siebenbürgisch-Sächsischen gemeldet.[728]

Neben *Klumpsack* ist schließlich noch preuß. *Glumsack*, plattd. *Glomsack* als Bezeichnung bezeugt.[729]

Die Herkunft des Ausdrucks *Plumpsack* erklärt Johann Korth, Bearbeiter der Krünitzschen Encyklopädie, folgendermaßen:

> „Woher der Name *Plumpsack* entstanden, ist nicht mit Gewißheit zu bestimmen, wahrscheinlich von der Form oder Gestalt eines ledernen Geldsacks, einer Geldkatze, und von *plumpen*, mit Geraeusch niederfallen, weil dieses Instrument gleich einem Sacke auf den Buckel niederfaellt, auch wohl von *sacken*, sich niedersacken, oder von Sack, eine Art Leinen, woraus frueher die Schnupf-

---

[722] Gutsmuths (1796) erwähnt den Plumpsack z. B. im Spiel *Plumpsack-Verstecken* (262f.), *Fuchs zu Loch* (266–268), *Der Bildhauer* (270–272), *Wie gefällt dir dein Nachbar* (174), *Der Lastträger* (175), *Das Drittenabschlagen* (276).
[723] Vgl. die Spielstrafe schweiz. *Plumpsack lauffen* 'wer ein Pfand auszulösen hat, muss zwischen den 2 Reihen der Mitspielenden durchlaufen, welche mit den geknüpften Taschentüchern auf ihn losschlagen' (Schweiz. Id. 7: 634).
[724] Dähnert (1751: 238).
[725] Hennig (1785: 125).
[726] Handelmann (1862: 46f.); Carstens (1887: 102); Schumann (o. J.: 47).
[727] Woeste (1878: 105).
[728] Schmitz (1896: 80).
[729] Hennig (1785: 125); Frischbier (1883, 2: 160).

tuecher gemacht wurden, die wohl zu dem Gebrauche, die Nase zu putzen, bei der frueheren Oekonomie unserer Hausfrauen, eben nicht sehr fein gewesen seyn moegen, eine Art *Sacktuch* oder *Sackleinwand*, jedoch nicht von der jetzigen Art Leinwand, die man mit diesem Namen zu belegen pflegt, welches eine grobe Packleinwand ist. Dieses Alles sind jedoch nur Vermuthungen, denn dem *Plumpsacke* ist die Ehre nicht wiederfahren, von Sprachforschern nach seiner Geburt und seinen Gliedern enthuellt und entkleidet zu werden; auch kann der Name ganz zufaellig entstanden seyn, indem man die Grobheit, Ungeschliffenheit oder Plumpheit eines Menschen auf dieses Instrument uebertragen. Genug, es heißt so, und man versteht ueberall in Gesellschaften, wo beim Spielen von ihm die Rede ist, wie er aussieht und gedrehet wird, und dieses ist als Erklaerung hinreichend. [...]"[730]

In den Wörterbüchern von Kluge/Mitzka und Paul/Henne/Objartel wird der erste Bestandteil *Plump-* auf lat. *plumbum* 'Blei' zurückgeführt, so daß sich die ursprüngliche Bedeutung 'Bleisack' ergibt.[731] Einen sachlichen Anhaltspunkt gibt es dafür jedoch nicht.

Knobloch erklärt die Bezeichnung *Plumpsack* als eine Fernassimilation aus nordd. *Klumpsack*. Dieser sei „ein Sack mit einem Klumpen (Stein) darin, eine einfache Schlägerwaffe".[732] Merkmal des Schlaggegenstands im Spiel ist jedoch, daß er weich und ungefährlich ist. Die Bedeutung 'Waffe zum Schlagen' ist für das Wort zwar vorstellbar, aber nicht nachgewiesen.

Nach Kluge/Seebold ist *Plumpsack* 'Kinderspiel' ein veraltetes „Kinderwort für 'schwerer Sack' (der beim Abstellen *plump* macht)."[733] Die Bestimmungsglieder *Plump-, Klump-, Glump* in den Spielbezeichnungen enthalten alle die Phonemgruppe *-ump-*, die das „dumpfe" Aufkommen eines schweren Gegenstandes nachahmen. Es könnte also durchaus eine lautliche Motivation vorliegen. Überdies gilt der Ausdruck nicht nur für das im Spiel verwendete Schlaginstrument, sondern auch für eine 'schwerfällige Person'. So bezeichnet *Plumpsack* im Preußischen ein 'dickes wohlgenährtes Kind' oder eine 'ungeschickte, dumme Person'[734], im Schwäbischen heißt eine 'dicke Weibsperson' *Pflumpfsack*.[735]

---

[730] Krünitz (1833, 158: 78f.).
[731] Kluge/Mitzka (1975: 556), Paul/Henne/Objartel (1992: 657).
[732] Knobloch (1989: 171).
[733] Kluge/Seebold (1995: 637); vgl. auch Trübner (V: 160).
[734] Preuß. Wb. (4: 526).
[735] Schwäb. Wb. (1: 1073).

Ausgehend von der ebenfalls noch im 18. Jahrhundert nachweisbaren Form plattd. *Glomsack*[736] mit den Varianten *Glumsack* und *Klumpsack* könnte aber auch an eine Übertragung von *Glumssack* in seiner eigentlichen Bedeutung 'Quarkbeutel, Sack bzw. Tuch zur Herstellung von Quark' gedacht werden, denn im Ostmitteldeutschen und Preußischen heißt der Quark *Glums(e), Gloms(e)*.[737] Das Wort *Glums(e)* ist aus poln. *glomz(d)a* in gleicher Bedeutung entlehnt. Hennig versteht in seinem *Preußischen Wörterbuch* darunter „geronnene Milch, die von weitem am Feuer gestanden hat, wovon die Kaese gebakken werden".[738] Der Glomssack diente dazu, die aus dicksaurer Milch gewonnene Quarkmasse abzuseihen. Um die Molke herauszupressen und den Quark trockener zu machen, wurde das Tuch mit dem Quark beschwert oder gewrungen.

Die Bezeichnung wurde nun auf andere Bereiche übertragen. *Glomssack* hieß im Preußischen auch ein Ziehgewicht mit dieser Form:

„[Glomssack:] ein Stuck Metall von ohngefaehr zwey Centner in Form eines Glomssakkes gegoßen, welches ehmals zur Aufziehung und Niederlaßung der Vestungsbruekke zu Memel diente".[739]

Auch das Lüneburger Wörterbuch kennt *Klumpsack* sowohl als Bezeichnung für ein Spiel als auch für ein Ziehgewicht am Webstuhl:

„*Klumpsack* ist auch ein mit kleineren Steinen gefüllter Sack, der hinten am Webstuhl hängt, die Liststöcker nach hinten zieht und durch diese Zugwirkung das Garn von den Stöckern bis zum Webekamm in glatter Lage erhält, damit das Schiffchen leicht durchschießen kann".[740]

Nach seiner charakteristischen Form könnte der *Glumssack* auch auf das weiche Schlaginstrument im Spiel übertragen worden sein. Die Bezeichnung *Plumpsack* 'Schlaggegenstand im Spiel; Kreisspiel', die in dieser Form seit dem ersten Drittel des 18. Jahrhunderts bezeugt ist, wäre dann über die Variante *Klumpsack* aus der älteren, im ostmitteldeutschen und ostniederdeutschen Sprachraum verbreiteten Bezeichnung *Glumssack* 'Quarkbeutel' nachgedeutet.

---

[736] Hennig (1785: 125); Frischbier (1883, 2: 160).
[737] Vgl. Kluge/Seebold (1995: 329) und Preuß. Wb. (2: 428f.).
[738] Hennig (1785: 36).
[739] Hennig (1785: 36).
[740] Lüneb. Wb. (2: 149).

C. Die Bezeichnung *Der Fuchs geht um*

Mit der Bezeichnung *Plumpsack* konkurriert die überregional verbreitete, satzförmige Spielbezeichnung *Der Fuchs geht um*, die aus dem begleitenden Spiellied auf das Spiel übertragen wurde. Sie wurde zuerst 1819 von Wilhelm Grimm erfaßt.[741]

In Bremen lautete ein zum Spiel gehöriger Vers aus dem ersten Drittel des 19. Jahrhunderts *Kiek di nich um, De Vos geit 'rum*.[742] Dabei wurde ein *Tagel* 'Zagel', also ein Tau-Ende oder der (Fuchs-)Schwanz, ausgetragen. In Westfalen war das Spiel unter dem Namen *Kik di nitt üm, das Fößken dat küemt* bekannt.[743] Aber auch im ostmitteldeutschen und oberdeutschen Sprachraum ist das Lied und die Spielbezeichnung nach dem Lied verbreitet.[744] Eine Fassung lautet zum Beispiel:

> „Der Fuchs geht um, / Der Fuchs geht um, / Er trägt einen langen Schwanz mit rum / Wer sich umdreht oder lacht, / Der kriegt den Buckel vollgemacht".[745]

D. Die Bezeichnung *Der Lunzi kommt*

Nach dem Eigennamen *Lunzi* ist das Spiel im Schwäbisch-Alemannischen seit dem frühen 19. Jahrhundert bezeugt.[746] Einen literarischen Beleg für diese Bezeichnung enthält das bereits zitierte, in Straßburger Mundart verfaßte Lustspiel *Der Pfingstmontag* von 1816. An dem wegen einer Silberhochzeit besonders festlich gestalteten Pfingstmontag soll neben zahlreichen anderen Spielen auch *der Lunzi kummt* gespielt werden.[747] Das gleiche Spiel wird noch einmal in dem Lustspiel innerhalb einer Aufzählung von Spielen neben *Kinnee's, Jaejers, Blebbers, Verstekkels, Fangedissels, Gaisufsetzers, Kopftredders, Blindmysels* und *Kesselhubfers* genannt, die die Knaben dem Lateinlernen vorziehen.[748]

---

[741] Vgl. Hinrichs (1881: 369).
[742] Schmidt (1826: 58).
[743] Woeste (1850: 288).
[744] Vgl. die Belege bei Böhme (1897: 558f.).
[745] Vgl. auch Böhme (1897: 558).
[746] Rochholz (1857: 392); Stöber (1859: 63).
[747] Arnold (1816: o. S.).
[748] Arnold (1816: o. S.).

Im Alemannischen ist ein zum Spiel gehöriges Lied überliefert, aus dem die Spielbezeichnung *Der Lunzi chunt* hervorgegangen ist:

> „Der Lunzi chunt, Der Lunzi chunt / Mit sîne lange Füeße, / Isch siebe Johr im Himmel gsi, / Hät wieder abe müeße".[749]

Dabei stehen die Spieler im Kreis und halten die Hände auf dem Rücken. Laut Rochholz wird kein „Plumpsack", sondern ein Ball, der in Schnüre geflochten ist, heimlich in die Hände eines Spielers gelegt, der sofort seinen Platz verläßt und seinen Nachbarn mit Schlägen auf den Rücken um den Kreis treibt.[750] Inzwischen hat der erste Spieler den Platz des zweiten Spielers eingenommen, der Zweite tritt an den Platz des Dritten und der Dritte muß den Ball aufs Neue austragen.

Lonzi, Lunzi ist die Koseform des Personennamens *Leontius* oder *Laurentius*, der appellativ fast ausschließlich in der Form *Lunzi* vorkommt.[751] In Spiel- und Scherzreimen bedeutet *Lunzi* 'jemand', im Volkslied 'Geliebter', im Plumpsackspiel 'derjenige, der den Plumpsack führt' oder auch 'Plumpsack'. Während das Schweizerische Idiotikon davon ausgeht, daß *Lunzi* erst im Anschluß an das Spiel die Bedeutung 'Schreckgespenst' bekommen hat[752], wäre auch die umgekehrte Entwicklung vorstellbar. Nach Birlinger ist *Lonze* dem Volksglauben nach ein „Waldgeist"[753] und „Kinderschrecken", über den folgender Vers gesagt wird:

> „Der Lonze kommt, der Lonze kommt, / Dear wird di lehren tanzen, / Der Teufel kommt, der Teufel kommt, / und schoppt [stopft] di in den Ranzen".[754]

---

[749] Rochholz (1857: 392). Varianten dieses Liedes finden sich bei Böhme (1897: 558f.) und im Schweiz. Id. (7: 634).

[750] Rochholz (1857: 392 u. 411f.).

[751] Vgl. Schweiz. Id. (7: 1347).

[752] Schweiz. Id. (7: 1347).

[753] „Der Lonze ist ein gefürchteter Geist zwischen Möhringen und Tuttlingen; oft hat man ihn schon tragen müssen. Er ist bei Lebzeiten ein Schatzgräbermeister gewesen" (Birlinger 1874, 1: 206).

[754] Birlinger (1874, 1: 206).

Fang- und Versteckspielbezeichnungen

E. Die Bezeichnung *Gùrtulli, trag ich dich*

Die früheste Benennung für das Nachlaufen mit einem weichen Schlaggegenstand im Deutschen findet sich in einem um 1400 entstandenen Glossar aus der Bodensee-Gegend. Sie lautet *Gùrtulli, trag ich dich* und wird als volkssprachlicher Name eines lateinisch beschriebenen Kreisspiels angeführt[755]:

> „Circulatorius ludus est puerorum in criculo [!] sedentium. post quorum tergum discurrit puer unus portans aliquid in manu quod ponit retro aliquem sedencium ignorantem; vulgariter dicitur: *Gùrtvlli, trag ich dich*".[756]
>
> [Im Kreis herum geht ein Spiel der Knaben, die im Kreis sitzen. Hinter ihrem Rücken läuft ein Knabe herum, der etwas in der Hand hält, was er hinter irgendeinem der Sitzenden ablegt, ohne daß dieser es weiß; volkssprachlich wird es *Gürtelchen, trag ich dich* genannt.]

Der Strich über dem *u* markiert den Umlaut. Der Name *Gùrtvlli, trag ich dich* 'Gürtelchen, trag ich dich' gibt die Anfangsworte eines sonst wohl nicht überlieferten Liedes oder Spruches beim „Plumpsacklegen" wieder. Die Aufnahme dieses Spiels in ein Glossar kann als ein Indiz dafür angesehen werden, daß dieses Spiel in Klosterschulen üblich war.

F. Weitere Benennungsmöglichkeiten

Am häufigsten wird das Spiel metonymisch nach dem zum Schlagen verwendeten Gegenstand benannt, wie bei den bereits vorgestellten Bezeichnungen gr. *σχοινοφιλίνδα* oder obd. *Seilschmeichen*[757], *Plumpsack* oder obd. *Gùrtulli, trag ich dich*. Auch Schnupftücher wie in obd. *das schnupfduech fallen lassen*[758], appenzell. *Nasafetzli*[759] oder im Kanton Bern *Lumpe*[760] werden zur Benennung herangezogen.

---

[755] Dieses alphabetisch geordnete Glossar befindet sich auf den letzten 14 Blättern des Codex membranaceus Augiensis XC der Badischen Landesbibliothek Karlsruhe. Abgedruckt sind die Glossen bei Holder (1903) und bei Mone (1839). Vgl. auch das Schwäb. Wb. (2: 304).

[756] Aug. XC, 196r; Holder (1903: 6); vgl. Mone (1839: 395).

[757] Seybold (1678).

[758] Dohna (1618).

[759] Vgl. „Fetzli gläd: Niemed gsäd!" (Rochholz 1857: 392).

Nach dem Knoten im Tuch heißt das Spiel *Knötel*[761], obsächs. *des Knoetleins*[762] oder obsächs. *Saehet euch nicht um/ mein Knuetgen geht um*[763], ndd. *Knittel.*[764]

Nicht nach dem Schlaginstrument, sondern nach Schreckgestalten sind Spielbezeichnungen benannt, die einen Tier- oder Personennamen enthalten und sich auf den bedrohlichen Plumpsackleger beziehen. Neben dem bereits vorgestellten „Fuchs" können auch andere Tiere herumgehen: In der französischen Benennung *il a passé par ici – le furet du bois joli!* kommt das Frettchen vor.[765] Als frz. *au furon* ist das Spiel bereits 1534 in Rabelais' *Gargantua* bezeugt.[766] Scherzhaft-tabuisierend wird der Schlaggegenstand auch obsächs. *das böse Ding* genannt. In Dresden war *Das böse Ding* auch der Name des dramatischen Spiels *Das böse Tier*.[767]

Bei den Wenden gab es den Ausdruck *Bumbelkäfer spielen* für 'Plumpsack spielen'.[768]

Im Tschechischen hießen das Spiel, der Plumpsack und der um den Kreis herumlaufende Spieler *pešek*, wörtl. 'Peterchen'.[769] *Pešek*, eine diminuierte Form von *Pech*, ist nach einem geläufigen Bildungsmuster eine Koseform zum Vornamen *Petr*. Knobloch vermutet, daß das Spiel (und seine Bezeichnung) in Klosterschulen entstanden sei, „denn die Assoziation Petrus = 'Schläger' geht sicher auf die biblische Szene zurück, wo Petrus sich gegen die Gefangennahme Christi zur Wehr setzt und dem Malchus das Ohr abschlägt (Joh. 18, 10; die anderen Evangelisten verschweigen den Namen)".[770] An anderer Stelle führt Knobloch diese Assoziation „auf alte Osterspiele" zurück, „wo die Gefangennahme Christi auf

---

[760] Züricher (1902: 136).

[761] Gutsmuths (1893: 60).

[762] Siber (1607: 119).

[763] Conrad von Hoevelen (1663).

[764] Handelmann (1862: 46).

[765] Regis (1832, 2: 106). Nach einer von D'Allemagne (1904: 72) abgedruckten Lithographie aus dem Jahr 1833 wurde damit aber das *Schuhverstecken* bezeichnet.

[766] Calder (1970: 138); vgl. Lefranc (1912: 204).

[767] Vgl. Böhme (1897: 564). Dabei wird die Zeit, bis der im Gebüsch versteckte Fänger hervorbrechen und die anderen fangen darf, „ausgesungen" oder „ausgezählt": „Um eins kommts nicht, um zwei kommts nicht [...] um zwölf, da kommts" (vgl. Schier-Oberdorffer 1985: 120f.).

[768] Schulenburg (1882: 192).

[769] Vgl. Knobloch (1989: 171) und ders. (1990: 96).

[770] Knobloch (1990: 96).

dem Ölberg und die versuchte Gegenwehr durch Petrus, der dem Knecht des Hohepriesters, Malchus, das Ohr abhieb, gezeigt wurde".[771] Die Osterspiele könnten durchaus eine vermittelnde Funktion gehabt haben, vorausgesetzt, es gab in der entsprechenden Gegend eine Aufführungstradition. Die Bibel könnte letztendlich das Motiv für diese deonomastische Spielbenennung geliefert haben. Allerdings gehört *Peter* „zu den Namen, die früh die häufigste appellative Verwendung gefunden haben".[772] Im Deutschen z. B. waren *Hollepeter* oder *Petermännchen* Namen für den Hauskobold, *Peterlein, Peterle* und *Meister Peter* waren Bezeichnungen für den Teufel. In der Schweiz steht *Peterli* für 'verschrobener, dummer Mensch.[773] Lohmeyer wiederum stellt fest, daß Petrus „als sympathischer und populärer Heiliger" vielfach in die Kinderlieder Eingang gefunden habe.[774] Auch in einem der exemplarisch aufgeführten Zusammenhänge könnte tschech. *pešek* motiviert sein. Selbst wenn Petrus' Auftritt in der Malchus-Szene ausschlaggebend für die Spielbenennung war, bleibt fraglich, ob man deshalb auf eine „Entstehung in Klosterschulen" schließen darf. Wie die Erwähnung des Plumpsackspiels mhd. *Gùrtulli, trag ich dich* in dem spätmittelhochdeutschen Glossar aus der Bodensee-Gegend zeigt, wurde dieses Spiel zwar in einer Klosterschule gespielt, deswegen aber nicht in Anspielung auf eine Bibelszene umbenannt, sondern sein volkstümlicher Name beibehalten.

Der *Puck* 'Kobold' geht in Magdeburg um:

„Ssüh [sic!] dek nich ümme, / Dei *Puck* dei kümmt, / Dei Hohne will lejjen, / Dat ssall ehk nich ssejjen. / Ssüh dek nich ümme / Dei Puck dei kümmt".[775]

[Sieh dich nicht um, / Der Puck der kommt, / Die Hühner wollen legen, / Daß soll ich nicht sehen, / Sieh dich nicht um, / Der Puck der kommt.]

Aus dem Österreichischen ist als Bezeichnung der Reim *Schau in Brunn, schau in Brunn. / Laft a âlts Mannle um* bezeugt.[776] Der erste Teil des Verses enthält statt des Befehls, sich nicht umzudrehen, die Aufforderung, *in den Brunnen zu schauen* 'die Augen zu Boden zu richten'. Dies ist auch in der zugehörigen Spielbeschreibung festgehalten. Der zweite Teil des

---

[771] Knobloch (1989: 171).
[772] Vgl. Meisinger (1924: 78–81).
[773] Vgl. Meisinger (1924: 78); Götzinger (1881: 506); Röhrich (1994, 4: 1153).
[774] Lohmeyer (1910: 255f.).
[775] Wegener (1883: 2f.).
[776] Schüttelkopf (1891: 129).

Verses bezieht sich auf den um den Kreis herumlaufenden Träger des Plumpsacks, der *das âlte Mannle* vorstellt. *Der alte Mann* ist in der dortigen Gegend auch der Name des Spiels *Fuchs aus dem Loch*. Ebenso heißt das Fest am Flachsbrechtag *Der olt Mo*.[777]

Das Ablegen des Plumpsacks wird in Spielbenennungen und in den Spielliedern auch mit dem Eierlegen verglichen. Dies ist bevorzugt im niederdeutschen Sprachraum der Fall. Schon 1567 bei Junius ist der Spielausdruck *cop, cop heft geleyt* bezeugt, der sich als *Das Haenlin, Haenlin hat gelegt* in Fischarts Auflistung von 1590 wiederfindet. In Holstein hieß der Reim „de Goos, de Goos, de leggt dat Ei, / un wenn et fallt, so fallt et twei".[778] Handelmann führt zwei schleswig-holsteinische Lieder, in denen das Motiv des „Eierlegens" vorkommt, auf:

> „Rund um, rund um! / Min Knüppel gait 'rum. / Min Göschen will leggen, / Dat dörf ik nich seggen: / Grauog, Blauog. / Kickelum, Kakelum. / *Klumpsack, Plumpsack*"

> [oder:] „De Goos, de Goos, de legt dat Ei; / Und wenn et fallt, so fallt et twei; / Gries Ei, grau Ei, Ticke, tacke! blau Ei. (oder: Picke packe pas Ei)"[779]

Im Magdeburger Land lautete das Lied:

> „Dei Gaus, dei Gaus, dei lechtn Ei, / Sei lechtn Kieklkakl-Ei. / Dreimaol willick rümmer gaon, / Den Drättn willk inn Nacken schlaon".[780]

Im 19. Jahrhundert übernimmt der schlagende Spieler in vielen Gegenden die Rolle des *Böttchers* 'Küfers'.[781] In Pommern lautete beim *Böttcherspiel* der zugehörige Spielreim:

> „Ich bin der Böttcher, / Ich treibe die Reifen, / Ich wollt ein neues Beschlägelein kaufen. / Ich binde das Faß, / Ich mache es naß: / Mein lieber Herr Böttcher, wie gefällt Euch das?"[782]

---

[777] Schüttelkopf (1891: 158).

[778] Schütze (2: 52).

[779] Handelmann (1862: 59).

[780] Wegener (1883: 2).

[781] Das Böttcherhandwerk findet in der Kinderkultur nicht nur im Spiel, sondern auch in Spottreimen seinen Niederschlag: „Böttcher, Böttcher, bum, bum, bum / Schlägt seiner Frau den Rücken krumm, / Macht ihn wieder grade / Mit Pomade" (vgl. z. B. Böhme 1897: 280; Danneil 1859: 256).

[782] Drohsihn (1897: 123). Etwas abgewandelt lautet der Reim des *Böttcherspiels* in Lübeck: „Mein lieber Meister Böttcher, / Ich treibe den Reihn ['Reifen'], / Ich habe ein

Im Österreichisch-Schlesischen gibt es den gleichen Vers mit *Binder* statt *Böttcher* und *Schlägel* statt *Beschlägelein*.[783] Im Magdeburger Raum lautete der Reim:

> „Ich bin der Böttcher, ich binde die Reifn, / Und mache dazu die schönen Schleifn, / Ich binde das Faß, ich mache es naß. / [Der Knabe, dem der Plumpsack übergeben ist, vollendet dann, indem er den Nachbar schlägt:] / Mein lieber Herr Nachbar, wie gefällt dir denn das?"[784]

Wohl aus dem Sächsischen ist im 19. Jahrhundert der folgende Vers für die zweite Spielart bezeugt:

> „Ich bin der Böttcher, ich binde das Faß, / Kommt Wasser hinein, so wird es naß; / Drum treib ich den Reifen – / Drumm, drumm! / Mit meinem Schlägel / Pumpum – pumpum!"[785]

Vermutlich ist die in den Nomenclatoren von Frischlin 1594 und Horst 1588 aufgeführte Spielbezeichnung *Des Schlaegelins* ebenfalls diesem Bezeichnungstyp nach dem Böttcherhandwerk zuzuordnen.

X. Fangen im Sitzen ohne oder mit Hüter

Unter dem „Fangen im Sitzen mit oder ohne Hüter" werden verschiedene, heute nicht mehr bekannte Spiele zusammengefaßt, deren Bestimmung aufgrund der Quellenlage problematisch ist. Ihnen ist gemeinsam, daß ein in seiner Bewegungsfreiheit eingeschränkter Spieler und ihn peinigende Mitspieler vorkommen.

Die einfache Spielform, im folgenden „Sitzfangen" genannt, besteht darin, daß der Fänger auf dem Boden oder einem Stuhl sitzt und seine Peiniger durch schnelles Umdrehen zu haschen versucht. Gelingt ihm dies, muß ihn der Erwischte ablösen. Das Element des Nachlaufens entfällt, zentral ist dagegen das Zupfen und Schlagen des sitzenden Mitspielers durch die Mitspieler. Dadurch bleiben sie aber immer in Reichweite und

---

neues Faß zu verkaufen, / Ich mache es naß, / Mein lieber Meister Böttcher, / Wie gefällt Dir den das?" (Schumann o. J.: 48). Vgl. für das Siebenbürgen-Sächsische Hoehr (1903: 103).

[783] Peter (1865: 153f.).
[784] Wegener (1883: 2).
[785] Lausch (1884: 36).

können von ihm erhascht werden, wenn sie zu langsam oder zu unvorsichtig sind.

Eine erweiterte Form dieses Spiels besteht darin, daß ein zweiter Spieler als „Hüter" hinzukommt, der mit dem ersten durch das Auflegen einer Hand oder durch ein Seil in Verbindung steht. Er übernimmt das Fangen, soweit sein Radius reicht, während der Sitzende weiterhin das Opfer der Angriffe bleibt. Diese Form soll hier „Opfer-Hüter-Fangen" genannt werden, das weiter unterteilt werden kann in das „Sitzfangen mit Hüter" und das „Seilfangen mit Hüter".[786] Zum Seilfangen mit Hüter läßt sich eine nur auf antiken Abbildungen des ersten bis vierten Jahrhunderts n. Chr. überlieferte Abwandlung feststellen, bei der das eine Seilende um einen Pflock in der Erde gebunden ist. Das Opfer hält das andere Seilende, der Hüter greift in die Seilmitte. Er ist mit einer Rute ausgestattet, mit der er die ebenfalls mit einer Rute bewaffneten Angreifer zu vertreiben versucht.[787] Die Variante könnte als „Seilfangen mit Hüter um einen Pflock" umschrieben werden.

Wohl nur ikonographisch nachweisbar ist eine andere Spielform, die als solche in der Forschungsliteratur bisher nicht eigens erfaßt wurde, die man aber von der bereits vorgestellten Spielweise unterscheiden muß. Hierbei ruhen beide Hände des Hüters auf dem Kopf oder den Schultern seines Schützlings. Der Hüter schlägt die Angreifer seines Schützlings nun nicht mit der Hand, sondern mit dem Fuß ab. Diese Spielart wird hier „Opfer-Hüter-Fußfangen" genannt.

Für die überlieferten Spielbezeichnungen ist charakteristisch, daß sie zum Teil sowohl die einfache als auch die komplexere Spielweise benennen können.

---

[786] Um einen eigenen Typ handelt es sich bei einem Hirtenjungenspiel aus Graubünden, bei dem der Hüter an einem Seil mit dem Ruf *Suppe, Suppe siedet* um einen Pflock rennt, an dem verschiedene Gegenstände abgelegt sind. Die anderen Hirtenjungen warten den geeigneten Moment ab, um etwas vom Pflock wegzunehmen, ohne von ihm erreicht und abgeschlagen zu werden (Masüger 1946: 120f. mit Abb.).

[787] Vgl. die Darstellungen auf einem Fresko aus Herculaneum (Anhang, Abb. 34) und einem Sarkophag-Deckel (Abb. in Fittà 1998: 29).

A. Ikonographische Zeugnisse

Da das „Fangen im Sitzen mit oder ohne Hüter" wie das Schlagraten ein Spiel ist, bei dem einer zur allgemeinen Belustigung gepeinigt wird, wird es im Spätmittelalter in literarischen und ikonographischen Quellen zur Ausgestaltung der Verhörszene Jesu herangezogen.[788] Während das einfache Sitzfangen eher selten bezeugt ist, ist das Opfer-Hüter-Fangen vom Ende des 13. bis zum 14. Jahrhundert auf zahlreichen Darstellungen abgebildet, ohne daß jedoch aus dieser Zeit entsprechende Spielbezeichnungen überliefert wären.[789] Als religiöses Motiv ist das Sitzfangen mit Hüter schon 1333 auf einem Meßweinkelch[790] und auf der rechten Seite eines Elfenbeindiptychons aus dem 14. Jahrhundert neben dem Schlagraten[791] dargestellt. Auf beiden Abbildungen hat der Sitzende die Beine überkreuzt, den rechten Arm auf den Oberschenkel gestützt und die linke Hand erhoben. Ob er auf diese Weise jemanden abschlagen, sich schützen oder etwas durch die Körperhaltung nachahmen will, läßt sich nicht eindeutig sagen. Der Hüter hat jeweils eine Hand auf den Kopf seines Schützlings gelegt, während er mit der anderen Hand nach einem Angreifer schlägt. Diesem Spieltyp ist wohl auch eine antike Darstellung auf einem Stuckrelief Mitte des 1. Jahrhunderts n. Chr. der Basilika an der Porta Maggiore in Rom zuzuordnen, die irrtümlich als „Bockspringen" bestimmt wird.[792]

Wesentlich häufiger dargestellt ist jedoch die Spielart des Fußfangens mit Hüter bzw. Opfer-Hüter-Fußfangens. Auf einer Miniatur des zwischen 1280 und 1315 entstandenen Pariser Liederbuchs *Chansonnier de Paris*[793] ist in der Mitte ein Spieler im Schneidersitz zu sehen, der sich die rechte Hand vor die Augen hält. Schräg hinter ihm steht ein weiterer Spieler, der ihn am Kopf und an der Schulter hält und mit dem rechten Fuß zu einer drei Mann starken, spöttisch gestikulierenden Spielergruppe hin aus-

---

[788] Zu den verschiedenen Spielen vgl. Randall (1972).

[789] Randall (1958) hat in seinem Aufsatz *Frog in the Middle* verschiedene Abbildungen dieses Spieltyps zusammengetragen, hält sie aber für Darstellungen des einfachen Sitzfangens. Wettwer (1933: 76f.) ist der Spieltyp Sitzfangen mit Hüter ebenfalls auf mittelalterlichen Randzeichnungen aufgefallen, er kann ihn jedoch mangels schriftlicher Belege nicht richtig bestimmen.

[790] Vgl. Anhang, Abb. 23.

[791] Vgl. Anhang, Abb. 18, rechte Seite.

[792] Vgl. Fittà (1998: 37f. mit Abb.).

[793] Vgl. Anhang, Abb. 24.

schlägt. Auch die drei Spieler auf der anderen Seite fuchteln mit den Armen und deuten abschätzig auf den Sitzenden. Da der Sitzende sich die Hand vor Augen hält, könnte es sich hier um eine sonst nicht bezeugte Kombination aus Fußfangen und Schlagraten handeln. Vermutlich soll der Spieler in der Mitte erraten, wen sein Hüter mit dem Fuß abgeschlagen hat. Hier sitzt das Opfer auf einem Kissen. Deutlich erkennbar sind auch die Darstellungen des Opfer-Hüter-Fußfangens auf einem Psalter und Stundenbuch der Pariser Nationalbibliothek[794] sowie im Stundenbuch der Jeanne d'Évreux und der Jeanne II. de Navarre auf der Seite der Verkündigungsszene.[795] Die Abbildungen des Hüterfangspiels auf den Bildunterseiten des reich illustrierten Werks *The Romance of Alexander*[796] lassen sich nicht eindeutig dem Sitzfangen mit Hüter oder Opfer-Hüter-Fußfangen zuordnen.[797]

Eine Abbildung des Seilfangens mit Hüter findet sich 1560 auf dem Kinderspielbild von Pieter Bruegel.[798] Der Junge, der nicht auf dem Boden, sondern auf einem Stuhl sitzt und das Seil hält, wird von einem Mädchen gegen die Angriffe der ihn neckenden Mitspieler verteidigt. Die am rechten Bildrand dargestellte Gruppe von fünf Jungen, die einen Jungen in ihrer Mitte an den Haaren reißen, wird als die einfache Spielform bestimmt.[799] Da das Opfer jedoch steht und keine Möglichkeit der Rollenübergabe ersichtlich ist, ist hier von einem anderen Spieltyp oder einer Spielstrafe auszugehen.

---

[794] Vgl. Anhang, Abb. 17.
[795] Vgl. Anhang, Abb. 19 und Abb. 20.
[796] Vgl. Ms. Bodl. 264: fol. 97^v, 130^v, 65^r, 168^r. Während auf Ms. Bodl. 264 (fol. 168^r) das Opfer mit verschränkten Armen und Beinen auf dem Boden sitzt, sich also völlig in die Hände seines Hüters begibt, hebt es auf anderen Abbildungen, z. B. Ms. Bodl. 264 (fol. 65^r) einen Arm angewinkelt hoch. Der Hüter hat nur eine Hand auf seinen Kopf gelegt und ein Bein wie zum Tritt nach hinten ausgestreckt. Ein Angreifer, dem der Tritt gelten könnte, ist möglicherweise aus Platzgründen nicht mehr abgebildet.
[797] Vgl. Anhang, Abb. 13.
[798] Vgl. Anhang, Abb. 2; vgl. dazu Hills (1998: 76) und Kass/Lucácsy (1981: Nr. 18).
[799] Vgl. Hills (1998: 51).

B. Die Bezeichnung gr. χυτρίνδα und ihre volkssprachlichen Äquivalente

Die Spielbezeichnung gr. *χύτρα* 'Topf' begegnet neben der weiter unten besprochenen gr. *μυῖα χαλκῆ* 'eherne Fliege' und anderen Zeitvertreiben schon in dem Fragment 9a des Mimus *Ἀπονηστιζόμεναι* 'Die Frühstücksgesellschaft' des griechischen Dichters Herodas aus dem 3. Jahrhundert v. Chr.:

> „Entweder spielt er Eherne Fliege oder *Topf* / oder bindet Flachsfäden an Maikäfer, / meinen Spinnrocken raubend."[800]

Die erste Spielbeschreibung unter dem Namen gr. *χυτρίνδα* bzw. gr. *χύτρα* 'Topfspiel', den Grynaeus 1537 mit *ollarius ludus* ins Lateinische lehnübersetzt hat, gibt Pollux im 9. Buch, §113f.[801] an:

> „*Ollarius ludus*, unus quidem in medio residet, et olla uocatur alij uero uellunt, *aut circumtrahunt aut etiam *trahunt autem etiam ueberant circumcurrentes. sed ab ipso conuerso depræhensus, eius loco residet. Estque nonnunquam, ut quis capiti ollam impositam sinistra teneat manu, in circulo obambulans hi uero ipsum feriunt interrogantes, quis ollam? Et ille respondet, ego Midas. quemcunque uero contigerit pede, hic pro eo cum olla circumit".[802]

> [*Topfspiel*: Einer sitzt in der Mitte und wird Topf genannt. Die anderen zupfen, zerren ihn herum und schlagen ihn auch, während sie um ihn herumrennen. Derjenige aber, der von ihm beim Umdrehen ergriffen wird, muß sich an seine Stelle setzen. Manchmal geht das Spiel auch so, daß einer einen Topf, der sich auf seinem Kopf befindet, mit der linken Hand festhält, während er im Kreis herumgeht. Die anderen aber schlagen ihn mit der Frage: „Wer [hält] den Topf?" und jener antwortet: „Ich, Midas!". Wen er aber mit dem Fuß berühren kann, der muß an seiner Stelle mit dem Topf herumgehen.]

---

[800] „ἢ χαλκέην μοι μυῖαν ἢ *χύθρην* παίζει / ἢ τῆισι μηλάνθησιν ἅμματ' ἐξάπτων / τοῦ κεσκίου μοι τὸν γέροντα λωβῆται" (Knox 1922: 402).

[801] „ἡ δὲ *χυτρίνδα*, ὁ μὲν ἐν μέσῳ κάθηται καὶ καλεῖται χύτρα, οἱ δὲ τίλλουσιν ἢ κνίζουσιν ἢ καὶ παίουσιν αὐτὸν περιθέοντες· ὁ δ' ὑπ' αὐτοῦ [περι]στρεφομένου ληφθεὶς ἀντ' αὐτοῦ κάθηται. ἔσθ' ὅτε [ὁ] μὲν ἔχεται τῆς χύτρας κατὰ τὴν κεφαλὴν [τῇ χειρὶ] τῇ λαιᾷ, [περιθέων ἐν] κύκλῳ, οἱ δὲ παίουσιν αὐτὸν ἐπερωτῶντες 'τί ἡ χύτρα;' κἀκεῖνος ἀποκρίνεται ['ἀναζεῖ'. ἢ 'τίς περὶ χύτραν'; κἀκεῖνος ἀποκρίνεται] 'ἐγὼ Μίδας.' οὗ δ' ἂν τύχῃ τῷ ποδί, ἐκεῖνος ἀντ' αὐτοῦ περὶ τὴν χύτραν περιέρχεται" (Bethe 1931: 178f.).

[802] Grynaeus (1536: 422).

Bei der ersten Spielweise, die in dieser Form auch bei Hesych und in der *Suda*, einem byzantinischen Lexikon des 10. Jahrhunderts, bezeugt ist, muß es dem in der Mitte sitzenden und den "Topf" vorstellenden Spieler gelingen, sich blitzschnell umzudrehen und einen seiner Mitspieler zu packen, um abgelöst zu werden.[803]

In der zweiten Spielbeschreibung weicht Grynaeus vom griechischen Pollux-Text ab, wodurch die Stelle unklar wird.[804] In der griechischen Vorlage trägt der *Midas* genannte Spieler den „Topf" nicht auf dem Kopf, sondern faßt ihn mit der linken Hand am Rand an und läuft um ihn herum. Dabei schlagen ihn die anderen und fragen: „Wer paßt auf den Topf auf?" oder „Was ist mit dem Topf?", worauf er antwortet: „Er kocht über!" oder „Ich, Midas!". Es ist anzunehmen, daß ursprünglich tatsächlich ein Topf den Mittelpunkt bildete[805], dieser später aber auch von einem Mitspieler vorgestellt werden konnte. Boehm interpretiert die Szenerie dahingehend, daß die Mitspieler an den Topf heran wollen, um daraus zu naschen, weshalb „Midas", der Hüter des „Topfes", die Hand auf dem Kopf des Mitspielers, also dem „Topfdeckel", liegen läßt.[806] Ursprünglich bezeichnet der Eigenname *Midas* einen tiergestaltigen Dämon.[807] Sein Name impliziert aber auch Dummheit und Ungeschicktheit, da ihm der Legende nach aufgrund einer Fehlentscheidung Eselsohren wuchsen.[808] Midas muß nun solange Schläge einstecken, bis er einen mit seinem Fuß berühren kann, der ihn dann in der Rolle des Hüters ablösen muß. Mit dieser Pollux-Stelle liegt eine seltene schriftliche Quelle für das sonst nur ikonographisch bezeugte Opfer-Hüter-Fußfangen vor.

Hadrianus Junius greift nur die erste Spielbeschreibung des Pollux in seinem *Nomenclator* von 1567 auf und gibt unter lat. *chytrinda* als brabantische Entsprechungen für das „Topfspiel" *bierkensoet* 'Birnchen süß' und *pruymen eeten* 'Pflaumen essen' an:

---

[803] Ein Spiel, bei dem ein in der Mitte Knieender von den um ihn Herumlaufenden nicht mit den Händen, sondern mit den Füßen traktiert wird, ist in einem ägyptischen Grab ca. 2400 v. Chr. dargestellt. Der Kniende dreht sich gerade um und versucht, einen von ihnen zu greifen (vgl. Decker 1987: 129, Abb. 80).

[804] Zu falschen Interpretationen führt dies z. B. bei Becq de Fouquières (1873: 92) und Daremberg/Saglio (I, 2: 1141).

[805] Vgl. Becq de Fouquières (1873: 92f.), Vogt (1905: 587, 590).

[806] Böhm (1916: 151).

[807] Vgl. KP (3: 1287); Böhm (1916: 151).

[808] Vgl. KP (3: 1288); Grasberger (1864: 50); Vogt (1905: 591); Fittà (1998: 186).

„Chytrinda, cùm qui medianus sedet, vellicatur, pungitur aut feritur à circumcursitantibus, donec ab eo præhensus quispiam eius vices subit gr. χυτρίνδα Polluc. B. *Bierkensoet*, vel, *pruymen eeten*".[809]

„Birnen" und „Pflaumen" kommen auch in den englischen Spielbezeichnungen *selling of peares* 'Birnen verkaufen' und *how many plums for a penie* 'wie viele Pflaumen für einen Penny?'[810] des *Nomenclator* von Higgins vor.[811] In der böhmischen *Nomenclator*-Ausgabe von Adam 1586 fehlen volkssprachliche Äquivalente zum Spiel.

In Frischlins *Nomenclator* findet sich unter gr. χυτρίνδα *Byrenschuettelins*[812], das auch Horst in seiner Kölner *Nomenclator*-Bearbeitung neben *Bircken / oder Pflaumen essen* aufgreift.[813] Als eine weitere volkssprachige Bezeichnung führt Frischlin noch *Deß Ruepfflins* an.[814]

Spielbezeichnungen, in denen ein „Topf" vorkommt, wie *Doepffschlagens* bei Frischlin, *des Topffs* bei Siber und *Topf-Spiel* bei Hederich[815], sind wohl als Übersetzungen und nicht als authentische deutsche Spielbezeichnungen für das Sitzfangen zu werten, wenn es auch ein *Topfschlagen* genanntes Spiel gibt.[816] Bei Hederich ist *chytrinda* außerdem als ein Spiel mit verbundenen Augen beschrieben, was nach Pollux nicht der Fall war:

„Topf=Spiel, da einer mit verbundenen Augen in die Mitte tritt, so der Topf heißt, die andern aber um ihn herum springen, ihn zopfen und rupfen, bis er einen erhaschen und an seine Stelle stellen kan".[817]

In den Wörterbüchern von Siber und Calvisius ist das *Chytrinda*-Spiel ohne weitere Angaben noch wiedergegeben mit *Der Eulen spielen* und *Das Eulenspiel*.[818]

---

[809] Junius (1567: 323).

[810] Diese Benennung geht auf die spöttische Frage der triezenden Mitspieler zurück.

[811] Higgins (1585. 298).

[812] Frischlin (1594: 480). Der viersprachige, lateinisch-deutsch-griechisch-französische Nomenclator von Helfricus Emmel (1592) stimmt mit Frischlin (1586) in den Spielbezeichnungen überein.

[813] Horst (1588: 176).

[814] Frischlin (1594: 480).

[815] Frischlin (1594: 480); Siber (1607: 119); Hederich (1739: Sp. 297f.).

[816] Dabei muß ein Spieler mit verbundenen Augen auf allen Vieren kriechend einen Topf mit einem großen Löffel aufspüren und daraufschlagen. Abgebildet ist das Spiel bereits im 14. Jahrhundert als Illumination in *The Romance of Alexander* (Ms. Bodl. 264: fol. 125ᵛ) und 1560 auf Pieter Bruegels *Kinderspielbild* (Abb. 2, Nr. 45).

[817] Hederich (1739: Sp. 927f.).

Keine volkssprachliche Bezeichnung, sondern lediglich eine lateinische Beschreibung findet sich in Dentzlers *Clavis linguae latinae* von 1666:

> „*Chytrinda*, f. [...] Lusûs puerilis genus, in quo quidam in medio sedens, à circumcursitantibus vellicatur, donec alium arreptum in suo loco collocet. [...]"[819]

Das gleiche gilt für Reyhers *Thesaurus linguae latinae* von 1668. Er weist darauf hin, daß es ein bei Gastmählern übliches Spiel, aber auch ein Kinderspiel gewesen sei:

> „*Chytrinda*, ae, f. gr. χυτρίνδα, convivalis ludus fuit, ut tradit Hesychius, qvi, puerorum lusum esse ait. Ex his qvispiam sedet in medio, qvem circum circa pueri concursantes, illum eo usque versant, donec ille aliqvem apprehenderit ex iis, qvi deinde sedere cogatur. Pollux et Svidas".[820]

Pomey versteht in seinem italienisch-lateinischen und lateinisch-deutschen *Indiculus* unter *chytrinda* irrtümlich ein Schlagratespiel und nennt als Entsprechungen it. *giuocare à indouinar chi ti hà percosso* sowie d. *Stock spielen* neben *Rathens spielen, wer geschlagen hat*.[821] Das Schlagraten heißt im Griechischen jedoch κολλαβισμός. Nach der Beschreibung im 9. Buch, §123 von Pollux ist gr. κολλαβισμός ein Spiel, bei dem einer sich mit beiden Händen die Augen zuhält, während sein Spielgenosse ihm einen Schlag erteilt und fragt, mit welcher Hand dies geschehen sei.[822] Grasberger leitet den Namen des Spiels von gr. κόλαφος 'Ohrfeige' her und übersetzt die entsprechende Stelle mit „während ihm ein Spielgenosse einen Backenstreich versetzte".[823] Frisk und Chantraine stellen die Spielbezeichnung dagegen zu gr. κόλλαβος 'Brot, Kuchen', ohne den Grund der Benennung angeben zu können.[824]

---

[818] Siber (1607: 119); Calvisius (ca. 1610: Sp. 1501).

[819] Dentzler (1666: 132).

[820] Reyher (1668: 2051).

[821] Pomey (1684: 394) und (1720: 459).

[822] Bethe (1931: 183). Vgl. Grasberger (1864: 114); Vogt (1905: 574); Enäjärvi-Haavio (1933).

[823] Grasberger (1864: 114).

[824] Frisk (1954: 899), Chantraine (1968: 555f.). Ein weiterer Erklärungsversuch findet sich in Vogt (1905: 574).

C. Die Bezeichnung *Helfen und Geben*

Die früheste literarische Erwähnung eines Spiels, bei dem einer gepiesakt wird und ihn ein Mitspieler schützen soll, findet sich ohne Angabe einer Bezeichnung in einer lateinischen Predigt Bertholds von Regensburg (ca. 1212–1272):

> „nota de ludo puerorum, quorum unus custodit alium, recipiens primo jus suum, postquam fallaciter custodit eum, sed exponit eum aliis. unus capillator: peccatum auferens gratias. secundus: amici auferentes res. tercius: mors accipiens vitam. quartus: diabolus, qui accipit animas, que antea prope eum erant".[825]

Berthold von Regensburg legt dieses Knabenspiel, bei dem einer einen anderen nur in vorgetäuschter Weise bewacht und dann doch den Quälereien der anderen aussetzt, in vierfacher Weise aus: Der erste *capillator*[826] ist die Sünde, die die Gnaden wegnimmt, der zweite sind die Freunde, die die Sachen wegnehmen, der dritte ist der Tod, der das Leben nimmt, und der vierte ist der Teufel, der die Seelen bekommt. Schönbach vermutet, daß es mit einem von Geiler von Kaisersberg beschriebenen Spiel *Helfen und Geben* identisch ist.[827] Geiler erwähnt dieses Spiel, um zu veranschaulichen, daß ein Mensch nur durch große Leiden Vollkommheit erreichen kann:

> „darumb wenn dich all creaturen an pfeifen vnd gegen dir bellen so dank got/ wa du hand anlegest/ es stoßt dich alles von jm eben als ainn buebn den man vmb gibt an aines herren hofe/ so geben sy den buoben ettwan also vmb/ es haißt *helffen vnd geben*/ es steend etwan VV+ oder VVV+ man in aim ring vnd steet der Knab mitten vnter jnen Sy umbgebent den knaben das er nit auß dem ring komen mag so facht ainer an vnd stoßt den buoben auf den naechsten, der bey im steet derselb stoßt in denn fürbass auf ainen andern/ vnd also stoßt ye ainer dem andern dar/ vnd zuo woelchem er komet, so maynt er/ er soel jn beschirmen so stoßt er jn von jm/ Was thuot ain sollicher knab anders dann das er sich damitten in den rinn setzt vnd belejbt da sitzen. Also geschicht dir auch".[828]

Beim Spiel *Helfen und Geben* wird demnach einer in einen Kreis eingeschlossen und herumgestoßen. Im Gegensatz zum hier behandelten Spieltyp sitzt das Opfer während des Spiels also nicht auf dem Boden, sondern setzt sich erst hin, wenn es aufgegeben hat. Die Benennung *Helfen und*

---

[825] Berthold von Regensburg, Graec. 401v; Schönbach (1900: 90f.).
[826] Vgl. mlat. *cavillator* 'Rechtsverdreher, Betrüger'.
[827] Schönbach (1900: 90).
[828] Kaisersberg (1511: N VI rb).

Geben rührt daher, daß einer der Spieler aus dem Kreis das Opfer angeblich bei sich in Schutz nimmt, ihm also *hilft*, um ihm doch einen Schubs oder Stoß zu *geben* und an einen Mitspieler weiterzureichen. Eine Übereinstimmung mit dem bei Berthold erwähnten Spiel besteht lediglich darin, daß der Gestoßene den trügerischen Glauben hat, daß ihn einer schützen wird.

Daß alle auf einen in ihrer Mitte losgehen, ohne daß dieser sich wehrt oder die Möglichkeit hat, sich ablösen zu lassen, ist auch auf dem Bruegelschen Kinderspielbild abgebildet[829] und scheint in Frankreich unter dem Namen *mouche* 'Fliege' üblich gewesen zu sein. In Furetières *Dictionnaire* von 1690 lautet eine Beschreibung:

> „*Mouche*, est aussi un jeu d'escoliers, où l'un d'eux, choisi au sort, fait la mouche, sur qui tous les autres frappent, comme s'ils la vouloient chasser. Rabelais dit de quelques Officiers, qu'ils joüoient à la mouche avec leurs bourrelets ['Sitzpolster'], & que c'est un exercice salubre, à *Mosco inventore*".[830]

D. Die Bezeichnung *Birnen (Pflaumen) essen, schütteln*

In einem um 1500 in Eger entstandenen Passionsspiel[831] wird das peinvolle Verhör Jesu durch die Hohepriester als „Sitzfangen mit Hüter" unter dem Namen *Butzbirnen* dargestellt. *Butzenbir* bezeichnet im Schwäbischen eine bestimmte, besonders süß schmeckende Birnensorte.[832] Aus dem Text geht hervor, daß dieses Spiel bei Erwachsenen und Kindern gleichermaßen üblich war. Jesus muß die Rolle des „Birnbaums" übernehmen und sich in der Mitte hinsetzen. Der Soldat *Gewal* will die Rolle des „Hüters" übernehmen, „um die Pein noch zu vermehren". Die anderen Soldaten tun so, als ob sie nach Birnen greifen und probieren, ob sie süß oder teigig sind, d. h. sie stoßen ihn (lat. *trudere*) und reißen ihn an den Haaren (lat. *crinisare*):

---

[829] Vgl. Abb. 2.
[830] Furetière (1690, 2: s. v. *mouche*). Vgl. Huguet (5: 354) mit weiteren Belegen.
[831] Vgl. Bergmann (1986: 271–274).
[832] Vgl. Schwäb. Wb. (1: 1569), vgl. auch DWB (2: 586).

Fang- und Versteckspielbezeichnungen 183

Annas.	Nempt in und rückten über die pein, / Macht mit im ein fröhlich spil, / Ein igtlicher, was er im herzen wil!
Natan.	Treuen, das sol geschehen, / Man sol guette kürzweil sehen. / Nun ratet alle zu mit sinnen, / Was spils wel wir mit im beginnen?
Abraham	Ir herren, wir uns zusammen thiern / Und spiln mit im der *puczpirn*; / Wan das spil ist gemeine / Den kinden groß und kleine. / Nun rattet, lieben geselln mein, / Wer sol nun der pirpaum sein?
Gewal.	Ir gesellen, das wil ich euch hie sagen / Jhesus mag die piern wol tragen; / Wan er ist gar ein frölich man, / Darumb sol man in mitten ein sizen lan, / So wil ich selbert huetter sein / Und im helffen mern die pein. / Sezt in nider hartte! / Wir wollen zu piern wartten.

Et tunc locant eum ad medium et ludunt cum eo.

Laibel.	Trauen, die piern seindt suesse.
Ysaac.	Ja, da niden bei den fuesse.
Amos.	Die piern thunt uns wol laben.
Moyses.	Gesel, ich muß ir auch einne haben.
Moab.	Nun rucket die piern oben mit schalle! / Si seindt teig, si werendt ab valle.
Pharon.	Lieber gesell, das sol sein. / Nun greiffet zu all in der gmein!

Et sic omnes concurrunt et unanimiter trudunt eum et crinisant.[833]

Im St. Lambrechter Passionsspiel aus dem Jahr 1606 ist zwar keine Spielbezeichnung überliefert, aber auch dort heißt es, die Soldaten sollen Jesus *gute büff und biren* geben.[834] In Fronleichnamsspielen wird die Passionsszene, in der Jesus verhöhnt wird (Lk 22, 63–65), ebenfalls häufig genutzt, um entsprechende Spielformen, z. B. Schlagratespiele, einzubauen.[835]

Im Französischen ist eine solche Spielbenennung schon in dem um 1370 entstandenen französischen Gedicht *L'Espinette amoureuse* nach-

---

[833] Milchsack (1881: V. 4509–4537).
[834] Wonisch (1957: 60).
[835] Vgl. Fichte (1993: 292) und Kolve (1966: 175–205). Im Egerer Fronleichnamsspiel (um 1500) wird *Kopauff ins licht* (Milchsack 1881: Vers 4703) gespielt. Mit diesem Ruf wird der Spieler aufgefordert, den *Kopp* 'Kopf' hochzuheben und aufzuschauen. Der Ausruf bezieht sich ursprünglich wohl auf den Moment, in dem das Tuch vom Kopf gezogen wird (anders das DWB 5: 1789).

weisbar. Dort heißt es „*Aux poires* jeuiens tout courant".[836] Der Spieltyp läßt sich nach einem Stich von Stella aus dem Jahr 1667 mit dem Titel „La poire" als das Schlagen eines am Boden Kauernden mit zusammengelegten Taschentüchern bestimmen. Diesem ist ein Beschützer beigestellt, mit dem er durch ein Seil verbunden ist. Dazu heißt es:

LA POIRE

„Ie plains fort ce soufre-douleur, / mais il espere enson malheur / tirer raison de cette offense; / Pourveu que des coups qu'il ressent / celuy qui veille à sa deffense / en puisse doner vn pour cent".[837]

[Ich bedaure diesen Schmerz-Erleider sehr, / aber er hofft in seinem Unglück für diese Kränkung entschädigt zu werden, / und zwar dann, wenn von den Schlägen, die er spürt, / derjenige, der ihn verteidigt, / einen Schlag geben kann, der soviel gilt wie hundert Schläge.]

Birne kommt in den bereits genannten Bezeichnungen d. *Byrenschuettelins*[838] 'Birnenschütteln', *Bircken essen*[839] 'Birnchen essen, nl. *bierkensoet*[840] 'Birnchen süß' und engl. *selling of peares*[841] 'Birnenverkaufen' vor. *Bützbirn kewn, butzbieren fressen*[842] kann sowohl 'Schläge geben' als auch 'Schläge bekommen' bedeuten. Das Wort *Birne* in der Bedeutung 'Schlag oder Hieb auf den Kopf' ist im Steirischen bis ins 20. Jahrhundert bezeugt.[843] In Wien galt es als eine typische Spielstrafe beim Kinderspiel. Die *Birn* genannte Strafe wird umschrieben mit „Knöchel hart auf den Kopf".[844] *Birnbaum schütteln* ist daneben auch eine sexuelle Metapher, z. B. in Valentin Schumanns *Nachtbüchlein* aus dem Jahr 1559.[845]

Seltener kommt auch *Pflaume* als Benennungsmittel vor wie in *Pflaumen essen*[846], nl. *pruymen eeten*[847] und engl. *how many plums for a penie.*[848]

---

[836] Nach Fourrier (1963: 52, 209 und 173) mußten bei diesem Spiel am Rande des Weges ausgelegte Birnen möglichst schnell in möglichst großer Zahl aufgesammelt werden, was aber nicht weiter belegt wird.

[837] Stella (1657: 30); vgl. Anhang, Abb. 22.

[838] Frischlin (1594: 480).

[839] Horst (1588).

[840] Junius (1567: 323).

[841] Higgins (1585: 298).

[842] Vgl. den Beleg in Freys *Gartengesellschaft* von 1556 (Bolte 1896: 121).

[843] Vgl. Unger/Khull (1903: 86).

[844] Höfer (1924: 92).

[845] Bolte (1893: 279).

[846] Horst (1588: 176).

E. Die Bezeichnung *Bärentreiber*

Das Seilfangen mit Hüter ist unter der Bezeichnung *Bärentreiber* in der 1893 von Lion herausgegebenen Ausgabe der *Spiele zur Übung und Erholung*[849], nicht jedoch literarisch oder lexikographisch belegt. Nach dieser Beschreibung muß sich der „Bär" niederkauern, auf alle Viere knien oder auf etwas setzen. Er hält ein Seil in der Hand, dessen anderes Ende der „Bärentreiber" nimmt. Während die Mitspieler dem Bär Schläge auf den Rücken geben, versucht der Bärentreiber ihn zu beschützen und einen der Angreifer zu berühren, der den Bären ablösen muß.

Der zu schlagende Spieler heißt auch in anderen Sprachen „Bär". Unter der Bezeichnung frz. *touche-l'ours* 'Berühr-den-Bär' oder frz. *ours Martin* 'der Bär Martin' wird das einfache Seilfangen verstanden: Ein angebundener „Bär" wird von den ihn Umkreisenden geneckt, gezupft und geschlagen, bis es ihm gelingt, einen am Kleid oder der Hand zu ergreifen, der ihn ablösen muß.[850] Die englische Bezeichnung lautet analog *badger the bear*, *buffet the bear* oder *baste the bear*.[851]

Wenn sich auch die Bedeutung 'Spiel' für *Bärentreiber* im Deutschen literarisch nicht nachweisen läßt, ist der Ausdruck selbst schon im 16. Jahrhundert im Zusammenhang mit einem im Mittelalter viel bestaunten und zugleich verachteten Jahrmarktschauspiel bezeugt, bei dem ein Bärenführer einen dressierten Bären mit Peitsche und Kette zum Tanzen zwang. So zeigt ein Augsburger Flugblatt aus dem 16. Jahrhundert von Anthony Formschneyder eine Bärentreiberin, die einen Bär an einer durch die Nase gezogenen Schnur führt. Der Bär bläst auf einem Dudelsack und muß dazu tanzen. In dem Text daneben kommen die Bärentreiberin und der Bär zu Wort. Die Bärentreiberin freut sich über den Gewinn, den sie durch den Bärentanz und Kuppelei erwirtschaftet, während der Bär über die schlechte Behandlung klagt, die ihm täglich widerfährt. Man greift ihm oft in die „Wolle" und „lupft und zupft" ihn, das Geld nimmt allein die Bärenführerin ein, und wenn er einmal nicht mehr tanzen kann, wird er *an den Klauen saugen*, d. h. Hunger leiden müssen:

---

[847] Junius (1567: 323).
[848] Higgins (1585: 298).
[849] Gutsmuths (1893: 272f.). Der Eintrag ist übernommen in Böhme (1897: 597f.).
[850] Böhme (1897: 598).
[851] Vgl. Gomme: (1894, I: 12f.); Opie/Opie (1969: 122).

„Die Berndreyberin

Den Bern kan ich machen dantzen
Mit wunder seltzamen kremantzen
Bald ich jm den ring pring int nasen
So fuer ich jn mit mir all strassen
Vnd mach mit jm mein affenspil
Er muoß mir dantzen wie ich wil
Ich kan jn maisterlichen treiben
Das es mir muoß verschwigen bleyben
Niemandt wissen dann yederman
Wie wol ich boeß nachpauren han
Die mich offt vberlaut auß schreyen
Doch kan ich mich seinnit verzeyhen
Der Berendantz mir guetlich thuot
Ich hab darbey offt guottenmuot
Macht mir mein suppen fayßt vnd guot

Der Ber spricht.

Ich armer ber wes zeich jch mich
Das jch also las dreiben mich
Ich muoß mein dantz mir selber pfeiffen
Man thuot mir oft int wollen greiffen
Lupft vnd zupft mich vber tag wol
Jch muß es alles füllen vol
Die püebin vnd die cuplerin
Dar mit so get mein geltlich hin
Also gee jch vmb in der prumbs
Wen ich nuu auß dantz vnd verhumbs
Vnd worden ist mein peittel ler
Wirt jch schabab vnd gar vnmer
Vnd wirt zum dantzen nimer daugen
Den wirt mich peissen drauch inn augen
Vnd muoß darnach an klaen saugen"[852]

Den Bären treiben bedeutet seit dem 16. Jahrhundert 'den Kuppler, Gelegenheitsmacher spielen'[853], wie in diesem Flugblatt deutlich wird. Die Bärentreiberin tritt heimlich als „Bübin und Kupplerin" auf. Laut Röhrich rührt die Wendung von der Geringschätzung her, die dem fahrenden Volk im Mittelalter entgegengebracht wurde.[854] Im Deutschen Wörterbuch wird die Wendung stattdessen auf den Umstand zurückgeführt, daß „die Bärentreiber Gelegenheit hatten, liederliche Leute zu unterstützen".[855] Offenbar ließen es die Bärentreiber nicht dabei, mit einem dressierten Bären aufzutreten, sondern hatten noch eine weitere Einnahmequelle, die Kuppelei oder Zuhälterei, bei der sie andere „zum Bären machten"[856] und für sich arbeiten ließen.

Die Spielsituation ist mit diesem Schauspiel, bei dem ein dressierter Tanzbär vorgeführt wurde, vergleichbar und könnte deshalb danach benannt sein. So, wie der Bär gegängelt und mißbraucht wird, hat auch das den Bär vorstellende Kind im Spiel *Bärentreiber* eine unglückliche Rolle als Ziel der Angriffe. Ein Zusammenhang zwischen der Spielweise und der

---

[852] Augsburger Flugblatt aus dem 16. Jh.; vgl. Anhang, Abb 30.
[853] Vgl. Fnhd. Wb. (2: 1961); Röhrich (1994, 1: 147).
[854] Vgl. Röhrich (1994, 1: 147).
[855] DWB (1: 1123).
[856] Zur Redewendung *den Bären machen* 'zu niedrigen Dienstleistungen mißbraucht werden' vgl. Röhrich (1994, 1: 146).

Fang- und Versteckspielbezeichnungen

Bärenjagd läßt sich nicht herstellen, so daß eine Übertragung aus diesem Bereich ausscheidet.

Bärentreiben kann noch ein ganz anderes Spiel, das Schlagholzspiel *Sautreiben* (*Sau in den Kessel treiben*) bezeichnen.[857] Um die Jahrhundertwende wurde es in Bayern an Ostern nach dem Mittagessen vom Hofbauern mit seinen männlichen Dienstboten gespielt.[858] In dieser Benennung kommt jedoch das zu *Bär* 'Bär' homonyme, archaische Wort *Bär* in der Bedeutung 'Eber' vor. *Bär* oder *Sau* ist der Name des in eine Vertiefung zu treibenden Gegenstandes, ein faustgroßes Holzstück oder ähnliches. Diese Vertiefung ist ein großes, z. B. *Suppenschüssel* genanntes Loch, das innerhalb eines Rings kleinerer Löcher liegt. Der Name *Bären-* oder *Sautreiben* wird auf verschiedene Weise erklärt.[859] Das Spiel und sein Name könnte mit dem Schweineschlachten in Zusammenhang stehen. Aus Tschlin (Schleins) im Unterengadin wird berichtet, daß nach dem Abbrühen und Enthaaren des Schweins im Abbrühtrog die Klauen abgeschnitten wurden. Mit so einer Klaue, rätorom. *la ćúćla, la ćúća*[860] genannt, spielten die Kinder dann das gleichnamige Spiel.

F. Die Bezeichnung *Rüpflein*

Die Diminutivbildung *Rüpflein* zum Verbstamm *rupf-* 'ausreißen, zupfen, necken, schlagen' ist seit dem 16. Jahrhundert vor allem im oberdeutschen Raum bezeugt.[861] Der Spielhergang ist jedoch in keinem Beleg näher geschildert. Der zitierte Beleg in dem *Nomenclator* von Frischlin[862], der es unter gr.-lat. *chytrinda* einordnet, deutet darauf hin, daß es sich um ein Sitzfangspiel handelt.

Der erste Beleg findet sich in einem Fastnachtspiel von 1540 bei Hans Sachs.[863] Demnach spielen die Knechte in der Spinnstube *des rueepfleins*

---

[857] Zum Spiel *Bärentreiben* vgl. Branky (1900). Von hier aus ist *Bärentreiben* auch zur Bezeichnung eines Murmelspiels geworden.
[858] Vgl. Gerauer (1955: 87–92).
[859] Vgl. Höfer (1873), Hörmann (1894: 244), Branky (1900) und Gerauer (1955: 87–92).
[860] Sonder (1944: 68).
[861] Vgl. DWB (8: 1533).
[862] Frischlin (1594: 480).
[863] Goetze (1881: 35).

auf dem kuees 'Rüpflein auf dem Kissen'. Das Opfer nimmt also nicht direkt auf dem Boden, sondern auf einem Kissen Platz, wie es auch im Stundenbuch der Jeanne d'Évreux (1325–1328) dargestellt ist, die den erweiterten Spieltyp des Sitzfangens mit Hüter zeigt.[864]

In dem Fastnachtspiel *Das Kelberbruten* von Hans Sachs aus dem Jahr 1551 wird *mit jmd. des rueppfleins spielen* übertragen in der Bedeutung 'jmd. übel mitspielen, ihn verprügeln'. verwendet. So warnt der Bauer in dem Fastnachtspiel den Pfarrer davor, den Streit zwischen ihm und seiner Frau schlichten zu wollen:

„Herr, muescht euch nit in vnser spiel!
Mein Weyb thut ahn das auff euch ziln,
Sie moecht mit euch des *rueppfleins* spiln".[865]

Daß bei diesem Spiel wie beim *Topfdrehen* 'Kreiselschlagen'[866] besonders der Kopf das Ziel der Angriffe ist, geht aus einem Beleg in Fischarts *Gargantua* von 1590 hervor, wo das Spiel ebenfalls übertragen für 'jmd. unsanft behandeln' verwendet wird:

„Er trehet si gleich wi ain topff.
das si vmkraiselten do.
Ta rufften sie all Schelmio,
Spil *roepflins* tu auff teinem kopff.
Er awer trat har auff tem stro,
Hat ein strofitel an tem kropff,
Vnd spilet for sein vnmut to."[867]

G. Die Bezeichnung *Geierrupfen*

Geierrupfen ist schon im ersten Viertel des 16. Jahrhunderts in der Reformationsgeschichte des Schweizers Heinrich Bullinger als Zürcher Bezeichnung für das Opfer-Hüter-Fangen überliefert. In dem Kapitel *Wie ettliche Burger von Zürych ob dem Vicario den Gyren ruppfftend* berichtet Bullinger, wie die Bürger auf eine Schrift des bischöflichen Vikars Johann

---

[864] Vgl. Anhang, Abb. 19.
[865] Goetze (1883: 97).
[866] Zu den verschiedenen Arten des Kreiselspiels und den dabei verwendeten Kreiseln vgl. z. B. Hills (1998: 67, Nr. 56).
[867] Alsleben (1891: 44).

Faber (Hans Schmid) reagieren, in der er seine Sache beschönigt, die protestantische Seite jedoch der Lüge bezichtigt. Die Bürger schreiben ebenfalls eine Schmähschrift und lassen sie 1523 unter dem Titel *Das Gyrenruppffen* drucken. So wie bei diesem Spiel einer in der Mitte sitzen muß und von einem anderen gehütet wird, während die anderen hinzulaufen, um ihm übel mitzuspielen, so soll auch dem Vikar mit dieser Schrift zugesetzt werden:

> „Vnd diewyl das buechlj dermassen was, das man es nitt waert achtet, das yemandts vil arbeit, es zuo verantworten, daran legen soellte, stuondent ettliche Burger zamen, vnd gabend sy dem Vicario antwort, die sy ouch trucken liessend, vnd namptend ir antwort das *Gyrenruppffen*, von dem Spyl har, das iunge rellen mitt ein andren vebend, da einer in mitte sitzen muoß, einer imm hueten, die andren all herzuo louffend, den sitzenden zuo rouffen. Vnd hat sunst dise der Burgeren Antwort, vil guots schimppffs, vnd guot rueppff, die sy dem Vicario vndenuff von der Schwarten gaebend".[868]

Ein weiterer Beleg, bei dem allerdings nicht sicher ist, ob das Spiel *Geierrupfen* oder eine gleichlautende Redewendung gemeint ist, findet sich in der *Actensammlung zur Geschichte der Züricher Reformation in den Jahren 1519/33*. Am 7. August 1528 ist die Klage des Landvogts Jörg Berger verzeichnet, daß ihm nachgesagt werde, an den Täufern Gefallen zu finden. Auch in anderer Hinsicht werde er verleumdet:

> „Sodann habe man öfter im Beisein der Seinen geredet: „wir hand witzig vögt, (die) schribent üch und ratend üch"; dabei sage man an gewissen Orten: „tuond's dannen und ander dar; es sind purenvögt; ich rati den puren. Und ist ein wil um mich gsin, wie man den *giren rupft*".[869]

Geierrupfen konnte demnach sowohl das einfache Sitzfangen als auch die komplexere Spielweise des Opfer-Hüter-Fangens bezeichnen. Das Opfer hat hier die Rolle des „Geiers". Gemeint sein kann entweder der (Lämmer-)Geier oder allgemein ein großer Tagraubvogel. Möglicherweise beruht die Übertragung auf den Hauptspieler darauf, daß der nackte Kopf und Hals des Geiers ziemlich „gerupft" aussehen, wie auch im Spiel das Rupfen und Zupfen auf den Kopf des Sitzenden gerichtet ist, der die Rolle des Geiers übernimmt. Vielleicht steht *Geier* aber auch nur für ein furchteinflößendes, häßliches Tier, wie es im Kinderspiel gerne auf die Fängergestalt übertragen wird. Der Geier kommt in einer Reihe anderer Spiele

---

[868] Bullinger (1523/1838: 108).
[869] Egli (1879: 635).

vor, wie zum Beispiel dem dramatischen Fangspiel *Henne und Geier*.[870] Dieses Spiel thematisiert den in der Natur beobachtbaren Angriff eines Greifvogels auf die Hühnerschar, was sich zum einen in der Choreographie des Spiels, zum anderen in seiner Benennung manifestiert. Eine frühe deutsche Bezeichnung von 1657 lautet *Huenlein hueten*[871], als frz. *aux poussinets* ist es schon 1587 bezeugt.[872] *Geyerspiel* ist auch eine mögliche Benennung für das Schlagholzspiel *Sautreiben*.[873]

H. Die Bezeichnung *Eulenspiel*

Die Spielbezeichnung *Eulenspiel* 'Fangen im Sitzen mit oder ohne Hüter' ist zu Beginn des 17. Jahrhunderts nur lexikographisch als Entsprechung zu gr.-lat. *chytrinda* nachgewiesen.[874]

Im *Dictionnaire universel* von Furetière heißt es über die Eule, daß an ihr der „Katzenkopf" und das schöne Gefieder auffalle, „mais par devant il [le hibou] fait peur. Il a deux plumes sur la tête qui sont comme des cornes. Son cri est fort lugubre & affreux. Tous les autres oiseaux sont ses ennemis".[875]

Die Spielbenennung könnte also darin motiviert sein, daß die Eule bei anderen Vögeln ein aggressives Verhalten auslöst, wenn sie sich bei Tag zeigt. Sie wird von Vögeln, insbesondere Krähen, angegriffen.[876] Das feindliche Verhältnis zwischen dem Kauz und anderen Vogelarten wurde zum Vogelfang genutzt. Der Vogelfänger stellte den Kauz aus und umgab ihn mit Leimruten, auf denen sich die angelockten Vögel verfiengen.[877] Vom Geier wird dieses aggressive Verhalten dagegen wohl nicht ausgelöst.[878] An dieses auffällige Verhalten knüpfen nun auch Redewendungen an wie *er lebt wie die Eule unter den Krähen*, frz. *il est la chouette de la société* 'alle hacken auf ihm herum', 'er wird geneckt und verfolgt wie die Eule, wenn

---

[870] Vgl. Schier-Oberdorffer (1985: 114–116).
[871] Vgl. Meyer (1657: sechstes Kupfer); vgl. Anhang, Abb. 4.
[872] Vgl. Guillaume le Bé (1587); vgl. Anhang, Abb. 10.
[873] Vgl. Gutsmuths (1796: 108).
[874] Vgl. Siber (1607: 119) und Calvisius (ca. 1610: Sp. 1501).
[875] Furetière (1690, 2: s. v. *hibou*).
[876] Vgl. Riegler (1907: 119); Röhrich (1994, Bd. 2: 405).
[877] Vgl. Riegler (1907: 119).
[878] Vgl. Schweiz. Id. (2: 405).

sie sich bei Tage sehen läßt'[879] oder frz. *il fait la chouette* [wörtl. 'er macht das Käuzchen'] 'er spielt allein gegen mehrere' und allgemein 'er hat es allein mit mehreren zu tun'.[880]

I. Die Bezeichnung *Weinausrufen*

Unter dem Namen *Wein-ausruffen* ist der Spieltyp Seilfangen mit Hüter 1657 in Conrad Meyers *Sechs und Zwaenzig nichtigen Kinderspiel* festgehalten. Auf dem Kupfer ist ein auf einem Baumstamm sitzendes Kind zu erkennen, das von drei Mitspielern geschlagen wird.[881] Durch eine Schnur ist es mit einem weiteren Kind verbunden, das damit beschäftigt ist, zwei Quälgeister zu verjagen. Die Verse zum Spiel lauten:

„*Wein-außruffen.*

Der verachtest in dem hauffen/ muß der feile sauser seyn; / und der Staerkest ruft den Wein: / uebrig' all' um ihn herlauffen: / schlagen zu mit uebermut: / fragen: Ist der sauser gut? / Gleichwol ist des Ruffers schulde/ daß er eine Schirmschnur hab/ und der arme Sauserknab / nicht zuvil der unfug dulde. / Maaß hat hier auch platz und grund/ und zuvil ist ungesund. / Kan der Hueter einen fassen / von der langung seiner schnur; / deren nach er ueberfuhr; / so wird jener los gelassen: / und wird diser werth geschetzt/ daß er werd zur Stell gesetzt."[882]

Der am wenigsten angesehene Spieler in der Gruppe muß die Rolle des *feilen Sausers*, des 'zum Verkauf angebotenenen jungen Weines'[883], spielen. Der stärkste Knabe dagegen übernimmt die Rolle des *Weinausrufers* und ist mit ihm durch eine Schnur verbunden. Mit welchen Worten er den Wein ausrief, ist nicht überliefert. Das Spiel gestaltet sich wie das bereits erwähnte engl. *Selling of peares* und engl. *How many plums for a penie* als eine Verkaufssituation. Dem „Kaufen" entspricht das Schlagen, das mit dem Spottruf „Ist der Sauser gut?" erfolgt. Der „Weinausrufer" muß seinen „Wein" vor allzu heftigen Angriffen bewahren, bis er einen von seiner Leine aus zu fassen kriegt. Die Spielsituation zieht Conrad Meyer heran, um den gleichnamigen Brauch anzuprangern, bei dem jemandem, der durch

---

[879] Paul/Henne/Objartel (1992: 251).
[880] Riegler (1907: 122f.).
[881] Vgl. Anhang, Abb. 21.
[882] Meyer (1657: o. S., VI.).
[883] Zu *Sauser, Sûser* vgl. Schweiz. Id. (7: 3191f.).

Unglück zu Schaden gekommen oder in Schande geraten ist, *der Wein gerufen wird*. Anstatt bemitleidet zu werden, wird er verspottet und geschmäht. Da jeder ins Unglück stürzen kann, ist diese Verhaltensweise abzulehnen:

> „Also geht es bey den Alten: / Komt durch Ungeluekk jemand / in Verachtung/ schaden/ schand: / so wird kein Erbaermd gehalten: / Der betruebte wird betruebt/ und ob ihm der Ruff geuebt. / Gibt es einen der mitleidet/ der des Naechsten Unfahl klagt/ und das best zun Sachen sagt; / gegenteils die maeng aufschneidet; / mehrt dem sonst gepeinten pein: / rueft ihm ueberlaut den Wein. / Weisser roter/ oder schiler/ weissest wie es jenem geht? / und wie schlimm es mit ihm steht? / Spilt euch selbs/ ihr falsche Spiler; / schaemmet euch der ungebeuer; / ungluekk steht euch vor der Thuer!"[884]

Die zum Kupfer gehörende Bildunterschrift enthält daher folgende Lebensregel:

> „Tuh recht; bätt; huete dich; komst du in schand und noht;
> so *ruft* man dir den *Wein*, und fuellet dich mit spot."

Das Ausrufen und Anpreisen des neuen Weines und Bieres war eine feste Einrichtung mittelalterlicher, süddeutscher Städte.[885] Der Weinausrufer wurde morgens beim Weinhändler vorstellig, er überwachte die Zubereitung und probierte den Wein. Dann nahm er eine Kanne voll mit und ging los, um den guten Wein auszurufen. Er rühmte dessen Qualität und Preis und ließ die Passanten kosten. Es wurde darauf geachtet, daß der Händler keinen Weinausrufer bevorzugte, mit dem er sich verständigen und dann die Öffentlichkeit täuschen konnte.[886] Wie Thimotheus Polus in seinem Werk *G. Lustiger Schawplatz* von 1651 beschreibt, war das Weinausrufen eine neben anderen Aufgaben des Ausrufers, der von „bürgerlichen Bürden" frei war und eine jährliche Besoldung erhielt. Sein Amt war gering geachtet und sogar mit körperlichen Gefahren behaftet:

> „Dann bißweilen vnd an etliche Orten fodern [!] sie [die Ausrufer] die Beklagten vnd die Zeugen fuer Gerichte. Bißweilen ruffen sie die Buergerschafft zusammen. Bißweilen schreyn sie ein Gebot oder Vrtheil aus. Bißweilen zeigen sie an/ wo Wein/ Bier vnd andere Wahren zukauffen sind/ vnd lauffen vmb einen geringen Lohn durch die gantze Stadt. Bißweilen pfaenden sie auch die Schuldener aus/ kommen aber offtmals wieder zu der Obrigkeit/ von der sie absegandt [!]/

---

[884] Meyer (1657: o. S.).
[885] Vgl. Röhrich (1994, 5: 1710); vgl. auch Franklin (1887, 1: 21f.).
[886] Vgl. Franklin (1887, 1: 21) nach Pariser Statuten aus dem Jahr 1268.

vnd bringen anstatt der Bett/ Kuessen/ Kessel/ Kisten vnd Kasten nichts anders als eine grosse Anzahl Beulen vnd Pflaster/ vnd wird ihnen offt ein Bratspies oder Ofengabel auff den Ruecken also geleget/ daß sie wuenschen/ sie hetten niemals kein Pfand begehret: ja an statt des Pfandes/ daß sie gefordert haben/ lassen sie offt die Haar vnd ein theil des Bartes in der erzuerneten Weiber Haenden zuruecke/ vnd gehen als der Hund ohne Schwantz".[887]

Der Betrug beim Weinausrufen bestand darin, ihn zu einem falschen Preis auszurufen[888] oder anzupreisen, obwohl er gar nicht feil war.[889] Mit der Zeit wurde schon das öffentliche Anpreisen selbst als ein Zeichen für minderwertigen Wein gewertet, denn „gut wein vnglobt ist gelts wol werth", wie es im *Eulenspiegel* heißt.[890] Nicht nur der Wein, auch das fertig gebraute Bier wurde öffentlich ausgerufen. Damit hängt die Redewendung *Sie rufen einander das saure Bier aus* 'sie machen sich gegenseitig schlecht, einer enthüllt die schwachen Seiten des anderen' zusammen.[891] Vielleicht haben miteinander konkurrierende Bierbrauer und Weinhändler tatsächlich von der Möglichkeit Gebrauch gemacht, das Bier des anderen öffentlich schlecht zu machen, um dadurch ihren eigenen Absatz zu steigern. So könnte die Wendung *jmd. das Bier verrufen [obwohl es gar nicht schlecht ist]* zur Bedeutung 'jmd. verleumden, üble Nachrede gegen ihn führen' gekommen sein. Auch *Weinausrufen* könnte über die Zwischenstufe *jmd. den Wein verrufen* zur allgemeinen Bedeutung 'jmd. (zu Unrecht, in ungerechtfertigter Weise) verspotten, schlecht über ihn reden' gelangt sein.

Das nicht ungefährliche und wenig angesehene Amt des Ausrufers, speziell des Weinausrufers, hat also das Motiv für die Spielsituation und Spielbenennung geliefert. Möglicherweise geht die Benennung auf die einfache Spielweise zurück, bei der der Weinausrufer als Opfer in die Mitte mußte, und wurde dann auch in der ausgestalteten Variante gespielt, wie sie 1657 von Meyer überliefert ist.

---

[887] Polus (1651: 36f.).
[888] Vgl. hierzu die Geschichte *Von einer Atzel / die Wein umb vier außgeruffen* in Pauli (1583: 174).
[889] Vgl. DWB (14, 1, 1: 835f.).
[890] Hauffen (1895: V. 252).
[891] Vgl. Röhrich (1994, 1: 193f.).

J. Weitere Benennungsmöglichkeiten

Im Spielverlauf selbst motivierte Benennungen wie obd. *Rüpflein* sind bei diesem Spieltyp eher selten. Das 37. Emblem in dem 1626 bei Calom gedruckten *Kinderwerck* zeigt das Spiel mit dem Titel *Twee aen een Kort* 'Zwei an einem Seil' für das Seilfangen mit Hüter anführen:

> „Siet wat jongens al beginnen, / Wat geneuchten sy versinnen, / Als sy maecken onder een, / Jeuchdich een verdrach gemeen. / Een moet in het midden blyven, / En dan hier dan ginder dryven, / Na een ander jongens wil, / Die noyt ront om hem is stil. / Als sy't saemen staen by paeren, / D'een den and'ren moet bewaeren, / Door een tou gelycklyck vast, / D'een nau op de ander past. / Vrye lopers met haer slaegen, / Rucken desen, ende plaegen: / Die in't midden sit meest lyt, / En moet draegen grootste spyt, / Hoe dat sloffer is de wachter, / Hoe hij wert gedoft onsachter, / Als de stryder is gevat, / Sit hij daer de lyder sat".[892]

> [Seht, was Buben alles anstellen, / welche Vergnügungen sie sich ausdenken, / wenn sie untereinander / jugendlich einen Vertrag gemeinsam schließen. / Einer muß in der Mitte bleiben / und dann hierhin und dorthin sich bewegen, / je nachdem, wie ein anderer Junge das befiehlt, / der nie um ihn herum still ist. / Und wenn sie dann paarweise zusammenstehen, / muß der eine den anderen schützen, / durch ein Seil, das beide gleich festhält, / paßt der eine auf den anderen genau auf. / Freie Läufer mit ihren Schlägen / zerren ihn und plagen ihn. / Der in der Mitte sitzt, leidet am meisten / und muß die größte Schmach ertragen. / Je unaufmerksamer der Wächter ist, / desto unsanfter wird er gepufft, / Wenn der Angreifer gefaßt ist, / sitzt er dann an der Stelle des Leidenden.]

Häufiger sind Benennungen nach Tieren. Neben „Bär", „Geier" und „Eule" kann der in der Mitte auf dem Boden sitzende Spieler auch einen „Frosch" wie in engl. *frog in the middle* 'Frosch in der Mitte' verkörpern.[893] Die Mitspieler umtanzen und schlagen ihn, wobei sie folgendes Spottlied singen:

> „Hey, hey, hi! Hey, hey, hi! / *Frog in the middle* and there shall he lie. / He can't get out, he can't get in, / hey, hey, hi! Hey, hey, hi!"[894]

Im Französischen nannte man dieses Spiel entsprechend *la grenouille*[895], womit allerdings auch das *Bockspringen* gemeint sein kann. Vielleicht hängt die Benennung nach diesem Tier mit der sitzenden Körperhaltung zusammen, die der zu Schlagende einnehmen mußte. Auf den frühen Dar-

---

[892] Drost (1914: 13).
[893] Vgl. z. B. Nickel (1985: 347).
[894] Opie/Opie (1969: 121); vgl. auch Gomme (1894, 1: 145).
[895] Vgl. Rolland (1879, 3: 73).

stellungen wird der Spieler meist im Schneidersitz gezeigt. Möglicherweise wird der Spieler auch mit dem Frosch als ein wehrloses und geringgeschätztes Geschöpf verglichen.[896]

Im Französisch sprechenden Teil Flanderns wird das Seilfangen mit Hüter *le rat* oder *le sauret grillé* 'gegrillter Räucherhering' genannt.[897] Die „Ratte" ist der Spieler, der sich nur innerhalb eines auf die Erde gezogenen Kreises um sich selbst drehen kann. Der mit ihm durch eine Schnur verbundene Hüter versucht, einen der mit geknoteten Taschentüchern auf die „Ratte" Einschlagenden zu fangen. Das Spiel frz. *sauret grillé* ist nach dem Anfang des Liedes benannt, mit dem die Kinder ihr Plumpsack-Schlagen auf den Rücken des wie beim Bockspringen gebückt dastehenden Spielers, frz. *l'homme de bois* 'Holzmann', begleiten. Nach dem letzten Wort und Schlag beginnt das eigentliche Spiel, bei dem die „Mutter" (frz. *mère*) von der Schnur aus, mit der sie mit dem „Holzmann" verbunden ist, die weiterhin auf diesen einschlagenden Mitspieler zu fangen versucht.[898]

Nach einer Schreckgestalt, der *Brunnenfrau* oder auch *Frau Holle*, ist das einfache Sitzfangen im Siebenbürgischen bezeugt.[899] Beim Herumgehen und Zupfen der „Brunnenfrau", die auf einem Schemel sitzt, singen die Kinder: „Brunnenfrau! Brunnenfrau! Zieh mich in den Brunnen!". Kann sie dabei ein Kind ergreifen, ohne vom Schemel aufzustehen, wird sie von ihm abgelöst. Die Warnung der Erwachsenen, sich nicht dem Brunnen zu nähern, in dem die Brunnenfrau auf unvorsichtige Kinder lauert, wird zum Spott- und Lockruf der Neckenden.

In der Schweiz heißt das Seilfangen mit Hüter auch *Teufel an der Kette*.[900] Derjenige, der auf einem Stein oder Holzblock sitzt und auf den mit Plumpsäcken eingeschlagen wird, ist der „Teufel". Durch ein Seil ist er mit einem „Teufelsgehilfen" verbunden, der die Schläge abfangen und einen der Angreifer haschen muß. Der Erwischte wird zum neuen Teufelsgehilfen, der Gehilfe wird zum Teufel, der Teufel kehrt in die Reihe der Schlagenden zurück.[901]

---

[896] Vgl. Riegler (1907: 204–210).
[897] Vgl. Desrousseaux (1889: 239; 300).
[898] Vgl. Desrousseaux (1889: 300–302)
[899] Vgl. Schuster (1865: 207).
[900] Rochholz (1857: 445).
[901] Der Spielvers lautet: „Schnüerli zoge, Falleli glüpft: der und der ist ûße düpft" (Rochholz 1857: 445).

Das in der Eifel übliche *Arme-Sünder*-Spiel[902], bei dem ein Wächter seinen Gefangenen an einer langen Schnur hält und ihn gegen die Angriffe verteidigen muß, knüpft an den Ausdruck *armer Sünder*[903] weniger im religiösen Sinne als vielmehr in der rechtssprachlichen Bedeutung 'zur Bestrafung, zum Tode Verurteilter' an.

Daß das Opfer bei diesem Spiel auf einem Stuhl sitzt, geht in die Benennungen nl. *Katje, katje koningstoeltje* ('Kätzchen, Kätzchen, Königsstühlchen') und nl. *de onttroonde koning* ('der entthronte König') ein.[904]

XI. Verstecken ohne oder mit Anschlagen

Die einfache Form des Versteckenspielens, das im Freien oder drinnen gespielt werden kann, besteht darin, daß die Mitspieler sich an verschiedenen Orten ein Versteck suchen, während der zum Suchen ausgewählte Mitspieler am Mal mit vor Augen gehaltenen Händen eine bestimmte Zeit abwartet, dann sein Kommen ankündigt und zu suchen beginnt. Sieht er einen Mitspieler, tut er dies durch einen Ruf kund.

In erweiterter Form muß der Suchende zurück zum Mal laufen und den Gefundenen dort namentlich anschlagen. Erreicht dieser das Mal vor ihm, kann er sich und die bereits Gefangenen durch einen Ruf, der durch das Schlagen auf das Anschlagmal oder durch eine andere Begleithandlung bekräftigt wird, für frei erklären.

Dargestellt ist das Spiel schon auf einem Fresko in der Stadt Herculaneum, die 79 n. Chr. durch den Ausbruch des Vesuv verschüttet wurde.[905]

---

[902] Vgl. Schmitz (1856, 1: 85).
[903] DWB (10, 4: 1161).
[904] Vgl. de Meyere (1941).
[905] Vgl. Le Roux (1841: 123, Taf. 81) (Anhang, Abb. 34).

Fang- und Versteckspielbezeichnungen

A. Die Bezeichnungen gr. ἀποδιδρασκίνδα und gr. κρυπτίνδα

Die älteste Beschreibung eines Versteckspiels mit Anschlagen steht unter dem Namen gr. ἀποδιδρασκίνδα im 9. Buch, §117[906] des *Onomastikon* von Pollux. Als Anschlagplatz gilt einfach der Ort, an dem der Sucher mit geschlossenen Augen sitzt und wartet, bis die anderen sich versteckt haben. Die Stelle lautet in der Übersetzung des Grynaeus:

> Caeterum *apodidrascinda* est, hic quidem in medio conniuens considet, aut alius eiusdem cohibet oculos, hi vero occultantur. ipso autem ad inquisitionem consurgente, quemlibet oportet ipsum in locum suum praevenire.[907]

> Dann gibt es das Spiel *apodidraskinda*. Hier sitzt einer mit geschlossenen Augen in der Mitte, oder aber ein anderer hält dessen Augen zu. Die Mitspieler aber verstecken sich. Nachdem er sich erhoben hat, um sie aufzuspüren, muß ein jeder versuchen, vor ihm an dessen Platz zu kommen.

Gr. ἀποδιδρασκίνδα ist abgeleitet von gr. ἀποδιδράσκω 'heimlich weglaufen', 'entwischen', übertr.: 'unbemerkt aus den Augen kommen, unbemerkt bleiben'.[908] Als Bezeichnung für das einfache Verstecken und Suchen ist gr. κρυπτίνδα, eine deverbalen Ableitung zu gr. κρυπτεύω 'sich verstecken', bei Theognost, einem byzantinischen Grammatiker des 9. Jahrhunderts, überliefert.[909]

B. Die Bezeichnung lat. *vaccae latebrae*

In der bereits vorgestellten Erziehungsschrift *De gymnasiis dialogus* des Joachim Camerarius aus dem Jahr 1536 wird das Verstecken mit Anschlagen unter der Bezeichnung lat. *vaccae latebrae* in Form eines Gesprächs zwischen einem Knaben (lat. *puer*, im Text abgekürzt *PV*) und einem Besucher (lat. *hospes*, abgekürzt *HO*) ausführlich beschrieben, da es als eines der empfohlenen Bewegungsspiele (lat. *motoria ludicra*) gilt:

---

[906] „ἡ δ' ἀποδιδρασκίνδα, ὁ μὲν ἐν μέσῳ καταμύων κάθηται, ἢ καὶ τοὺς ὀφθαλμούς τις [αὐτοῦ] ἐπιλαμβάνει, οἱ δ' ἀποδιδράσκουσιν· διαναστάντος δ' ἐπὶ τὴν ἐξερεύνησιν, ἔργον [ἐστὶν] ἑκάστῳ εἰς τὸν τόπον [τὸν] ἐκείνου φθάσαι" (Bethe 1931: 179).

[907] Grynaeus (1536: 423).

[908] Vogt (1905: 576) bezieht die Tätigkeit auf den Wettlauf zum Anschlagplatz, nicht auf das Entwischen und Verstecken zu Beginn des Spiels.

[909] Cramer (1835, II: 15).

„PV. [...]Ludimus et quod nostra lingua *Vaccæ latebras* nominamus, ueteres dicit vocasse *diffugium*.
HO. Non agnosco.
PV. Vni qui primum sortito constituitur, stanti præfinito in loco comprimuntur oculi. Quo facto discursitamus omnes et latebras quærimus. At ille prius ter se uenturum minari debet quàm oculos aperiat. Vbi ter dixit: Venio. Circumit et vestigat omnia loca, si quem conspexit, recurrit in suum locum clamans. Inueni, et ubi et quem explicat. Omnibus igitur studium hoc est illum latentes anteuertere, et in ipsius locum subire, quod si quis effecit, et occupauit prius locum quàm ille, indicat adhuc delitescentibus prouocatione sua, iubètque adesse, ita illi iterum oculi ut ante concluduntur. Sin ipse inuento aliquo recurrit primus in locum suum, is qui inuentus est pro ipso conniuet".[910]

[Knabe: Wir spielen etwas, das wir in unserer Sprache *Versteck der Kuh* nennen, unser Lehrer sagt, die Alten hätten es *Verschwinden* genannt.
Gast: Ich kenne es nicht.
Knabe: Einem, der anfangs ausgelost wurde und an einer vorher festgelegten Stelle steht, werden die Augen verschlossen. Danach laufen wir alle auseinander und suchen uns Schlupfwinkel. Nun muß jener dreimal ankündigen, daß er kommen wird, bevor er die Augen öffnet. Sobald er dreimal gesagt hat, „Ich komme!", geht er herum und sucht an allen Stellen. Wenn er einen erblickt hat, rennt er an seinen Platz zurück und ruft: „Gefunden!" und erklärt, wo und wen er gefunden hat. Alle streben danach, ihm zuvorzukommen und an seinen Platz zu gelangen, ohne daß er es merkt. Wem es gelingt und wer das Mal vor ihm besetzen kann, kündigt dies den Versteckten mit seinem Ruf an und befiehlt, daß alle herbeikommen. Dann werden jenem die Augen aufs neue wie zuvor geschlossen. Wenn dieser aber selbst als erster am Mal ankommt, nachdem er einen aufgespürt hat, muß der Gefundene an seiner Stelle die Augen schließen.]

Camerarius übersetzt gr. ἀποδιδρασκίνδα mit lat. *diffugium*, das in klassisch-lateinischer Zeit 'Fliehen in verschiedene Richtungen, Verschwinden' bedeutet.[911] Dieser von Camerarius geprägte Ausdruck wird später in altsprachliche Lehrwerke übernommen. Ebenso verhält es sich mit der Spielbezeichnung lat. *vaccae latebrae* 'Verstecke für die Kuh', die von Camerarius aus dem Deutschen ins Lateinische übersetzt wird.

---

[910] Camerarius (1549: 77f.).
[911] Vgl. TLL (V, 1: 1107).

C. Volkssprachliche Äquivalente zu gr.-lat. *apodidrascinda* und lat. *vaccae latebrae*

Junius hält sich in seinem *Nomenclator* von 1567 im wesentlichen an die Beschreibung des Versteckspiels gr. ἀποδιδρασκίνδα bei Pollux, ergänzt sie aber in zwei Punkten: Zum einen werde ein Zeichen gegeben, bevor die Suche beginnen dürfe[912], zum anderen gelte der Ausgangspunkt des Suchenden als lat. *meta* 'Ziel, Anschlagplatz':

> „*Apodidrascinda*, pueritiæ ludus, quo obstructis ei qui in medio sedet oculis, cæteri in latebras sese abdunt; mox dato signo dum ille latentes vestigat, hi ad sedem eius tanquam ad metam recipientes se, praeuertere illum satagunt, 'Αποδιδρασκίνδα Pollu. B. *Schuylwinckgen/ schuylhoecxken/ duyckerken* Flandr. *Coppen comt wt den hoecke* Brab. item, *pijpt of ick en soeck v niet*".[913]

In der *Nomenclator*-Bearbeitung von Siber aus dem Jahr 1588 findet sich die Spielbezeichnung *Verstecken* als Entsprechung von gr.-lat. *apodidrascinda*. Zehner verwendet in seinem lateinisch-deutschen *Nomenclator* 1622 die syntaktische Fügung *Der versteckenden blintzelmaus*.[914] In Simons *Sprachentür* von 1656 heißt es *Deß Versteckens*.[915] Docemius gibt in seiner 1657 erschienenen Hamburger Ausgabe der *SprachenThuer* neben *Huedewinckel* auch *Verstehen* an.[916] Redinger nennt in seinem *Vestibulum* 1662 *die versteckung*.[917] In Seybolds *Officina Scholastica* von 1678 findet sich der Ausdruck *apodidrascinda* zur Übersetzung für *das Verstecken* vorgegeben:

> „Andere wollen [Randglosse: diffugere] hin und her fliehen/ [Randglosse: occultare se] sich verstecken/ und von [Randglosse: collúsor] ihren Mitspielern gesuchet werden/ welches Spiel das [Randglosse: apodidrascinda] *Verstecken* pfleget genennet zu werden".[918]

Schließlich gibt auch Hederich in seinem *Lexicon manuale latino-germanicum* von 1739 *Das Versteckens-Spiel* an.[919]

---

[912] Ob der Sucher oder die Versteckten das Zeichen geben, bleibt offen.
[913] Junius (1567: 323).
[914] Zehner (1622: 359).
[915] Simon (1656: 247).
[916] Docemius (1657: XCVI, 941).
[917] Redinger (1662: 299).
[918] Seybold (1678: 394).
[919] Hederich (1739: 412).

In der Kölner Bearbeitung von 1588 wird *apodidrascinda* paraphrasiert mit der koordinierten Fügung *sich verbergen vnd sich lassen súchen*.[920] In der fünfsprachigen Ausgabe der *Janua linguarum* aus dem Jahr 1661 finden sich die Ausdrücke *des verbergen vnd versteckens* neben lat. *apodidrascinda*, frz. *à clignemussette* und it. *a scondilepre ò alle sconderuole*.[921]

In der *Clavis linguae latinae* 1666 von Dentzler sind zwei deutsche Bezeichnungen belegt:

> „*Apodidrascinda*, f. Lusûs puerilis genus: alias Diffugium. (ab ἀποδιδράσκω 'fugio'.) *Kutz auß der aschen: Zickel* etc."[922]

Kutz auß der aschen ist als Spielbezeichnung sonst nicht belegt. Es handelt sich wohl um die Übertragung eines schon seit dem 15. Jahrhundert im Schweizerischen, Schwäbischen und Pfälzischen bezeugten Rufs, mit dem man die Katze verscheucht. Fällt sie z. B. über einen Vogel her, heißt es „Kutz vom vogel!".[923] Entsprechend wird mit dem Ruf „Kutz auß der aschen" die Katze aus der (noch warmen) Asche weggejagt. Übertragen auf das Verstecken mit Anschlagen wird der Entdeckte mit dem Ruf aufgefordert, sein Versteck zu verlassen und so schnell wie möglich zum Anschlagmal zu rennen.[924] Die nur bei Dentzler aufgeführte Spielbezeichnung *Zicke* ist sonst nur als einfaches Fangspiel bezeugt.

In Schencks Augsburger *Nomenclator*-Bearbeitung aus dem Jahr 1571 findet sich unter *apodidrascinda* die oberdeutsche Spielbezeichnung *Guggenbergen* lexikographisch zum ersten Mal belegt.[925]

Aber auch die weiter unten zu besprechenden Bezeichnungen *blinde Kuh*, *Blinzelkuhe* und *blinde Mäuse* werden als Äquivalente der griechisch-lateinischen Spielbezeichnung angegeben. Stieler stellt in seinem *Teutschen Sprachschatz* 1691 die folgenden Versteckspielbezeichnungen unter *apodidrascinda* zusammen:

---

[920] Horst (1588: 176).
[921] Duez (1661: 483).
[922] Dentzler (1666: 47).
[923] Vgl. DWB (5: 2907).
[924] Ob der erste Bestandteil der Spielbezeichnungen schweiz. *Kutzimûs, Kutzimûserlis thue, Chutzi-Mus* 'Versteckensspielen' (Tobler 1837: 124; Schweiz. Id. 4: 478) ebenfalls in dem Ruf *Kutz* motiviert ist, ist fraglich. Zur Problematik der Form und Bedeutung von *chutz*- vgl. Schweiz. Id. (3: 602f.).
[925] Schenck (1571: 147).

„*Blindekuh* seu *Blinzelkuhe/* ludus puerilis est, nomine apodidrascinda, latebra vaccae, diffugium alias *Wischauf/* [etiam] *Guckenbergen*".[926]

Kirsch versteht 1718 in seinem Wörterbuch unter *apodidrascinda* ein 'Spiel mit verbundenen Augen':

„Apodidrascinda, *orum* n. Kinder-Spiel/ darinnen die Augen verbunden werden/ und also die andern suchen muß. *Blinde Kuh/ (Mäuß/) Wischauf*".[927]

Die bei Stieler und Kirsch zu *apodidrascinda* gestellte Bezeichnung *Wischauf* ist schon in Fischarts Spielregister 1590 belegt. Sie ist als Imperativ des Verbs *aufwischen* 'schnell hochfahren'[928] zu bestimmen und resultiert vermutlich aus dem Ruf, mit dem der Suchende den Entdeckten auffordert, sein Versteck zu verlassen und zum Freimal loszurennen.

In der englischen *Nomenclator*-Ausgabe von Higgins sind 1585 unter *apodidraskinda* die Spielbezeichnungen engl. *king by your leaue* 'König, mit Eurer Erlaubnis' und engl. *the old shewe* 'der alte Schuh' gebucht.[929]

Auf die latinisierten Versteckspielbezeichnungen von Joachim Camerarius greift als erster Siber zurück, der in einer Auflage seines *Nomenclator* aus dem Jahr 1588 *das Verstecken* unter *Vaccae latebrae, Diffugium* einordnet.[930]

Als Entsprechung zu lat. *vaccae latebrae* findet sich 1632 in Wolfgang Schönsleders *Promptuarium germanico-latinum* die Bezeichnung *Khueebergen*. Da diese sonst nicht bezeugt ist, läßt sich nicht entscheiden, ob Schönsleder einfach den lateinischen Ausdruck *vaccae latebrae* ins Deutsche übersetzt hat, um so bair. *Guggebergen* als eine daraus entstellte Form erklären zu können, oder ob damit eine authentische, tatsächlich gebräuchliche Bezeichnung vorliegt[931]:

„*Guggebergen/* corrupte, pro *Khueebergen/* vaccae latebrae: veteribus diffugium. est genus ludi puerorum. Ioach. Camer."[932]

---

[926] Stieler (1691: 1046).
[927] Kirsch (1718: 88).
[928] Schmeller (2: 1041).
[929] Higgins (1585: 298).
[930] Siber (1588: 111); ebenso Calvisus (ca. 1610: Sp. 1501).
[931] In der Ausgabe von 1618 und 1622 ist der Eintrag noch nicht gebucht. Aler (1727: 992) übernimmt den Eintrag.
[932] Schönsleder (1632: o. S.).

Auch Comenius hat in seinem Werk *Latinæ linguæ Ianua reserata* von 1649 den *Dialogus de gymnasiis* von Camerarius rezipiert. Allerdings versteht er unter lat. *diffugium* nicht das Verstecken mit Anschlagen, sondern ausgehend von der wörtlichen Bedeutung des Verbs lat. *diffugere* das Nachlaufen und Fangen. Für das Verstecken und Suchen gibt er lat. *myinda* und lat. *vaccae latebrâ* an:

> „Addamus lusionibus motoriis pueriles istas: *diffugium*, quo se fugitant et captitant, *myindam* (*vaccae latebrâ*), quâ se abscondunt et quaeritant [...]".[933]

In der deutschen Übersetzung der *Schola ludus* durch Johann Redinger von 1659 kommen die Wortgleichung *Verbergen* zu lat. *diffugium*, *die blinde Kuh* zu lat. *myinda* und *der Kuh schlupfloch* zu lat. *latebrum vaccæ* vor.[934]

Auch Seybold versteht die Bezeichnung lat. *diffugium* in seiner *Officina Scholastica* nicht mehr wie Camerarius als Übersetzung des griechischen Wortes *apodidrascinda*. Er verwendet sie vielmehr in ihrer systematischen Bedeutung:

> „Wenn sie einander zu jagen [Randglosse: fugitare] und zu fangen [captitare] pflegen/ wird dasselbe Spiel das [Randglosse: diffugium] *Auslauffen* (*Faengerlins*) genennet".[935]

Aus dem zweiten Viertel des 16. Jahrhunderts ist also eine aus dem Deutschen ins Lateinische übertragene Spielbezeichnung lat. *latebrae vaccae* überliefert, für die Schönsleder 1632 *Khueebergen* anführt. Auch im Niederländischen finden sich Versteckspielbezeichnungen wie nl. *koesteken* oder nl. *Koekske-duik* 'Kuhversteck' und nl. *Koekloppen* 'Kuhschlagen', in denen auf das Tier als Benennungsmittel zurückgegriffen wird. Hat der Sucher einen Spieler entdeckt, ruft er *Koekop! Koekop!* 'Kuhkopf'.[936] Wie läßt sich dieser Bezeichnungstyp erklären? Vielleicht rührt er daher, daß Nutztiere wie Kühe früher bei Gefahr aus den Ställen entfernt und an sichere Orte gebracht wurden. Im Dreißigjährigen Krieg ließen die Bauern ihre Tiere in den Forst, um sie vor den durchziehenden Truppen oder herumstreunenden Soldaten zu verbergen. War die Gefahr vorüber, mußten

---

[933] Comenius (1649: 308).
[934] Redinger (1659: 828).
[935] Seybold (1678: 392).
[936] Vgl. Cock/Teirlinck (1902, 1: 149f.). Vgl. auch schlesw.-holst. *Kuhfoot* 'Kuhfuß' als Ruf und Spielbezeichnung (ASS).

Fang- und Versteckspielbezeichnungen 203

die Tiere wieder eingefangen werden.[937] Denkbar wäre auch, daß ein Tier sich einfach vom Weideplatz entfernte und im Wald wieder gesucht werden mußte. So lautete etwa ein Abendspruch kühehütender Jungen im Erzgebirge über das Fehlen einer rotgescheckten Kuh:

> „Horei, horei! / Meine Küh' sind alle 'nei; / 's fehlt mir ein' rothe Schecke, / Wo muß denn die im Holze stecke? / [...]".[938]

Zusammenfassend lassen sich den Sprachlehrwerken des Humanismus und Barock die folgenden Entsprechungen zu den Versteckspielbezeichnungen gr.-lat. *apodidrascinda* und lat. *vaccae latebrae* ermitteln: am häufigsten sind Weiterbildungen zum Verb *verstecken* belegt.[939] Nur einmal bezeugt ist die Nebenform mit Reibelaut statt Verschlußlaut *Verstechen*.[940] Dreimal seit 1588 belegt sind Bildungen mit dem Verb *verbergen*.[941] Schon seit 1571 läßt sich *Guckenbergen* nachweisen (Schenck 1571).[942] Mehrfach aufgenommen ist auch *blinde Kuh* (Redinger 1659).[943] Nur einmal belegt sind die Bezeichnungen *Wischauf* (Stieler 1691), *Blinzelkuhe* (Stieler 1691), *Khueebergen* (Schönsleder 1632), *der Kuh schlupfloch* (Redinger 1659), *blinde Mäuß* (Kirsch 1718), *der versteckenden Blintzelmaus* (Zehner 1622), *Huedewinckel* (Docemius 1657), *Kutz auß der aschen* und *Zicke* (Dentzler 1661).

D. Die Bezeichnung *Verstecken*

Während die heute hochsprachliche Spielbezeichnung *Verstecken* lexikographisch schon seit 1588 nachweisbar ist, läßt sie sich literarisch zum ersten Mal um 1618 in der Spieleauflistung des Grafen von Dohna belegen, der *des Versteckens* aufführt. Namentlich erwähnt wird das Spiel in der Form *Versteckels* auch in einem Brief der Elisabeth Charlotte von Orléans (1652–1722) an die Kurfürstin Sophie von Hannover:

---

[937] Vgl. Huber (1988: 187f.).
[938] Böhme (1897: 143); vgl. auch Simrock (1848: 105) und Spiess (1862: 47).
[939] Siber (1588); Simon (1656); Duez (1661); Redinger (1662), Seybold (1678); Hederich (1739).
[940] Docemius (1657).
[941] Horst (1588); Redinger (1659); Duez (1661).
[942] Vgl. auch Schönsleder (1632); Stieler (1691).
[943] Vgl. auch Stieler (1691); Kirsch (1718).

> „ihr sagt nicht welche spielger man gespilt hatt, es wirdt ja nicht blinde kuhe undt *versteckels* geweszen sein?"[944]

Der Geistliche Wesenigk zieht das Spiel Verstecken in seiner Schrift *Das spiel-süchtige, sieben-fächtige Polysigma* heran, um den Menschen ihren Irrtum vor Augen zu führen, zu glauben, sie könnten ihre Sünden vor Gott verbergen, indem sie sie im Dunkeln begingen. Gott zwinge in seinem Zorn die Menschen aber auch dazu, „Versteck zu spielen", indem er ihnen Plagen und Krieg sendet. Die Menschen wüßten dann nicht mehr, wo sie sich verstecken oder hinbegeben sollen, um sich zu retten:

> „Die Kinder spielen des *Versteckens*/ das gehet noch wohl hin; Allein/ wenn alte Leute in ihren Suenden= und Laster=Leben des *Versteckens* spielen/ und in ihren Hertzen dencken/ der Hrrr siehets nicht/ und der Gott Jacob achtets nicht/ Pf. 94, 7. Wie die Hurer und Ehebrecher meinen: Die Finsterniß und Waende sollen ihre Laster bedecken/ und alleine der Menschen Augen scheuen/ und nicht wissen wollen/ daß die Augen Gottes viel heller sind denn die Sonne/ und alles sehen/ was die Menschen thun/ auch in die heimlichen Winckel schauen/ wie Syrach sagt Cap. 23/25. seq. Dar Esaias Weh ruffet/ sagende: Weh denen/ die verborgen seyn wollen fuer dem Herrn/ ihr Fuernehmen zu verhoelen/ und ihr Thun im Finstern halten/ und sprechen: Wer siehet uns? Da wachet denn Gott im Grimm auf/ und spielet mit ihnen auch des *Versteckens* in seinen Zorn=Straffen und Land=Plagen. Denn wenn Er Krieg in ein Land sendet/ und die Raubgierigen Feinde unversehens einfallen/ da weiß man nicht/ wo man eins und das andere verbergen und hinstecken/ ja auch nicht/ wo man selbst hinkriechen und sich verstecken/ oder in welchen Pusch man [130] fliehen/ und in welche Stadt man ziehen soll. Nicht viel besser gehets her in Pest=Zeiten/ [...]".[945]

Gott spiele auch insofern mit den Menschen Verstecken, als niemand wisse, wo er nach seinem Tod begraben werde:

> „Ja Gott der Herr selbst spielet auch alsdenn mit uns das *Versteckens*/ indeme niemand weiß/ wo und an welchem Ort noch sein Coerper versteckt unc eingescharret wird: Also hat der Strecke=Bein/ der Tod/ vergangenes Jahr Anno 1680. auch allhier in Schmellen bey uns das *Versteckens* gespielet/ daß der verstorbenen Coerper die wenigsten auff den Gotts=Acker kommen/ sondern etliche Coerper in diesen/ andere In andere Gaerten/ etliche auff ein Wiese / mancher auch wohl gar ins Feld/ oder im Pusch begraben werden muessen".[946]

---

[944] Bodemann (1891, 1: 33).
[945] Wesenigk (1702: 128–130).
[946] Wesenigk (1702: 128–130).

Eine frühe Angabe zur Verbreitung dieser Spielbezeichnung neben anderen findet sich bei Johann S. Popowitsch (1705–1774), einem in der Steiermark gebürtigen Philologen und Naturfoscher, der sich als einer der ersten mit der Sammlung und vergleichenden Erfassung von Spielbezeichnungen beschäftigte. Seine Aufzeichnungen von Kinderspielen finden sich verstreut in seinem *Lexicon orthographicum*, in seinen *Vocabula Austriaca et Stiriaca* und besonders unter dem Lemma *Lusus pueriles* in seinem *Glossarium germanicum*.[947] Dort heißt es:

> „*Versteckenspielen*, Das, der Oesterreicher und Schlesier ist ein Kinderspiel, wenn eines auf die Seite geht, indessen die andern sich verstecken und sodann von jenem aufgesuchet werden. In Würzburg sagt man Versteckeln, das Versteckelspiel. Im Hohenlohischen sprechen die Kinder das Versteckerles spielen; da werden bei dem Zeitworte spielen, alle Namen der Spiele im zweiten Biegefalle gesetzt. Die sächsischen Kinder heissen das an etlichen Orten Spinkelwinkel, die französischen cligne-musette".[948]

Weitere Belege für den seit dem 18. Jahrhundert literarisch in eigentlicher und übertragener Bedeutung gut bezeugten Ausdruck finden sich im Deutschen Wörterbuch der Brüder Grimm.[949]

Im Niederdeutschen und Westmitteldeutschen kommen *verstechen* und *verstecken* in starker und schwacher Flexion nebeneinander vor.[950] Im Sächsischen ist für 'stechen' und 'stecken' nur die stark und schwach flektierte Form *stechen* üblich.

E. Die Bezeichnung *Verbergen*

Die zu *Verstecken* synonyme, heute noch regional gültige Spielbezeichnung *Verbergen* ist zuerst 1588 lexikographisch in der koordinierten Fügung *Sich verbergen vnd sich lassen súchen*[951] für gr.-lat. *apodidrascinda* bezeugt. Literarisch läßt sich die Bezeichnung *Verbergens* zuerst bei Johann Fischart nachweisen. Er führt sie 1590 in seiner *Geschichtklitterung*[952] an

---

[947] Vgl. Gugitz (1954).
[948] *Glossarium germanicum*: fol. 101a; Gugitz (1954: 18).
[949] Vgl. DWB (12, 1: 1641; 1647; 1654–1659).
[950] DWB (12, 1: 1642).
[951] Horst (1588: 176).
[952] Alsleben (1891: 266).

und verwendet sie auch in seiner bereits zitierten Übersetzung der antikatholischen Schrift *Den Byëncorf der H. roomsche Kercke* aus dem Jahr 1569 von Marnix van Sint Aldegonde neben anderen Spielbezeichnungen im Zusammenhang mit dem kirchlichen Brauch, die Altarbilder mit blauen Tüchern, den Fasten- bzw. Hungertüchern, zu verhüllen:

> „Dann die gantze Fasten durch/ so hocken jhre vermumpte bilder hinder den blawen Vmbhaengen/ vnd spilen deß Spiels: *Pfeiffet oder ich such euch nicht*: Biß die Ostern herbei nahet/ so kommmen [sic!] die Pfaffen vnd spielen dann fuerter: *Haenlein schlieff auß dem Schaelchen. Fuechßlein komm auß dem Hoelchen*. Alsodaß die Ketzer auß betrachtung diser Bildermummerei kein vrsach haben zu zancken/ daß vnser bilder nimmermehr verborgen seien? So sie doch lang gnug der Mummerei spielen: vnnd sonderlich alsdann wann ander leut inn der Faßnacht außgeraset haben/ so fangen sie daß Faßnacht spiel erst inn der Fasten an/ daß es eim schier die andacht zurstoeren solt". [953]

Fischart verspottet diesen kirchlichen Brauch, indem er ihn zunächst mit dem Hinweis auf die Fastnacht in Schutz nimmt, in der sich das Volk ausgiebig verkleidet, maskiert und vermummt, um ihn dann um so heftiger zu attackieren. Während sich das Volk nach dieser Zeit ausgetobt habe, beginne die Kirche ihr „Fastnachtspiel" erst in der Fastenzeit. Die Randglosse faßt das Geschehen mit den Worten zusammen: *Bilder spilen hinder den Hungerthuechern deß verbergens*.[954] Den Zustand des Verhüllt-Seins umschreibt Fischart mit den Versteckspielbezeichnungen *Verbergens spielen* und dem aus fläm. *Pijpt, oft ich en soecke u niet*[955] übersetzten *Pfeiffet oder ich such euch nicht*. Die imperativische Satzstruktur weist darauf hin, daß es sich um die zum Namen gewordene Aufforderung des Suchers an die Versteckten handelt, zu pfeifen, um ihm damit einen Anhaltspunkt zu geben, wo er suchen muß. Nach diesem Verfahren sind eine Reihe weiterer Versteckspielbenennungen gebildet. Für das Enthüllen der Bilder an Ostern verwendet Fischart die oberdeutsche Spielbezeichnung *Haenlein schlieff auß dem Schaelchen* 'Hähnlein, schlüpf aus dem (Eier-)Schälchen' für fläm. *coppen, comt uyt den hoecke*[956] 'Hühner, kommt aus dem Winkel'. Er fügt als eine weitere Bezeichnung noch das bereits besprochene *Fuechßlein komm auß dem Hoelchen* 'Füchslein, komm aus der Höhle, aus dem Loch' hinzu.

---

[953] Fischart (1588: 153).
[954] Fischart (1588: 153).
[955] Marnix (1569/1858, 2: 280).
[956] Marnix (1569/1858, 2: 280); vgl. Cock/Teirlinck (1902, 1: 155).

Schließlich wird *Verbergens* auch in Carl Melchior Grotnitz' Auflistung von Spielen genannt.[957] Im Schweizerdeutschen ist die Form *Verbergeten machen* 1667 zuerst belegt, 1712 die Form *Verbergiss (machen)*.[958]

F. Die Bezeichnung *Spinkelwinkel*

Spinkelwinkel ist eine vom 17. bis 19. Jahrhundert im ostmittel- und ostniederdeutschen Sprachraum bezeugte Bezeichnung, für die sich die folgenden Verwendungen nachweisen lassen.

1. 'Versteckspiel (mit Anschlagen)'

Der früheste Beleg für die Bezeichnung *Spinkelwinkel* findet sich in einem lexikographischen Werk, dem lateinisch-deutsch-polnisch-griechischen *Dictionarium* von Nikolaus Volckmar aus dem Jahr 1613, das für ein Danziger Gymnasium bestimmt war. Unter der weiter unten besprochenen Bezeichnung gr.-lat. *myinda* findet sich dort folgender Eintrag, demzufolge *Spinckel winckel* sowohl als Bezeichnung für ein Versteckspiel als auch für ein Fangspiel mit Sichtbehinderung interpretiert werden kann:

„Myinda, æ, die blinde kue/ blintze mauß/ *spinckel winckel*, P. slepa bábá".[959]

In der Bedeutung 'Versteckspiel (mit Anschlagen)' ist *Spinckel-Winckel* neben *Verstecken* als Interpretament zu frz. *clignemusette* in Rondeaus *Neuem Frantzösisch-Teutschen und Teutsch-Französischen Wörter-Buch*, das 1711 in Leipzig erschien, belegt:

„cligne-musette[960], *spinckel=winckel*; verstecken; ein kinderspiel".[961]

---

[957] Grotnitz von Grodnau (1646: 227).
[958] Vgl. Schweiz. Id. (4: 1571).
[959] Volckmar (1613: 589).
[960] Das Lemma ist mit einem Kreuz markiert, das darauf hinweist, „daß das Wort im zierlichen reden oder schreiben keine statt habe" (Rondeau 1711: Vorwort).
[961] Rondeau (1711: 99).

Im *Glossarium germanicum* des Johann S. Popowitsch ist *Spinkelwinkel* in der Bedeutung 'Versteckenspielen' als sächsische Bezeichnungsvariante aufgeführt:

> „Versteckenspielen, Das, der Oesterreicher und Schlesier ist ein Kinderspiel, wenn eines auf die Seite geht, indessen die andern sich verstecken und sodann von jenem aufgesuchet werden. [...] Die sächsischen Kinder heissen das an etlichen Orten *Spinkelwinkel*, die französischen cligne-musette".[962]

Im *Idioticon Prussicum* von 1759 wird *Spinkelwinkel* umschrieben als ein „Spiel der Kinder, welches in der Schweiz das Versteck heisset, indem sich die Kinder dabey zu verbergen pflegen".[963]

In Frischbiers *Preussischem Wörterbuch* ist *Spinkelwinkel* ein Versteckspiel mit Anschlagen:

> „*Spinkelwinkel*, n., Versteckspiel der Kinder. Eines der Kinder winkt, d. h. stellt sich, die Hände über die Augen deckend, in eine Ecke (einen Winkel) des Males oder gegen dasselbe; die übrigen suchen in der Nähe des Spielplatzes Verstecke. Auf den Ruf der Versteckten: „Ist all!" oder „Kuckuck!" verläßt der Winkende das Mal und beginnt die Genossen zu suchen. Diese bemühen sich, von den Verstecken aus das Mal zu erreichen. Der zuerst Ergriffene hat bei Wiederholung des Spiels zu winken".[964]

2. 'Verwirrt, kopflos sein'

In übertragener Bedeutung ist *Spinkelwinkel spielen* ein einziges Mal literarisch überliefert, und zwar in dem Sammelband *Poetisch- und Musikalisches Lustwaeldchen* von Georg Neumark aus dem Jahr 1652.[965] In ein Gespräch zwischen Kaiser Karl V. und einem Spanier wird unvermittelt ein Gedicht eingeschaltet, in dem den Deutschen von spanischer Seite Sauferei, den Spaniern von den Deutschen dagegen Hurerei und Diebstahl vorgeworfen wird. In diesem Gedicht sagt der Sprecher seinem Freund Fabian nicht direkt, daß er ihn für einen Narren hält, sondern teilt ihm auf scherzhafte Weise mit, daß dieser nicht alle Sinne beisammen habe, wofür es im Niederländischen die Redewendung *hij heeft zijne vijf zinnen*

---

[962] *Glossarium germanicum*: fol. 101a; Gugitz (1954: 18).
[963] Bock (1759: 64).
[964] Frischbier (1883, 2: 351f.).
[965] Georg Neumark hielt sich von 1643 bis 1652 in Königsberg auf.

Fang- und Versteckspielbezeichnungen

alle drie[966] gibt. Seine Sinne spielten miteinander gleichsam das Versteckspiel *Spinkelwinkel*:

> „Als Fabian wegen eines Schertzes sich entruestete.
> Ergetz dich nicht so sehr du moegtest sonst gewinnen/
> Mein Freund Herr Fabian/ die splitterboese Gicht.
> Du Thor ich nennte dich ja keinen Narren nicht,
> Nur dieß hab' ich gesagt: Es spielen deine Sinnen
> Das *Spinkelwinkel=Spiel*/ drey haben sich verstekkt/
> Die andern suchen sie. Heist dieses denn gegekkt?"[967]

Hier liegt die heute nicht mehr übliche Metapher vom *Versteckspiel der fünf Sinne im Körper* für 'Kopflosigkeit' und 'Narrheit' vor.[968] Eine vergleichbare Stelle findet sich im Roman *Der im Irr-Garten der Liebe herum taumelnde Cavalier* von 1746, in dem der heftig verliebte Monsieur d'A. sein Empfinden über die überraschende Abreise der Dame von P. beschreibt, der er sich kurz zuvor geoffenbart hatte:

> „Allein, o Himmel! wie erstaunete ich, da ich vernahm, daß die von P. bereits gestern noch vor anbrechendem Tage, sammt allen ihren Sachen aufgebrochen, und mit einer Extra-Post fort gereiset waere. Meine 5 Sinnen spieleten das *Versteck=Spiel* im gantzen Coerper herum, keiner aber wolte sich finden lassen, biß endlich der Wirth des Hauses, nachdem er mich, der ich in der Thuer stund, und das Gesicht auf die Strasse heraus gedrehet hatte, lange und offt bey dem Ermel gezupfft hatte, mich wieder zu mir selbst brachte [...]".[969]

Im Preußischen ist für *miteinander Spinkelwinkel spielen* außerdem die übertragene Bedeutung 'sich nicht verstehen wollen, bewußt aneinander vorbeireden' nachgewiesen.[970]

3. 'Personen auffinden und im Sitzen erraten'

Spinkel-Winkel hat neben dem Versteckspiel noch einen anderen, weit verbreiteten Spieltyp bezeichnet, bei dem sich die Mitspieler nur in einer vom Hauptspieler angegebenen Entfernung niederlassen oder sich ver-

---

[966] Röhrich (1994, 4: 1481).
[967] Neumark (1652: 224).
[968] Vgl. auch nl. *Zijne zinnen spelen schuilewink* (Harrebomée 2: 262[b]).
[969] Schnabel (1746: 574).
[970] Frischbier (1883, 2: 352).

kriechen dürfen. Dieser muß sie dann aufspüren und erraten. Gander beschreibt diesen Spieltyp unter dem Namen *Zupp, zupp, zinke* oder *Pinke-Winkel* als ein niederlausitzisches Kinderspiel:

> Ein Kind muß sich über den Stuhl legen oder mit dem Gesicht gegen die Thür stellen (pinken gehen) und dabei die Augen, falls sie ihm nicht verbunden worden sind, schließen. Die übrigen Kinder treten von hinten einzeln an dasselbe heran, zupfen es am Kleide und sprechen: „Zupp, zupp, zinke!" – Antwort: „Krauch' (kriech') in den Winkel!" – „Wieviel Schritte?" – Nachdem die Zahl von dem pinkenden Kinde angegeben ist, geht der Frager so viel Schritte rückwärts, als befohlen wurden und setzt sich dann nieder. Sobald alle Kinder gezupft und sich auf die Erde niedergelassen haben, geht das pinkende Kind rückwärts. Trifft es auf seinem Wege ein sitzendes Kind, so setzt es sich auf seinen Schoß und spricht: „Ich sitze, ich sitze; auf wems (wessen) Schlippe (Schoß)?" darauf antworten die Kinder: „Rathen!" Trifft es den richtigen Namen, muß das genannte Kind pinken gehen, und das Spiel beginnt von neuem; erräth es den Namen aber nicht, so muß es noch einmal pinken gehen [...]".[971]

Dieser Spieltyp, bei dem ein Kind mit verbundenen Augen oder rückwärtsgehend eines der von ihm in eine bestimmte Entfernung weggeschickten Kinder auffinden, sich ihm auf den Schoß setzen und es durch Abtasten oder an einem geäußerten Laut erraten muß, heißt bair. *blinde Maeuslein fangen, Maeuslein bergen.*[972] Im Aichacher Mundartlexikon wird es unter *blinde Kuh* als ein Kreisspiel beschrieben. Das Erfragen der erlaubten Entfernung entfällt. Dazu wird das Lied „Im Keller, im Keller mag's finster sein, da scheint keine Sonne, kein Mond herein, sitz nieder! Auf welchem Stein sitzt du?" gesungen.[973]

Nach der Frage der Mitspieler, wie weit sie gehen dürfen, die mit einem nachgeahmten Glöckchenläuten oder einem Lockruf (?) eingeleitet wird, heißt das Spiel bair.-österr. *Giri, giri, ginkerl*[974] oder *giringelen*[975], schweiz. *Giri-ginggelen*[976], elsäss. *Girri Girri Gingele, 's Kätzle hockt im*

---

[971] Gander (1882: 222).
[972] Schmeller (1: 1665).
[973] Vgl. Christl (1988: 146).
[974] Zoder (1924: 91); Horak (1989b: 87). Vgl. auch den Spielreim „Giri, giri, ginkele, / schliaf mit mir ins Winkale; / wieviel Schritt erlabst mir?" (Horak 1989b: 87).
[975] Vgl. Volksbüchlein (1839: 228).
[976] Schweiz. Id. (2: 365).

Wingele.[977] Unklar ist der Erstbestandteil in siebenbürg.-sächs. *Karpinkel*, schles. *Kapinkel* und *Karopinkel* als Bezeichnung des Hauptspielers.[978]

4. Etymologie

Die Bezeichnung *Spinkelwinkel*, die seit dem frühen 17. Jahrhundert im niederdeutschen und ostmitteldeutschen Sprachraum belegt ist, kann formal als Determinativkompositum oder als Reimbildung bestimmt werden. Das Deutsche Wörterbuch der Brüder Grimm erklärt *Spinkelwinkelspiel* als „eine scherzhafte Bildung für ein Versteckspiel (wobei *spinkel* aus *spiel* und *winkel* contaminiert scheint)".[979] An späterer Stelle heißt es dagegen, daß das Wort zu *spinken* 'landschaftlich: poltern, lärmen'[980] gehöre. Gleichzeitig sei das erste Kompositionsglied an das zweite angeglichen.[981] Beide Erklärungen sind nicht überzeugend. Ein Verb *spinke(l)n* in der Bedeutung 'blinze(l)n' ist zwar nicht belegt, wohl aber ein Verb *pinken*, das als Bestimmungsglied in ndlaus. *Pinke-Winkel* 'Personen auffinden und im Sitzen erraten' vorkommt.[982] Die Verben für das sekundenschnelle, kurze Schließen der Augen enthalten typischerweise einen hellen Vokal in der Stammsilbe, wie in *plinken, plinzen, winken*[983] oder ndlaus. *pinken*.[984] Sie werden zur Umschreibung der Tätigkeit des Suchenden herangezogen, der abgewendet stehen und sich die Hände vor Augen halten muß.

Die Bildung *Spinkelwinkel* kann analog zu Bildungen wie preuß. *Plinzwinkel*[985] als Zusammensetzung aus dem Verbstamm *pink-* als Erstbestandteil und dem Substantiv *Winkel* als Zweitbestandteil mit der Bildungsbedeutung 'Winkel, in dem der Suchende *pinken*, d. h. sich die Augen zuhalten muß' angesehen werden. Das anlautende *s-* in *Spinkelwinkel* könnte auf falscher Abtrennung des bestimmten Artikels in der Fügung

---

[977] Elsäss. Wb. (I: 230).
[978] Vgl. die Belege Hoehr (1903: 121); Böhme (1897: 629).
[979] DWB (10, 1: 2289).
[980] Vgl. preuß. *spingern* 'poltern, lärmen, umherfahren' (Frischbier 1883: 351).
[981] DWB (10, 1: 2506).
[982] Gander (1892: 222).
[983] Vgl. Preuss. Wb. (4: 518); Kanthack (1939: 11); Frischbier (1883, 2: 471).
[984] Vgl. Gander (1892: 222); BMZ (2: 520b); Lexer (2: 273).
[985] Vgl. Preuss. Wb. (4: 519).

des Pinkewinkels spielen beruhen und das *-l* in *Spinkel-* im besseren Reim zum Zweitglied *Winkel* begründet sein.

G. Die Bezeichnung *Hütewinkel*

Hütewinkel ist eine historisch nur selten nachweisbare Versteckspielbezeichnung aus dem nieder- und mitteldeutschen Sprachraum. Docemius nennt in seiner Hamburger Ausgabe der *SprachenThuer* von 1657 neben *Verstehen* auch *Huedewinckel* in der Bedeutung 'Versteckspiel mit Anschlagen'.[986] In dem Lied *Alte Kinder=Liebe* aus *Leucoleons Galamelite/ Oder Allerhand Keusche Lust= und Liebes=Lieder* von 1671 wird *Hütewinkel* als ein Kinderspiel genannt:

> „O wie oefft denk ich zuruck an die Zeit vor jenen Jahren/
> Perlemund und an das Glueck/ da wir beyde Kinder waren!
> Da wir pflagen blinde kuh/ *Huete=winckel* noch zu spielen/
> und im Garten stets zu wuehlen. Perlemund was denckestu?"[987]

Hüten bedeutet im Siebenbürgisch-Sächsischen 'Stehen und Warten mit geschlossenen Augen an der Anschlagstelle, bis alle versteckt sind'[988], südwestfäl. *verhuden, bîhueen, verhueen* bedeutet aber 'verstecken'[989], so daß sich als Bildungsbedeutung 'Winkel, in dem man sich versteckt' ergibt.

H. Die Bezeichnung *Finkenstein*

Die Spielbezeichnung *Finkenstein* ist literarisch nicht nachweisbar, aber dialektal im Nordwesten Deutschlands, besonders im Westfälischen und Niedersächsischen vom 19. Jahrhundert bis ins 20. Jahrhundert hinein gut bezeugt.[990] 1836 wird sie zum ersten Mal in Heinrich Schmidts *Kinder- und Ammenreime in plattdeutscher Mundart* im Zusammenhang mit einem anderen Spiel, das mit einem Wettlauf zum Mal endet, erwähnt:

---

[986] Docemius (1657: XCVI, 941).
[987] Leucoleon (1671: 13).
[988] Vgl. Hoehr(1903: 121).
[989] Vgl. Woeste (1878: 109); vgl. auch mnd. *bihuden* (Lübben/Walther 1888: 53).
[990] Zur dialektalen Verbreitung vgl. Meier (1928).

„Das Spiel ist im Wesentlichen dasselbe mit dem bei den Hochdeutschen unter dem Namen *Eins zwei drei für'n Finkenstein* bekannten".[991]

Statt *Finkenstein* findet sich auch lüneb. *Flinkenstein*[992], in Hannover *Plintenstein*[993], südwestfäl. *Funkenstein*[994], pomm. *Flötenstein* und *Lümpfenstein*.[995] Heute hat sich jedoch ein anderer Ausdruck, nämlich *Eckstein*, eigentlich 'rechteckig behauener Stein, der die Ecke einer Mauer begrenzt' vermutlich des besseren Reimes und Rhythmus wegen durchgesetzt.[996] Am Mal singt der Sucher, bevor er kommt:

„Eins, zwei, drei, vier, Eckstein,
alles muß versteckt sein.
Hinter mir, vorder mir,
neben mir da giltets nicht
eins, zwei, drei, ich komme!"

Meier versucht 1928 in seinem Aufsatz *Alter Rechtsbrauch im Bremischen Kinderspiel*, Parallelen zwischen der Spielweise und der öffentlichen Verfestung bzw. Ächtung eines Friedensbrechers herzustellen. Dabei stützt er sich auf die Beschreibung eines solchen Verfestungsprozesses in Jacob von Melle's *Gründlicher Nachricht von der Kaiserl. freyen und des H. R. Reiches Stadt Lübeck* von 1787. So soll dem im Spiel *Finkenstein* genannten Anschlagmal der rechtliche *Schandstein, unehrlicher Block* oder *Finkenblock*[997] entsprechen, von dem aus im Niedergericht und auf dem öffentlichen Markt nach Jahr und Tag die Verbrecher „durch Ausläutung mit der Schandglocke und Ausrufung ihrer Namen" für unehrlich erklärt wurden. Wie im Anschlagruf bis drei oder vier gezählt werde, so werde auch der Geflüchtete oder Versteckte dreimal „zitiert", d. h. vor Gericht geladen, bevor er „verfestet" bzw. für „vogelfrei"[998] erklärt wurde. Jeder durfte dann den Verfesteten gefangennehmen und an den Richter abliefern oder bei Widerstand töten. Der Ausdruck *Finkenblock* 'Bohle, Gerüst, auf dem der

---

[991] Schmidt (1836: 66).
[992] Lüneb. Wb. (1: 457).
[993] ASS.
[994] Lehnhoff (1922: 62f.).
[995] Vgl. Meier (1928: 237f.).
[996] Vgl. Camman (1970: 26).
[997] Melle (1787: 446f.).
[998] *Vogelfrei* ist noch heute als Freiruf im Kinderspiel üblich, z. B. in der Oberpfalz (BWB 39/34).

Verbrecher zur Bestrafung steht' ist urkundlich gut nachgewiesen, z. B. als *vynkenblok* in einem Bursprakenartikel um 1500, der sich mit der Strafe für Beleidigung befaßt, oder in einem Pasquill aus dem Jahr 1540. Auch in Lübeck und Rostock ist die Bezeichnung *Finkenblock* für den Pranger oder Strafblock auf dem Markt belegt.[999] Für *Finkenstein* fehlen Belege in dieser Bedeutung jedoch, was gegen Meiers Erklärung der Spielbezeichnung spricht.

Das Lüneburger Wörterbuch führt die Spielbezeichnung auf die gleichlautende Flurnamenbezeichnung *Finkenstein* 'Stein, Fels mit vielen Finken' zurück. Eine dortige Versteckspielbezeichnung lautet nämlich *Finkenstechen* nach dem Anschlag-Ruf „Finkenstechen für N. N.!". *Stechen* setzt hier mnd. *steken* 'festheften' fort.[1000] Diese Bezeichnung könnte also aus der Vogelstellerei auf das Spiel übertragen worden sein. Da das Fleisch der Finken sehr geschätzt war, wurden diese zu Tausenden am Finkenherd oder aber beim Finkenstechen gefangen. Mit einem Buchfinken als Lockvogel wurden dabei die herbeigerufenen anderen Finken an einer ausgelegten Leimrute gefangen. Angesichts der zahlreichen Varianten zu *Finkenstein* muß aber auch mit einer Nachdeutung der Bildung gerechnet werden.

I. Die Bezeichnung *Güggelstein*

Unklar ist auch die Versteckspielbezeichnung schweiz. *Güggelstein*. Der Ausdruck kommt Mitte des 19. Jahrhunderts in einem alemannischen Spruch vor, der von dem Suchenden am Anschlagmal, dem *Tschueppe*, dreimal aufgesagt werden muß:

> „Güggelstei, het d'Chueh bîm Bei, / Het d'Geiß bîm Horn, tschüpp, tschüpp! / Wenn i chume mit der rote Chappe, / Will i Jedes wohl dertappe".[1001]

Die im Spruch erwähnte rote Kappe gilt als typisches Kennzeichen von Schreckgestalten[1002], aber auch Zigeunern.[1003]

---

[999] Vgl. Meier (1928: 232f.); Meckl. Wb. (2: 913).

[1000] Vgl. Lüneb. Wb. (1: 457). Zu einem nicht näher beschriebenen Spiel *Vinkenfangen* vgl. Harttung (1879: 99)

[1001] Rochholz (1857: 403).

[1002] Darauf nimmt z. B. die wallonische Bezeichnung *le génie au rouge bonnet* Bezug (Tijskens 1965: 294).

Vielleicht war der *Güggelstein* ursprünglich ein Bauern-, Dorf- oder Gemeindestein, auf den der Gemeindevorsteher zur Verkündung von Bekanntmachungen stieg.[1004] Schweiz. *guggen, gugge(le)n, güggen* bedeutet 'mit einem Hornsignal oder mit der Stimme etw. kundtun'.[1005] Noch in den 40er Jahren des 19. Jhs. wurde in Luzern ein Fallit am Wochenmarkttag dem Publikum auf der Altane der Werchlaube vorgeführt, wozu ein Polizeidiener mit einem Horne durch „Guggen" die öffentliche Aufmerksamkeit anzog.[1006] Es kann sich aber auch um eine eigene kindersprachliche Bildung für den Stein und später allgemein das Mal, an dem man den Namen des Entdeckten *usgugget* 'laut verkündet', handeln.

Der Erstbestandteil von *Güggelstein* könnte auch in dem Verb schweiz. *gügg(e)le(n)* 'verstohlen blicken'[1007] motiviert sein, was auch eine sinnvolle Bezeichnung für das Anschlagmal ergäbe.

J. Die Bezeichnung *Kuckuck*

Verschiedentlich wird das Versteckenspielen nach dem Ruf *Kuckuck* benannt, mit dem die Versteckten den Suchenden auf sich aufmerksam machen. Für ihn war dieser Ruf ein wichtiger Anhaltspunkt, weshalb er ihn ausdrücklich einforderte.[1008] In der Schweiz rief er z. B. *Los en Guggug oder ich lo dich verfule.*[1009]

Die vermutlich älteste Erwähnung des Rufes *Kuckuck* aus dem Versteck, mit dem man den Sucher auf sich aufmerksam machen möchte, findet sich in einer mittellateinischen Sammlung von Exempla, die den Predigten des Jakob von Vitry (1160/70–1240) entnommen sind. Darin geht es um eine Äbtissin, die eine Nonne vor einem adeligen Ritter an einem geheimen Ort im Kloster versteckt, um sie vor seinen Nachstellungen zu

---

[1003] So lautet ein Tiroler Abzählreim „Puhli, Puhli ['Hühner'] ge einer, / kemman die Zigeuner. / Mit die roaten Kapplan an / umadum von Federn dran" (ASS).

[1004] Vgl. Frölich (1938: 14); Funk (1939: 51).

[1005] Vgl. Schweiz. Id. (2: 181; 196).

[1006] Schweiz. Id. (2: 181).

[1007] Schweiz. Id. (2: 195).

[1008] Diesen Hilfestellungsruf gibt es auch in anders bezeichneten Versteckspielen.

[1009] Schweiz. Id. (2: 179). Andere Rufe des Suchenden lauten z. B. „Laß an Gux!" (St. Gallen), „Wis!" (kurzer Schrei der Sucher in Wartau, wenn man die Versteckten nicht findet), „Gützli ab oder i macha nümma!" (Maienfeld) (vgl. Masüger 1955: 328).

schützen. Als jedoch der Ritter die Nonne nirgendwo finden kann und unverrichteter Dinge wieder weggehen will, ruft die Nonne *Kuckuck*, „wie es die Kinder tun, wenn sie sich versteckt haben und gefunden werden wollen":

> „At illa videns quod querere desisset, eo quod non inveniri potuisset, cepit clamare „*cucu*", sicut solent pueri dicere, quando absconditi sunt et inveniri volunt".[1010]

Als Name des Versteckspiels mit Anschlagen ist *Kuckuck* zum ersten Mal 1599 in dem Vogelbuch des italienischen Arztes und Juristen Ulisses Aldrovandi (1522–1605) im 17. Kapitel *De cuculo* als ein den Deutschen, vor allem aber den Schweizern geläufiges Spiel beschrieben:

> „Ludunt Germani, praecipuè Heluetij ludum, quem *cuculum* dicunt, hoc modo: Vnus occlusis oculis manet in loco, quem solium vel tribunal appellant, interim ab vnitate consequenter clara voce & interstinctum numerans, dum alij diffugientes passim se occultant. Occultatis omnibus vnus Cuculi voce clamat, tum ille à solio discedit, & passim inquirit, si quem abditum deprehendat. Deprehenso aliquo tribunal celerrimè conscendit, ne cursu à deprehenso, alioué praeueniatur. Vltimus enim inquisitoris laborem subit. Hunc ludum Pollux apodidrascinda appellat. Frequens item est apud Batauos, ut audio".[1011]

> [Die Deutschen, vor allem die Schweizer spielen ein Spiel, das sie *Kuckuck* nennen, auf folgende Weise: Einer bleibt mit geschlossenen Augen an einer Stelle, die sie „Thron" oder „Richterstuhl" nennen. Dabei zählt er von eins an fortlaufend mit lauter Stimme und deutlich, während die anderen auseinanderlaufen und sich hier und dort verstecken. Wenn alle versteckt sind, ruft einer mit der Stimme des Kuckucks, dann geht jener vom Richterstuhl weg und sucht überall, ob er einen Versteckten aufspüren kann. Hat er einen erwischt, steigt er so schnell wie möglich auf den Richterstuhl hoch, damit er nicht im Lauf vom Entdeckten oder einem anderen überholt wird. Der letzte muß nämlich die Arbeit des Suchers auf sich nehmen. Dieses Spiel nennt Pollux apodidrascinda. Es ist auch bei den Holländern beliebt, wie ich höre.]

Wertvoll ist diese historische Spielbeschreibung deshalb, weil sie detailgetreu ist und zwei leider nur über das Lateinische zu erschließende Benennungen des Anschlagmals enthält, die einen erhöhten Sitz bezeichnen: lat. *solium* 'Thron' und lat. *tribunal* 'Richterstuhl, Richterbühne'.[1012] Daß die

---

[1010] Crane (1890: 23).

[1011] Aldrovandi (1599: 411).

[1012] Kirsch (1718) gibt unter lat. *solium* 'ein koeniglicher Stuhl oder Thron' und unter lat. *tribunal* 'Richterstuhl' an.

Kinder ihr Spiel tatsächlich an einer Stätte öffentlicher Rechtspflege ausübten, ist nicht auszuschließen. In Frage käme ein *Dingplatz, Freigericht, Freistuhl* oder *Schranne* genannter Rechtsplatz, der aus einer abgegrenzten Fläche mit Bänken für die Schöffen, dem Richterstuhl und einem steinernen Tisch bestand.[1013] Ein erhöhter Malplatz hieß *Dingstuhl*.[1014] Ob die Kinder deshalb auch die Bezeichnungen für diese Stätte in ihr Spiel übernommen haben oder ob der Anschlagplatz (ein gewöhnlicher Baum oder Pfosten) so genannt wurde, um ihm mehr Bedeutung zu verleihen, ist strittig.

Der Ruf *Kuckuck* dient auch in preuß. *Kuckuck, wo bist du?*[1015], bair. *Kucku(ck) spielen, Gucku spielen*[1016], schweiz. *Guggugg machen*[1017], bair. und österr. *Kuckuck an-, abschlagen*[1018] und z. B. dem Flämischen und Wallonischen[1019] als Spielbezeichnung. Im Ostoberdeutschen vermischen sich die Formen jedoch deutlich mit den zu *guck-* gebildeten Spielbezeichnungen.

K. Die Bezeichnung *Guckenbergen*

Am frühesten von allen Versteckspielbezeichnungen ist die vor allem im Bairischen verbreitete, aber auch im Alemannischen gebräuchliche Spielbezeichnung *Guckenbergen* überliefert.[1020] Während der Ausdruck lexikographisch erst 1571 in Schencks *Nomenclator*-Bearbeitung auftaucht, wird er als sexuelle Metapher schon in zwei Fastnachtsspielen aus dem 15. Jahrhundert verwendet. So beschließt die „Närrin" in dem *Spil von Fursten und Herren*, sich ihre Wünsche von den Pferdeknechten erfüllen zu lassen:

„Ich wil hin gan in die mistgruben
Und leg mich under die rospuben

[1013] Vgl. Funk (1939: 47).
[1014] Vgl. Funk (1939: 48).
[1015] Frischbier (1867: 191).
[1016] BWB 12/34; 98/49.
[1017] Schweiz. Id. (2: 179).
[1018] Horak (1989a, II: 137).
[1019] Vgl. Pinon (1973: 324); Desrousseaux (1889: 201).
[1020] Vgl. DWB (4, 1, 6: 1037); Schwäb. Wb. (3: 895); Lexer (1: 1110).

Und wil in allen zu mir zilen
Und *des gukenpergleins* mit in spilen".[1021]

Im Fastnachtsspiel *Des Künigs ausz Schnokenlant Vasnacht* aus dem 16. Jahrhundert will der Lapp Hans Narrolt mit der Magd des Wirts *Gutzepergleins*[1022] spielen:

„Ich haiß Hans Narrolt
Und hab des wirts mait holt.
Wolt sie mir heint zu ir ziln,
So wolt wir des *gutzepergleins* spiln."[1023]

In der Form *gugubergen* ist die Bezeichnung im 12. Lied *Von dem Entsatz Wien* aus dem Jahr 1683 bezeugt, das von dem Türkenangriff auf Wien handelt. In der 24. Strophe wird der mit dem Sultan verbündete und von diesem zum Fürsten Oberungarns und Siebenbürgens ernannte Graf Emmerich Tököly kampflustig herausgefordert:

„Tököli, wo bist du? gu gu! / Willst g'wis *gugubergen*? / Merk 'n Vogel wohl, hu hu! / Schmeckst an brochnan Scherben? / G'sundheit seina Gläsa viel / Hat ma aussö trunkan[1024] / Iatz dabricht ma s'eî da Still; / Hat der Tuifel g'stunkan!"[1025]

Gugglbergen ist ohne nähere Beschreibung auch in einer Predigt des bayerischen Kapuziner-Paters Jordan von Wasserburg (gest. 1718) belegt.[1026]

Im *Thesaurus absconditus* des Adalbertus aus dem Jahr 1708 wird in der Pfingstmontags-Predigt mit dem Titel *In der gantzen Welt ist nichts gemeiners bey vilen / Als blinde Mäusel und Gugebergen spilen* die Bezeichnung *Gugebergen* synonym zu *blinde Mäusel* verwendet und sowohl als Fangspiel mit verbundenen Augen als auch als Versteckspiel im Dunkeln ausführlich beschrieben.[1027] Das *Gugebergen* zieht Adalbertus heran, um damit die Evangelienstelle Joh. 3, 20 „omnis qui male agit, odit lucem" zu veranschaulichen:

[1021] Keller (1853, 1: 152f.).

[1022] Das erste Element *gutzen* ist eine Nebenform zu *gucken* aus *guckezen (vgl. Schmeller I: 886; Kluge/Mitzka 1975: 276).

[1023] Keller (1853, 2: 653).

[1024] *G'sundheit [...] aussö trunka* 'ein Hoch ausgebracht'.

[1025] Berlin, Ms. Germ. 8° 230: 163–176; Hofbauer (1910, 2: 75).

[1026] Vgl. Hoedl (1939: 181).

[1027] Die von Birlinger (1877: 63) angegebene Belegstelle war in den Ausgaben des *Thesaurus absconditus* von 1703 und 1712, die mir zur Verfügung standen, nicht zu ermitteln.

"Ihrer vil thun nichts lieber, als *blinde Mäusel* oder *Gugenbergen*, wie mans haisset, und dises Spil wird auff zweyerley Weis gespilet, erstlich verbindet man einem die Augen, trähet ihn etlichmal in Ring herumb, darauff muß er mit verdeckten Augen die umb ihn herumblauffende und Wolsehende, welche ihn auch ohne Unterlaß zupfen, schlagen und reissen, fangen und also einen anderen stellen, will er anderst erlöset seyn. Die andere Weis deß *blinde Mäusel* oder *Gugenbergen* ist, daß sich alle hin und wider verstecken, und in die ungereimbtiste finsteriste Winckel verbergen, nur allein einer bleibt im Liecht mit offnen Augen, und muß so lange suchen, biß er die andere ertapt und gefunden".[1028]

Vor dem 2. Weltkrieg überwiegt im Bairischen noch die Bezeichnung *guckenbergen* gegenüber *verstecken*, wie eine Auswertung des mundartgeographischen Fragebogens 12/34 des Bayerischen Wörterbuchs ergibt. Von 277 Antworten entfallen etwa 34% auf Bildungen mit *verstecken*, 49% auf *Guckenbergen* und 11% auf sonstige Bezeichnungen. Dazu kommen 6% Ableitungen zum Stamm *guck-* wie z. B. *gucksterln*.

Es gibt verschiedene Erklärungsversuche für die Etymologie der Spielbezeichnung *Gucke(n)bergen*, die auch in Flur- und Familiennamen vorkommt. Schmeller leitet bair. *Gugkebergen* 'Versteckensspielen' vom Ruf *Gu!* 'Schau, Guck!' oder *Gugku!* her.[1029] Auch im Schweizer Idiotikon wird *Guggelibergen* zu *Gug*, diminuiert *Gügli* 'Ton, Laut, Ruf' gestellt[1030], *Güggli* kann aber auch 'kurzer Blick' und 'Winkel, Versteck' bedeuten.[1031] Birlinger sieht *Gugebergen* als eine Zusammensetzung aus *gugen*, bair. für *guggen* 'schauen'[1032] und *bergen* 'verstecken' an.[1033]

Das erst im Mittelhochdeutschen auftretende, aber wohl ältere Verb *gucken* könnte als germ. *gugg-* zu idg. *g^heug^h*- 'verstecken' gehören.[1034] Dafür, daß *gucken* in der Ausgangsbedeutung 'aus einem Versteck herausspähen', 'ausschauen, ohne daß man selber gesehen wird' angenommen werden kann, sprechen verschiedene von *guck-* abgeleitete Ausdrücke wie

---

[1028] Adalbertus (1709: 372) nach Birlinger (1877: 63).
[1029] Schmeller (1: 886).
[1030] Schweiz. Id. (2: 155).
[1031] Schweiz. Id. (2: 178).
[1032] Zur heutigen Verbreitung von *gucken* im Nieder-, Mitteldeutschen und Westoberdeutschen und *schauen* im Ostoberdeutschen vgl. die Karte 8: *Guck! (einmal, ob es noch regnet)* in Eichhoff (1977, 1).
[1033] Birlinger (1877: 64).
[1034] Kluge/Seebold (1995: 342).

bair. *Guckerlein* 'Schlupfwinkel, Versteck, Arrest'[1035] oder die Versteckspielbezeichnungen *Gucked(s), Gucksdaradi, Gucksterl spielen, Gucksterln, Guckerlein* oder das schon 1538 im Steirischen belegte *Guckerl(n) spielen*[1036]. Weitere bezeugte Formen sind bair. *Guck-anschlagen, Guck-Spiel, Gucken spielen, Gucker(le)bergen, Guckerles, Guckerlus, Guckermandl, Guckerplärren, Guckerspiel, Guckert spielen, Gucketzn, Gucks tun, Gucksdaradi, Gucksti, Gucku verstecken, Guckudianschlagen, Gugatzn, Guggei-Verstecken spielen, Guggein, Guggubergen, Gugu spielen.*[1037] Dann läge in *Guckenbergen* '(aus einem Versteck) schauen und sich bergen' ein verdeutlichendes Kompositum vor, das möglicherweise in der weiter unten besprochenen Bezeichnung frz. *cligne-mus(s)ette* 'Versteckenspielen' eine vergleichbare Bildung hätte. Die Weiterbildungen zum Verb *guck-* 'verstecken, aus einem Versteck spähen' und zur Lautäußerung *guck(s)* oder *Kuckuck* können formal zusammenfallen.

L. Weitere Benennungsmöglichkeiten

Auf das Verstecken als die zentrale Handlung des Spiels greift die Mehrzahl der überlieferten Spielbezeichnungen zurück. Im Deutschen sind deverbale Bildungen zu den Verbstämmen *steck-* und *berg-* am geläufigsten. Daneben gibt es weitere verbale Grundlagen, von denen einige in alphabetischer Reihenfolge mit Bildungsbeispielen aufgeführt seien: *duck-* in bair. *Verducken*[1038], *hud-* in wndd. *Verhuden*[1039], *kriech-* in hess. *Verkriechenings*[1040] oder in sieb.-sächs. *Verkräches*[1041], *schlief-* in bair. *Verschliefen*, *schlupf-* in bair. *Verschlupfen*, *schmuck-* in bair. *Anschmucken*[1042], *stop(f)-* in wndd. *Verstoppen*[1043] oder in nl. *Verstoppertje*.[1044]

[1035] BWB 98/49.
[1036] Vgl. Unger-Khull (1903: 312).
[1037] BWB 98/56, 57; 12/34.
[1038] BWB 12/34.
[1039] Woeste (1878: 109); vgl. auch die Bezeichnung *Hütewinkel*.
[1040] Hess.-Nass. Wb. (4: 332).
[1041] Hoehr (1903: 121).
[1042] BWB 12/34.
[1043] Lehnhoff (1922: 232), Bubner (1935: 159):
[1044] Vgl. Cock/Teirlinck (1902, 1: 140-155) mit über 150 weiteren Versteckspielbezeichnungen, deren Spielweise jedoch meist nicht angegeben ist.

Fang- und Versteckspielbezeichnungen

Im Niederländischen gibt es außerdem die schon seit 1567 bezeugten Bezeichnungen *schuylwinckgen*, das in nl. *schuilevinkje (spelen)* fortlebt[1045], und nl. *schuylhoecxken* zum Verb nl. *schuylen, schuilen* 'verstecken' sowie nl. *duyckerken* zum Verb nl. *duycken, duiken* 'verstecken, abtauchen'.[1046]

In Frankreich heißt es *jouer à cache-cache*.[1047] Wohl nur dialektal gültig ist der Ausdruck *à la cut(t)e cache*, in dem zwei synonyme Verben für 'verstecken', frz. *cuter* und frz. *cacher*, gedoppelt werden.[1048] Das Verb frz. *musser* 'verstecken' bildet den Zweitbestandteil in der seit Mitte des 15. Jahrhunderts bezeugten Bezeichnung frz. *à la clignemusse*, die etwa ein Jahrhundert später in der diminuierten Form frz. *à la clignemussette*[1049] begegnet. Während Diez vermutet, daß das Verb mit mhd. *sich mûzen* 'sich mausen, d. h. sich ins Dunkle zurückziehen' zusammenhängt, mit dessen Stamm es übereinstimme[1050], führt Gamillscheg frz. *musser* mit fortlebendem frz. *mucher* auf gallorom. *muciare zu gall. *mukos 'verborgen' zurück.[1051] Mit frz. *mucher* 'verstecken' zusammengesetzt oder davon abgeleitet sind die im frühen 17. Jahrhundert überlieferten Bezeichnungen frz. *climuchette, a climuchette missantu, à lotel [...] demuchez-vous*.[1052]

Im Alt- und Mittelfranzösischen ist *aux reponailles*, das von *repondre* zu lat. *reponere* 'beiseite schaffen, verstecken' abgeleitet ist, mehrfach bezeugt. Beaumanoir überliefert um 1280 *a reponailles*[1053], Froissart um 1370 *as reponniaus*[1054], Rabelais 1534 jedoch *au responsailles*[1055], das eine Nachdeutung oder eine andere, eigenständige Spielbezeichnung sein kann.[1056]

[1045] Vgl. auch Cock/Teirlinck (1902, 1: 48ff.).

[1046] Junius (1567: 323).

[1047] FEW (22, I: 199f.); ALF (1482); ALLy (V: 1009).

[1048] Vgl. Psichari (1909: 61) und Lefranc (1912: 210).

[1049] Vgl. die Belege in Godefroy (2: 153), Calder (1970: 138), Lefranc (1912: 204). Cotgrave (1611) gibt unter *Clignemusset, Cline-mucette* an: „The childish play called Hodman blind, Harrie-racket, or are you all hid".

[1050] Diez (1887: 645); vgl. auch das Kapitel „Zur Semantik von *Maus* und *mausen*".

[1051] Vgl. Gamillscheg (1969: 641); FEW (6: 193).

[1052] Blanchemain (1878: 63, 16, 33). Auch frz. *A la chuche pinnette* (9) ist laut Kommentar ein Versteckspiel.

[1053] Suchier (1885, 2: 100).

[1054] Fourrier (1963: 53, 226).

[1055] Calder (1970: 137).

[1056] Die Bezeichnung *au responsailles* wird auch mit 'Heirat spielen, zum zweiten Mal heiraten' zu lat. *sponsalia* angegeben (vgl. z. B. Psichari 1908: 176).

Entsprechend gibt Gallitalo 1682 den Ausdruck mit nl. *Van vraag en antwoord*[1057] wieder.

In Italien heißt das Spiel *giocare a nascondersi*[1058], in Spanien *al escondite*[1059], in England seit 1588 *[Are you] all hid?* oder rund 150 Jahre später *at hide and seek*.[1060]

Seltener sind Benennungen nach der Spielhandlung des Suchens, wie in schlesw.-holst. *Söken*[1061], rhein. *Soken*[1062], pomm. *Such spielen*[1063], thür. *Sücheles*[1064], oder nach dem Finden, wie in thür. *Finden, Findekomm*[1065] als Spielhandlung.

Einige Spielbezeichnungen beruhen auf dem Verfahren des Auslosens, bei dem der Sucher durch Tippen mit dem Zeigefinger auf den Rücken ermittelt wird. Ein gebückt dastehender Spieler, dem ein anderer die Augen zuhält, muß dabei erraten, wer ihm mit dem Zeigefinger auf den Rücken klopft, und diesem eine bestimmte Entfernung zuweisen. Hat er richtig geraten, darf er sich mit den anderen verstecken, während der Erratene die Entfernung ablaufen muß. Liegt er falsch, muß er die Aufgabe selber verrichten.[1066] So heißt das Versteckspiel schweiz. *Stipfitotsch*[1067], elsäss., bad. *Stupfversteck(l)is* oder elsäss. *Dübbes*[1068] und berlin. *Puck-puck* oder *Puckversteck*.[1069]

Das Augenschließen[1070] wird ebenfalls als Benennungsmittel herangezogen. Im Bairisch-Österreichischen gibt es für diese Tätigkeit das Verb *masen*[1071], das in umgelauteter Form als Erstbestandteil in der Kärntner

---

[1057] Cock/Teirlinck (1902, 1: 53).
[1058] AIS (IV: 742).
[1059] Oudin (1647: 348).
[1060] OED (V: 269); Cotgrave (1611: s. v. *Clignemusset*); Opie (1969: 152). Zu weiteren Belegen aus dem 16. und 17. Jh. vgl. Brewster (1947: 143).
[1061] Carstens (1883: 128).
[1062] Bubner (1935: 159).
[1063] Lucht (1937: 54).
[1064] Thür. Wb. (5: 1740).
[1065] Archivbeleg des Thür. Wb.
[1066] Vgl. Peesch (1957: 42).
[1067] Masüger (1955: 331).
[1068] ASS.
[1069] Vgl. Peesch (1957: 42).
[1070] Vgl. hierzu das Kapitel „Zur Semantik von *blinzeln*".
[1071] Zu bair. *masen* 'die Augen zudrücken' vgl. Schmeller (1: 1659).

Spielbezeichnung *Mäsenverstecken* Mitte des 18. Jahrhunderts in Popowitschs Werk *Vocabula Austriaca et Stiriaca* überliefert ist:

> „Mäsen (zumäsen) wird in Kärnten von einem Wachenden gesagt, wenn er die Augen zumacht. Das Versteckenspieln der Kinder heisst dort *Mäsenverstecken* und zu dem, der die andern suchen muss, sagen die Spielenden, mäs zu".[1072]

Nur dialektal verbreitet sind z. B. bair. *Vergehalten*[1073], bair.-österr. *Einschauen*[1074], *(Ab-)passen*[1075], *Ein-* oder *Zuheben*, pfälz. *Zuhalle, Zuhaltsich*, schles. *Glinzen, Glunzen*[1076], berlin. *(Ein-)schmulen*[1077], preuß. *Winken*[1078] und sieb.-sächs. *Hüten*[1079]. Im Französischen ist die von frz. *cligner*[1080] abgeleitete, zuerst 1357 in einem Gedicht von de Machaut belegte Spielbezeichnung afrz. *à clignetes*[1081] 'Versteckspiel' hier zugehörig.

Nach dem Zählen am Mal heißt das Verstecken sudd. *Vierzgern*, pfälz. *Zehnzwanzig*[1082] oder fläm. *quarante*.[1083]

Häufig werden Versteckspiele nach dem Ruf benannt, mit dem die Versteckten den Suchenden auf sich aufmerksam machen, z. B. schlesw.-holst. *Kaupel?*[1084], hess. *Eskadron* (< frz. *escadron* 'Reiterabteilung')[1085], pfälz. *Klumpe* 'Holzschuh' (?).[1086] Wird dabei ein Tier wie der Kuckuck, der Hahn oder die Katze nachgeahmt, so geht der Tiername oder Tierruf in die Spielbenennung ein, wie die Bezeichnungen *Kuckuck*, span. *el juego de quiquiriqui*[1087] oder *Miau*[1088] zeigen.

[1072] Cod. 9504–9505: fol. 267ª; Gugitz (1954: 16).
[1073] Vgl. *verkolta* (BWB 12/34).
[1074] Kampmüller (1965: 155); BWB 98/49; ASS.
[1075] Schüttelkopf (1891: 160); Kampmüller (1965: 155).
[1076] ASS.
[1077] ASS; Brand.-Berl. Wb. (3: 1172).
[1078] Vgl. Preuss. Wb. (4: 518).
[1079] Hoehr (1903: 121).
[1080] Zu frz. *cligner* vgl. Gamillscheg (1969: 236).
[1081] Godefroy (2: 153). Vgl. auch frz. *a la clignète* (Fourrier 1963: 53, 233).
[1082] ASS.
[1083] Auch der Anschlag-Ruf am frz. *barre* 'Mal' lautet „Quarante sur un tel!" (Desrousseaux 1887: 201f.).
[1084] ASS.
[1085] Stückrath (1931: 421).
[1086] ASS.
[1087] Sobrino (1721, 1: 226).
[1088] Gutsmuths (1796: 253f.).

Nach dem Anschlagen heißt Spiel z. B. schlesw.-holst. *Afklapp, An-, Abklabunern*[1089], lüneb. *Knullebom* (< *knullen* 'schlagen')[1090], rhein. *An-, Aftupen, An-, Aftrolen*[1091], böhm. *Anklopperleins*, schweiz. *Anschlagigs*[1092], bair.-österr. *Abbrandeln, Abgetascheln*[1093] und bair. *Angeigen.*[1094]

Das Ausspucken dient nicht nur zur Markierung einer Spielunterbrechung[1095], sondern wird auch beim Erreichen des Freimals ausgeführt oder zumindest lautlich nachgeahmt. Davon zeugen die Bezeichnungen tirol. *(Kas) ospeibn, Pfullmittere*[1096], *Spiper*[1097] bair. *Oschpogn* und sieb.-sächs. *Špeckes.*[1098]

Heute wird das Erreichen des Mals durch den Anschlagruf *Eins, zwei, drei, für N.!* oder *Angeschlagen für N.!* und den Freiruf *Eins, zwei, drei, ich bin Frei!* oder *Eins, zwei, drei, erlöst!* kundgetan. Dialektal gab es eine Fülle verschiedener Rufe in dieser Funktion, die dann auch zur Bezeichnung des Spiels herangezogen wurden. Diese Rufe gelten nicht nur beim Versteckspiel, sondern auch bei anderen Spielen mit einem Mal, wie dem Fangen. Exemplarisch seien hier einige aufgeführt: im Schleswig-Holsteinischen gibt es die Rufe *Alett?, Allie?*[1099], lüneb. *Klopp ut* '[Ich] klopfe aus'[1100], *Gunk* und *Gumm?*, wobei *Gumm* in einer Quelle als Wettlauf mit Ausschimpfen des Verlierers beschrieben wird:

> „ein Holst. Spiel der Kinder. Sie stehn in Haufen im Saal oder auf der Diele, die zwei Thüren haben muß, an der einen Thüre und rennen zu der gegenüberstehenden. Wer diese zuerst erreicht ist oder heißt *Gumm* (nicht etwa *Kumm?*

[1089] Schlesw.-Holst. Wb. (1: 71); ASS.

[1090] Lüneb. Wb. (1: 457 und 2: 167).

[1091] Bubner (1935: 159).

[1092] Schweiz. Id. (IX: 379).

[1093] ASS.

[1094] BWB 12/34.

[1095] Dazu ruft der Spieler: „Pfui, aus dem Spiele" oder „Pfui, in das Spiel!" (vgl. Feifalik 1892: 58).

[1096] Horak (1989a, II: 137), wo die Bildung als Zusammensetzung aus *Pfui* und lat. *mittere* 'Pfui-schicken' angegeben wird. Vgl. auch die Varianten *Pfuia tien, Pfui, Pfuiles tüen, Obfuilats, Fuier speibn, Fui tutta, tuialas, tuiélas, tuigalas* (Horak 1989a, II: 137).

[1097] Masüger (1955: 297).

[1098] Beim *Špeckes* kann sich ein Versteckter, wenn er ungesehen aus seinem Versteck herauskommt und mit dem Rufe „Pui, pui", einer Nachahmung des Spuckens, das *Pik* 'Mal' erreicht, gegen den Hütenden behaupten (vgl. Höhr 1903: 121).

[1099] Schlesw.-Holst. Wb. (1: 100).

[1100] Der Ruf lautet "ik klopp ut N. N.!" (Lüneb. Wb. 1: 457 und 2: 167).

komme) dann laufen alle außer dem *Gumm* zurück zur gegenseitigen Thür, wer diese zuletzt erreicht, dessen Name wird aufgerufen und an die Thüre geschlagen. Man schlägt nemlich an die Thüre und ruft: *Gretjen eer Nam ward an de Dör slagen!* schimpflicher Weise. Dies Laufspiel ist in Ditm. Kr. G. vorzüglich im Gange".[1101]

Im Schleswig-Holsteinischen ist seit 1860 der Ruf *Pax di Lax* überliefert.[1102] Andere Formen sind *Taxbilax, Tacksfilax, Hax, pilax, Haks, paks min Mal*.[1103] Ob lat. *Pax* als verwendeter Freiruf in die Bildung eingegangen ist, ist fraglich. Die Bezeichnung könnte eine lautmalende Bildung zum Anschlagruf *Tacks [für N.!]*[1104] aus dem Verb *tacken* 'einen Schlag geben' mit einem euphonischen Fugenelement *-di-* wie in *Holterdipolter* sein. Vielleicht besteht auch ein mit den in Gebete eingeschobenen Zauberworten *Hax, pax, max* ein Zusammenhang, auf die das heute noch bekannte *Hokus pokus* zurückgeht. Die Formel *Hokus pokus* findet sich in entstellter Form in Abzählreimen wieder:

„Anigl, panigl, subtrahi
Tivi, tavi, domini,
Ekos pokos, kasminokos,
Zinki, zanki draußt".[1105]

Ebenfalls unklar ist der Ruf *Akree!*, der am Niederrhein, in Hamburg, in Helgoland und im Elbostfälischen belegt ist.[1106] Das Schleswig-Holsteinische Wörterbuch bucht die Variante *Ankree* und stellt sie zum Verb *ankreen* 'anschlagen'.[1107] Undurchsichtig sind des weiteren die Anschlagrufe rhein. *Ajau?*[1108], pfälz. *Broore anschlagen*[1109], thür. *Porto* oder wohl nachgedeutet *Pardon*[1110] und böhm. *Bigripani*.[1111]

[1101] Schütze (2: 78f.).
[1102] Vgl. Puls (1981: 165f.).
[1103] Carstens (1882: 138f.), ASS.
[1104] Schumann (o. J.: 60).
[1105] Vernaleken/Branky (1893: 103).
[1106] Caro (1906: 67); Rhein. Wb. (1: 86, 89); Behrend (1907/08: 263); Siebs (1928: 86); Wegener (1883: 161f.).
[1107] Schlesw.-Holst. Wb. (1: 130).
[1108] Rhein. Wb. (1: 86).
[1109] ASS.
[1110] Thür. Wb. (4: 1010).
[1111] ASS.

Im Westmitteldeutschen und im angrenzenden Westoberdeutschen verbreitet ist der Ruf *Lubbert, Luppert, Lubat, Lubba* oder *Lubo*[1112], der zu frz. *loup* 'Wolf' in der Wendung frz. *jouer au loup* 'Verstecken spielen'[1113] gestellt wird.[1114] Im Schwäbischen gibt es tatsächlich eine Spielbezeichnung *lupus* mit den Varianten *Lumpus* und *Lukas*[1115] für ein „modernes Spiel der Schulkinder, bei dem es gilt, vom *Lupus* nicht vorzeitig entdeckt zu werden; wer den *Lupus* erspäht, warnt die andern durch den Zuruf „Lupus!"."[1116] In der Bezeichnung soll der Ausdruck lat. *lupus* für den in den Lateinschulen unbeliebten 'Aufpasser, der das Gebot des Lateinsprechens unter den Schülern überwacht' fortleben.[1117] Hier ist nicht entscheidbar, ob (mindestens) zwei verschiedene Spielbezeichnungen vorliegen, die aufgrund ihrer lautlichen Ähnlichkeit zusammenfallen, oder ob der eine Anschlagruf aus dem anderen entstellt wurde. Eine Nachdeutung von *Lubbert* mit seinen Varianten zu *Lupus* wäre wohl vorzuziehen.

In der Schweiz gibt es neben *Acka* 'angehalten'[1118] auch die Anschlagrufe *Schue, Tschuep, Tschupp, Tschieb, Tschüpp(is)*, die wohl als Abstraktbildungen mit Stammvokalwechsel zu einem Verb *tschuppen* 'einen leichten Schlag geben' erklärt werden können.[1119]

Ungeklärt ist der Ruf und die Malbezeichnung bair. *Bámasəllə* 'Baum-Asyl?'[1120], die auf den Anschlagruf „Bámasəllə-l àgrüert!" zurückgeht. Wahrscheinlich ist von bair. *bâmen, bammen* 'sich ein Ding zueignen, ausersehen' auszugehen, das aus dem Verb *bannen* mit Assimilation des Nasals entstanden sein könnte.[1121] Dazu gibt es die in vielen Varianten bezeugte, morphologisch unklare Ableitung *Bammes*, die als Abschlagruf, aber auch als Freiruf beim Erreichen des Freimals und Bezeichnung des

---

[1112] Rhein. Wb. (5: 633); Pfälz. Wb. (4: 1072f.); Südhess. Wb. (4: 448); Hess.-Nass. Wb. (2: 194); Heilig (1897: 169); Baader (1979, 1: 185).

[1113] FEW (V: 457).

[1114] Pfälz. Wb. 4: 1073).

[1115] Baader (1979, 1: 215); ASS.

[1116] Schwäb. (Wb. 4: 1346).

[1117] Vgl. Schwäb. Wb. (4: 1346).

[1118] Schweiz. Id. (1: 163); vgl. auch die Form *Anke*, die vielleicht nur „auf lautlichem Wege erweitert" ist (Schweiz. Id. I: 345).

[1119] Schweiz. Id. (14: 6, 1765, 1782, 1783); vgl. auch Züricher (1902: 141).

[1120] Schmeller (1: 239).

[1121] Vgl. „des Wisl hàn I mie bámt" (Schmeller 1: 239). Vgl. BWB I, 991.

Freimals selbst vorkommt. Varianten sind ndb. *Bamaniß, Bannenöß, Baminus.*[1122]

Einige Spielbezeichnungen verweisen auf eine mit dem Anschlagmal verknüpfte Aufgabe, die der Suchende während der Wartezeit zu verrichten hat, anstatt sich mit verdeckten Augen hinzustellen und zu zählen. Beim *Stäbchenversteck* in Berlin wird eine Anzahl von Stäben aufgelesen und in einer bestimmten Ordnung hingelegt. Ein längerer Holzstab wird so an eine Kante des Rinnsteins oder einer Stufe vor der Haustür gelegt, daß ein Teil des Stabes hinausragt. Quer über diesen Stab werden neun kleinere Holzstäbe gelegt. Einer aus der Spielschar schlägt mit der Hand kräftig auf den hervorstehenden Teil des größeren Stabes, so daß die kleineren Stäbe in die Luft fliegen. Der oder die Sucher (maximal zwei) müssen die Stäbchen auflesen und in der gleichen Weise wieder hinlegen, während die Mitspieler sich verstecken. Ein Entdeckter wird abgeschlagen. Das Anschlagen erfolgt dadurch, daß der Aufbau zerstört wird.[1123] Das gleiche Prinzip liegt dem Versteckspiel frz. *la bûche* 'Scheiterhaufen' zugrunde. Drei Holzstäbe werden gegeneinander gelehnt, um sie beim Freischlagen mit dem Fuß wegzuschießen. Beim tirol. *Kandlstoßen*[1124] dient dazu eine *Kandel* 'ein Eimer', beim berl. *Ballverstecken* einfach ein Ball.[1125]

Auch Tiere zur Bezeichnung eines oder mehrerer Versteckter werden als Benennungsmittel herangezogen: Die Maus ist Benennungsmittel in nl. *piep-muis*[1126], der Hahn bzw. die Hühner in schlesw.-holst. *Hohn, Hohn, ik seh di*[1127] und nl. *coppen comt wt den hoecke*[1128], die Katze in frz. *chat, cat*[1129], der Hase in frz. *au cache lievre*[1130] und it. *a scondilepre*[1131], der Bär in graubünd. *jouar a l'uors*[1132] und der Wolf in frz. *au loup.*[1133]

[1122] Vielleicht liegt die Abstraktbildung *Bann-nis* oder ein substantivierter, genitivischer Infinitiv *Banne(n)-s* zugrunde. Vgl. auch BWB (I: 994); BWB 5/44, 35/5, 39/34.
[1123] Vgl. Peesch (1957: 41).
[1124] ASS.
[1125] Peesch (1957: 41f.).
[1126] Kilian (1591/1974: 401).
[1127] Schumann (o. J.: 60); Lehmann (1934: 306); ASS.
[1128] Junius (1567: 323).
[1129] Desrousseaux (1889: 202).
[1130] Fourrier (1963: 53).
[1131] Duez (1661: 483).
[1132] Masüger (1946: 118).
[1133] FEW (V: 457).

XII. Suchen und Fangen
im Dunkeln oder mit verbundenen Augen

Wie bereits ausgeführt, unterteilt Fischart die Spiele des Gargantua in solche „mit vnnd ohn Frawen", „mit vnd ohn das gesind" und schließlich auch in solche „bei Liecht vnd bei keim Liecht".[1134] Letztere, also Spiele im Dunkeln, sind allerdings kaum schriftlich bezeugt. Einige sollen nun aus sachlichen und sprachlichen Gründen zusammen mit den Spielen mit verbundenen Augen abgehandelt werden, wobei vier Typen angenommen werden: Beim „einfachen Suchen im Dunkeln" verstecken sich die Mitspieler, bevor der Hauptspieler seine Suche beginnt, und bleiben in ihren Verstecken, bis sie dort aufgefunden werden. Beim „Suchen und Fangen im Dunkeln" zeigen die Mitspieler dem Suchenden auf seine Aufforderung hin ihren Standort durch eine Lautäußerung an, wechseln daraufhin aber lautlos ihre Verstecke oder bewegen sich frei im Raum, wo sie dem Hauptspieler ungewollt in die Arme laufen können.

Auch beim „Suchen und Fangen mit verbundenen Augen" lassen sich mindestens zwei Spielarten unterscheiden. Die hauptsächlich verbreitete Spielweise ist die, daß der Spieler mit verbundenen Augen abwartet, bis er von einem der ihn umkreisenden Spieler gezupft wird, um dann blitzschnell zuzugreifen, kurz „Fangen mit verbundenen Augen" genannt. Nicht strikt davon zu trennen ist das „Suchen mit verbundenen Augen", das meist im Zimmer gespielt wird. Wie beim „einfachen Suchen im Dunkeln" verkriechen sich die Mitspieler und weichen möglichst lautlos aus, um nicht ertastet zu werden. Das Necken des Hauptspielers unterbleibt.

All diese Spielformen können um das Element des Personenratens erweitert sein. Die Durchführung, konkrete Details und Variationen dieser Spiele werden in den hier ausgewählten ikonographischen und schriftlichen Zeugnissen zum Teil sehr anschaulich geschildert.

[1134] Alsleben (1891: 259).

A. Die Bezeichnung gr. μυῖα χαλκῆ

Im Altgriechischen hieß das Fangen mit verbundenen Augen gr. μυῖα χαλ- κῆ 'eherne Fliege'. Es wird zum ersten Mal Mitte des 3. Jahrhunderts v. Chr. im bereits zitierten Fragment 9a des Mimus Ἀπονηστιζόμεναι des Herodas neben gr. χύτρα namentlich erwähnt.[1135]

Die früheste Beschreibung im 9. Buch, §123[1136] des *Onomastikon* von Julius Pollux aus dem 2. Jahrhundert n. Chr. lautet nach Grynaeus:

„*Musca ænea, fascia Pueri alicuius oculos obligantes, hic quidem conuertitur clamans, æneam uenabor muscam*: Hi uero respondētes, uenaberis, sed nō capies: funiculis ipsum cædunt, usque dum aliquē arripuerit".[1137]

[Beim Spiel *Eherne Fliege* verbinden die Jungen die Augen eines Mitspielers mit einer Binde. Dieser dreht sich um und ruft: „Ich werde eine eherne Fliege jagen!" Die anderen antworten: „Du wirst sie jagen, aber nicht erwischen!" und schlagen ihn solange mit kurzen Stricken, bis er einen von ihnen zu fassen bekommt.]

Statt Bastknüttel wie im griechischen Original ist in der Übersetzung die Rede von „kurzen Stricken", wie sie als Schlaggegenstand auch beim Spiel gr. σχοινοφιλίνδα Verwendung finden.

Wie aus dem überlieferten spieleinleitenden Dialog hervorgeht, ist das Spiel nach einem der zu fangenden Mitspieler benannt, der als gr. χαλκῆ μυῖα 'Eherne Fliege' angesprochen wird. Das Substantiv gr. μυῖα 'Fliege' läßt sich erklären, wenn man annimmt, daß die Situation des Fliegenfangens auf das Spiel übertragen wird, wobei die Mitspieler die Rolle der lästigen Fliegen übernehmen. Die Fliege ist in allen Sprachen ein Symbol der Zudringlichkeit und versinnbildlicht all das, was den Menschen ärgert und zornig macht. Lateinische Autoren wie Plautus und Cicero gebrauchen lat. *musca* als Bezeichnung eines neugierigen und zudringlichen Menschen. Diese Metapher lebt in it. und span. *mosca* fort.[1138]

Das attributive Adjektiv gr. χάλκεος 'ehern, kupfern, bronzen' ist schwieriger zu begründen. Deshalb erklärt Knox gr. μυῖα als eine „phanta-

---

[1135] Knox (1922: 402).

[1136] „ἡ δὲ χαλκῆ μυῖα, ταινίᾳ τὼ ὀφθαλμὼ περισφίγξαντες ἑνὸς παιδός, ὁ μὲν περιστρέφεται κηρύττων 'χαλκῆν μυῖαν θηράσω,' οἱ δ' ἀποκρινόμενοι 'θηράσεις, ἀλλ' οὐ λήψει' σκύτεσι βυβλίνοις [αὐτὸν παίουσιν, ἕως τινὸς αὐτῶν λάβεται.]" (Bethe 1931: 181).

[1137] Grynaeus (1536: 424).

[1138] Vgl. Riegler (1907: 252f.).

sievolle Paronomasie" zur weiter unten besprochenen Spielbezeichnung gr. μυΐνδα.[1139] Das zugehörige Adjektiv gr. χαλκῆ hält er für einen „arbitrary title to distinguish it from other forms of μυΐνδα". Lambin stellt gr. μυῖα ebenfalls zu gr. μυΐνδα, auch wenn er einräumt: „Mieux vaut sans doute, apparemment au mépris de l'étymologie, rapprocher μυῖα de μύειν ['blinzeln'] et de μυΐνδα ['Blinzelspiel']".[1140] Er begründet dies mit der Ähnlichkeit zwischen dem Spiel gr. χαλκῆ μυῖα und einem unter gr. μυΐνδα beschriebenen Spiel. Es handelt sich jedoch um zwei verschiedene Spiele, wie weiter unten gezeigt wird, deren Namen lediglich gleich anlauten.

Nach einem Kommentar des Eusthatius zur Ilias (XXI, 394) bezieht sich gr. χάλκεος auf die Farbe bzw. das metallische Schillern einer bestimmten Fliegenart. Am ehesten kommt die Hundsmücke oder Schmeißfliege in Frage, die auch als besonders zudringlich gilt. Der Ausdruck gr. χαλκῆ μυῖα ist in dieser Bedeutung jedoch nicht nachweisbar.[1141] Die Annahme läßt sich aber durch die Tatsache stützen, daß diese Fliegenart ngr. χρυσόμυγα 'Goldfliege, Goldkäfer' genannt wird. Ein Bezug der Bezeichnung gr. μυῖα χαλκῆ auf andere Insekten, wie Goldkäfer, Schmetterlinge oder Glühwürmchen, die die Kinder aufgrund ihrer prächtigen Farbe zu fangen versuchen[1142], begründet die Übertragung auf das Spiel weniger gut, da diese Tiere vom Menschen nicht als lästig empfunden werden.

Während eine Bezeichnung für das Fangen mit verbundenen Augen aus der römischen Antike nicht literarisch überliefert ist[1143], lebt die Benennung des Spieles nach der Fliege in ngr. τυφλόμυια 'blinde Fliege' und it. *mosca cieca* 'blinde Fliege'[1144] fort. In Italien ist dieser Ausdruck schon Mitte des 16. Jahrhunderts bezeugt. Der humanistische Gelehrte Petrus Victorius (Pietro Vettori) aus Florenz (1499–1585) widmet diesem Spiel

---

[1139] Knox (1922: 405).

[1140] Lambin (1975: 169).

[1141] In dem Werk *Nombres de insectos en griego antiguo* von Gil Fernandez (1959) erscheint der Ausdruck nicht.

[1142] Diese Meinung vertreten z. B. Becq de Fouquières (1869: 88), Vogt (1905: 577f.) und Lambin (1975: 170). Lambin interpretiert die Eusthatius-Passage so, daß gr. μυῖα χαλκῆ der volkstümliche Name des Goldkäfers sei.

[1143] Vgl. Väterlein (1976: 23). Die in lateinischen Unterrichtswerken anzutreffende Wendung *muscas captare* 'Mücken fangen, Blindekuh spielen' ist eine für schulische Zwecke gebildete, keine historisch nachweisbare, authentische Bezeichnung.

[1144] Vgl. AIS (IV: 743).

ein ganzes Kapitel seiner *Variarum lectionum libri*.[1145] Bereits in der Überschrift weist er auf dieses Spiel und seine griechische Herkunft hin. Sowohl im Griechischen als auch Italienischen sei es nach der gleichen Sache benannt, im Italienischen trete jedoch an die Stelle des Adjektivs lat. *a(h)eneus* 'ehern' das Adjektiv lat. *caecus* 'blind':

> „Ludus, qui nostra adhuc in gente à pueris frequentatur: *musca cæca* / vocatur, ostenditur à Graecis fluxisse: à quibus etiam / eodem nomine appellabatur.
>
> Lvdvs puerilis, qui in vsu veterum Græcorum erat, & in alias etiam terras manarat, vsque ad nostra tempora apud nos permansit, & quod non minus mirum est, quamuis diuersa lingua, ab eadem re nomen traxit: ipsum enim illi suo sermone χαλκῆν μυῖαν vocabant, vt testatur Pollux, qui in IX. libro Onomastici eum describit: omnémque rationem ipsius tradit: nostri vero pueri & ipsi *muscam* appellant: non tamen *aheneam*, sed *cæcam* [...]".[1146]

Das ursprüngliche Benennungsmotiv ist hier verlorengegangen, die Spielbezeichnung wird umgeformt und nachgedeutet, denn die Fliege wird auf den Hauptspieler bezogen, der verbundene Augen hat. Aus dem Plural wird folglich ein Singular und das Adjektiv *blind* tritt modifizierend hinzu.

B. Die Bezeichnung gr. μυΐνδα

Mit gr. μυῖα χαλκῆ wird vielfach die Spielbezeichnung gr. μυΐνδα 'Blinzelspiel' gleichgesetzt, die von gr. (κατα-) μύειν 'die Augen schließen, blinzeln' abgeleitet ist. Sie ist inhaltlich schwer zu bestimmen, da in den antiken Quellen nur knappe Beschreibungen überliefert sind, die außerdem auf verschiedene Spiele hinweisen. Pollux beschreibt im 9. Buch, §113[1147] seines *Onomastikon* unter gr. μυΐνδα drei mögliche Spielweisen. Die Stelle lautet nach Grynaeus wie folgt:

[1145] Vettori (1553: 229). Auf diese Quelle verweist der Jesuit Pontanus (1602: 390) in seinem Werk *Progymnasmatum latinitatis* und bemerkt „Et quod Italos musca caeca vocatur nec Germanis ignotum", nennt jedoch keine deutsche Spielbezeichnung.

[1146] Vettori (1553: 229).

[1147] „ἡ δὲ μυΐνδα, ἤτοι καταμύων τις 'φυλάττου' βοᾷ, καὶ ὃν ἂν τῶν [ὑπο]φευγόντων λάβῃ ἀντικαταμύειν ἀναγκάζει· ἢ μύσας τοὺς κρυφθέντας ἀνερευνᾷ μέχρι φωράσῃ. [ἢ καὶ μύσας, ἄν τις προσάψηται] ἢ ἐάν τις προσδείξῃ, μαντευόμενος [λέγει], ἔστ' ἂν τύχῃ" (Bethe 1931: 178). Vgl. auch den Eintrag im *Lexikon* des Hesych (Latte 2: 682, 1813).

„*Myinda* uero, quidam conniuens uoces obseruat, et quemqunque suffugentium arripuerit, statim hunc conniuere cogit, et co[n]niuentem occultatos, casu inuenire· síque quis conniuens attingat, aut aliquis praemonstret, diuinatur, num adeptus sit.[1148]

[Beim Spiel *Myinda* aber hört einer, der die Augen geschlossen hat, auf die Stimmen und wen von den Fliehenden er gefangen hat, den zwingt er, sofort die Augen zu schließen und seinerseits mit geschlossenen Augen die Versteckten durch Zufall aufzuspüren. Und wenn einer, der die Augen geschlossen hat, jemanden berührt, oder wenn einer auf jemanden zeigt, dann rät er, wen er erwischt hat.]

Die lateinische Übersetzung des Grynaeus ist wohl aufgrund einer verderbten Vorlage schwer verständlich und interpretierbar.[1149] Nach Grynaeus besteht die erste Spielart des gr.-lat. *myinda* genannten Spiels darin, daß einer mit geschlossenen Augen auf die Stimmen seiner Mitspieler achtgibt, während es im Griechischen heißt, daß derjenige, der die Augen geschlossen hat, *Obacht!* ruft. Die Beschreibung der ersten *myinda*-Variante deutet auf ein Fangspiel mit verbundenen Augen, für das es eigentlich den Ausdruck gr. μυῖα χαλκῆ gibt. Schon im 9. Jahrhundert findet sich eine Gleichsetzung dieser beiden Spielbezeichnungen im Lexikon des Photios:

„*Eherne Fliege* und *Blinzelspiel*: Art eines Spiels, bei dem die Spielenden die Augen schließen, während sie die Hände ausgestreckt haben, solange bis sie ergriffen werden".[1150]

Sie setzt sich über die altsprachlichen Wörterbücher vom 16. bis in die Forschungsliteratur des 20. Jahrhunderts fort.[1151] Beide Bezeichnungen sind ursprünglich voneinander geschieden, wie gezeigt werden soll.

Was für ein Spiel ist also dann unter der ersten *myinda*-Variante zu verstehen? Vogt nimmt ausgehend von dem Warnruf *Obacht!*, der eigens erwähnt ist und demnach eine wichtige Rolle spielt, ein Spiel an, bei dem sich einer die Hände vor die Augen hält und sich mit dem Gesicht zu einer

---

[1148] Grynaeus (1536: 422).

[1149] Vgl. hierzu die unten zitierte Übersetzung der Stelle von Gesner (1551: 821).

[1150] „μυῖα χαλκῆ καὶ μυΐνδα · παιδιᾶς εἶδος ἦν οἱ παίζοντες ἀποτετακότες τὰς χεῖρας ἐπιμύουσιν, ἕως ἂν λάβωνταί τινος" (Theodoridis 1982, I: 583, 580).

[1151] Vgl. z. B. Böhm (1916: 148) und Lafayes μυΐνδα-Eintrag (Daremberg/Saglio 3, 2: 2010). Diese angebliche Ähnlichkeit hat zu falschen Herleitungsversuchen der Spielbezeichnung gr. μυῖα χαλκῆ bei Knox (1922: 405) und Lambin (1975: 169) geführt.

Mauer dreht, während die Mitspieler hinter ihm stehen.[1152] Plötzlich ruft er *Obacht!*, dreht sich schnell um und versucht einen der Mitspieler, die bei diesem Ruf schnell auseinanderlaufen, zu erhaschen. Fängt er einen, tritt dieser an seine Stelle. Gelingt ihm dies nicht und sind die Mitspieler schon zu weit weggerannt, kehren alle an den Ausgangspunkt zurück und das Spiel beginnt von neuem.[1153] Unter dem Namen gr. δραπετίνδα ist eben dieses Spiel etwas ausführlicher im *Etymologicon Magnum* beschrieben:

> „*Drapetinda*: Name eines Kinderspiels; es ist eine Abart des *myinda* genannten Spiels, es heißt danach, daß eines der Kinder mit geschlossenen Augen ruft: Achtung! Vorsicht! Die anderen ergreifen die Flucht und geben acht, daß sie nicht gefangen werden. [Das *drapetinda* genannte Spiel] heißt danach, daß die Spielenden [dabei] laufen und fliehen".[1154]

Die zweite, unter *myinda* beschriebene Variante läßt sich als ein einfaches Versteckspiel bestimmen: ein Spieler, der die Augen zu Beginn des Spiels geschlossen hatte, muß die Versteckten auffinden.[1155] Für dieses Spiel gibt es die Bezeichnung gr. κρυπτίνδα.

Die dritte Spielbeschreibung ist wiederum problematisch, da der Ausgangstext unklar ist. Die Forschungsliteratur stimmt lediglich darin überein, daß es sich um ein Ratespiel handeln muß. Im einzelnen wird die Stelle ganz unterschiedlich erklärt. Die lateinische Übersetzung des Grynaeus ergibt wenig Sinn, weil die Sätze syntaktisch unvollständig sind. Etwas klarer wird die Stelle, wenn man den μυΐνδα-Eintrag bei Hesych hinzuzieht.[1156] Demnach ist μυίνδα ein Kinderspiel, bei dem einer mit geschlossenen Augen etwas Gefragtes erraten soll, bis es ihm gelingt; hat er falsch geraten, so darf er aufblicken, muß dann aber wieder die Augen schließen, um weiterzuraten. Ob es sich um das Raten von Personen oder

---

[1152] Vogt (1905: 584f.).

[1153] Kuiper (1912: 45f.) interpretiert das Spiel dagegen als eine Kombination aus Fangen und Verstecken. Davon, daß die Entwischten von dem Obacht-Rufenden in ihrem Versteck aufgesucht werden, wird im Pollux-Text jedoch nichts gesagt.

[1154] „Δραπετίνδα· ὄνομα παιδιᾶς· ἔστι δὲ τῆς μυΐνδα καλουμένης τρόπος. Εἴρηται δὲ παρὰ τὸ τῶν παίδων ὁ μέν τις μύει τοὺς ὀφθαλμοὺς βοῶν · Τηροῦ, φυλάττου, οἱ δὲ ἄλλοι φεύγουσι, φυλασσόμενοι τοῦ ἀγρευθῆναι. Εἴρηται παρά τὸ δραπετεύειν καὶ φεύγειν τοὺς παίζοντας αὐτήν" (Gaisford 1848: 286, 48–53).

[1155] Vgl. dazu Vogt (1905: 584).

[1156] „μυίνδα παιδιά τις οὕτω καλουμένη ἀπὸ τοῦ συμβαίνοντος· καταμύων γάρ τις τὸ ἐρωτώμενον ἀποφαίνεται σχεδιάζων, ἕως ἂν ἐπιτύχῃ· ἐὰν [δὲ] ἁμαρτὼν ἀναβλέψῃ, πάλιν καταμύει" (Latte 2: 683, 1815).

von Gegenständen handelt, geht aus diesem Beleg nicht hervor.[1157] Nach einer Ergänzung von Theognost wurde entweder gefragt „Was ist das?" oder „Wieviel ist das?"[1158] Demnach mußte ein Spieler mit geschlossenen Augen etwas erraten, das ein anderer hochhielt oder worauf dieser zeigte.[1159] Die Frage „Wieviel ist das [was ich in der Hand habe]?" kann sich auf Spielobjekte wie Münzen, Steinchen, Nüsse, Bohnen etc. beziehen, die der Ratende, falls er die richtige Anzahl nennt, gewinnen kann. Vielleicht mußte er auch die Anzahl der von dem anderen in die Höhe gestreckten Finger erraten wie beim Spiel *Wieviel Hörner hat der Bock*[1160]. Dann wäre es mit dem Spiel gr. ποσίνδα identisch.[1161]

Auch in der von Pollux umschriebenen dritten μυΐνδα-Variante kommt es darauf an, eine Person zu erraten. Es kann sein, daß derjenige, der nichts sehen kann, die zu erratende Person selber bestimmt[1162] oder daß diese von einem Mitspieler ausgewählt wird.[1163] Im ersten Fall würde dies voraussetzen, daß der Betreffende die Augen nicht einfach schließt, sondern verbunden hat oder anders am Sehen gehindert wird. Hat er eine Person ausgewählt, indem er z. B. mit einem Stock auf jemanden aus dem Kreis zeigt oder sich jemandem auf den Schoß setzt, darf er die zu erratende Person nach hilfreichen Kennzeichen abtasten. Einen zusätzlichen Hinweis kann er sich dadurch verschaffen, daß er sie auffordert, einen Laut von sich zu geben. Vogt schlägt vor, das Spiel lediglich als eine Erweiterung und Erschwerung des Spiels gr. μυῖα χαλκῆ anzusehen, indem zum Fangen eines Mitspielers noch das Erraten seines Namens tritt.[1164] Dafür, daß es sich bei diesem Spiel doch um einen eigenständigen Typ handelt, in dem das Fangen wegfällt und nur das Erraten einer Person

---

[1157] In einer römischen Grabkammer, dem Kolumbarium in der Via Portuense in Rom aus der Mitte des 2. Jh. n. Chr., zeigt ein Fresko drei Jugendliche, von denen einer sich die Hände vor die Augen hält. Eine Frau steht ihm gegenüber und reicht ihm die Arme entgegen. Die Rolle des dritten Spielers ist unklar. Der Spieltyp läßt sich nicht genau bestimmen (vgl. Abb. bei Fittà 1998: 24).

[1158] Vgl. Vogt (1905: 579); Bekker (1814: 1353).

[1159] Vgl. Vogt (1905: 579).

[1160] Vgl. zu diesem Spiel den Aufsatz *Some Notes on The Guessing Game, 'How Many Horns Has The Buck'?* von Brewster (1943).

[1161] Vgl. Vogt (1905: 580).

[1162] Vgl. das Spiel *Stille Blindekuh* (Guthsmuths 1796: 224f.).

[1163] Vgl. eine Spielart von frz. *Colin Maillard* (Gutsmuths 1796: 225f.).

[1164] Vgl. Vogt (1905: 581).

Fang- und Versteckspielbezeichnungen 235

sowie die Art und Weise, wie dies geschieht, wichtig ist, könnte man einwenden, daß an anderer Stelle unter dem Namen gr. ψηλαφίνδα möglicherweise das gleiche Spiel belegt ist. Der aus Bithynien stammende Lexikograph und Zeitgenosse des Pollux Phrynichus beschreibt das Spiel so:

> „Pselaphinda ist ein Spiel, bei dem einer die Augen verbunden hat und die [Mitspieler] im Kreis berührt und von jedem den Namen sagt".[1165]

Kuiper und Böhm dagegen lesen die fragliche Stelle so, daß ein Spieler seine Augen schließen und danach durch Raten denjenigen benennen muß, den ein Mitspieler zuvor berührt oder auf den er gezeigt hat.[1166] Laut Kuiper muß der Betreffende die Augen nur zu Beginn schließen oder kurz das Zimmer verlassen, bis einer von den Mitspielern zum Erraten bestimmt wird.[1167] Es könnte sich dann aber auch um eine Form des Auslosens handeln, wie sie als Vorbereitung zu verschiedenen Spielen wie dem bereits erwähnten *Puckversteck* vorkommt. Dabei muß sich ein Spieler bücken, ein zweiter hält ihm die Augen zu und ein dritter klopft auf seinen Rücken und deutet dann auf einen der umstehenden Mitspieler mit der Frage, wer das sei. Rät er richtig, muß dieser eine bestimmte Aufgabe übernehmen, wenn nicht, muß er weiterraten.

In der Bezeichnung gr. μυΐνδα könnten demnach drei, zieht man die Beschreibung des Hesych hinzu, vier verschiedene Spiele zusammenfallen, denen die Tätigkeit des Augenschließens, gr. μύειν, gemeinsam ist. Für diese ließe sich jeweils noch ein anderer Name nachweisen:

gr. μυΐνδα (Pollux [1.])	gr. δραπετίνδα	'Lauf-Reaktionsspiel'
gr. μυΐνδα (Pollux [2.])	gr. κρυπτίνδα	'einfaches Verstecken'
gr. μυΐνδα (Pollux [3.])	gr. ψηλαφίνδα	'Personen-Raten'
gr. μυΐνδα (Hesych)	gr. ποσίνδα	'Gegenstände-Raten'

Ob sich die Bezeichnung gr. μυΐνδα ursprünglich allein auf eines der vorgestellten Spiele bezogen hat, und wenn ja, auf welches, läßt sich nicht entscheiden. Vermutlich hat sie Pollux als eine Art Oberbegriff angesehen und die ihm bekannten Spiele, in denen das Augenschließen eine Rolle spielt, darunter zusammengestellt. Offensichtlich gab es für jedes dieser

---

[1165] „ψηλαφίνδα· παιδιά τίς ἐστιν, ἑνός τινος δεδεμένου τοὺς ὀφθαλμοὺς καὶ τοὺς ἐν κύκλῳ ψηλαφῶντος καὶ λέγοντος ἑκάστου τοὔνομα" (Bekker 1814, I: 73).
[1166] Vgl. Kuiper (1912: 49) und Böhm (1915: 148).
[1167] Vgl. Kuiper (1912: 49f.), der dieses Spiel selbst unter dem Namen nl. *naar de vriend raten* kennt.

Spiele aber auch eine spezifische Bezeichnung. Die Bedeutung 'Fangspiel mit verbundenen Augen', für die es den Ausdruck gr. μυῖα χαλκῆ gibt, wäre demnach erst sekundär.

C. Volkssprachliche Äquivalente zu gr.-lat. *myia* und *myinda*

Die beiden griechischen Spielbezeichnungen gr. μυῖα χαλκῆ und gr. μυΐνδα finden seit dem 16. Jahrhundert in latinisierter Form Aufnahme in altsprachlich-volkssprachliche Lehrwerke. Häufig werden sie synonym verwendet, insgesamt überwiegt jedoch die Ansetzung von gr. μυΐνδα bzw. lat. *myinda* gegenüber der undurchsichtigeren Bezeichnung gr. μυῖα (χαλκῆ) bzw. lat. *musca aenea* und sonstigen Spielbezeichnungen. Dies kann mit der lexikographischen Tradition zusammenhängen, es kann aber auch ein Indiz dafür sein, daß dieses Spiel besonders bekannt und verbreitet war. Gr.-lat. *drapetinda* wird nur selten angesetzt. Während Reyher gr.-lat. *drapetinda* in seinem *Thesaurus* mit *myinda* synonym setzt[1168], unterscheidet Frischlin in seinem *Nomenclator* gr. μυΐνδα und gr. δραπετίνδα, das er mit d. *Atzelbergen* 'Elsterbergen?' angibt.[1169] Lat. *drapetinda* ist das einzige Spiel, das Johannes Fungerus (Jan Fongers), Rektor des Gymnasiums in Leeuwarden, seiner Erziehungslehre *De puerorum disciplina et recta institutione liber* von 1580 für zulässig hält, wohingegen er ausgelassene Tänze, das „Spiel der Empusa" und das Schaukeln nicht billigt:

> „Nec probo lascivum cordacismum, & Atellanas saltationes, aut Polyphemi tetranelo, vel Empusae Ludum. Propter periculum oscillum rejicio, drapetinda verò admittitur".[1170]

Wie der von den humanistischen Lexikographen am häufigsten rezipierte Eintrag in Junius' *Nomenclator* von 1567 zeigt, wird die Bezeichnung *myinda* nur in der Bedeutung 'Fangspiel mit verbundenen Augen' aus dem Griechischen übernommen:

> „*Myinda*, vbi obstructis pileo tæniaúe luminibus, fugientes tantisper exquirit, pulsatus interim, dum præhenderit aliquem. μυΐνδα Polluci, χαλκῆ μυῖα Hesych. B. T'blindeken/ t'blindenspel/ syckernoemken, vel haegercour".[1171]

[1168] Reyher (1668, 1: 2015).
[1169] Frischlin (1594: 480).
[1170] Fongers (1699: 309).

Fang- und Versteckspielbezeichnungen   237

Dies ist wohl auf eine seiner Quellen, der *Historia animalium* des Schweizer Arztes Conrad Gesner aus dem Jahr 1551 zurückzuführen, der im Kapitel *De mure* 'Über die Maus' auf das *myinda* genannte Spiel eingeht. Zunächst teilt Gesner eine lateinische Beschreibung mit:

> „*Myinda*, genus est ludi [...] in quo aliquis conniuentibus oculis (pileo aut fascia obuelatis) alta uoce colludentibus ut sibi caueant designat, & mox circumiens si quem (discurrentium) apprehenderit, pro se conniuere cogit. Aut conniuens caeteros quaerit abscondidtos, donec aliquem inueniat: aut conniuens (sedendo) quis ipsum attigerit diuinat".[1172]

[*Myinda* ist ein Spiel, bei dem einer mit geschlossenen Augen (sie werden mit einer Mütze oder Binde verhüllt) die Mitspieler mit lauter Stimme warnt, daß sie sich in Acht nehmen sollen. Wenn er bald darauf herumgeht und einen (der Herumlaufenden) ergriffen hat, muß dieser an seiner Stelle die Augen schließen. Oder der, der die Augen geschlossen hat, sucht die übrigen, die sich versteckt haben, solange, bis er einen findet. Oder der, der die Augen geschlossen hat, errät (im Sitzen), wer ihn berührt hat.]

Das erste *myinda*-Spiel überträgt Gesner so aus dem Griechischen, daß es der Beschreibung nach dem Fangen mit verbundenen Augen entspricht. Das Verb lat. *connivere* 'die Augen schließen' präzisiert Gesner in Klammern mit dem Hinweis, daß die Augen mit einer Kappe oder einer Binde verhüllt werden. Der Spieler mit verbundenen Augen kündigt sein Kommen mit lauter Stimme an, wobei diese Ankündigung eigentlich typisch für das Versteckspiel ist. Beim zweiten *Myinda*-Spiel handelt es sich wie bei Pollux um ein einfaches Versteckspiel und bei der dritten Variante um ein Schlagratespiel. Gesner bemerkt, daß alle diese Arten auch von den Kindern in der Schweiz gespielt würden, und nennt nun die Namen ihrer Spiele mit verbundenen Augen:

> „primum praecipue *myindam* vocant, *blintzenmüßlen*: alterum *ich sitzen* tertius ita fere usurpatur, ut sedentis alicuius a tergo astans aliquis oculos manibus obnubat, & reliqui singulatim capillos sedentis retro uellicent: quod si recte diuinauerit à quo sit uulsus, liberatur eo qui uellicauit substituto".[1173]

[Zu *Myinda* sagen sie in der ersten Spielart vor allem *Blintzenmüßlen*, die zweite nennen sie *Ich sitzen*, die dritte geht ungefähr so, daß einer, der an der Rück-

---

[1171] Junius (1567: 323). In seinem *Lexicon Graeco-Latinum* (1548: o. S.) beschreibt Junius das Spiel unter gr. μυῖα χαλκῇ als „lusus genus, quo pueri obductis oculis, protentisque manibus tantisper obambulat dum aliquem prehendat. dicitur & μυΐνδα".

[1172] Gesner (1551: 821).

[1173] Gesner (1551: 821).

seite eines Sitzenden steht, dessen Augen mit den Händen zuhält. Die übrigen zupfen einzeln die Haare des Sitzenden von hinten: Wenn er richtig errät, von wem er gezupft wurde, wird er befreit und durch den, der ihn gezupft hat, abgelöst.]

Blintzenmüßlen ist demnach eine alemannische Spielbezeichnung für das Fangen mit verbundenen Augen. *Ich sitzen* bezeichnet ein Personenratespiel, bei dem der Spieler mit verbundenen Augen die Person erraten muß, auf deren Schoß er sich gesetzt hat. Es ist nach dem bis in die Gegenwart überlieferten Beginn des Spruches *Ich sitz, ich sitz* benannt, den der Spieler mit verbundenen Augen aufsagt, sobald er sich auf einem Mitspieler niedergelassen hat:

> „Ich sitz, ich sitz auf einem Tisch, / und hab' die ganze Nacht gefischt / Und habe nichts gefangen. / Die Stimm heraus!"[1174]

Gesner fügt die Infinitiv-Endung *-en* hinzu und bildet so die Spielbezeichnung *Ich sitzen*. Das dritte Spiel, für das Gesner keine deutsche Bezeichnung angibt, kann umschrieben werden als „Schlagraten im Sitzen". Statt eines Schlägers muß derjenige, der einen an den Haaren gezupft hat, erraten werden. Gesner faßt zusammen, daß *myinda* auf drei Arten gespielt werden kann: erstens, indem man umherläuft, zweitens, indem man sitzt, und drittens, indem man einen triezt:

> „Sic triplex est myinda, ambulatoria, sedentaria, & uulsoria".[1175]

Der Ausdruck *der Blinzelmaus* findet sich als alleiniges deutschsprachiges Äquivalent für lat. *myinda* nur noch in Zehners *Nomenclator latino-germanicus* von 1622, in dem auch die Etymologie von *myinda* diskutiert wird:

> „Myinda enim dicitur à, μῦς mus: vel quod malim, à μύω, conniveo, sive oculos claudo".[1176]

Schon 1587 weist Basilius Faber in seinem in Leipzig erschienenen Werk *Epitome qvattvor librorvm Conradi Gesneri de historia animalivm, qvadrvpedvm, viviparorvm, aqvatilivm et volatilivm* darauf hin, daß einige

---

[1174] Meier (1851: 105). Zu bair. *I sitz, i sitz* als Name eines Bauernstubenspiels vgl. Gerauer (1955: 13). Zu diesem Spieltyp und seine Namen vgl. auch *Spinkelwinkel*.

[1175] Gesner (1551: 821).

[1176] Vgl. Zehner (1622: 361), der den ersten Teil der lateinischen Pollux-Übersetzung durch Grynaeus von 1536 wörtlich übernimmt.

Deutsche *blintzmeuslin* zu *myinda* sagen, andere dagegen *der blinden kuhe spiel*:

„Germani quidam, *blintzmeuslin/* vocant, Alii der *blinden kuhe* spiel".[1177]

In den Lehrwerken finden sich neben anderen synonym gesetzten Äquivalenten die Formen *blintze mauß*[1178] und *blin(t)zelmauß*.[1179]

Einige altsprachliche Werke geben als deutschsprachiges Äquivalent die noch zu besprechenden Bezeichnungen *Blindmausen, Blindemäus* oder *Blindemaus* für gr.-lat. *myinda* bzw. *myia* an. Camerarius nennt in seinem *De gymnasiis dialogus* von 1536 die Spielbezeichnung lat. *caecus musculus* 'blindes Mäuschen', allerdings nur in ihrer ins Lateinische übersetzten Form, und weist auf die entsprechende antike Bezeichnung *aenea musca* hin:

„PV. Veteris ea [motoria ludicra] sunt moris Græci, consentanea ferè cum nostro, qualibus ille se dicit potißimum delectari. Ludimus *cæcum* igitur *musculum*, sic enim uocant, cum unus in medio occlusis oculis, circuncursitantes et uellicantes alios captat. Veteribus fuisse æneam muscam dicit".[1180]

[Knabe: Die Bewegungsspiele entsprechen alter griechischer Sitte, sie stimmen mit den unsrigen fast überein. An ihnen, sagt unser Lehrer, habe er den meisten Spaß. Wir spielen also *blindes Mäuschen*, so nämlich nennen sie es, wenn einer in der Mitte mit geschlossenen Augen die anderen, die um ihn herumlaufenden und ihn necken, fängt. Die Alten haben das Spiel *Eherne Fliege* genannt, sagt unser Lehrer.]

Der kurz nach der Siberschen Bearbeitung in Augsburg erschienene *Nomenclator* von Schenck aus dem Jahr 1571 verzeichnet unter *myinda* nur *Blinden mausen*.[1181] Da er die Sibersche Bearbeitung so benutzte, „daß er alle jene meißnischen Worte, soweit er sie in Bayern verstanden glaubte, aufnahm"[1182], läßt sich aus der Tatsache, daß er die bei Siber belegte *blinde Khue* nicht übernimmt, folgern, daß sie zu diesem Zeitpunkt (im letzten Drittel des 16. Jahrhunderts) im Oberdeutschen noch nicht bekannt war.

Nicodemus Frischlin erwähnt das Spiel im Kapitel *De Ludis, et rebus ludicris* seines griechisch-lateinisch-deutschen *Nomenclator* von 1586:

[1177] Faber (1587: 11).
[1178] Volckmar (1613: 589).
[1179] Duez (1656: 69/553); Reyher (1668, 2: 4463); Pomay (1715: 710).
[1180] Camerarius (1549: 77).
[1181] Schenck (1571: 147).
[1182] Ludin (1898: 6).

„μυΐνδα, χαλκῆ μυία, Myinda, *Blindermaussen*".[1183]

1632 nimmt Schönsleder die Bezeichnung *Blinde Maus* in sein *Promptuarium germanico-latinum* auf, wobei er der Beschreibung im *De gymnasiis dialogus* von 1536 des Joachim Camerarius folgt:

> „*Blinde maus/* genus ludi: cum unus in medio occlusis oculis circumcursitantes [et] vellicantes alios captat. Veteribus aenea musca Joach. Camer."[1184]

In dem *Teutsch-lateinischen Wörterbüchlein* von 1722 aus Nürnberg zeigt das vierte Bild der mittleren Spalte den Spieler mit verbundenen Augen und vorgestreckten Händen.[1185] Darunter steht: *Myia [...]. Myinda.* Im fünften Bild tritt ein zweiter Spieler dazu, den der Spieler mit verbundenen Augen gerade zu ergreifen scheint:

> „*Blinder=mäus spielen* Myiam venari ['die Fliege jagen']".[1186]

Den frühesten lexikographischen Beleg für die Spielbezeichnung *Blinde Kuh* enthält das 20. Kapitel *Instrvmenta. Lvsoria*[1187] der Leipziger *Nomenclator*-Bearbeitung durch Adam Siber aus dem Jahr 1570. In diesem für den Schulunterricht bestimmten Auszug, der dem regionalen Sprachgebrauch Rechnung trägt[1188] und alle Worte aus dem obersächsischen Sprachschatz eigens mit einem Stern markiert[1189], wird auch *blinde Kuh* als ein ostmitteldeutscher Ausdruck ausgewiesen:

> „Myinda, **Die blinde Khue*".[1190]

[1183] Frischlin (1594: 480).

[1184] Schönsleder (1632: o. S.).

[1185] Vgl. Anhang, Abb. 1.

[1186] *Teutsch-lateinisches WörterBüchlein* (1722: 140).

[1187] Anders als Junius (1567) teilt Siber das Spielkapitel auf in *Instrumenta lusoria*, also 'Spielzeug, Spielgerät', und *Ludicra*, worunter die Spielleute und Gaukler mit ihrem Gerät fallen.

[1188] Vgl. Ludin (1898: 6).

[1189] „Observandum: Quae latina vocabula stellulam praefixam habent, ex alio bonis auctoribus ad Juniana adiecta: Germanica vero ad dialecti nostrae rationem, et consuetudinem sunt mutata" (Siber 1570: Vorwort).

[1190] Siber (1570, Pars prior: o. S.). Ebenso lautet auch der Eintrag in den unter dem Titel *Gemma gemmarum* erschienenen, bedeutend vermehrten und verbesserten Ausgaben von 1575 und 1578, in die auch andere Bewegungsspiele aufgenommen sind.

In den Auflagen aus dem Jahr 1588 und 1607 wird der Eintrag um lat. *caecus musculus* 'blindes Mäuschen' aus dem *De gymnasiis dialogus* des Camerarius von 1536 erweitert:

„Myinda, Coecus musculus, *Die blinde Kuh*".[1191]

Vogel gibt 1621 in seinem in Leipzig erschienenen Werk *Ephemerides totius linguae latinae* unter gr.-lat. *myia* den Ausdruck *der blinden Kuh Spiel* an:

„Myia, ae, Fliege/ Item, *der blinden Kuh Spiel*".[1192]

Dentzler weist *Die blinde Kuh* in seiner *Clavis linguae latinae* von 1666 unter *myinda* als ein Kinderspiel aus.[1193]

Theodor Spieser fügt in seinem *Novum lexicon universale* von 1700 als Synonym *das blintzenmausen* hinzu:

„Myia, ae vel/ Myinda, ae f. Gr. Ein Kinderspiel/ *die blinde Kuh*/ das blintzenmausen".[1194]

Unter *blinde Kuh* verweist der schlesische Lexikograph Steinbach in seinem *Vollstaendigen Deutschen Wörter-Buch* auf lat. *myinda* und paraphrasiert das Spiel mit „velatis oculis alios capere". Dazu setzt er synonym *Blintzelkuh*.[1195]

Der aus Sachsen stammende Benjamin Hederich (1675–1748) trägt 1739 im *Lexicon manuale latino-germanicum* unter *musca* ein:

„*[musca] aenea*, ein Kinderspiel, da sie einem die Augen zubinden, und er also einen anderen haschen muß, die blinde Kuh".[1196]

Da *myinda* eines der Spiele ist, die Comenius in das 96. Kapitel *De ludicris* seiner *Janua aurea linguarum reserata* aufnimmt, lassen sich in den Bearbeitungen und Übersetzungen volkssprachliche Belege für dieses Spiel, überwiegend für die Bezeichnungen *blinde mäuß* und *blinde kuhe*

[1191] Siber (1607: 119). Diesen Eintrag übernimmt Calvisius (1610: Sp.1501).
[1192] Vogel (1621: 205).
[1193] Dentzler (1666: 393).
[1194] Spieser (1700: 699).
[1195] Vgl. Steinbach (1734: 944).
[1196] Hederich (1739: 599).

erheben.[1197] Vereinzelt kommen daneben auch nur kleinräumig geltende Bezeichnungen wie schweiz. *finsternegelen* vor.[1198]

Einige deutsche Spielbezeichnungen sind in der lexikographischen Literatur nur einmal belegt. So findet sich 1588 in Horsts *Nomenclator*-Bearbeitung der echt niederrheinische Ausdruck *blinder Mann* neben der meißnischen, von Siber 1575 übernommenen Variante *Die blinde Kue* in der Kölner *Nomenclator*-Bearbeitung:

„Myinda, Die blinde Kue/oder *blinden Mann* spielen".[1199]

Nikolaus Volckmar, Lehrer am Danziger Gymnasium, führt in der zweiten Auflage des lateinisch-deutsch-polnisch-griechischen *Dictionarium quatuor linguarum* aus dem Jahr 1613 neben poln. *ślepa baba*, d. *die blinde kue* und d. *blintze mauß* auch die bereits unter den Versteckspielen behandelte Bezeichnung d. *spinckel winckel* an:

„Myinda, ae, die *blinde kue*/ blintze mauß/ spinckel winckel. P. ślepa bábá".[1200]

Hederich nennt in seinem *Lexicon manuale latino-germanicum* von 1739 unter *myinda* neben *blindekuh* noch *das Mäuschen*:

„Myinda [...] das *Mäusgen*, die blinde Kuh, Art eines Spiels [...]".[1201]

Eine weitere, sonst nicht belegte Bezeichnung hat Redinger 1662 in seiner ins Deutsche übertragenen und mit *monatlichen Spielen gemehrten* Ausgabe des *Vestibulum* von Comenius festgehalten. Für den Monat Februar sieht Redinger ein Spiel vor, das er *Blindekuh*, *Blinzenmausen* und *Litzel* nennt.[1202] Der Spieler mit verbundenen Augen heißt *die blinde kuh* oder *lizel* und lat. *myinda*. Da Redinger bestrebt ist, möglichst mehrere dialektale Varianten aufzunehmen, ist schwer zu sagen, welche Bedeutung *Litzel* 'kleines, verschmitztes Kind', 'Schlauberger' oder 'Teufel?' hier hat.[1203]

Das Gespräch zwischen *Rubrecht*, *Difig* und *Markman* gibt den Spielverlauf unmittelbar wieder. Dabei werden nicht nur die wesentlichen

---

[1197] Vgl. Duez (1640), Mochinger (1633), Simon (1656), Docemius (1657) und die lateinisch-italienisch-böhmisch-deutschen Ausgabe von 1664.
[1198] Vgl. Spleiss (1667); Schweiz. Id. (4: 697).
[1199] Horst (1588: 176).
[1200] Volckmar (1613: 589).
[1201] Hederich (1739: 617). Unter *musca* trägt er *Blinde Maus* ein.
[1202] Das Gespräch ist im Textanhang vollständig wiedergegeben.
[1203] Vgl. DWB (6: 1356); Schmeller (1: 1549); Schles. Wb. (2: 815; 830).

Spielelemente genannt, wie das Auszählen des Fängers, das Augenverbinden und das Erraten des Gefangenen anhand äußerlicher Merkmale, sondern auch einige lustige Spielszenen herausgegriffen. So rät Markman dem Fänger, nach rechts auszuweichen, damit er nicht anstößt, und lenkt ihn damit genau auf einen unliebsamen Mitspieler. *Rubrecht* lockt den Fänger zu sich, wird dann aber auch prompt ergriffen. Sein Wehklagen darüber, daß das Tuch zu fest angezogen sei, wird geflissentlich überhört, schließlich ist er für seine Hintertriebenheit bekannt. Bei einem zweiten Spielgang unterbleibt das Reden während des Spiels und es werden sogar die Schuhe ausgezogen, um dem Fänger keine Anhaltspunkte zu geben.

Seit Mitte des 17. Jahrhunderts häufen sich die Einträge, in denen mehrere deutsche Äquivalente synonym angegeben werden. Duez faßt in seinem *Dictionarium Gallico-germanico-latinum* die Spielbezeichnungen *blinde Kuh, blinde Maus* und *Blinzelmaus* zusammen:

> „*Blinde kuhe* spielen/ *blinde mauß* oder *blinzelmauß* spielen, jouër à bander les yeux/ où à l'aveugle, Myindâ ludere".[1204]

Als Entsprechungen zu gr.-lat. *myia* und *myinda* wurden also die folgenden Bezeichnungen ermittelt: Mitte des 16. Jahrhunderts begegnen im süddeutschen Sprachraum die aus den Bestandteilen *blind* und *maus* zusammengesetzten Spielbezeichnungen lat. *caecus musculus* (in latinisierter Form) (Camerarius 1549), *Blinden mausen* (Schenck 1571), *Blindermaussen* (Frischlin 1594), *Blinde maus* (Schönsleder 1632, Duez 1656) und *Blinder=mäus spielen* (*Teutsch-lateinisches Wörterbüchlein* 1722).

Ebenfalls seit der Mitte des 16. Jahrhunderts sind Bildungen mit *Blinzel-* als Erstglied z. B. im Alemannischen und Thüringischen nachweisbar: *Blintzenmüßlen* (Gesner 1551), *blintzmeuslin* (Faber 1587), *blintze mauß* (Volckmar 1613), *der Blintzelmaus* (Zehner 1622 u. a.) und *Blinzenmausen* (Redinger 1662, Spieser 1700).

Im 16. Jh. noch deutlich auf das Ostmitteldeutsche beschränkt ist die Fügung *blinde Kuh* in den Formen *die blinde Khue* (Siber 1570)[1205], *der blinden kuhe spiel* (Faber 1587, Vogel 1621) und *Blindekuh* (Redinger 1662).

Nur einzeln belegt sind die Bezeichnungen omd. (schles.) *Blintzelkuh* (Stieler 1691; Steinbach 1734), wmd. (rip.) *blinder Mann* (Horst 1588),

---

[1204] Duez (1656: 69/553).
[1205] Vgl. auch Volckmar (1613), Dentzler (1666), Spieser (1700) und Hederich (1739).

omd. (sächs.) *das Mäusgen* (Hederich 1739), wobd.? *Litzel* (Redinger 1662), wobd. (schweiz.) *finsternegelen* (Spleiss 1667) und ondd. (preuß.) *spinckel winckel* (Volckmar 1613).

D. Die Bezeichnung *Blinde Mäuse* (*Blindmausen, Blinzelmaus, Blinzelmausen*)

Wie gezeigt wurde, ist die Bezeichnung *Blinde Mäuse* oder *Blinde Mäus* mit apokopiertem *e* lexikographisch seit Mitte des 16. Jahrhunderts belegt. In literarischen Quellen ist sie mit ihren Varianten jedoch deutlich früher und auch in anderen Bedeutungen überliefert.

1. Bedeutungen

a) 'Sich zum (unerlaubten) Geschlechtsverkehr zurückziehen'

In den frühesten Belegen begegnet der Ausdruck *Blinde Mäus spielen* als Metapher für 'sich zum (unerlaubten) Geschlechtsverkehr zurückziehen'. Diesen Sinn läßt Meister Altswert in seiner um 1380 verfaßten Spiele-Aufzählung innerhalb der Minneallegorie *Der Tugenden Schatz*, in dem die Bezeichnung in den Formen *[Zwei spielten] blinds músen* (Hs. A), *blinder músen* (Hs. B) und *blinden rüssen* (Hs. C)[1206] zum ersten Mal erwähnt ist, bewußt anklingen.

Auch in der Minneallegorie *Die Mörin* aus dem Jahr 1453 von Hermann von Sachsenheim (um 1366–1458), der aus einem schwäbischen Adelsgeschlecht stammte, wird die Spielbezeichnung *der blinden müßen* als sexuelle Metapher verwendet. Der in das Reich der Königin Venus-Minne entführte Ich-Erzähler gerät in einen Streit mit deren Zögling, einem jungen Ritter. Als dessen besondere Stellung im Hofgesinde der Frau Venus hervorgehoben wird, entgegnet der Entführte spöttisch:

[1206] Vgl. Textanhang, Nr. 43.

„Ich sprach da schlach als vnglück zuo / Er möcht ir ouch zuo haimlich sin / Ich waiß ouch vil winckelin / Da man der *blinden müßen* spilt[1207] / Haut mir der tuffel her gezilt / Wie bin ich kommen in diß not".[1208]

Häufig kommt das *Blinde-Mäus*-Spiel in dieser Verwendung in der Schwankliteratur vor. Ein Schwank aus Heinrich Steinhöwels Übersetzung des *Decamerone* um 1460 handelt davon „Wie eyn pfaff fraw Belcore beschlafet vmb des willen ir ein korrock czuo pfande laßt nach dem von ir eyn mörser entnymet vnd den ir wider heym schicket vnnd seinen korrock fodern laßt den er ir vmb des morsers willen hab zuo pfand vnd gedächtnuß gelassen den […] im die guot frawe in grossem zoren wider gab". Am Ende aber vertragen sich Frau Belcore und der Pfarrer „mit gewalt des süssen mostes" wieder, „darnach zuo manchmalen in dem stal der *plinden meuß* spilten […]".[1209]

In dieser Bedeutung ist *der blinden mäus miteinander spielen* noch belegt in Martin Montanus' *Schwankbüchern* (1557–1566)[1210] und in Michael Lindeners *Rastbuechlein*.[1211] Auch im Kapitel „De virginibus theses inaugurales" der *Facetiae Facetiarum* von 1657 wird das Spiel *Blinde Mäuß* ironisch zu den „Christlichen Spielen" gerechnet.[1212]

So erklärt sich schließlich auch *Blinzel=Mauß* als Titel eines 1660 veröffentlichten Liebesliedes von Erfurters Kaspar Stieler (Filidor der Dorfferer) aus der *Geharnschten Venus*[1213], in dem die Schäfermagd Florinde um „Zucht und Ehre" betrogen wird. Sie verabredet sich abend für abend mit Chorambus im Stall, statt seiner erscheinen jedoch stets andere, die sich für ihn ausgeben, ohne daß Florinde dies in der Dunkelheit und in ihrer Liebestollheit bemerkt.

[1207] Der Vers lautet in der Hs. Wien 2784 (5ʳ): *Da man der blinden muß spilt* und in der Hs. Straßburg 2327 (o. A.): *da man der blyndermuß spilt*.

[1208] Wien 2946: 32v aus der 2. Hälfte des 15. Jhs.

[1209] Keller (1860: 473; vgl. auch 188).

[1210] Bolte (1899: 375/389/402).

[1211] Lindener (1568: 147).

[1212] *Facetiae Facetiarum* (1657: 280f.).

[1213] Raehse (1888: 135–137).

b) 'Sich oder etwas verstecken, geheimhalten'

Bernhard von Utzingen[1214] verfaßte um 1400 das historische Volkslied *Vom Würzburger Städtekrieg* über den Aufstand elf deutscher Reichstädte gegen die landesherrliche Gewalt des Würzburger Bischofs und Herzogs zu Franken Gerbhart von Schwarzberg im Jahr 1397.[1215] Darin umschreibt der fürstentreue Verfasser das Verhalten der Anführer, die *Bluomenstengel* und *Ruese* heißen, mit dem *Blinde-Mäus*-Spiel. Den Genannten wird Feigheit unterstellt, da sie beim Aufstand nicht besonders in Erscheinung traten, sondern sich lieber versteckten:

> „Sporlin Lorlin Steckruobe / an den hieng ein groß gebuobe, [...] / Massel Melber und Mulbach / den was ze disen dingen gach. / Henn und ouch Müllnäre / den gefielen wol die märe, / derselben Nithartes knechte / kan ich nit alle genennen rechte. / Kurzwil und Hemlin Holin / woldn auch an irem reien sin, / der Schnurrer unde Hanspolt / wolden haben kein gedold, / Bluomenstengel und Ruese[1216] / spilten der *blinden muese*".[1217]

Die Spielbezeichnung dient auch als metaphorische Umschreibung für 'etw. versteckt halten oder etw. geheim halten, weil es unerlaubt ist'. Der Mönch Martin Luther hätte Katharina von Bora deshalb geheiratet, meint Johannes Nas[1218] in seiner polemischen Schrift *Qvinta centvria* aus dem Jahr 1570, weil auch schon andere Priester seiner Zeit diesen Schritt gewagt hätten und Luther nun auch nicht mehr mit seiner Käthe *der blinden maeüß* spielen wollte:

> „Dann vnder andern so zuom ersten mal von Priestern heyraten/ waren der Barthol Bernhart/ probst zuo Kemberg/ Item d[er] Pfarherr zuo S. Sebalt in Nuernberg/ Item der Pfarherr zuo Hirschfeld vnd Carlstat zuo Wittenberg [...]. Da nun solchen gestattet ward/ wolt Luther mit seiner Kaeten auch nimmer der *blinden maeüß* spilen."[1219]

[1214] Vgl. VL (1:774).

[1215] Vgl. Liliencron (1865, 1: 171 und 197). Überliefert ist das Volkslied in Handschriften des 16. Jhs.

[1216] In der Hamburger Handschrift aus dem 16. Jahrhundert steht stattdessen „Kilian Humen Stengel vnd Reuse", in der Würzburger Handschrift von 1550 „plumenstengel vnnd geuß", in einer weiteren Handschrift aus dem 16. Jahrhundert fehlen die beiden letzten Zeilen ganz (Liliencron 1865, 1: 197).

[1217] Liliencron (1865, 1: 171, 445–460).

[1218] Zu Nas vgl. Nelson (1992).

[1219] Nas (1570: 364f.).

Auch die Sonne kann „der blinden Mäus unter einer Wolke" spielen, d. h. sich hinter einer Wolke verstecken.[1220] Dies deutet auf baldigen Regen, wie eine Wetterregel in der erweiterten Fassung von *Aller Practic Grosmuoter* aus dem Jahr 1574[1221] von Johann Fischart besagt:

> „Gehet die Sonn klar auf/ so sorg nicht das sie dir das Schaf tauf: [...] Hat sie im Aufgang vm sich Rot Wolken/ so trifet jr denselben tag die Nas inn den Molken/ da darf sie mich zuo Gast nicht darzuo betten fast. Hingegen Abendroet schoen bedeit. Spilt sie der *blinden Maeus* vnder eim Wolken/ so zihet sie mit dem von Nassau ins feld".[1222]

Johann-Conrad Dannhauer polemisiert in einer Predigt aus dem Jahr 1657 von protestantischer Seite gegen den Papst, der mit den einfachen, ungebildeten Menschen das *Blindmausen* spiele, in dem er vor ihnen durch die lateinische Sprache im Gottesdienst und das Verbot der Heiligen Schrift Gottes Worte und Werke verstecke, anstatt sie allen Menschen offen zu verkünden:

> „Und ob zwar wol auch in der ersten Kirchen die Mysteria Christlicher Religion sind in geheim gehalten worden/ ist doch solches mehr auß Forcht als Noht geschehen/ sie besorgten sich des heydnischen Gespoettes/ wie bey Athanas. apol. 2 zu sehen. Denen allesampt hat die Kunst der Roemische Antichrist abgelernt/ die eleusinia sacra[1223] nachgeaefft/ aus der Religion ein verdeckt Essen gemacht/ und das *Blindmausen* redlich gespielt/ in dem er nicht nur alle officia divina und ceremonien des offentlichen Gottesdienst in der Lateinischen Sprach zu verrichten gebotten/ die der arme Idiot und Ley nicht verstehet/ sondern auch demselben die Bibel entzogen/ unter dem praetext, die Mysteria und Geheimnussen der Religion seyen in geheim zu halten".[1224]

c) 'Unerkannt bleiben wollen'

Das *blinde Meuß* genannte Spiel bedeutet in den beiden folgenden Belegen 'sich verstecken, weil man anonym, unerkannt bleiben will'. In einer Randglosse in Johannes Nas' *Eselsbuch* von 1571 erklärt der Verfasser:

[1220] Das gleiche Bild verwendet auch Friedrich Hebbel für den Mond: „der Mond spielt Versteckens mit den Wolken" (Kuh 1865, 1: 241).
[1221] Abgedruckt als *Aller Praktik Großmutter C* in: Seelbach (1993, 323–411).
[1222] Seelbach (1993: 339).
[1223] Die Eleusinischen Mysterien waren als kultische Feiern zu Ehren der griechischen Fruchtbarkeitsgöttin Demeter nur Eingeweihten zugänglich.
[1224] Dannhauer (1657: 378).

„Ich wolt mit jnen [antipapistische „Blindenführer"] der *blinden Meuß* spilen". Im Text verweist Nas darauf, daß er seine 1565 erschienene erste *Centuria* und seine *Practica Practicarum* anonym veröffentlichen ließ, weil er die Antipapisten „im Frieden und in aller Stille" warnen wollte:

> „Da hab ich ihme [Meister Rausch] [3ʳ] erstlich entgegen zuor antwort gesetzt/ nur ains vnd hundert Maysterstuck/ der newen wissentlichen Euangelosn thaten/ vnd mit dem Gespraech sie geziert/ wie Rauscher/ vnsaeliger gedaechtnuß/ mir vorgangen war/ darneben auch wider die falschen Sterngauchen ain Practicam Practicarum/ in schimpff vnd ernst ge=*stelt vnd baids/ den ersten Truck eins vnd hunderts/ auch der Practicken Authorem verschwigen/ wolt gern sie/ die Blindenlaiter/ im frid/ inn der still*[1225]/ gewarnet haben/ begeret vnbekant zuosein/ versprach/ ich wolts auch also beruohen lassen/ im fahl sie anderst sich aines bessern/ vnnd zuom Christlichen frid nutzlicheren fürhabens bedaechten/ wa nicht/ so wure ich sie baß dahaim suochen/ vnnd mehr hundert/ jha Chyliades an tag bringen/ deß berueffe ich mich auff die Vorred deß ersten hunderts.[1226]

In der um 1600 verfaßten Komödie *Spiegel weiblicher Zucht und Ehr* des Nürnbergers Jakob Ayrer lehnt die Hauptfigur Anna Maria das Versteckspiel mit ihrem Verehrer ab, der unerkannt bleiben will und nur durch einen anderen um sie wirbt:

> „Er ist vielleicht vorhin nicht gescheit, / Weil er nicht saget, wie er heiß; / ich spil nicht gern *der blinden meus* / diß ist gar kein heurat für mich, / er mag auch wol versehen sich".[1227]

d) 'Verstecken spielen'

In der eigentlichen Spielbedeutung wird *Blinde Mäus* aufgrund des gefährlich erotischen Charakters dieses Spiels von Geiler von Kaysersberg mehrfach erwähnt. Die jungen Töchter und Frauen ließen sich allzu leicht von ihrer Arbeit ablenken und zum Spiel *der blinden mauß* verleiten, wie er in der dritten Predigt seines Buches *Granatapfel* von 1511 bemängelt:

> „Das dritt das da begegnet vnser jungen tochter so sy ob der gunckel sitzet/ das ist/ sy würft die gunckel hynweg vnd laufft an die fenster oder vnder das thor/ vnnd spilet *der blinden mauß* mit den knechten/ vnd desselben geferts/ Vnd die frawen thond es auch etwann wenn die mann auß dem hauß komen. Solt ich

---

[1225] Neben der durch * markierten Passage befindet sich die Randglosse.
[1226] Nas (1571: 2ʳ–3ᵛ).
[1227] Goedeke/Tittmann (1868: 173).

den weltlichen predigen so würd ich die zung weytter strecken/ aber es bedarff sein nit".[1228]

In seinem Werk *Christenlich bilgerschafft* von 1512 schildert Geiler von Kaysersberg, was die sonst fleißigen Mägde und Knechte anstellen, sobald die Herrin das Haus verlassen hat:

„[...] vnd louffen all dureinander/als ein wuetent here/ die du diedu/ vnd spilent *der blinden müß/* oder ettwas anders Geuckelwercks".[1229]

Auch der Tod spielt gleichsam mit dem Menschen *der blinden müß*, wie Geiler von Kaysersberg in einer Predigt aus dem *Buoch Arbore humana* von 1521 feststellt. Vor dem Tod brauche sich der Mensch nicht fürchten, denn der Tod führe die Seelen nicht wie im Spiel „zu den roten Hunden", sondern zu Jesus Christus:

„Also der tod die selen die da sein gesponsen Jhesu cristi/ fürt er zuo erem gesponsen cristum/ zuo der kirchen ewiger selikeit/ wan niemans yngat zuo cristo/ dan durch die porten des totz. Darum so schüh nit ab dem tod/ ab dem dorffmeier/ wan er dich ergreifft zuoführen/ er fürt dich nit zuo den roten hunden/ wiewol er *der blinden müß* mit dir spilt/ aber er fürt dich zuo deinem lieben fründ/ vßerwoelt Jhesum cristum deinem gesponsen".[1230]

Rote Hunde meint die besonders bissigen 'Bluthunde', also in der Spielsituation wahrscheinlich die bösen Mitspieler, die einem ahnungslosen, in einen finsteren Hinterhalt gelockten Mitspieler auflauern. Geiler von Kaysersberg greift damit einen Bestandteil des zum Spiel gehörigen Dialogs heraus, wie er noch rund 400 Jahre später, um 1900, aus der Schweizer Stadt Wohlen überliefert ist. Dort gehört der Dialog zu einem *Blindi-Mus* genannten Fangspiel mit verbundenen Augen:

„Blindi Mus, i füere di. / Wohi? / Zum rote Hündli. / Das bysst. / So hou der e Rute. / I ha kes Mässer. / So chouf der eis. / I ha kes Gält. / So mach, dass d'überchunsch".[1231]

Mit dem *Blindermauß*-Spiel vergleicht der Verfasser des schweizerischen Pasquills *Von dem Jubel Jar genant das gulden Jar* aus dem Jahr 1525

[1228] Geiler von Kaysersberg (1511: 67ᵛ).
[1229] Geiler von Kaysersberg (1512: 9a).
[1230] Geiler von Kaysersberg (1521: CXLᵛ).
[1231] Züricher (1902: 138).

das Verhalten der Pilger, die im Jubeljahr[1232] des Papstes eine Wallfahrt nach Rom unternehmen und, um Sündennachlaß zu erhalten, sämtliche Kirchen der Stadt aufsuchen, „als ob Gott verloren gegangen sei" und man ihn wie eben bei diesem Spiel suchen müßte:

> „Im jubeljar des babsts muoß man / Zuo Rom die tempel suochen gan / In allen gaßen hin und her, / gleichsam ob got verloren wer / Oder spilet *der blindermauß* / daß man in suoch von haus zuo haus / Und uns die gschrift doch clarlich seit / 'ir sint der tempel gots bereit / Und got wont in eim tempel nicht / durch menschen hende ufgericht'".[1233]

Blinzelmäusles ist in einer unterfränkischen Mundartprobe des 19. Jahrhunderts aus Wertheim am Main neben einigen Abzählreimen als einfaches Versteckspiel beschrieben.[1234] Einige Mädchen wollen in einer Gasse, die das Hochwasser des Mains noch nicht erreicht hat, etwas spielen:

„Amalie:	No ja, mer wölle Mones spiele.
Gretchen:	O du alti Eul, däs is jo e Bubespiel! Mer wölle lieber Botschau[1235] spiele, odder Laufelenzles.
Amalie:	Nan, däs möüg i jetz ä niet; lieber *Blinzemäusles*.
Rosine:	Worüm möügste dann nit Botschau?
Amalie:	Weil i ebe nit möüg. Wann der nit *Blinzmäusles* wöllt, so thun i nit miet.
Rosine:	Wann de niet mietthust, se bin i der nimmi gut.
Amalie:	Selößtes bleibe, waos leit mir dron! Du kümmst mer doch widder.
Die Andern:	No, se woelle mer *Blinzemäüsles*.
Eberhardine:	Mer wölle zaïhle, wersch seine muß.
Gretchen:	Ich will zaïhle. Ans, zwä, drei, vier, sauft euch nit so voll Bier –
Amalie:	Nan, däs hot beschisse! so'u thun i niet! Ich will zaïhle.
Gretchen:	'Sis nit wohr, du losi Kröüt ['Kröte']. mahntwege zaïhl aber.
Amalie:	Frälle, Frälle ['Fräulein'] dro'ubem Schlo'uß, wie viel Auer is? Ans, zwä, drei, Bu schenk ein, Herr sauf aus; du bist draus. Roesele geh fort, du bist draus. Jetzert mir. 'S geht e Gäßle 's Bergle nuff, lößt sein Oerrschle blecke; kummt e Schneider hinne druff

---

[1232] Das *Jubeljahr* bezeichnet die Wiederkehr des großen Ablasses, der zum ersten Mal im Jahr 1300 eingerichtet und seit 1475 alle 25 Jahre gefeiert wurde (vgl. Röhrich 1994, 3: 787; Paul/Henne/Objartel 1992: 441).

[1233] Schade (1863: 42).

[1234] Eine Einheimische beschreibt diesen „wirklichen Vorfall mit aller Treue der Personen und Sprache", „wodurch außer dem mundartlichen Zweck auch noch die Darstellung der volksmäßigen Denk- und Handelsweise erreicht wird" (Mone 1838: 126).

[1235] *Botschau* ist im Badischen Name eines Fangenspiels (vgl. Bad. Wb. 1: 300).

Fang- und Versteckspielbezeichnungen

> mit Nodel unn mit Flecke. Ach lieber Schneider stich mich nicht! ich bin ein armer Zick, Zick, Zick! Bock, Bock, Bock, mach mir einen neuen Rock, mach mern nit zu eng, sonst kriegst de drei Batze ze weng! Jetz bin îch draus!
>
> Eberhardine: Jetz norr no îch uns [und das] Greïtele. Ich will zaïhle! Wer kann Nome hoht. Enerdi, benerdi, sikkerdi soh, rumperdi bumperdi knell. So'u, du host kann Nome; du mußts sein! Stell di nein sell [selbiges] Eck unn mach da Aege zu, bis mer schreie: is gethu!
>
> (Sie suchen sich zu verstecken, bis Rosine schreit:)
>
> Rosine: Ihr Mädli kummt alle bei, guckt norr emol on, do künnts Wasser zum Do'ule raus!"[1236]

Auch im Schweizerdeutschen ist *Blinzimus* neben *Anschlagigs* der Name eines Anschlageversteckspiels.[1237]

e) 'Ein (Versteck-)Spiel im Dunkeln spielen'

Daß das *Blinde-Mäus*-Spiel auch ein Spiel im Dunkeln bezeichnen konnte, läßt sich aus den folgenden Belegen erschließen. So lautet ein spöttischer Kommentar in der Flugschrift *Gespräch mit einem frommen Altmütterlein von Ulm aus den ersten Jahren der Reformation* von Heinrich Kettenbach aus dem Jahr 1523 zum Kerzenopfer als einer Form der katholischen Heiligenverehrung:

> „ist es so dunckel im himel, das sy [die Heiligen] eur liecht bedürffen, so ist guot *der blinden mauß* spilen im himel".[1238]

Die Finsternis und das Spiel *der blinden meuß* gehören unmittelbar zusammen, wie auch ein Beleg aus der Flugschrift *Von dem Christlichen Weingarten* von 1524 zeigt. Hier kritisiert Thomas Stoer von Dresden die Ordensregel der Franziskaner (Barfüßer), die betteln sollen, wenn sie sich von ihrer Arbeit nicht mehr ernähren können:

> „Die barfoten haben in irer regel, wenn sy sich von der arbeyt nit mer erhalten künnen, sollen sy betteln. Das ist als vil gesagt: Wenn der himel auf uns felt,

---

[1236] Mone (1838: Sp. 127f.). Ruckert (1901:30) bucht unterfränk. *Bleanzerles-Mäus* in der Bedeutung 'blinde Maus, blinde Kuh, ein bekanntes Versteck- und Haschspiel'.
[1237] Rochholz (1857: 404; Schweiz. Id. 4: 478).
[1238] Clemen (1908: 59).

unnd finster wirt, woellen wir *der blinden meuß* spilen. Arbeit nur und vertraw Got, laß yn sorgen, wie er dich ernoere".[1239]

Häufig wurde das Spiel *der plinten meus* auch in den Spinnstuben gespielt, wenn die Männer am Abend von den bereits zum Spinnen versammelten Frauen eingeladen waren. Da die Beleuchtung sehr spärlich war – meist spendete nur ein Kienspan Licht, der durch einen Luftzug leicht ausgelöscht werden konnte – waren die Voraussetzungen für ein Spiel im Dunkeln wie *Blinde Mäus* optimal. Dabei kam es zu mehr oder minder derben Handgreiflichkeiten, wie der folgende Beleg aus einem *Spil von der Vastnacht* aus dem 15. Jahrhundert andeutet:

> „So spilen der *plinten meus* die meid, / Die haben darbai auch iren bescheid / In sundern stuben mit den knaben, / Die sie darzu geladen haben. / Die achten auch der licht nit vast. / Welches das ander dan ertast / Hinder dem ofen oder auf der pank, / Die gewinnen einander an ein rank, / Das manche spricht: Heinz, hor doch auf, / Ee ich dich bei dem hor rauf, / Und halt dich, piß du auß getobst, / Ob du mir nit die ee gelobst".[1240]

Auch in dem *Fastnacht spil mit 3 person: ein purger, pauer und edelmann [die holen krapffen.]* aus dem Jahr 1540 von Hans Sachs wird *Plintmeus* neben anderen Vergnügungen in der Spinnstube genannt.[1241] Die Dunkelheit als Spielvoraussetzung wird aber nicht eigens erwähnt:

> „Ist gleich wie vnser rocken stueben; / Da eß wir huzl vnd hoellern rueben, / Die maid in die sackpfeiffen singen, / Da vnser knecht oelpern vnd ringen, / Eins tails die karten in die nuees, / Ein tails des rueepfleins auf dem kuees, / Der *plintmeus* stocks vnd oell auschlagen, / Ains tails den maidn abschuetent agen. / Ist das nit auch ein frolichs leben?"[1242]

Zu den Rockenstubenspielen gehört also das bereits ausgeführte Fangen im Sitzen *rueepfleins auf dem kuees* 'Rüpflein auf dem Kissen' und das Schlagratespiel *des Stocks*. Es wird Mitte des 18. Jahrhunderts von Popowitsch in seinem *Glossarium germanicum* folgendermaßen beschrieben:

> „Einer sitzt, das ist der Richter. Ein anderer legt den Kopf in den Schoss des Richters und dieser hält ihm die Augen zu. Von den Umstehenden schlägt einer

---

[1239] Laube (1983: 377, 38). Der Beleg stammt aus Broek (1989: 201).

[1240] Keller (1853: 385).

[1241] Vgl. noch 1924 *„der blängder Mous, blanjder Maus (spiln)* Spiel in der Rockenstube (Kinderspiel)" (Siebenbürg.-Sächs. Wb. 1: 649).

[1242] Goetze (1881: 35). Mit ähnlichem Wortlaut kommt die Stelle auch in Hans Sachs' Meisterlied *Die rocken stueben* (1553) vor (vgl. Bolte 1922: 90).

mit der flachen Hand auf die Hosen des Aushaltenden, sodann muss derselbe erraten, wer ihn geschlagen hat. [...] Die *Stockmutter* spielen sagt man zu Anspach, im Hohenlohischen; der Richter heisst die Stockmutter. Die *Unschuld*, das *Unschuldspiel* in Schlesien [...].[1243]

Die Bildungsbedeutung des Ausdrucks *Stockschlagen* kann paraphrasiert werden mit 'jmd. schlagen, der die halbliegende Stellung einnimmt wie einer, der in den Stock ['Strafblock'] geschlagen ist'. Im Fränkisch-Hennebergischen heißt das Spiel *Stockmeisterles*. Die Bezeichnung *Unschuld* bzw. *Unschuldspiel* hebt wohl auf die vorgetäuschte „unschuldige Miene" desjenigen ab, der den Schlag ausgeführt hat.[1244] Die Spielbezeichnung *Öl-(aus-)schlagen* beruht dagegen auf einer Übertragung einer für die Leinölgewinnung typischen Tätigkeit. Nach einem Beleg aus der Niederlausitz ging das Spiel folgendermaßen:

„Zwei Burschen strecken über eine Schemelbank sich beide Füße entgegen, die beiderseits mit den Händen erfaßt und festgehalten werden, so daß der Oberkörper sich in der Schwebe befindet. Darauf schlagen beide kräftig mit dem Gesäß an einander. An diesem „Vergnügen" ergötzen sich gleichfalls ausgelassene Mädchen, wenn dieselben unter sich allein sind".[1245]

Das zuletzt genannte ostobd. *Agen abschütten* 'Flachsabfälle herunterschütteln', das omd. *Scheben schütteln* hieß, bot eine willkommene Gelegenheit der Annäherung:

„Es wird von Burschen, welche der Mädchenspinnte einen Besuch abstatten, folgendermaßen ausgeführt. Ein Bursche schüttelt die von dem Flachsspinnen [in die Schürze einer Spinnerin] niedergefallenen „Scheben" in seinen Hut. Dafür erhält er Äpfel, Backobst, Pfeffernüsse und so weiter. Gewöhnlich läßt er dann Bier oder Branntwein herbeiholen".[1246]

Als Emblem *lusus in tenebris* '(erotisches) Spiel in der Dunkelheit' wird das *Blinde Maus-* und *Blinzelmaus*-Spiel als ein Spiel im Freien nach Einbruch der Dunkelheit, in Theodor de Bruys Stammbuch *Emblemata nobilitatis* aus dem Jahr 1593 herangezogen, um damit die Fallstricke der blinden Liebe zu veranschaulichen. Der Suchende heißt *das Mäuslein*[1247]:

[1243] Gugitz (1954: 17).
[1244] Spieß (1869: 81).
[1245] Müller (1894: 119f.).
[1246] Müller (1894: 119); vgl. auch Fuchs (1909, 1: 436).
[1247] Vgl. auch *das Mäusgen* als Spielbezeichnung in Hederich (1739: 617) und *das meusichen spielen* in einer Predigt von Luther (WA 42: 492).

Lusus in tenebris.
Nox & Amor, Vinumque suis sibi lusibus apta,
Gaudet enim tenebris caeca dolisque VENVS.
Saepe tulit praedam protecta puella tenebris,
Saepius in casses incidit ipsa suos.

Die blinde Maus
Deß Abends wenns ist finster drauß/
Denn spielten wir *der Blintzelmauß*.
Denn laufft das Maeußlein vmb im Hauß/
Biß eyn ereylt bey der Carthauß.
Ihm wirt auch selbst gestelt offt nach/
Biß es mit gunst fellt gar ins gloch.
Also treibt es Fraw Venus Kindt/
Heimlich bey Nacht, ist toll vnd blindt.[1248]

Der zum Emblem gehörige Kupferstich zeigt jedoch eine ganz andere Spielsituation in einem großem, nur durch Kerzenlicht erhellten Zimmer.[1249] Zu sehen ist eine Frau, deren Gesicht mit einer Art Barett verhüllt ist. Sie hält sich am Türgriff fest, während die anderen vor ihr fliehen. Dabei stürzt eine zweite Frau über einen am Boden liegenden Mann. Die Abbildung ist mit dem Sinnspruch unterschrieben: „Fallitvr et fallit Venvs insidiata tenebris". Welches Spiel dargestellt werden soll, ist schwer zu sagen, da das Anfassen der Türklinke zu verschiedenen Spielen gehört. Vielleicht zeigt das Emblem das bereits unter *Spinkelwinkel* vorgestellte 'Personen auffinden und im Sitzen erraten'.[1250]

Schließlich sei hier auf den bereits unter *Guckenbergen* aufgeführten Beleg aus dem *Thesaurus absconditus* von 1708 des Predigers Adalbertus hingewiesen, wonach *Blinde Mäusel* als ein Synonym dazu sowohl ein Fangspiel mit verbundenen Augen als auch ein Versteckspiel im Dunkeln bezeichnen kann.

f) 'Jmd. betrügen'

Auch die übertragene Verwendung des Ausdrucks im Sinne von 'jmd. betrügen' ist mehrfach nachweisbar. In der Flugschrift *Was für ein seltsames*

[1248] Warnecke (1894: 29).
[1249] Vgl. Anhang, Abb. 29.
[1250] Vgl. auch den zum *Blèndamûsla* gehörigen spieleröffnenden Dialog (vgl. Tobler 1837: 58; vgl. auch Schweiz. Id. 4: 478; Riedl/Klier 1957: 260).

Tier zu Nürnberg gewesen im Reichstag nächst vergangen, geschickt von Rom zu beschauen das deutsch Land von Heinrich Kettenbach aus dem Jahr 1524 spielt der römische Legat Campegio anläßlich des Nürnberger Reichstags mit den deutschen Fürsten gleichsam *der blinden meuß*, indem er ihre Begehrbriefe ignoriert:

> „Claus: Was sag jch? er [Campegio] henckt vns grosse titel an vnd vil frommkeit, vnd darneben wischt er den ars an unser beger brieff vnd dergleichen. Heyßt das nit mit den Teutschen *der blinden meuß* gespielt, so weyß jch nichs.
> Vlrich: Ja, ia, ist das war, so muoß jch das maul baß auff thuon, vnd auch sehen, wie jch im thuo. jch hab wol ix guldin vmb aplaßbrieff auß geben. jch will auch den arß daran wyschen."[1251]

Eine Person, die (im Dunkeln) etwas Verbotenes macht oder betrügt nennt Fischart 1590 in seiner *Geschichtklitterung* unter anderem *Blindmeuß[spiler]* neben *Huetlinspiler* 'Gaukler, der mithilfe eines Hütleins Taschenspielertricks vorführt und die Leute betrügt'[1252] und *Lichtscheue Augennebler* als die Adressaten seines Werkes.[1253] In der Ruhlaer Mundart ist *Bläinksemuis* in übertragenem Sinn ein Schimpfwort für einen heimtückischen oder lauernden Menschen.[1254] Die Verwendung könnte auch an *Blindmaus* oder *Blinzmaus* als einer Bezeichnung für den angeblich blinden, im Dunkel der Erde hausenden Maulwurf angeschlossen sein, der gerne für Vergleiche mit Menschen, die im Verborgenen wirken und das Licht scheuen, herangezogen wird.[1255]

g) 'Jmd. mißhandeln, töten'

Schließlich kann die Wendung auch 'jmd. körperlich mißhandeln', ja sogar 'töten' bedeuten, wie z. B. 1594 in Johann Fischarts *Flöh Haz, Weiber Traz*, wo sich die Flöhe über ihr Schicksal beklagen:

[1251] Clemen (1907, 1: 180f.).

[1252] Ein Holzschnitt in Murners *Narrenbeschwörung* von 1512 zeigt einen solchen Hütleinspieler (Spanier 1926: 314). Zur Wendung *unter dem Hütlein spielen* 'jmd. täuschen' vgl. DWB (4, 2: 1991f.).

[1253] Alsleben (1891: 16). Auch im Spielverzeichnis wird *Plinden mäuß* genannt (Alsleben 1881: 259).

[1254] Regel (1868: 165). *D's bläinksemuisen's mach* ist jedoch in der Bedeutung 'Blindekuh spielen' angegeben (vgl. Regel 1868: 165).

[1255] Vgl. Scheil (1897: 11).

„Oder den kopf sie [die Weiber] uns [den Flöhen] abknicken / Und zu den *blinden meusen* schicken".[1256]

Auch in der Ausgabe der *Geschichtklitterung* von 1582 von Johann Fischart kommt diese Verwendungsweise vor. Der junge Gargantua führt Gäste zu den Pferdeställen. Da dies sehr lange dauert, fragt deren Anführer sicherheitshalber nach, wo sie hingeführt werden, worauf Gargantua antwortet: „zum Stall, [...] da meine grosse Gaeul stehen: Nit zu den *blinden Meusen*".[1257] Fischart spielt in beiden Belegen mit *Blindmaus* in der Bedeutung 'Maulwurf' als ein Tier, das unter der Erde lebt', so daß die Wendung paraphrasiert werden kann mit 'jemanden dorthin schicken, wo die Maulwürfe leben, d. h. unter die Erde, ins Grab'. Diese Vorstellung liegt auch der Wendung *Maulwürfe fangen* 'in die Erde kriechen, sterben'[1258] zugrunde.

Im *Actus Qvartus. Prologus des andern theils an dem Charfreitag* des St. Lambrechter Passionsspiels von 1606 fordert Kaiphas den Oberhauptmann und seine Soldaten auf, mit Jesus *die blinden meis* zu spielen, also ihn zu mißhandeln, bis Annas mit seinem Gefolge eintrifft:

> „Mein, was kan er für künstliche sachen, / Kan er auch alte Leit jung machen? / Mein, spilts die weil mit im *die blinden Meis*. / Oder kan er sonst etwas neis?"[1259]

In dem württembergischen Pasquill *Auf den Landprokurator Georg Eßlinger* von 1608 wird dessen Art und Weise, ein Kloster zu inquirieren, mit dem Spiel *der blinz maus* und dem gleichnamigen Tier *Blinzmaus* 'Maulwurf' verglichen:

> „Wür hand es auch mit ihm versuocht / Und den teufel an hals gefluocht, / wie er newlichen inquirirt, / das closter schier bald spolieret. / Ich main, er hab uns d'Kutten gstaupt, / nicht weist man, wers ihm hab erlaubt, / hat mit uns *der blinz maus* gespilt, / das closter ganz und gar verwilt."[1260]

Vor der Gefahr, daß jemand mit ihnen das *Blindemausen* spielen könnte, fürchten sich auch einige Deutsche, die in der Bartholomäus-Nacht im Jahr 1572 außerhalb von Paris in einem Schloß untergebracht sind, in

---

[1256] Goedeke (1880: 21).
[1257] Alsleben (1891: 206).
[1258] DWB (3: 1312).
[1259] Wonisch (1957: 56).
[1260] Steiff/Mehring (1912: 475).

dem es spuken soll, wie Lucas Geizkofler in seiner Selbstbiographie aus dem Jahr 1609 berichtet:

„Welches denn geschehen, und ward ein lustige kammer und bett auch ein schlaftrunk zuegericht, aber ihr Patron der Pfaff blieb im wirtshaus; auch kam desselben abends niemand mehr zu ihnen, und man sperret die schloßporten fleißig zue. Das machet den Teutschen schwere gedanken und forcht, als ob man sie bey der nacht überfallen und das *blinde mausen* mit ihnen spielen wolte".[1261]

h) 'Suchen und Fangen mit verbundenen Augen spielen'

Etwa seit dem 16. Jahrhundert gibt es historische Zeugnisse für das *Blindemäus*- bzw. *Blinzelmäus*-Spiel in der Bedeutung 'Suchen und Fangen mit verbundenen Augen spielen'.

Mehrfach wird es als ein für die Fastnachtszeit typisches Spiel erwähnt, was damit zusammenhängen kann, daß die geselligen Zusammenkünfte in den Spinnstuben in dieser Zeit ein Ende nahmen, was besonders gefeiert wurde.[1262] In Fischarts *Aller Practick Großmuotter* aus dem Jahr 1572[1263] wird *der blinden maeuß* in dem Abschnitt *Von den Vier gezeiten des Jars* als ein für die *verbundene Zeit*, einer Umschreibung für 'Fastnacht', charakteristisches Spiel genannt. Das Adjektiv *verbunden* in dieser Fügung kann als Anspielung auf das *Verbinden* der Augen im Spiel verstanden werden:

„DEr Früling würdt nichts bey den sieben schlaeffern vermoegen, vnd wann er erst im Augst kaeme/ so hieß er wol spaetling. Auff Sant Vaeltins tag/ ist der früling nach. Vnnd dieweil auff den Karfreitag jederman will fladen vnd Eyerkaeß essen/ würd ein eyerbruoch muessen vorgehen, vnd wolfeile in den Eyerschalen entstehen. Die verbunden zeit geht ein/ wann man *der blinden maeuß* spielet.[1264] Die Faßnacht würd jren Rechtshandel gewinnen/ dann die Doctor seind gar wolfeil vnd wurmstichig worden/ vnd helffen erhalten den Narren-

---

[1261] Wolf (1873: 55).

[1262] Andere Termine waren Lichtmeß oder Ostern.

[1263] Vgl. *Aller Praktik Großmutter A* im ersten Band der kritischen Gesamtausgabe der Werke Fischarts (Seelbach 1993, 293–322).

[1264] In der erweiterten Fassung von 1574 fehlt dieser Satz wie auch der folgende Abschnitt über die Fastnacht. Offenbar hat Fischart die Chronologie korrigiert, denn er geht nun stattdessen auf Ostern über: „Ostern hab schoen oder trueb Wetter/ so kompt sie nimmer on laub vnd bletter [...]" (Seelbach 1993: 343).

orden. Jn der faßnacht würd ein theil der welt sich verkleiden/ darmit sie das ander betriegen. Mir ohn schaden/ so mach ich auch mit".[1265]

Eindeutig als ein Fangspiel in der Stube mit verbundenen Augen wird *das Blindemausen* zum ersten Mal in einer Fastnachtspredigt aus dem *Candelabrum apocalypticum septem luminaribus coruscans* von 1677 des Franziskaners Johannes Copistranus Brinzing beschrieben[1266]:

> „Das *blindemausen* macht mir den eingang! wer es nicht kann, den will ich es lehren; merkt wol auf: beim *blindemausen*, welches die kinder, die buben, die mägdlein, die jugend vor all anderer kurtzweil gern treibt und oft spilt, da finden sich ein dreierlei sorten der leut und persohnen. Erstlich sein die zuseher, welche da nit mit spilen, doch aber kurtzweil halber dem spil gegenwärtig seynd und zu schawen: hernacher ist der jenig, welcher den blinden führt und mit verbundenen augen suchen muß; und letstlich seyn die, welche in das spil gehören, mit machen, sich verbergen und suchen lassen. Wann nun der gute tropf, welcher zum suchen verdampt ist worden, sein ambt zu verrichten allgemach anfangt, hin und wider mit blind verbundenen augen und außgespanten armben seine mitspiler suchet, so muß er sich in der warheit nur zur gedult richten, des zupfens, des rupfens, des vexierens, des verlachens, des anführens ist kein end; bald ertapt ihn einer beim armb, ein anderer beim haar, der dritte beim küttel, der viert beim fuß, der fünft oder sechste anderstwo und muß sich also nur darein schicken, biß er einen erwischt; under dessen aber hat er vil gefahren und elend zu gewarten, er stoßt als ein blinder hinden und vornen an, er lauft an stül und bänk, an tisch und öfen, an mauren und wänd, ja büeßt so oft ein, daß ihme das suchen verlaiden möchte, doch hilft nichts dafür, so lang und viel muß er der sucher seyn, biß er endlich einen ertapt, an sein stell bringet und erlößt".[1267]

Blindmausen wird dieser Schilderung zufolge also nicht im Dunkeln gespielt, sondern mit verbundenen Augen. So können auch die Zuschauer das Spiel mitverfolgen. Die Mitspielenden „verbergen sich" im Zimmer und lassen sich „suchen". Dem Spieler, der dazu „verdammt" wird, der Blinde zu sein, ergeht es ziemlich schlecht, denn er ist dem Spott und den Handgreiflichkeiten der Mitspieler hilflos ausgesetzt, tut sich weh, wenn er irgendwo anstößt und wird besonders dann verlacht, wenn er anstelle eines Mitspielers einen Zuschauer ergreift, sich die Larve ('Maske') eilends herunterzieht und dann seinen Irrtum erkennen muß:

[1265] Seelbach (1993: 300).

[1266] Zingerle (1892: 336), der sich noch selbst an dieses Faschingsvergnügen erinnert, weist jedoch daraufhin, daß das *Blindemaus*-Spiel in Meran am „unsinnigen Donnerstag" und am Fastnachtsfreitag abends, also bei Dunkelheit, gespielt wurde.

[1267] Zingerle (1892: 61f.).

„Dieß ist und heißt *blindemausen*, ist also in diesem spil nit alles gold, was glantzet, nit alles aigen, was man erhascht, nit alles gewinn, was man fangt".[1268]

In der Predigt mit dem Titel *Für ein Faßnacht-Spiel blinde Mäusel fangen* am Sonntag Quinquagesima 1683 von Conrad von Salzburg, der zeitweilig Hofprediger in München war, wird das Spiel ebenfalls als ein Fangspiel mit verbundenen Augen beschrieben:

„Was ist dann *blinde Mäusel* fangen fuer ein Spiel? einem verbindet man die Augen/ stellt ihn mitten in das Zimmer/ die andere lauffen davon und lassen den Blinde suchen/ biß er einen bey dem Arm erdapt/ er geht hin und her/ er greifft mit den Haenden umb sich/ da stost ihn einer vnd laufft davon/ dort schlagt ihn einer/ da ziecht ihn einer vnd schliefft ihm neben den Fuessen durch. Wann der Blinde gehling an ein Wand/ Stuel/ Tisch/ Ofen anfaehret/ schreyt man Koeßl/ Koeßl! dadurch wird er avisiert, brenn dich nicht/ zuruck/ Koeßl/ Koeßl! schwaertz dich nit".[1269]

Bemerkenswert sind die hier überlieferten Warnrufe „Koeßl/ Koeßl! brenn dich nicht!" ('Verbrenn dich nicht an dem heißen Kessel!') und „Koeßl/ Koeßl! schwaertz dich nit!" ('Mach dich nicht am rußigen Kessel schwarz!'), mit denen der Fänger auf Gefahrenquellen aufmerksam gemacht wird.[1270] Conrad wiederholt sie im Verlauf dieser Predigt rhetorisch geschickt nach jeder seiner an die „blinden Fastnachtssünder" gerichteten Ermahnungen.[1271]

Nach einem bereits zitierten Beleg aus der Pfingstmontags-Predigt von 1708 mit dem Titel „In der gantzen Welt ist nichts gemeiners bey vilen/ Als *blinde Mäusel* und *Gugebergen* spilen" aus dem *Thesaurus absconditus* von Adalbertus hat *blinde Mäusel* als Synonym zu *Gugenbergen* neben der Bedeutung 'Versteckspiel im Dunkeln' auch die Bedeutung 'Fangspiel mit verbundenen Augen'.

In Archivbelegen des Bayerischen Wörterbuchs wird als charakteristische Eigenschaft des *Blinde-Mäusel*-Spiels mehrfach angegeben, daß es dabei so ruhig sein muß, daß man niemanden gehen hört.[1272] Ein niederbayrischer Mundartsprecher aus Fürstenstein bei Passau beschreibt das

---

[1268] Zingerle (1892: 62).
[1269] Conrad von Salzburg (1683: 120).
[1270] Vgl. tirol. *Kessel on, Loch verbrennt, Loch ausgelossen* (Horak 1989a, II: 133).
[1271] Zu weiteren Belegen aus der Predigtliteratur des 17. Jhs. vgl. Schwäb. Wb. (1936, 6, 2: 1666).
[1272] Vgl. BWB 35/19.

blinde Mäusel fangen als „Fangen eines Herumschleichenden mit verbundenen Augen":

> „Das Spiel wird von beliebig vielen Kindern im Zimmer (größerer Bauernstube) gespielt. Durch Auszählen wird ein Mitspieler als „Katze" bestimmt. Sie bekommt die Augen durch ein Tuch verbunden, wird an die (geschlossene) Zimmertüre geführt und erhält die Türklinke in die Hand. Während von allen (einschließlich dem „Führer", der sich inzwischen von der Katze entfernt) ein Sprüchlein gemurmelt wird – Wortlaut leider nicht ermittelt! – merkt sich die Katze, aus welcher Richtung die Sprechtöne kommen und begibt sich nach dem Spruch auf die „blinde" Suche. Sie versucht durch Horchen und Greifen die Mäuse zu ermitteln und zu fassen, die möglichst lautlos Plätze wechseln. Bei Gefahr, daß die Katze an eine Wand oder ein Möbel stößt, rufen die Mäuse „Stock a(n)!", woraus wiederum die Katze Schlüsse auf den Standort der Mäuse zieht. Wer von der Katze gefangen wird, muß ihre Rolle übernehmen. Zuvor aber muß die Katze den Gefangenen (nicht loslassen! – Tuch herunter!) beim Namen nennen."

Die Spielbezeichnung *Blintzenmaueß* als ein Fangspiel mit verbundenen Augen ist literarisch zum ersten Mal 1632 in einer Predigt des schwäbischen Pfarrers Conrad Dietrich (1575–1639) belegt, der damit die vergebliche Suche heidnischer Gelehrter nach Gott veranschaulicht. Wer Gott mithilfe der Vernunft suche, werde in die Irre gehen und das Falsche finden. Es werde ihm so ergehen „wie einem/ der scharpff vnnd behend in die Sonnen sehen will/ dem dadurch seine Augen verblendet":

> „Vnd wie ein blinder Mann/ oder die junge Kinder/ wann sie *der blintzenmaueß spielen*/ die Augen verhuellen oder zuthun/ im vmbgehen jetzo ein Tisch oder Banck/ bald ein Sessel oder Ofen/ Hund oder Katz/ für ein Mensch ergreiffen: Eben also weil sie [die heidnischen Gelehrten] mit vnnd nach ihrer Vernunfft Gott suchen wollen/ haben sie die ledige Welt [...] dafür ergriffen/ selbige fuer Goetter gehalten/ angeruffen/ und verehret."[1273]

Anton Edeln von Klein versteht in seinem *Deutschen Provinzialwörterbuch* von 1792 unter *Blinzelmaeusel* ein Kinderspiel, „wobey einem der Spielenden die Augen verbunden werden, indem es die anderen zu haschen sucht".[1274] Unter diesem Namen sei es in der „Pfalz", im „Elsaß" und in „Wirtemberg" gebräuchlich, als *Blindekuh, Blömmömmeske* hingegen in „Guelch und Berg".

[1273] Dietrich (1632, 2: 463).
[1274] Klein (1792: 53).

i) 'Sonstige Spiele im Dunkeln oder mit verbundenen Augen spielen'

In einem Volksbüchlein aus dem Jahr 1839 werden *Blinde Mäusle spielen* und *Giringelen*, das eigentlich das Spiel 'Personen Auffinden und im Sitzen Erraten' bezeichnet, im Zusammenhang mit dem Schwankmotiv *Drinkers argue about who is to pay*[1275] nebeneinander verwendet:

> „Um zum Kehraus noch einen Jux zu haben, wollen wir *giringelen* oder *blinde Mäusle* spielen, wen Ihr ertappt, der zahlt – damit Punktum!"[1276]

Ebenfalls als 'Personenauffinden und im Sitzen mit verbundenen Augen erraten' beschreibt Schmeller das *Blinde Maeuslein fangen* oder *Maeuslein bergen* in seinem *Bayerischen Wörterbuch*:

> „eine Art Spiel unter Kindern, wobey eines mit verbundenen Augen rückwärtsschreitend auf eines der niedergekauerten Übrigen treffen und es errathen muß […]"[1277].

Der Beleg aus einer Ostermesse im Jahr 1551 mit dem Titel *Ist ein walfart gen Jerüsalem*, der hier folgt, bezieht sich auf ein Wortspiel, mit dem ein Erzähler die ihm auf seiner Reise begegnenden, wunderlichen Erlebnisse umschreibt. Unter anderem beobachtet er Leute, wie sie mit unsäglicher Freude mit Nattern, Kröten, und Schlangen spielen, was ihn zu dem Kommentar veranlaßt:

> „ich dacht das haißt nit der *blünden meüß* sonder der blünden kroten gespilt".[1278]

Eine andere Spielvariante beschreibt eine zeitgenössische Spielbeschreibung aus Niederbayern.[1279] Demnach ist *Blinde Mäuserl fangen* ein Spiel der Erwachsenen in der Bauernstube, an dem zwei erwachsene Spieler teilnehmen, die beide verbundene Augen haben und auf Strümpfen gehen müssen. Einer ist mit einem Holzteller und einem Kochlöffel ausgerüstet. Auf die Frage des Mitspielers „Mäuserl, wo bist?", muß er seinen Standort durch Klopfzeichen bekanntgeben. Um den Fänger zu täuschen, hält er Teller und Löffel möglichst weit von sich und wechselt daraufhin schnell seinen Standort. Da keiner von beiden etwas sieht, kommt es zu komi-

---

[1275] Motiv K 233.2 (AT 4: 260).
[1276] Volksbüchlein (1839: 228).
[1277] Schmeller (1: 1665).
[1278] München, BSB, Cgm 4681: fol. 7r. Das anlautende *m* ist radiert. Darüber ist nochmals von anderer Hand *blünden meüß* eingetragen.
[1279] BWB 35/19.

schen Situationen, was für die Zuschauer sehr erheiternd ist. Wird der Spieler mit dem Schlaggerät gefangen oder laufen sich die beiden in die Arme, werden sie von einem neuen Spielerpaar abgelöst.

Westfäl. *Blindmüsejagen* heißt noch „eine Neckerei, welche den Hausbesitzern von der Jugend [...] in den Abendstunden dadurch gespielt wird, daß sie an der Hausglocke zieht, und dann, meist laufend, weiter geht".[1280]

2. Etymologie

a) Zur Bildung der Bezeichnungen

Die überlieferten Bezeichnungsformen gehen auf verschiedene Bildungsweisen zurück. Bei der Mehrzahl der Belege ist die Spielbezeichnung als nominale Fügung aus dem modifizierenden Adjektiv *blind* und dem pluralischen Substantiv *Mäuse* zu bestimmen wie z. B. in *der blinden muese* (Bernhard von Utzingen um 1400).[1281] Einmal begegnet die Zusammensetzung *der plintmeus* (Sachs 1540) und vereinzelt auch *der blintzenmaueß* mit dem Verb *blinz-* als Erstbestandteil (Dietrich 1632).

Noch seltener ist die nicht umgelautete Singularform historisch belegt wie in *der blinden muß* (Hermann v. Sachsenheim, 15. Jh.)[1282] oder in *der Blintzelmaus* (de Bruy 1593).[1283] Diminuiert sind die Formen *blintzmeuslin* (Faber 1587) und *Blinzemäusles* (Mundartprobe aus dem 19. Jh.). Die nicht umgelauteten Formen sind später sekundär als Singular umgedeutet und auf den Hauptspieler bezogen worden.

Bei einer Reihe anderer Formen, darunter den frühestbezeugten, handelt es sich um substantivierte verbale Fügungen aus dem modifizierenden Adjektiv *blind* und dem Verb *mausen* wie in *blinds músen* (*blinder músen, blinden rüssen*) (Meister Altswert, 15. Jh.). Komposita liegen in

---

[1280] Berghaus (1880: 158).

[1281] Vgl. die Belege in Steinhöwel (um 1460), *Spil von der Vastnacht* (15. Jh.), Geiler von Kaysersberg (1512 und 1521), Kettenbach (1524), Stoer (1524), Nas (1570 und 1571), Fischart (1572, 1574, 1582, 1590 und 1594), Ayrer (um 1600) und mit stark flektiertem Adjektiv *Blinder=Mäus* (Teutsch-lateinisches Wörterbüchlein 1722).

[1282] Vgl. auch die Belege bei Geiler von Kaysersberg (1511), Kettenbach (1523), *Von dem Jubel Jar* (1524), de Bruy (1593), Schönsleder (1632), Duez (1656).

[1283] Vgl. auch das Pasquill (1608), Volckmar (1613), Zehner (1622), Stieler (1660).

Blindmausen (Dannhauer 1657)[1284] oder *Blintzenmüßlen* (Gesner 1551) und *blintzenmausen* (Redinger 1662) vor.

Unklare Formen wie *der blinden müßen*[1285] mit der für das starke Femininum *mus* untypischen Endung *-en* für den Genitiv Plural können auf einer Übertragung der Pluralendung beruhen oder auf den Einfluß der konkurrierenden Infinitivbildung *Blindmausen* zurückgeführt werden.

Ein weiterer Bildungstyp beruht auf der Überführung der nominalen Fügung durch Zusammenbildung und Konversion in ein Verb wie z. B. in bad. *blindmäuseln*[1286], das eine desubstantivische Ableitung aus der Fügung *blinde Mäusel* ist.

b) Zur Semantik von *blind*

Die vorgestellten literarischen Belege, die das Spiel direkt als ein Spiel in der Dunkelheit beschreiben, sowie die daran anknüpfenden Übertragungsmöglichkeiten legen die Vermutung nahe, daß *blind* in der Spielbezeichnung *Blindmausen* bzw. *Blindmäus* ursprünglich die Bedeutung 'finster, dunkel' hatte und diese Bedeutung erst später hinter das Bedeutungsmerkmal 'mit verbundenen Augen' zurücktrat. Dafür spricht, daß es eine Reihe synonymer Spielbezeichnungen gibt, die durch das Adjektiv *finster*, *dunkel* oder andere bedeutungsgleiche Varianten modifiziert werden, wie z. B. bad. *finstermäuseln*, das wie *blindemäuseln* 'im Finstern tappen' und 'eine Art Blinde-Kuh-Spiel' bedeutet.[1287] Im Alemannischen gibt es die Bezeichnung *Feister-müslen*, das mit 'die Maus im Finstern machen' paraphrasiert, allerdings als ein Fangspiel mit verbundenen Augen beschrieben wird.[1288] Das Gleiche gilt für schweiz. *finsterbützlen*[1289] und *fin-*

[1284] Vgl. noch die Formen in Schenck (1571), Frischlin (1586), Geizkofler (1609) und Brinzing (1677).

[1285] Hermann von Sachsenheim, M. 15. Jh., Hs. Wien 2946.

[1286] Bad. Wb. (1: 264).

[1287] Bad. Wb. (1: 264 und 2: 156).

[1288] Ein Kind wird mit verbundenen Augen mehrmals im Zimmer umhergeführt bis zur Türklinke. Dabei wird gesprochen: „Blindemûs, Feistermûs, / i führ dech ûs, / i führ dech is Frau Gotte Hûs. / Wa hesch de Löffel?" Das Kind muß die Gefangenen namentlich erraten (vgl. Rochholz 1857: 431f.).

[1289] Schweiz. Id. (4: 571).

sternegelen[1290], bad. *finsterbutzis*[1291] und *finstergüxlen*.[1292] *Finstergüxlen* läßt sich paraphrasieren mit 'im Finstern einen *Güx* machen', d. h. es muß sich ursprünglich um ein Versteckspiel im Dunkeln handeln, bei dem die Versteckten dem Suchenden ihren Aufenthaltsort verraten, indem sie *Gux!* oder *Güx!* rufen. *Güxlen* ist aber auch synonym zu *gügg(e)le(n)* 'verstohlen, neugierig blicken'[1293], so daß sich die Bildungsbedeutung 'im Finstern schauen' ergibt. Im Appenzeller Wortschatz gibt es das Spiel *Brémûsla, blendamüsla* oder *tunklamüsla*. *Bremüsler* wurde laut Tobler[1294] Mitte des 17. Jahrhunderts „eine Abart Tennhardianer sinnig und witzig genannt, weil sie im dunkeln Zimmer herumtaumelten und allerhand Narrentheidungen trieben". *Bre-* bzw. *brem* vor *Müsla* bedeutet Tobler zufolge 'dunkel, blind'. Im Thüringischen ist schließlich *Donglmischen* 'Dunkelmäuschen' und *Donglku* 'Dunkelkuh' mehrfach bezeugt.[1295] Auch im Wendischen ist eine Spielbezeichnung *Ćmicku łapać* 'im Finstern haschen, mit verbundenen Augen haschen' bekannt.[1296]

Auch außerhalb des Spiels gibt es Fügungen mit dem Adjektiv *blind* in der Bedeutung 'dunkel' wie etwa *blinde Nacht, im Blinden reiten*. Die Bedeutung 'versteckt, nicht zu sehen'[1297] kommt in den Fügungen *blinde Grube, blinde Klippe* und *blinder Passagier* zum Tragen.

c) Zur Semantik von *blinzeln*

Das Verb *blinzen, blinzeln* hat heute die Bedeutung 'die Augen (kurz) schließen, zwinkern'. Hierzu gibt es zahlreiche Varianten wie *blinke(r)n, blinze(r)n, blunzen, brinzeln, glinzen, glunzen, lüppern, pinken, winken, zwickern, zwinkern, zwinzeln*.[1298] Speziell im Spiel kann *blinzen* 'zu Beginn beim Verstecken die Augen schliessen' oder auch 'verstohlen durch die Finger sehen' bedeuten.

[1290] *Finsternegelen* wird synonym neben *Das Verbergeten machen (blinde Kuh)* genannt (vgl. Spleiss 1667; Schweiz. Id. 4: 697).

[1291] Bad. Wb. (2: 156).

[1292] Schweiz. Id. (4, 478 und 2: 571).

[1293] Schweiz. Id. (2: 195).

[1294] Tobler (1837: 68, 76); Schweiz. Id. (4: 482).

[1295] Vgl. Thür. Wb. (1: 833).

[1296] Schulenburg (1882: 191).

[1297] Vgl. auch Koller/Wegstein/Wolf (1990: 468).

[1298] Thür. Wb. (1: 836); ASS; Preuss. Wb. (4: 518).

Auch hier stellt sich die Frage, ob in den von diesem Verb abgeleiteten Spielbezeichnungen *blinzen* nicht in der älteren Bedeutung 'nicht oder nur schlecht sehen können (z. B. weil man in die Sonne geschaut hat, weil es finster ist oder weil einem die Sicht auf andere Art und Weise genommen ist) vorliegt. So bildet z. B. das Adverb *blinzlich, blinzling (en)* oder *blinzlings* ursprünglich ein Antonym zu *sehend*:

> „das seind arzt, die blinzlich als viel wissend als sehendlich".[1299]

Der Grund dafür, daß man *blinzt*, d. h. nichts sehen kann, ist meist die Dunkelheit:

> „du gebest unserm hergott nit ein lichtlein, solt er *blinzlingen* da ston".[1300]
> „hie gilts im finstern und *blinzling* gehen".[1301]
> „sie heiszt mich *blinzling* mausen gan".[1302]

Im Unterfränkischen und Thüringischen bedeutet das Adverb *bleanzerlas, bleanzerli* noch zu Beginn des 20. Jahrhunderts 'blind, d. h. mit geschlossenen Augen oder im Dunkeln, ohne Licht'.[1303]

Blinzlich kann aber auch bedeuten 'ohne zu sehen, weil die Augen verhüllt sind': Ist jemandem schwindelig, wenn er auf einen hohen Turm steigt oder über eine Brücke geht, „so mus man in schlechts verblenden, *blintzlich* fhuren und einen mantel umb den kopff hengen, ihne fhuren und tragen, sonst fellet ehr vom thurm und bricht den Hals oder fellt ins wasser und erseufft".[1304] Die unvorhersagbaren Böen verhalten sich "als wenn die kinder des topffs ['Kreisel'] uff der gassen *blintzlich* spielen, wan sie meinen, sie schlagen gegen dem mittag, so schlagen sie gegen mitternacht".[1305]

So ist also für das nur in den beiden ostmitteldeutschen, anonymen Übersetzungen des *Buches von Troja* nach Guido de Columnis aus dem 15. Jahrhundert bezeugte *Blynczenspel* bzw. *plinczenspil* von der Bildungsbedeutung 'Spiel, bei dem man nichts sehen kann' auszugehen. Es kommen demnach alle Spielarten in Betracht, bei denen das *Blinzen* eine Rolle

---

[1299] Paracelsus (1618: 657b).
[1300] Geiler von Kaysersberg (1518: 47a).
[1301] Luther (3: 485b); DWB (II: 129).
[1302] Ebenreutters Liederhandschrift um 1530; DWB (2: 129).
[1303] Ruckert (1901: 30); Thür. Wb. (1: 836).
[1304] WA (47: 33).
[1305] WA (47: 34).

spielt.¹³⁰⁶ Vielleicht ist wie mit afrz. *à clignetes* ein Versteckspiel gemeint, vielleicht aber auch das im Fränkischen *Blinzeln, Zublinzeln* oder im Südhessischen *Blinzelguckele*¹³⁰⁷ genannte Kreisspiel mit Platzwechseln. Dabei sitzen Mädchen im Kreis herum auf Stühlen. Hinter jedem Mädchen steht ein Junge, der die Hände hinter dem Rücken verschränken muß. Ein Junge ist überzählig und hat einen leeren Stuhl vor sich. Er muß versuchen, durch Zuzwinkern ein sitzendes Mädchen zu sich herzuholen. Der hinter dem Mädchen stehende Junge paßt jedoch genau auf, es festzuhalten, bevor es aufstehen und weglaufen kann. Da bei diesem Spiel Sympathien und Antipathien deutlich zu Tage treten, könnte es auch in früherer Zeit als ein Spiel junger Erwachsener beliebt gewesen sein.¹³⁰⁸

d) Zur Semantik von *Maus* und *mausen*

Die Spielbezeichnungen schließen einerseits an das Substantiv *Maus*, andererseits an das Verb *mausen* an.

Die Spielbezeichnung des Typs *Blindmäus* ist gut motiviert, den von den Mäusen heißt es in Forers Übersetzung des Tierbuchs von Conrad Gesner aus dem Jahr 1606:

> „Sie [die Mäuse] lauffen meistens bey der Nacht umb/ und deß Tages ligen sie verborgen/ darumb weil sie wissen/ daß die Menschen/ oder andere Thiere ihnen auffsaetzig sind/ vnd nachzustellen pflegen".¹³⁰⁹

Die Maus gilt wie der Maulwurf und die Fledermaus als ein lichtscheues Tier, das sich tagsüber vor den Feinden versteckt und erst bei Nacht aktiv wird.¹³¹⁰ Wird die Maus im Dunkeln auf der Suche nach Eßbarem aktiv, ist sie ist kaum zu hören, woran die Vergleiche *schleichen wie eine Maus* oder *mäuschenstill sein* anknüpfen. Dies spricht wiederum dafür, daß es sich um ein Spiel im Dunkeln gehandelt hat.

In mehrfacher Hinsicht motiviert ist das mehrdeutige Verb *mausen*¹³¹¹ in der Spielbezeichnung *blindmausen*. *Mausen* kann 'sich verkriechen, am

---

[1306] Stammler (1963: 110) vermerkt lediglich, daß es „ein noch heute in Franken beliebtes Kinderspiel" sei.
[1307] Südhess. Wb. (1: 943).
[1308] BWB 35/21.
[1309] Forer (1606: 261).
[1310] Vgl. z. B. Scheil (1897: 11).
[1311] Vgl. DWB (6: 1826–1828).

Fang- und Versteckspielbezeichnungen

Boden herumkriechen, um etwas zu suchen oder aufzuheben' bedeuten.[1312] Die Bedeutung 'wie eine Maus (nach Brauchbarem) suchen' ist seit dem 13. Jahrhundert nachgewiesen.[1313] Im Wörterbuch der Straßburger Mundart ist *mûsen* in der erweiterten Bedeutung 'durchsuchen' angegeben.[1314] Da Mäuse unbemerkt großen Schaden unter den Vorräten anrichten können, gelten sie als „Diebe", *mausen* wird zu einer Metapher für 'jmd. etwas wegnehmen, stehlen (ohne daß er es merkt)'. In der Bedeutung 'verstecken' entspricht es frz. *musser* 'verstecken' in frz. *à la cligne-musse(tte)*. Im Frühneuhochdeutschen begegnet häufig die Fügung *im finstern mausen, heimlich mausen* 'im Dunkeln lauern, auflauern, etw. (Unrechtes) im Dunkeln tun'.[1315] Dialektal ist *mausen* im Westoberdeutschen noch heute in der Bedeutung 'Geschlechtsverkehr ausüben (besonders von Unverheirateten)' bekannt.[1316] Das Thüringische Wörterbuch verzeichnet unter *Mausens* 'ein Haschespiel'.[1317]

Bei den verschiedenen Spielen im Dunkeln kommen eigentlich alle typischerweise der Maus zugeschriebenen oder durch das Verb *mausen* ausgedrückten Verhaltensweisen wie das Schleichen, Lauern, Kriechen, Suchen, Tasten etc. zum Tragen. Nicht zuletzt spielt auch das Piepen der Maus eine Rolle, denn die Spieler ahmen diese Lautäußerung nach, um dem Suchenden oder Ratenden einen Anhaltspunkt zu geben.

e) Zusammenfassung

Die Spielbezeichnungen *Blinde Mäus* und *Blinzelmäus* sind dialektal bis in die Gegenwart verbreitet. Der dialektale Geltungsbereich der Spielbezeichnung *Blinde Mäus* reicht vom oberdeutschen über den westmittel- in den westniederdeutschen Sprachraum hinein. Die nördlichsten Belege stammen aus dem Niederfränkischen, Ripuarischen und Südwestfä-

---

[1312] Schmid (1795: 94); vgl. den Beleg in Meyfart (1636: 129).
[1313] Vgl. die Belege im DRW (IX: 378).
[1314] „Wer het in miner Schublad gemûst?" (Schmid 1896: 76).
[1315] Vgl. DWB (VI: 1826f.).
[1316] „Er hot se *gemaust*" (Pfälz. Wb. 4: 1253) mit der gleichbedeutenden Variante *mauseln*. In sexueller Bedeutung ist das Wort auch im Südhessischen und Rheinischen gebucht (vgl. Südhess. Wb. 4: 595; Rhein. Wb. 5: 1005).
[1317] Thür. Wb. (4: 569).

lischen.[1318] Weitere Belege beschränken sich dann auf den lothringischen, moselfränkischen und pfälzischen Bereich des Westmitteldeutschen. *Blinde Mäus* kommt im elsässischen, alemannischen, bairisch und bairisch-österreichischen sowie siebenbürgisch-sächsischen Sprachraum vor, gilt aber nicht gesamtoberdeutsch. Die Spielbezeichnung *Blinzelmäus* fällt in die nicht von *Blinde Mäus* abgedeckten oberdeutschen Dialekträume. Sie läßt sich vom Schwäbisch-Alemannischen, wo es zu Überschneidungen beider Bezeichnungen kommt, über das Ostfränkische und den angrenzenden Teil des Westmitteldeutschen bis ins Thüringische hinein nachweisen, meist jedoch nur noch als 'Fangen mit verbundenen Augen'.

Die aus den Bestandteilen *blind-* und *maus-*, *mäus-* gebildete Spielbezeichnung ist seit dem 15. Jahrhundert überliefert. Literarische Belege sind im 19. Jahrhundert nur noch selten, da sich hochsprachlich der weiter unten ausgeführte Ausdruck *Blinde Kuh* durchsetzt. In den literarischen Belegen lassen sich die übertragenen Bedeutungen 'sich oder etw. verstecken, versteckt halten', 'unerkannt bleiben wollen', 'sich zum Geschlechtsverkehr zurückziehen', 'etw. Unerlaubtes im Verborgenen tun', 'jmd. betrügen' und 'jmd. mißhandeln oder sogar töten' feststellen. Bezeichnet werden ursprünglich verschiedene Such-, Fang- und Personenratespiele im Dunkeln. Seit dem 17. Jahrhundert ist auch der Spieltyp 'Suchen und Fangen mit verbundenen Augen' belegt.

Die aus den Bestandteilen *blinz(el)-* und *maus-*, *mäus* bestehende Bezeichnung tritt seit der Mitte des 16. Jahrhunderts auf. Sie ist wie *Blinde Mäus* in den Bedeutungen 'Spiel im Dunkeln', 'Versteckspiel', 'Fangspiel mit verbundenen Augen' und in verschiedenen Übertragungsmöglichkeiten nachweisbar, wenngleich die Zahl der Belege deutlich geringer ist.

Die Bildungsbedeutung der Wendung *Blinde Mäuse spielen* läßt sich erschließen als 'Mäuse im Dunkeln spielen', 'sich wie Mäuse im Dunkeln verhalten'. Der Plural bezieht sich auf die Mitspieler, die die „Mäuse" vorstellen. Das gleiche gilt für die Bezeichnung mit *Blinz(el)-* als Erstbestandteil, da *blinze(l)n* ursprünglich 'nichts sehen können (weil es dunkel ist)' bedeutet.

Bei den mit dem Verb *mausen* als Zweitbestandteil gebildeten Bezeichnungen ist die Bildungsbedeutung 'im Finstern mausen', 'wie eine Maus

---

[1318] Bei dem singulären Beleg *Blinde Mäuß* für das Preußische aus Violets *Neringia oder Geschichte der Danziger Nehrung* (1864: 121) handelt es sich um ein Fehlzuweisung (vgl. Bolte 1909: 390).

auf der Suche nach Nahrung im Dunkeln schleichen (und Schaden anrichten)' anzusetzen. Verwendungen wie *sie heiszt mich blinzling mausen gan*[1319] oder *[yhr] maûset ym finsternis*[1320] zeigen die ursprünglich systematische Bedeutung, die in den Spielbezeichnungen *Blinzelmausen* und *blindmausen* lexikalisiert wurde.

Der angenommene Bedeutungswandel von 'Spiel im Dunkeln' hin zu 'Spiel mit verbundenen Augen' hat auch sachgeschichtliche Ursachen. Vor der Elektrifizierung war die Bevölkerung auf das natürliche Tageslicht und spärliche künstliche Beleuchtung angewiesen. Traf man sich abends zum Spinnen und Weben des Flachses, so geschah dies z. B. im Göttinger Raum Mitte des 19. Jahrhunderts beim Licht des *Krüsels*. Dieser hing von einer an der Decke befestigten Stange, der *Krüselwocke*, herab. Er spendete nur sehr gedämpftes Licht, das zwar nicht gut für die Augen, dafür aber zum „Munkeln" wie geschaffen war.[1321] Die dürftige Beleuchtung, ein Kienspan oder eine müde Öllampe, konnte leicht verlöschen. Diese Gelegenheit wurde gern genutzt, um einander näherzukommen.[1322] Besonders beliebt waren sogenannte „Fleischhaufen". Dabei wurde einem Mädchen ein Bein gestellt, so daß es hin fiel. Ein Bursche stürzte sich darüber und andere folgten. Auch die anderen Spinnerinnen beteiligten sich. „So wühlten sie dann eine Zeitlang durch- und miteinander".[1323] Die Spiele dienten also nicht nur der Erheiterung und dem Zeitvertreib, sondern auch der körperlichen Annäherung, weshalb sie sich auch gut als erotische Metaphern eigneten.

Mit zunehmend verbesserter Beleuchtung wurden die Spiele im Dunkeln seltener. Stattdessen ging man dazu über, dem Hauptspieler die Augen zu verbinden. Die alten Spielbenennungen wurden aber beibehalten. Dies bot sich auch an, da sowohl *blind* als auch *blinzelnd* 'ohne zu sehen, im Dunkeln' problemlos das Bedeutungsmerkmal 'verbundene Augen' annehmen konnte. Aus Dresden ist 1869 das Spiel *Piep-Maus* als ein Personenratespiel mit verbundenen Augen überliefert, zu dem das Spiellied „Im Keller, im Keller ist's finster [...] da scheint weder Sonne noch Mond her-

---

[1319] Ebenreutters Liederhandschrift um 1530; DWB (2: 129).

[1320] Luther 1530; WA (30, 2: 447).

[1321] Vgl. Lauffer (1949: 78).

[1322] Vgl. Fuchs (1909, 1: 438). Das Treiben in den Spinnstuben karikiert ein Holzschnitt von Beham um 1527–1530 (vgl. Fuchs 1909, 1: 437 und Abb. 377).

[1323] Vgl. Sohnrey/Schröder (1939: 60).

ein" gesungen wurde, das auch als Begleitlied für den Spieltyp 'Personen auffinden und im Sitzen erraten' überliefert ist.[1324] Der Inhalt des Liedes verrät noch, daß das zugehörige Spiel ursprünglich im Dunkeln gespielt wurde. Benennungen für Spiele mit verbundenen Augen beruhen ursprünglich also häufig auf Benennungen für Spiele im Dunkeln. Dies ist nicht nur im Deutschen, sondern auch in anderen Sprachen der Fall. Als parallele Bildung mit gleicher Bedeutungsentwicklung von 'Versteckspiel (im Dunkeln)' hin zu 'Fangspiel mit verbundenen Augen' können auch frz. *clignemus(s)ette* oder tschech. *na mźjk, na mźjtek* angeschlossen werden.

E. Die Bezeichnung *Blinde Kuh*

Der Ausdruck *Blinde Kuh* ist in der Gegenwartssprache nach wie vor anzutreffen. Welches Spiel im einzelnen darunter zu verstehen ist, ist jedoch oft nicht mehr so klar. Sicher erinnerlich ist meist nur noch, daß ein Spieler dabei verbundende Augen hat und die „Blinde Kuh" vorstellt. Die Frage, warum der Geblendete und das Spiel so heißt, ist rätselhaft und soll im folgenden näher untersucht werden. Von der Beliebtheit dieses Spiels, das noch bis ins 20. Jahrhundert von Erwachsenen gespielt wurde[1325], zeugen zahlreiche historische Belege in der Literatur. In der Gegenwartssprache begegnet der Ausdruck meist in übertragener Verwendung z. B. für 'jmd. täuschen, in die Irre führen'.[1326]

Blinde Kuh ist die heute hochsprachliche Bezeichnung für ein Fangspiel mit verbundenen Augen. Ein Mitspieler mit verbundenen Augen muß dabei einen der ihn neckenden Mitspieler fangen, der seine Rolle übernimmt. Eine anschauliche Spielanleitung und -beschreibung, die heute noch Gültigkeit besitzt, findet sich in dem Standardwerk *Deutsches Kinderlied und Kinderspiel* aus dem Jahr 1897 von Böhme:

[1324] Vgl. Böhme (1897: 629).

[1325] In den Lebenserinnerungen von Carl von Schurz (1906: 9) heißt es: „Nach altem Gebrauch hatte an zwei oder drei Abenden im Jahr das Volk, männlich und weiblich, Erlaubnis, in der großen Halle zusammen zu spielen – blinde Kuh und andere Spiele".

[1326] Vgl. Röhrich (1994, 1: 217). Vgl. aber auch *Blinde Kuh* als Name einer Suchmaschine im Internet speziell für Kinder (1997 eingerichtet von Birgit Bachmann).

Fang- und Versteckspielbezeichnungen 271

> „Zu diesem [...] Spiele ist ein freier, möglichst ebener Platz, oder eine geräumige Stube, darin Alles beiseite geräumt ist, zu wählen, damit der geblendete Suchende nicht etwa durch Anstoßen oder Stolpern in Gefahr kommt. Durch Abzählen wird einer unter den Mitspielenden zur 'blinden Kuh' bestimmt. So heißt nämlich der, dem die Augen mit einem Tuche so zugebunden werden, daß er seine Umgebung nicht sehen kann. Dann überläßt man ihn seinem Geschick. Die übrigen Mitspieler necken, zupfen, foppen ihn auf alle Weise, nur soll ihm nicht ernstlich wehe gethan werden. Er ist bemüht, einen aus seiner Umgebung zu erfassen und macht dazu rasche Wendungen und schnelle Griffe. Wen er erwischt, muß seine Stelle als Blindekuh einnehmen. Vielfach werden auch erst, bevor das Suchen beginnt, zwischen einem Mitspieler, der die blinde Kuh in den Kreis führt (Spielleiter), und dieser selbst Zwiegespräche geführt."[1327]

Die Bezeichnung *Blinde Kuh* wird in der älteren und neueren praktischen Spiele-Literatur auch zur Bezeichnung anderer Spieltypen herangezogen, in denen das Augenverbinden eine Rolle spielt. Meist tritt noch ein modifizierender Zusatz hinzu, der in einem besonderen Spielmerkmal motiviert ist. *Blinde Kuh sitzend*[1328] oder *Piep-Blindekuh*[1329] heißt z. B. ein Spiel, bei dem eine Person mit verbundenen Augen einen Mitspieler namentlich erraten mußte, nachdem sie sich auf dessen Schoß gesetzt und dieser „Piep!" gerufen hatte. Beim Spiel *Die blinde Kuh im Reihen*[1330], *Die stille Blindekuh (Colin Maillard)*[1331] oder *Stock-* bzw. *Piek-Blindekuh*[1332] mußte der Blinde die von ihm zu erratende Person aus einem Kreis bestimmen, indem er mit einem Stöckchen oder dem ausgestreckten Arm auf sie zeigte. *Klingel-Blindekuh*[1333] dagegen wird als ein Spiel beschrieben, bei dem alle bis auf einen, der mit einem Glöckchen auf sich aufmerksam macht, verbundene Augen haben und diesen zu fangen versuchen. Ein Tastratespiel war die *botanische Blindekuh*[1334], bei dem eine Person mit verbundenen Augen ihr pflanzenkundliches Wissen unter Beweis stellen und eine ihr vorgelegte Blume an ihrem Geruch oder durch Betasten erkennen mußte. Heute wird der Begriff *Blindekuh* auch als ein Oberbegriff für verschiedene Spiele mit verbundenen Augen wie *Topfschlagen*, *Der verlorene Ring*,

---

[1327] Böhme (1897: 627).
[1328] *Die angenehme Gesellschaft* (1790: 100f.).
[1329] Wagner (1878: 23f.).
[1330] *Die angenehme Gesellschaft* (1790: 102).
[1331] Gutsmuths (1796: 124f.).
[1332] Wegener (1883: 162f.), Gander (1892: 229f.).
[1333] Hahn (1894: 70).
[1334] Gutsmuths (1802: 61–63).

Jakob, wo bist du? und *Im Keller ist es finster* verstanden.[1335] Auch Würfel- und Kartenspiele können *Blinde Kuh* heißen.[1336]

Aufgrund der Beliebtheit des *Blinde-Kuh-Spiels* als Fangspiel mit verbundenen Augen und aufgrund seiner vielfachen allegorischen und erotischen Ausdeutungsmöglichkeiten ist es in Literatur und Kunst gut bezeugt.[1337] Reizvoll und für Übertragungen gut geeignet ist das Spiel besonders deshalb, weil es eine Vielzahl akustischer und anderer Täuschungsmanöver gibt, mit denen der Spieler mit verbundenen Augen in die Irre geführt und betrogen werden kann.

1. Ikonographische Zeugnisse

Bildzeugnisse zum Blinde-Kuh-Spiel aus dem europäischen und außereuropäischen Raum sind in dem Aufsatz *Komm spiel mit mir Blindekuh ... Ikonographie und Ausdeutung eines Fang- und Ratespiels* von Metken aus dem Jahr 1991 zusammengestellt, der aus kunsthistorischer Sicht einen anschaulichen Einblick in die Geschichte dieses Spiels gibt. Bei den ausgewählten Zeugnissen handelt es sich jedoch nicht allein um Darstellungen des Fangens mit verbundenen Augen, sondern auch um andere Spiele, bei denen einem Spieler die Augen verbunden sind oder die Sicht auf andere Weise genommen wird. Als früheste Abbildung führt Metken die Miniatur aus dem *Chansonnier de Paris* auf, die jedoch eine Form des Fußfangens zeigt.[1338] Nach anderer Meinung befindet sich dieses Fangspiel mit verbundenen Augen zum ersten Mal auf dem Oberrheinischen Wandteppich mit höfischen Spielen dargestellt.[1339] Vermutlich ist die Dame, die mit dem Rücken zum Betrachter steht, geblendet. Die Darstellung ist im Vergleich zu anderen jedoch nicht besonders deutlich.

Im *Petit Livre d'Amour* von Pierre Salas, das um 1490 als ein Geschenk für seine Geliebte Marguerite entstanden und in einer zwischen 1771 und 1813 angefertigten Abschrift von französischer Hand überliefert ist, werden auf einer Miniatur drei Hofdamen und ein Edelmann beim Blinde-

---

[1335] Woll/Merzenich/Götz (1988: 32–34).
[1336] Steinfels (1925: 596); Reichel (1909: 857).
[1337] Vgl. Ranke (1952: 187).
[1338] Vgl. Anhang, Abb. 24, der Spieltyp liegt aber sicher z. B. in Anhang, Abb. 31 vor.
[1339] Vgl. Lauffer (1947: 85); Wilckens (1985: 11); vgl. Anhang, Abb. 27.

kuhspiel in einem Rosengarten gezeigt.[1340] Obwohl eine Hofdame versucht, den Edelmann mit verbundenen Augen irrezuleiten, indem sie ihn an der Schulter berührt, strebt dieser geradewegs auf seine Geliebte zu, die ihm auch gar nicht auszuweichen versucht. Der Liebende findet auch ohne die Hilfe seiner Augen zur Dame seines Herzens. Die Abbildung illustriert den folgenden Text:

> „sune foys jeu puys tenyr vne [Wenn ich einmal eine erhaschen kann,
> e[lle] ne meschappera de l'an   wird sie mir nicht mehr entwischen,
> et me deust lon donner myllan   auch wenn man mir Mailand,
> Londres parys et pampelune."[1341] London, Paris und Pamplona verspräche]

Eine andere Deutung erfährt das Spiel in Conrad Meyers Werk *Sechs und zwaenzig nichtige Kinderspiel* von 1657, in dem gleich das erste Bild das Fangen mit verbundenen Augen zeigt, ohne daß jedoch eine Bezeichnung dafür genannt wird.[1342] Meyer sieht in diesem Spiel „ein rechtes bild/ wie man es in dem Buhlen spielt". In blindmachender Liebessehnsucht greift ein Jüngling nach der Erstbesten, die ihm unterkommt. Doch er erwischt nur die, die sich auch fangen lassen will. Erst wenn ihm das Tuch abgenommen wird und er wieder sehen kann, bemerkt er ihre Mängel. Die Spielregel verbietet jedoch einen zweiten Versuch. Er muß sie behalten, weshalb Meyer eindringlich vor solchen blinden Mißgriffen warnt:

> „Fürs erst ist ein muthwillig kind / das an den augen ist verblindt / drum gehts, und daapet mit der hand / und suchet stetig an der wand / alßdann in solchem blinden gang / ergreifft es eine durch den fang / dieselbig halt es hart und vest / die sich am liebsten greiffen läßt: / nun schaut/ eh daß es iemand fieng / ihm um den kopf ein dekke hieng / ietz wird ein solche weg gethan / da schaut es sein gefangnen an / da siehet es gantz offenbar / was ihm vorhin verborgen war / ach weh! es siehet dann erst scharff / wen es nun nimmer greiffen darff, / diß spiel ist nur so weit gericht / ein blinder griff und weiter nicht".[1343]

Das zugehörige Kupfer zeigt einen Spieler, der mit einem Tuch über dem Kopf auf ein Taschentuch zusteuert, das ihm ein Mädchen entgegenhält. Die anderen Kinder springen auf die Seite. In der Unterschrift dieses Sinnbildes wird die Kindheit mit dem Zustand der Blindheit verglichen, da sie keinen Rat annimmt:

[1340] London, British Library, Stowe Ms. 955: fol. 7v; vgl. Anhang, Abb. 28.
[1341] Giraud (1994: 380).
[1342] Vgl. Anhang, Abb. 25.
[1343] Meyer (1657: o. S.).

„Die kindhäit wirdt genäñt äin blindhäit, die nicht känt / Den wol gemainten raat: Drauff komt die reü zuspaat".[1344]

Umstritten ist, ob eine Spielergruppe um ein vermummtes Mädchen auf Breughels Kinderspielbild von 1560 das Fangspiel mit verbundenen Augen darstellt.[1345]

Besonders zahlreich sind Abbildungen des Spiels im 18. Jahrhundert[1346], die die Irreführung des Spielers mit verbundenen Augen thematisieren. Man lockt ihn in die falsche Richtung[1347], bringt ihn durch ein Hindernis zu Fall[1348] oder läßt ihn nach etwas „Falschem" wie einem Hund, einer Perücke auf einem Stab oder einem Fächer greifen.[1349]

2. Bedeutungen

Schon in den frühesten Belegen, die alle aus den Schriften Martin Luthers stammen[1350], wird die Fügung *Blinde Kuh* mehrfach in übertragener Bedeutung oder als Vergleich verwendet.

a) 'Etw. aufs Geratewohl tun'

Zum ersten Mal verwendet Luther die Fügung 1520 im *(Großen) Sermon von dem Wucher* im Zusammenhang mit dem „blinden Zinskauf", dem Verleih von Geld gegen einen Anteil am Ertrag, ohne daß vorher festgelegt wurde, was genau mit dem Geld beliehen ist. Luther zeigt die Gefahren dieses Handels auf, bei dem der Käufer (Zinsherr) gegenüber dem Verkäufer (Zinsmann) im Vorteil ist, weil dieser alleine das Risiko trägt. Der Zinskauf wird außerdem auf Grundstücke ausgeweitet. Die großen Kauf-

---

[1344] Meyer (1657: erstes Bild).

[1345] Vgl. Anhang, Abb. 2. Vgl. dazu Hills (1998: 38) und Drost (1914: 9).

[1346] Vgl. Vuiller (1900). Zu den im Zeitraum von 1750–1780 entstandenen fünf Bildern mit diesem Motiv von Jean-Honoré Fragonard vgl. Milam (1998).

[1347] Vgl. die Darstellung auf einem Wandteppich aus dem frühen 18. Jahrhundert (*Les jeux aux XVIe et XVIIe siècles* 1980: Nr. 33).

[1348] Vgl. Anhang, Abb. 26.

[1349] Vgl. die Bilder *Blind Man's Buff* von George Morland (1788), *Colin-Maillard* von Jean-Frédéric Schall (1752–1825) (Metken 1991: 55 u. 58) und *Colin Maillard* von Arturo Ricci (Vuillier 1900: 235).

[1350] Vgl. die Belegstellen in Diehm (1930: 10); vgl. auch DWB (10, 1: 2359).

leute „faren dahyn, legen das gelt auff eynen grund yn gemeyn und unernant". Sie kaufen Zins von allem, was wirtschaftlich genutzt werden kann, ohne dies im einzelnen anzugeben, der Zinsmann jedoch muß im Falle eines Schadens durch Krankheit oder Brand mit dem, was ihm bleibt, für die Zinsen aufkommen. Nach Luthers Ansicht sollte bei einem Zinskauf der ganze Besitz, Stück für Stück (Haus, Garten, Wiese, Teich, Vieh) aufgelistet und die geliehene Geldsumme sowie der Zins dafür festgehalten werden. Wer Geld leiht, darf nicht insgemein *blinde Kuh* spielen oder das ganze Gut auf einmal beschweren, d. h. es soll weder irgendein (unrentabler oder möglicherweise schon beliehener Grund) aufs Geratewohl herausgegriffen, noch der ganze Besitz auf einmal belastet werden. Von den Folgen des „blinden Zinskaufs" waren nämlich nicht nur einzelne Personen, sondern auch ganze Städte und Gemeinden betroffen, die ihre Allmenden, Weide und Wald, die der Gemeinde gehörten und gemeinsam genutzt wurden, beliehen hatten und die Zinsen nicht aufbringen konnten:

> „Weyter, sag ich, ists nit gnug, das der grund bahr da sey und ernennet werde, ßondern soll klerlich, stuck bey stuck, anzeygt und das gelt und zinß drauff geweisset werden, als nehmlich das hauß, der garte, die wiße, der teych, das fihe, und das alles noch frey, unvorkaufft und unbeschweret, und nit *der blinden kue* spilen ynß gemeyn oder gantz auff hauffen das gutt beschweren. Dan wo das nit geschicht, da muß eyn statt oder arm man ym sack vorkaufft werden und durch den blinden kauff yn grund vorterben, wie wir sehen itzt in vielen grossen steten und herschafften geschehn".[1351]

In der Predigt *Von den Schluesseln* aus dem Jahr 1530 erörtert Luther die Frage, ob man durch den Ablaß auch vor Gott und nicht nur vor den Menschen von den Sünden befreit sei. Der Papst löse zwar durch den Ablaß den Sünder auf Erden, aber da er nicht wisse, ob der Betreffende seine Sünde ehrlich bereut und gebeichtet habe, wisse er auch nicht, ob der Schlüssel dem Sünder das Himmelreich öffne oder nicht. Wie beim Spiel *der blinden kue* griffen die Papisten aufs Geratewohl nach Schlüsseln für die reuigen Sünder, ohne zu wissen, ob diese Schlüssel passen oder nicht. Auf die fiktive Frage an die Papisten „Warumb harret yhr denn nicht mit ewrem schlussel so lange, bis yhr gewis werdet, das die Rew vmb die sunde gnugsam sey für Gott, damit yhr nicht so feylen odder vngewis sein mustet mit dem Ablas vnd der Absolution", läßt Luther diese antworten:

[1351] WA (6: 56).

> „Sünde hin, sunde her, Solten wir so lange harren, So kriegten wir nimermehr keinen heller, kein ehre noch gewalt, vnd wurden die schlussel lengest verrostet sein, Denn Gott schweiget stille vnd saget vns nichts dauon, ob die Rew odder vrsache yhm gefalle odder nicht. So konnen wirs auch nicht erraten vnd mussen also, vngewis bleiben, sollen die schlussel nû nicht verrosten, mussen wir also ym zweifel dahiñ handeln, triffts so triffts, feylets so feylets wie man *der blinden kue* spielet". [1352]

Luther betont, daß man wissen und sicher sein müsse, „wer vnd was man binden vnd loesen sol/ Denn Gottes Ordnung sol nicht der *blinden Kue* spielen". [1353] Die Stellvertreter Gottes auf Erden sollen also nicht aufs Geratewohl handeln. Da aber niemand weiß, wie der Mensch vor Gott dasteht, wird der Ablaß zum „Fehlschlüssel".

In einer Predigt aus dem Jahr 1530 spricht Luther von der rechten Art des Glaubens. Sie bestehe darin, an Gottes Wort nicht zu zweifeln, auch wenn man es nur hören, nicht aber sehen oder greifen kann. Luther räumt ein, daß es der menschlichen Natur widerstrebe, *Blinde Kuh* zu spielen, d. h. etwas (Gott) zu greifen versuchen, was sie nicht sehen kann, und darauf vertrauen (*buchen und trotzen*) zu müssen, daß es doch da ist:

> „Also sagt die Epistel zun Ebreern auch vom glauben, das er sey 'ein gewisse zuversicht des das man hoffet, und nicht zweifeln an dem das man nicht sihet': Er hat nicht vergebens hin zu gesetzt 'nicht zweifeln an dem das man nicht sihet', Das hertz sol keinen zweifel daran haben, sondern gewis sein, obs gleich das nicht sihet noch gedencken kan, das es hoffet, Das ist die rechte art des glaubens. Es thut aber der natur seer whe, das sie so sol der *blinden kue* spielen, buchen und trotzen auff das das sie nicht sihet, Ja da von sie yhr nicht traumen liesse, Sie wil nicht ehe gleuben, sie hab es denn ynn der hande, das der boden vol korns und der keller vol weins liege, denn gleubet sie allererst, sie habe gnug zuessen und zutrincken". [1354]

Daß man beim Spiel der *Blinden Kuh* allein auf Ahnungen und Vermutungen angewiesen ist, zeigen auch zwei Sprichwörter aus Christoph Lehmanns *Florilegium politicum auctum* aus dem Jahr 1662:

> „Argwohn beweist nichts/ ist kein *blinde Kuh*"
>
> „Wehnen und duencken ist der *blinden Kuh* spilen". [1355]

[1352] WA (30,2: 447).
[1353] Luther (1575, 5: 230ᵃ).
[1354] WA (32: 124).
[1355] Lehmann (1662: 50, Nr. 14 und 389, Nr. 17).

b) 'Fehlgreifen, sich irren'

Den folgenden Belegen läßt sich entnehmen, daß man beim Spiel *Blinde Kuh* häufig fehlgreift und in die Irre geht, ohne daß das Spiel näher beschrieben wird. Darauf spielt Luther in seiner Auslegung des Buches Jona aus dem Jahr 1526 an, wo er feststellt, daß jeder Mensch, auch ein Heide, „aus der natur und vernunfft" weiß, daß es einen Gott gibt, der aus der Not helfen kann, daß Gott folglich gütig, gnädig, barmherzig und mild ist. So weit reiche das natürliche Licht der Vernunft. Der Vernunft mangle es jedoch noch an zwei Dingen. Erstens glaube sie nicht fest daran, daß Gott auch wirklich helfen will, und zweitens wisse sie nicht, „wer odder wilcher es sey, der da recht Gott heyßt". Als Beispiel führt Luther die Juden an, die Jesus von Nazareth nicht als Christus erkannten, obwohl von Johannes dem Täufer bezeugt war, daß „Christus auff erden gieng". Ebenso könne die Vernunft Gott nicht fassen und ihn nicht erkennen. Wie beim Spiel *der blinden kue* tue sie eitle Fehlgriffe, schlage immer daneben, und wenn sie ihn ergriffen habe, könne sie nicht dessen Namen erraten. Ob dieses Personenfangen und -erraten im Dunkeln oder mit verbundenen Augen gespielt wurde, geht aus dem Beleg nicht hervor:

> „Da stund yhr [der Juden] hertz also, das sie wusten, Christus were unter yhn und gienge unter den leuten. Aber wilcher die person were, das wusten sie nicht; denn das Jhesus von Nazareth were Christus, kundte niemand gedencken. Also spielt auch die vernunfft *der blinden kue* mit Gott und thut eytel feyl griffe und schlecht ymer neben hin, das sie das Gott heysst, das nicht Gott ist, und widderumb nicht Gott heysst, das Gott ist, wilchs sie keynes thet, wo sie nicht wuste, das Gott were, odder wuste eben, wilches odder was Gott were. Darumb plumbt sie so hereyn und gibt den namen und gottliche ehre und heysset Got, was sie dunckt das Got sey und trifft also nymer mehr den rechten Gott sondern allewege den teuffel odder yhr eygen dunckel, den der teuffel regirt. Darumb ists gar eyn gros unterscheyd, wissen, das eyn Gott ist, und wissen, was odder wer Gott ist".[1356]

Zur Veranschaulichung der Verheißung Gottes „Aber uber das haus Juda wil ich meine augen offen haben/ Und alle rosse der voelcker mit blindheit plagen" (Sach. 12, 4) in seiner Schrift *Der Prophet SacharJa ausgelegt* aus dem Jahr 1527 zieht Luther das *Blinde-Kuh*-Spiel und *Topfschlagen* heran, um damit die Erfolglosigkeit und Fehlschläge der „blinden" Verfolger zu veranschaulichen, die den Christen nachstellen. Hier könnte ein Fang-

---

[1356] WA (19, 207).

spiel mit verbundenen Augen gemeint sein, denn offenbar gibt es auch Zuschauer, die über die Fehlstreiche lachen:

> „Das ist: uber die Apostel und Christen wil ich gnedige augen haben ynn allen yhren truebsalen, Auch endlich yhre verfolger blind und zu narren machen, das alle yhre anschlege widder die Christen sollen sein, wie man *der blinden kue* spielet odder nach den toepffen schlegt, das yhr verfolgung doch feylen und umb sonst toben mus und nichts ausrichte denn das man yhrer feilstreich lache und das Euangelion zu neme, yhe mehr sie da widder fechten".[1357]

In der pindarischen Ode *Im Nahmen eines Bruders auf seiner Schwester Absterben* von Daniel Georg Morhof aus dem Jahr 1682 steht das Spiel sinnbildlich für die blinde Jagd nach irdischen Gütern, die den Menschen direkt in die Fänge des Teufels treibe:

> „Sie [die Schwester] hat nie was verbrochen / Sich in die Welt verkrochen/ Denn fromm sein war ihr Ziel: / Doch komt sie mit ins Spiel / Und liegt nun in der Aschen. / Es läuffet Jung und Greiß / Durch Land/ durch Meer/ durch Eiß / Gut, Ehre zu erhaschen. / Der streicht wol gar zum Teuffel zu. / So spielt der Welt=Mann *Blinde Kuh*".[1358]

c) 'Etw. (Unrechtmäßiges) im Verborgenen tun'

In einer Wochenpredigt aus dem Jahr 1532 über die Bergpredigt erörtert Luther die Frage, was einen guten Prediger auszeichne und ihn von Rottenbuben, Schwermern, Schleichern und Streichern unterscheide, die durch die Städte irrten, sich ohne Befugnis in die Häuser schlichen, Winkelpredigten hielten und die Leute mit ihren Lügen vergifteten. Vor allem solle er frei und öffentlich auftreten, wie es Jesus gemacht und auch von seinen Jüngern verlangt habe (Mt. 5,14f.). Gottes Wort solle nicht so verkündigt werden, wie man *der binden kuee* spielt, nicht im Dunkeln, versteckt oder hinterrücks (*meuchling*):

> „Ir seid das liecht der welt, und man zundet kein licht an und steckets unter einen scheffel, sondern setzets auff einen leuchter, das es leuchte allen die jm hause sind. Denn das predigampt und Gottes wort sol daher leuchten wie die sonne, nicht jm tunckeln schleichen und meuchling, wie man *der blinden kuee* spielet, sondern frey am tage handlen und jm wol lassen unter die augen sehen,

---

[1357] WA (23: 645).
[1358] Morhof (1682: 413f.).

das beide prediger und zuhorer des gewis seyen, das es recht geleret und das ampt befolen sey, das sie es kein heel haben durffe".[1359]

d) 'Jmd. betrügen'

Das Verkaufen von Ablässen ohne zu wissen, ob der reuige Sünder dadurch tatsächlich ins Himmelreich kommt, hält Luther in seiner Predigt *Von den Schluesseln* aus dem Jahr 1530 für ebenso betrügerisch wie das Spiel der *blinden kue* oder das *Mausen im Finstern*:

> „Was soll ich sagen? Spielet yhr [der Papst, die Bischöfe und Offizialen] also mit vns [1575: mit vnsern Seelen/ Leib/ vnd Gut][1360] *der blinden kue,* vnd maůset ym finsternis, So merk ich wol, das yhr bruderlich mit vns teilet, Ihr behalt vnd braucht den treffschlussel zu vnserm kasten vnd lasst vns den feylschlussel zum himel".[1361]

Auch in einem Sprichwort aus dem *Florilegium politicum auctum* von Christoph Lehmann aus dem Jahr 1662 zum Thema *Betriegen/Betrug* kommt die Spielbezeichnung vor:

> „Betrug ist ein Rothwelscher/ wenn er vom Wasser sagt/ so meint er Fewer/ spielt der *blinde Kuh*".[1362]

e) 'Sich zum (unerlaubten) Geschlechtsverkehr zurückziehen'

Daß sich manche Tanzpaare während der Pause zwischen zwei unziemlichen Lumpentänzen zum *Blinde-Kuh*-Spiel in einen Winkel im Haus verkriechen, um dann „durchaus böse Arbeit zu treiben", erwähnt der 1522 im oberschlesischen Neustadt an der Praudnigk geborene, in Fürstenberg bei Guben tätige Pfarrer Florian Daul[1363] in seinem *Tantzteuffel: Das ist/ wider den leichtfertigen/ unverschempten Welt tantz* von 1567:

[1359] WA (32: 303, 15–22).
[1360] Die Ergänzung in eckigen Klammern stammt aus der Ausgabe *Der Fünffte Teil/ aller Buecher vnd Schrifften des thewren seligen Mans Gottes Docto. Martini Lutheri* (1575, 5: 224ª). Eine Randglosse faßt den entsprechenden Abschnitt mit den Worten „Bapst spielet der *Blindenkue* mit den Seelen" zusammen.
[1361] WA (30, 2: 447).
[1362] Lehmann (1662: 107, Nr. 46).
[1363] Vgl. Osborn (1893: 88f.).

„wenn der Reyen auß ist/ tritt Hans zu Kaetten/ in der Dirnen vnnd Maegde hauffen/ nimpt die Magdt beim kopff/ verhuellt vnd verdeckt sie/ das ma[n] jr das haupt nicht sehe[n] kan/ wieget sie hin vnd wider/ posset sie/ vnd lecket sie auß auf beide[n] wangen/ wie der hund den Erbeßtopff/ lassen fein jederman zusehen/ vnd thutsolchs nit einer/ sondern manichs par/ stehe[n] vnd treibens also biß widerumb auffgepfiffen werde/ etliche verkriechen sich auch ins hauß in ein winckel/ spielen *der blinden Kuh*/ etc. treiben durchauß boese arbeit/ etc".[1364]

f) 'Unerkannt bleiben wollen'

Der lutherische Theologe Johann Wigand klagt in seiner Abhandlung *Vom Ersten Stuecke. Ob die Lere des Goettlichen Worts/ von den Theologen zu Wittenberg stets bis daher/ rein vnd vnuerruckt sey erhalten vnd getrieben worden* aus dem Jahr 1575 über die katholischen Theologen, die „ihre Namen verbergen" und ihre Schriften anonym veröffentlichen, wie es eigentlich bei lügnerischem Schrifttum üblich sei. Dennoch behaupteten sie, Gottes Wort rein und unverfälscht zu lehren. Dies hält Wigand für ein *Blinde-Kuh*-Spiel, bei dem die Theologen allen andern, nämlich Gott und den Gläubigen, die Augen verbinden und selbst „ungesehen und unerkannt bleiben", wenn sie sie in die Irre führen oder ihnen übel mitspielen:

„Diese Vngenante Theologen/ welche sich jres Namens schemen/ schreiben in alle welt aus/ mit vnuerschampter stirn vnd hertzen/ darumb sie auch jre Namen (wie in luegenhafftigen vnd verfuerischen schrifften breuchlich) verborgen/ das bey jnen vnd an dem orte/ in Goettlicher Lere bis daher nichts verruckt sey/ vnd das alles rein geleret vnd getrieben sey worden. Aber Christlicher lieber Leser/ gib doch ein wenig acht auff die folgende stuecke/ ob nicht solche Leute/ Gott vnd allen menschen die augen zu zubinden/ vnd *der blinde kue* mit jnen zu spielen/ sich freuentlich vnterstehen?"[1365]

g) 'Schlagraten mit verhülltem Kopf spielen'

In einer Karfreitagspredigt vom 14. April 1536 schildert und kommentiert Luther lateinisch-deutsch das Verhör Jesu vor dem Hohen Rat (Mt. 26, 67), bei dem Jesus wie ein Narr zum Spiel *der blinden kue* verhüllt wird und erraten soll, wer ihn geschlagen und mißhandelt hat:

[1364] Daul (1567: 24f.).
[1365] Wigand (1575: 2^b–3^a).

„Es sind lesterliche, greuliche sunde, quando deus wird angespeiet, non fuisset mirum, si deus schwefel, hellisch feuer, et tamen factum, quod deus, und verhuellet, ut narrn, und horen sagen, quod propheta, Lieber, dic nobis [LA: quis est qui te percussit], Haben der *blinden kue* mit [LA: im gespielt].[1366]

Das Schlagraten kann auf verschiedene Weise durchgeführt werden, im Knien oder im Sitzen. Die erste, heute noch bekannte Form ist auf einem französischen Elfenbeindiptychon aus dem 14. Jahrhundert dargestellt.[1367] Dabei kniet das Opfer vor einer sitzenden Person. Der in ihren Schoß gedrückte Kopf wird zusätzlich durch das Gewand der sitzenden Person verhüllt. Die zweite, für diesen Beleg anzunehmenden Form wird auf einem französischen Elfenbeinpolyptychon des 14. Jahrhunderts gezeigt. Hier sitzt das Opfer mit vollständig verhülltem Kopf da, der das Angriffsziel für die Schläge der Mitspieler bildet.[1368] Diese Spielweise ist im Zusammenhang mit der Verspottungsszene Jesu in einem französischen Passionsbuch des 14. Jahrhunderts unter dem Namen *au chappefol* 'Narr mit Kopfbedeckung' überliefert.[1369]

h) 'Ein Spiel wie *Blinde Maus* spielen'

1610 verurteilt der Tiroler Arzt Hippolyt Guarinonius (1571–1654) im 54. Kapitel seines Werks *Die Grewel der Verwüstung menschlichen Geschlechts* die „gemeinen vnnd oberthorechten Grewel/ der geschlossenen/ faulen vnnd finstern Aderlaß". Er schlägt den Aderlassern vor, sich in ihre finsteren Keller zurückzuziehen oder sich die Augen verbinden zu lassen und sich die Zeit mit dem Spiel *der blinden Mauß* und *der blinden Khue* zu vertreiben:

„Ich wußte für unsere gemeine teutsche Aderlasser kein besseren Vortheil/ allein sie richteten sich zu Aderlaß zeiten/ in die Tieffe irer Keller hinab/ daselbst doerfften sie die Fenster nicht mit vilen Fuerhaengen vberziehen/ noch die Finsternuß mit Arbeit zu wegen bringen/ oder aber wann sie ihnen noch mit weniger Muehe vnnd noch groesserm Vortheil die Augen verbinden liessen/ vnnd spileten fuer die lang weil der *blinden Mauß* oder *Khue*. Ich maine aber/ daß alle dise finstere Aderlasser deß *blinden Narrns* spilen/ dann gleich wie bey allen

---

[1366] WA (41: 529, 25–530, 5).
[1367] Vgl. Anhang, Abb. 18, rechte Hälfte.
[1368] Vgl. das rechte Schlagratespiel im Anhang, Abb. 32 und Randall (1972: Abb. 6).
[1369] Frank (1930: V. 749). Vgl. auch die Nennung von *au chapifou* in Rabelais' Spielregister von 1534.

Menschen/ gelehrten vnnd vngelehrten/ das Liecht vnnd die Klarheit/ den Verstand vnnd die Vernunft bedeut/ also die Finsternuß den Vnwitz vnd die Narrheit.[1370]

Als ein in den Rockenstuben übliches, erotisches Spiel gehört *Blinde Kuh* oder *Blinde Maus* nicht zu den eigentlichen Gesprächsspielen, wie Georg P. Harsdörffer in seiner Anleitung zur geselligen Unterhaltung, den *Frauen-Zimmer-Gesprächsspielen* (1641–1649)[1371], näher ausführt:

> C. Welche Spiele im lauffen/ hupffen und schlagen bestehen/ sind eigentlich fuer keine Gespraechspiele zu halten/ und von unserem Absehen entfernet. Schikt sich auch nicht fein/ daß bey denselben einkommene Pfande durch fragen wieder geloeset werden: jedoch stehet es nach jeder Gesellschaft Belieben.
> R. Hieher sind zu erzehlen die leichtesten Spiele/ so in den Rokenstuben ueblich/ und oftmals aller Zucht und Erbarkeit entgegen sind/ als von der *blinden Kuhe/* oder *blinden Mauß*; Deß Herrn Eberharts/ Adam hat sieben Soehn/ der Wachtel und der gleichen.[1372]

i) 'Suchen und Fangen mit verbundenen Augen spielen'

Das *Blinde-Kuh*-Spiel ist seit dem ausgehenden 16. Jahrhundert als Bestandteil des weit verbreiteten Schwankmotivs *Drinkers argue about who is to pay*[1373] in der Bedeutung 'Suchen und Fangen mit verbundenen Augen' nachweisbar. Zechpreller, die sich angeblich nicht einigen können, wer zahlen soll, überreden den naiven Kellner, mit ihnen *Blinde Kuh* zu spielen. Während des Spiels machen sich jedoch alle aus dem Staub. In der Komödie *Von einem Wirthe*, die Heinrich Julius Herzog von Braunschweig 1593 verfaßte, wollen drei Wandergesellen auf diese Weise die überteuerte Zeche umgehen:

> „Wir wollen die *Blinde Kuh* spielen, Er [der Kellner] sol *Blinde Kuh* sein, Vnd wen er vnter vns ergreifft, Der sol das Gelag bezalen, So wollen wir jme die Augen zubinden, Vnd einer nach dem andern dauon lauffen".[1374]

[1370] Guarinonius (1610: 1075).

[1371] Zum Werk vgl. Zeller-Thumm (1974).

[1372] Harsdörffer (1643, III: 339); vgl. auch Harsdörffer (1644, IV: 141f.).

[1373] Motiv K 233.2 (AT 4: 260). Vgl. auch Moser-Rath (1984: 217, 431) mit über 20 weiteren Belegstellen aus der Schwankliteratur des 17. und 18. Jahrhundert. Zur Verbreitung im Französischen vgl. z. B. Adry (1807: 47).

[1374] Holland (1855: 329).

Der Kellner, der das Spiel nicht kennt, fragt in niederdeutschem Dialekt nach: „Wat is *blinder kuh*, Dat sou ick niet verstaen, Dat sou ick min lefftag niet gesien hebben", worauf ihm erklärt wird:

> „Sehet, Wir wollen euch die Augen zubinden, Vnd einer vmd den andern sol euch vor den hindern schlagen, Vnd welchen jhr ergreiffet vnter vns, der sol das Gelach bezalen".[1375]

In der Komödie *Von zweyen Bruedern auß Syracusa* des Nürnbergers Jacob Ayrer (1543–1605) wird ebenfalls *der blinden Kuh* um die Zeche gespielt[1376]:

> „Ir Hern wann es euch alln gefellt / So darffs des rechnen nit so vil / Das man jetzt *der blinden Kuh* spil / Der Kellner sey die *blinde Kuh* / Den woell wir binden die augen zu / Der soll vnter vns ein fangen / Wen er am ehsten thut erlangen / Der sol vnser aller Wirth sein".[1377]

Die früheste Spielbeschreibung findet sich in Amaranthes *Frauenzimmerlexikon* aus dem Jahr 1715. Demnach ist *Blinde Kuh* ein Fangspiel junger Frauen im Kreis um einen geblendeten Fänger. Die Frauen spielen untereinander oder in Gesellschaft mit Männern:

> „*Blinde Kuh*, Ist ein dem jungen und lustigen Weibes-Volck gebraeuchliches Spiel und Zeitvertreib, wenn nemlich sie unter einander oder auch mit Mannsvolck vergesellschafftet einen runden Creyß schliessen, einem aus ihrem Mittel die Augen mit einem Tuechlein festezu binden, selbige in die Mitten des Creysses führen, und hernach solche blinde Jungfer um sich greiffen heissen, ob sie eine von ihnen ertappen kan, erwischt sie eine, muß sie die Person mit Nahmen nennen, trifft sie es nicht, muß sie weiter gehen, trifft sie es aber, so wird sie von solcher Person, so sie erhascht, abgeloeset".[1378]

In literarischen Quellen des 17. Jahrhunderts gibt es zahlreiche Wortbelege für das *Blinde Kuh*-Spielen, ohne daß jedoch der Kontext eine Bestimmung als 'Suchen und Fangen mit verbundenen Augen' eindeutig zuläßt. So nennt der deutsche Barocklyriker Paul Fleming (1609–1640), aus dem vorerzgebirgischen Hartenstein bei Zwickau gebürtig, in dem bereits zitierten Hochzeitsgedicht *Liefländischen Schneegräfin, auf Herrn Andres*

[1375] Holland (1855: 331).

[1376] Ayrer ist aber auch der Ausdruck *der blinden meus* geläufig, den er in der bereits zitierten Komödie *Spiegel weiblicher zucht und Ehr* (Goedeke/Tittmann 1868: 173) in der Bedeutung 'Versteckenspielen' verwendet.

[1377] Ayrer (1618: 427b, vgl. auch 428a).

[1378] Amaranthes (1715: 229).

Rüttings und Jungfrau Annen von Holten Hochzeit im Februar 1636 das Spiel *der blinden Kuh* als eine der Vergnügungen, die von der Erwachsenengesellschaft abends im Winter gespielt wurden:

> „Da ward die ganze Nacht mit Freuden hingebracht.
> Da ging das Scherzen an. Die spielten der fünf Karten,
> Die jagten Fuchs ins Loch in dem beschneiten Garten.
> Das Kalb ward ausgeteilt. Des Schuchs, *der blinden Kuh*,
> Des Richters ward gespielt, des Königs auch darzu".[1379]

In der Auflistung von Grotnitz ist ein Spiel *Der blinden Kuh*[1380], in der von Conrad von Hövelen *Blindekuhe laufen*[1381] bezeugt.

In *Jungfer Euphrosinen von Sittenbach züchtige[n] Tisch- und Leber-Reime[n]* von 1665 des Barockdichters Georg Grefflinger wird *blinde Kuh* neben *Hafer verkaufen*[1382] genannt:

> „und das beste drauff wir zielen,
> ist/ wir werden lustig spielen
> theils im Sitzen/ theils im Lauff
> *blinde Kuh* und Haber kauff".[1383]

In dem *Abschieds=Lied von Braunschweig* aus *Leucoleons Galamelite/ Oder Allerhand Keusche Lust= und Liebes=Lieder* von 1671 erinnert sich Leucoleon an die Kurzweil mit dem Jungfernvolk im Garten:

> „Ich habe manche Kurtzweil auffgebracht / und euch dadurch vergönte Lust gemacht. / Den Tantz/ wenn man nach Rosen geh't / wenn man das Kaetzlein jagt: Bancket/ Bancket[1384]: / das Pfandspil/ ach! was schadet euch mein Hertz: / Haelt das; was ist das? und dergleichen Schertz. /

[1379] Lappenberg (1865: 98).

[1380] Grotnitz (1646: 218).

[1381] Hoevelen (1663: 37).

[1382] In Rabelais' Spieleauflistung heißt das Spiel frz. *à vendre l'avoine* (Calder 1970: 137). Im Französischen ist die Wendung im 16. und 17. Jahrhundert mehrfach als sexuelle Metapher nachgewiesen, nicht aber als Spiel (vgl. Psichari 1908: 174). Im Niederländischen gibt es ein Spiel *Boekweit verkoopen* (vgl. Cock/Teirlinck 4: 43).

[1383] Grefflinger (1665: 181).

[1384] Ein *Banquet* genanntes Spiel, „da einer nach dem andern den Befehl zu fuehren/ und gewisse Geberden zu anderer Nachfolge erst zu thun obliget/ deßwegen dann der Spielstab von Hand zu Hand herum gegeben/ und dessen/ so selbes hat/ Singen/ Springen/ Lachen/ Pfeiffen/ von der Gesellschaft nachgefolget wird", findet sich bei Harsdörffer (1644, I: 224f.).

Als wenn man einen Ring versteck't; / das Kuessen traegt; die *blinde Kuh* was geck't; / mit Herren Petern auff und nieder springt; / und dann die Bruecke zu Pariß besingt. / Auf solche Weis' hat man gespielt / und stets auf Zucht und Ehrbarkeit gezielt".[1385]

Das Lied *Alte Kinder=Liebe* in demselben Werk beginnt mit einer Erinnerung an die Kindheit, in der das Spiel *Blinde kuh* und das Versteckspiel *Hütewinckel* beliebt waren:

„O wie oefft denk ich zurueck an die Zeit vor jenen Jahren/
Perlemund und an das Glueck/ da wir beyde Kinder waren!
Da wir pflagen *blinde kuh*/ Huete=winckel noch zu spielen/
und im Garten stets zu wuehlen. Perlemund was denckestu?"[1386]

Aus Versailles schreibt die Herzogin Elisabeth Charlotte von Orléans in einem Brief vom 8. November 1696 an die Kurfürstin Sophie von Hannover, daß das Kinderspiel *Blindekuhe* nun bei den Erwachsenen am Hof in Mode gekommen sei:

„Alle menschen werden jetzt wider kinder, die princes d'Harcourt undt mad. de Pontchatrin spilten vorgestern *blindekuhe* mitt der princes undt [...] ich".[1387]

An anderer Stelle, in einem Brief vom 10. November 1697 an die Raugräfin Louise, erwähnt sie, daß ein Kavalier wie der Herzog von Lothringen kein Kind von Traurigkeit sein kann, wenn er das Spiel *die blinde kühe* vorschlägt:

„Schreibt mir doch, liebe Louisse, wie der hertzog von Lotheringen außsicht undt waß vor einen humor er hatt! Ihr sagt zwar, daß er viel gedantzt hatt, aber nicht, ob er woll dantzt undt gutte minen hatt. Der cavalier, so *die blinde kühe* proponirt, bin ich versichert, ist nicht der von der compagnie, sodaß schlimbste gemühte hatt, muß von unßern zeitten sein; den zu unßer zeit spilte man lang spielger".[1388]

Seit dem 17. Jahrhundert begegnet das Spiel *Blindekuh* häufig als Sinnbild für die „blinde Liebe". Dem Kontext ist klar zu entnehmen, daß ein Fangspiel mit verbundenen Augen gemeint ist. In dem Gedicht *Der blinde Cupido*, das von dem aus dem Vogtland stammenden Johannes Plavius

---

[1385] Leucoleon (1671: 145).
[1386] Leucoleon (1671: 13).
[1387] Bodemann (1891: 261).
[1388] Holland (1867: 95).

verfaßt und 1630 zum ersten Mal gedruckt wurde, verdeutlicht das Spiel „Amors weise, griff vnd ziel":

> „Eh wie noch die wilde jugend / Recht gezaemet durch die tugend / Weiset vns ein kinder=spiel / Amors weise, griff vnd ziel. / Wenn ein gantzer hauffe laeuffet / Einem aber, der da greiffet / Bindet=man die augen zu; / Diß spiel heisst man *blindekuh* / Eben also geht's im fraewen / Pfleget dennoch zu gedeyen / Frisch vnd blind gegriffen drein / Es will blind gewaget seyn [...]".[1389]

In Georg Harsdörrfers *Frauen-Zimmer-Gesprächsspiele* wird ein „freyes Schaefer Spiel" vorgeschlagen, die *blinde Lieb*, das eigentlich *der blinden Maus* oder *der blinden Kuhe* heiße:

> „Das Spiel das ich bedacht / heist man die *blinde Lieb*'/, uns Hirten oft behagt / Man zehlt anfangs heruem und pflegt zu verbinden den / so die Zahle trifft; dann muß dasselbe finden / ein anders an die staett, zu seyn die *blinde Lieb*' / und also nach und nach erfolgt des Spieles trieb".[1390]

Erläuternd heißt es dazu:

> „Dieses Spiel heist man sonsten/ *der blinden Maus*/ oder *der blinden Kuhe*, ist aber hier nachsinnig die *blinde Liebe* genennet/ weil wir blinde Menschen in dieser Welt mit unersättlichen Begierden für schön lieben/ das in der Warheit nicht werth ist der Herrlichkeit/ die an uns sol offenbar werden".[1391]

In einem zuerst 1789 gedruckten Gedicht mit dem Titel *Blindekuh* thematisiert Goethe die traurig-groteske Wendung, die das Spiel nehmen kann:

> „O liebliche Therese! / Warum seh' ich so böse / Mit offnen Augen dich? / Die Augen fest verbunden / Hast du mich gleich gefunden, / Und warum fingst du eben – mich?
>
> Du faßtest mich auf's beste, / Und hieltest mich so feste; / Ich sank in deinen Schoß. / Kaum warst du aufgebunden; / War alle Lust verschwunden, / Du ließest kalt den Blinden los.
>
> Er tappte hin und wieder, / Verrenkte fast die Glieder, / Und alle foppten ihn. / Und willst du mich nicht lieben, / So geh ich stets im Trüben / Wie mit verbundnen Augen hin".[1392]

[1389] Schöne (1963: 822).

[1390] Harsdörffer (1644, IV: 141).

[1391] Harsdörffer (1644, IV: 141f.). Das Spiel ist auf einem Kupferstich dargestellt (vgl. Harsdörffer 1644, IV: 144).

[1392] Richter (1985, 1, 1: 156).

Auch der Prediger Georg Wesenigk führt seinen Lesern in dem Werk *Das Spielsüchtige, siebenfächtige Polysigma der Bösen Spielsieben* aus dem Jahr 1702 in einem Vergleich mit dem *Blinde-Kuh*-Spiel das böse Spiel der Welt moralisch-eindringlich vor Augen:

> „So kan auch das Spiel/ die *Blinde Kuh* genannt/ die jungen Leute gar wohl lehren/ daß sie sich in der Welt=Lust und Freude nicht alzu sehr vertieffen sollen. Denn bekannt ists/ wie bey diesem Spiel einem die Augen mit einem Tuechlein verbunden werden/ und er also geblendet/ einen andern von denen/ die in der Stuben umblauffen/ erhaschen muß/ da er ja so bald wieder eine Seule/ Wand/ Tisch oder Banck/ alß einem andern in die Armen laeufft: Das bildet dir/ lieber Christ/ das Welt=Spiel vor [...]."[1393]

Die Art und Weise, wie der Blinde während des Spieles gefoppt und geblendet wird, wird ebenfalls zur Übertragung auf das „Weltspiel" herangezogen:

> „[...] (wie bey dem Spiel der *blinden Kuh* mancher Einfaeltiger geschwaertzet/ ihme Esels=Ohren auffgesetzt[1394]/ er auff den Ruecken geschlagen/ und hoenisch verlacht wird: Also wird mancher bey dem Welt=Spiel durch viel Suenden greulich geschwaertzet [...] Wie manchen zeucht die boese Gesellschafft die Kappe uebers Gesicht? Wie manchen wird das Tuch vor die Augen gebunden/ von seinem liebsten Weibe/ von seinen besten Freunden [...]."[1395]

In dem 1758 entstandenen Gedicht *Die blinde Kuh* von Magnus G. Lichtwer wird das Spiel als ein „Suchspiel im Freien mit verbundenen Augen", bei dem das Necken des Hauptspielers unterbleibt, anschaulich beschrieben und ebenfalls moralisch ausgedeutet. Einer wird „verbunden ausgeführt", die anderen verstecken sich in sicherer Entfernung und rufen ihn in ihre Richtung. Das böse Betragen der Mitspieler, die den Geblendeten absichtlich nicht rechtzeitig vor dem Anrennen an einen Pfeiler warnen, wird auf den Menschen übertragen, den Geiz, Ehrsucht und Wollust irreführen, indem sie ihm eingeben, daß er noch lange leben werde, während er in Wirklichkeit dem Tod geradewegs entgegengeht:

> „Thoms, Merten, Görge, Hans, vier abgefeimte Jungen, / Des Unfugs Vorlauf, tanzten, sprungen / In einem Bauernhof. Thoms rief den Andern zu: / Kommt her, und spielet *blinde Kuh*! / Man warf das Loß, das Loß traf Görgen, / Und

---

[1393] Wesenigk (1702: 169).
[1394] Es wird ihm wohl nicht wirklich die für Narren typische Kappe mit Eselsohren aufgesetzt, sondern man machte ihn mit einer Gebärde lächerlich.
[1395] Wesenigk (1702: 170).

Görge wird sogleich verbunden ausgeführt, / Und sucht die Andern auf, die sich geschwind verbergen. / Hört, rief die *blinde Kuh*, thut auch was euch gebührt, / Sobald mein Fußwerk irre gehet, / Und sich dem Pfeiler naht, der bey der Thüre stehet, / So ruft mir zu: es brennt! Ja, riefen alle, ja, / Und Görge taumelt fort, ruft endlich, hört, ihr Brüder, / Und sagt: bin ich dem Pfeiler nah? / Du bist noch weit davon, erschallt die Antwort wieder. / Der Görge haspelt sich im Traume weiter fort, / Geht rückwärts, wie ein Krebs, und nahet schon dem Ort, / Allwo der Pfeiler stund: er fragt' ist hier der Pfeiler? / Noch nicht, schreyn die verlognen Mäuler, / Und Görge, der betrogne Tropf, / Springt zu, barduz da stößt der Kopf / Schon an den Pfeiler an, daß ihm die Ohren klungen, / Die Peitsche lohn euch, falschen Jungen! / Rief Görge mit gebläutem Haupt, / Ein Narre, der euch weiter glaubt.

Mensch! dieser Görge hier bist du, / Du spielst mit dir selbst *blinde Kuh*, / Du bist, und weist es nicht, auf deinem Todesgange, / Itzt ruft der Geiz, du lebst noch lange, / Itzt stimmt die Ehrsucht ein: du stirbst so bald noch nicht, / Noch lange, lange nicht, hörst du die Wollust singen, / Du traust dem fälschlichen Bericht, / Läufst blindlings in den Tod, und oft in vollen Sprüngen, / Wenn Wollust, Ehr' und Geiz noch ruft, / So stürzest du schon in die Gruft.[1396]

j) 'Verstecken spielen'

Einige der bereits vorgestellten übertragenen Verwendungsweisen wie 'etw. (Unrechtmäßiges) im Verborgenen tun' lassen sich nicht von der Bedeutung 'Fangspiel mit verbundenen Augen' herleiten. Sie weisen viel eher auf die Bedeutung 'Versteckspiel (im Dunkeln)' hin, die jedoch literarisch nicht direkt nachgewiesen ist. Dafür sprechen jedoch einige der bereits vorgestellten lexikographischen Belege in Zusammenhang mit dem lat. *vaccae latebrae* genannten Versteckspiel. Schönsleder hat in seinem *Promptuarium* dafür die Entsprechung *Khueebergen*. Redinger (1659: 828) übersetzt in der *Schola ludus* das lat. *diffugium* genannte Spiel mit „Verbergen, da wir uns selber jagen und fangen", lat. *myinda (latebrum vaccae vocant)* hingegen mit „die blinde Kuh (man heißt es der *Kuh schlupfloch*) da wir uns verbergen und suchen". Er setzt also die Bezeichnung *die blinde Kuh* mit *der Kuh schlupfloch* (für lat. *latebrum vaccae*) gleich und gibt

---

[1396] Lichtwer (1785: 157–158).

sie in der Bedeutung 'Versteckspiel' an.[1397] Auch Stieler ordnet *Blinde Kuh* lauter anderen Versteckspielbezeichnungen zu:

> „*Blindekuh* seu *Blinzelkuhe/* ludus puerilis est, nomine apodidrascinda, latebra vaccae, diffugium alias / [etiam] Guckenbergen".[1398]

Volckmar verwendet *Die blinde kue* synonym zu *blintze mauß* und *spinckel winckel,* die ebenfalls beide ein Versteckspiel bezeichnen können.[1399]

Auch in einer volkskundlichen Quelle Ende des 19. Jahrhunderts wird das *Blinde-Kuh*-Spiel als ein Versteckspiel angegeben, das nach dem Suchenden benannt ist. Philo von Walde beschreibt es in seinem Werk *Schlesien in Sage und Brauch*:

> „*Blindekuh, Plinzkuh* oder *Verplinzkugellas* weicht vom Versteckspiele nur insofern ab, als die übrigen freiwillig aus dem Versteckorte hervorkommen müssen, sobald der erste Knabe, der dann *Plinzkuh* sein muß, gefunden ist".[1400]

3. Etymologie

Während das Deutsche Wörterbuch 1840 noch vermerkt, der Ausdruck *Blinde Kuh* sei „zumal in Norddeutschland" verbreitet[1401], gilt er heute als hochdeutsche Spielbezeichnung, die mittlerweile in allen Dialekten bekannt und in der eingelauteten Form auch weitgehend gebräuchlich ist.[1402] Der Ausdruck ist literarisch seit dem frühen 16. Jahrhundert, zuerst 1520 bei Martin Luther, lexikographisch seit dem letzten Drittel des 16. Jahrhunderts, zuerst 1570 bei Adam Siber, belegt. Die Belege zeigen, daß der Ausdruck *blinde Kuh* aus dem Ostmitteldeutschen, genauer dem „meißnischen Deutsch" herkommt. In Sibers Leipziger *Nomenclator* von 1570 wird die Wendung mit einem Sternchen ausdrücklich als regionaler Sprachgebrauch gekennzeichnet. Für Luther gilt, daß er „im großen und ganzen ei-

---

[1397] In den *Menstrui ludi* (1662) verwendet er *Blinde Kuh* jedoch synonym zu *Blinde Maus* und *Litzel* in der Bedeutung 'Fangen mit verbundenen Augen'. Das Versteckspiel nennt er dort *Versteckung.*

[1398] Stieler (1691: 1046).

[1399] Volckmar (1613: 589).

[1400] Walde (1884: 140).

[1401] DWB (2: 122).

[1402] Außerhalb Deutschlands ist dieser Bezeichnungstyp als nl. *blindekoe* noch in den Südniederlanden vertreten (Cock/Teirlinck 1902, 1: 121).

gentliche Mundartwörter", wozu Spielbezeichnungen typischerweise gehören, vermeidet, jedoch „in Fällen, in denen sich in den Schriftdialekten seiner Zeit nördliche und südliche Wörter gegenüberstanden, den nördlich geprägten Wortschatz" bevorzugt.[1403]

Schon in den frühesten Belegen des 16. Jahrhunderts bei Luther sind verschiedene Spieltypen unter diesem Namen belegbar: ein Personenfangen und -erraten im Dunkeln oder mit verbundenen Augen und ein Schlagratespiel mit verbundenen Augen. Die übertragenen Verwendungen 'etw. blind, aufs Geratewohl tun' und 'fehlgreifen, sich irren' lassen sich sowohl an die Bedeutung 'Fangspiel im Dunkeln' als auch 'Fangspiel mit verbundenen Augen' anschließen. Die Verwendungsweisen 'etw. (Unrechtmäßiges) im Verborgenen tun', 'jmd. betrügen', 'sich zum (unerlaubten) Geschlechtsverkehr zurückziehen' und 'unerkannt bleiben wollen' stimmen jedoch deutlich mit denen des *Blinde-Mäus*-Spiels als ein 'Verstecken und Suchen im Dunkeln' überein. Es liegt also Synonymie vor. Schon seit dem späten 16. Jahrhundert werden beide Begriffe gleichgesetzt, so z. B. in Basilius Fabers *Epitome* von 1587, wo *blintzmeuslin* und *der blinden kuhe spiel* nebeneinander stehen. Luther verwendet zwar überwiegend die Bezeichnung *Blinde Kuh*, in einer deutsch-lateinischen Predigt von 1538 findet sich aber auch die von *Maus* abgeleitete Spielbezeichnung *das meusichen*. Wer sein Herz an irdische Güter hänge, spiele wie der Pharisäer *das meusichen* 'Suchen und Fangen mit ungewissem Ausgang'? mit Gott:

> „Non sic orandum, ut Iudei. Sed ut psalmus: 'Beatus populus, cuius', recensirt er die pharisaeer. Gott sey gelobt, haben pulchras domos und furwerck etc. ein fein, stil regiment, kein schaden. Propheta concludit: Sunt bona et optima bona, sol man drumb sprechen: beatum dixerunt etc. Ist dextera iniquitatis, quod fiduciam ponunt in ista ut pharisaeus, quasi mit unserm herr Gott das *meusichen* spielet. Ideo concludit: 'Beatus populus, der unsern herr Gott hat'".[1404]

Für Synonymie spricht hier, daß auch in Hederichs *Lexicon manuale latino-germanicum* von 1739 *das Mäusgen* und die *blinde Kuh* gleichgesetzt werden.[1405] Andererseits ist vereinzelt auch eine Bedeutungsdifferenzierung bemerkbar. Die im 16. Jahrhundert für *Blinde Kuh spielen* häufig bezeugten Übertragungen 'etw. aufs Geratewohl tun' und 'fehlgreifen, sich irren' sind für *Blindemäus* und *Blinzelmäus* nicht nachweisbar.

[1403] Vgl. Bach (1985: 1443).
[1404] WA (42: 492).
[1405] Hederich (1739: 617).

Der Beleglage nach zu urteilen ist *Blinde Kuh* also eine ostmitteldeutsche Variante des *Blindemäus*-Spiels in seiner Ausgangsbedeutung 'Verstecken und Suchen (oder Fangen) von Mitspielern im Dunkeln'. Während *Blindemäus* die Bedeutung 'Fangspiel mit verbundenen Augen' zur Ausgangsbedeutung hinzunimmt, tritt bei der Bezeichnung *Blinde Kuh* die Ausgangsbedeutung schon früh zurück, die Hauptbedeutung verlagert sich auf 'Spiel mit verbundenen Augen'.

Daß sich die Spielbezeichnung *Blinde Kuh* gegen andere regionale Varianten, insbesondere gegen *Blinde-* bzw. *Blinzelmäus*, nach und nach durchsetzte, ist wohl Luthers Einfluß auf die Sprache und dem Prestige des Meißnischen in der damaligen Zeit zuzuschreiben. Die beiden konkurrierenden Spielbezeichnungen *Blindemäuse* und *Blinde Kuh* scheinen also auch in den umfassenden Ausgleichsprozeß zwischen regionalen Dubletten geraten zu sein, der seit dem 15. Jahrhundert in vollem Gang war und in dessen Mitte Luther steht.[1406]

Die idiomatische Fügung *Blinde Kuh* in der aktuellen Bedeutung 'Fangspiel mit verbundenen Augen' ist in ihrem Benennungsmotiv dunkel. Schon Gutsmuths wundert sich über den zu seiner Zeit im Thüringischen nicht geläufigen Ausdruck:

> „Diese Benennung ist nun einmal im Deutschen aufgenommen, ich behalte sie daher bey, weil ich kein Recht habe, der Sprache eine andere aufzudringen. Ich nenne dieses Spiel vorzugsweise *Blindekuh*, weil es ohne Zweifel die Grundlage von allen anderen Abarten ist".[1407]

Die meisten bisherigen Erklärungsversuche gehen davon aus, daß *blinde Kuh* ein Fang- oder Personenratespiel bezeichnet, das nach dem Hauptspieler mit verbundenen Augen benannt ist. Becker glaubt, „daß wir es wirklich mit der Kuh zu thun haben", hält den Ausdruck jedoch für eine willkürliche Bildung, da auch in anderen Sprachen die Hauptperson mit einem Tiernamen bezeichnet werde, ohne daß sich nachweisen ließe, warum gerade das betreffende Tier und kein anderes gewählt wurde.[1408]

In der Tat hat die Kuh als das wichtigste und unentbehrlichste Tier seit Beginn des Bauernwesens zu einem persönlichen Verhältnis des Besitzers und des Pflegepersonals zu den Kühen geführt, was sich in einer

---

[1406] Vgl. dazu Bach (1985: 1443).
[1407] Gutsmuths (1796: 221). Vgl. auch Krünitz (1805, 72: 830): „*Wäre es nicht besser, blinder Mann oder blinde Frau zu sagen?*"
[1408] Becker (1892: 846f.).

Vielzahl von Vergleichen, Redensarten und Sprichwörtern widerspiegelt. „Von dem vertrauten Umgang auch der Kinder mit Kuh und Kalb zeugt eine Fülle von Kinder- und Wiegenliedern, Rätseln und Spielreimen".[1409]

Die verschiedenen Vergleichsmerkmale, die in der Forschungsliteratur vorgeschlagen werden, um die Übertragung dieses Tiernamens auf den Hauptspieler plausibel zu machen, sind jedoch wenig überzeugende Versuche synchroner Remotivation. Vogt zum Beispiel sieht das Tertium comparationis darin, daß der Geblendete „unsicher und somit schwerfällig wie eine Kuh" dahertappt.[1410] Im Mecklenburgischen sagt man von einer Person mit unbeholfenem Gang: *Dei watscht as ne kauh*.[1411] Im Mittelniederdeutschen umschreibt *blinde Kô lôpen* das 'Taumeln der Betrunkenen'.[1412] Die Redewendung *Blindekuh spielen* bedeutet auch 'wie ein Blinder unbeholfen umhertappen'.[1413] Nun bewegt sich der Blinde zunächst zwar vorsichtig und wirkt unbehofen, er muß dann aber um so wendiger und reaktionsschnell sein, um jemanden fassen zu können.

Wie der Geblendete im Spiel die Rolle des Dummen innehat, da er auf verschiedenste Art und Weise zum Narren gehalten werden kann, so gilt auch die Kuh als nicht besonders intelligentes Tier. Schon bei Luther heißt es:

> „Es ist ein Sprichwort/ Die Welt wil betrogen sein. Solch sprichwort ereret man teglich/ vnd sonderlich in Kirchen regiment. Da gehets also zu/ Wenn gleich die Warheit so rein vnd hell wird gepredigt/ Vnd so gewaltiglich beweiset/ D[a]z/ wenn ein kue vernunfft hette/ wuerde sie es greiffen oder tappen koennen".[1414]

Von dieser Einschätzung zeugen Redewendungen wie *He is su domm wie en blinde Kuh*[1415], Steigerungsbildungen wie *kuh-blind* oder *kuh-dumm* 'sehr dumm'[1416] oder Schimpfwörter wie elsäss. *Du blindi Kueh!*[1417] Daneben

---

[1409] Meckl. Wb. (4: 179).
[1410] Vogt (1905: 577).
[1411] Meckl. Wb. (4: 182).
[1412] Lasch/Borchling (2: 604).
[1413] Röhrich (1994, 1: 217).
[1414] Luther (1562, 8: 190a); vgl. auch Luther (1562, 8: 88a).
[1415] Rhein. Wb. (1: 782).
[1416] Schwäb. Wb. (4: 805, 820).
[1417] Elsäss. Wb. (2: 124).

gibt es zahlreiche andere Redensarten, die mit dem gleichnamigen Spiel jedoch nicht zusammenhängen.[1418]

Die früher in der Tierhaltung übliche Maßnahme, einer Kuh eine Blendkappe aufzusetzen, um sie von einem Ort an einen anderen führen zu können, ohne daß sie scheut oder ausbricht, ndsächs. *blinddöken* genannt[1419], ist als Benennungsmerkmal nicht ausreichend, wenn auch die einleitende Wechselrede im Spiel *Blinde Kuh, wir führen dich [..]* dazu passen würde. Ochsen und Pferde wurden ebenfalls geblendet, jedoch nicht zur Benennung des Spielers mit verbundenen Augen herangezogen.

Das Bisen der Kühe, eine auffällige Verhaltensweise bei großer Hitze, wenn die Tiere von Bremsen gestochen werden und mit aufgestelltem Schwanz wie toll hin und herlaufen, wird zwar in einem *Tanzteufel* von 1580 zum Vergleich mit den verrückten Bewegungen beim Tanz herangezogen[1420], als Vergleichsmerkmal für das närrische Verhalten des geblendeten Spielers, der ebenfalls einige Verrenkungen machen muß, wenn er einen der ihn Neckenden fangen will, scheint diese Verhaltensweise doch eher unwahrscheinlich. Nichtsdestotrotz ist aus Appenzell das Spiel *Chüe thue* überliefert, bei dem Kinder „die Hirtenwirthschaft nachahmen":

> „Das eine Kind ist Oberhirte, das andere Unterhirte, andere Kinder verwandeln sich in Kühe und blöken, reißen, stampfen, weiden, wie dieselben u.s.f. Bei diesem Spiel gibt es freilich bisweilen drollige, ja obszöne Auftritte, die man leicht erräth. Man glaubt nicht, wie großen Einfluß das Thier auf die Sitten der Jugend ausübt. Und was möchte man noch sagen, wenn man weiß, daß im Jahr 1827 im Kurzenberge erwachsene Leute die Kinder in dieser saubern Wirthschaft zu übertreffen sich Mühe gaben?"[1421]

Andere Erklärungsversuche gehen nun davon aus, daß der Spielbezeichnung ein zu *Kuh* 'weibliches Rind' homonymes Wort zugrundeliegt. Schrader erwähnt eher beiläufig, „daß der sinnlose Name des Spiels *Blindekuh* vielleicht aus dem Französischen corrumpirt ist: *coup d'aveugle*, Schlag von einem Blinden", wobei er wohl an engl. *blindman's buff* denkt. Der

---

[1418] Vgl. Wander (1: 176, Nr. 195; 183, Nr. 405; 184, Nr. 438); Wander (2: 1686, Nr. 474; 1692, Nr. 630; 1678, Nr. 326); Pfälz. Wb. (1: 1016); Braun (1981: 54); Schwäb. Wb. (1: 1202); Schlesw.-Host. Wb. (1: 957).

[1419] Vgl. Niedersächs. Wb. (2: 384).

[1420] Vgl. Fuchs (1909, 1: 466).

[1421] Tobler (1837: 124). Vgl. auch *d'Chue machen* (Luzern) 'der Narr im Spiel sein' (Wander 2: 1686, Nr. 472).

„Blinde" habe mit einem Tuchknüttel einen Schlag (*coup*) zu tun.[1422] In französischen Spielbeschreibungen lassen sich die Ausdrücke jedoch nirgends nachweisen.

Wie bereits ausgeführt, kann das attributive Adjektiv *blind* in Spielbezeichnungen 'finster, dunkel, versteckt, nicht zu sehen' bedeuten. Aber selbst wenn man wie beim *Blinde*- bzw. *Blinzelmäus*-Spiel von einem Spiel im Dunkeln ausgeht, läßt sich zunächst kein sinnvolles Benennungsmotiv erkennen. Die Bildungsbedeutung des Ausdrucks wäre dann entsprechend 'die Kuh im Finstern spielen, versteckte Kuh spielen'. Hieran ließe sich die nur lateinisch überlieferte Bezeichnung für das Verstecken mit Anschlagen *vaccae latebrae* 'Versteck der Kuh' anschließen, die aus der Situation hervorgegangen sein könnte, eine von der Weide entlaufene oder aus Furcht vor Raub absichtlich in die Wälder gelassene Kuh zu suchen. Im Thüringischen ist aber *Donglku* 'Dunkelkuh' mehrfach in der Bedeutung 'Fangen mit verbundenen Augen' bezeugt, das ursprünglich ein Such- und Fangspiel im Dunkeln bezeichnet haben könnte. Wie bereits bei der Spielbezeichnung *Blinde Mäuse* gezeigt, ist ein Bedeutungswandel von 'Verstecken und Suchen im Dunkeln (in verschiedenen Ausgestaltungen)' hin zu 'Verstecken im Freien (mit oder ohne Anschlagen)' und zu 'Fangen mit verbundenen Augen möglich'. Die Spielweisen stehen nebeneinander, ohne daß sie begrifflich geschieden werden.

Im *Idiotikon von Kurhessen* werden nun die Spielbezeichnungen *Blinzelmäus* und *Blinde Kuh* in folgender Weise miteinander in Zusammenhang gebracht. Der Ausdruck *Blinzelmäus* sei dadurch entstanden, daß das Substantiv *Kuh* in der weiter nordöstlich geläufigen Spielbezeichnung *Blinde Kuh* durch das im Hessischen gültige Wort für 'Kuh', nämlich *Mäus*, ersetzt worden sei:

> „*Mäus* [...], auch wol *Maus* gesprochen [...], die Kuh, eine in ganz Niederhessen und in der Herschaft Schmalkalden übliche Bezeichnung; zumal ist Mäus der gewöhnliche Lockruf und das Schmeichelwort für die Kuh [...]. Das *Blindekuhspiel* heißt deshalb im östlichen Hessen und im Schmalkaldischen *Blinzelmäus*".[1423]

Die mit *mäus*- gebildeten Spielbezeichnungen sind nun aber wesentlich früher und auch weiträumiger bezeugt, was die Vermutung nahelegt, daß

[1422] Schrader (1896: 36); vgl. auch Maurer/Rupp (1974: 372 f.); Seebold (1981: 228).
[1423] Vilmar (1883: 264).

der Austausch tatsächlich in umgekehrter Richtung stattgefunden hat.[1424] Das Femininum *Mäus(e)* als ein Rufname für die Kuh[1425] ist durchgehend vom nördlichen Teil der Provinz Hessen-Nassau bis ins Oberhessische und Thüringische verbreitet, allerdings mit stark variierendem Stammsilbenvokal.[1426] Es ist gut möglich, daß *Mäus* in den nördlich und östlich angrenzenden Sprachgebieten, also dem Niedersächsischen, Elbostfälischen, Sächsischen oder Schlesischen, als ein Wort für 'Kuh' verstanden und in der Form *Blinde Kuh* oder *Blinzelkuh* weitergegeben wurde.

F. Die Bezeichnung *Blinde Katze*

Dem bayerischen Prediger Jordan von Wasserburg (1670–1739) ist ein Spiel mit verbundenen Augen in seinem 1745 gedruckten Werk *Fluenta / Jordanis* unter der Bezeichnung *blinde Kätzel* und auch *blinde Mäusel-Fangen* bekannt. In der Einleitung zu einer Predigt auf den 4. Sonntag nach Ostern berichtet er, daß vor allem bei den einfachen Leuten Spiele wie das *Stockschlagen* 'Schlagraten', *Schuhbergen* 'einen Schuh heimlich unter den Beinen oder hinter dem Rücken weiterreichen', *Gugglbergen* 'Verstecken' oder *blinde Kätzel* bzw. *blinde Mäusel-Fangen* großen Anklang fänden:

„Allerhand Spil, Gespäß und Kurtzweil pflegt die muthige frische Jugend anzufangen, sonderlich wann eine gute vertreuliche Cammerath- und Gesellschafft an einem Orth beisammen ist. Jetziger Zeit zwar, als zu welcher die Jugend gar bald matur und verständig wird, ist ihnen ein Karten, Würffel oder Breth-Spil bey einem frischen Trunck vil lieber, als andere Kurtzweil und Kinder-Bossen; da man doch vor disem, absonderlich bey denen gemeinen Leuthen, nit vor einem geringen Gespäß und Kurtzweil hielte, wann sie *Stock schlugen*, *Schuh*- oder *Gugglbergen* und andere dergleichen Spiel anfingen, unter welchen auch jenes nit das letzte ware, so man *blinde Kätzel*, oder *blinde Mäusel-Fangen* zu nennen pflegt und also geschiehet".[1427]

[1424] Hinweis von Professor E. Seebold.
[1425] Vgl. „Ich hun a schö *Mäus* in Stall!", „Kumm, *Mais*, kumm!" (Thür. Wb. 4, 565).
[1426] Vgl. Ptatschek (1957: 47); Hess.-Nass. Wb. (2: 294); Vilmar (1883: 264); Thür. Wb. (4: 566). Auch in der südlichen Oberlausitz „ruft man die Kuh *mûze*" (Kießling 1883: 31).
[1427] Hoedl (1939: 181f.).

Aus der folgenden Spielbeschreibung geht hervor, daß das *Blinde-Kätzel-Spiel* weniger ein Fang- als vielmehr ein Suchspiel ist, bei dem sich die Mitspieler „wie die Mäuse" in alle Ecken und Winkel, hinter Bänken Tischen und Kisten „verbergen und verkriechen", damit sie von der blinden Katze nicht „gefunden" werden können. Sie rennen also nicht dreist um den Blinden herum, um ihn zu hänseln, sondern weichen aus, wenn er sich ihrem Versteck nähert. Es handelt sich der Beschreibung nach um ein Suchspiel, das ebensogut im Dunkeln spielbar ist:

> „Es werden einem aus dem gantze versammleten Hauffen, den das Looß trifft, die Augen mit einem Fazinet oder Schnupff-Tuch zugedecket oder verbunden, hernach wird er also gantz blind mitten in die Stuben gestellet, da sich unterdessen die andere in alle Eck und Winckel, hinter Bänck, Tisch und Küsten verbergen und verkrichen, als wie die Mäuß, auf daß sie von der *blinden Katz* nit solten gefunden werden. Dann sobald einer aus disen gefunden, erdappet und gefangen wird, so muß er einen anderen ablesen und werden ihme an jenes statt die Augen verbunden. Damit aber einer solchen *blinden Katz*, einem solchen Gespan mit seinen verdeckten Augen kein Schaden geschehe, noch er verletzet werde; dahero wann die andere sehen, daß er etwann an einer Wand, Kasten oder Tisch-Eck anstossen oder anrennen werde, da schreyen sie: Kössel! Kössel! brenn dich nit".[1428]

Auch andere Zeugnisse weisen darauf hin, daß das Spiel im Zimmer gespielt wurde. Dabei kam es nicht darauf an, den Blinden zu necken, da er sowieso häufig anstieß, sondern darauf, dem Blinden möglichst aus dem Weg zu gehen, indem man sich irgendwohin verkroch.

In der Predigt *Am achzehnten Sonntag nach Pfingsten* klagt der Münchner Jesuitenprediger Wolfgang Rauscher diejenigen Richter an, die sich anmaßen, über die inneren Beweggründe eines Menschen urteilen zu können, die allein Gott kenne. Ein Fehlurteil, das sich nur auf unzureichende Indizien stütze, komme einer Todsünde ebenso gleich wie die üble Nachrede. Das Spiel *blinde Katz* soll das vorschnelle, falsche Urteil und den Irrtum in einem Vergleich illustrieren:

> „Wie offt aber [...] geschicht das wohl? wie offt aber finden wir uns ueber ein Zeit in unserem Urtheil betrogen/ und klagen uns selbst an/ daß wir so leichtglaubig gewesen? 984. Ergeht uns/ wie denen Kindern/ welche *die blinde Katz* spielen. Dem jenigen/ der die *blinde Katz* im Spieln seyn/ und Maeuß fangen soll/ werden mit einem Schnupftuechlein die Augen verbunden: die

---

[1428] Hoedl (1939: 181f.). Zum Warnruf vgl. auch Conrad von Salzburgs Predigt *Für ein Faßnacht-Spiel blinde Mäusel fangen* von 1683.

uebrige ziehen die Schuch ab/ damit sie durch den lauten Gang nicht verrathen werden. Drauff geht das Spiel an: die Maeuß springen in der Stuben herumb; die *blinde Katz* fangt an Maussen; tappt bald nach diesem/ bald nach jenem: erwischt aber ab statt des Petri/ oder Pauli eben so leicht den Tisch/ oder einen Stuhl/ und fahrt also uebel an/ nicht ohne Gelaechter der Zuseher.[1429]

Da demjenigen, der die „blinde Katze" sein muß, übel mitgespielt wird, zieht der Kapuziner Prokopius von Templin in einer Predigt am sechsten Sonntag nach Ostern im Jahr 1676 das Spiel als Vergleich dafür heran, daß gottesfürchtige und fromme Menschen von der bösen Welt nichts Gutes zu erwarten haben. Sie würden unterdrückt und ausgeschlossen, böse Menschen hingegen hätten Erfolg. Der Teufel mit seinen Anfechtungen laure den tugendsamen Leuten überall auf. Deshalb solle sich der Fromme, will er vor ihnen sicher sein, ruhig „verkriechen/ verbergen/ vnd ihnen nicht vil vnters Gesicht kommen", und sich innerlich wappnen:

> „Hergegen aber haben sie die fromme Leut auch zu wissen/ daß/ wann sie dasselbe *blinde Katzen=Spil* trifft/ sie sich nicht darueber verwundern/ entsetzen/ vil weniger zaghafft werden vnd das Hertz verlieren sollen.[1430]

In seiner Ostermontagspredigt *Tryumph der Liebe Jesu ueber sein Leyden* von 1676 vergleicht Prokopius Jesus, der sein Leiden aus Liebe zu den Menschen geduldig erträgt, mit dem Geblendeten beim *Blinde-Katze-Spiel* oder *Stockschlagen*, der ebenfalls gute Miene zum bösen Spiel macht und die teilweise harten Schläge lachend einsteckt, bis er den Schuldigen endlich erraten hat:

> „Das fuernembste aber/ so mir heutiges Tags vnd fuer die heutige Predig oblieget zu betrachten/ seynd seine [Jesu] verbundene Augen; Wann einem die Augen verbunden seyn/ so ist eins blind/ man siehet nicht/ man kan einen tractieren wie man will/ man weiß nicht wer es thut/ oder was man aim thut; Das wissen die wol/ welche *die blinde Katz* spielen/ oder Stock schlagen/ sie bekomen manchen Streich/ auch bißweilen gar gute/ doch weil es in Schertz geschicht/ im Spiel/ so nimbt man alle dieselben Stoeß mit höchster Gedult/ ja mit frewdigen Hertzen/ mit lachendem Mund an/ man achtets so vil als nicht/ man weiß auch nicht wers gethan hat/ man muß offt lang rathen/ bis man den Thäter errathet. Gleicher Gestalt hat die Liebe dem Sohn Gottes die Augen verbunden und verblendet/ daß er ein so bitters Leyden die vergangene Taeg ueberstanden [...].[1431]

[1429] Rauscher (1698, 3: 510).
[1430] Prokopius von Templin (1676: 517).
[1431] Prokop von Templin (1676: 388).

Abraham a Sancta Clara zieht das Spiel *blind Katz* heran, um damit die Mode der Alamodi-Röcke lächerlich zu machen. In einer Predigt aus *Judas der Ertz-Schelm* von 1688 behauptet er, er getraue sich die „gantz Türckey damit zu verhüllen, daß ihnen die Constatinopolitaner möchten einbilden, ihr Mahomet wolt mit ihnen *blind Katz* spilen".[1432]

In der vom bayerischen Pfarrer Andreas Strobl zu Bubach (1641–1706) erzählten Anekdote *Drei Studenten zahlen einen Wirt*[1433] spielen die Studenten mit dem Kellner *blinde Kätzl*, das auch *blinde Nadl fangen* heißen konnte:

> „Endlich werden sie [die Studenten] eins, daß sie *blinde Kätzl* oder wie mans zu nennen pflegt, blinde Nadl fangen, dem Kellner die Augen vermachen wollen und welchen derselbe am ersten ertappen werd, der soll die völlige Zech bezahlen. Dem Kellner gefiele der Anschlag wohl, läßt ihm die Augen verbinden, springt in der Stuben hin und wieder, streckt beide Armb aus, rennt bald da an ein Mauer an, dort an den Ofen, ergreift jetzt die Schüsselrahm, ein andermal ein Sessel, in der Meinung, er habe den Bezahler schon in Handen. Die Studenten aber zogen sich fein gemächlich einer nach dem andern aus der Stuben und wischten davon".[1434]

Die Bezeichnung *Blinde Katze* ist in verschiedenen Dialekträumen bekannt z. B. als *Blinge-minze* 'Blindekuh jagen' im Westfälischen[1435], *bläntkats* im Nordsiebenbürgischen[1436] und *blenge Katze, brenskadse, schbrinslkads* im Thüringischen.[1437] Im Bayerischen heißt es *Blindakatz, blindö Katzl spuin*, aber auch die Formen ndb. *Katzenblindarisch, Katzenblindlös, Katznblinseln* sind häufig belegt.[1438]

Auch in anderen Sprachen existiert dieser Bezeichnungstyp. In Flandern finden sich die Benennungen *Blindekat (jagen)* und *Blindekater*[1439], in Italien *gatta cieca*[1440], *gatta orba*[1441], in Frankreich regional *catta-mitta, ca-*

[1432] Moser-Rath (1962: 201).

[1433] Motiv K 233.2 (AT 4: 260). In Zusammenhang mit diesem Motiv ist der Ausdruck *blinde Kätzel fangen* auch in Hörl von Wätterstorffs *Bacchusia oder faßnachtland* (1677: 415) bezeugt.

[1434] Lohmeier (1961: 193f.).

[1435] Woeste (1930: 35).

[1436] Krauß/Richter (1986: 1179).

[1437] Thür. Wb. (1 833).

[1438] Vgl. BWB 35/18 u. 20.

[1439] Cock/Teirlinck (1902, 1: 121).

[1440] Duez (1661: 485); Pitré (1883: XLII).

[1441] Kramer (1678: 285).

titorbo, chat brulé[1442] 'gebrannte Katze'. Das attributive Adjektiv frz. *brulé* ist in dem in verschiedenen Sprachen bezeugten Ruf *Es brennt!* motiviert, mit dem der Spieler mit verbundenen Augen vor Gefahrenquellen aufmerksam gemacht wird, an denen er sich verbrennen, d. h. sehr weh tun kann.[1443] In Wallonien bedeutet *jouer à la chatte borne* nicht nur das Fangspiel, sondern auch 'être dans l'obscurité'[1444], im Ladinischen gibt es das Spiel *jatta borba*.[1445]

Das Adjektiv *blind* in der Fügung *Blinde Katze* ist wie bei *Blinde Mäus* in der Bedeutung 'dunkel' anzusetzen, so daß sich die Bildungsbedeutung 'die Katze im Dunkeln spielen' ergibt. Der vereinzelt bezeugte Plural läßt sich als eine Analogie zu *blinde Mäusel* erklären. Die „Katze" wird auch zur Benennung anderer Fangspiele nach dem Fänger, der auf „Mäusefang" geht, herangezogen.[1446]

G. Die Bezeichnung *Blinde Henne*

Gabriel Erich, katholischer Domprediger im westfälischen Paderborn, kennt das „Fangen mit verbundenen Augen" sowohl unter dem Namen *Blinde Henne* als auch *Blinde Kuh*, wie 1748 aus seiner Fastenpredigt zum Thema „Alle Welt=Gueter seynd von schlechtem Werth" hervorgeht.[1447] Wer nach irdischen Gütern, Verlockungen des Teufels, greife, dem ergehe es wie beim Kinderspiel *Blinde Henne*: Er werde geschlagen und gestoßen. Zur Täuschung halte man ihm einen Stecken oder Strohwisch hin. So ergreife er das Falsche oder gar nichts:

„wann wir [jene herrliche Reiche dieser Welt] auf des Teufels Reizung greiffen, so werden wir so schaendlich betrogen, daß indem wir meinen, etwas grosses zu erschnappen, so erhaschen wir eine gar nichtige Sache; nicht anderst, als wann er jenes Kinder=Spiel mit uns triebe, welches man an etlichen Orten die *Blinde Henne*, an anderen die *blinde Kuh* nennet; da strecket nemlich der mit verbundenen Augen herum stolpernde Knabe die Haende und Armen aus, er spitzet die

---

[1442] Vgl. FEW (II, I: 519); ALF (1511).

[1443] Nach Pinon (1973: 311f.) ist frz. *chat brûlé* die Bezeichnung für einen Wiedergänger eines auf einem Scheiterhaufen verbrannten Hexers.

[1444] Pinon (1973: 311).

[1445] Fink (1972: 142).

[1446] Einige Beispiele nennt das FEW (II, I: 519).

[1447] Vgl. Intorp (1964: 137f.).

Ohren, wo er einen hoeren, oder greiffen moege; bald giebt ihm einer einen Streich mit der Hand, der verblendete strecket zwar den Arm darnach aus, weil der andere aber entwischet, so greiffet er nichts; auf der anderen Seite giebt ihm wieder einer einen Stoß, und indem er darnach greiffet, halt man ihm irgend einen Stecken, Strohwisch, oder sonst etwas zu, welches ihm an Platz des verlangten Knaben zuhanden kommt; ist es nicht eben dieses Spiel, welches der boese Feind mit denen von ihren Anmuthungen, und Begierlichkeiten verblendeten Menschen treibet?"[1448]

Auch im Bayerischen ist *Blinde Henne* als Bezeichnung für das „Fangen und Erraten einer Person mit verbundenen Augen" bezeugt.[1449]

Im Portugiesischen gibt es den Ausdruck und port. *galinha cega*.[1450] Span. *la gallina ciega*[1451] ist schon 1603 zusammen mit einem spieleinleitenden Dialog überliefert:

– „¿Qué venden en la tienda?	[Was verkaufen sie in dem Geschäft?
– Espadas.	Schwerter.
– ¿Qué venden en la plaza?	Was verkaufen sie auf dem Platz?
– Escaramojos.	Heckenrosen.
– Còn ellos te saquen los ojos si vieres.	Mit diesen reißen sie dir die Augen aus, wenn du etwas siehst.
– Amen."[1452]	Amen.]

Die Bezeichnung *Blinde Henne* kommt jedoch auch anderen Spieltypen zu. So ist *blinde Henne* Name eines Platzwechselspiels, bei dem die „Blinde Henne" kein „Nest" hat[1453], und kann das „Personen-Auffinden und im Sitzen erraten" bezeichnen:

„Einem Spieler werden die Augen verbunden, die anderen gehen in Hockstellung. Der Spieler setzt sich auf eine „Hocke" und spricht: „I huck, i huck! – Auf wem, auf wem? – Auf da routgscheckertn Henn! – Wer ist's? – Nun nenn er den Namen dessen, auf dem er sitzt. Errät er ihn, wird er abgelöst, andernfalls geht er zu einem andern und das Spiel beginnt von vorne".[1454]

[1448] Erich (1748: 27).

[1449] Vgl. BWB 39/16.

[1450] Maças (1951: 160).

[1451] Ledesma (1603: 173); Pitré (1883: XLII); Pinon (1967: 12). Vgl. auch die Darstellung des Spiels *gallina ciega* als ein Personenratespiel mit verbundenen Augen im Kreis durch Francisco de Goya im Jahr 1788/89 (Abb. in Metken 1991: 52).

[1452] Ledesma (1603: 173).

[1453] Ingolstadt (BWB 39/16).

[1454] Tacherting/Traunstein (BWB 35/16). Vgl. auch *Spinkelwinkel* und *Ich sitzen*.

Blinde Henne war schließlich auch ein bei Drischlegen übliches Spiel, das woanders den Namen *Hahnreizen*[1455] hatte:

> „Ist ein Spiel zwischen zwei Personen. Die eine sitzt, die andere kniet vor ihr. Die sitzende hat die Augen verbunden und hält beide Handflächen zum zusammenschlagen bereit über den Knien. Die kniende Person muß nun gackern und den Kopf durch die zusammenschlagenden Hände bringen ohne auf die Backen geschlagen zu werden. Das Gackern kann auch als Irreführung verwendet werden für die Person mit verbundenen Augen. Ist hauptsächlich eine Belustigung für die Zuschauer".[1456]

Der früheste Beleg im Deutschen aus der Mitte des 18. Jahrhunderts weist *Blinde Henne* zwar als ein Fangspiel mit verbundenen Augen aus, das Benennungsmotiv ist aber wohl eher in einem anderen Spieltyp mit Sichtbehinderung, wie dem Erraten der Person, auf deren Schoß man sich niedergelassen hat, zu finden.

H. Die Bezeichnung *Blinde Nadel*

Der Spielausdruck *blinde Nadl fangen* läßt sich historisch nur in der bereits zitierten Andekdote von Strobl um 1700 als ein Synonym zu *blinde Kätzl* nachweisen: „Endlich werden sie [die Studenten] eins, daß sie blinde Kätzl oder wie mans zu nennen pflegt, *blinde Nadl* fangen".[1457] Dialektal ist die Bezeichnung in der Bedeutung 'mit verbundenen Augen fangen spielen' im Bairischen mehrfach bezeugt.[1458] Aus der freien Sammlung von Ludwig Hoermann (1913–31) aus dem Chiemgau (Salzachgau) stammt der Beleg *blinde Nohl spielen* mit dem Hinweis, *Blinde Kuh* sei nur in der Stadt bekannt gewesen. Die *blinde Nohl* werde selbst von älteren Leuten oft gespielt. In einem Beleg aus St. Leonhardt/Wanneberg heißt es, daß die „Blinde Nadel" wie „Blinde Kuh", aber nicht im geschlossenen Kreis und ohne Gesang gespielt werde. Eine Angabe aus Ainring lautet: „Früher: Mit

---

[1455] Vgl. Kopp (1978: 65).
[1456] Högl (Kreis Berchtesgaden) (BWB 35/16).
[1457] Lohmeier (1961: 193).
[1458] BWB 35/17. Vgl. auch „*Blinde Nadel fangen* 'blinde Kuh spielen' (1926)" (Helm 1959: 34).

verbundenen Augen ein Kind fangen auf der Wiese". Auch in Tirol ist *plinta nôdl fôchn* für 'Blindekuh spielen' bekannt, z. B. in Sankt Lorenzen.[1459]

In Teisendorf im Kreis Laufen wurde auf die Frage, ob das Spiel *blinde Nadel* bekannt sei, die Spielbezeichnung bair. *Blinde Natter* angeführt:

> „'blinde Natter' heißt es hier. Einem Kind werden die Augen verbunden. Die andern gehn im Kreis und die 'blinde Nodan' greift sich ein Kind heraus, tastet es ab und muß feststellen, welches Kind es ist".[1460]

Die Bezeichnung *Blinde Natter* wird auch von einem Mundartsprecher aus Högl im Kreis Berchtesgaden auf die Frage, ob die Spielbezeichnung *blinde Henne* bekannt sei, angegeben:

> „Nein! hier steht dafür das 'Blinde Notter' (= Natter!) Spiel (auch Blinde Natter fangen). Im obigen Spiel wurde einem Spieler die Augen verbunden; die anderen Spieler sitzen im Kreis herum. Die blinde Natter muß nun einen Mitspieler fangen und sagen können, wer es ist".[1461]

Auch in Ostwallonien gibt es eine Reihe von Benennungen für das Fangen mit verbundenen Augen, in denen das Wort *(Steck-) Nadel* vorkommt. So heißt das Spiel in Xhoffrais *pike-à-l'atatche*, in Les Waleffes (Latinne) *a make à l'atètche*[1462], was beides soviel wie 'Schlage auf die Nadel!' bedeutet. In Eugies (Borinage) hieß das Fangspiel mit verbundenen Augen *au cache-as-ès èsplénkes tavau lès camps* 'auf den Feldern Stecknadeln' suchen.[1463]

Die Spielbenennung nach der *Nadel* könnte aus dem Spielmotiv der zu suchenden „Nadel" hervorgegangen sein, die in den spieleinleitenden Dialogen zum Fangen mit verbundenen Augen mehrfach vorkommt. In der Gegend von Oldenburg im Burgenland sagte ein Mitspieler zum „Blindamäusl", während er dessen Hand auf die Türklinke legt:

> „Mei Ahñl hat a Spennadl verlorn – suich s'!"[1464]

In den Südniederlanden, in Antwerpen-Stadt und Denderleeuw, war folgender „Menschenfresser"-Dialog vor dem Fangen üblich:

[1459] Vgl. Schatz (1955: 90), Fink (1972: 43). Das WBÖ (1: 411) gibt unter anderem noch das Zillertal, Pinzgau und Fuschl Flachgau als Verbreitungsgebiete an.
[1460] BWB 35/17.
[1461] BWB 35/17.
[1462] Pinon (1954: 109).
[1463] Pinon (1967: 11).
[1464] Riedl/Klier (1957: 260).

– „Zoeckt naalden!	[Sucht Nadeln!
– Ik vind er geen!	Ich finde keine!
– Zoekt spellen!"	Sucht Stecknadeln!
– Ik vind er geen!"	Ich finde keine!
– Zoekt menschenvleesch!"[1465]	Sucht Menschenfleisch!]

Ähnlich sagte man auch in Montignies-sur-Roc beim *jouer au camufet*.[1466] In der ostwallonischen Stadt Namur riefen die Kinder beim *poûri-catî* genannten Spiel *Gâre à l'atatche!* ['Aufgepaßt auf die Nadel'!] *Make à l'atatche!* ['Schlage auf die Nadel'!].[1467] Der erste Ruf ist eine Warnung, daß der Blinde sich einer „Nadel", einem Mitspieler, nähert. Mit dem zweiten Ruf „Schlage auf die Nadel!" wird er dazu aufgefordert, ihn zu fangen. So lassen sich die Bezeichnungen aus Xhoffrais und Les Waleffes erklären. Auch in Spanien[1468] sowie in der Bukinowa und in Galizien kommen in der Wechselrede zwischen dem blinden Fänger und den zu fangenden Mitspielern „Stecknadeln" vor.[1469]

Das Nadelsuchen kann damit zusammenhängen, daß Nadeln kleine, aber wertvolle, vielseitig verwendbare Gegenstände waren. Sie wurden zum Spielen verwendet[1470] oder dienten im Spiel als Einsatz, wovon noch heute die Redewendungen frz. *tirer son épingle du jeu* und frz. *qui fait défaut perd son épingle*[1471] zeugen. Zum Beispiel wurde das *Gerade-Ungerade*-Spiel meist um Nadeln gespielt.[1472] Verlor man sie oder fielen sie unbemerkt auf den Boden, mußte man sie mühselig suchen, daran knüpft die Redewendung *etwas wie eine Stecknadel* oder *Nadel im Heuhaufen suchen* an. Dies deutet wiederum daraufhin, daß das Spiel ein Suchspiel war. Daß der Hauptspieler „blinde Nadel" genannt wurde, könnte wiederum eine sekundäre Übertragung sein.

[1465] Cock/Teirlinck (1902, 1: 119). In Beverloo in den Südniederlanden hieß das Fangspiel mit verbundenen Augen nl. *Vleeschjagen* (Cock/Teirlinck 1902, 1: 120).

[1466] Cock/Teirlinck (1902, 1: 123).

[1467] Pinon (1954: 109).

[1468] Vgl. Pinon (1963: 12).

[1469] Kaindl (1898: 314).

[1470] Vgl. frz. *ieu des espingles* 'Nadelspiel' in Stella (1667).

[1471] Vgl. Blanchemain (1878: 64).

[1472] „Ludamus par impar aciculis. Iouons à non per, aux espingles. Last vns mit glufen gerad oder vngerad machen vnd spielen" (Oelinger 1587: 92f.; vgl. auch Freigius 1593: 33).

Das Motiv der „Nadel" oder des „Nadelsuchens" findet sich darüber hinaus auch in anderen Zusammenhängen, z. B. im spieleinleitenden Dialog zum Fangspiel *Henne und Geier*, das engl. *searching for the needle* heißt. Der Dialog lautete:

> „What are you searching for?
> For a needle.
> What to do with it?
> To sew a bag to boil a chicken in.
> What chicken?
> One of yours."[1473]

Dieser Dialogtyp gehörte ebenso zu Bastlösereimen und Liedern, die von den Jungen im Frühjahr beim Anfertigen von Pfeifen aus Weidenholz gesungen wurden. Dabei klopften sie mit einem Messer auf das Holz, um die Rinde zu lösen. In dem Gesang fordert der Junge die Mutter auf, ihm eine Nadel zu geben, damit er ein Säckchen nähen kann, mit dem er Steine sammeln will, um damit auf Vögel zu zielen, die er braten will, damit die Pfeife gelingt.[1474]

I. Weitere Benennungsmöglichkeiten

Wird nur das „Blind"-Sein zur Benennung herangezogen, läßt sich der genaue Spieltyp nicht festlegen, wie z. B. im Pfälzischen und Südhessischen, wo das Blinde-Kuh-Spiel *Blindlaufen, -gehen* oder *Blindtappchens* heißt.[1475] *Blonnen spillen* sagt man in Malmedy-Amelingen.[1476] Obb. *Stockblindalas, Schduggablindalas*[1477] könnte aus der Steigerungsbildung *stockblind* abgeleitet sein, das Erstglied könnte aber auch als Verb (*an-*)*stocken* 'anstoßen' bestimmt werden. Diesem Bildungstyp entspricht nl. *t'blindeken, t'blindenspel*[1478], frz. *jouer à l'aveugle*[1479] und it. *giucor' alla cieca, al*

[1473] Vgl. Schier-Oberdorffer (1985: 248).
[1474] Vgl. z. B. Lohmeyer (1909: 94).
[1475] Pfälz. Wb. (1: 1018); Südhess. Wb. (1: 943 und 944); vgl. auch Bad. Wb. (2: 265).
[1476] Rhein. Wb. (1: 781).
[1477] BWB 35/20.
[1478] Junius (1567: 323).
[1479] Duez (1640: 305).

cieco.[1480] Nach dem Augenverbinden oder der Augenbinde wird das Spiel nl. *blinddoek houden*[1481], ndsächs. *blinddöken, Blinddöp spielen*[1482], rhein. *blondhalen* 'Blindhalten' und *verbones* 'Verbindens'[1483], thür. *Aanblengs* 'Augenblendens'[1484] und frz. *jouër à bander les yeux*[1485] genannt.

Das Tasten und Suchen spielt eine Rolle in der schon 1638 bezeugten Bezeichnung frz. *jouer à Tâtons*.[1486]

Am häufigsten wird das Spiel nach dem Hauptspieler (mit verbundenen Augen) benannt, dessen Bezeichnung aber auch von anderen Spielen übertragen worden sein kann, was die Ermittlung des Benennungsmotivs erschwert. Wie auch bei anderen Fangspielen wird der Fänger als eine tier- oder menschenartige Schreckgestalt vorgestellt und danach benannt. Da der Spieler mit verbundenen Augen von den Mitspielern an der Nase herumgeführt werden kann, ist auch die Benennung nach einer „dummen" Person oder Figur möglich.

Zur Benennung des Fangens mit verbundenen Augen werden neben den bereits vorgestellten Bezeichnungen *Blinde Mäuse, blinde Katze, blinde Henne* oder *blinde Kuh* noch andere Tiernamen herangezogen. Im Norden Schleswig-Holsteins und Mecklenburgs heißt das Spiel *Blinnenbuck* oder *Blinn'buck*.[1487] Der Bezeichnungstyp ist in Schweden, Finnland, Dänemark und Norwegen verbreitet als Rate- oder Fangspiel oder eine Verbindung aus beiden.[1488] Im Schwedischen ist die Bezeichnung 1640 zum ersten Mal belegt.[1489] Die Klärung der Spielbenennung nach dem Bock macht Ihre in seinem *Glossarium suiogothicum* abhängig von der Klärung des Ausdrucks *Blinde Kuh*:

„BLINDBOCK, collabismus, Germ. blinde kuhe. Unde ab hirco nomen acceperit, dicam, ubi Alemanni docuerint, unde illi a vacca suum lusum denominaverint.

[1480] Kramer (1678: 285); Duez (1640: 305).
[1481] Cock/Teirlinck (1902, 1: 121).
[1482] Niedersächs. Wb. (2: 385).
[1483] Müller (1917: 159).
[1484] Thür. Wb. (1 833) und Synonymenkarte. Als Synonyme werden auch *Kardsins* 'Karrenziehens', *Brinslkuns(les)* 'Brinzelkunzels' und *Duudhaschens* 'Tothaschens' angeführt, denen jedoch keine Spielbeschreibung beigegeben ist.
[1485] Vgl. z. B. Duez (1656: 69).
[1486] Comenius (1638: 250).
[1487] Schlesw.-Holst. Wb. (1: 389); Meckl. Wb. (1: 959).
[1488] Götlind (1933: 82); Krenn (1941/42: 220).
[1489] *Ordbok öfver svenska spraket* (4: 324 f.)

WORMIUS eum excogitatum esse ait in memoriam JULII CAESARIS ludificati, dum imperium Septentrionis affectabat [...]".[1490]

Möglicherweise wurde schwed. *julebok, julebuk* als Name eines Weihnachtsbutzes, Kobolds oder Puck mit *Bock* falsch weitergegeben.[1491] Im Schottischen war *blind buck* ebenfalls bekannt.[1492] *Bock* kann als Bestandteil aber auch von Bezeichnungen für das Nachlaufen und Fangen auf einem Bein wie ndd. *Hinkebuck* oder *Kluntjebuck* übernommen worden sein. Im Portugisischen gibt es die Fügung *cabra cega,* in den nordischen Sprachen *blindeged* 'Blinde Ziege, Geiß'.[1493]

Nach der „Eule" ist im *Wörterbuch der altmärkisch-plattdeutschen Mundart* ein „Kinderspiel ähnlich dem Blinde-Kuh-Spiel" festgehalten, das *blinn' Ul* 'blinde Eule' genannt wird. Nach dem Wechselgesang[1494] schlagen die Mitspieler die „Blinde Eule" mit Strohwischen und entspringen dann rasch. Die Benennung des Spielers mit verbundenen Augen nach der Eule könnte auch eine Übertragung und Adaptierung der Bezeichnung *Eulenspiel* in der Bedeutung 'Sitzfangen' sein.

Im Preußischen gibt es neben *Blinde Kuh* noch die Benennung nach dem Bär. In Königsberg und im Samland hieß es *bling Barke* 'Blind-Bärchen'.[1495] In einem preußischen Volksreim wird der Spieler mit verbundenen Augen als *blinder Wolf* angesprochen.[1496]

Im Rheinischen gibt es noch die Spielbezeichnungen *blinde Hund* 'blinder Hund', *Flenermeische* 'Fledermaus' oder *Blondhamel* 'blinder Hammel'[1497], allerdings sind keine Spielbeschreibungen angeführt, so daß es sich auch um andere Spieltypen handeln kann. *Blinder Hase* heißt ein nicht näher beschriebenes Spiel im Nordsiebenbürgisch-Sächsischen.[1498] In

---

[1490] Ihre (1769, 1: 210).

[1491] Vgl. Laistner (1883: 168).

[1492] Gomme (1894: 40), Hirn (1926: 64). Zu *Blind-Buck-a-Davy* in Irland und *Buck Hid* als Synonyme für *Blind-Man's Buff* (vgl. Gomme 1894: 36, 38).

[1493] Pitré (1883: XLII), Pinon (1954: 113).

[1494] „Blinn' Ûl, ick' lei di! / – Wo leist du henn? / – In' Schaopstall. / – Watt schall ick dao? / – Bottermelk slapp'n. / 'k häff kên Läp'l! / – Stick'n Kopp dêp in'n Kät'l! (oder: 'dao hast ên! dao hast ên!')" (Danneil 1859: 256).

[1495] Vgl. Ziesemer(1939, 1: 658) mit einem spieleinleitenden Dialog.

[1496] Vgl. Hagen (1851: 436) mit einem spieleinleitenden Dialog.

[1497] Müller (1917: 158).

[1498] Krauß/Richter (1986: 1178).

Litauen gibt es ein *Suikinieti* 'Hasenfangen' genanntes Spiel, bei dem „in einer Schar Knaben einem die Augen verbunden werden, der muss dann einen andern von den Knaben zu fangen suchen, die entweichen und auf den Ausgangspunkt zurückkehren".[1499]

Ohne Entsprechung im Deutschen ist z. B. isl. *skollaleikur, skollablinda* 'Blinder Fuchs'. Isl. *skolli* ist der Kosename für den Fuchs, aber auch eine euphemistische Bezeichnung für den Teufel.[1500]

Vogelnamen kommen in den ohne Spielbeschreibung überlieferten Bezeichnungen nl. *blindekalle* 'Blinde Krähe, Elster', nl. *Zwarte-bonte-kalle* 'Schwarz-bunte Elster' und nl. *Blindekoekoek* 'Blinder Kuckuck' vor.[1501]

Viele der genannte Tiernamen wie Wolf, Bär, Fuchs, Hund und Bock sind zugleich als in Kornfeldern hausende Schreckgestalten nachgewiesen, mit denen Erwachsene den Kinder drohten, in die reifen Kornfelder hineinzulaufen und sich dort zu verlaufen oder Schaden anzurichten.[1502] In Pommern, der Gegend von Magdeburg und Bayern ist der *Bär* im Korn und frißt die Kinder, der *Fuchs* nimmt in Mecklenburg und Westfalen die Kinder mit oder beißt sie, in Mittel- und Westdeutschland sitzt der *tolle Hund* im Korn, im mittleren und nordöstlichen Deutschland ist es der *Kornbock*, der die Kinder stößt oder tötet.

Statt Tier- werden auch Personennamen zur Benennung herangezogen. Auf das Substantiv *Mann* greifen die durch das Adjektiv *blind* modifizierten Bezeichnungen fries. *Blinnemännken*[1503], ndsächs. *Blindmännken*[1504] und nl. *Blindemannetje*[1505] zurück.

In der seit 1585 bezeugten Bezeichnung engl. *hoodman blind*[1506] tritt engl. *hood* 'Kapuze, mit der der Fänger geblendet wird' spezifizierend zu

---

[1499] Tetzner (1898: 320). Vgl. auch lit. *gŭžinéti* 'mit kleinen Schritten in gebückter Haltung gehen, Blinde Kuh spielen' (Fraenkel 1962: 179).

[1500] Götlind (1933: 82) mit weiteren Namen des Spiels im Isländischen wie *dufuleikur* 'Taubenspiel' und *kraeki(l)blinda* 'blinde Krähe'.

[1501] Cock/Teirlinck (1902, 1: 121).

[1502] Vgl. HDA (5: 272; 274).

[1503] Ehrentraut (1854: 6).

[1504] Niedersächs. Wb. (2: 385).

[1505] Cock/Teirlinck (1902, 1: 18). Vgl. auch die Abbildung auf einem Kupferstich nach Cornelis Holsteyns *Verscheydeaerig Kinder-Spiel* von Michiel Mozyn aus dem Jahr 1650 (Metken 1991: 54) und auf den *Speelen van Cupido* von Margareta van Bancken von 1694 (Meyer 1962: o. S.).

[1506] Higgins (1585: 298); OED (VII: 362).

engl. *man* 'Mann'. Die 1600 aufkommende Benennung engl. *blindman(s) buff(e)*[1507] 'Schlag des blinden Mannes' könnte darin motiviert sein, daß der Blinde die ihn Neckenden abschlagen mußte, vielleicht sogar mit einem weichen Schlaggegenstand, oder auch auf einen anderen Spieltyp zurückgehen. Auf drei Darstellungen in der Bodleian Handschrift aus dem 14. Jahrhundert, die wohl Wettwer[1508] zu Unrecht dem Spieltyp „Fangen mit verbundenen Augen" zuweist, ist das Schlagen eines Spielers mit verhülltem Kopf durch andere Spieler dargestellt.[1509] Die Mitspieler haben in ihre Kopfbedeckung einen Knoten gemacht, um damit den Geblendeten, der seinerseits die Kopfbedeckung verkehrt herum aufgezogen hat und nichts sehen kann, zu schlagen. Daß es sich nicht um ein Fangspiel handelt, ist daran zu ersehen, daß der Geblendete den Schlag geduldig über sich ergehen läßt und keinerlei Anstalten macht, auszuweichen. Er hat seinen hinteren Kleidersaum durch die Beine nach vorne gezogen, angeblich „um schneller laufen zu können".[1510] Offensichtlich kommt aber jeder zum Schlag. Der rechte Spieler auf Ms. Bodl. (130^r u. 130^v) macht gerade einen Knoten in sein Kopftuch, der links von ihm Stehende ist gerade dabei zu schlagen und der ganz links außen Stehende hat seinen Schlag offensichtlich schon getan, denn das geknotete Tuch liegt auf dem Boden. Vielleicht besteht die Aufgabe des Blinden darin, die Namen der schlagenden Spieler in der richtigen Reihenfolge nennen? Ein Spiel, bei dem der zu Schlagende seinen Kopf nicht wie sonst üblich in den Schoß eines Mitspielers birgt, sondern mit verbundenen Augen in der Mitte sitzend erraten muß, wer ihn geschlagen hat, ist im 19. Jh. auch aus Pommern bezeugt. Der Gesang dabei lautet:

> „Ach der Blind ist zu bedauern, / Seht, wie traurig er dort sitzt! / Er muß sitzen zugebunden / und muß raten, wer ihn schlägt".[1511]

Im Niederländischen heißt das Fangen mit verbundenen Augen nl. *suikeroompje*[1512] 'Zuckeronkelchen', nl. *syckernoemken* und nl. *blinde Noompje*.[1513]

[1507] Higgins (1585: 298); OED (I: 921f.).
[1508] Wettwer (1933: 75); vgl. auch Gomme (1894: 38); Strutt (1903: 309).
[1509] Vgl. Anhang, Abb. 14, 15 und 16.
[1510] Wettwer (1933: 75).
[1511] Drohsihn (1897: 117).
[1512] Gallitalo (1682: Nr. 138 in Cock/Teirlinck 1902, 1: 48ff.). Das *Woordenboek op de Nederlandse taal* (16: 521) verzeichnet die Bedeutung 'reicher Mann'.
[1513] Hallema/Weide (1948: 183).

Der Bestandteil nl. *noompje* beruht auf falscher Abtrennung des auslautenden *-n* vom vorausgehenden Wort nl. *syckere-n* bzw. *blinde-n*. Das *-n* wird zum vokalisch anlautenden nl. *oompje* 'Onkelchen' gezogen.[1514]

Im Niederdeutschen herrscht der Benennungstyp 'Blinde Mutter, Muhme' in *Blinnemöm(ke)*[1515] oder *bline Mo(e)r*[1516] vor. Auch im Flämischen ist dieser Typ bekannt: *blinde moeie* 'blinde Mutter [oder Tante]'.[1517] Die „Mumme" ist als Spielname *Blinnemumm* in Schleswig-Holstein[1518], Nordfriesland und Jütland[1519] und in der Form *Blinge Mömmes* im Rheinischen bezeugt.[1520] *Blömmömmeske* wird schon im *Deutschem Provinzialwörterbuch* als Bezeichnungsvariante geführt.[1521] Im Flämischen gibt es den Ausdruck *mommeken spelen*. Schon 1662 ist die Zusammensetzung nl. *kassemommetjen* aus *chasser* 'jagen' und *mom* 'Maske' belegt.[1522] *Möme* und *Mumme* heißen auch Schreckbilder und Schreckgestalten für unartige Kinder.[1523]

Nach der „blinden Alten, Hexe" heißt das Spiel rhein. *blinde Ol*[1524] oder *Blengenôl*, böhm. *hra na babku*[1525], poln. *ślepa baba*[1526], rumän. *baba oarba*[1527] und bulgar. *Slapa Baba ne vidi*.[1528]

Auch Eigennamen mit oder ohne modifizierendes Adjektiv werden zur Benennung des Spiels herangezogen. Mehrere Bezeichnungen des Typs *blind + Kurzform eines Vornamens* für das Fangen mit verbundenen Au-

---

[1514] Drost (1914: 8) versteht *Suyckernoemken* als 'Zuckername' und stellt es zu *suikere(n) manneken* 'Zuckermännlein, empfindlicher junger Mann'.

[1515] Schlesw.-Holst. Wb. (1: 389), Stürenburg (1857: 399). So heißen auch die Ostseequallen, da eine Berührung der Quallen nach dem Volksglauben zur Erblindung führen kann (Schlesw.-Holst. Wb. 1: 389 f.).

[1516] Niedersächs. Wb. (2: 389), Lehnhoff (1922: 40).

[1517] Cock/Teirlinck (1902: 122).

[1518] Schlesw.-Holst. Wb. (1: 389).

[1519] Handelmann (1862: 71).

[1520] Müller (1917: 158); Wrede (1956, 1: 84). *Mit enem blinder Mömmes spelle* heißt im Rheinischen 'jemanden hinters Licht führen' (Rhein. Wb. 1: 781).

[1521] Klein (1792: 53).

[1522] Drost (1914: 7).

[1523] Vgl. HDA (5: 272); Woeste (1877: 13); Berghaus (1880, 1: 645).

[1524] Frommann (1885: 415), Rhein. Wb. (1: 782). Nachdem *Ol* aber auch als Kosename für die Kuh verwendet wird, ist die Zuordnung nicht ganz sicher.

[1525] Adam (1586: 319).

[1526] Volckmar (1613). Zu poln. *baba* 'Kornweib, Hexe' vgl. HDA (5: 271).

[1527] Brewster (1949: 115 f.) mit Spieldialog. Vgl. auch Brewster (1970: 231–236).

[1528] Brewster (1949: 116).

gen wie *blenge Hanes* 'blinder Johannes', *bleng Möveske* 'blinder Bartholomäus', *blöng Nölesche* 'blinder Nikolaus, Kornelius' und *blenge Domes* 'blinder Thomas' sind aus den Rheinlanden allerdings ohne Angabe einer Spielbeschreibung festgehalten.[1529]

In der schon 1585 bezeugten Benennung engl. *blind hob*[1530] 'Blinder Robert [Robin]' kann engl. *hob*[1531] sowohl in der Bedeutung 'rustic, clown' als auch 'Kobold, Puck' vorliegen.[1532] Im Flämischen gibt es *blinde Margariet* 'Blinde Margarete' und *blinde Mie*[1533], im Italienischen *a Maria orba* 'blinde Maria', das in der Form it. *Mariorba* schon 1656 nachweisbar ist.[1534] *Maria* gilt neben zahlreichen anderen Eigennamen wie *Johannes, Nicolaus, Peter, Petrus, Wilhelm* als Name für eine 'dumme Person'.[1535] Frz. *Marie garouche (galouche)* ist auch Name einer Schreckgestalt.[1536] Der weibliche Vorname *Anna* ist in eine schottische Bezeichnung des Fangspiels mit verbundenen Augen eingegangen, das *spionadh Anna Gorach* 'die närrische Anna zupfen' genannt wurde.[1537]

Aus zwei Eigennamen gebildet ist die seit dem 16. Jahrhundert bezeugte standardsprachliche französische Spielbenennung frz. *Colin Maillard*.[1538] Der früheste Beleg in der Form *Collin Maillard* findet sich innerhalb der Spieleauflistung in Rabelais' *Gargantua* aus dem Jahr 1534.[1539] Wie das Spiel ursprünglich gespielt wurde, geht aus den ersten Belegen nicht hervor. Die früheste Spielbeschreibung, die unter dem Namen das Fangen mit verbundenen Augen anführt, findet sich erst 1690 in Furetières *Dicionnaire*.[1540]

[1529] Müller (1917: 159); Rhein. Wb. (1: 780 f.).

[1530] Higgins (1585: 298). Laut OED (I: 920) ist *blind hob* „some game unknown".

[1531] Vgl. OED (V: 314).

[1532] Vgl. auch engl. *hoble um blinde* (Hyde 1694: 266) und *Billy Blind* etc. (Gomme (1894: 39).

[1533] Cock/Teirlinck (1902, 1: 120–122).

[1534] *Qui ludus [gr. myia chalké] est Hesychio, Tuscis neotericis Mosca cieca, nobis Venetis* Mariorba (Bonifacio 1656: 315). Vgl. auch Pinon (1954: 112).

[1535] Vgl. FEW (1: IX).

[1536] Vgl. Tijskens (1965: 373).

[1537] Vgl. Ploss (1912, 2: 253) mit dem zugehörigen spieleinleitenden Dialog.

[1538] ALF 1511; ALLy 1008.

[1539] Calder (1970: 139); vgl. auch Psichari (1908: 359f.); Lefranc (1912: 207).

[1540] Vgl. Furetière (1690: s. v.); zu weiteren Belegen aus dem 17. Jh. vgl. Franklin (1896, 18: 285–288).

Nach den Angaben etymologischer Wörterbücher soll es sich bei *Colin Maillard* um einen aus der Hirtendichtung des 16. Jahrhunderts übernommenen Eigennamen handeln, der als *Klas Knüppel* bzw. *Hans Knüppel*[1541] ins Deutsche übersetzt wurde.[1542] Der Name *Colin*, eine aphäretische Form aus *Nicolin*, das selbst wieder eine Koseform zu lat. *Nicolaus* ist, läßt sich in der Hirtendichtung nachweisen[1543], nicht aber *Maillard*. *Colin* bezeichnet in der Welt des Theaters einen jungen, verliebten, naiven Dorfbewohner oder einen Hirten aus der Komischen Oper.[1544] Vielleicht beruht dieser Herleitungsversuch letztlich auf dem berühmten Schäferdrama *Pastor Fido* 'Der getreue Hirte' des italienischen Dichters Giovanni Battista Guarini von 1580, in dem die Hauptfiguren beim Blinde-Kuh-Spiel zusammenfinden. Der zweite Name *Maillard* soll von frz. *mailler* 'mit dem Knüttel schlagen' abgeleitet und infolge der Revolte der Pariser Bevölkerung im Jahr 1382 die Bedeutung 'böser Mensch, Gauner, Verräter' erlangt haben.[1545] In Rabelais' Werken wird *Maillart* mehrfach in der Bedeutung 'frappart [Schläger]' verwendet. Daß *Colin Maillard* eine reale Figur war, kann man wohl ausschließen.[1546]

Möglich wäre auch, daß *(Colin) Maillard* der Name einer Schreckgestalt ist. Dafür ließ sich aber nur ein schwacher Anhaltspunkt finden.[1547] Im *Trésor des jeux provençaux* wird das Spiel *Colin maillard* unter den Namen *lis iue benda* 'verbundene Augen' oder *Coucourouma* (?) folgendermaßen beschrieben: Die Kinder bilden einen Kreis um den Spieler mit verbundenen Augen, dann beginnen sie folgenden Dialog:

[1541] Kluge/Mitzka (1975: 85). Dafür ließ sich kein Beleg ermitteln. In einer Flugschrift von Sebastian Meyer aus dem Jahr 1523 fand sich jedoch der Titel *Ein kurzer Begriff von Hans Knüchel* (Clemen 1907, 1: 213–294).

[1542] Vgl. z. B. Gamillscheg (1966: 243).

[1543] Vgl. z. B. Hulubei (1939).

[1544] Doutrepont (1926, 1: 88). Vgl. auch FEW (VII: 111).

[1545] Vgl. Rigolot (1977: 70); vgl. auch Godefroy (5: 73); ähnlich TLF (5: 1026).

[1546] Vgl. die fehlenden Einträge in Levoir/Pirez (1993: 5) und LaStella (1984).

[1547] Zur Benennung von Kinderschreckgestalten nach Namen und Vornamen von Personen, die tatsächlich gelebt haben, und fiktiven, literarischen Figuren vgl. Tijskens (1965: 361ff.).

– „*Coucourouma (Pepèi Maiard)*, mounte vas?	[Coucourouma (Großvater Maillard), wohin gehst du?
– Vau au la	Ich gehe zur Milch.
– Mai mounte es toun toupin?	Aber wo ist dein Milchtopf?
– L'ai esclapa	Ich habe ihn zerbrochen.
– Cerco, cerco li moussèu"[1548]	Such, such die Scherben.]

Darauf hin drehen sich die Kinder schnell im Kreis und bleiben stehen. Der Spieler mit verbundenen Augen greift sich einen heraus, den er dann erraten muß. Die Form prov. *pepèi Maiard* könnte nachträglich in Analogie zu Bezeichnungen wie *Pépère Martin*[1549] aus *Colin Maillard* gebildet sein. Das Alter des Ausdrucks läßt sich jedoch nicht näher bestimmen. Prov. *coucourouma* könnte dagegen eine der zahlreichen Varianten zur Bezeichnung *Cacafougna* sein, die sowohl 'Spiel, bei dem ein Kind mit verbundenen Augen verleitet wird, in Exkremente zu greifen' als auch 'Exkremente', 'Springteufel' und 'Schreckgespenst für Kinder' bedeuten kann.[1550] Gewißheit über die Herkunft der Spielbezeichnung *Colin Maillard* ließe sich also erst dann gewinnen, wenn sich der Ausdruck konkret in einem der vorgestellten Bereiche, als literarische Figur, als Schreckgestalt oder in anderen Zusammenhängen nachweisbar wäre.

[1548] Galtier (1957: 87).

[1549] Tijskens (1965: 368).

[1550] Pinon (1973). Vgl. auch frz. *tchafômô* 'Kind mit verbundenen Augen', einer Zusammensetzung aus *tchafo* 'Eule' und ungeklärtem *mau* (Baldinger 1974: 116 u. 1988: 218). Zu *Mau-* als onomatopoetischer Stamm zum Ausdruck des Miauens der Katzen, des Schmatzens sowie des Kinderschrecks vgl. FEW (VI, 1:543f.).

Vierter Teil

ZUR HERKUNFT UND GESCHICHTE VON SPIELBEZEICHNUNGEN

Im vorausgehenden Untersuchungsteil wurden historische Bezeichnungen zu einer Auswahl traditioneller Bewegungsspiele in ihren Quellen erhoben und ihre Bildung und Motivation erklärt. Angaben über das Alter, Entstehen und Aussterben von Spielbezeichnungen lassen sich nur selten machen. Manche Bezeichnungen, die heute noch dialektal gebräuchlich sind, lassen sich über Jahrhunderte zurückverfolgen. Andere Bezeichnungen haben aufgrund ihres aktuellen Bezugs auf die gegebenen Verhältnisse nur eine zeitlich und regional begrenzte Gültigkeit. Viele Spielbezeichnungen sind als Lexikalisierungen systematisch gebildeter Wörter und Wortgruppen zu erklären. Ihnen stehen Prägungen gegenüber, deren Entstehung und Motivation oft nur zufällig nachvollziehbar ist.

Ein Beispiel dafür liefert ein Bericht des Volkskundlers Schulenburg, der Ende des 19. Jahrhunderts das Volkstum der sorbisch sprechenden Wenden in der Niederlausitz und die Spiele ihrer Kinder untersuchte.[1551] Das Fangen mit verbundenen Augen hieß nach dem Namen einer Schreckgestalt sorb. *bóbaka graś* 'Bubak spielen'. Das Spiel wurde nach dem Fänger, dem *bóbak* 'Popanz' benannt. Mit dem Ruf sorb. *Bóbak, bóbak!* wurde der Fänger auch gefoppt. Einige Jahre später beobachtete Schulenburg die wendischen Kinder wieder beim *Bubak*-spielen, da riefen sie den Fänger jedoch *Šolborg, Šolborg!* Sie setzten also seinen Namen ein. Als er nachfragte, wer *Šolborg!* sei, antworteten ihm die Kinder, die ihn weder persönlich noch dem Namen nach kannten: „Ten bóbak". Schulenburg resümiert:

[1551] Vgl. Schulenburg (1882: 190f.).

„So war ich, vielbesprochen, schon nach wenigen Jahren volksthümlich mit meinem Namen in die Stelle des Bubak eingerückt, ein Genosse des alten Dessauers, Pumphut's".[1552]

Ten bóbak, ten bóbak! hatten die kleinen Kinder ihn nämlich schon einige Jahre zuvor gerufen, wenn er sich als Fremder abends in langem Mantel und mit breitkrämpigem Hut bekleidet näherte, und waren dabei ängstlich um die Hausecke gelaufen. Sein Name, den die Kinder vielleicht von den Eltern gehört hatten, war also über die Bezeichnung für den vermummten Hauptspieler zum Namen des Spiels selbst geworden. Offen bleibt die Frage, wie lange diese aktualisierte Spielbezeichnung, die wohl nur in dieser Spielgruppe Geltung hatte, fortbestand. Dieses Beispiel für die Zufallsentstehung einer Spielbezeichnung aus einem Eigennamen zeigt, wie problematisch die Etymologisierung einer Spielbezeichnung sein kann.

Dennoch wird die Kontinuität eines Spieles und seiner Benennung in der Forschung häufig als gegeben vorausgesetzt, was zusammen mit der Annahme, daß Spiele allein auf Nachahmung beruhten, zu der Schlußfolgerung führt, Spielformen ließen Rückschlüsse auf „vorgeschichtliche" Lebensformen und Bräuche im weitesten Sinne zu. So vermutete der Märchenforscher Vladimir Propp im russischen *Blinde-Kuh*-Spiel die Widerspiegelung eines Initiationsritus prähistorischer Jägergesellschaften.[1553] Archetypische Bewegungsformen, wie sie im Spiel, aber auch in anderen (rituellen) Handlungen vorkommen, können jedoch zu jeder Zeit in jeder Kultur entstehen, vergehen und wieder aufleben. In solchen Fällen ist mit Polygenese zu rechnen. Die Polygenese kann „ihre Ursache in archetypischen Bewegungsformen und in elementaren Spielbedürfnissen haben".[1554] Diese hat wiederum Einfluß auf die Benennung eines Spiels oder einer Spielhandlung, die je nach situativer Einbindung und Funktion variieren kann.

Ebenso wurden unverständliche Abzählreime wie der im Bairisch-Österreichischen weit verbreitete Reim *Asl, wasl Domas Glasl* [...] als „uralte Beschwörungs- oder Zauberformeln" gedeutet.[1555] Dieser Abzählreim lautete z. B.:

[1552] Vgl. Schulenburg (1882: 190f.).
[1553] Vgl. Propp (1987: 128).
[1554] Vgl. Schier-Oberdorffer (1983: 72).
[1555] Vgl. Mantl (1964: 89).

„Asel, Wasl, Domas Glasl, / Witz, Wutz, aussigschutzt; / rode Hosen, blaue Strümpf, / pfui der Teifl, du aber stinkst".[1556]

Der Reim ist jedoch keine Zauberformel, sondern gehörte zu einem heute wohl vergessenen „Rasenschneid"-Spiel, das die Hirtenjungen früher spielten. Dabei wurde mit dem Messer auf verschiedene Weise ein Stück Rasen, der obd. *Wasen* heißt, ausgehoben. Nur zufällig ist aber ein solcher Reim auch im Zusammenhang mit einem Rasenschneidspiel und nicht nur als Abzählreim überliefert.[1557] Bei diesem Spiel werden zum Beispiel einem der Spieler die Augen verbunden. Ein anderer hebt mit seinem Messer ein rundes Stück Rasen (Wasen) aus, setzt es sorgfältig wieder ein und zieht mit der Messerklinge, die tief im Boden steckt, eine Rille mit ganz unregelmäßigen Windungen, bis er mehrere Meter vom Ausgangsorte, dem ausgehobenen *Wasl* entfernt ist. Hier steckt er das Messer so in die Furche, daß die Schneide den Weg zurück weist. Dann spricht er:

„Wiesl, wasl, dauma's Grasl, ['Wieschen, Räschen, ? Gräschen
Wo's Messa steckt, dò is's!"   Wo das Messer steckt, da ist es!']

Der andere Spieler nimmt nun die Binde von den Augen und sucht, mit dem Messer den Weg zurück zu fahren. Gelingt ihm dies richtig und kommt er dadurch in der Furche zum Ausgangsort zurück, so wirft er mit dem Messer das ausgeschnittene Wasenstück aus der Grube.[1558] Der Reim war ursprünglich Bestandteil einer Spielhandlung und wird in diesem Zusammenhang auch sinnvoll und verständlich. Erst nach dem Unüblichwerden dieses Spieltyps geht der Reim in den Bestand der Abzählreime über.

Bei der Frage nach der Herkunft von Spielbezeichnungen ist auch zu berücksichtigen, daß sie auf der Übernahme bereits bestehender Wörter und Wendungen beruhen können, ohne selbst an die damit bezeichnete außersprachliche Wirklichkeit anzuknüpfen. Umgekehrt leiten sich viele Redewendungen des Alltags aus Spielvorgängen ab, da Spiele oder Spielsituationen als modellhaft empfunden werden.[1559] Einer der häufigsten Übertragungsbereiche ist der der Erotik, was angesichts der Verfänglichkeit bestimmter Spielsituationen naheliegt. Heranwachsende und Erwachsene

---

[1556] Vernaleken/Branky (1876: 103); vgl. auch Riedl/Klier (1957: 204, Nr. 2907–2913); Horak (1989, II: Nr. 6241–6269).
[1557] Haiding/Gaß (1980: 50).
[1558] Vgl. auch Horak (1989, II: 8114f.) und Künßberg (1941: 82–83).
[1559] Vgl. Schier-Oberdorffer (1985: 47).

spielten gerade deshalb, weil Spiele die Gelegenheit eröffneten, sich einander körperlich näher zu kommen. Die Zeugnisse aus den Spinnstuben zeigen den fließenden Übergang von Spiel und Liebesspiel. Spielausdrücke bieten außerdem die Möglichkeit, den sprachlich tabuisierten Vorgang des Geschlechtsakts scherzhaft-euphemistisch zu umschreiben.[1560] Umgekehrt können obszöne Ausdrücke wie mhd. *zürlin mürlin* auch ihre sexuelle Konnotation verlieren und als harmlose Kinderspielbezeichnungen fortleben.

Wenn Spielwendungen und Redewendungen übereinstimmen, stellt sich die Frage, in welche Richtung eine Übernahme erfolgte. Eine Beantwortung dieser Frage hängt von der Belegbarkeit des Spielausdrucks und der Redewendung ab. Auch der Fall, daß nur gleiche Anknüpfungspunkte vorliegen, also gar keine Ableitungsbeziehung besteht wie möglicherweise beim *Weinausrufen*, ist in Betracht zu ziehen.

I. Rechtsaltertümer im Kinderspiel

Daß Kinder in früheren Zeiten durch zufällige oder rechtlich erforderliche Anwesenheit Kenntnis von Rechtsbräuchen und Rechtssätzen der Erwachsenen erhielten, ist eine unbestreitbare Tatsache. So mußten sie als Zeugen bei Grenzbegehungen und -festlegungen mitgehen und nahmen am öffentlichen Vollzug von Schand- oder Todesstrafen teil.[1561] Wissen über Rechtsvorstellungen wurde Kindern auch über Sagen, Märchen und Volkslieder vermittelt.[1562] Es liegt demnach nahe, die überlieferten Spiele und ihre Bezeichnungen daraufhin zu untersuchen, ob sie in Rechtsbräuchen oder rechtssprachlichen Elementen motiviert sind.

Daß es solche Übernahmen im freien, spontanen Spiel der Kinder gab, ist besonders in Fällen, in denen das Nachspielen einen tragischen Ausgang nahm, leicht nachweisbar. Auch in Regelspielen gibt es Spielstrafen, die Hinrichtungen nachahmen, indem etwa eine locker auf den Kopf gelegte Mütze mit einem Stock vom Kopf geschlagen wird.[1563]

[1560] Vgl. die Belege für *die Zeit vertreiben, kurzweilen, schimpfen, scherzen, spielen* in Kratz (1949: 403–407). Zum „Koitus als Spiel oder Tanz" vgl. Müller (1988: 137–143).

[1561] Vgl. dazu Künßberg (1952: 16–18).

[1562] Vgl. HRG (II: 729–731).

[1563] Vgl. Rochholz (1857: 414).

Problematischer zu beurteilen sind Fälle, wie sie Kieser in seinem Aufsatz *Alte Rechtsbräuche im Kinderspiel der Dübener Heide* beschreibt. So hat er 1922 in der Dübener Heide Kinder beobachtet, die *Zee-zee!* beim Fangenspielen riefen, wenn sie kurzfristig ausscheiden wollten.[1564] Dabei streckten sie die geballte Faust mit hochgestelltem Daumen vor. Den Ruf *Zee* bringt Kieser mit dem seit dem 18. Jahrhundert ebenfalls im Ostmitteldeutschen bezeugten Ruf *Zeter!* zusammen, mit dem man Nachbarn unbedingt zur Hilfe verpflichtete, wenn man überfallen wurde.[1565] Tatsächlich sind im Frühneuhochdeutschen die Formen *zeha, zehe* oder *zeho* als Hilferufe überliefert.[1566] Es könnte also durchaus sein, daß dieser Ruf ins Kinderspiel übernommen wurde und dort fortlebte.

Obwohl Künßberg in seiner grundlegenden Schrift über *Rechtsbrauch und Kinderspiel* von 1920[1567] selbst ausdrücklich davor gewarnt hat, „in Fällen, wo man Parallelen in Rechtsbrauch und Kinderspiel findet, gleich eine Abhängigkeit festzustellen, gleich ein Rechtsaltertum finden zu wollen"[1568], hat er eine Interpretationsrichtung begründet, die von der Annahme ausgeht, daß das Kinderspiel „eine reiche Quelle alter und neuer Rechtsbräuche" sei[1569], was jedoch zu zahlreichen falschen oder nicht belegbaren Zusammenhängen und Etymologien geführt hat. Dies wurde bereits am Anschlageversteckspiel *Finkenstein* gezeigt, das angeblich nach dem Gerichtsstein benannt sein soll, an dem die *Finken* 'Verbrecher' verurteilt wurden.

Künßberg stellte unter anderem die Behauptung auf, daß insbesondere „das Asylrecht, das Recht der Male, der Freiorte, die vor Verfolgung schützen" deutliche Spuren im Kinderspiel hinterlassen hätten und „einmal eine eingehendere Untersuchung" verdiene.[1570] Ohne es direkt auszusprechen, legt er damit nahe, daß die Freimale im Kinderspiel und die Art ihrer Inanspruchnahme widerspiegeln, wie ein Verurteilter oder Verfolgter das Recht auf Asyl, das in den einzelnen Ländern Deutschlands erst Ende des 18. Jahrhunderts aufgehoben wurde, für sich geltend machte.[1571] Historische

---

[1564] Vgl. Kieser (1957: 92).
[1565] Vgl. Kluge/Seebold (1995: 908); DWB (15: 811–813).
[1566] Vgl. Götze (1967: 234).
[1567] Vgl. auch Künßberg (1936: 64–69).
[1568] Künßberg (1952: 45).
[1569] Vgl. HDA (7: 563).
[1570] Vgl. Künßberg (1952: 63).
[1571] Vgl. HRG (1: 246).

Quellen geben darüber Aufschluß, wie der Verfolgte sich beim Erreichen und Inanspruchnehmen eines Asyls zu verhalten hatte, wobei es im einzelnen recht ausgefallene Regelungen gab.[1572] Zwischen dem Asylrecht und dem Fangspiel macht Künßberg die folgenden Übereinstimmungen geltend: Ein wegen Blutrache Verfolgter war bereits dann in Sicherheit, wenn es ihm gelang, den Türgriff, den Zaun oder die Mauer der Asylstätte, meist einer Kirche, eines Fronhofs oder einer öffentlich genutzten Einrichtung, zu berühren.[1573] Beim Fangenspielen reicht es ebenfalls, das Mal, einen Baum, eine Tür oder ähnliches zu berühren, um eine Verfolgungspause zu bekommen. Wie österreichische Weistümer schon aus dem 15. Jahrhundert überliefern, hatte ein Friedbrecher das Freiungsrecht bereits dann für sich erworben, wenn er einen Hut, einen Gürtel oder einen anderen persönlichen Gegenstand in die Freiung werfen konnte.[1574] Auch im Kinderspiel gilt angeblich, daß man vor dem Fänger in Sicherheit ist, wenn man einen Gegenstand ins Mal wirft. Hierfür kann Künßberg jedoch keine Quelle anführen.[1575] Ebenso wie der Friedbrecher die Aufenthaltsfrist im Asyl dadurch verlängern konnte, daß er die Stätte kurz verließ und wieder zurückkehrte, dürfen sich auch die zu Fangenden im Kinderspiel nicht zu lange im Freimal aufhalten. Verlassen sie es kurz und rennen wieder hinein, sind sie jedoch von neuem vor dem Fänger geschützt. Der Fänger hat aber die Möglichkeit, die Mitspieler ausdrücklich zum Verlassen der Ruhe aufzufordern:

„Dreimal eiserne Stangen / wer nicht ausläuft, wird gefangen, / Dreimal eiserne Schnitz, / wer nicht läuft, wird gefitzt, / Dreimal über den Rhein, / Wer nicht läuft ist mein".[1576]

Als Indiz für seine Annahme sieht Künßberg die Wiener Fangspielbezeichnung *Leopolden* an, „bei dem der Freiort unter dem Ruf *da ist Leopold!* geltend gemacht wird".[1577] *Lepoidt* erreichte man auch durch das Überkreuzen [der Finger oder Beine], durch das Berühren von Eisen oder in die Hocke gehen. In Wien hieß es: *Lepoidt is kreuzweis (Eisen, Hockerl!).*[1578] Allgemein

---

[1572] Zum Rechtsbrauchtum der Freiung vgl. Bärnreuther (1968: 86–88).
[1573] Vgl. Gröll (1911: 209).
[1574] Vgl. Künßberg (1952: 64); HDA (9: 834).
[1575] Vgl. Künßberg (1952: 64).
[1576] Vgl. Böhme (1897: 569).
[1577] Künßberg (1952: 64).
[1578] Vgl. Höfer (1928: 59).

Herkunft und Geschichte von Spielbezeichnungen 319

war die Kurzform in dem Ruf *Des is Leo!* üblich. Das substantivierte Verb *Lepoídt'n* bezeichnet auch das Fangenspielen der Jungen.[1579]

Diese eigenartige Übertragung eines Eigennamens auf einen Freiplatz führt Künßberg nun auf die „Babenberger Leopolde" zurück, „denen so manches Asyl sein Bestehen verdankt".[1580] Diese immer wieder aufgegriffene Erklärung, nach der der Babenberger Herzog Leopold VI., der Glorreiche (1176–1230), mehreren Klöstern, unter anderem dem Schottenkloster in Wien, das Asylrecht gab, findet sich bereits in Hügels *Lexikon der Wiener Volkssprache*.[1581] Obwohl schon kurze Zeit später eingewendet wurde, daß es sich dabei um eine „lächerliche Fabel" handele[1582], wurde der Ausdruck *Leopolten* immer wieder als ein sicherer Beleg für ein sogenanntes Rechtsaltertum im Kinderspiel angeführt, der Forscher anregte, „Reste mittelalterlicher Asylrechte in heimischen Kinderspielen" aufzuspüren.[1583] So wurden auch die zum Versteckspiel gehörenden Ausdrücke *poitra, pfuieles tüen* und *pànteme* als alte Rechtsbegriffe im Zusammenhang mit der Gewährung des Asylrechts gedeutet. Dabei ist der Anschlagruf tirol. *Pànteme, pantemè, pònteme* als Übernahme von it. *puntomè, puntomio* 'abgeschlagen für mich' zum Verb it. *puntare* erklärbar. Tirol. *Pfuieles tüen* ist nach dem Anschlagruf *Pfui!* benannt, einer Lautgebärde, die das Anspucken des Mals, die *Pfuiz* genannt, nachahmt. Tirol. *opecken (abpecken)* bedeutet ebenfalls nichts anderes als 'einen leichten Schlag auf die Anschlagstelle geben'.

Gegen die von Künßberg vertretene Auffassung zur Herkunft von *Leopolten* lassen sich sachliche und sprachliche Einwände erheben. Die Verleihung des Asylrechts in Wien erfolgte nicht erst durch Leopold, sondern bereits durch Herzog Heinrich Jasomirgott im Jahr 1158.[1584] In einer Urkunde aus diesem Jahr, in der Herzog Heinrich dem von ihm gegründeten Schottenkloster zu Wien umfangreiche Rechte verleiht, wird auch das Asylrechtsprivileg eigens erwähnt.[1585] Von sprachlicher Seite läßt sich einwen-

---

[1579] Vgl. Seidl (1844: 317).
[1580] Künßberg (1952: 64).
[1581] Hügel (1873: 101).
[1582] Vgl. Schranka (1905: 105).
[1583] Vgl. Fink (1966) und Pardeller (1966).
[1584] Vgl. schon Schranka (1905: 105) und Mailly (1929: 145).
[1585] Vgl. das *Urkundenbuch zur Geschichte der Babenberger in Österreich* (Fichteau, Zöllner 1950: 36–40, bes. 39). Es handelt sich um eine verschollene Fälschung, die zuerst in einer Abschrift aus dem Jahr 1261 erhalten ist.

den, daß es tatsächlich ein Verb *lebolten* 'sich ausnehmen, ausbedingen' gibt[1586], das mit dem Eigennamen *Leopold* nichts zu tun hat, sondern morphologisch zum Verb *beuten, peuten*[1587] gehört. Dieses ist wiederum eine Variante zu *bieten* mit Stammvokal *eu*, der auf analogischem Ausgleich nach der alten Präsensform beruht. *Pieten* und *peuten (peutern, abpeutern, sich boltn, boitn, boedn)* bedeuten im Spiel 'beim Versteckenspiel jenen Platz aufsuchen, wo man nicht gefangen werden darf'[1588] und 'sich beim Spiel ausnehmen, nicht mehr mitmachen'. Der Abschlagruf beim Fangen oder Verstecken lautet „peut dich!" oder „peut eß!".[1589] Der Ausruf „boidt", gekürzt aus „ih boidt' ma'n" ['ich bedinge mir den Platz aus'] geht über auf den Platz selber, an dem man sich sicher stellt. Von der Benennung des Freimals wird schließlich der Ausdruck auf das Spiel selbst übertragen. Das Verb *sich peuten, sich boltn* wurde dann durch den Zusatz *le-(o)-?* zum Eigennamen *Leopold* nachgedeutet.

Ebenso verhält sich mit den Verben schweiz. *bieten* und *botten*[1590] sowie dem bereits behandelten Verb bair. *bammen* 'etw. für andere mit einem Verbot belegen, sich einen Platz ausbedingen'.[1591] Von ihnen sind die Freimalbezeichnungen *Bot(te), Biet, Büt* und *Bamme* abgeleitet. Im fränkischen Heilsbronn wurde das Freimal, *Bodd* oder *Buud* genannt, angelegt, indem ein Kind ein anderes von hinten unter den Armen hindurch umfaßte und es herumzog, wobei dieses mit seinem Absatz das *Bodd* abgrenzte.[1592]

Wenn es auch vereinzelt rechtssprachliche Freimalbezeichnungen oder -rufe wie bair. *Vogelfrei* oder *Feiering*[1593] gibt, haben diese normalerweise eine kulturhistorisch unverdächtige Grundlage. Viele deverbale Freimalbezeichnungen gehen auf Verben des „Ausruhens", wie z. B. brand.-berl. *Aus-*

[1586] Vgl. Jacob (1929: 112).

[1587] Vgl. WBÖ (3: 1178f.) unter *Peut* 'Platz beim Fangenspielen, wo man nicht gefangen werden darf und *peutern*.

[1588] Horak (1989: 136); Fink (1966); Schatz (1955: 95). Vgl. auch bair.-österr. *Schöberlein peutern* 'auf einer Wiese, wo Heuhaufen liegen, verstecken spielen' (Lexer 1862: 35).

[1589] WBÖ (2: 1179; 3: 158).

[1590] Schweiz. Id. (4: 1904). Beim *Jäglis*-Spiel ruft man, wenn man wegen Ermüdung frei sein will, *botten!*, will man wieder teilnehmen *dingen!* (Schweiz. Id. 4: 1904).

[1591] BWB 5/44.

[1592] Archiv des BWB.

[1593] BWB 39/34.

ruhe[1594], schwäb. *Härre*[1595], bair. *Ausrast(e)*[1596], oder auf Verben des „Schlagens (ans Mal)", wie z. B. bair. *Anschlag, Anstock*[1597] oder thür. *Abtippe*[1598] zurück. Manchmal dienen die als Freimal vereinbarten Örtlichkeiten der Benennung, wie die *Gartenlatte*[1599] oder in übertragenem Sinn das *Haus*.[1600]

Einige Freimal-Bezeichnungen des Fangenspiels sind auch aus ganz anderen Spieltypen übernommen, in denen es ebenfalls ein Mal oder Ziel gibt, das im Rahmen des Spielthemas einen besonderen Namen hat. Bei dem bereits erwähnten Schlagholzspiel *Sautreiben* oder *die Sau in den Kessel treiben* muß ein Holzklotz mit Schlägen in eine Vertiefung getrieben werden, die *Suppenschüssel* oder *Suppe* genannt wird. Aus diesem Spiel rühren die Ausdrücke pfälz. *Kasserole* oder *Kessel*[1601] und bair. *Grube*[1602] her, die nur in der Bedeutung 'Freimal' überliefert sind. Die Ausdrücke *Hohl*[1603], die *Höhle*[1604], *Hul*[1605] oder *Hihle*[1606] gehen wohl auf den Auslaufplatz des Fängers beim Hink-Fangspiel *Fuchs aus dem Loch (Hohl)* zurück. Bair. *Kowi* 'Kobel' oder *Schloch* 'Schlag' geht auf den *Taubenkobel, -schlag* zurück, der im Zwei-Parteien-Fangspiel bair. *Habö-Daum-Fanga* 'Habicht-Tauben-Fangen' motiviert ist.[1607]

Eine direkte Abhängigkeit zwischen beobachtetem oder miterlebtem Rechtsbrauchtum und Spielelementen traditioneller Regelspiele ist im Verhältnis zu anderen Motivationsmöglichkeiten eher selten gegeben und nachweisbar. Bestimmte Elemente sind als eigenständige Erscheinungen der Kinderkultur im Sinne traditioneller, unter Kindern zirkulierender, sprachlicher und nichtsprachlicher Aktivitäten[1608] anzuerkennen, die ohne

---

[1594] Brand.-Berl. Wb. (2: 1821).
[1595] Schwäb. Wb. (3: 1862).
[1596] BWB 35/5.
[1597] BWB 55/42.
[1598] Thür. Wb. (1: 74).
[1599] Pfälz. Wb. (1: 1132).
[1600] BWB 55/42; Mittelelb. Wb.; Streitberg (1937: 106); Pfälz. Wb. (1: 1132).
[1601] Pfälz. Wb. (1: 1132; 4: 100).
[1602] BWB 55/42.
[1603] Wehrhan (1929:294).
[1604] Kretschmer (1969: 592).
[1605] BWB 55/42.
[1606] Heilig (1914: 253).
[1607] BWB 139/28 und BWB 101/55 mit Beschreibung.
[1608] Zum Begriff der „Kinderfolklore" vgl. Messerli in EM (7: 1269).

Anleihen oder Übernahmen aus der Erwachsenenwelt entstanden und benannt sind.

II. Latinismen

Eine Reihe von Ausdrücken im Spiel sind aus dem Lateinischen übernommen. Für das Mal bei verschiedenen Spielen ist lat. *meta* bezeugt, das Freimal wird lat. *pax* genannt.[1609] Beim Murmelspielen ruft man in Oberhessen lat. *limes*, wenn die Kugeln eine gewisse Grenze überrollen.[1610] Auffallend verbreitet ist der Spielruf *Stanto* beim *Stehball*, der formal dem Imperativ II von lat. *stare* 'sie sollen stehen' entspricht. Dabei wirft einer aus der Gesellschaft einen Ball gegen eine Wand und ruft einen auf, der ihn fangen soll, während die anderen die Flucht ergreifen. Hat dieser ihn gefangen, ruft er *Stanto!*, woraufhin jeder auf seinem Platz stehen bleiben muß. Nun darf er einen von den Stehenden abwerfen, der dann sein Nachfolger wird.[1611] Der Ruf kommt in Dänemark[1612], im Obererzgebirge[1613], nach 1900 in Berlin[1614] und noch heute in Karbach bei Marktheidenfeld in Unterfranken[1615] vor. Wie lassen sich diese weit gestreuten Zufallsbelege erklären? Erwin Mehl, der sich mit „Latinismen im Kinderspiel"[1616] beschäftigt und sie als „gesunkenes Kulturgut aus der Humanistenschule" charakterisiert hat, führt diesen Umstand auf die in ganz Europa verbreiteten Lateinschulen zurück, in denen dieses Spiel pädagogisch genutzt worden sei.[1617] Konkrete Quellen führt Mehl jedoch nicht an und auch in den hier untersuchten schulpraktischen Werken war dieser Ausdruck nicht verzeichnet.

[1609] Brand.-Berl. Wb. (2: 1821); Kretschmer (1969: 591); Kieser (1938: 26).

[1610] Mohr (1964: 57). Zu lateinischen Aufschlag- und Antwortrufen im 18. Jh. bei dem Föroyischen Spiel *Spæla exaksebiti* vgl. Krenn (1941/42: 217, 219); Mehl (1960: 99); Gillmeister (1990: 148f.).

[1611] Spiess (1862: 48).

[1612] Vgl. Mehl (1960: 98).

[1613] Spiess (1862: 48).

[1614] Zeidler (1980: 99).

[1615] Hain (1987: 6).

[1616] Seine Beispiele hat er in mehrere Aufsätzen eingebracht, vgl. Mehl (1954), (1958) und (1980).

[1617] Mehl (1950/60: 98).

Daß dieser Ruf jedoch zu den lateinischen Wörtern gehört, die bei einer Studie über die Geschichte und Verbreitung volkstümlicher Spiele in bestimmten alten Jesuitenschulen oder anderen katholischen Schulen Flanderns gefunden wurde, spricht wiederum dafür.[1618]

Allerdings sind nicht alle Beispiele, die Mehl zur Untermauerung seiner These anführt, stichhaltig. So ist seiner Ansicht nach auch das Zwei-Parteien-Fangspiel *Liberamus domino*[1619] in Graubünden ein Zeugnis aus der Zeit der Lateinschulen des 16. Jahrhunderts. Das Spiel sei nach dem Ruf benannt, den Mehl wörtlich übersetzt mit 'wir befreien [die Gefangenen] für den Herrn'.[1620] Mit diesem Ruf würden die bereits Gefangenen freigeschlagen. In den hier vorgestellten historischen Zeugnissen für das Nachlaufen und Fangen zweier Gruppen zwischen zwei Lagern kommen lateinische Spielrufe leider nicht vor. Vielleicht rührt der Ruf jedoch auch aus einem anderen Kontext her. Es könnte sich um die etwas entstellte Form der lateinischen Bitte *libera nos domine* 'befreie uns, Herr' handeln, wie sie z. B. im Wettersegen oder der Lauretanischen Litanei vorkommt. Im Spiel müßte der Ruf, sofern er „wörtlich" verstanden wurde, dann ein Ruf der Gefangenen gewesen sein, die darauf drängten, freigeschlagen zu werden. Möglicherweise haben die Kinder den ständig wiederkehrenden Satz aus dem lateinischen Gottesdienst auf ihr Spiel übertragen und dabei zu *Liberamus domino* umgeformt oder umgedeutet. Es gibt auch Beispiele für Kindersprüche, die aus lateinischen Formeln der Messe verdeutscht sind, wie *Dominik, wo bist du?* aus lat. *Dominus vobiscum*.[1621] Unverständliche Verszeilen schwedischer Kinderspielreime lassen sich ebenfalls auf Gebete der lateinischen Messe zurückzuführen.[1622]

Nicht jeder „Latinismus im Kinderspiel" muß also auf die lateinischen Humanistenschulen des 16. und 17. Jahrhunderts zurückgehen oder ein Reflex des Lateinsprechgebots sein. Die Tatsache, daß ein Latinismus vorliegt, sagt noch nichts über das Alter aus. Besonders im Bereich des Sports können fachsprachliche Termini auch neulateinisch sein. Außerdem ist Latein noch heute ein Unterrichtsfach, so daß nach wie vor die Möglichkeit

---

[1618] Vgl. die Sammlung volkstümlicher flämischer Spiele am Institut für Physische Erziehung der K. U. Leuven (Renson 1982: 485).
[1619] Decurtins (1901/1902: 193); Masüger (1946: 104).
[1620] Vgl. Mehl (1948: 38–42).
[1621] Vgl. Dillmann (1911: 224f.) mit Beispielen.
[1622] Vgl. Klingberg (1954).

besteht, daß ein lateinischer Ausdruck ins Spiel übernommen und zu einem „Latinismus aus der Schulhofsprache" wird. Schließlich können lateinische Ausdrücke auch auf Elemente der lateinischen Messe zurückgehen, an der die Kinder als Zuhörer oder als Ministranten teilnahmen.

Bevor man „gesunkenes Kulturgut" im Kinderspiel und seinen Benennungen vermutet, muß ausgeschlossen sein, daß Handlungs- und Sprachelemente nicht aus einem anderen Bereich der Kinderkultur übernommen wurden. Auch das Spiel schöpft aus dem „allgemeinen Bestand an Themen, Motiven, Vorstellungen und Formeln", die als „volkskundliches Grundwasser" auf verschiedene Weise, als Lied, Erzählung, Brauch oder eben als Spiel und Sprichwort zu Tage treten können.[1623] Eine zentrale Rolle für die Benennung von Fangspielen kommt dabei den Kinderschreckgestalten zu.

III. Schreck- und Spottgestalten

Viele Fangspielbezeichnungen, die metonymisch aus der Bezeichnung des Fängers hervorgehen, beruhen auf Bezeichnungen von Schreck- oder Spottgestalten. Diese spielten eine zentrale Rolle im Leben der Kinder, wie zahlreiche Dokumente schon aus antiker Zeit beweisen.[1624]

Diese im Volksglauben verbreiteten, tier- oder menschenähnlichen Wesen dienten der Einschüchterung und Disziplinierung. Die Schreckgestalten hatten die Funktion, Kinder von Orten, an denen sie gefährdet waren (Brunnen), oder Orten, an denen sie Schaden anrichten konnten (Kornfelder), abzuhalten. Sie wurden durch Warn- und Schreckgeschichten wie den Kinder- und Menschenfresser-Märchen vermittelt.[1625]

Auf die Benennung von Fangenspielen nach Kinderschreckgestalten hat schon Röhrich 1949 in seinem Aufsatz *Kinderdämonen* hingewiesen.[1626] Der Begriff „Dämon" ist in gewisser Weise durch mythologische Deutungen wie die von Singer belastet, der in zahlreichen Spielen mit „tiergestaltigen Dämonen" Hinweise auf einen alten „Dämonenkult" und Nachahmungen alter

---

[1623] Vgl. Schier (1985: 57).

[1624] Ammen und Kinderwärterinnen nahmen auch furchterregende Masken zu Hilfe, um widerspenstige Kinder gefügig zu machen (vgl. Le Roux 1841: Abb. 82).

[1625] Vgl. Schier-Oberdorffer (1985: 153).

[1626] Röhrich (1949: 434).

Kulthandlungen sah, die „nicht nur in germanische, sondern in indogermanische Vorzeit" zurückwiesen.[1627] Diese für das 19. Jahrhundert typischen Deutungen von Spielen werden jedoch bis heute immer wieder aufgegriffen.[1628] Mit dem Ausdruck „Schreckgestalt" lassen sich im Zusammenhang mit Spielen solche Anklänge vermeiden.

Die Übertragung des Namens einer Schreckgestalt auf den Fänger oder Suchenden im Spiel ist naheliegend, da er etwas „Schreckliches" an sich haben muß, damit sich die Spannung erhöht. Gleichzeitig handelt es sich dabei um eine Form der Angstbewältigung[1629] und auch Verspottung. In Fällen, in denen die Bezeichnungen der Schreckgestalten undurchsichtig sind, ist das Problem der Erklärung allerdings nur verschoben. Außerdem ist es durchaus denkbar, daß sich die Bezeichnungen einiger Schreckgestalten nur in Spielbenennungen erhalten haben.

IV. Schlußbemerkung

In der Sammlung *Deutsche Kinder-Reime und Kinder-Spiele aus Schwaben*[1630] aus der Mitte des 19. Jahrhunderts fehlt in zahlreichen Fällen die Angabe eines Spieltitels. Dies ist einerseits symptomatisch dafür, daß der Aufzeichnende in vielen Fällen keinen zugehörigen Namen ermitteln kann, und deutet andererseits darauf hin, daß manche Spielformen offenbar keinen festen Namen haben. Zwar muß ein Spiel namentlich genannt werden, wenn es um die Frage geht, welches Spiel denn nun gespielt werden soll, Spiele wie das Abschiedsfangspiel *Den letzten geben* ergeben sich aber von selbst bzw. werden von äußeren Faktoren eingeleitet, wie hier etwa vom Läuten der Abendglocke. In solchen Fällen stellt sich erst bei der schriftlichen Aufzeichnung die Frage, wie das Spiel nun genau heißt. Der Aufzeichnende oder der von ihm Befragte legt dann einen Namen fest. Da bei der Namengebung verschiedene charakteristische Spielbestandteile herangezogen werden können, gibt es auch so viele Bezeichnungsvarianten.

[1627] Vgl. Singer (1903: 57f.).

[1628] Vgl. z. B. Mathys (1975: 27 f).

[1629] Zu den Funktionen „Gruseleffekt" und „Angstbewältigung" im Spiel vgl. Schier-Oberdorffer (1985: 163–168).

[1630] Meier (1851).

Als methodische Konsequenz ergibt sich hieraus, daß sich die Untersuchung von Spielbenennungen nicht auf eine Erfassung dieser selbst beschränken darf, sondern auch die im Spiel vorkommenden Ausdrücke kennen muß, da diese metonymisch zur Spielbenennung herangezogen werden können. Zu berücksichtigen sind „Verlegenheitsbildungen" wie *Ich sitzen* 1551 bei Geßner, aber auch gelehrte Schöpfungen wie *Empusae ludus* 1522 durch Erasmus von Rotterdam, „Rückübersetzungen" ins Lateinische wie *vaccae latebrae* und wohl auch *lusus velitaris*, Übernahmen von Bezeichnungen, die ein „ähnliches" Spiel bedeuten, und anderen Bildungen, bei denen nicht entscheidbar ist, ob es sich um authentische Bezeichnungen handelt oder nicht.

Die Benennung eines Fang- oder Versteckspiels nach einem Spielruf kann deshalb schwierig zu bestimmen sein, weil ein solcher Ruf innerhalb des Spieles meist in verschiedenen Funktionen auftritt, so daß unklar ist, in welcher Situation er ursprünglich gebraucht wurde. In Fangspielen fällt der Ruf des Fängers beim Abschlagen häufig mit dem Ruf des Verfolgten beim Erreichen des Freimals zusammen. Ein Ruf kann außerdem über verschiedene Spiele hinweg Gültigkeit haben, d. h. in seiner Funktion von einem Spieltyp auf einen anderen übertragen werden. So sind die Ausdrücke, mit denen man sich selber, einen Gegenstand oder Platz vor dem Angreifer sichern kann, beim Fangenspiel, Murmel- oder Ballspiel und dem Schlagholzspiel *Sautreiben* häufig identisch. Ein Ruf kann metonymisch auf den Ort, z. B. das Freimal, oder die Situation, in der er geäußert wurde, übergegangen oder umgekehrt von diesem ins Spiel übernommen sein. Es gibt also sehr komplexe, schwer zu verfolgende Verschiebungsvorgänge.

Dadurch, daß Spielbezeichnungen in der Regel nicht schriftsprachlich festgelegt sind, können sie relativ frei von einem Spiel auf ein anderes übergehen. Wenn ein bestimmtes Spiel außer Gebrauch kommt, kann seine Benennung in ganz anderen Spieltypen fortleben, so daß die Motivation der Benennung nicht mehr nachvollziehbar ist. Hier zeigt sich auch, wie problematisch die Beschränkung einer Untersuchung auf ausgewählte Spieltypen ist, da sie der Polysemie von Spielbezeichnungen und ihrer Herkunft nicht gerecht werden kann.

Spielausdrücke können akustisch mißverstanden und in enger Anlehnung an das Gehörte, aber veränderter Form weitergegeben und später wieder zu „sinnvollen" Bezeichnungen umgeformt und nachgedeutet werden, wie etwa bei *Plumpsack*. Aufgrund falscher Worttrennungen entstehen ebenfalls neue Bildungen wie ndl. *suyckernoemken* oder d. *Spinkelwinkel*.

Spielbezeichnungen sind aufgrund ihrer Überlieferungs- und Gebrauchsbedingungen vielfach schwer oder gar nicht mehr zu etymologisieren. Eine Zusammenstellung der Benennungsmöglichkeiten und -mittel eines Spiels, die Kenntnis seiner situativen Einbindung, die jedoch meist nicht überliefert ist, sowie ein Überblick über die Formvarianten einer Bezeichnung ermöglicht und sichert ihre Zuordnung zu einem Spiel und ihre Etymologie. Läßt sich kein Motivationszusammenhang zwischen Spiel und Spielbezeichnung herstellen, ist zum einen damit zu rechnen, daß die Spielbezeichnung ursprünglich einem anderen Spiel zugewiesen und darin motiviert war. Zum anderen kann sie auf einen nicht mehr bekannten kulturellen Zusammenhang Bezug nehmen oder auf einer gegebenenfalls zufälligen und willkürlichen Übernahme einer bereits existierenden Wortschatzeinheit beruhen. In vielen Fällen ist schließlich von Nachdeutungen auszugehen, so daß die Benennungsbegriffe zwar durchsichtig sind, das Benennungsmotiv jedoch verdunkelt ist.

Die Erschließung und Bestimmung von Spielbezeichnungen im Zusammenspiel schriftlicher und ikonographischer Quellen kann einerseits kulturhistorisch wertvolle Kenntnisse über frühere Spiele und ihren zugehörigen gesellschaftlichen Rahmen zu Tage fördern, andererseits sind Spielbezeichnungen aufgrund ihrer vielfältigen Entstehungsmöglichkeiten und ihrer besonderen Tradierung eine für sprachwissenschaftliche Fragestellungen wichtige, bisher aber noch wenig ausgeschöpfte Quelle.

Schlagratespiel · Oberrheinischer Wandteppich, um 1385

ANHANG

I. Abkürzungen

A. Allgemeine Abkürzungen und Abkürzungen der Sprachbezeichnungen

Abb.	Abbildung	frz.	französisch
afrz.	altfranzösisch	FS	Festschrift
alem.	alemannisch	germ	germanisch
ASS	Archiv Spiel und Spruch, Salzburg	gr.	griechisch
		H.	Hälfte
Aufl.	Auflage	Hs.	Handschrift
Ausg.	Ausgabe	hess.	hessisch
bad.	badisch	hist.	historisch
bair	bairisch	idg.	indogermanisch
bair.-österr.	bairisch-österreichisch	isl.	isländisch
		it.	italienisch
bulgar.	bulgarisch	Jb.	Jahrbuch
Bd.	Band	Jh.	Jahrhundert
berlin.	berlinisch	jmd.	jemand
BNP	Bibliothèque Nationale de Paris	lat.	lateinisch
		lit.	litauisch
		lüneb.	lüneburgisch
böhm.	böhmisch	md.	mitteldeutsch
brab.	brabantisch	mhd.	mittelhochdeutsch
brand.-berl.	brandenburg-berlinisch	mlat.	mittellateinisch
		mndd.	mittelniederdeutsch
BSB	Bayerische Staatsbibliothek	mnl.	mittelniederländisch
		nass.	nassauisch
BWB	Bayerisches Wörterbuch München (Archiv)	ndb.	niederbayrisch
		ndrhein.	niederrheinisch
		ndsächs.	niedersächsisch
d.	deutsch	ngr.	neugriechisch
d. h.	das heißt	ndd.	niederdeutsch
elsäss.	elsässisch	ndlaus.	niederlausitzisch
engl.	englisch	nhd.	neuhochdeutsch
fnhd.	frühneuhochdeutsch		

nl.	niederländisch		holsteinisch
o. S.	ohne Seitenangabe	schwäb.	schwäbisch
obb.	oberbayrisch	schweiz.	schweizerisch
obd.	oberdeutsch	sieb.-sächs.	siebenbürgisch-säch-
obsächs.	obersächsisch		sisch
ofrk.	ostfränkisch	siebenbürg.	siebenbürgisch
omd.	ostmitteldeutsch	span.	spanisch
ond.	ostniederdeutsch	sudd.	sudetendeutsch
opf.	oberpfälzisch	thür.	thüringisch
pfälz.	pfälzisch	tschech.	tschechisch
phil.	philosophisch	UB	Universitätsbiblio-
poln.	polnisch		thek
pomm.	pommersch	unterfränk.	unterfränkisch
port.	portugisisch	V.	Vers
preuß.	preußisch	v.	von
prov.	provenzalisch	Veröffentl.	Veröffentlichungen
rätorom.	rätoromanisch	vgl.	vergleiche
rhein.	rheinisch	wallon.	wallonisch
russ.	russisch	Wb.	Wörterbuch
S.	Seite	westfäl.	westfälisch
s. v.	sub voce	z. B.	zum Beispiel
schles.	schlesisch		
schlesw.-holst.	schleswig-		

B. Abkürzungen der Zeitschriften und Reihen

AA	The American Anthropologist
AKTV	Anzeiger für Kunde der Teutschen Vorzeit
AU	Altsprachlicher Unterricht
BGDSL	Beiträge zur Geschichte der deutschen Sprache und Literatur
BGVM	Bausteine zur Geschichte, Völkerkunde und Mythenkunde
BH	Bayerischer Heimatschutz. Zeitschrift für Volkskunst und Volkskunde, Heimatschutz und Denkmalpflege.
BLVS	Bibliothek des Literarischen Vereins Stuttgart
DM	Die deutschen Mundarten
DNL	Deutsche Nationalliteratur
DT	Deutsche Turnzeitung
DTM	Deutsche Texte des Mittelalters
DWEB	Deutsche Wortforschung in europäischen Bezügen
FFC	Folklore Fellows Communications
FSM	Folklore Stavelot-Malmedy
GA	Germanistische Abhandlungen

Abkürzungsverzeichnis

GAG	Göppinger Arbeiten zur Germanistik
GSLM	Geschichtsblätter für Stadt und Land Magdeburg
HBV	Hessische Blätter für Volkskunde
HJL	Heidelberger Jahrbücher der Litteratur
JAF	Journal of American Folklore
JBL	Jahrbuch für brandenburgische Landesgeschichte
JEGPh	Journal of English and Germanic Philology
JGSLEL	Jahrbuch für Geschichte, Sprache und Literatur Elsass-Lothringens
JKE	Jahrbuch des Kreises Eutin
JÖVW	Jahrbuch des österreichischen Volksliedwerkes
JPKS	Jahrbuch der preußischen Kunstsammlungen
JVNS	Jahrbuch des Vereins für niederdeutsche Sprachforschung
KuA	Kunst und Antiquitäten
KVNS	Korrespondenzblatt des Vereins für Niederdeutsche Sprachforschung
LM	Lexikon des Mittelalters
MB	Mansfelder Blätter
MBV	Münchner Beiträge zur Volkskunde
MGES	Mitteilungen der Gesellschaft für deutsche Erziehungs- und Schulgeschichte
MNGAU	Mitteilungen der niederlausitzischen Gesellschaft für Anthropologie und Urgeschichte
MPG	Monumenta Germaniae Paedagogica
MSFO	Mémoires de la Société Finno-Ougrienne
MSGV	Mitteilungen der schlesischen Gesellschaft für Volkskunde
MTU	Münchner Texte und Untersuchungen zur deutschen Literatur des Mittelalters
NDL	Neudrucke deutscher Literaturwerke des 16. und 17. Jh.
NJP	Neue Jahrbücher der Pädagogik (Neue Jahrbücher für das klassische Altertum, Geschichte, deutsche Literatur und Pädagogik, Abt. 2)
NJT	Neue Jahrbücher für die Turnkunst
NPhM	Neuphilologische Mitteilungen
REG	Revue des Etudes Grecques
RG	Rheinische Geschichtsblätter
RJV	Rheinisches Jahrbuch für Volkskunde
RLR	Revue des Langues Romanes
RTP	Revue des traditions populaires
SAV	Scheizerisches Archiv für Volkskunde
SBHA	Sitzungsberichte der Heidelberger Akademie der Wissenschaften, Phil.-hist. Klasse
SF	Studia Fennica. Revue de linguistique et d'ethnologie finnoises
SKAWW	Sitzungsberichte der kaiserlichen Akademie der Wissenschaften Wien, Phil.-hist. Klasse
TLL	Travaux de linguistique et de littérature
TNTL	Tijdschrift voor Nederlandse Taal- en Letterkunde
VMKAW	Verslagen en Mededeelingen der Koninklijke Akademie van Wetenschappen.

	Letterkunde.
WF	Western Folklore
WZV	Wiener Zeitschrift für Volkskunde
ZAG	Zeitschrift des Aachener Geschichtsvereins
ZDA	Zeitschrift für deutsches Altertum und deutsche Literatur
ZDM	Zeitschrift für deutsche Mundarten
ZDP	Zeitschrift für deutsche Philologie
ZfdU	Zeitschrift für den deutschen Unterricht
ZG	Zeitschrift für Germanistik
ZGEU	Zeitschrift für Geschichte der Erziehung und des Unterrichts
ZHM	Zeitschrift für hochdeutsche Mundarten
ZK	Zeitschrift für Kulturgeschichte
ZM	Zeitschrift für Mundartforschung
ZöTW	Zeitschrift für das österreichische Turnwesen
ZRP	Zeitschrift für romanische Philologie
ZrwV	Zeitschrift für rheinisch-wesfälische Volkskunde
ZS	Zeitschrift für Slawistik
ZSP	Zeitschrift für Slawische Philologie
ZSSR	Zeitschrift der Savigny-Stiftung für Rechtsgeschichte. Germanistische Abteilung
ZVV	Zeitschrift des Vereins für Volkskunde
ZWS	Zeitschrift für die Wissenschaft der Sprache

II. Literaturverzeichnis

ADALBERTUS MONACENSIS (1703), Thesaurus absconditus oder verborgener Schatz, d. i. Sittliche Predigten auf alle Sonntage des gantzen Jahres. München.

ADAM, Daniel (1586), Nomenclator omnivm rervm propria nomina tribvs lingvis, Latina, Boiemica & Germanica explicata continens. Ex Hadriano Ivnio Medico excerptus, & pro usu scholarum Boiemicarum editus. Pragae: M. Daniel Adam à Veleslvina.

ADELUNG, Johann C. (1793–1801), Grammatisch-kritisches Wörterbuch der Hochdeutschen Mundart. Bd. 1–4. 2. verm. u. verb. Aufl. Leipzig. Nachdr. Hildesheim u. a. 1970.

ADRY, J. F. (1807), Dictionnaire des jeux de l'enfance et de la jeunesse chez tous les peuples. Paris.

ADV: Atlas der deutschen Volkskunde. Hrsg. von Matthias Zender. Neue Folge. Marburg. Bd. 1ff. (1958ff.).

AFRZ. WB.: Altfranzösisches Wörterbuch. Adolf Toblers nachgelassene Materialien bearb. u. hrsg. von Erhard Lommatzsch. Bd. 1ff. (1925ff.). Berlin.

AIS: Atlante linguistico etnografico dell'Italia e della Svizzera meridionale. Sprach- und Sachatlas Italiens und der Südschweiz. Bd. IV (1932). Bern.

ALBRECHT, Karl H. (1881), Die Leipziger Mundart. Grammatik und Wörterbuch der Leipziger Volkssprache. Leipzig.

ALDROVANDI, Ulysses (1599), Ornithologiae. Hoc est de avibus historiae. Libri XII. Bononiae: Franciscus de Franciscis Senensem.

ALER, Paul (1727), Dictionarium germanico-latinum in quo germanica vocabula idiotismi, proverbia etc. variis synonymis, phrasibus, locutionibus, tropicis, & adagiis latinis, pro habendâ verborum copiâ, ita redduntur. 2 Bde. Köln.

ALF: Atlas linguistique de la France. Hrsg. v. Jules Gilliéron/ Edmond Edmont. Bd. I ff. (1902ff.). Paris.

ALLE ARTEN VON SCHERZ- UND PFÄNDER-SPIELEN [ca. 1760]: Alle Arten von Scherz- und Pfänder-Spielen in lustigen Compagnien. Von Bruder Lustigen. Frankfurt, Leipzig.

ALLEAU, René (1964), Dictionnaire des jeux. Tchou.

ALLy: Atlas linguistique et ethnographique du Lyonnais. Hrsg. v. Pierre Gardette. Paris. Bd. V (1976).

ALSLEBEN, A. (Hrsg.) (1891), Johann Fischarts Geschichtklitterung (Gargantua). Synoptischer Abdruck der Bearbeitungen von 1575, 1582 und 1590. Halle a. d. Saale (NDL 65–71).

AMARANTHES [Corvinus, Gottlieb S.] (1715), Nutzbares, galantes und curiöses Frauenzimmerlexicon. Leipzig.

AMMENMÄRCHEN (1791/92): Ammenmärchen. Weimar.

ANCHORAN, John (Hrsg.) (1633), Porta linguarum trilinguis reserata [...] The Gate of Tongves vnlocked and opended. Ed. secunda. London: Thomas Cotes.

ANCIENS JEUX (1857): Anciens jeux. A propos d'un livre rare intitulé: Les trente-six figures contenant tous les jeux. In: Le Magasin pittoresque 5: 67–70.

ANDREE, Richard (1901), Braunschweigische Volkskunde. 2. verm. Aufl. Braunschweig.

APHERDIANUS, Petrus (1552), Tyrocinium

linguæ Latinæ ex optimis quibusq; autoribus collectum, & in capita digestum in gratiam studiosæ iuuentutis. Antverpiæ 1552. Neudr. s'Gravenhage 1976 [Monumenta lexicographica neerlandica, II, 4].

APHERDIANUS, Petrus (1591), Tyrocinivm latinae lingvae ex optimis qvibvsdam avctoribvs collectvm et in capita digestum, in gratiam studiosae iuuentutis. Nunc primùm in vsum & maiorem iuventutis Germanicae commoditatem, acceßit dictionum & Phrasium germanica intepretatio, per M. P. Coloniae Agrippinae: Ioannes Gymnicus.

ARIÈS, Philippe (1960), L'enfant et la vie familiale sous l'ancien régime. Paris.

ARIÈS, Philippe/ MARGOLIN, Jean-Claude (1982), Les jeux à la Renaissance. Paris.

ARNOLD, Georg D. (1816), Der Pfingstmontag. Lustspiel in Straßburger Mundart in fünf Aufzügen und Versen. Nebst einem eigenthuemlichen einheimischen Ausdruecke erklaerenden Woerterbuche. Straßburg.

ARNOLD, Klaus (1980), Kind und Gesellschaft in Mittelalter und Renaissance. Paderborn u. a.

ARNOLD, Klaus (1991), Kind. In: LM 5: 1144f.

ASV: Atlas der schweizerischen Volkskunde. Atlas de Folklore suisse. Begr. v. Paul Geiger u. Richard Weiss. Weitergeführt von Walter Escher u. a. Erster Teil. 9. Lieferung. Basel 1988.

AT: Thompson, Stith (1955–1958), Motif-Index of Folk-Literature. 6 Bde. Copenhagen.

AVEDON, Elliot M./ SUTTON-SMITH, Brian (Hrsg.) (1979), The Study of Games. A Source Book. 2. Aufl. Huntington, New York.

AYRER, Jacob (1618), Opus theatricum. Dreißig Außbündtige schöne Comedien und Tragedien. Nürnberg.

BAADER, Ulrich (1979), Kinderspiele und Spiellieder. 2 Bde. Tübingen (Untersuchungen des Ludwig-Uhland Instituts der Universität Tübingen).

BABCOCK, W. H. (1888). Games of Washington Children. In: AA (Reprint New York 1964) 1: 243–284.

BACH, Heinrich (1985), Die Rolle Luthers für die deutsche Sprachgeschichte. In: Werner Besch u. a. (Hrsg.), Sprachgeschichte. Ein Handbuch zur Geschichte der deutschen Sprache und ihrer Erforschung. Zweiter Halbband. Berlin, New York: 1440–1447.

BAD. WB.: Badisches Wörterbuch (1938–1942), bearb. v. Ernst Ochs u. a. Bd. 1–4. Lahr.

BÄRNREUTHER, Lothar (1968), Asylrecht und Freiungen im fränkischen Raum. Diss. Würzburg.

BAHLMANN, Paul (1893), Schüler-Regeln aus dem Ende des 15. Jahrhunderts. In: MGES 13: 129–145.

BALDINGER, Kurt (1974), Besprechung zu: Mélanges de Folklore et d'Ethnographie dédiés à la mémoire d'Elisée Legros [1910–1970]. Liège. In: ZRP 90: 615–617.

BALDINGER, Kurt (1988), Etymologien. 1. Tübingen. (Beihefte zur ZRP 218).

BECK, Frederick A. (1986), Bibliography of Greek Education and Related Topics. Sydney (National Library of Australia cataloguing in Publication data).

BECKER, R. (1892), Blindekuh. In: ZfdU 6: 846 f.

BECQ DE FOUQUIÈRES, Louis (1873), Les jeux des anciens: leur description, leur origine, leurs rapports avec la religion, l'histoire, les arts et les moeurs. 2. ed. Paris.

BEHR, Liese (1927), Volkskundliches aus Mannheim und seinen Vororten. In: Badische Heimat 14: 277–280.
BEHREND, Otto (1907–1908), Alte Hamburger Kinderspiele. In: Niedersachsen 13: 262–264.
BEITL, Richard (1938), Volksspiele. In: Peßler, Wilhelm (Hrsg.), Handbuch der deutschen Volkskunde. Bd. 2. Potsdam: 251–272.
BEKKER, Immanuel (1814), Anecdota graeca. Bd. 1. Berolinum.
BELÈZE, Guillaume L. (1856), Les jeux des adolescents. Paris.
BERGHAUS, Heinrich K. (1880), Der Sprachschatz der Sassen. Ein Wörterbuch der plattdeütschen Sprache in den hauptsächlichsten ihrer Mundarten. Bd. 1. Brandenburg.
BERGMANN, Rolf (1986), Katalog der deutschsprachigen geistlichen Spiele und Marienklagen des Mittelalters. München.
BERND, Christian S. (1820), Die deutsche Sprache in dem Grossherzogthume Posen und einem Teil des angrenzenden Königreichs Polen. Bonn.
BETHE, Erich (1895), Die Überlieferung des Onomastikon des Julius Pollux. In: Nachrichten von der Königlichen Gesellschaft der Wissenschaften zu Göttingen. Philologisch-historische Klasse: 322–348.
BETHE, Erich (Hrsg.) (1931), Pollucis onomasticon. Lipsiae.
BIERLAIRE, Franz (1982), Le jeu à l'école latine et au collège. In: Ariès/Margolin (1982): 489–497.
BIGLER, Nikolaus (Hrsg.) (1994), Franz Joseph Stalder. Schweizerisches Idiotikon: mit etymologischen Bemerkungen untermischt: samt einem Anhange der verkürzten Taufnamen. Salzburg (Sprachlandschaft 14).

BIRLINGER, Anton (1874), Aus Schwaben. Sagen Legenden, Aberglauben. Sitten, Rechtsbräuche, Ortsneckereien, Lieder, Kinderreime. 2 Bde. Wiesbaden.
BIRLINGER, Anton (1875), Sprachliches. 1. Barr laufen. In: Alemannia 3: 65.
BIRLINGER, Anton (1877), Zum Kinderspiel. In: Alemannia 5: 63f.
BLANCHEMAIN, Prosper (Hrsg.) (1878), La Friqvassee crotestyllonnee, des antiqves modernes chansons Ieux, et menu Fretel des petits Enfans de Rouen, tant ieunes que vieux, que grands, que longs, [...] Rouen: Abraham le Cousturier 1604. Commentée par Mme Epiphane Sidredoulx. Paris.
BLANK, Walter (1970), Die deutsche Minneallegorie. Gestaltung und Funktion einer spätmittelalterlichen Dichtungsform. Stuttgart (GA 34).
BLAU, Josef (1899), Flachsbau und Flachsverwerthung in der Rothenbaumer Gegend. In: ZÖV 5: 241–260.
BMZ: Benecke, Georg F./ Müller, Wilhelm/ Zarncke, Friedrich (1854–1866), Mittelhochdeutsches Wörterbuch. Leipzig. Vorwort und zusammengefaßtes Quellenverzeichnis von E. Nellmann. Alphabetischer Index v. E. Koller u. a. Nachdr. Stuttgart 1990.
BOCK, Johann G. (1759), Idioticon Prussicum oder Entwurf eines Preuszischen Wörterbuches. Königsberg.
BODEMANN, Eduard (1891), Aus den Briefen der Herzogin Elisabeth Charlotte von Orléans an die Kurfürstin Sophie von Hannover. Bd. 1. Hannover.
BÖHM, Fritz (1916), Antike Kinderspiele. In: ZGEU 6: 143–161.
BÖHME, Franz M. (1897), Deutsches Kinderlied und Kinderspiel. Leipzig. Nachdr. Nendeln, Liechtenstein 1967.
BOKOVÁ, Hildegard/ BOK, Václav (1990), Zwei ostmitteldeutsche Bearbeitun-

gen lateinischer Prosadenkmäler. Eine anonyme deutsche Übersetzung des 'Buches von Troja nach Guido de Columnis'. Anhand der Handschrift G XXIX der Bibliothek des Prager Domkapitels. [...] Berlin. (DTM 76).

BOLTE, Johannes (1894; 1896), Das Kinderlied vom Herrn von Ninive. In: ZVV 4: 180–183 und 6: 98f.

BOLTE, Johannes (1909), Zeugnisse zur Geschichte unserer Kinderspiele. In: ZVV 19: 381–414.

BOLTE, Johannes (1922), Weitere Zeugnisse zur Geschichte unserer Kinderspiele. In: ZVV 30–32: 85–95.

BOLTE, Johannes (Hrsg.) (1893), Valentin Schumanns Nachtbüchlein. Tübingen (BLVS 197).

BOLTE, Johannes (Hrsg.) (1899), Martin Montanus. Schwankbücher 1557–1566. Tübingen (BLVS 217).

BÖMER, Aloys (1897), Die lateinischen Schülergespräche der Humanisten. Auszüge mit Einleitungen, Anmerkungen und Namen- und Sachregister. Berlin. Nachdr. Amsterdam 1966 (Texte und Forschungen zur Geschichte der Erziehung und des Unterrichts in den Ländern deutscher Zunge 1).

BÖMER, Aloys (1899), Lernen und Leben auf den Humanistenschulen im Spiegel der lateinischen Schülerdialoge. In: NJP 2: 129–141, 204–220.

BÖMER, Aloys (1904), Anstand und Etikette nach den Theorien der Humanisten. In: NJP 7: 223–242, 249–285, 330–355.

BONIFACIO, Baldassare (1656), Ludicra historia. Editio nova et tersior. Bruxellae: Joannes Mommart.

BORCHARDT, Wilhelm/ WUSTMANN, Gustav (Hrsg.) (1894), Die sprichwörtlichen Redensarten. Leipzig.

BÖTTICHER, Wilhelm (1907), Joh. Amos Comenius' Pädagogische Schriften. Zweiter Band: Schola Ludus d. i. Die Schule als Spiel. Ins Deutsche übertragen. 2. Aufl. Langensalza (Bibliothek pädagogischer Klassiker).

BOUISSOUNOUSE, Janine (1925), Jeux et travaux d'après un livre d'heures du XVe siècle. Paris.

BOULBOULLE, Guido (1986), Die Kinderspiele. Warum Pieter Bruegel d. Ä. 91 verschiedene Spiele vorstellt. In: Journal für Geschichte 1986: 16–24.

BOULENGER, Jules C. [Bulengerus, Julius C.] (1627/1699), De Lvdis vetervm liber vnicus. In: Gronovius (1699), Bd. 7: 906–938. [1627 erschien das Werk selbständig unter dem Titel: De ludis privatis ac domesticis veterum liber unicus. Lugdunum].

BRAND.-BERLIN. WB.: Brandenburg-Berlinisches Wörterbuch. Bearb. unter der Leitung v. G. Ising u. J. Wiese. Bd. 1ff. (1976ff.). Berlin, Neumünster.

BRANDIS, Tilo (1968), Mittelhochdeutsche, mittelniederdeutsche und mittelniederländische Minnereden. Verzeichnis der Handschriften und Drukke. München (MTU 25).

BRANKY, Franz (1900), Das Bärentreiben. In: ZÖV 6: 157–164.

BRAUN, Hermann (1981ff.), Großes Wörterbuch der Mundarten des Sechsämter-, Stift- und Egerlandes. Bd. 1ff. Marktredwitz (Egerland-Museum Marktredwitz. Museumsschrift 1).

BREDNICH, Rolf W. (1972), Vogel am Faden. Geschichte und Ikonographie eines vergessenen Kinderspiels. Mit 12 Abbildungen. In: Ennen, E. u. a. (Hrsg.), FS Matthias Zender. Studien zur Volkskultur, Sprache und Landesgeschichte. Bonn: 573–597.

BREUL, Karl (Hrsg.) (1895), Le Dit de Ro-

bert le Diable. In: Abhandlungen Herrn Prof. Dr. Adolf Tobler. Halle a. d. Saale: 464–509.
BREWSTER, Paul G. (1943), Some Notes on The Guessing Game, 'How Many Horns Has The Buck? In: Bealoideas 13: 40–79.
BREWSTER, Paul G. (1947), Games and Sports in Sixteenth- and Seventeenth-Century English Literature. In: WF 6: 143–156.
BREWSTER, Paul G. (1949), Same Traditional Games from Roumania. In: JAF 62:113–124.
BREWSTER, Paul G. (1950/1951), Notes on some games mentioned in Basile's *Il Pentamerone*. In: Folklore (Napoli) 5: 14–32.
BREWSTER, Paul G. (1970), „Baba-oarba" și rudele ei din alte pârți. In: Revista de etnografie și folclor 15: 231–236.
BROEK, M. A. van den (1989), Sprichwörtliche Redensarten in Flugschriften der frühen Reformationsbewegung. In: ZG 10: 192–206.
BRUNNER, Horst (1990), Die deutsche Trojaliteratur des Mittelalters und der Frühen Neuzeit. Wiesbaden.
BRUNS, Karl (1916), Volkswörter der Provinz Sachsen (Ostteil). Nebst vielen geschichtlich merkwürdigen Ausdrücken d. sächsischen Vorzeit. 2. stark verm. Aufl. Halle an der Saale.
BUBNER, Rudolf H. (1935), Untersuchungen zur Dialektgeographie des Bergischen Landes zwischen Agger und Dhünn. Marburg (Deutsche Dialektgeographie 24).
BWB: Bayerisches Wörterbuch. Hrsg. v. der Kommission für Mundartforschung. Bearb. v. J. Denz u. a. München, Bd. 1, Heft 6 (2000).
CALDER, Ruth (Hrsg.) (1970), François Rabelais. Gargantua. Première édition critique faite sur l'Editio pinceps. Genève (Textes littéraires français).
CALEPINUS, Ambrosius (1568), Dictionarivm Hexaglottvm [...] vna cvm Conradi Gesneri Onomastico. Basel: Heinrich Petri.
CALVISIUS, Sethus (1648), Enchiridion lexici latino germanici in quo Vocabulorum Latinorum ad ordinem alphabeticum digestorum usus in Latina lingua & significatio Germanice explicatur. Quedlinburg.
CALVISIUS, Sethus (ca. 1610), Thesaurus Latini sermonis: ex optimis quibusque Latinitatis autoribus congestus et in locos communes, secundum naturalem rerum serien, digestus. Francofurti: Johannes Thimius.
CAMERARIUS, Joachim (1536), Praecepta vitae puerilis, cum parte paraenetici Isocratis ad Demonicum in latinum conversa. Vitae, morumque honestatis atque decori precepta exposita versibus. De gymnasiis dialogus. Basileae: J. Hervag.
CAMERARIUS, Joachim (1549), Praecepta morum ac item de gymnasiis dialogus. Lipsia.
CAMMAN, Alfred (Hrsg.) (1970), Die Welt der niederdeutschen Kinderspiele. Schloß Bleckede.
CANTZLER, Christina (1990), Bildteppiche der Spätgotik am Mittelrhein. Tübingen.
CARO, Karl (1906), Kinderspiele und Kinderreime vom Niederrhein. In: JVNS 32: 55–77.
CARSTENS, Heinrich (1882; 1887; 1890), Kinderspiele aus Schleswig-Holstein. In: JVNS Jg. 1882: 98–105; Jg. 1887: 96–103; Jg. 1890: 124–141.
CARTER, John M.(1988), The Study of Medieval Sports 1927–1987. In: Stadion 14: 149–161.

CERVENKA, Jaromír (Hrsg.) (1959), Janua linguarum reserata. Editio synoptica et critica quinque authenticos textus Latinos necnon Janualem Comenii textum Bohemicum continens. Prag.

CHANTRAINE, Pierre (1933), Notes sur les adverbes en -ινδην, -ινδα, -ινδον désignant des jeux. In: REG 46: 277–283.

CHANTRAINE, Pierre (1968), Dictionnaire étymologique de la langue grecque. Histoire des mots. Paris. Nouveau tirage 1990.

CHRISTL, Karl (1988), Aichacher Mundartlexikon. Aichach (Die Sprachen Bayerns 1).

CHROUST, Anton (1895), Fünf Briefe des Burggrafen und Freiherrn Christoph von Dohna an seine Braut Gräfin Ursula von Solms-Braunfels. In: ZK (Weimar) 2: 410–417.

CLEMEN, Otto (Hrsg.) (1907; 1908; 1909; 1910), Flugschriften aus den ersten Jahren der Reformation. Bd 1, 2, 3, 4. Leipzig, New York.

CLODIUS, Johann H. (1761), Primae lineae bibliothecae lusoriae. Lipsia.

COCK, Alfons de/ TEIRLINCK, Isidoor (1902–1908), Kinderspel en Kinderlust in Zuid-Nederland. Bd. 1–8. Gent.

COMENIUS, Johann A. (1638), Ianva lingvarvm reserata avrea; sive seminarivm lingvarvm & scientiarum omnium: [...] Editio Postrema [...], cum versione Germanica & Gallica. Amstelodami: Johannes Janson.

COMENIUS, Johann A. (1649), Latinæ linguæ Ianua reserata, rerum et linguæ structuram exhibens ordine nativo. Die offene Thür der lateinischen Sprach. Lesnae: Daniel Vetter. In: Cervenka (Hrsg.) (1959).

COMENIUS, Johann A. (1658), Orbis sensualium pictus. Faksimiledruck der Ausgabe Norimbergae, M. Endter, 1658. Mit einem Nachwort von Helmut Rosenfeld. Osnabrück. (Milliaria IV).

COMENIUS, Johann A. (1660), Janua linguarum [mit niederländischer Übersetzung]. Amsterdam: J. Jansonius.

COMENIUS, Johann A. (1664), Janua lingvarum reserata aurea. [...]. Editio Latina-Bohemica tertia. Pragae: Andreas Wengerscius.

CORDIER, Mathurin (1534), De corrupti Sermonis emendatione libellus. Lugdunum.

CORDIER, Mathurin (1541), Commentarius puerorum de quotidiano sermone, qui prius liber de corrvpti sermonis emendatione dicebatur [...]. Indices duo, Gallicus & Latinus. Paris: Robert Stephan.

COTGRAVE, Randle (1611), A dictionarie of the French and English Tongves. Faksimile der Ausgabe London 1611. Amsterdam 1971 (The English Experience. Its records in early printed books published in facsimile: 367).

CRAMER, John A. (1835), Anecdota Graeca e codd. manuscriptis Bibliothecarum Oxoniensum. Vol. II. Oxford. Neudr. Amsterdam 1963.

CRANE, Thomas F. (Hrsg.) (1890), The Exempla or illustrative Stories from the Sermones vulgares of Jacques de Vitry. London (Publications of the Folklore Society 26).

CRECELIUS, Wilhelm (1874), Also bar. In: Germania 19: 99–101.

D'ALLEMAGNE, Henri R. (1904), Récréations et passe-temps. Paris.

DÄHNERT, Johann C. (1781), Platt-Deutsches Wörter-Buch nach der alten und neuen Pommerschen und Ruegischen Mundart. Stralsund. Neudr. Wiesbaden 1967.

DAIKEN, Leslie (1950), Children's Games:

A Bibliography. In: Folklore 61/62: 218–222.
DALLMANN, Paul (1939), Die Auffassung der Leibesübungen bei den italienischen Pädagogen der Renaissance und bei Johann Ludwig Vives. In: Leibesübungen und körperliche Erziehung 57: 153–188.
DANNEIL, J. F. (1859), Wörterbuch der altmärkisch-plattdeutschen Mundart. Salzwedel.
DANNHAUER, Johann-Conrad (1657), Catechismus Milch oder Der Erklärung des Christlichen Catechismi Erster Theil. In Verlegung Fridrich Spoors. Straßburg.
DAREMBERG, Charles/ SAGLIO, Edm. (1877ff.), Dictionnaire des Antiquités grècques et romaines. Bd. 1ff. Graz.
DAS SPIEL: Kongress für Leibeserziehung. 3.–5. Okt. 1958 in Osnabrück. Hrsg. v. Ausschuß Deutscher Leibeserzieher. Frankfurt a. Main.
DAUL, Florian (1567), Tantzteuffel: Das ist/ wider den leichtfertigen/ unverschempten Welt tantz/ und sonderlich wider die Gottes zucht und ehrvergessene Nachttenze. Frankfurt am Mayn.
DE SMET, Gilbert (1986), Die frühneuhochdeutsche Lexikographie: Möglichkeiten und Grenzen ihrer Interpretation In: Hildebrandt/Knoop (1986): 59–80.
DECKER, Wolfgang (1987), Sport und Spiel im alten Ägypten. München.
DECURTINS, Caspar (Hrsg.) (1901/1902), Rätoromanische Chrestomathie. Bd. 2/3: Surselvisch, Subselvisch. Märchen, Novellen, Sagen, Sprichwörter, Landwirtschaftsregeln, Rätsel, Kinderlieder, Kinderspiele [...]. Reprint der Ausgabe Erlangen 1901/1902. Chur 1982.

DEMUS, Klaus (1981), Kinderspiele. In: Flämische Malerei von Jan van Eyck bis Pieter Bruegel d. Ä. Katalog der Gemäldegalerie (Kunsthistorisches Museum Wien). Wien: 68–72.
DENTZLER, Johann J. (1666), Clavis linguae latinae. Priscos & recentes purioris Latinitatis. Basel: Jacob Bertsch.
DESROUSSEAUX, Alexandre-Joachim (1889), Moeurs populaires de la Flandre française. 2 Bde. Brionne, Eure.
DEUTSCHES UNIVERSALWÖRTERBUCH (1996), hrsg. u. bearb. vom Wissenschaftlichen Rat und den Mitarbeitern der Dudenredaktion. 3. völlig neu bearb. u. erw. Aufl. Mannheim u. a.
DIE ANGENEHME GESELLSCHAFT (1790): Die angenehme Gesellschaft. Eine Sammlung neuer Unterhaltungs- und Pfänderspiele in französischem Geschmack. Strassburg.
DIEHM, Friedrich (1930), Luther als Kenner deutschen Volksbrauchs und deutscher Volksüberlieferung. Diss. Gießen.
DIETRICH, Conrad (1632), Das Buch der Weißheit Salomons in Predigen ausgelegt. Bd. 2. Ulm.
DIEZ, Friedrich (1887), Etymologisches Wörterbuch der romanischen Sprachen. Mit einem Anhang von A. Scheler. 5. Aufl. Bonn.
DILLMANN, Joseph (1911), Kinder-Sprachscherze auf religiösem Gebiet. In: ZrwV 8: 324f.
DINZELBACHER, Peter (1992), Sachwörterbuch der Mediävistik. Stuttgart.
DOCEMIUS, Johannes (1657), Johannis Amosi Comenij Eröffnete Gueldene SprachenThuer: Oder/ Pflantz-Garten aller Sprachen und Wissenschafften. Das ist Eine Kurtze und Vortheilhafftige Anleitung/ die Lateinische/ und

jede andere Sprache/ zugleich mit den Gruenden der Wissenschafften und Kuensten wol zu lernen/ in 100. Capittel und 1000. Spruechen begriffen. Die Eilffte Außfertigung [posthume erschienen]. Franckfurt und Hamburg.

DÖRING, Alois (1987), Historische Kinderspiele. Eine Umfrage des Volkskunderates Rhein-Maas. In: Kinderkultur (1987): 261–270.

DOUTREPONT, Georges (1926), Les types populaires de la littérature française. 2 Bde. Bruxelles.

DRECHSLER, Paul (1895/1896), Streifzüge durch die schlesische Volkskunde. I. Jugendbrauch und Jugendspiel. In: MSGV H. II. Nr. 4: 45–54.

DROHSIHN, Friedrich (1897), Deutsche Kinderreime und Verwandtes aus dem Munde des Volkes vornehmlich in Pommern gesammelt. Leipzig.

DROST, Johanna W. (1914), Het Nederlandsch kinderspel vóór de zeventiende eeuw. 's-Gravenhage.

DRWB: Deutsches Rechtswörterbuch. Wörterbuch der älteren deutschen Rechtssprache. Bd. 1ff. (1914ff.). Weimar.

dtv-Lexikon (1966): dtv-Lexikon. Ein Konversationslexikon in 20 Bänden. München.

DU CANGE, Charles D. (1883–1887), Glossarium mediae et infimae Latinitatis. Unveränd. Nachdr. der Ausg. [Niort]. Graz. B. I–X.

DUEZ, Nathanael (1644), Nova nomenclatvra quatuor linguarum, gallico, germanico, italico, & latina idiomate conscripta. Ed. secunda, emendatior. Lvgd. Batavor.: Elzevir.

DUEZ, Nathanael (1656), Dictionarium gallico-germanico-lat. et dictionarium germanico-gallico-lat. Amsterdam.

DUEZ, Nathanael (1661), J. A. Comenii janua linguarum reserata quinquelinguis. Sive compendiosa methodus latinam, Gallicam, Italicam, Hispanicam & Germanicam linguam perdiscendi. Amstelodami.

DUEZ, Nathanel (1640), J. A. Comenii Janva avrea reserata qvatuor lingvarvm [...]. Lugdunum Bataviae.

DWB: Deutsches Wörterbuch von Jakob und Wilhelm Grimm. Bd. 1–16 (1854–1960). Leipzig.

ECKSTEIN, Friedrich A. (1887), Lateinischer und griechischer Unterricht. Mit einem Vorwort von W. Schrader. Hrsg. v. H. Heyden. Leipzig.

EGLI, Emil (Hrsg.) (1879), Actensammlung zur Geschichte der Züricher Reformation in den Jahren 1519/33. Zürich.

EHRENTRAUT, H. G. (1854), Mitteilungen aus der Sprache der Wangerooger. In: Friesisches Archiv 2: 4–6.

EHRISMANN, Otfrid (Hrsg.) (1992), Jacob Grimm. Kleinere Schriften 8, 2. Nachträge. Hildesheim, Zürich, New York (Jacob Grimm und Wilhelm Grimm. Werke I, 8, 2).

EHRMANN, Gabriele (1979), Georg von Ehingen. Reisen nach der Ritterschaft. 2 Bde. Göppingen (GAG 262 I/II).

EICHHOFF, Jürgen (1977–1993), Wortatlas der deutschen Umgangssprachen. 4 Bde. Bern, München.

EINSIEDLER, J. (1936), Allgäuer Kinderspiele. In: Schwabenland: 257–263.

ELSÄSS. WB.: Martin, Ernst/ Lienhart, Hans (1899/1907), Wörterbuch der elsässischen Mundarten. 2 Bde. Straßburg.

ELSCHENBROICH, Donata (1977), Kinder werden nicht geboren. Stud. zur Gesch. der Kindheit. Frankfurt a. Main.

EM: Enzyklopädie des Märchens. Handwörterbuch zur historischen und vergleichenden Erzählforschung. Begründet von Kurt Ranke. Hrsg. v. Rolf W. Brednich u. a. Bd. 1ff. (1977ff.). Berlin, New York.

EMMEL, Helfricus (o. J.), Nomenclator Qvadrilingvis, latino germanico-graecogallicvs. Argentorati.

ENÄJÄRVI-HAAVIO, Elsa (1933), „Kollabismos". Ein uraltes internationales Spiel. In. MSFO 67: 84–104.

ENÄJÄRVI-HAAVIO, Elsa (1936), Über nordische Kinderspiele. In: SF 2: 99–127.

ENDREI, Walter (1988), Spiele und Unterhaltung im alten Europa. Hanau.

ENERSTVEDT, Åse (1982), Tampen brenn. Norske barneleikar. Det Norske Samlaget.

ENGELIEN, August/ LAHN, Wilhelm (Hrsg.) (1868), Der Volksmund in der Mark Brandenburg. Sagen, Märchen, Spiele, Sprichwörter und Gebräuche. Berlin.

ERICH, Oskar A./ BEITL, Richard (1955), Wörterbuch der deutschen Volkskunde. 2. Auflage. Stuttgart.

ETYMOLOGICON MAGNUM seu Lexicon saepissime vocabulorum origines indagans ex pluribus lexicis scholiastis et grammticis anonymi cuiusdam opera concinnatum, [...] rec. [...] Thomas Gaisford. Oxford 1848. Neudr. Amsterdam 1962.

FABER, Basilius (1587), Epitome qvattvor librorvm Conradi Gesneri de historia animalivm, qvadrvpedvm, viviparorvm, aqvatilivm et volatilivm. Lipsiae (Anhang zum Thesaurus Eruditionis Scholasticae).

FABRICIUS, Johann A. (1798), Bibliotheca Graeca sive notitia scriptorum veterum Graecorum. Bd. 6. Reprographischer Nachdr. der Ausg. Hamburg. Hildesheim 1966.

FACETIAE FACETIARUM (1657): Facetiae Facetiarum. Hoc est, Joco-Seriorum Fasciculus novus. Pathopolis [Amsterdam]: Severius [Elzevir].

FALK, Franz (1880), Die Schul- und Kinderfeste im Mittelalter. In: Frankfurter zeitgemäße Broschüren. NF. Bd.1: 229–248.

FALKE, Jacob (1857), Ein culturhistorisch merkwürdiger Teppich im germanischen Museum. In: AKTV 4: 324–327.

FEIFALIK, H. F. (1892), Totenfetische im Glauben nordgermanischer Völker. In: Am Urquell 3: 54–66.

FELGEL, A. V. (1895), Hofmeister-Instruktion Kaiser Ferdinands für die Erziehung der Edelknaben König Maximilians von Böhmen aus dem Jahre 1553. In: MGES 5: 291–298.

FEW: Wartburg, Walther v., Französisches Etymologisches Wörterbuch. Eine Darstellung des galloromanischen Sprachschatzes. Bd. 1ff. (1928ff.). Bonn u. a.

FICHTE, Joerg O. (1993), Die Darstellung von Jesus Christus im Passionsgeschehen der englischen Fronleichnamszyklen und der spätmittelalterlichen deutschen Passionsspiele. In: Haug, W./ Wachinger, B. (Hrsg.) (1993), Die Passion Christi in Literatur und Kunst des Spätmittelalters. Tübingen: 277–296.

FICHTENAU, H./ ZÖLLNER, E. (1950), Urkundenbuch zur Geschichte der Babenberger in Österreich. Bd. 1: Die Siegelurkunden der Babenberger bis 1215. Wien.

FINK, Hans (1966), „poitra ... pfui ... und pànteme! Reste mittelalterlicher Asylrechte in heimischen Kinderspielen. In: Der Schlern 40: 190–199.

FINK, Hans (1972), Tiroler Wortschatz an Eisack, Rienz und Etsch. Nachlese zu J. Schatz: Wörterbuch der Tiroler Mundarten. München.
FIRMENICH-RICHARTZ, Johann M. (Hrsg.) (1843–1884), Germaniens Völkerstimmen. Sammlung der deutschen Mundarten in Dichtungen, Sagen, Märchen. 3 Bde. Berlin.
FISCHART, Johann (1588), Binenkorb Des Heil. Roem. Immenschwarms. o. O.
FISCHART, Johann (1594), Geschichtklitterung. o. O.
FITTÀ, Marco (1998), Spiele und Spielzeug in der Antike. Unterhaltung und Vergnügen im Altertum. Stuttgart.
FLEISCHER, Wolfgang/ BARZ, Irmhild (1995), Wortbildung der deutschen Gegenwartssprache. Unter Mitarbeit von Marianne Schröder. Tübingen.
FLITNER, Andreas (Hrsg.) (1985), Johann Amos Comenius. Grosse Didaktik. 6. unveränd. Aufl. Stuttgart.
FNHD. WB.: Frühneuhochdeutsches Wörterbuch. Hrsg. v. Robert R. Anderson, Ulrich Goebel, Oskar Reichmann. Bd. 1ff. (1989ff.). Berlin, New York.
FONGERS, Jan (1699), De puerorum disciplina et recta institutione. Lugdunum Batavorum.
FORER, Conrad (1606), Thierbuch, aus dem Latein. Heidelberg.
FÖRSTER, Richard (1875), Zu dem Spiel ὀστρακίνδα oder ὀστράκου περιστροφή. In: Rheinisches Museum. N. F. 30: 287–288.
FOURÈS, Auguste (1891), Les jeux des enfants en Lauraguais (arrondissement de Castelnaudary). In: RLR 35: 263–280.
FOURRIER, Anthime (Hrsg.) (1963), Jean Froissart. L'espinette amoureuse. Paris (Bibliothèque française et romane. Série B: Textes et documents 2).

FRAENKEL, Ernst (1962; 1965), Litauisches etymologisches Wörterbuch. 2 Bde. Heidelberg.
FRANKLIN, Alfred (1887), La vie privée d'autrefois. Arts et métiers, modes, mœrs, usages des parisiens du XIIe au XVIIIe siècle. T. 1: L'annonce et la réclame. Les cris de Paris. Paris.
FRANKLIN, Alfred (1896), La vie privée d'autrefois. Arts et métiers, modes, mœrs, usages des parisiens du XIIe au XVIIIe siècle. T. 18: L'enfant. La Layette. La Nourrice. La Vie de famille. Les Jouets et les Jeux. Paris.
FREIGIUS, Johannes T. (1593), Colloqvia sive exercitatio latinae linguae Ioannis lodovici Vivis Valentini. Norimbergae.
FRISCHBIER, H. (1867), Preußische Volksreime und Volksspiele. Berlin.
FRISCHBIER, Hermann (1882, 1883), Preussisches Wörterbuch. 2 Bde. Berlin.
FRISCHLIN, Nicodemus (1594), Nomenclator trilinguis, graeco-latinogermanicus. Francofurti.
FRISK, Hjalmar (1954), Griechisches etymologisches Wörterbuch. Heidelberg.
FRITSCH, Andreas (1990), Lateinsprechen im Unterricht. Geschichte – Probleme – Möglichkeiten. Bamberg.
FRÖLICH, Karl (1938), Alte Dorfplätze und andere Stätten bäuerlicher Rechtspflege. Tübingen (Arbeiten zur rechtlichen Volkskunde).
FROMMANN, Georg K. (1858), Sprachliche Erläuterungen. Niederrheinische Mundart des Kreises Grevenbroich. Von Montanus. In: DM 5: 414–416.
FUCHS, Eduard (1909–1912), Illustrierte Sittengeschichte vom Mittelalter bis zur Gegenwart in drei Bänden. München. Nachdr. Berlin 1983.
FUNK, Wilhelm (1939), Alte deutsche

Rechtsmale. Sinnbilder und Zeugen deutscher Geschichte. Bremen, Berlin.

FURETIÈRE, Antoine (1690), Dictionnaire universel contenant généralement tous les mots français, tant vieux que modernes. La Haye.

GALTIER, Charles (1952), Le trésor des jeux provençaux. Vaison-la-Romaine (Collection de Culture Provençale).

GAMILLSCHEG, Ernst (1969), Etymologisches Wörterbuch der französischen Sprache. 2. Aufl. Heidelberg.

GANDER, C. (1892), Kinderspiele und Reime. In: MNGAU 2: 229f.

GAY, Jules (1887, 1928), Glossaire archéologique du Moyen Âge et de la Renaissance. 2 Bde. Paris. Neudr. Nendeln 1967.

GEIGER, R. (1917), Die Letzte geben. In: Schweizer Volkskunde. Folk-Lore Suisse. 7: 94f.

GEILER VON KAYSERSBERG, Johannes (1511), Das buch Granatapfel. im latin genant Malogranatus. Strassburg: Johann Knoblaus 1511.

GEILER VON KAYSERSBERG, Johannes (1512), Christenlich bilgerschafft zum ewigen Vaterland. Basel.

GEILER VON KAYSERSBERG, Johannes (1517), Die Brösamlin doct. Keiserspergs vffgelesen von frater Johann Paulin. 2 Bde. Straßburg.

GEILER VON KAYSERSBERG, Johannes (1518), Das Buoch der sünden des munds. Straßburg.

GEILER VON KAYSERSBERG, Johannes (1521), Das Buoch arbore humana von dem menschlichen Baum. Straßburg.

GENNEP, Arnold van (1938), Jeux, jouets et divertissements. In: Ders. (1938), Manuel de folklore français contemporain. Tome IV: Bibliographie methodique. Paris.

GEORGENS, Jan D./ GAYETTE-GEORGENS, Jeanne M. v. (1882), Illustriertes Allgemeines Familien-Spielbuch. Leipzig, Berlin.

GERAMB, Viktor von (Hrsg.) (1928), Die Knaffl-Handschrift. Eine obersteirische Volkskunde aus dem Jahre 1813. Berlin, Leipzig. (Quellen zur deutschen Volkskunde 2).

GÉRAUD, Hercule (Hrsg.) (1837), Paris sous Philippe-le-Bel, d'après des documents originaux. Paris (Collection de documents inédits sur l'histoire de France. Première Série: Histoire Politique).

GERAUER, Josef (1955), Rund um den Bauerntisch. Passau.

GESNER, Conrad (1551), Historiae animalium liber 1: De quadrupedibus viviparis. Tiguri.

GIERL, Irmgard (1974), Raritäten aus Schmellers Bayrischem Wörterbuch. Rosenheim.

GIL FERNÁNDEZ, Luis (1959), Nombres de insectos en griego antiguo. Madrid (Consejo superior de investigaciones cientificas. Manuales y Anejos de „emerita" 18).

GILLMEISTER, Heiner (1986), Ballspielgedichte des Spätmittelalters und der Renaissance. In: Fischer, Nanda (Hrsg.), Sport und Literatur. Clausthal-Zellerfeld: 100–125 (dvs-protokolle 23).

GILLMEISTER, Heiner (1990), Kulturgeschichte des Tennis. München.

GIPPER, Helmut/ SCHWARZ, Hans (1989), Bibliographisches Handbuch zur Sprachinhaltsforschung. Teil II: Systematischer Teil (Register). B. Ordnung nach Sinnbezirken (mit einem alphabetischen Begriffsschlüssel): Der Mensch und seine Welt im Spiegel der Sprachforschung. Erarbeitet von Kristina Franke. Opladen.

GIRAUD, Yves (1994), Kommentar zu Pierre Salas, Petit Livre d'Amour. Stowe Ms. 955. British Library. London, Luzern.

GLIER, Ingeborg (1971), Artes amandi. Untersuchungen zu Geschichte, Überlieferung und Typologie der deutschen Minnereden. München (MTU 34).

GLONNEGGER, Erwin (1984), Schöne alte Spiele. Aus Museumsbeständen, Privatsammlungen und dem Archiv des Otto Maier Verlags Ravensburg. Ravensburg.

GODEFROY, Frédéric (1937–1938), Dictionnaire de l'ancienne langue française. Et de tous ses dialectes. Du IXe au XVe siècle. Nouveau tirage. 10 Bde. Paris. [Reprint Paris 1995]

GOEDEKE, Karl/ TITTMANN, Julius (Hrsg.) (1868), Deutsche Dichter des sechzehnten Jahrhunderts. Bd. 3. Teil 2. Leipzig.

GOETZE, Edmund (Hrsg.) (1881), Dreizehn Fastnachtspiele aus den Jahren 1539–1555 von Hans Sachs. Halle a. d. Saale (NDL 31/32).

GOETZE, Edmund (Hrsg.) (1883), Elf Fastnachtspiele aus den Jahren 1550 und 1551. Halle a. d. Saale (NDL 60–61].

GOMME, Alice B. (1894), The traditional games of England, Scotland, and Ireland. With tunes, singing-rhymes, and methods of playing according to the variants extant and recorded in different parts of the kingdom. 2 Vol. London. New York 1964.

GÖTLIND, Johan (1933), Idrott och lek. Oslo (Nordisk Kultur XXIV).

GÖTZE, Alfred (1976), Frühneuhochdeutsches Glossar. 7. Aufl. Berlin.

GÖTZINGER, Ernst (1881), Namen von Personen in appellativer Verwendung.

In: Reallexikon der deutschen Alterthümer. Leipzig: 502–514.

GRASBERGER, Lorenz (1864), Die leibliche Erziehung bei den Griechen und Römern. 1.: Die Knabenspiele. Würzburg. Neudr. Aalen 1971 (Ders., Erziehung und Unterricht im klassischen Altertum. Bd. 1).

GRAUMANN, Otto (1902/1903), Klüntjebuk. In: Niedersachsen 8: 291f.

GRAY, Ursula (1974), Das Bild des Kindes im Spiegel der altdeutschen Dichtung und Literatur. Mit textkritischer Ausgabe von Metlingers "Regiment der jungen Kinder". Frankfurt (Europäische Hochschulschriften 1, 91).

GREFFLINGER, Georg (1665), Ethica Complementoria, Das ist: Complementir-Büchlein. Amsterdam.

GREIMAS, Algirdas J. (1987), Dictionnaire de l'ancien français jusqu'au milieu du XIVe siècle. Paris.

GRIDER, Sylvia A. (1980), A select Bibliography of Childlore. In: WF 39: 248–265.

GRIFFIN, Nathaniel E. (Hrsg.) (1936), Guido de Columnis. Historia destructiones Troiae. Cambridge (The Mediaeval Academy of America Publication 26).

GRIMM, Jacob (1898), Deutsche Grammatik. Bd. 4. Gütersloh 1898. Nachdr. Hildesheim 1989 (Documenta Linguistica).

GRIMM, Wilhelm (1881), Kinderwesen und Kindersitten. Kinderglaube. In: Hinrichs (Hrsg.) (1881), Bd. 1: 359–398, 399–404.

GRÖLL, F. (1911), Die Elemente des kirchlichen Freiungsrechtes mit besonderer Berücksichtigung der österreichischen Entwicklung. Stuttgart 1911. Nachdr. Amsterdam 1965.

GRONOVIUS, Jacob (1699), Thesaurus

graecarum antiquitatum. Bd. 7. Lugdunum Bataviae.

GRÖßLER, Hermann (1897), Siebente Nachlese von Sagen und Gebräuchen der Grafschaft Mansfeld und deren nächster Umgebung. III:. Auszählreime, Kinderlieder und Spiele. In: MB 11: 167–217.

GROTNITZ VON GRODNAU, Carl M. (1646), Neuauffgefuehrter Geschicht-Seule Erste Ecke voller nachdencklichen Gemaehlde. Leipzig.

GRYNAEUS, Simon (1536), Ivlii Pollucis Onomasticon, hoc est, instrvctissimvm rervm ac synonymorvm dictionarivm, decem libris constans. Cvm praefatione Simonis Grynæi. Basileae.

GUALTHER, Rodolph (1541), Iulii Pollucis Onomasticon, hoc est instructissimum rerum et synonymorum Dictionarium, nunc primum Latinitate donatum. Basileæ An.: R. Winter.

GUARINONIUS, Hippolyt (1610), Die Grewel der Verwüstung menschlichen Geschlechts. Ingolstadt.

GUGITZ, Gustav (1954), Eine unbekannte Quelle zum österreichischen Kinderspiel aus dem 18. Jahrhundert. In: ÖZV N. S. 8: 1–22.

GUTSMUTHS, Johann C. (1796), Spiele zur Übung und Erholung des Körpers und des Geistes. 2. Aufl. Schnepfenthal.

GUTSMUTHS, Johann C. (1802), Unterhaltungen und Spiele der Familien zu Tannenberg. Frankfurt. Neudr. München 1975.

GUTSMUTHS, Johann C. (1893), Spiele zur Übung und Erholung des Körpers und des Geistes. 8. Aufl. Hrsg. v. J. C. Lion. Hof.

HADAMAR, Reinhard (1563), Hoefliche vnnd züchtige Sitten/ auß dem Hochberuempten Erasmo Roterodamo, de Ciuilitate Morum, gezogen/ in kurtze Fragstuck verfaßt/ vnd volgents an etlichen orten gemehret/ den jungen knaben zuo dienst. o. O.

HAGEN, August (Hrsg.) (1851), Volksreime. In: Neue Preußische Provinzialblätter 11. Königsberg: 420–446.

HAHN, Alban von (1894), Buch der Spiele. Enzyklopädie sämtlicher bekannten Spiele und Unterhaltungsweisen für alle Kreise. 4. Aufl. Leipzig.

HAHN, Karl A. (Hrsg.) (1845), Ulrich von Zatzikhoven. Lanzelet. Frankfurt a. Main. Neudr. Berlin 1965 (Deutsche Neudrucke. Texte des Mittelalters m. e. Nachwort u. e. Bibl. v. Frederick Norman).

HAIDING, Karl (1937), Das Spielbild Pieter Bruegels. In: BGVM 6: 58–74.

HAIDING, Karl (1939), Zur Aufsammlung des Kinderspieles. In: Das deutsche Volkslied: 126–130.

HAIDING, Karl/ GAß, Sophie (1980), Kinder- und Jugendspiele aus Niederösterreich. Wien (Raabser Märchen-Reihe 5).

HAIN, Gudrun (1987), Kinderlieder, -spiele und -verse aus einem fränkischen Dorf. Aufgezeigt am Beispiel Theilheim bei Würzburg. Schriftliche Hausarbeit für das Lehramt an Grundschulen im Fach Volkskunde an der Julius-Maximilians-Universität Würzburg [Typoskript].

HALLEMA, Anne/ WEIDE, J. D. (1948), Kenderspelen voorheen en thans inzonderheit in Nederland. s'Gravenhage.

HAMB. WB.: Hamburgisches Wörterbuch. Hrsg. von H. Kuhn, U. Pretzel u. a. Bd. 1ff. (1985ff.). Neumünster.

HAMPE, Theodor (1902), Die fahrenden Leute in der deutschen Vergangenheit. Leipzig (Monographien zur deutschen Kulturgeschichte 10).

HANDELMANN, Heinrich (1874), Volks- und Kinder-Spiele der Herzogthümer Schleswig, Holstein und Lauenburg. Ein Nachtrag zu Müllenhoff's Sammlung der Sagen, Märchen und Lieder. 1. Aufl. 1861, 2. Aufl. 1874. Kiel.

HANSEN, Wilhelm (1984), Kalenderminiaturen der Stundenbücher. Mittelalterliches Leben im Jahreslauf. München.

HARREBOMÉE, Pieter J. (1858–1870), Spreekwoordenboek der nederlandsche taal. 3 Bde., Utrecht.

HARSDÖRFFER, Georg P. (1643/1644), Frauenzimmer-Gesprächspiele. Teil 3/Teil 4. Tübingen (Nachdr. v. J. Böttcher 1968, Nürnberg).

HARTTUNG, Julius (1879), Die Spiele der Deutschen in Bergen. In: Hansische Geschichtsblätter 7 (Jg. 1877): 89–111.

HAUFFEN, Adolf (Hrsg.) (1895), Johann Fischart. Werke. Eine Auswahl. Stuttgart (DNL 18).

HAUPT, Moriz (1840), Altdeutsche Blätter. Bd. 2. Leipzig.

HDA: Handwörterbuch des deutschen Aberglaubens. Hrsg. v. E. Hoffmann-Krayer/ Bächtold-Stäubli. Bd. 1–10 (1927–1942). Berlin. Unveränd. photomechanischer Nachdr. Berlin 1987.

HEDERICH, Benjamin (1739), Lexicon manuale latino-germanicum. Promptuarium Latinitatis probatae et exercitae oder vollständigstes Teutsch-Lateinisches Lexicon. Mikrofiche-Ausg. Leipzig 1739, 1729 und 1722. Erlangen 1988. Mit einer Einleitung von Franz J. Hausmann: Altsprachliche Lexikographie im Zeitalter des Barock. Die Wörterbücher des Benjamin Hederich (1675–1748).

HEILIG, Otto (1897), Spielrufe. Eine Umfrage. In: Der Urquell 7: 169.

HEILIG, Otto (1914), Aus badischen Mundarten. In: ZDM: 245–254.

HELM, August (1959), Mundart des Berchtesgadener Landes. Berchtesgaden (Archiv des Berchtesgadener Landes 4. Manuskript).

HENISCH, Georg (1616), Teütsche Sprach vnd Weißheit. Augsburg. Neudr. Hildesheim u. a. 1973.

HENKEL, Nikolaus (1988), Deutsche Übersetzungen lateinischer Schultexte. Ihre Verbreitung und Funktion im Mittelalter und in der frühen Neuzeit. Mit einem Verzeichnis der Texte. München u. a. (MTU 90).

HENNIG, Georg E. (1785), Preuszisches Wörterbuch. Königsberg.

HENZE, Peter W. (1959), Literatur-Zusammenstellung. In: Das Spiel: Kongress für Leibeserziehung. 3.–5. Ok. 1958 in Osnabrück. Hrsg. v. Ausschuß deutscher Leibeserzieher. Frankfurt a. Main.

HESS.-NASS. WB.: Hessen-Nassauisches Volkswörterbuch. Bearb. v. Luise Berthold. Bd. 2ff. (1943ff.) [Bd. 1 noch nicht erschienen]. Marburg.

HIGGINS, John (1585), The nomenclator, or Remembrancer of Adrianus Iunius Physician, divided in 2 tomes. London.

HILLS, Jeanette (1998), Das Kinderspielbild von Pieter Bruegel d. Ä. (1560). Eine volkskundliche Untersuchung. 1. Aufl. 1957. 2. Aufl. 1998. Wien (Veröffentl. des Österr. Museums für Volkskunde 10).

HINDMAN, Sandra (1981), Pieter Bruegel's *Children's Games, Folly, and Chance*. In: The Art Bulletin 63: 447–475.

HINRICHS, Gustav (Hrsg.) (1881–1887), Wilhelm Grimm. Kleinere Schriften. 4 Bde. Berlin.

HIRN, Yrjö (1926), Les jeux d'enfants.

Traduits du suédois par T. Hammar. Paris.

HIRTH, Georg (1893), Das gesamte Turnwesen. Ein Lesebuch für deutsche Turner. 2. erw. Aufl. in vier Abteilungen. Besorgt v. Rudolf Gasch. Bd. 1. Hof.

HKJL: Handbuch zur Kinder- und Jugendliteratur von Theodor Brüggemann in Zusammenarbeit mit Otto Brunken. Bd.1 (1987): Vom Beginn des Buchdrucks bis 1570. Bd. 2 (1991): Von 1570 bis 1750. Bd. 3 (1982): Von 1750 bis 1800. Bd. 4: Von 1800 bis 1850 (1998). Stuttgart.

HOEDL, Franz J. (1939), Das Kulturbild Altbayerns in den Predigten des P. Jordan von Wasserburg (1670–1739). München.

HOEHR, Adolf (1902/1903), Siebenbürgisch-sächsische Kinderreime. Beilage zum Programm des Bischof Teutsch-Gymnasiums. Schäßburg.

HOEPFNER, Ludwig J. (1779), Deutsche Encyclopaedie oder Allgemeines Real-Woerterbuch aller Kuenste und Wissenschaften. Bd. 2. Frankfurt.

HOEVELEN, Konrad von (1663), Helden Lust-Uben, oder Ehren- Tantz- und Sing-Schau-Spiele Entwurf in 4 Theilen. Halberstadt. Teil III.

HÖFER (1873), Die Sau in den Kessel treiben. In: Archiv für die Geschichte deutscher Sprache und Dichtung 1: 178–182.

HÖFER, Leopold (1924), Leibesstrafen im Wiener Kinderspiel. In: WZV 29: 90–97.

HÖFER, Leopold (1928), Wiener Kinderglaube. Ein Beitrag zu „Volksglaube und Volksbrauch in der Großstadt. Gesammelt in Ottakring und Hernals. (Fortsetzung). In: WZV 33: 45–60.

HOFFMANN VON FALLERSLEBEN, August H. (Hrsg.) (1838), Altniederländische Schaubühne. Abele Spelen ende Sotternien. Breslau (Horae Belgicae 6).

HOFMANN, Konrad (Hrsg.) (1882), Jourdains de Blaivies. 2. Aufl. Erlangen.

HOLDER, Alfred (1903), Mittelhochdeutsche Glossen. In: ZDW V: 1–22, 288–289.

HOLLAND, Wilhelm L. (Hrsg.) (1855), Die Schauspiele des Herzogs Heinrich Julius von Braunschweig. Stuttgart (BLVS 36).

HOLLAND, Wilhelm L. (Hrsg.) (1867), Briefe der Herzogin Elisabeth Charlotte von Orléans aus den Jahren 1676–1706. Stuttgart (BLVS 88).

HOLLAND, Wilhelm L./ KELLER, Adalbert von (Hrsg.) (1850), Meister Altswert. Stuttgart (BLVS 21).

HOLZACH, Michael/ RAUTERT, Timm (1977), Ene, mene, muh. Spielen in Deutschland. In: Zeitmagazin 28 (1. Juli 1977): 2–17.

HOMO LUDENS: internationale Beiträge des Institutes für Spielforschung und Spielpädagogik an der Hochschule "Mozarteum". Bd. 1ff. (1991ff.). Salzburg. München, Salzburg.

HORAK, Grete (1989a), Tiroler Kinderleben in Reim und Spiel. Teil II: Kinderspiele. Innsbruck.

HORAK, Grete (1989b), Giri, giri, ginkele. Kinderspiele und Kinderreime aus Südtirol. In: Sänger und Musikantenzeitung 32: 87–92.

HORAK, Grete/ HORAK, Karl (1984), Kinderlieder, Reime und Spiele der Ungarndeutschen. Zusammengest. und hrsg. v. K. Manherz. Budapest.

HÖRL VON WÄTTERSTORFF, Christoph (1677), Bacchusia oder faßnachtland. München.

HÖRMANN, Ludwig v. (1894), Das Sautreiben. Ein Erklärungsversuch dieses

Kinderspiels. In: Beiträge zur Anthropologie, Ethnologie und Urgeschichte von Tirol. FS zur Feier des 25jährigen Jubiläums der Deutschen Anthropologischen Gesellschaft. Innsbruck: 243–259.

HORST, Peter (1588), Hadriani Junii medici nomenclator, quo omnium rerum nomina propria, prius latine ex optimis quibusque authoribus designata, dein duabus alijs linguis Germanica superiori & Gallica explicantur. Nunc primum sic editus In usum Scholarum. Coloniae Ubriorum: Peter Horst.

HOSER, Hermann (1926), Deutsche Spiele. Eine Sammlung der beliebtesten Bewegungsspiele. München.

HOTTINGER, Johann J./ VÖGELI, H. H. (Hrsg.) (1838), Heinrich Bullingers Reformationsgeschichte nach den Autographen. 3 Bde. u. Register. Frauenfeld.

HRG: Handwörterbuch zur deutschen Rechtsgeschichte. Hrsg. v. Adalbert Erler und Ekkehard Kaufmann unter philologischer Mitarbeit von Ruth Schmidt-Wiegand. Mitbegründet von Wolfgang Stammler. Redaktion: Dieter Werkmüller. Bd. 1ff. (1971ff.). Berlin.

HUBER, Franz M. (1988), Unsere Tiere im alten Bayern. Eine Geschichte der Nutztiere. Pfaffenhofen.

HÜGEL, Franz S. (1873), Der Wiener Dialekt. Lexikon der Wiener Volkssprache (Idioticon Viennense). Wien u. a.

HUGUET, Edmond, Dictionnaire de la langue française du seizième siècle. Bd. 1ff. (1925ff.). Paris.

HULUBEI, Alice (1939), Répertoire des églogues en France au XVIe siècle. Paris.

HYDE, Thomas (1694), Historia nerdiludii, hoc est dicere trunculorum; cum quibusdam aliis Arabum, Persarum, Indorum, Chinensium, & aliarum gentium Ludis tam Politicis quàm Bellicis, plerumque Europae inauditis, multò minùs visis: additis omnium Nominibus in dictarum Gentium Linguis. Oxonii: E theatro Sheldoniano.

IHRE, Johan (1769), Glossarium Suiogothicum. 2 Bde. Upsala.

INTORP, Leonhard (1964), Westfälische Barockpredigten in volkskundlicher Sicht. Münster (Schriften der Volkskundlichen Kommission des Landschaftsverbandes Westfalen-Lippe 14).

ISELIN, Friedrich (1886), Geschichte der Leibesübungen. Leipzig 1886.

JACOB, Julius (1929), Wörterbuch des Wiener Dialektes mit einer kurzgefaßten Grammatik. Wien u. a.

JAMES, M. R. (1933), The Romance of Alexander. A Collotype Facsimile of MS. Bodley 264. Oxford.

JELINEK, F. (1911), Mittelhochdeutsches Wörterbuch zu den deutschen Sprachdenkmälern Böhmens und der mährischen Städte Brünn, Iglau und Olmütz. Heidelberg.

JOHANNEAU, Éloi und Esmangart (Hrsg.) (1823), François Rabelais. La vie de Gargantua et Pantagruel. Paris (Ouevres de Rabelais. Bd. 1).

JUNIUS, Hadrianus (1548), Lexicon Graeco-Latinum. Basileae.

JUNIUS, Hadrianus (1567), Nomenclator omnium rerum. Faksimile der Ausgabe Antwerpen 1567. Hildesheim, New York (Documenta Linguistica I).

KAINDL, Raimund F. (1898), Lieder, Neckreime, Abzählverse, Spiele, Geheimsprachen und allerlei Kunterbunt aus der Kinderwelt. In der Bukinowa und Galizien gesammelt. In: ZVV 8: 314ff.

KAMPMÜLLER, Otto (1965), Oberösterreichische Kinderspiele. Linz (Institut für Landeskunde von Oberösterreich: Schriftenreihe 19).

KANTHACK, Siegfried (1939), Pommersche Kinder spielen und singen. Kinderreime, Kinderspiele u. Kinderlieder aus Broitz, Krs. Greifenberg. Mit e. Vorw. von Heinz Diewerge. Osterwieck/Harz (Veröffentl. der Hochschule für Lehrerbildung Lauenburg, Pommern 3).

KARTSCHOKE, Dieter (1989), Wolfram von Eschenbach. Willehalm. Text der Ausgabe von Werner Schröder. Völlig neubearb. Übersetzung, Vorwort und Register. Berlin, New York.

KELLER, Adalbert von (Hrsg.) (1853), Fastnachtspiele aus dem fünfzehnten Jahrhundert. 2 Bde. Stuttgart (BLVS 28 u. 29).

KELLER, Adalbert von (Hrsg.) (1854), Der Abentheurliche Simplicissimus Teutsch. Das ist: Die Beschreibung desz Lebens eines seltzamen Vaganten, genant Melchior Sternfels von Fuchshaim [...] von German Schleifheim von Sulsfort. Mömpelgard 1669. Stuttgart (BLVS 33).

KELLER, Adalbert von (Hrsg.) (1860), Dekameron von Heinrich Steinhöwel. Stuttgart (BLVS 51).

KELLER, Adalbert von/ GOETZE, Edmund (Hrsg.) (1880), Hans Sachs. Werke. Dreizehnter Band. Tübingen (BLVS 149).

KESSELRING, Wilhelm (1989), Dictionnaire chronologique de la langue française. Le XVII siècle. T. I: 1601–1606. Heidelberg.

KIESER, Otto (1938), Wortgrenzen der Dübener Heide. Ein Beitrag zur Mundartforschung im Gau Halle-Merseburg. Halle a. d. Saale.

KIESER, Otto (1957), Alte Rechtsbräuche im Kinderspiel der Dübener Heide. In: ML 1: 91–95.

KIESER, Otto (1959), Die brandenburgische Südgrenze bei Doberlug als Mundartgrenze. In: JBL 10: 50–53

KIESER, Otto (1972), Diatopik eines Wortschatzes nach Sachgruppen. Dialektale Untersuchung des Kreises Liebenwerda. Gießen (DWEB 6,1).

KIEßLING, G. A. (1883), Blicke in die Mundart der südlichen Oberlausitz. Zschopau.

KILIAN, Cornelius [Kiel, Cornelis van] (1599), Etymologicum teutonicae linguae sive Dictionarium teutonico-latinum. Antwerpen.

KINDERKULTUR (1987), Kinderkultur. 25. Deutsche Volkskundekongreß zu Bremen vom 7.–12. Oktober 1985. Bremen (Hefte des Focke-Museums 73).

KIRSCH, Adam F. (1718), Abundantissimum cornucopiae linguae latinae et germanicae selectum. Nürnberg.

KLEIN, Anton Edeln von (1792), Deutsches Provinzialwörterbuch. Bd. 1. Frankfurt, Leipzig (Schriften der kurfürstlichen deutschen Gesellschaft in Mannheim 6).

KLEMENT, Karl (1903), Zur Geschichte des Bilderbuches und der Jugendspiele. Jahresbericht des KK Staatsgymnasiums. Wien.

KLINGBERG, Göte (1954), Korrumperade latinska gudstjänstformulär i de vuxnas tradition och som lekramsor hos barn. In: Arv 10: 124–141.

KLUGE, Friedrich (1923), Blindekuh. In: Modern Language Notes 38: 15.

KLUGE/MITZKA (1975): Friedrich Kluge. Etymologisches Wörterbuch der deut-

schen Sprache. Bearb. v. Walther Mitzka. 21. unveränd. Aufl. Berlin, New York.
KLUGE/SEEBOLD (1995) s. Seebold, Elmar (1995).
KNOBLOCH, Johann (1989), Tschech. *pešek* 'Plumpsack' und *pendrek* 'Gummiknüttel'. In: ZSP 49: 171–172.
KNOBLOCH, Johann (1990), Wortkundliche Miszellen. 1) Der 'schlagfertige' hl. Petrus und tschech. *pešek* 'Plumpsack'. In: ZS 35: 96.
KNOPP, Franz (1925), Alpenländische Bauernspiele. Wien u. a.
KNÖTEL, Hildegard (1903), Oberschlesische Kinder beim Spiel. In: Oberschlesien 2: 420–429.
KNOX, Alan D. (Hrsg.) (1922), Herodas. The Mimes and Fragments. With Notes by Walter Headlam. Cambridge.
KÖHLER, Reinhold (1859), Bemerkungen zu Schade's Satiren und Pasquille aus der Reformationszeit. In: DM 6: 60–76.
KOECHLIN, Raymond (1924), Les Ivoires gothiques français. Paris.
KOHLHAUSSEN, Heinrich (1925), Rheinische Minnekästchen des Mittelalters. In: JpKS 46: 203–247.
KOLLER, Erwin/ WEGSTEIN, Werner/ Wolf, Norbert (1990), Neuhochdeutscher Index zum mittelhochdeutschen Wortschatz. Stuttgart.
KOLVE, V. A. (1966), The Play Called Corpus Christi. Stanford.
KÖNIG, Matthias G. (1668), Gazophylacium latinitatis, sive Lexicon novum latino-germanicum. Nürnberg.
KOPP, Franz (Hrsg.) (1925), Alpenländische Bauernspiele. Bei besonderer Berücksichtigung der Kraft- u. Geschicklichkeitsspiele. Wien u.a.
KOPP, Franz (Hrsg.) (1978), Fröhliche Volks- und Bauernspiele. Illustr. von Elmar Prack. Salzburg.
KÖRBS, Werner (1938), Vom Sinn der Leibesübungen zur Zeit der italienischen Renaissance. Berlin.
KP: Der Kleine Pauly. Lexikon der Antike. Hrsg. v. Konrat Ziegler und Walther Sontheimer. Bd. 1–5. München 1979.
KRALOVEC, Kurt (1967), Der Wortschatz in der Dreiländerecke Oberösterreich, Niederösterreich-Steiermark. Wien (Wortgeographische Untersuchungen).
KRAMER, Matthias (1678), Das neue Dictionarium oder Wort-Buch Teutsch-Italienischer Sprach. Nürnberg.
KRAMER, Karl-Sigismund (1961), Volksleben im Fürstentum Ansbach und seinen Nachbargebieten: 1500–1800. Eine Volkskunde auf Grund archivalischer Quellen. Würzburg (Beiträge zur Volkstumsforschung 13).
KRAMPE, Wilhelm (1895), Die italienischen Humanisten und ihre Wirksamkeit für die Wiederbelebung gymnastischer Pädagogik. Ein Beitrag zur allgemeinen Geschichte der Jugenderziehung und der Leibesübungen. Breslau.
KRATZ, Henry (1949), Über den Wortschatz der Erotik im Spätmittelhochdeutschen und Frühneuhochdeutschen. Diss. (masch.). 2 Bde. Columbus, Ohio.
KRAUS, Carl von (Hrsg.) (1952), Deutsche Liederdichter des 13. Jahrhunderts. 2 Bd. Tübingen.
KRAUSE, Johann H. (1841), Die Gymnastik und Agonistik der Hellenen. Leipzig 1841. Mit einer Einleitung zum Neudr. von Manfred Lämmer. Wiesbaden 1971.
KRAUß, Friedrich/ RICHTER, Gisela

(Hrsg.) (1986ff.), Nordsiebenbürgisch-Sächsisches Wörterbuch. Bd. 1ff. Köln/Wien.
KRENN, Ernst (1941/42), Föroyische Spiele, Tänze und anderer Zeitvertreib. In: WS 22: 217–255.
KRETSCHMER, Paul (1969), Wortgeographie der hochdeutschen Umgangssprache. 2. Auflage Göttingen.
KROES, Hendrik W. (1917), Lessak. In: Driemaandelijksche Bladen 17: 95–97.
KROGERUS, Gunvor (Hrsg.) (1951), Historie van der vorstorynge der Stat Troye. Ein mittelniederdeutsches Volksbuch. Helsingfors. (Societas Scientarum Fennica. Commentationes Humanarum Litterarum XVII, 2).
KRUMMACHER, Friedrich A. (1806), Die Kinderwelt. Ein Gedicht in vier Gesängen. Duisburg, Essen.
KRÜNITZ, Johann G. (1773ff.), Oeconomische Encyclopädie (ab Bd. 33: Oekonomisch-technologische Encyclopädie). Bd. 1ff. (ab Bd. 73 von anderen Autoren fortgesetzt). Berlin.
KÜCK, Eduard (1906), Das alte Bauernleben der Lüneburger Heide. Leipzig.
KÜNßBERG, Eberhard (1936), Rechtliche Volkskunde. Halle an der Saale (Volk 3).
KÜNßBERG, Eberhard (1941), Messerbräuche. Studien zur Rechtsgeschichte und Volkskunde. Heidelberg (SBHA 3).
KÜNßBERG, Eberhard (1952), Rechtsbrauch und Kinderspiel. Untersuchungen zur deutschen Rechtsgeschichte und Volkskunde. 2. erg. Aufl. Heidelberg (SBHA 1952,3).
KUH, Emil (1865), Friedrich Hebbel. Sämtliche Werke. Bd. 1. Hamburg.
KUIPER, Konradus (1911), Atheensch Jongensleven, Haarlem.
KUIPER, Konradus (1912), Opmerkingen naar aanleiding van de door Pollux IX 113 onder den Term μυΐνδα geregistreerde kinderspelen. In: VMKAW, Vierde Reeks. Elfde Deel: 39–53.
KURTH, Betty (1911), Ein Freskenzyklus im Adlerturm zu Trient. In: Jb. d. kulturhistorischen Institutes der K. K. Zentralkommission für Denkmalpflege 5: 9–104.
KURTH, Betty (1926), Die deutschen Bildteppiche des Mittelalters. 3 Bde. Wien.
KVAÇALA, Jan C. (1904), Die pädagogische Reform des Comenius in Deutschland bis zum Ausgang des 17. Jahrhunderts. Bd. 2. Berlin (MGP 32).
LAISTNER, Ludwig (1883), Über den Butzenmann. In: ZDA 32: 145–169.
LAMBIN, Géraud (1975), Les formules de jeux d'enfants dans la Grèce antique. In: REG 88: 168–177.
LÄMKE, Dora (1939), Der Alte in Pommern. In: Beiträge zur Volkskunde Pommerns. 10 Jahre volkskundliches Archiv für Pommern. Hrsg. von Karl Kaiser. Greifswald (Pommernforschung 2, 8): 78–87.
LAPPENBERG, Johann M. (Hrsg.) (1865), Paul Flemings Deutsche Gedichte I. Stuttgart (BLVS 82).
LASCH, Agathe/ BORCHLING, Conrad (1956ff.), Mittelniederdeutsches Handwörterbuch. Fortgeführt v. G. Cordes. Bd. 1 ff. Neumünster.
LASTELLA T., Enzo (1984), Dizionario storico di deonomastica: vocaboli derivati da nomi propri, con le corrispondenti forme francesi, inglesi, spagnole e tedesche. Firenze (Archivum Romanicum. Biblioteca 2, 40).
LATTE, Kurt (1957), 'ΑΣΚΟΛΙΑΣΜΟΣ. In: Hermes. Zeitschrift für Klassische Philologie 58: 384–391.
LATTE, Kurt (Hrsg.) (1953ff.), Hesychii

Alexandrini Lexicon. Bd. 1ff. Hauniae.
LAUBE, Adolph u. a. (Hrsg.) (1983), Flugschriften der frühen Reformationsbewegung. 1518–1524. 2 Bde. Berlin.
LAUFFER, Otto (1947), Frau Minne in Schrifttum und bildender Kunst des deutschen Mittelalters. Hamburg.
LAUFFER, Otto (1949), Volkskundliche Erinnerungen aus Göttingen und dem oberen Leinetal. Göttingen.
LAUSCH, Ernst (Hrsg..) (1884), Sammlung beliebter Kinderspiele im Freien und im Zimmer. 5. gänzl. umgearb. Aufl. Leipzig.
LE BÉ, Guillaume (1587), Les Trente-Six Figures contenant tous les jeux qui se peurent [sic!] jamais inventer et représenter par les enfants tant garsons que filles, depuis le berceau jusques en l'aage viril, avec les amples significations desdites figures mises au pied de chacune d'icelles en vers françois; le tout nouvellement mis en lumière et dirigé par ordre. Paris. [BNP, Cabinet des estampes: Ea 79 Rés. fol. 54–59].
LE ROUX, Henry (Hrsg.) (1841), Herculanum et Pompeji. Vollständige Sammlung der daselbst entdeckten, zum Theil noch unedierten Malereien, Mosaiken und Bronzen. Bd. II. Hamburg.
LEDESMA, Alonso de (1603), Juegos de noches buenas. A lo divino. In: Biblioteca de Autores Españoles (Colección Rivadenegra) XXXV: 131–181.
LEFEBVRE-VERREYDT, Bernadette (1975), Twee kinderspelen uit de oudheid. In: Kleio 5: 83–89.
LEFRANC, Abel (Hrsg.) (1912), Œuvres de François Rabelais. Édition critique. T. 1: Gargantua. Prologue, Chapitres I–XXII. Paris.
LEHMANN, Christian (1662), Florilegium politicum auctum: d. i. ernewerter politischer Blumengarten. Frankfurt.
LEHMANN, Friedrich E. (1680), Tractatus theoretico-practicus de variis ludendi generibus eorumque usu. Budissae.
LEHMANN, Otto (1934), Spiele und Spielzeug in Schleswig-Holstein. In: Jb. für historische Volkskunde 3/4: 293–310.
LEHNHOFF, Wilhelm (1922), Westfälisches Spielebuch. 365 Jugend- und Volksspiele. Dortmund.
LENNARTZ, Karl (1972ff.), Bibliographie Geschichte der Leibesübungen. Bd. 1ff. Köln.
LENZ, Philipp (1887), Der Handschuhsheimer Dialekt. Teil I: Wörterverzeichnis. Konstanz (Jahresbericht des Großherzoglichen Gymnasium zu Konstanz).
LES JEUX AUX XVIe ET XVIIe SIÈCLES (1980), Exposition présentée au Musée des Beaux-Arts de Tours. Tours (Katalog zur Ausstellung Tours 1980/7).
LEUCOLEON (1671): Leucoleons Galamelite/ Oder Allerhand Keusche Lust- und Liebes-Lieder/ Mit Neuen/ auff eine sonderliche Art gesetzten/ Melodeyen. Franckfurt am Mayn.
LEVOIR, Baptiste/ PIREZ, Marie-Anne (1993), Les Maillards. Paris (Collection: Les dictionnaires patronymiques).
LEWALTER, Johann/ SCHLÄGER, Georg (1911), Deutsches Kinderlied und Kinderspiel. In Kassel aus Kindermund in Wort und Weise gesammelt. Kassel.
LEXER, Matthias (1862), Kärntisches Wörterbuch. Leipzig 1862. Nachdr. Wiesbaden 1965.
LEXER, Matthias (1872–1878), Mittelhochdeutsches Handwörterbuch. Leipzig. Nachdr. mit e. Einl. von K. Gärtner. Stuttgart 1992.

LEYEN, Friedrich von/ SPAMER, Adolf (1910), Die altdeutschen Wandteppiche im Regensburger Rathause. Regensburg.

LICHTWER, Magnus G. (1758), Vier Buecher Aesopischer Fabeln. 2. Aufl. Berlin.

LIDDEL, Henry G./ SCOTT, Robert (1968), A Greek English Lexicon. Oxford.

LILIENCRON, Roch von (1865), Die historischen Volkslieder der Deutschen vom 13. bis 16. Jahrhundert. Bd. 1. Leipzig. Nachdr. Hildesheim 1966.

LINDENER, Michael (1568), Rastbüchlein. Darinn schöne kurtzweylige, lächerliche unnd lustige Bossen und fabeln, welche Hystorien gleich sein.

LL: Literaturlexikon. Autoren und Werke deutscher Sprache. Hrsg. v. Walther Killy u. a. Bd. 1ff. (1988ff.). Gütersloh, München.

LM: Lexikon des Mittelalters. Bd. I–IX. München 1977–1998.

LOHMEIER, Georg (1961), Bayerische Barockprediger. München.

LOHMEYER, Karl (1909; 1910; 1911), Kinderlieder und -spiele der Saargegend im Lichte der Kulturkunde. In: ZrwV 6: 81–111; 7: 250–271 (Kulturkundlich interessante Kinderlieder und -spiele der Saargegend und des Fürstentums Birkenfeld. Fortsetzung und Ergänzung zu VI, 81–111; 8: 33–59 und 119–141 (Fortsetzung und Ergänzung zu VII, 250–271).

LS: Lieder-Saal. Das ist: Sammelung altteutscher gedichte, aus ungedruckten quellen. Hrsg. v. J. v. Laßberg. 4 Bde. o. O. 1820–1825.

LÜBBEN, August H./ WALTHER, Christoph (1888), Mittelniederdeutsches Handwörterbuch. Norden u. Leipzig.

LÜBKES, Wiard (1925), Ostfriesische Volkskunde. 2. Aufl. Emden.

LUCHT, Alfred (1937), Aus dem Spielschatz des pommerschen Kindes. Bamberg, Greifswald (Pommernforschung 2. Reihe. Veröffentl. der Volkskundlichen Archivforschung Pommern).

LUDIN, Fritz (1898), Adam Sibers Bearbeitung des Nomenclator Hadriani Junii. Lexikalisch erläutert. Diss. Karlsruhe.

LÜNEB. WB.: Kück, Eduard (1942ff.), Lüneburger Wörterbuch. Wortschatz der Lüneburger Heide und ihrer Randgebiete. Bd. 1ff. Neumünster (Ndsächs. Heimatbund: Schriftenreihe).

LUTHER, Martin (1562), Der erste, zweite, ... achte vnd letzte teil aller Buecher vnd Schrifften. Jena.

LUTHER, Martin (1575), Der Fünffte Teil/ aller Buecher vnd Schrifften des thewren seligen Mans Gottes Docto. Martini Lutheri. Jena.

MACKEPRANG, Mouritz (1921), Vases sacrés émaillés d'origine française du quatorzième siècle. Conservé dans le Musée National de Danmark. Copenhagen.

MAILLY, Anton (1929), Deutsche Rechtsaltertümer in Sage und Brauchtum. Wien (Kleine historische Monographien 19–20).

MALAPERT, L. (1966), L'enfant et ses jeux dans le fichier dialectologique d'Antonin Duraffour. In: TLL 4: 311–322.

MALICH, Burkhard (1970), Die spätmittelalterlichen deutschen Spielallegorien als sozialgeschichtliche Quelle. Diss. Halle a. d. Saale.

MANTL, Norbert (1964), Kinderreime und Kinderspiele. In: Ders., Aus dem Sagenbereich von Nassereith. Innsbruck: 89–97 (Schlern-Schrift 233).

MARNIX, Philips van Sint Aldegonde (1569), De werken van Philips van

Marnix van Sint Aldegonde. Eerste Boekdeel: De Bijenkorf Der H. Roomsche Kerke. Brussel 1858.

MARQUARDT, Rosemarie (1985), Das höfische Fest im Spiegel der mittelhochdeutschen Dichtung (1140–1240). Göppingen (Göppinger Arbeiten zur Germanistik 449).

MARTIN, Daniel (1642), Colloques ou devis francois traictans du dormir, des habits, du manger & boire, de l'escriture, de l'vniuersité, du jeu de la paume, de la danse & musique, du jeu des Cartes & Dez, du jeu des dames, du jeu des Quilles, de l'escrime, du voyage de France: Item termes de manège[...]. Le tout composé pour l'usage de la jeunesse Allemande desireuse d'apprendre nostre Langue. Strasbourg.

MARTINIUS, Matthias (1623), Lexicon philologicum in quo Latinae et a Latinis auctoribus usurpatae cum purae; tum barbarae voces, ex originibus declarantur. 2 Bde. Bremen.

MARZOLPH, Ulrich (Hrsg.) (1994), Elfriede Moser-Rath. Kleinere Schriften zur populären Literatur des Barock. Göttingen 1994.

MASSMANN, Hans F. (1827), Aeltere Deutsche Sprachenkunde. In: HJL 20: 1073–1088.

MASSMANN, Hans F. (1833), Spiele. In: AKDM 2: 312–314.

MASÜGER, Johann B. (1946), Leibesübungen in Graubünden einst und heute. Chur.

MASÜGER, Johann B. (1955), Schweizerbuch der alten Bewegungsspiele. Zürich.

MATHYS, Fritz K. (1975), Im Freien gespielt. Kleine Historie des Kinderspiels. Basel.

MAURER, Friedrich/ RUPP, Heinz (1974), Deutsche Wortgeschichte. 3. Aufl. Bd. 3. Berlin, New York.

MAYER, H. (1916), Kinderspiele aus der Eifel. In: ZVV 26: 357–370.

MECKL. WB.: Wossidlo, R./ TEUCHERT, H. (1942ff.), Mecklenburgisches Wörterbuch. Hrsg. v. d. Sächsischen Akademie zu Leipzig. Bd. 1ff. Berlin/Neumünster.

MED: Middle English Dictionary. Bd. 1ff. (1956ff.). London.

MEHL, Erwin (1948), Woher kommt der Spielname „Liberamus domino" in Graubünden. In: Die Körpererziehung. Schweiz. Zs. für Turnen, Spiel und Sport: 38–42.

MEHL, Erwin (1960), Lateinische Wörter im Kinderspiel. „Gesunkenes Kulturgut" aus dem Lateinunterricht der Humanistenschule. In: Jahn, R. (Hrsg.) (1960), Zur Weltgeschichte der Leibesübungen. Festgabe für Erwin Mehl zum 70. Geburtstag. Frankfurt a. Main: 94–102. [zuerst erschienen in: ÖZfV 1950: 54–58].

MEHL, Erwin (1958), Die Sprache des Spiels als „Urkunde deutscher Bildungsgeschichte". In: Die Leibeserziehung: 82–86.

MEHL, Erwin (1980), Lateinische Ausdrücke im Kinderspiel. Eine überraschende Aufklärung des wienerischen „Ballesterns". In: Wiener Sprachblätter 30: 99–100.

MEHL, Jean-Michel (1990), Les jeux au royaume de France du XIIIe au début du XXe siècle. Paris.

MEHLER, Adolf (1921), Brauch und Sitte. D' Nocht-Letzt. In: Die Oberpfalz 15: 80.

MEIER, Ernst (1851), Deutsche Kinder-Reime und Kinder-Spiele aus Schwaben. Tübingen. Mit e. Vorwort von L. Röhrich. Neudr. Kirchheim 1981.

MEIER, John (1928), Alter Rechtsbrauch im Bremischen Kinderspiel. In: FS zur Vierhundertjahrfeier des Alten Gymnasiums in Bremen. 1528–1928. Bremen.

MEIER, John (1950), Untersuchungen zur deutschen Volkskunde und Rechtsgeschichte. Ahnengrab und Rechtsstein. Berlin [Deutsche Akademie der Wissenschaften zu Berlin. Veröffentl. der Kommission für Volkskunde 1].

MEISINGER, Othmar (1924), Hinz und Kunz. Deutsche Vornamen in erweiterter Bedeutung. Dortmund.

MEISTER, Michael (1621), Colloquia scholastica ex Ludovico Vive, Maturino Corderio & Erasmo Roterodamo conscripta in usum Scholae Halensis scorsim excusa, Iamque bono publico & privató vernaculo semone exposita. Halae Saxonum.

MELLE, Jacob v. (1787), Gründliche Nachricht von der Kaiserl. freyen und des H. R. Reichs Stadt Lübeck: welche den Einheimischen und Fremden aus unverwerflichen Dokumenten mit aufrichtiger Feder ertheilt wird. 3. Ausg. Lübeck.

MERKER, Paul (Hrsg.) (1918), Von dem großen Lutherischen Narren. Straßburg.

MESSERLI, Alfred (1991), Elemente einer Pragmatik des Kinderliedes und des Kinderreimes. Aufgrund autobiographischer Texte und einer Befragung von Zürcher Schulkindern im Jahr 1958. Aarau u. a. (Sprachlandschaft 9).

MESSERLI, Alfred (1993), Kinderfolklore. In: EM 7: 1269–1278.

METKEN, Sigrid (1983), Der immerwährende Kalender. Spiele und Zeremonien in einem französischen Stundenbuch des 15. Jh. In: KuA 1983: 20–31.

METKEN, Sigrid (1991), Komm spiel mit mir Blindekuh ... Ikonographie und Ausdeutung eines Fang- und Ratespiels. In: KuA 1991: 52–61.

MEURSIUS, Johannes (1625), Graecia ludibunda sive de ludis Graecorum liber singularis. Accedit Danielis Souteri Palamedes, sive de tabula lusoria, alea et variis ludis libri tres. Lugdunum Batavorum [Wiederabdruck in: Gronovius (1699), Bd. 7: 941–996].

MEYER, Conrad (1657), Die Kinderspiele. Hrsg. v. Conrad Ulrich. Zürich 1970.

MEYER, Conrad (1657), Sechs und Zwaenzig nichtige Kinderspiel. Zu Wichtiger Erinnerung erhebt: und in Kupfer gebracht. [2. Titelblatt:] H. Jacob Catsen Kinder-Lustspiele/ durch Sinn- und Lehrbilder geleitet; zur underweisung in guten sitte. Auß dem Nider- in das Hochteutsche gebracht Durch H. Johann Heinrichen Amman: Und mit Kupferstuekken geziert/ vermehret und verlegt Durch Conrad Meyern/ Mahlern in Zuerich. Getrukt im Jahr Christi MDCLVII. [Unter dem Titel:] Conrad Meyer. Kinderspiele. Neu herausgegeben und eingeleitet von Hans Bloesch. 49. von 172 im Manuldruck abgezogenen Exemplaren. Bern 1922.

MEYER, Karl (1889), Meister Altswert. Eine literarische Untersuchung. Göttingen.

MEYER, Maurits de (1962), De Volks- en Kinderprent in de Nederlanden. Antwerpen, Amsterdam.

MEYER, Werner (1988), Wettkampf und Spiel in den Miniaturen der Manessischen Liederhandschrift. In: Stadion 14: 1–48.

MEYERE, Victor de (1941), De Kinderspelen van Pieter Bruegel den Oude verklaard. Antwerp.

MEYFART, Matthaeus (1636), Christliche Erinnerung Von der Auß den Evangelischen Hochen Schulen in Teutschlandt an manchem ort entwichenen ordnungen vnd Erbaren Sitten, vnd bey dißen Elenden Zeiten eingeschlichenen Barbareyen vor etzlichen Jahren aufgesetzt. Schleißingen: Johann Birck.

MIGLIORINI, Bruno (1927), Dal nome proprio al nome commune. Studi semantici sul mutamento dei nomi propri di persona in nomi communi negl'idiomi romanzi. Genève (Biblioteca dell' Archivum Romanicum II, 13).

MILAM, Jennifer (1998), Fragonard and the Blindman's Game: Interpreting representations of Blindman's Buff. In: Art History 21: 1-25.

MILCHSACK, Gustav (Hrsg.) (1881), Egerer Fronleichnamsspiel. Stuttgart (BLVS 156).

MILNES, Humphrey N. (1949), Über die Sprache der Erotik in der mittelhochdeutschen höfischen Dichtung. Diss. Columbus, Ohio.

MINDT, Erich (1938), Die Tänze und Spiele der Bauern. In: Hansen, Wilhelm (Hrsg.), Das deutsche Bauerntum. Seine Geschichte und Kultur. Bd. II. Berlin-Schöneberg: 305-366.

MITTENZWEY, L. (1884), Das Spiel im Freien. Leipzig.

MITZKA, Walther (Hrsg.) (1968), Wortgeographie und Gesellschaft. Festgabe für Ludwig Erich Schmidt zum 60. Geburtstag. Berlin.

MLAT. WB.: Mittellateinisches Wörterbuch bis zum ausgehenden 13. Jahrhundert. Hrsg. v. d. Bayerischen Akademie der Wissenschaften u. d. Deutschen Akademie der Wissenschaften zu Berlin. Bd. I ff. (1967ff.). München.

MOCHINGER, Johann (1633), Die Newe Sprachenthuer. Mit einer Vorrede/ darinnen berichtet wird/ worzu diese Dolmetschung dienstlich ist/ vnd wie sie mag gebrauchet werden. Dantzig: Georg Rheten.

MOHR, Wolfgang (1964), Murmelspiel. Ein Experiment. In: Foerste, W. u. a. (Hrsg.), FS für Jost Trier zum 70. Geburtstag. Köln, Graz: 47-68.

MÖLLER, Anna E. (1935), Das Kinderspiel in Hessen. Gießen (Gießener Beiträge zur deutschen Philologie 39).

MONE, Franz J. (1833), Gesellschaftliche Spiele. In: AKDM 2: 192-194.

MONE, Franz J. (1838), Mundart zu Wertheim am Main. In: AKTV 7: 125-132.

MONE, Franz J. (1839), VIII: Teutsche Glossare und Glossen (FS). 61: Glossaria Augiensia. In: AKM 8: Sp. 393-402).

MORHOF, Daniel G. (1682), Deutsche Gedichte. Kiel.

MOSCHEROSCH, Hans M. (1646), Satyrische Gesichte Philanders von Sittewald. Leyden.

MOSER-RATH, Elfriede (1959), Das streitsüchtige Eheweib, In: RJV 10: 40-50.

MOSER-RATH, Elfriede (1962), Zeugnisse zum Kinderspiel der Barockzeit. In: JÖVW 11: 194-203.

MOSER-RATH, Elfriede (1984), "Lustige Gesellschaft". Schwank und Witz des 17. und 18. Jahrhunderts in kultur- und sozialgeschichtlichem Kontext. Stuttgart.

MOSER-RATH, Elfriede (1991), Dem Kirchenvolk die Leviten gelesen. Alltag im Spiegel süddeutscher Barockpredigten. Stuttgart.

MÜLLER, Ewald (1894), Das Wendentum in Niederlausitz. 1. Aufl. Kottbus.

MÜLLER, Johannes (1882), Quellenschriften und Geschichte des deutschsprachigen Unterrichts bis zur Mitte des 16. Jahrhunderts. Gotha. Reprographischer Nachdr. Hildesheim 1969.

MÜLLER, Johannes (1885; 1986), Vor- und frühreformatorische Schulordnungen und Schulverträge in deutscher und niederländischer Sprache. 1. Abt. (1885): Schulordnungen aus den Jahren 1296–1505, 2. Abt. (1886): Schulordnungen aus den Jahren 1505–1523 nebst Nachträgen vom Jahre 1319. Zschopau.

MÜLLER, Johannes (1988), Schwert und Scheide: der sexuelle und skatologische Wortschatz im Nürnberger Fastnachtspiel des 15. Jahrhunderts. Bern u. a. (Deutsche Literatur von den Anfängen bis 1700: 2).

MÜLLER, Josef (1907), Bastlösesprüche. In: ZrwV 4: 211–216.

MÜLLER, Josef (1917), Das Blindekuhspiel in den Rheinlanden. In: ZrwV 14: 156–159.

MÜLLER, Peter O. (1996), Nomenclatoren des 16. Jahrhunderts. In: Bremer, E./ R. Hildebrandt (Hrsg.), Stand und Aufgaben der deutschen Dialektlexikographie. II. Brüder-Grimm-Symposion zur Historischen Wortforschung. Beiträge zur Marburger Tagung vom Oktober 1992. Berlin, New York: 149–174.

MÜLLER-FRAUREUTH, Karl (1911/14), Wörterbuch der obersächsischen und erzgebirgischen Mundarten. 2. Bde. Dresden.

NAS, Johannes (1570), Qvinta Centvria, Das ist/ Das Fünfft Hundert/ der Euangelischen warheit/ [...] H. G. V. Werdenstein.

NAS, Johannes (1571), GAsinus Nasi Battimont Anus. Das ist ain Bericht Von Fratris Joannis Nasen Esel/ Auch von deß Esels rechtem Tittel/ G. N. B.

art vnd aygenschafft. Ingolstatt: Alexander Weissenhorn der Jüngere.

NELSON, Timothy (1992), „Oh du armer Luther ...". Sprichwörtliches in der antilutherischen Polemik des Johannes Nas (1534–1590). Bern (Sprichwörterforschung 15).

DER NEUE PAULY: Enzyklopädie der Antike. Hrsg. von Hubert Cancik u. a. Bd. 1 ff. (1996ff.). Stuttgart.

NEUMARK, Georg (1652), Poetisch- und Musikalisches Lustwaeldchen. 3 Abteilungen. Hamburg: Michael Pfeiffer.

NEWELL, William W. (1903), Games and Songs of American Children. Reprint der 2. Aufl. Dover. 1963.

NEYRAGUET, D. (1851) (Hrsg.), Alphons Maria von Liguori. Compendium theologiae moralis. 3. Aufl. Ratisbonae.

NICKEL, Helmut (1985), Games and Pastimes. In: Strayer, Joseph R. (Hrsg.), Dictionary of the Middle Ages. Vol. 5. New York: 347–353.

NICOT, Jean (1606), Thresor de la langve francoyse. Paris.

NIEDERSÄCHS. WB.: Niedersächsisches Wörterbuch. Hrsg. v. W. Jungandreas u. a. Bd. 1ff. (1965ff.). Neumünster.

NIEDERSACHSEN. Zeitschrift für Heimat und Kultur. Niedersächsischer Heimatbund e.V. Bd. 1ff. (1895/96ff.).

NIMTZ-WENDLANDT, Wanda (1986), Die Nehringer. Volkstum, Brauchtum, Volksglaube auf der kurischen Nehrung. Marburg.

NOUVEAU DICTIONNAIRE FRANCOIS-ALEMAN (1675), Nouveau Dictionaire francois-aleman, et aleman-francois, Qu'accompagne le latin. Deuxième Edition. Basle.

NYSSEN, Ute (Hrsg.) (1963), Johann Fischart. Geschichtklitterung (Gargantua). Text der Ausgabe letzter Hand von 1590. Mit einem Glossar.

Nachwort von Hugo Sommerhalder. Düsseldorf.
OBERSÄCHS.-ERZGEB. WB.: Müller-Fraureuth, K. (1911/14), Wörterbuch der obersächsischen und erzgebirgischen Mundarten. 2. Bde. Dresden.
ODO: Opera didactica omnia. Ed. anni 1657. 2 Bde. Prag 1957.
OED: Oxford English Dictionary. Bd. I–XII (1932ff.). 2. Ed. Reprint 1989. Oxford.
OELINGER, Albert (1587), Dvodecim dialogi apprime elegantes clarissimi D. Ioan. Ludouici Viuis Valentini, ex Latino & Gallico Idiomate in Germanicam linguam fideliter translati ac in gratiam Tyronum harum linguarum simul congesti [...]. Spirae: Bernard Albin.
OESTERLEY, Hermann (Hrsg.) (1866), Johannes Paul. Schimpf und Ernst. Stuttgart (BLVS 85).
OPIE, Iona/ OPIE, Peter (1959), Lore and Language of Schoolchildren. Seventh impression 1976. London.
OPIE, Iona/ OPIE, Peter (1969), Children's Games in Street and Playground. Oxford.
OPIE, Iona/ OPIE, Peter (1985), The Singing Game. Oxford, New York.
ORDBOK över Svenska Språket. Utg. af Svenska Akademien Bd. 1ff. (1898ff.). Lund.
OSBORN, Max (1893), Die Teuffellitteratur des XVI. Jahrhunderts. Berlin (Acta Germanica III, 3).
OUDIN, César (1647), Nomenclature francoise et espagnole. Paris: Antoine de Sommaville.
PARACELSUS, Aureolus B. (1618), Chirurgische Bücher und Schriften. Straßburg.
PARDELLER, J. (1966), Zu „poitra ... pfui ... und pànteme". (Vgl. Schlern 1966 S. 190 ff.). In: Der Schlern 40: 501f.
PARISER, Ludwig (Hrsg.) (1893), Hans-Michel Moscheroch: Insomnis. Cura. Parentum. Christliches Vermaechnuß oder, Schuldige Vorsorg Eines Trewen Vatters. Straßburg: Johann P. Mülben 1643 (NDL 108 und 109).
PAUL/HENNE/OBJARTEL (1992): Hermann Paul. Deutsches Wörterbuch. 9. vollst. neu bearb. Aufl. v. Helmut Henne u. Georg Objartel. Tübingen.
PAWEL, Jaro (1885), Das Kinderspiel in den Dichtungen des Mittelalters. In: ZöTW 1: 12–18, 76–80, 122–127.
PEESCH, Reinhard (1957), Das Berliner Kinderspiel der Gegenwart. Berlin (Deutsche Akademie der Wissenschaften zu Berlin. Veröffentl. des Instituts für deutsche Volkskunde 14).
PEßLER, Wilhelm (1933), Deutsche Wortgeographie. Wesen und Werden, Wollen und Weg. In: WS 15: 1–80.
PETER, Anton (1865), Volksthümliches aus Österreichisch-Schlesien. 1. Bd. Kinderlieder und Kinderspiele, Volkslieder und Volksschauspiele. Troppau.
PFÄLZ. WB.: Pfälzisches Wörterbuch. Begr. v. E. Christmann, bearb. v. J. Krämer u. R. Post. Bd. 1ff. (1965ff.). Wiesbaden.
PINON, Roger (1952; 1953; 1954; 1955), La nouvelle *Lyre Malmédienne* ou la Vie en Wallonie malmédienne reflétée dans la chanson folklorique. In: FSM 16: 93–125; 17: 53–95; 18: 81–127; 19: 59–110.
PINON, Roger (1967), Probleme einer europäischen Kinderspielforschung. In: HBV 58: 9–45.
PINON, Roger (1973), „Cafama, cafouma," etc., curieuse dénomination du jeu de colin-maillard. In: Mélanges de Folklore et d'Ethnographie dédiés à la

mémoire d'Elisée Legros [1910–1970]. Liège: 292–326.
PITISCUS, Samuel (1713), Lexicon antiquitatum romanorum. 2 Bde. Leovardia.
PITRÈ, Giuseppe, (1883), Giuochi fanciulleschi siciliani. Bologna (Biblioteca delle tradizioni popolari siciliane 13.).
PLANCHE, Alice (1980), Culture et contre-culture dans L'Épinette amoureuse de Jean Froissart: les écoles et les jeux. In: L'enfant au Moyen-Age. (Littérature et Civilisation). Senefiance 9: 389–403.
PLANGG, Guntram A. (1987), Zum Namen eines Rätoromanischen Kinderspiels in Vorarlberg. In: Lüdi, G. u. a. (Hrsg.), „Romania ingeniosa". FS für Prof. Dr. Gerold Hilty. Bern u. a.
PLOSS, Heinrich (1911; 1912), Das Kind in Brauch und Sitte der Völker. 2 Bde. 3. Aufl. Leipzig.
POHLANDT, Max (1929), Lebuser Land, Leute und Leben. Eine Volkskunde. 2. verm. Aufl. Frankfurt a. d. Oder (Frankfurter Abhandlungen zur Geschichte 7).
POLLUX, Iulius (1706), Onomasticon. Amsterdamum.
POLUS, Timotheus (1651), G. Lustiger Schawplatz. Da allerley Personen/ Aempter/ Staende/ Kuenste/ Haendel/ Gewerbe vnd Handwercke [...] bey einander sind. Lübeck.
POMEY, François (1684), Indice vniversale, Nel quale si contengono i Nomi di quasi tutte le cose del Mundo, delle Scienze, e delle Arti, co'lore termini principali. Venetia: Nicolò Pezzana.
POMEY, François (1720), Indiculus universalis latino-germanicus rerum fere omnium, quae in mundo sunt; scientiarum item, artiumque nomina apte breviterque colligens. Nürnberg.

PONTANUS, Jacobus (1602), Progymnasmatum latinitatis, sive dialogorum. Bd. 2. Ingolstadii.
PRAETORIUS, Johannes (1678), Taudel- und Zaudelhaftiger Spin-rocken zu Welchen so alte/ so junge Zatschen des Abends aufen Dörfern/ und in kleinen Städten hinschlentern. O. O.
PREEN, Hugo von (1904), Drischlegspiele aus dem oberen Innviertel. In: ZVV 14: 361–376.
PREUß. WB.: Preußisches Wörterbuch. Deutsche Mundarten Ost- und Westpreußens. Begr. von Erhard Riemann. Fortgeführt von Ulrich Tolksdorf. Bd. 1ff. (1974ff.). Neumünster.
PRIMITIVA LATINAE LINGVAE (1730), Primitiva latinae lingvae, germanice explicata, gallice accommodata, et figvris illvstrata. Lateinisch-Teutsch- und Franzoesisches Woerter-Buch [...] Mit 1700. Figuren gezieret [...]: P. C. Monath. Nuernberg.
PROCOPIUS VON TEMPLIN (1676), Triennale Dominicale Primum. D.i.: Auff jeden Sonntag durch das gantze Jahr Drey Gelehrte [...] Discurs oder Predigen. Salzburg.
PROPP, Vladimir (1987), Die historischen Wurzeln des Zaubermärchens. München.
PSICHARI, Michel (1908; 1909), Les jeux de Gargantua (L. I, ch. XXII.). In: RER 6: 1–37, 124–181, 317–361; 7: 48–64.
PTATSCHEK, Maria (1957), Lamm und Kalb. Bezeichnungen weiblicher Jungtiere in deutscher Wortgeographie. Giessen. (Beiträge zur deutschen Philologie 13).
PULS, D. (1981), Aus Großvaters Erinnerungen I: Kinderspiele auf dem Dorfe um 1860. In: Die Heimat 1: 164–167.
QUADRI, Bruno (1952), Aufgaben und Me-

thoden der onomasiologischen Forschung. Berlin.
RADEMAKER, Cornelis S. (1967/68), De Nomenclator van Hadrianus Junius. In: Hermeneus 39: 217–227.
RAEHSE, Theobald (Hrsg.) (1888), Die Geharnschte [sic!] Venus oder Liebes-Lieder im Kriege gedichtet [...] von Filidor dem Dorfferer. Hamburg 1660. Halle a. d. Saale.
RANDALL, Lilian M. (1966), Images in the Margins of Gothic Manuscripts. Berkeley-Los Angeles.
RANDALL, Lilian M. (1972), Games and the Passion in Pucelle's Hours of Jeanne d'Évreux. In: Speculum 47: 246–257.
RANDALL, Richard H. (1958), Frog in the Middle. In: The Metropolitan Museum of Art Bulletin. N. S. XVI: 169–275.
RANKE, Kurt (1952), Meister Altswerts Spielregister. In: SAV 48: 137–197.
RAUSCH, Heinrich A. (1908a), Das Spielverzeichnis im 25. Kapitel von Fischarts „Geschichtklitterung" (Gargantua). Diss. Straßburg.
RAUSCH, Heinrich A. (1908b), Die Spiele der Jugend aus Fischarts Gargantua Cap. XXV. In: JGSLEL 24: 53–145.
RAUSCH, Heinrich A. (1909), Kinder-Spiel oder Spiegel dieser Zeiten. Straßburg 1632. In: JGSLEL 25: 143–153.
RAUSCHER, Wolfgang (1698), Oel und Wein des mitleidigen Samaritans für die Wunden der Sünder. Predigten. Bd. 3. Augsburg u. a.
RE: Paulys Realencyclopädie der classischen Altertumswissenschaft. Bd. 1ff. (1894ff.). Stuttgart.
REDINGER, Jakob (1659), Des Johann Amos Komenius Spielschule oder Lebendiger Kuensten-Kreis: Das ist Schawspielige uebung Der Sprachen- und Sachen-Thuer [Lateinischer Titel: Johan Amos Comenii Schola Ludus, seu Encycopaedia viva]. Hanaw: Jacob Lasché.
REDINGER, Jakob (1662), Johan Amos Komeniens Erster theil. Der schvlerischen Gelehrheit [sic!]/ genennet/ Vor-Thuere. Inhaltende. Die Gruende der Dingen/ und unserer Weisheit um die Dinge/ wie auch die Stammwörter der Lateinischen Sprache gestellet [...]. Mit gutheißung unnd bewilligung des Vrhebers/ gespraechweis zubereitet/ verdeutschet/ abgebildet/ und mit monatlichen Spielen gemehret. [Lateinischer Titel: Johannis Amosi Comenii Prima Pars Scholasticae eruditionis, dicta, Vestibvlum]. Franckfurt: Nicolas Kuchenbekern.
REGEL, Karl (1868), Die Ruhlaer Mundart. Weimar.
REGIS, Gottlob (1832), Gargantua und Pantagruel. Leipzig.
REICHEL, Eugen (1909), Gottsched-Wörterbuch. Bd. 1. Berlin.
RELLEKE, Walburga (1980), Ein Instrument spielen. Instrumentenbezeichnungen und Tonerzeugungsverben im Althochdeutschen, Mittelhochdeutschen und Neuhochdeutschen. Heidelberg.
RENSON, Roland (1982), Le jeu chez Juan Luis Vivès (1492–1540). In: Ariès/Margolin (1982): 470–485.
RETTER, Hein (1987), Jeux et jouets dans les autobiographies du XVIe siècle. Une contribution à l'histoire sociale du jeu. In: Plaisance, Eric/Contou, Jeanne (Hrsg.), Jouet et jeu dans l'histoire de l'éducation de la petite enfance. Groupe International de travail sur l'histoire de l'éducation de la petite enfance. Actes de la 3ème rencontre. Paris 25–28 mars 1986. Paris.
RETTER, Hein (1992), Zur Funktion des

Kinderspiels bei der Ausbildung eines spezifischen Bewußtseins von „Kindheit". In: Homo ludens 2: 65–93.

REYHER, Andreas (1668), Thesaurus sermonis latini sive Theatrum romano-teutonicum. 3 Bde. Gotha.

RHEIN. WB.: Rheinisches Wörterbuch. Bearb. v. Josef Müller u. a. Bd. 1ff. (1928ff.). Bonn, Berlin.

RICHEY, Michael (1755), Idioticon hamburgense oder Wörter-Buch, zur Erklärung der eigenen, in und um Hamburg gebräuchlichen, niedersächsischen Mundart. Hamburg.

RICHTER, KARL (Hrsg.) (1985), Johann Wolfgang Goethe. Sämtliche Werke nach Epochen seines Schaffens. Münchner Ausgabe. Bd. 1, 1: Der junge Goethe. Hrsg. v. Gerhard Sauder. München.

RICHTER, Otto (1895), Die deutschen Kinderspiele im Mittelalter. Ein Beitrag zu ihrer Geschichte. In: DT 40: 437–440, 497–500.

RIECHE, Anita (1984), Römische Kinder- und Gesellschaftsspiele. Stuttgart (Kleine Schriften Limesmuseum Aalen 34).

RIECHE, Anita (1986), Römische Spiele in Schrift- und Sachquelle. In: AU 29: 40–55.

RIEDL, Adalbert/ KLIER, Karl M. (1957), Lieder, Reime und Spiele der Kinder im Burgenland. Eisenstadt (Wissenschaftliche Arbeiten aus dem Burgenland 14).

RIEGER, Max (Hrsg.) (1868), Das Leben der heiligen Elisabeth vom Verfasser der Erlösung (BLVS 90).

RIEGLER, Richard (1907), Das Tier im Spiegel der Sprache. Ein Beitrag zur vergleichenden Bedeutungslehre. Dresden und Leipzig (Neusprachliche Abhandlungen aus den Gebieten der Phraseologie, Realien, Stilistik und Synonymik 15, 16).

RIGOLOT, François (1977), Poétique et onomastique. L'exemple de la Renaissance. Genève.

ROCHHOLZ, Ernst L. (1857) Alemannisches Kinderlied und Kinderspiel aus der Schweiz. Leipzig.

RODRÍGUEZ Marín, F. (1931; 1932), Varios juegos infantiles del siglo XVI. In: Boletín de la Real Academia Española XVIII: 489–521; 648–689; XIX: 5–33.

RÖHRICH, Lutz (1949), Kinderdämonen. In: Der Schlern 23: 431–434.

RÖHRICH, Lutz (1967), Gebärde – Metapher – Parodie. Studien zur Sprache und Volksdichtung. Düsseldorf (Wirkendes Wort 4).

RÖHRICH, Lutz (1987), Kinderreim- und Kinderspiel – gestern und heute. In: Kinderkultur 1987: 199–218.

RÖHRICH, Lutz (1994), Lexikon der sprichwörtlichen Redensarten. 5 Bde. Freiburg u. a. (Taschenbuch-Ausg. d. Originalausg. v. 1991–1992).

ROLLAND, Eugène (1877ff.), Faune populaire de la France. 5 Bde. Paris. Neudr. Paris 1967.

ROLLAND, Eugène (1883), Rimes et jeux de l'enfance. Paris. Neudr. Paris 1967.

RONDEAU, Pierre (1711), Neues Frantzösisch-Teutsches und Teutsch-Französisches Wörter-Buch. Leipzig.

ROSSOW, Carl (1903), Italienische und deutsche Humanisten und ihre Stellung zu den Leibesübungen. Leipzig.

ROSTAGNI, Léopold J. [Macoir, Christian] (1974), Jouets, jeux, livres d'enfants. Toys, games, children's books. Répertoire bibliographique d'ouvrages utiles aux collectionneurs et aux chercheurs. Brüssel. (Bibliothèque des collectionneurs 1).

ROTHE, Louis (1879), Das Kegelspiel.

Kulturhistorische didaktische und humoristische Studien. Zeitz, Leipzig.
RUBIN, Barbara B. (1981), The dictionarius of John de Garlande and the Author's Commentary translated into English. Lawrence, Kansas.
RUCKERT, Alois J. (1901), Unterfränkische Mundart: Beiträge von einer Sammlung von Ausdrücken, Redensarten und Sprichwörtern in unterfränkischer Mundart. Würzburg (Einzelbeilage zum Schulanzeiger für Unterfranken und Aschaffenburg, Jg. 1900).
RÜDIGER, Johann C. (1783), Neuester Zuwachs der teuschen, fremden und allgemeinen Sprachkunde. Bd. 2. Leipzig.
RÜHL, Joachim (1983), Sports, Pastimes, and Games in English Diaries and Autobiographies from the Beginnings to the Seventeenth Century: A Methodological Approach. In: Proceedings of the Tenth HISPA Congress. Edmonton.
RÜSSEL, Arnulf (1953), Das Kinderspiel. München.
SALMON, Amédée (1899, 1900), Philippe de Beaumanoir. Coutumes de Beauvaisis. 2 Bde. Paris.
SANDERS, Daniel (1860–1865), Wörterbuch der deutschen Sprache. Mit Belegen von Luther bis auf die Gegenwart. Leipzig. 3 Bde. Leipzig.
SARTORIUS, Johann B. (1862), Die Mundart der Stadt Würzburg. Würzburg.
SAUER, Doris (1993), Erinnerungen: Karl Haiding und die Forschungsstelle „Spiel und Spruch". Wien (Beiträge zur Volkskunde und Kulturanalyse 6).
SCHADE, Oskar (Hrsg.) (1856–1858), Satiren und Pasquille aus der Reformationszeit. 3 Bde. Hannover. [2., seitengleiche Aufl. ebd. 1863, Nachdr.

Hildesheim 1966].
SCHADER, Basil (1985), Johann Jakob Redinger (1619–1688), Sprachwissenschaftler und Pädagoge im Gefolge des Comenius. Diss. Zürich 1985.
SCHAMBACH, Georg (1858), Wörterbuch der niederdeutschen Mundart der Fürstenthümer Göttingen und Grubenhagen oder Göttingisch-Grubenhagensches Idiotikon. Hannover.
SCHATZ, Josef (1955), Wörterbuch der Tiroler Mundarten. Bd. 1. Innsbruck.
SCHEIBLE, Johann (1847), Kinderfeste und Kinderspiele der Vorzeit. In: Ders., Die gute alte Zeit. Stuttgart: 558–571 (Das Kloster 6).
SCHEIL, Gustav (1897), Die Tierwelt in Luthers Bildersprache in seinen reformatorisch-historischen und polemischen deutschen Schriften. Bernburg (Wissenschaftl. Beilage zum Jahresberichte des Herzoglichen Karl-Gymnasium in Bernburg. Ostern 1897).
SCHELER, August (Hrsg.) (1879), Trouvères belges (Nouvelle série). Chansons d'amour, jeux-partis, pastourelles, satires, dits et fabliaux. 2 Bde. Louvain.
SCHENCK, Matthias (1571), Nomenclator Hadriani Junii Medici ad scholarum usum accommodatus. Hildesheim, New York (Documenta Linguistica I).
SCHERZER, Conrad (Hrsg.) (1959–1962), Franken. Land, Volk, Geschichte und Wirtschaft. 2 Bde. Nürnberg.
SCHIER-OBERDORFFER, Uta (1983), Das Huckepack-Tragen als Spielstrafe. Bemerkungen zur Typologie eines Gestus. In: Gerndt, H. u. a. (Hrsg.), Dona Ethnologica Monacensis. Leopold Kretzenbacher zum 70. Geburtstag. München: 67–81 (MBV 1).
SCHIER-OBERDORFFER, Uta (1985), Hex im Keller. Ein überliefertes Kinder-

spiel im deutschen und englischen Sprachbereich. Mit einem bibliographischen Überblick zur Kinderspielforschung. München (MBV 3).
SCHIER-OBERDORFFER, Uta (1993), Kinderspiel. In: EM 7:1336–1354.
SCHIER-OBERDORFFER, Uta (1995), Wo Märchen und Spiel sich begegnen. In: Möckel, Margarete (Hrsg.), Spiel, Tanz und Märchen. Regensburg: 181–209. (Veröffentl. der Europäischen Märchengesellschaft 20).
SCHIROKAUER, Arno (1948), Die Wortbildung „Zirlin-mirlin". Aufkommen, Verbreitung und Bedeutungsspielraum eines Modeworts. In: JEGPh 47: 398–402.
SCHLÄGER, Georg (1917; 1918; 1923/24), Einige Grundfragen der Kinderspielforschung. In: ZVV 27: 106–121, 199–215; ZVV 28: 15–25; ZVV 33/34: 137–152.
SCHLES. WB.: Mitzka, Walther (1963–65), Schlesisches Wörterbuch. 3 Bde. Berlin.
SCHLESW.-HOLST. WB.: Mensing, Otto (Hrsg.) (1927–35), Schleswig-Holsteinisches Wörterbuch. 5 Bde. Neumünster.
SCHLOSSER, Julius von (1895), Ein veronesisches Bilderbuch und die höfische Kunst des XIV. Jahrhunderts. In: Jb. d. kunsthistorischen Sammlungen des Allerhöchsten Kaiserhauses 16: 144–230.
SCHMELLER, Johannes A. (1872/77), Bayerisches Wörterbuch. Bearb. v. G. K. Frommann. 2 Bde. 2. Aufl. München. Nachdr. München 1985).
SCHMID, Johann C. (1795), Versuch eines schwaebischen Idiotikon, oder Sammlung der in verschiedenen schwaebischen Laendern und Staedten gebraeuchlichen Idiotismen, mit etymologischen Anmerkungen. Berlin u. Stettin.
SCHMIDT, Charles (1896), Wörterbuch der Strassburger Mundart. Aus dem Nachlasse hrsg. v. R. Reuss. Straßburg.
SCHMIDT, E. A. (1846), Ueber die griechischen Wörter in $ινδα$, welche zur Bezeichnung von Spielen dienen. In: ZWS 1: 264–275.
SCHMIDT, Heinrich (1836), Wiegen-Lieder, Ammen-Reime und Kinderstuben-Scherze in plattdeutscher Mundart. 1. Aufl. 1836. 3. Aufl. 1928, Bremen.
SCHMIDT, Mauricius (Hrsg.) (1867), Hesychii Alexandrini Lexicon. Jena.
SCHMIDT-Wiegand, Ruth (1971), Gebärden. In: HRG 1: 1411–1419.
SCHMITZ, Heinz-Günther (1972), Physiologie des Scherzes. Bedeutung und Rechtfertigung der Ars Iocandi im 16. Jahrhundert. Hildesheim u. a. (Deutsche Volksbücher in Faksimiledrucken B 2).
SCHMITZ, J. H. (1856; 1858), Sitten und Sagen, Lieder, Sprüchwörter und Rätsel des Eifler Volkes, nebst Idiotikon. 2 Bde. Trier.
SCHMITZ, J. H. (1896), Volkstümliches vom Siebengebirge. Das Kind und seine Spiele, vornehmlich in Oberdollendorf. In: RG 3: 61–64, 78–87.
SCHNABEL, Johann G. (1748), Der im Irr-Garten der Liebe herum taumelnde Cavalier. Oder Reise- Und Liebes-Geschichte Eines vornehmen Deutschen von Adel. Warnungsstadt 1746.
SCHOLLEN, Matthias (1887 und 1888), Aachener Volks- und Kinderlieder, Spiellieder und Spiele. In: ZAG 9: 170–210 und 10: 138–197.
SCHÖN, Friedrich (1910), Sprachlich Interessantes aus dem Kinderliede der

Saarbrückener Gegend. In: ZrwV 7: 221–222.
SCHÖN, Friedrich (1911), Zum 'Letzten geben'. In: ZVV 21: 298f.
SCHÖNBACH, Anton (1879), Mittheilungen aus altdeutschen Handschriften. Bd.2: Predigten. Wien (Sonderdruck aus den SKAWW 94).
SCHÖNBACH, Anton (1900), Studien zur Geschichte der altdeutschen Predigt 2: Zeugnisse Bertholds von Regensburg zur Volkskunde. Wien (SKAWW 142).
SCHÖNE, Albrecht (Hrsg.) (1963), Das Zeitalter des Barock. Texte und Zeugnisse. München (Die deutsche Literatur 3.).
SCHÖNER, Gustav (1903), Spezialidiotikon des Sprachschatzes von Eschenrod (Oberhessen). Einzelne Kinderspiele. In: ZHM 3: 265–273.
SCHÖNSLEDER, Wolfgang (1632), Promptvarivm germanico-latinvm. Hoc est, phraseon liber, qvo quidquid propemodum Germanice dicendum occurrit, Latinè ex probatis scriptoribus redditur. Editio tertia plurimis vocabulis aucta. Monachium: Nicolaus Henricus.
SCHÖPF, Johann B. (1866), Tirolisches Idiotikon. Unter Mitarbeit von Anton J. Hofer. Innsbruck.
SCHRADER, Herman (1896), Der Bilderschmuck der deutschen Sprache in tausenden volksthümlicher Redensarten. 5. verb. Auflage. Weimar.
SCHRANKA, Eduard M. (1905), Wiener Dialekt-Lexikon. Wien.
SCHRÖTELER, Joseph (1940), Die Erziehung in den Jesuiteninternaten des 16. Jahrhunderts. Dargestellt aufgrund ungedruckter Quellen. Freiburg.
SCHULENBURG, Willibald v. (1882), Wendisches Volksthum in Sage, Brauch und Sitte. Berlin.
SCHULTZ, Alwin (1889/90), Das höfische Leben zur Zeit der Minnesinger. 2 Bde. 2. verm. Ausg. Leipzig
SCHUMANN, Colmar (o. J.), Lübeckisches Spiel- und Rätselbuch. Lübeck.
SCHURZ, Carl von (1906), Lebenserinnerungen. Bd. 1. Berlin.
SCHUSTER, Heinrich M. (1878), Das Spiel, seine Entwicklung und Bedeutung im deutschen Recht. Eine rechtswissenschaftliche Abhandlung auf sittengeschichtlicher Grundlage. Wien.
SCHUSTER, Wilhelm (1865), Siebenbürgisch-sächsische Volkslieder. Hermannstadt.
SCHÜTTE, Otto (1906), Die Hornsprache im Volksmunde. 1. Militärische Signale. 2. Hirtensignale. In: ZVV 16: 81–86.
SCHÜTTELKOPF, Balthasar (1891), Kinderreime und Kinderspiele. Gesammelt im oberen Görtschitzthale, am Krappfelde und um Osterwitz. (Fortsetzung). Turnspiele. In: Carinthia I, 81: 23–29, 80–89, 121–130, 157–165.
SCHÜTZE, Johann F. (1800–1806), Holsteinisches Idiotikon. 4 Bde. Hamburg.
SCHWÄB. WB.: Fischer, Hermann (1904–36), Schwäbisches Wörterbuch. 6 Bde. Tübingen.
SCHWEIZ. ID.: Schweizerisches Idiotikon. Wörterbuch der schweizerdeutschen Sprache. Bearb. v. F. Staub, L. Tobler u. a. Bd. 1 ff. (1881ff.). Frauenfeld.
SCHWERD, Andreas (1913; 1914) Der pädagogische Wert des Jugendspiels und verwandter Leibesübungen geschichtlich dargelegt. Teil 1 (1913): Zeitalter des Humanismus bis zur Reformation; Teil 2 (1914): Zeitalter des Humanismus in dessen Verbindung mit Re-

formation und Gegenreformation im 16. Jh. Augsburg (Programm des K. humanistischen Gymnasiums St. Stephan in Augsburg).
SCHWERD, Andreas (1949), Die Rolle der Leibesübungen in den Schulordnungen des 16. und 17. Jahrhunderts. In: Gymnasium und Wissenschaft. Festgabe. Nördlingen.
SDS: Sprachatlas der deutschen Schweiz. Hrsg. von Rudolf Hotzenköcherle. Bd. 1 (1962ff.). Bern.
SEEBOLD, Elmar (1981), Etymologie. Eine Einführung am Beispiel der deutschen Sprache. München.
SEEBOLD, Elmar (1983), Diminutivformen in den deutschen Dialekten. In: Besch, W. u. a. (Hrsg.), Dialektologie. Ein Handbuch zur deutschen und allgemeinen Dialektforschung. 2. Halbband. Berlin, New York: 1250–1255.
SEEBOLD, Elmar (1995), Kluge. Etymologisches Wörterbuch der deutschen Sprache. 23. erw. Aufl. Berlin, New York.
SEELBACH, Ulrich (Bearb.) (1993), Johann Fischart. Sämtliche Werke. Hrsg. v. Hans-Gert Roloff u. a. Bd. 1. Bern u. a. (Berliner Ausgaben, Sektion philologische Wissenschaften).
SEERING, H. (1953 und 1954), Die ritterlichen Leibesübungen in den höfischen Epen [Erster Teil]. In: Wolfram-Jb. 1953: 48–100 und 1954: 7–42.
SEIBICKE, Wilfried (1983), Wie sagt man anderswo? Landschaftliche Unterschiede im deutschen Sprachgebrauch. 2., neubearb. u. erw. Aufl. Mannheim u.a.
SEIDL, Johann G. (1844), Niederösterreichische Gedichte. Flinserln. Gesamtausgabe. 3. Aufl. Wien.
SELLMANN, A. (1931), Westfälische Kinderspiele. In: ZrwV 28: 43–57.

SEYBOLD, Johann G. (1678), Officina scholastica, Novo & singulari cùm Docentium tùm Discentium usu aperta: Das ist: Neue Schul-Offizin. [3. Aufl.] Nürnberg.
SIBER, Adam (1570), Nomenclatoris Hadriani Junii medici epitome recognita et aucta. Cui adiecta sunt praecepta quaedam de formando stylo [...]. Leipzig.
SIBER, Adam (1575), Nomenclatoris Hadriani Ivnii Epitome. Recognita et avcta. Adiunctis. Lipsiae: Johannes Rhamba.
SIBER, Adam (1588), Gemma gemmarum, sev nomenclatoris Had. Ivnii epitome. Adiunctis dialogis pverilibvs scholasticis et calendario. Ex recensione vltima. Lipsiae.
SIBER, Adam (1607), Gemma gemmarum, seu nomenclatoris Had. Junii epitome. Leipzig.
SIEBS, Benno E. (1928), Die Helgoländer. Eine Volkskunde. Breslau (Veröffentl. der Schleswig-holsteinischen Universitätsgesellschaft 10).
SIEGL, Elli (1964), Deutsche Wortkarte 1890–1962. Eine Bibliographie. In: DWEB 4: 629–691 [„Stichwörter der Wortkarten": 665–691].
SIMON, Irmgard (1990), Knöchel- und Steinchenspiele in Westfalen. Beschreibungen und Wörter. In: Franco-Saxonica. Münstersche Studien zur niederländischen und niederdeutschen Philologie. Jan Goossens zum 60. Geburtstag. Neumünster: 119–159.
SIMON, Theodor (1656), J. A. Comenii Janua trium linguarum latinae graecae germanicae reserata [...] in gratiam studiosa juventutis. Frankfurt.
SIMROCK, Karl (1848), Das deutsche Kinderbuch. Altherkömmliche Reime,

Lieder, Erzählungen, Uebungen, Räthsel und Scherze für Kinder. Frankfurt.
SINGER, Samuel (1903), Deutsche Kinderspiele. In: ZVV 13: 49–64, 167–179.
SOBRINO, Francisco (1721), Diccionario nuevo de las lenguas española y francesa. T. 1. 2. Brusselle.
SOHNREY, Heinrich/ SCHRÖDER, Hugo (1939), Der Spinntrupp im deutschen Volkstum. Berlin.
SONDER, Ambors (1944), Das ländliche Leben der Unterengadiner Gemeinde Tschlin (Schleins). Eine sachkundliche Darstellung. Samedan.
SPIESER, Theodor (1700), Novum lexicon universale latino-germanicum et germanico-latinum. Basilea.
SPRECHT, Franz A. (1885), Geschichte des Unterrichtswesens in Deutschland. Von den ältesten Zeiten bis zur Mitte des dreizehnten Jahrhunderts. Stuttgart.
SPIELBÜCHER UND -GRAPHIK (1993): Spielbücher und -Graphik des 16.–18. Jahrhunderts. Katalog der Ausstellung in der Hochschulbibliothek. Oberndorf. (Homo ludens 3, Sondernummer).
SPIELWELTEN DER KINDER AN RHEIN UND MAAS (1993): Spielwelten der Kinder an Rhein und Maas. Begleitband und Katalog zur Ausstellung des Landschaftsverbandes Rheinland u. a. Köln.
SPIEß, Balthasar (1869), Volkstümliches aus dem Fränkisch-Hennebergischen. Wien.
SPIESS, Moritz (1862), Aberglauben, Sitten und Gebräuche des sächsischen Obererzgebirges. Dresden.
SPITZER, Rudolf (1891), Beiträge zur Geschichte des Spieles in Alt-Frankreich. Heidelberg.

SPLEISS, Stephan (1667), Johannis Amos Comenii Sprachen-Thür. Schaffhausen.
SPORT-BROCKHAUS (1989): Der Sportbrockhaus. Alles vom Sport A-Z. 5. Mit e. Nachwort versehene Aufl. Mannheim.
STALDER, Franz J. (1806), Versuch eines Schweizerischen Idiotikon. 2 Bände.
STAMMLER, Wolfgang (Hrsg.) (1963), Spätlese des Mittelalters I. Weltliches Schrifttum. Berlin (TSM 16).
STATUTA VEL PRECEPTA SCHOLARIUM (1507): Statuta vel precepta scholarium. Nürnberg: Hieronymus Höltzel.
STEINBACH, Christoph E. (1734), Vollstaendiges Deutsches Wörter-Buch vel lexicon germanico-latinum. Breßlau. Nachdr. Hildesheim u. a. 1973 (Documenta linguistica II).
STEINFELS, L. (1925), Die Spiele. Potsdam, Leipzig.
STEINHAUSEN, Georg (1894), Die Idealerziehung im Zeitalter der Perücke. In: MGES 4: 209–246.
STELLA, Jacques (1667), Les jeux et plaisirs de l'enfance. Paris.
STEVENS, Marie-Anne (1978/79), Les jeux des écoliers à l'époque de la Renaissance. In: Réseaux. Revue interdisciplinaire de philosophie morale et politique 32–34: 53–59.
STIELER, Kaspar (1691), Der teutschen Sprache Stammbaum und Fortwachs. 3 Bde. Nürnberg 1691. Nachdr. Hildesheim 1968.
STÖBER, August (1859), Elsässisches Volksbüchlein. Kinderwelt und Volksleben in Liedern und Sprüchen. Bd. 1. 2. Aufl. Mühlhausen.
STRECKENBACH, Gerhard (1931), Stiltheorie und Rhetorik der Römer im Spiegel der humanistischen Schülergespräche. (Diss.). Berlin 1931. Reprint

Göttingen 1979.
STREITBERG, Gerhart (1937), Die wortgeographische Gliederung Ostsachsens und des angrenzenden Nordböhmens. Halle a. d. Saale (ZM. Theuthonista. Beiheft 14. Mitteldeutsche Studien: 10).
STRUTT, Joseph (1903), The Sports and Pastimes of the People of England. From the Earliest Period, Including the Rural and Domestic Recreations, May Games, Mummeries, Pageants, Processions and Pompous Spectacles, Illustrated by Reproductions From Ancient Paintings in which are Represented most of the Popular Diversions. A New Edition, much enlarged and corrected by J. Charles Cox. London 1903, Detroit 1968.
STUBENVOLL, Beda (1874), Geschichte des Königlichen Erziehungs-Institutes für Studirende (Holland'sches Institut) in München aus Anlaß des 300-jährigen Bestehens dieser Anstalt. München.
STÜCKRATH, Otto (1910), Ältere westfälische Kinderreime und Kinderspiele. In: ZrwV 7: 227–231.
STÜCKRATH, Otto (1931), Nassauisches Kinderleben in Sitte und Brauch, Kinderlied und Kinderspiel. Wiesbaden (Veröffentl. des Volksliedausschusses für das Land Nassau, die Stadt Frankfurt am Main und den Kreis Wetzlar 2).
STÜRENBURG, Cirk H. (1857), Ostfriesisches Wörterbuch. Aurich.
SUCHIER, Hermann (Hrsg.) (1884–1885), Oeuvres poétiques de Philippe de Rémi, Sire de Beaumanoir. Paris. (Anciens textes français 33).
SÜDHESS. WB.: Südhessisches Wörterbuch. Begr. v. Friedrich Maurer. Bd. 1ff. (1965ff.). Marburg.

SUOLAHTI, Hugo (1915), Der Ausdruck *barlaufen*. In: NPhM 17: 117–120.
SWEETSER, Franklin P. (Hrsg.) (1966), Les Cent nouvelles Nouvelles. Genève [Textes littéraires français 127].
SYLVANUS [Pseudonym] (1728), Das verwoehnte Mutter-Soehngen/ Oder: Polidors gantz besonderer und ueberaus lustiger Lebens-Lauff. Freyberg.
TAILLARDAT, Jean (1967), Suétone. ΠΕΡΙ ΒΛΑΣΦΗΜΙΩΝ. ΠΕΡΙ ΠΑΙΔΙΩΝ. (Extraits byzantins). Paris (Nouvelle collection de textes et documents 23).
TAUBER, Walter (1987), Das Würfelspiel im Mittelalter und in der frühen Neuzeit. Frankfurt a. M. u. a.
TETZNER, Franz (1898), Feste und Spiele der Litauer. In: Globus 73, Nr. 20. Braunschweig: 317–323.
TEUTSCH-LATEINISCHES WÖRTERBÜCHLEIN (1722), Zum Nutz und Ergötzung der Schul-Jugend zusammengetragen/ Und mit 6000 dazu dienlichen Bildern gezieret. Nürnberg.
THE ROMANCE OF ALEXANDER: a Collotype Facsimile of MS. Bodley 264. With an introd. by M. R. James 1933. Oxford.
THÜR. WB.: Thüringisches Wörterbuch. Bearb. unter Leitung von K. Spangenberg an der Sächs. Akad. d. Wissenschaften. Zuerst Bd. 4ff. (1976ff.). Berlin.
THEODORIDIS, Christos (Hrsg.) (1982; 1998), Photii Patriarchae Lexicon. Vol. I, II. Berlin, New York.
THOMPSON, H. Yates (1899), Thirty-two Miniatures from the Book of Hours of Joan II, Queen of Navarre, a manuscript of the fourteenth century. London.
THURNEYSSER zum Thurn, Leonhardt (1575), Archidoxa. Berlin.
TIJSKENS, Jean-Paul (1965), Les noms du

croquemitaine ein Wallonie. In: Enquêtes du Musée de la Vie Wallonne 10: 257-392.
TLF: Trésor de la langue française. Dictionnaire de la langue du XIXe et du XXe siècle (1789-1960). Bd. 1ff. (1971ff.). Paris.
TLL: Thesaurus Linguae Latinae. Bd. 1ff. (1900ff.). Lipsiae.
TOBLER, Titus (1837), Appenzellischer Sprachschatz. Zürich.
TRAPP, Eduard/ PINZKE, Hermann (1897), Das Bewegungsspiel. Seine geschichtliche Entwicklung, sein Wert und seine methodische Behandlung. Langensalza.
TRIER, Jost (1947), Spiel. In: BGDSL 69: 419-462.
TRÜBNERS DEUTSCHES WÖRTERBUCH. Hrsg. von Alfred Götze. Bd. 1ff. (1939ff.). Berlin.
UNGER, Theodor/ KHULL, Ferdinand (1903), Steirischer Wortschatz als Ergänzung zu Schmellers Bayerischem Wörterbuch. Graz.
URQUHART, Thomas/ MOTTEUX, Peter le (1653), Rabelais. Gargantua and Pantagruel. Translated into English. Annis 1653-1694. With an Introduction by Charles Whibley. Bd. 1. New York 1967.
VANDEN-BRANDEN, Jean-Pierre (1982), Les jeux d'enfants de Pierre Bruegel. In: Ariès/Margolin (Hrsg.): 499-524.
VÄTERLEIN, Jutta (1976), Roma ludens: Kinder und Erwachsene beim Spiel im antiken Rom. Amsterdam.
VECHNER, Georg (1655), Januae linguarum reseratae vestibulum germanico-latinum: A. Joh. Amoso Comenio primo adornatum. Tiguri: Johann J. Bodmer.
VERDON, Jean (1980), Les loisirs au moyen âge. Paris.

VERIPHANTOR (1666): Veriphantors Jungferlicher Zeit-Vertreiber. [Leipzig] 1666. Nachdr. 1975.
VERNALEKEN, Theodor/ BRANKY, Franz (1876), Spiele und Reime der Kinder in Oesterreich. Wien.
VERSUCH EINES BREMISCH-NIEDERSÄCHSISCHEN WÖRTERBUCHS (1767-1771; 1869). Hrsg. v. d. Bremisch-Deutschen Gesellschaft. 5 Teile. 6. Teil mit Zusätzen und Nachträgen v. L. Dreyer. Bremen. Neudr. Osnabrück 1975.
VETTORI, Pietro (1553), Variarum lectionum libri 25. Florentia.
VILLINGER (1938), Hans Sachs und die Leibesübungen. In: Leibesübungen und körperliche Erziehung 1938: 298-302.
VILMAR, August F. (1883), Idiotikon von Kurhessen. Marburg/Leipzig.
VIOLET, A. F. (1864), Neringia oder Geschichte der Danziger Nehrung. Danzig.
VL: Die deutsche Literatur des Mittelalters. Verfasserlexikon. Begr. v. Wolfgang Stammler. 2. völlig neu bearb. Aufl. Bd 1ff. (1933ff.). Berlin und Leipzig.
VOGEL, Ezechiel (1621), Ephemerides totius linguae latinae. Leipzig.
VOGT, Martin (1905), Untersuchungen zu den gymnastischen Knabenspielen der alten Hellenen. Bewegungsspiele ohne Geräte. In: Blätter für das Gymnasialschulwesen 41: 561-603.
VOLCKMAR, Nicolaus (1613), Dictionarium qvatvor linguarum, latinè, Germanicè & Polonicè [...]. In secunda editione, lingua graeca auctum [...]. Nunc tertiò recusum, multis in locis correctum, & ab Erroribus purgatum. Gedani: Martinus Rhodus.
VOLCKMAR, Nicolaus (1639), Viertzig Dialogi, oder lustige arten zu reden.

Von allerhand Sachen vnd Haendeln/ so taeglich in Haußhaltung/ Kauffmanschafft/ vnd andern Gewerben/ daheim vnd auch auff der Reise pflegen fuerzulauffen/ in Deutscher vnd Ponischer Sprach/ gar herrlich zusammen gebracht. [zweite, posthume Ausgabe]. Danzig: Andreas Huenefeld.

VOLKSBÜCHLEIN (1839): Ein Volksbüchlein. 2. Teil. 2. verm. und bearb. Ausg. München.

VORMBAUM, Reinhold (1860ff.), Die evangelischen Schulordnungen des 16., 17. und 18. Jahrhunderts. 3 Bde. Gütersloh.

VRIES, Jan de (1957), Untersuchungen über das Hüpfspiel. Kinderspiel – Kulttanz. Helsinki (FFC 173).

VUILLER, G. (1900), Plaisirs et jeux depuis les origines. Paris.

WA: D. Martin Luthers Werke. Kritische Gesamtausgabe. Bd. 1ff. (1883ff.). Weimar.

WACHTER, Johann G. (1737), Glossarium germanicum continens origines antiquitates totius linguae germanicae […]. 2 Bde. Lipsiae.

WACKERNAGEL, Wilhelm (1827), Altdeütsche Curiositäten. Berlin.

WACKERNAGEL, Wilhelm (1853), Der Todtentanz. In: ZDA 9: 302–365.

WAHNER (1903), Verstecklas. In: MSGV 5: 59–61.

WALDE, Philo vom (1884), Schlesien in Sage und Brauch. Berlin.

WALDE, Stefanie (1994), Alte Kinderspiele in Heidingsfeld. Schriftliche Hausarbeit für das Lehramt an Grundschulen im Fach Volkskunde an der Julius-Maximilians-Universität Würzburg [Typoskript].

WALTINGER, Michael (1921), Vom „Bama". In: Monatsschrift für die ostbayrischen Grenzmarken 10: 209.

WANDER, Karl F. (1867–1880), Deutsches Sprichwörter-Lexikon. Ein Hausschatz für das deutsche Volk. 5 Bde. Leipzig.

WARNATSCH, Otto (Hrsg.) (1883), Der Mantel. Breslau (GA 2).

WARNECKE, Friedrich (Hrsg.) (1894), Emblemata nobilitatis Stamm- und Wappenbuch von Theodor de Bruy (1593). Berlin.

WASSMANNSDORFF, Karl (1864), Turn- und Kriegsfahrten des schwäbischen Ritters Georg von Ehingen im 15. Jahrhundert. In: DT 11: 401f.

WASSMANNSDORFF, Karl (1866), Die Leibesübungen der deutschen Ritter im Mittelalter. In: NJT 12: 195–209, 253–263.

WASSMANNSDORFF, Karl (1872), Joachim Camerarius' Gespräch über Leibesübungen, vom J. 1544, aus dem Lateinischen übersetzt. In: DT 17: 272–273 und 279–281.

WASSMANNSDORFF, Karl (1899a), Deutsche Spielverzeichnisse aus dem 15. und 16. Jahrhundert und Maßmanns unrichtige Deutung dieser Spiele. In: DT 44: 76–78.

WASSMANNSDORFF, Karl (1899b), Spiele und Leibesübungen in deutschen Handschriften, und ein Blick auf das Schulturnen in Deutschland seit dem 16. Jahrhundert. In: DT 44: 1094–1096.

WBÖ: Wörterbuch der bairischen Mundarten in Österreich. Bearbeitet von V. Dollmayr, E. Kranzmayer u. a. Bd. 1ff. (1963ff.). Wien.

WEBER, Heinrich (1901), Kinderspiele aus Eichstätt und Umgebung. Eichstätt.

WEDEL-Wolff, Annegret von (1982), Geschichte der Sammlung und Erfor-

schung des deutschsprachigen Volkskinderliedes und Volkskinderreimes im 19. Jahrhundert. Göppingen (GAG 22).
WEGENER, Philipp (1883), Spiele aus dem Magdeburger Lande mit Beiträgen aus anderen Gegenden Nord-Deutschlands. In: GSLM 18: 1–16 und 146–184.
WEHRHAN, Karl (1909), Kinderlied und Kinderspiel. Leipzig (Handbücher zur Volkskunde 4).
WEHRHAN, Karl (1929), Frankfurter Kinderleben in Sitte und Brauch, Kinderlied und Kinderspiel. Wiesbaden (Veröffentl. des Volksliedausschusses für das Land Nassau, die Stadt Frankfurt am Main und den Kreis Wetzlar 1).
WEILER, Ingomar (1993), Althistorie und Ethnologie – die Anfänge einer vergleichenden Spielforschung bei Joseph-Francois Lafitau (1681–1746). In: Kuckuck 8: 24–29.
WEINHOLD, Karl (1893), Der Wettlauf im deutschen Volksleben. In: ZVV 3: 1–23.
WEINHOLD, Karl (1897), Die deutschen Frauen in dem Mittelalter. 3. Aufl. 2 Bde. Wien.
WESENIGK, Georg (1702), Das Spielsuchtige siebenfaechtige Polysigma der Boesen Spiel-Sieben. Dresden.
WETTWER, Albrecht (1933), Englischer Sport im 14. Jahrhundert. Diss. Göttingen.
WIGAND, Johann (1575), Ob die newen Wittenberger stets bis daher einig mit den alten geleret: und ob Lutheri und Philippi schrifften durchaus gantz einig und einhellig. Königsberg.
WILCKENS, Leonie von (1985), Spiel. Spiele. Kinderspiel. Nürnberg (Katalog des Germanischen Nationalmuseums, Nürnberg).
WILDT, Klemens K. (1957), Leibesübungen im Deutschen Mittelalter. Frankfurt a. Main.
WINDHAUS, Georg (1891), Schulgesetze der Lateinschule zu Mansfeld um 1580. In: MGES 1: 221–237.
WIRTH-POELCHAU, Lore (1986), Die lateinischen Schülergespräche der Humanisten im heutigen Lateinunterricht. In: AU 29: 75–88.
WOESTE, Friedrich (1850), Mittheilungen aus Westfalen. In: Germania (Berlin) 9: 284–292.
WOESTE, Friedrich (1878), Kinderspiele in Südwestfalen. In: JVNS 3, Jg. 1877: 103–109.
WOESTE, Friedrich (1930), Wörterbuch der westfälischen Mundart. Norden, Leipzig.
WOLF, Adam (Hrsg.) (1873), Lucas Geizkofler und seine Selbstbiographie. 1550–1620. Wien.
WOLFF, Roland A. (1980), Wie sagt man in Bayern? Eine Wortgeographie für Ansässige, Zugereiste und Touristen. München.
WOLL, Johanna/ MERZENICH, Margret/ Götz, Theo (1988), Alte Kinderspiele. Stuttgart.
WONISCH, Othmar (1957), Das St. Lambrechter Passionsspiel von 1606. Graz.
WOORDENBOEK DER NEDERLANDSCHE TAAL. Hrsg. v. M. de Vries u. a. Bd.1ff. (1882ff.). 's Gravenhage, Leiden.
WREDE, Adam (1956/1958), Neuer Kölnischer Sprachschatz. 2 Bde. Köln.
WÜNSCHE, August (1897), Deutsche Männer- und Frauenspiele während des Mittelalters. In: Nord und Süd 80.
ZAUPSER, Andreas D. (1789), Versuch eines baierischen und oberpfälzischen

Idiotikons. München. Hrsg. v. Alfons Huber. Grafenau. 1986.

ZEHNER, Joachim (1622), Nomenclator latino-germanicus. Schleusing.

ZELLER-THUMM, Rosmarie (1974), Spiel und Konversation im Barock. Untersuchungen zu Harsdörffers Gesprächsspielen. Berlin u. a. (Quellen und Forschungen zur Sprach- und Kulturgeschichte der germanischen Völker N. F. 58).

ZETTLER, Moritz (1893), Die Bewegungsspiele. Ihr Wesen, ihre Geschichte und ihr Betrieb. Wien u. a.

ZIESEMER, Walther (1939/40), Preußisches Wörterbuch. 2 Bde. Königsberg.

ZINGERLE, Ignaz v. (1873), Das deutsche Kinderspiel im Mittelalter. 2. verm. Aufl. Innsbruck.

ZINGERLE, Ignaz v. (1892), Predigtliteratur des 17. Jahrhunderts. In: ZDP 24: 44–64, 318–341.

ZODER, Hildegard (1924), Kinderlied und Kinderspiel aus Wien und Niederösterreich. Wien.

ZOLLINGER, F. (1905), Johann Jacob Redinger. Zürich.

ZOLLINGER, Manfred (1993), Erlesenes Spiel. Die Kodifizierung der Spiele vom 16. bis 18. Jahrhundert. In: Spielbücher und -Graphik (1993): 9–39.

ZOLLINGER, Manfred (1996), Bibliographie der Spielbücher des 15. bis 18. Jahrhunderts. Hrsg. von G. G. Bauer. Bd. 1: 1473–1700. Stuttgart.

ZÜRICHER, Gertrud (1902), Kinderlied und Kinderspiel im Kanton Bern nach mündlicher Überlieferung. Zürich.

III. Texte

A. Die Aufzählung in Meister Altswerts Minneallegorie *Der Tugenden Schatz* (14. Jh.)

1	Zwey begunden kosen	Zweÿ begúnden kosen	Zwei begonden kosen
2	Zwey die brachen rosen	Zweÿ die brachen rosen	Zwei die brachent rosen
3	Zwey was miteinander wol	Zwaÿ was mitein ander wol	Zwei waz mit einander wol
4	Zwey die süchten viol	Zweÿ die suochten fiol	Zwei die suchten viol
5	Zwey begunden singen	Zweÿ begunden singen	Zwei begonden singen
6	Zwey die wolten springen	Zweÿ die wolten springen	Zwei die woltent springen
7	Zwey begunden schallen	Zweÿ begunden schallen	Zwei begonten schallen
8	Zwey wolten in blumen vallen	Zweÿ wolten in bluomen fallen	Zwei woltent in blümen vallen
9	Zwey die wurden rumen	Zweÿ die würden rùmen	Zwei begonden rünen
10	Zwey die wolten busamen	Zweÿ die wolten basùmen	Zwei die woltent basunen
11	Zwey die brachen blumen	Zweÿ die brachen blümelin	Zwei die brachent blúmlin
12	Zwey spilten vber fuslin	Zweÿ spilten über fußlin	Zwei spilten uber fúßelin
13	Zwey die lebten im góm	Zweÿ die lebten im gom	Zwei die lepten in gomen
14	Zwey die stigen uff die baüm	Zweÿ die stigen vff die bom	Zwei stiegent uf die baüm
15	Zwey die zugen schazabel spil	Zweÿ die zugen schachzabelspil	Zwei zügent schafzobel spil
16	Zwey geilten miteynander vil	Zweÿ geilten mit einander vil	zwei geilten mit einander viel
17	Zwey spilten greslis	Zweÿ spilten greßlis	Zwei die spielten greselins
18	Zwey brachen des meyen riß	Zweÿ brachen des meÿen riß	zwei brachent dez meien riß
19	Zwey slügen durch den ring	Zweÿ schlügen durch den ring	Zwei die schlügent dürch den ring
20	Zwey eins das ander vmbfing	Zweÿ eins das ander vmb fieng	Zwei eins daz ander vmb ving
21	Zwey wolten goln zwey spilten der boln	Zweÿ wòlten göln/ zweÿ spilten der boln	Zwei die wolten gölen
22			Zwei spilten der bölen
23	Zwey wolten zu dem zweck	Zweÿ walten zuo dem zwegk	Zwei walten zú dem zweck
24	Zwey die spilten zeck	Zweÿ die spilten zeck	Zwei spilten zeck

25	Zwey schüssen zudem zil	Zweÿ schùssen zuo dem zile	Zwei schußen zü dem zil
26	Zwey spilten wirczbel spil	Zweÿ spilten wirtzebel spil	Zwei spielten würczobel spil
27	Zwey lieffen die harr	Zweÿ lieffen die här	Zwei die liefen die harr
28	Zwey spilten risenbar	Zweÿ spilten reisen bar	Zwei spilten der barr
29	Zwey die stissen den stein	Zweÿ die stiessen den stein	Zwei die stießen den stein
30	Zwey spilten beynüber beyn	Zweÿ spilten bein vber bein	Zwei spielten bein vber bein
31	Zwey lebten on ruwen	Zweÿ lebten än rùwen	Zwei lepten an rüwen
32	Zwey spilten der vndruwen	Zweÿ spilten der vntrùwen	Zwei spielten der vntruwen
33	Zwey die spilten schelcklichs	Zweÿ die spilten schelcklichs	Zwei die spielten schelcklins
34	Zwey stunden fur ein mit vlis	Zweÿ stünden für ein mit fliß	Zwei spieltent für ein mit fliß
35	Zwey die driben michel wunder	Zweÿ die trib michel wonder	Zwei die triebent michel wonder
36	Zwey eins det sich da vnder	Zweÿ einß tet sich da vnder	Zwei eins tet sich do vnder
37	Zwey spilten wer det dir das	Zweÿ spilten wer tet dir das	Zwei spielten wer det dir daz
38	Zwey lagen indem gras	Zweÿ lagen in dem graß	Zwei logent nieder in daz graß
39	Zwey spilten zurlin murlin	Zweÿ spilten zùrlin mùrlin	Zwei spielten zierlin mirlin
40	Zwey sprach der flas ist myn	Zweÿ sprach der plaß ist min	Zwei sprachent der flachs ist min
41	Zwey spilten dumpheit	Zweÿ spilten tumpheit	Zwei spieltent dümpheit dorpheit
42	Zwey eins uff den flas schreit	Zweÿ eins vff den flaß schreit	Zwei eins uber den flahs schreit
43	Zwey spilten blinds músen	Zweÿ spilten blinder músen	Zwei spieltent blinden rüssen
44	Zwey die wolten lusen	Zweÿ die wolten lussen	Zwei die lieffent lußen
45	Zwey die wolten singen sagen	Zweÿ die wolten singen sagen	Zwei die woltent singen sagen
46	Zwey begunden lauffen jagen	Zweÿ begunden loffen jagen	Zwei begonden laufen jagen
47	Zwey spilten inden kreissen	Zweÿ spilten inden kreissen	Zwei die spielten in den creißen
48	Zwey die riten beyssen	Zweÿ die ritten beÿssen	Zwei die rittent beissen
49	Zwey begunden sich	Zweÿ begunden sich	Zwei begondent sich smuk-

	smúcken	schmücken	ken
50	Zwey spilten vff der brucken	Zweÿ spilten der füln bruck	Zwei die spielten der fuln brucken
51	Zwey wolten mit eyern klucken	Zweÿ wolten mit eigern klücken	Zwei die woltent mit eigern clugken
52	Zwey begonden zusamen rucken	Zweÿ begund zuo samen rücken	Zwei begonden zü samen rucken
53	Zwey helsten mit lust	Zweÿ halsten mit lust	Zwei helstent mit lüst
54	Zwey eins das ander kust[1]	Zweÿ eins das ander kust[2]	Zwei eins daz ander kuste[3]

B. Der *Dialogus de lusu velitari* von Apherdianus (1552)

Lvdi genus est, in quo pueri sorte in duas æquales diuisi partes concurrunt, & quasi velitantur qua de causa pugnam velitarem appellare licebit, nam ab eo certaminis genere, hic ludus translatus videtur.

GERARDVS, THEODORVS, IOANNES, HENRICVS

Ger.	O factum bene, quam venuste cecidit, quod hodie ferias agimus cum nihil sit hoc cœlo amænius, nihil blandius.
THE.	Equidem demiror insolitam ludimagistri in dandis feriis facilitatem, quid tu Ioannes?
IO.	Nihil minus expectabam, quàm nos hodie lusuros.
HE.	Et ego credebam citius clauam è manu Herculis extorqueri posse, quàm hodie à præceptore ludendi veniam.
GE.	Magnam Hercle illi debemus gratiam, qui nos tanto affecit beneficio.
TH.	Faxit Deus ut bonus ille vir Hesiodi senectam attingat. Sed quem ludum potissimum auspicabimur?
GE.	Ego nullum ludendi genus recusabo, quo cæteros delectari cognovero.
IO.	Libet ne decertare saltu?
HEN.	Illud genus parum liberale est, & non geritur sine tibiarum periculo. Tractemus potius illum lusum, quem nuper ludimagister in prælectione quinti libri Maronis nobis commendauit.
IO.	Quem?
HE.	Non meministi?
IO.	Non, Nam hortum nostrum frequentius inuiso, quam ludum literarium.
HE:	Dixit cursu saltare satis liberale esse, quod ea res omnes corporis partes mirum in modum exerceat, & quod ab Ænea fortissimo viro apud Vergilium,

---

[1] Heidelberg, UB, Cod. germ. palat. 313, 202^r–203^r (Hs. A).
[2] Heidelberg, UB, Cod. germ. palat. 355, 88^r–89^r (Hs. B).
[3] Heidelberg, UB, Cod. germ. palat. 358 50 ^{r}–51^v (Hs. C).

	quæ tum nostra fuit prælectio hoc certaminis genus propositum sit.
GE.	Verum, Sed idem Æneas victori quoque magna præposuit præmia, que utinam & nobis proponerentur, quàm strenue contenderemus.
HEN.	Nobis abunde magnum præmium sit animum studijs lassum refecisse & vires renouasse.
IO.	Agite ergo ludamus pugnam velitarem, siquidem hoc exercitamenti genus & corpus exercet, & valitudini non parum confert.
GE.	Immo etiam alibi sæpe conducit.
IO.	Vbi?
GE.	In bello, Ibi enim si fugiendum sit, potissimum valent, qui sese cursu pedum, & natatu exercuerunt.
IO.	Id ab hinc paucis diebus satis meo malo didici.
HE.	Qui quæso?
IO.	Rustici cuiusdam poma furari volebam, qui cum strepitum in horto audiret, ilico fusto accurrit, & me miserum quia pedibus minus valebat multauit vsque ad mortem.
HE.	Tunc tibi optassem Vergiliani illius, nisi aut aliorum cum eo certantium celeritatem, sed luisti pœnas tuis factis dignas cum furari etiam minima nefas sit.
GE.	Satis nugatum est, ad ludum properemus, dum enim loquamur, dum garrimus, abit hora.
IOA.	Istuc recte, Sed quot sumus numero?
GE.	Puto undeuiginti esse.
IO.	Ergo adhuc unus aut plures asciscendi sunt, ut numero pares simus, nisi quis sit, qui alijs ludentibus spectatorem agere velit.
GE.	Ne te ea res sollicitet, facile nanciscemur plures, potius decernendum, qui futuri sunt duces nostri certaminis.
IOAN.	Tu unius partis ducem agas, Henricus alterius.
GE.	Id non recusamus si ita visum est commilitonibus.
HE.	Fiat igitur sortito & in duas partes tota cohors diuidatur.
GERAR.	Quisque sibi æqualem adiungat & bini omnes accedite, ut sorte fiat electio.
HEN.	Ego cultrum sursum iacio, Tu elige.
GE.	Seligo alterum cultelli latus, signum vbi est expressum.
HEN.	Cecidit in latus signatum, planum sursum vergit, mea est optio.
GER.	Elegisti profecto iuuenes velocissimos.
HEN.	Et tui haud sunt pœnitendi, Non deerunt suo officio, quantum illos alios perspexi.
GE.	Age iam utrique parti sua adsignemus castra, & carcerem.
HEN.	Hic nostra castra erunt, sint illic vestra.
GE.	Id sors decernet, sorti id committendum est.
H.	Sortiamur ergo iterum, uter optionem habebit.
G.	Placet, Bene cecidit, mea est optio, hic nostra metabimur castra, vos illic ex aduerso.
HEN.	Locus placet, Ceterum quam longe distabit carcer à castris?

GE.	Spacio septem passuum.
HEN.	Illud interstitium nimis magnum est, sint potius quinque passus.
GE.	Non pugnabimus istic, Si ita visum est, signetur locus ille vel vestibus vel ramusculo.
HE.	Curabitur. Priusquam tamen auspicabimur audiantur leges huius certaminis, ne quis forte ignarus suis magis absit quam prosit.
GE.	Bene mones. 1 Intra castra quisque est ab hostibus tutus tam ante excursiones quam postea. 2 Is qui prior castra egreditur hostem provocaturus, si ab aliquo aduersariorum eum insequente manu contingatur pro captiuo in carcerem apud hostes abducitus, ibi manendum est. donec socij vel manum eius extensam, vel aliam corporis partem tangant, tunc enim liberum est ad suos redire. 3 Hostis non nisi hostem ante se castris egressum capere potest. 4 Non sit iterum à quoquàm excursio, nisi se prius intra castra sua receperit. 5 Si alterutra pars dum excursiones fiunt castra sua relinquat vacua aduersarijs licet occupare & omnes redeuntes capere, quod si fiat, lusus absolutus est, & à victis sumitur supplicium.
HEN.	Sat est, nunc quisque sua petat castra & bonis auibus rem aggrediamur.
GE.	Age Nicolæ primus lacesse aduersarios. Tu Petre eum subsequaris, vos reliqui commilitones obseruate periclitantes, & liberate si quis ab hostibus cingatur, aut in angustum cogatur.
HEN.	Quo omnes simul irruitis, non decet ita fieri, alius post alium excurrat.
GE.	Hei mihi, quam ignauos habeo velites, ut incedunt, quasi fuste delumbati. Ecce duo in captiuitatem abducuntur profecto si plures amiserimus, cedenda erit aduersarijs palma.
Th.	Nihil periculi est, facile illos liberabimus.
GE.	Strenue igitur quisque contendat, ut vel captiui reducantur, vel uniuersi capiamini.
TH.	En liberauimus socios nostros.
IO.	Triumphe canamus.
HE.	Aduersarij nobis faciunt iniuriam, Nunquam enim excursionibus peractis in castra se recipiunt, Nicolæ legatus illos accedas ut vel legitime ludant, vel à ludo desistamus, nobis non placere technas.
NICO.	Heus heus optimi iuuenes, conceditis me tuto vestra adire castra?
GE.	Concedimus, quid vis?
Nic.	Nostri dicunt vos dolo malo uti.
GE.	Vbi?
NIC.	Semper pro castris consistitis contra huius certaminis leges.
GE.	Istuc posthac cauebitur tu tuto ad tuos redeas, & intermissum ludum redintegremus, Nunc commilitones optimi, quisque se strennuum præbeat, nostra est victoria. Ecce aduersarij omnes extra castra sunt, ocius tu Henrice & Iacobe ea occupate, ego nostra tuebor.
TH.	Capti sunt hostes uniuersi, quonam supplicio afficientur?

GE.	Capite omnes plectendi sunt.
TH.	Duo igitur carnifices illorum ceruices contortis caligis caedant, si leuius supplicium decernendum, pileis cæsi dimittantur.
GE.	Fiat.
IO.	Egregij sane bellatores ex hoc certaminis simulachro olim futuri.
GE.	Verum Hercule vbi fugiendum est, Sed utinam nunc nobis equi essent, ut Troiam luderemus.
HEN.	Quid dicis de cæstuum certamine quod idem Æneas proposuit?
GER.	Eo certe non delector, glorietur Entellus se victorem quantum libet, malim nunc Troianum certam, ut eques domum redirem oppido lassus.[4]

C. Das Gespräch *Barrenschlag* von Redinger (1662)

I. Hartmonat/ Jahranheber/ Jenner.
Barrenschlag.
Trazmund und Baldwin spraechen:

T. Weil es so hart kalt ist Baldwin/ so lasset uns in den rennplaz gehen um uns mit dem *Barrenschlag* zu erwaermen.
B. Ich bin zu friden/ dan ich erstarre vor kaelte/ beruffe nur unsere mitgesellen
T. Hieher ihr gesellen zum Lauffspiel/ erkieset zween Fuehrer und theilet euch in zwein hauffen.
B. Du Trozmund/ vnnd ich sin Hauptleute/ vm welche sollen einander außfordern.
T. Wie wan die Hauptleute anhebten? ich bin sehr begierig zulauffen vnnd dich zufangen/ wolan lauff an vom *barren* oder *schranken*/ biß in die mitte.
B. sihe wir haben zugleich das mittel ziel getroffen fahe mich nun/ hastu das herz.
T. Herz mangelt nicht/ sonst hette ich dich nit außgefordert.
B. Staerke mus dabei sein/ beweise nun deine kraeffte.
T. Du bist staerker/ muß ich gestehen/ lauffet nur zu huelff/ liebe gesellen/ sonst fuehrt Baldwin mich gefangen weg.

I. Asper mensis, Initialis, Januarius
Ostracinda.
Thrasimundus et Baldevinus colloqvuntur.

T. Qvia intensissimè frigidum est Balduine, eamus in curriculum, ad nos cum *ostracinda* calefaciendum.
B. Acqviesco, nam præ frigore rigeo, advoca duntaxat commilitones nostros.
Th. Huc sodales ad certamen currendi, eligite duos Duces, & disgregate vos in duas turbas.
B. Tu Thrasimunde, & ego sumus centuriones, qvi jam alios invicem provocabunt.
Th. Qvid si centuriones inchoarent? valde avidus sum ad currendum, teque captivandum eja exi de vecte vel carceribus in medium usqve.
B. En ad mediam metam simul pervenimus, jam me captiva, si valet animus
Th. Animus non deest, alioqvin te non evocassem.
B. Fortitudo conjuncta esse debet, exerce jam vires tuas.
Th. Prævales, fatendum mihi est, suscurrite, dilecti socii, alias Baldvinus me captivum abducit.

---
[4] Apherdianus (1552: 85–88).

B. Du begerest zu spath huelffe/ sihe du bist bereits in unser verwahrung/ wo bleibt nun dein trozen.
T. Ich gebe noch nicht ganz verlohren/ ich sehe meine entsaezer ankommen.
B. Mein Vnterhauptman wird sie schon empfahen mit den vortrabern
T. Haltet euch dapffer jhr leibschirmer/ damit ihr mich entweder erloeset/ oder etliche fanget/ daß ich außgetauschet werde.
B. Sihe auch deinen vortrabsfuehrer mit meisten gemeinen knechten gefangen Trozmund: das gluek wil mir vnnd den meinigen heut.
T. Wer kan darwider/ du hast bald gewonnen/ und die warheit deineß taufnahmenß erfuellet.
B. Wuenschestu nit auch einen bessern vnd glueklichern namen/ als des Waaarmunds [sic!]/ Degenwerts/ Leuetwiks/ Landhuelfs/ Dietmars?
T. Es scheinet/ meine aeltern haben mir einen namen nach meinen sitten aufgegeben.
B. Verbeßere deinen trozigen mund/ so kanstu einen huebscheren uebernam bekomen.
T. Von dieser stund meiner erledigung will ich dahin trachten.
B. Jhr mueßet erst ewere verdiente straff außstehen.
T. Was vor eine?
B. Die brueglung oder die peitschung
T. So eine harte unnd grausame straff haben wir nicht verschuldet/ durch die brem wollen wir lauffen.
B. Nun dan/ lauffet drei mal durch den rennweg.
T. Jch bin nun erwarmet ich glaub meine bußgesellen auch.
B. Das war anfangs beiderseits vnser begeren: wir sind deß wunsches gewaeret.
T. Laßt vns vnsers neuenten gesaezes nicht vergessen/ dan es wird eine stund

B. Serò nimis auxilium imploras, en tu jam in nostra hæres custodia ubi nunc minæ tuæ?
Th. Animum nondum despondeo, video succenturiatos meos adventare.
B. Locumtenens meus ipsos excipiet cum antepilanis.
Th. Præstate vos viros prætoriani, ut me vel è captivitate liberetis, vel qvosdam capiatis ut pro ipsis permuter.
B. En etiam Primipilum tuum cum præcipuis gregariis militibus captum Thrasimunde: fortúna mihi meisque hodie favet.
Th. Qvis contra niti potest, tu citò vicisti, veritatemque lustrici tui nominis implevisti.
B. Annon etiam melius feliciusque nomen optas, ut Pharamundi, Dagoberti, Ludovici, Landhulphi, Dietmari?
Th. Verisimile est, parentes meos mihi nomen moribus meis accommodum indidisse.
B. Emenda turgidum tuum os, & pulchrius cognómen nancisci poteris.
Th. Ab hac deliberationis meæ hora eò annítar.
B. Promeritam pænam vestram priùs subibitis.
Th. Qvam nam illam?
Bald. Fustuarium, vel flagellationem.
Th. Tam durum dirumqve supplicium non meruimus, verberationem cum pileis sustinebimus.
B. Fiat, decurrite stadium ter, vel hippodromum.
Th. Calesco jam, & meos complices incaluisse credo.
B. Hoc ab initio utrinque fuit petítum nostrum: voti compotes facti sumus.
Th. Ne obliviscamur nonæ legis nostræ, hora etenim erit præterita, & transacta

verloffen vnnd durch gebracht sein. ludendo.
B. Ich meine es auch/ nun ihr mitschueler/ B. Etiam ita existimo, agite condiscipuli,
last uns nun die buecher wider zur hand reassumamus libros in manus.
nemen.
T. Nach dem der leib erwaermet/ vnd die T. Postqvam corpus calefactum, spiritús-
geister erfrischet sein/ koennen wir nun qve recreati sunt, vegetiores jam literis
wakerer lernen. operam navabimus.[5]

D. Das Gespräch *Blinde kuh / blinzenmausen / litzel* von Redinger (1662)

Hornung/ Rebmonat. Februarius, Lustralis, Vinitorius.
Blinde kuh / blinzenmausen / litzel *Myinda, cæcus musulus, diffugium*
Rubrecht/ Difig/ Markman. Ruprechtus, Divico, Marcomannus.

R. Laßt vns eins die *blinde mause* spielen/ R. Ludamus semel cæcum musculum pue-
ihr knaben. ri.
D. Wer wird estlich die *blinde kuh* sein? D. Qvisnam erit *Myinda*
M. der zwoelfte im umzelen. M. Duodecimus supputando numeros.
R. Die zwoelft zahl trifft dich/ Difig/ wolan R. Duodenarius numerus te tangit Divico,
sei nur difig/ und hurtig. eja sis promptus, & agilis
D. Ich wil euch gnug jagen/ huetet euch. D. Satis vos perseqvar, cavéte vobis.
R. Reiche dein schnuptuch/ ich wil dir die R. Porrige muccinium tuum, perstringam
augen verblenden. tibi oculos.
D. warnet mich auch vor den anstoessen/ D. Præmonéte me etiam ab offendiculis, ne
damit ich nicht anlauffe/ oder anstosse. allídam sive impingam.
M. Das wil ich merken/ und dir die mar- M. Id ego animadvertam ibiqve limites si-
ken anzeigen/ samt den hindernissen. gnificabo unâ cum obstaculis.
R. Du must auch dessen nam errathen/ R. Nomen ejus qvoqve divinare debes
den du fahest/ Difig. qvem prehendis, Divico.
D. Wie vnd woher werde ich es koennen? D. Qvî, & unde hoc potero?
R. Auß der sprach/ leibs groesse/ kleidern, R. E lingva, corporis statúra, vestibus.
D. Zertheilet euch dann/ ich wil anheben D. Dispescite ergo vos, incipiam qværere.
zusuchen.
M. Lauf nicht an die bank wende dich uf M. ne impingas ad scamnum, deflecte ad
die rechte hand. manum dextram.
R. Nemlich daß er mich erwischte. R. Scilicet ut me deprehendat.
M. Ja/ weil du vns die ruh gebrochen/ M. Imò, qvia nobis qvietem infregisti, qvin
warum entflihestu nicht? aufugis?
D. Hier habe ich den Rubrecht. D. Hîc teneo Rubertum

---

[5] Redinger (1662: 304–307).

M. Du fehlest/ er ist es nicht.
D. Ich fuehle es wol an der groesse/ vnd dem leder koller.
M. Du rahtest nicht recht sage ich/ Andreas ist ihm gleich nach der laenge vnd kleidern.
D. Er rede dan/ so wil ich es bald unterscheiden.
M. Du weissest wol/ daß der erhaschete nicht reden muß/ sonst erkentestu einen geschwind an der stimm.
D. Ich will dir glauben geben/ und ihn erlaßen.
R. Hieher *Lizel*, so du den Ruhprecht zuertappen vermeinest.
D. Sihe du bist erwischet.
R. Ich kan es nicht verneinen/ ich muß es gestehen.
D. So recht/ suche auch einweil.
R. Oche/ weh! du ziehet das halstuch gar zu hart zu.
D. Ich kenne deine tueke du mochtest es leichtlich von augen wegziehen.
M. Laßet uns leis reden/ und die schuhe ausziehen/ dan er ist gar listig und schnell.
R. Wie ihr gleich spottet/ so will ich doch im dritten lauff einen kriegen
D. Hie ist der Tanzplaz hie springe.

M. Falleris, non est.
D. Ego bene sentio ex statúra, & scorteo colobio.
M. Non rectè conjecturas, inqvam, Andreas ipsi eqvalis est juxta longitudinem, & secundum vestes.
D. Loqvatur ergo, tum statim discernam.
M. Tu novisti, qvod deprehensus non debeat loqvi, alioqvin faciliter voce aliqvem cognosceres.
B. adhibebo tibi fidem, & ipsum dimittam.
R. Huc *Myinda*, si Ruprechtum arripere opinaris.
D. En comprehensus es.
R. Non possum infitiari, tenor sat éri.
D. Hui, qvære etiam aliqvantisper.
R. Proh! væ! tu nimium constringis strophium.
D. Agnosco versutias tuas, tu illus facile ab oculis detraheres,
M. Loqvamur submissè, exuamusqve calceos, nam valdè vafer & pernix, (velox, celer agilis) est.
R. Ut ut ludificetis, terno tamen cursu aliqvem capiam.
D. Hic est choragium, hic salta.[6]

---

[6] Redinger (1662: 308–311).

IV. Register

Die Numerierungen des folgenden Sach- und Wortregisters verweisen auf die Seitenzahlen der zugehörigen Textstellen, die Kursivierung hebt Kapitel oder wichtige Stellen hervor. Das Wortregister enthält die in der Arbeit vorkommenden Bezeichnungen in ihrer überlieferten Form. Aus Gründen der Übersichtlichkeit wurde jedoch auch in einigen Fällen vereinheitlicht. Zuerst sind die hoch- und niederdeutschen Bezeichnungen zusammengestellt, dann folgen alphabetisch nach Sprachstufen und Sprachen gegliedert die mittelhoch-, mittelniederdeutschen und fremdsprachigen Ausdrücke.

A. Sachregister

Abwehrgeste 105
Asylrecht 317
Augenschließen 211; 235; 264
Augenverbinden 243; 271; 272; 305
Auslosen 59; 133; 222
Bedarfsbildung 24
Bedeutungswandel 269; 270; 294
Benennungsmittel 26; 93; 117; 184; 202; 222; 227; 327
Benennungsmotiv 27; 93; 99; 121; 291; 294; 305; 326; 327
Bildungsbedeutung *24*; 211; 212; 253; 264; 268; 294; 299
Blinze(l)n 211
Brauch 66; 144; 206
    Abschiedsbrauch 104
    Abschlußbrauch 104; 106
    Ernteabschlußbrauch 104
    Frühlingsbrauch 50; 69
    Rechtsbrauch 213; 316; 317
Deonomastische Spielbenennung 118; 171
Diminutivsuffix 21; 22
Eigenname 25; 118; 167; 178; 309; 310; 311; 314; 319
Entlehnung 166
Erziehung 67; *73*; 83
Erziehungsschrift 74; 83; 102
Fangen *Siehe* Fußfangen *Siehe* Seilfangen *Siehe* Opfer-Hüter-Fangen *Siehe* Sitzfangen
    im Dunkeln *228*; 290
    im Kreis mit einem weichen Schlaggegenstand *157*

    im Sitzen *173*; 252
    im Sitzen mit Hüter *173*
    in paarweiser Aufstellung hintereinander *123*
    in paarweiser Aufstellung im Kreis *119*
    mit Abschlagen *93*
    mit Abschlagen zum Abschied *103*
    mit verbundenen Augen 218; *228*; 232; 236; 237; 254; 263; 272; 290; 313
    zweier Gruppen im Gelände *126*
    zweier Gruppen mit zufälliger Parteien-Zuweisung *130*
    zweier Gruppen zwischen zwei Lagern 135
Fastnacht 206; 257; 258
Fest 47; 72; 106; 108; 143; 158; 172
    Hirtenfest 154
    Kinderfest 144
    Pfingstfest 47
Flachsbrechen 106; 172
Formel
    Beschwörungsformel 314
    liturgische Formel 323
    Zauberformel 20; 225; 314
Freimalbezeichnung 33; 98; 100; 320
Fusionierung 24
Fußfangen 272 *Siehe* Opfer-Hüter-Fußfangen
Gebrauchsbedeutung *24*
Gegenständeraten 235
Henkersmahlzeit 104
Heteronym 19

Hinken 111
Idiomatisierung 24
Isolierung 25
Kinderkultur 30; *321*; 324
Kinderschreck 168; 311; 324
Kinderzucht-Büchlein 74
Knoten 162; 170; 308
Kreisel 87; 89
Kreiselschlagen 188
Kugel 32; 53; 87
Lateinsprechgebot 76; 77; 86; 226; 323
Latinismus *322*
Lautgebärde 319
Lautliche Motivation 165
Lehnübersetzung 134; 149
Leibesübung 34; 74; 75; 81; 82; 144; 151
Leichenwache 72; 114; 158
Lexikalisierung 24
Mal 126
    Anschlagmal 196
    Freimal 20; *317*
    Rechtsmal 217; 317
Metapher 50; 51; 55; 59; 60; 184; 209; 217; 229; 244; 267; 269
Metonymie 20; 23; 164; 169; 324
Motivation 25; 313
Nachdeutung 25; 221; 226; 231
Opfer-Hüter-Fangen *174*
Opfer-Hüter-Fußfangen *174*; 175; 176; 178
Ostermontag 124
Ostern 51; 187; 206
Personen auffinden und im Sitzen erraten *209*; 211; 254; 261; 270
Personenname 118; 168; 170; 307
Personenraten 228; 235
Pfingsten 143
Pfingstmontag 122; 167; 218; 259
Polygenese 26; 314
Pranger 214
Predigtliteratur 34
Rätsel 35
Rechtsaltertum *316*
Redewendung 104; 116; 141; 186; 189; 190; 193; 208; 292; 303
Reim
    Abzählreim 215; 225; 250; 314; 315
    Ammenreim 212

    Bastlösereim 304
    Kinderreim 57
    Spielreim 168; 172
    Spottreim 105; 172
Reimbildung 56; 211
Ruf 20; 99; 103; 105; 107; 114; 124; 127; 129; 132; 140; 196; 200; 201; 215; 219; 223; 224; 225; 226; 232; 303
    Abschlagruf 24; 100; 226; 320
    Anschlagruf 213; 224; 225; 226; 319
    Freiruf 224; 225; 226
    Lockruf 195; 210
    Spielruf 20; 23; 25; 109; 124; 131; 326
    Spottruf 191; 195
    Tierruf 223
    Warnruf 107; 114; 117; 259; 299
Schäferdrama 311
Schlaggegenstand 115; 157; 169; 229
Schlagraten *44*; 175; 180; 237; 252
    im Sitzen 238
    mit verbundenen Augen 290
    mit verhülltem Kopf 280
Schlauchtanz 108
Schreckgestalt 102; 118; 170; 178; 195; 214; 305; 307; 310; 311; 313; 324
Schule
    Adelsschule 83
    Internatsschule 38
    Jesuitenschule 38; 323
    Klosterschule 73; 169; 170
    Lateinschule 75; 83; 88; 226; 322; 323
Schülergesprächsbuch 73; 77; 90
Schülerregel 75; 76
Schulordnung 75; 76
Schwankmotiv 95; 261; 282
Schwingen 32
Seilfangen 185
    mit Hüter *174*; 176; 185; 191; 194; 195
    um einen Pflock 174
Sekundärmotivation 25
Sinnspruch 254
Sitzfangen *173*; 175; 189; 195
    mit Hüter *174*; 175; 176; 188
Spiel
    Ballspiel 35; 37; 61; 64; 79; 87; 143;

Sachregister 383

326
Bauernstubenspiel 115; 238; 261
Blinzelspiel 87
Brettspiel 79; 89; 143
Dramatisches Spiel *18*; 111; 170
Drischlegespiel 114; 158; 301
Erwachsenenspiel 113; 119; 120; 121; 123; 261; 270; 284; 285
Fingerspiel 56
Geländespiel 127
Glücksspiel 89
Gymnastisches Spiel 73
Hirtenjungenspiel 174; 315
Höfisches Spiel 39; 47; 50; 55; 119; 285
Kartenspiel 32; 55; 75; 88; 89; 272
Kegelspiel 32; 53; 87; 89
Kinderstehlspiel 102
Knabenspiel 57; 181
Knöchelspiel 35; 61; 79; 84; 88
Lauf-Reaktionsspiel 235
Mädchenspiel 115; 120; 250
Murmelspiel 33; 87; 89; 187; 322; 326
Opfer-Hüter-Fangen 175; 188; 189
Paar-Stoss-Spiel 32
Paar-Zieh-Spiel 32
Personenratespiel 238
Pfänderspiel 69
Plattenwurfspiel 32
Platzwechselspiel 59; 300
Proliferations-Fangspiel 107; 112; 118
Rasenschneidspiel 315
Regelspiel *18*; 46; 52; 77; 316
Ritterliches Spiel 47; 64; 137; 145
Rockenstubenspiel 160; 252; 282
Schachspiel 88; 89
Schlagholzspiel 187; 190; 321; 326
Tastratespiel 271
Wettspiel 32
Würfelspiel 35; 61; 64; 79; 84; 88; 89; 128; 143; 272
Wurfspiel mit Stöcken 160
Spiel im Dunkeln 228; *251*; 268; 269; 270; 290
Spiel mit verbundenen Augen 201; 228; 269; 270; 291; 295
Spielallegorie 37
Spielbuch 29; 30; 38; 43
Spieldialog 23; 25; 36; 229; 249; 254; 300; 302; 304; 310; 311
Spielexterne Motivation 25
Spielinterne Motivation 25
Spiellied 23; 210; 269
Spielmotiv 302; 304
Spielprovokation 101
Spielstrafe 148; 153; 164; 184
Spinnstube 104; 115; 187; 252; 257; 269
Spottgestalt 118; *324*
Sprachlehrwerk *73*; 86
Sprichwort 41; 276; 279
Spruch 23; 57; 100; 159; 169; 203; 214; 238; 323
Spucken 224
Stein
    Gemeindestein 215
    Gerichtsstein 317
Steinstoßen 32; 52; 74
Stundenbuch 39
Suchen
    im Dunkeln *228*
    und Fangen im Dunkeln *228*
    und Fangen mit verbundenen Augen *228*
Teufel 118; 195; 307
Tiername 117; 170; 223; 291; 305; 307
Venusberg 45; 48
Verkaufssituation 191
Verspottung Jesu 175; 182; 183; 256; 280; 281
Verstecken *196*; 233; 235; 237; 250; 319
    im Dunkeln 218; 254; 264
    mit Anschlagen *196*; 197; 200; 202
Vogelfang 190
Wettkampf 32; 47; 51; 64; 88
Wettlauf 73; 139; 141; 145; 147; 155
Zufallsentstehung 26; 314

B. Wortregister

HOCH- UND NIEDERDEUTSCH

Aanblengs 305
Abbrandeln 224
Abgeiern 22
Abgetascheln 224
Abpeutern 320
Abtapperln 99
Abtippe 321
Ach der Blind ist zu bedauern 308
Acka 226
Adjebatsch 103
Afklapp 224
Agen abschütten 253
Ajau 225
Akree 225
Alett 224
Allie 224
Alte Schuh spielen 159
An den Klauen saugen 185
Angeigen 224
Angeschlagen für N.! 224
Anigl, panigl, subtrahi 225
Anklabunern 224
Anklopperleins 224
Ankree 225
Anschlag 133; 148; 321
Anschlagigs 224
Anschmucken 220
Anstock 321
Anstocken 304
Antrolen 224
Antupen 224
Arme-Sünder 196
Asl, wasl Domas Glasl 314
Atzelbergen 43; 236
Aufwischen 201
Ausrast 321
Ausruhe 321
Auszicken 99
Baader-Meinhof-und-Polente 129
Baar abschlagen 155
Backgammon 53
Ball 74
Ballspielen 39
Ballverstecken 227
Bámæsallal 226
Bamaniß 227
Bâmen 226
Bamme(s) 22; 226; 320
Bammen 320
Banquet 284
Bär 187; 307
Bärenschlag 107
Bärentreiben 187
Bärentreiber 185
Barre 136
Barrenschlag 91
Barrlaufen 42; 133; *135*
Baumfangis 100
Bengelzucken 52; 145
Bergen 219; 220
Besenstöbern 115
Bettel-bettel-Müsekin 57
Biet 320
Bieten 320
Bigripani 20; 225
Bîhueen 212
Binder 173
Bircken essen 179; 184
Birenschuettelins 179; 184
Birnbaum schütteln 184
Birne 184
Birnen essen 182
Birnen schütteln 182
Blasenschwimmen 41
Bleikolben 78
Bleng Möveske 310
Blenge Domes 310
Blenge Hanes 310
Blind 263; 294
Blinddöken 293; 305
Blinde Henne 299
Blinde Katze 295

Wortregister

Blinde Kuh 24; 200; 202; 203; *270*; 291
Blinde Mäus(e) 200; *244*; 290
Blinde Nadel 301
Blinde Ol 309
Blindemäus(e) 91
Blindemäuseln 263
Blinder Hund 306
Blinder Mann 242; 243
Blinder Wolf 306
Blindi Mus, i füere di 249
Blindlaufen 304
Blindmausen 244; 263
Blindtappchens 304
Bline Mor 309
Bling Barke 306
Blinke(r)n 264
Blinn' Ul 306
Blinn' Ûl, ick' lei di! 306
Blinnemännken 307
Blinnemöm 309
Blinnenbuck 305
Blintzelkuh 241; 243
Blintzelmaus 199; 203
Blinze(l)n 264
Blinzelkuhe 200; 203
Blinzelmaus 238
Blinzelmäus 244; 290; 294
Blinzelmausen 244
Blinzen 264
Blondhalen 305
Blondhamel 306
Blöng Nölesche 310
Blonnen spillen 304
Blunzen 264
Boccia 32
Böckchen, Böckchen, schiele nicht! 125
Bockspringen 139; 194
Bodd 320
Bogenschießen 41
Boiten 320
Bolen 74
Boomtick 100
Bordeaux 127
Bot(te) 320

Botanische Blindekuh 271
Botschau 250
Bott 33
Böttcherspiel 172
Botten 320
Braut und Bräutigam 124
Brémûsla 264
Brillo! 125
Brinslkuns(les) 305
Brinzeln 264
Broore anschlagen 225
Brot auswirken 50
Bruder hilf! 101
Brunnenfrau 195
Bubak 313
Bumbelkäfer spielen 170
Bumberkasten 128
Büt 320
Butterfaß rollen 50
Butzbirnen 182
Buud 320
Chüe thue 293
Chutzi-Mus 200
Coupers 101
Das böse Ding 162; 170
Das böse Tier 170
Das Haenlin, Haenlin hat gelegt 172
Dätsch 104
De Goos, de Goos 172
Deddefonga 100
Den Alten haben 106
Den Bären treiben 186
Den dritten schlagen 120; 123
Den letzten geben 96; *103*
Denantsoubeké 104
Der alte Mann 106; 118; 172
Der Eulen spielen 179
Der Fuchs geht um 167
Der Fuchs muß (kommt) zum loche heraus 116
Der Henker gibt die Letze! 104
Der Kuh schlupfloch 202; 203; 288
Der Lunzi kommt 167
Der Plumpsack geht herum 162

Der verlorene Ring 271
Derlauferles 22
Derwischerles 99
Des Knoetleins 159
Des Schlaegelins 173
Die Letze geben 25; 104; 106
Dingen! 320
Dingstuhl 217
Dissel 97
Donglku 264; 294
Donglmischen 264
Drei Mann hoch 121
Dreimal eiserne Stangen 318
Dübbes 222
Ducken 220
Durch die brem laufen 148
Duudhaschens 305
Eckstein 213
Einander das saure Bier ausrufen 193
Einheben 223
Einkriegezeck 22
Eins, zwei, drei, für N.! 224
Eins, zwei, drei, Groschen herbei! 124
Eins, zwei, drei, vier, Eckstein 213
Einschauen 223
Eisenmännchen 100; 140
Eisenziggi 100
Enke herut 125
Entsetzer 148
Es brennt! 101; 299
Eskadron 223
Etwas wie eine Stecknadel suchen 303
Euer platz gefellt mir 59
Eulenspiel 179; *190*; 306
Fangamandl 22
Fangedissel 97
Fangen 96; 97; 98; 99
Fangschon 124
Fangsterln 22
Fangsterus 22
Faschinenspiel 122
Fassen 99
Faule Brücke 57
Faules Ei 157

Feiering 320
Finden 222
Finkenblock 213
Finkenstechen 214
Finkenstein *212*; 317
Finsterbutzis 264
Finsterbützlen 263
Finstergüxlen 264
Finstermäuseln 263
Finsternegelen 242; 264
Fischersvoder 118
Flenermeische 306
Flinkenstein 213
Flötenstein 213
Foiken 89
Foppen und Fangen 155
Franzmann und Preuß 129
Freistuhl 217
Freiwolf 107
Fuchs 307
Fuchs aus dem Loch 172; 321
Fuchs ins Loch 113
Fuchs zu (im) Loch 116
Fuchs, Fuchs, biß mi nit 114
Fuechßlein komm auß dem Hoelchen 113; 206
Funkenstein 213
Gäle Fuchs 117
Gansrennen 125
Gartenlatte 321
Gartentür 57
Gassenlaufen 127
Gehärr 143
Geierlaufen 22
Geierrupfen 188
Geiss-Gügen 156
Gemeine Knechte 148
Gendarm 128
Gerade-Ungerade 89; 303
Geschrenkte Schenckel 50
Giri-ginggelen 210
Giringelen 261
Girri Girri Gingele, 's Kätzle hockt im Wingele 211

Glinzen 223; 264
Glumssack 166
Glunzen 223; 264
Gones 124
Gones, Gones, Kickeriko 124
Gonesrennen 124
Greifen 98; 99
Grenzpolizist und Flüchtling 129
Griepekrüz 101
Groschen heraus! 124
Grube 321
Gucken 219
Guckenbergen 200; 201; 203; *217*; 295
Guckerlein 220
Gucksdaradi 220
Gucksterln 219; 220
Guckuspielen 217
Güg(g)li 219
Güge 155
Gügen 155; 156
Guggelen 215
Güggelen 264
Güggelstei, het d'Chueh bîm Bei, 214
Güggelstein 214
Guggen 215; 219
Güggen 215
Gügisspiel 155
Gumm 224
Gunk 224
Gutzeperglein 218
Gützli ab 215
Güx 264
Güxlen 264
Habicht und Tauben einfangen 22
Habö-Daum-Fanga 321
Haenlein schlieff auß dem Schaelchen 206
Hahnreizen 301
Hallerlas 129
Handball 78
Härre 142; 143; 321
Härregang 144
Hasch, hasch, das letzte Paar hervor! 124

Haschemann 22
Haschen 97; 98; 99; 133
Hauptleute 148
Haus 321
Hautdrein laufen 22
Hax, pax, max 225
Hax, pilax 225
Helfen und Geben 181
Heliland 118
Henne und Geier 190; 304
Hex im Keller 18; 33
Hilffangis 101
Himmel und Hölle 110
Hinckelen 110
Hinkebuck 117; 306
Hinkebur 118
Hinkefoß 117
Hinken 110
Hinkender Bote 118
Hinten weg und vorne dran 122; *123*
Hirtleins 160
Hochfanges 101
Hochstellchers 101
Hochtick 101
Hoggelchers 101
Hohn, Hohn, ik seh di 227
Hokus pokus 225
Holland und Seeland 107
Hollerlutschn 116
Holzete-Holz 100
Hömplenbur 118
Horei, horei! 203
Hörnerspiel 41
Hornussen 32; 156
Hückchen ist Paar 101
Huckeln 74; 110
Huckgreif 101
Huckzeck 101
Huden 220
Huedewinckel 199; 203; 212
Huenleinhueten 41; 190
Huetlinspiler 255
Hupfen 74
Hüpfen 110

Hüppefoß 117
Hürlefangis 101
Hüten 212; 223
Hütewinkel 212
Ich bin der Böttcher 172
Ich sitz, ich sitz 238
Ich sitzen 238; 326
Im finstern mausen 267; 279
Im Keller ist es finster 210; 269; 272
Jagen 98; 99
Jäger tun 22
Jäglis 320
Jakob, wo bist du? 272
Jmd. das Bier verrufen 193
Jmd. den Wein verrufen 193
Jmd. die Barr vorlaufen 146
Jmd. in die Barre lauffen 146
Johannes 310
Ka(ro)pinkel 211
Kaibelausziehen 114
Kalbaustreiben 114
Kämmerchen vermieten 119
Kandel 227
Kandlstoßen 227
Kardsins 305
Karten 74
Kas ospeibn 224
Kasserole 321
Kästchenhüpfen 110
Katz und Maus 101
Katzball 78
Katzenblindarisch 298
Katzgeben 22
Kaupel 223
Keck Keck Vater 118
Keesbuur 118
Kessel 321
Khueebergen 201; 203; 288
Kiek di nich um 167
Kieper, Kieper, Olesteckel! 102
Klas Knüppel 311
Klatschen 99
Klingel-Blindekuh 271
Klopfen 99

Klopp ut 224
Klotzspiel durch den boegel 78
Klumpe 223
Klumpsack 164
Kluntjebuck 117; 306
Knittel 170
Knötel 157; 170
Knullebom 224
Koeßl, Koeßl! 259
Kolumbus 118
König, ich bin in deinem Land 101
Kopauff ins licht 183
Kornbock 307
Kowi 321
Kreistick 100
Kreuztick 100
Kriechen 220
Kriegen 98; 99
Kriegsdingen 153
Kriegsspiel 153; 154
Krupfangis 101
Krüselwocke 269
Kuckuck 215
Kuckuck anschlagen 217
Kuckuck, wo bist du? 217
Kuhfoot 202
Kúmbäk 20
Kutz auß der Aschen 43; 200; 203
Kutzimûs 200
Larvenspiel 41
Laß an Gux! 215
Laufen 74; 99
Laufspiel 147
Lausen oder Noppen 132
Laußknister 95
Leibschirmer 148
Leopold 320
Leopolden 318
Lepoidt is kreuzweis 318
Letze 104
Letzi 104
Letztes Paar heraus (herbei)! 122; 123
Litzel 242; 244; 289
Loch 116

Wortregister

Lockert 154
Lonze 168
Los en Guggug 215
Lubbert 226
Luck'n 116
Lümpfenstein 213
Lunzi 168
Lüppern 264
Lupus 226
Maeuslein bergen 261
Maria 310
Marie 118
Masen 222
Mäsenverstecken 223
Mauer 129
Maulwürfe fangen 256
Maus 266
Mäus(e) 294; 295
Mausen 266
Mäusgen 242; 244; 253; 290
Mäuslein 253
Mäuslein bergen 210
Mazzaschlagen 32
Mei Ahñl hat a Spennadl verlorn 302
Meusichen 253; 290
Miau 223
Mirlen 56
Mittagzinggi 103
Möme 309
Môrenschlân 156
Müller von hinten! 124; 125
Mumme 309
Nachherlaufen 22
Nachlaufen 22; 98
Nachlauferletz 22
Nacht oder tag 134
Nachtbatsch 103
Nachtletscht 103
Nadel 302
Nasafetzli 169
Nazis und Sozis 129
Nicolaus 310
Ölausschlagen 253
Opecken 319

Oschpogn 224
Ospeibn 224
Paar abschlagen 155
Packen 99
Pànteme 319
Pantoffel suchen 160
Pardon 225
Passen 223
Pax 117; 225
Pax di Lax 225
Peter 171; 310
Petrus 310
Peuten 320
Pfeiffet oder ich such euch nicht 206
Pfennig einschenken 100
Pfennigfangen 99
Pflaumen essen 179; *182*; 184
Pflaumen schütteln 182
Pfui! 319
Pfuieles tüen 319
Pfullmittere 224
Piek-Blindekuh 271
Piep-Blindekuh 271
Piep-Maus 269
Pinken 210; 211; 264
Pinke-Winkel 210; 211
Plinken 211
Plintenstein 213
Plinzen 211
Plinzkuh 289
Plinzwinkel 211
Plumpsack 157; *162*; 169
Plumpsack-Verstecken 160
Poitra 319
Porto 225
Puck 171
Puck-puck 222
Puckversteck 222; 235
Puff 53
Raaberlus und Puli 129
Rathens spielen, wer geschlagen hat 180
Räuber und Gendarm 127
Räuber und Pandur 129

Reisläufer 153
Rennen 99
Rennezeck 22
Ring=Krantz 160
Ringen 39
Ritter, Ritter, der Hauptmann kommt! 155
Ritterspiel 39; 133; *154*
Roland 107
Rouen 127
Ruepfflins 179
Rund um, rund um! 172
Rüpflein 187; 252
Sackspiel 163
Saß 101
Sau in den Kessel treiben 187
Sauser 191
Sautreiben 187; 190; 321
Schafdieb 102
Schandstein 213
Schanzavotalas 100
Schanze 101
Schau in Brunn' 171
Scheben schütteln 253
Schelm 153
Schelmismachen 54
Scherbeln 134
Schinkenklopfen 44
Schlaegelins 160
Schlag 133; 148
Schlägel 173
Schlagen 99; 120
Schliefen 220
Schloch 321
Schlupfen 220
Schmucken 220
Schmuggler und Gendarmen 129
Schmulen 223
Schnüerli zoge, Falleli glüpft 195
Schnupftuch 169
Schöberlein peutern 320
Schölmen 54
Schue 226
Schuhplatzen 160

Schuhruscheln 160
Schuhschoppen 160
Schuhspielen 160
Schuhverstecken 170
Schürli, Mürli, Gartetürli 57
Schussern 74
Schwarzer Mann 102
Schweizer Tabak 129
Schwester Hilf 101
Schwimmen 74
Seht euch nicht um 170
Seilschmeichen 161; 169
Setzefanges 101
Spadl 124
Spartakus und Regierung 129
Špeckes 224
Spielbrett 74
Spinkelwinkel 43; *207*; 242; 244; 254; 289; 327
Spinken 211
Spiper 224
Spital der Narren 60
Springen 39; 74
Stäbchenversteck 227
Stangenschieben 52
Stangentragen 145
Stangenwerfen 39
Stanto 322
Stecken 220
Stehball 322
Steinwerfen 39
Stille Blindekuh 271
Stipfitotsch 222
Stock 252
Stock an! 260
Stock spielen 180
Stockblindalas 304
Stockblindekuh 271
Stockmeisterles 253
Stockschlagen 253; 295; 297
Stopfen 220
Studum 41
Stupfversteck(l)is 222
Suchen 222

Wortregister

Suppe 321
Suppe, Suppe siedet 174
Suppenschüssel 187; 321
Tack 96
Tacken 225
Tacksfilax 225
Tag oder Nacht 134
Tagel 167
Tanzen 39
Tappen 99
Tätsch 104
Tauben aus dem Kobel treiben 101
Taubenlaufen 22
Taxbilax 225
Tennis 35
Teufel an der Kette 195
Tick 94; 96
Ticken 98; 99
Tickkrieg 22
Toller Hund 307
Topf 74; 133; 179
Topfdrehen 188
Topfschlagen 179; 271
Topfspiel 43
Tresber 124
Tricktrack 53
Trittling verstecken 160
Truden 156
Tschieb 226
Tschiggen 99
Tschueppe 214
Tschupp 226
Tunklamüsla 264
Unterhauptmann 148
Urbär 107
Usguggen 215
Vadder in'n Wind 118
Vater, i ka ke Ise meh 100
Verbergen 202; 203; *205*
Verbones 305
Verducken 220
Vergehalten 223
Verhuden 212; 220
Verkräches 220

Verkriechenings 220
Verplinzkugellas 289
Verschliefen 220
Verschlupfen 220
Verstechen 199; 203
Verstecken 201; 203
Versteckspiel der fünf Sinne im Körper 209
Versteckung 91; 199
Verstoppen 220
Vierzgern 223
Virgatum gehen 144
Vogel am Faden 35
Vogelfrei 320
Vornen weg und hinden dran 122
Vornevor 123; 124
Vortraber 148
Vortrabsführer 148
Wächter und die Diebe 126
Wasen 315
Weinausrufen 41; *191*; 316
Welches Narrheit wär dir lieber 60
Werfklotz 78
Wettlauf 146
Wettlaufen 39
Wie die Eule unter den Krähen leben 190
Wiesl, wasl, dauma's Grasl 315
Wieviel Hörner hat der Bock 234
Wilhelm 310
Winkel 211
Winken 208; 211; 223; 264
Wischauf 201; 203
Wischen 99
Wittlingspiel 124; 125
Wittwerspiel 124
Wolf beiß mich nicht 115
Wolf spielen 102
Wormschern spielen 74
Würfel 74
Zack-zack-zack 129
Zecken 98
Zeck *94*; 98
Zeckjagen 22

Zee-zee! 317
Zehnzwanzig 223
Zeter! 317
Zick 94
Zicke 200; 203
Zicken 41; 95; 98; 99
Ziggen 99
Ziggi awerfe 105
Zirlen 56
Zublinzeln 266
Zuhalle 223
Zuheben 223
Zupp, zupp, zinke 210
Zürlin mürlin 57
Zwickern 264
Zwinkern 264
Zwinzeln 264

DÄNISCH

Bryllup 125

ENGLISCH

[Are you] all hid? 222
badger (buffet, baste) the bear 185
bars 149
base 149
blind hob 310
blindman's buff 308
cast the tree 64
clowt clowt, to beare about 161
crosse or pile 133
fox in the (thy) hole 110; 113
frog in the middle 44; 175; 194
Harrie-racket 221
heads or tails 133
hey, hey, hi! 194
hide and seek 222
hob 310
hoodman blind 307
how many plums for a penie 179; 184
hunting the slipper 160
king by your leaue 201
leapfrog 139
lice or nits 133
my hen hath layd 161
ournen at Þe bars 149
prisoners' bars 149
running at base 133
searching for the needle 304
selling of peares 179; 184
the old shewe 201
tick 96
tossing the caber 64
twos and threes 121
what are you searching for? 304

FLÄMISCH

blinde Margariet 310
blinde Mie 310
blinde moeie 309

FRANZÖSISCH

avoir barre(s) sur qqn 140
barre 223
barrer l'huis de travers 141
barres 140
barrières 141
boule 53
brulé 299
bûche 227
but 139
cache cache Nicolas (mitoulas) 25
cache lievre 227
cache-cache 221
cacher 221
carnaca 149
catitorbo 299
catta-mitta 298
chapifou 281
chappefol 281
chat 227
chat brulé 299
chat perché 101
chuche pinnette 221
cligne-mussette 200; 220
cligner 223
clignetes 223; 266
climuchette 221
Colin 311
corre as barres 137
couppeteste 139
cut(t)e cache 221
cut(t)er 221
deux c'est assez, trois c'est trop 121
diable boiteux 118
être sous les barres de qqn 140

furon 170
Garouche 118
grenouille 194
homme de bois 195
il a passé par ici 170
il est la chouette de la société 190
il fait la chouette 191
jeu des fagots 120; 121
jeu des paquets 121
jouer à bander les yeux 305
jouer à l'aveugle 304; 305
jouer à la tape 98
jouer à lotel [...] demuchez-vous 221
jouer aux barres 139; 141
l'ours Martin 185
loup 226; 227
Maillard 311
main chaude 44
Marie garouche 310
mère 118; 195
mère Garuche à cloche-pied 118
mouche 44; 112; 182
mucher 221
musser 221; 267
Nicolas 25
pépère Martin 312
poire 184
poussinets 190
quarante 223
qui fait défaut perd son épingle 303
qui retiendra fer 140
rat 195
reponailles 221
sauret grillé 195
soule 137
tchafômô 312
tiers 121
tirer son épingle du jeu 303
touche-l'ours 185
toucher barres 141
vendre l'avoine 284
voster place me plaict 59

GRIECHISCH

ἀποδιδρασκίνδα *197*; 198; 199
ἀσκολιάζειν 109
ἀσκολιασμός *108*
ασκωλία 110
βροχὴ ξέρα 131
δραπετίνδα 233; 235
ἐξάγω χωλὸν τραγίσκιον 109
ἐποστρακισμός 130
ἑωλοκρασία 35
ἡμέρα 131; 134
κολλαβισμός 35; 180
κότταβος 35
κρυπτίνδα *197*; 233; 235
μύειν 231
μυῖα χαλκῆ *229*; 230; 231; 232; 234; 236; 237
μυΐνδα *231*; 235; 236
νύξ 131; 134
ὀστρακίνδα *130*; 154
ὄστρακον 131
ὀστράκου περιστροφή 131
ποσίνδα 234; 235
σχοῖνος 159
σχοινοφιλίνδα *158*; 169; 229
τυφλόμυια 230
χάλκεος 229, 230
χρυσόμυγα 230
χυτρίνδα *177*
χύτρα 177
ψηλαφίνδα 235

ISLÄNDISCH

skollaleikur 307

ITALIENISCH

cieca 304
correre à piè zoppo 110
gatta cieca 298
giuocare à indouinar chi ti hà percosso 180
Maria orba 310
mosca 229
mosca cieca 98; 230
nascondersi 222
nori mori 89
puntomè 319
sconderuole 200
scondilepre 200; 227

LATEINISCH

ad muscam 112
alea 82; 88
antepilani 148

apodidrascinda 88; 91; 199; 203
arena 82
ascoliasmus 88; 110
barrae 150
basilinda 88
caecus musculus 82; 239; 241; 243
calx 146
carceres 88; 141; 146; 148; 152
carta lusoria 78; 88
castra 152
centuriati 148
centuriones 148
certamen currendi 147
chytrinda 133; 178; 187
cindalismus 88; 160
claves plumbatae 78
commilitones 152
connivere 237
conus 87
cuculus ludus 216
curriculum 148
cursor 88
cursus 146
decursio palæstrica 150
dies uel nox 132; 134
diffugium 87; 198; 202; 288
digladiationes aggredi 82
discursio 82
discus 88
dominus vobiscum 323
drapetinda 236
Empusae ludus 111; 326
funambulus 88
fures 127
globulus 87
globus 87
grallator grallis 88
gregarii milites 148
incessus grallatorius 87
instrumenta lusoria 84; 240
larvatus 88
latebrae 82; 294
latebrae vaccae 87; 202; 227; 288
latrunculatores 127
latrunculus 88
liberamus domino 323
limes 322
locumtenens 148
luctationes aggredi 82

ludere solea detrita 159
ludi convivales 35
ludi maiores 35
ludi minores 35
ludicra 87; 240
ludicra motoria 82
ludicra sedentaria 82
ludus furum et vigilum 126
lupus 226
lusoria 84
lusus aleatorius 87
lusus honesti 75
lusus in tenebris 253
lusus ingeniosus 87
lusus operosus 87
lusus puerilis 87
lusus recreationis 84
lusus velitaris 78; *151*
maiuma 63
meta 88; 139; 148; 199; 322
micare digitis 89
musca 229
musca caeca 231
myinda 87; 91; 202
nuces 88
nugae 40
officiarii 127
ollarius ludus 177
oscillatio 87
oscillum 88
ostracinda 91; 97; 147
palaestra 82
par impar 87
pax 322
pila 82; 87
pila palmaria 78
pileus 132
praefectus 127
praetoriani 148
primipilus 148
pugna velitaris 151
reponere 221
saltus locustarum sive ranarum 111
schoenophilinda 159
sclopus 87
solium 216
spatia decurrere 82
spectacula 89
sphaera 87

Wortregister   395

sphaera missilis 78
sphaera per annulum ferreum 53; 78
stadium 148
talus 88
terminus 139
transmutatio testulae 131
tribunal 216
trochus 87
turbo 88
umbratica exercitia 82
vaccae latebrae 197; 198; 199; 202; 203
vectis 136; 148
velitaris 151
verberationem cum pileis sustinere 148
versatio turbinis flagello 87
verticilli 88
vigiles 127

LITAUISCH

gŭžinéti 307
suikinieti 307

MITTELHOCHDEUTSCH

ân riuwen leben 51
basumen 51; 64
bein uber bein spilen 50
beissen rîten 52
blinder miuse 58
blindes mûsen spilen 58
blinzenspil 64; 265
blümelin brechen 50
bretspil 64
der bolen spilen 53
der fûlen brucken 57
der plaß ist mîn 59
der untriuwe spilen 54
der untriuwe unter dem mäntlin spilen 55
des meienrîs brechen 50
die hâr loufen 52
discantieren 64
durch den ring schlagen 53
fiol suochen 50
fröude 48
geilen 49
geilicheit 63
glevîe 64
glimpfen 60
gölen 51

grasen 59
greßlis spilen 59
grisen 64
gùrtulli, trag ich dich 169; 171
halsen 49
im goum leben 51
in bluomen fallen 51
in dem gras ligen 51
in den kreissen spilen 57
îsenbar 52
jostiren 64
klücken (mit eigern) 51
kosen 48
kussen 49
loufen alebar 142
loufen jagen 54
lûssen 58
lûten 64
meistergesanc 64
michel wunder trîben 50
mit flîß für ein stân, spilen 54
orgeln 64
pfîffen 64
pucken 64
reisen bar spilen 52
ringen 64
rosen brechen 50
rücken 49
rûmen 49
rûnen 49
rünen 49
rüssen 58
rußliren 64
schachzabel 64
schachzabelspil ziehen 53
schallen 51
schelcklichs spilen 53
schimpf 63
schimpfen 60
schirmen 64; 142
schmeichen 161
schmücken 49
schrecken 64
seitenspil 64
sich mûzen 221
singen 51
singen sagen 51
spel 63
springen 52; 64

stechen 64
stein stôssen 52
tanzen 64
torniren 64
tumpheit spilen 59
über fuoßlin spilen 58
ûf den flaß schrîten 59
ûf die boum stîgen 51
umbfâhen 49
under tuon, sich 50
vornevor 64
walen 53
wer tet dir das 54
wol miteinander sîn 51
wurtzabel? spil spilen 53
zabelspil 53
zeck 53
zuo dem zîle schiessen 52
zuo dem zweck walen 53
zürlin mürlin 56; 316
zwec 147

MITTELNIEDERDEUTSCH

bihuden 212
bomwerpen 64
bungen 64

MITTELNIEDERLÄNDISCH

baeren 146
de baere jaeghen 146; 149
spelen (lopen) ter ba(e)ren 149

NIEDERLÄNDISCH

bierkensoet 184
blinddoek houden 305
blinde Noompje 308
blindekalle 307
blindekat 298
blindekoe 289
blindekoekoek 307
blindemannetje 307
boekweit verkoopen 284
cop, cop heft geleyt 159; 172
coppen, comt uit den hoecke 206; 227
de onttroonde koning 196
derde man 121
duiken 221
duyckerken 221

ezele springen 58
hij heeft zijne vijf zinnen alle drie 209
hinckepincken 110
hol of bol 132
kassemommetjen 309
katje, katje koningstoeltje 196
koekloppen 202
koekop! koekop! 202
koekske-duik 202
koesteken 202
krijgertje spelen 24; 98
lessak 24
luysen of noppen 132
oompje 309
op een been springhen 110
piep-muis 227
pijpt, oft ich en soecke u niet 206
pruymen eeten 184
sakjagen 163
schuilen 221
schuylhoecxken 221
schuylwinckgen 221
stootballen 159
suikeroompje 308
suyckernoemken 327
sy iaeghen den dorden 121
syckernoemken 308
t'blindeken 304
twee aen een Kort 194
van de voorsten of derde zoeken 121
van vraag en antwoord 222
van waar zal die man staan 121
verstoppertje 220
zakdoekje leggen 163
zijne zinnen spelen schuilewink 209
zoeckt naalden! 303
zwarte-bonte-kalle 307

POLNISCH

glomz(d)a 166
slepa bábá 242; 309

PORTUGIESISCH

cabra cega 306
gallina ciega 300

PROVENZALISCH

coucourouma 311

Wortregister

lis iue benda 311
pepèi Maiard 312

RÄTOROMANISCH

jatta borba 299
jouar a l'uors 227
la ćúćla 187

RUMÄNISCH

baba oarba 309

SCHOTTISCH

blind buck 306
spionadh Anna Gorach 310

SCHWEDISCH

blindbock 305

SORBISCH

bóbaka graś 313
Ćmicku lapać 264
Šolborg, Šolborg! 313

SPANISCH

escondite 222
juego de quiquiriqui 223
mosca 229

TSCHECHISCH

hra na babku 309
na gedné noze skákatí 110
na mźjk 270
pešek 170

WALLONISCH

cacafougna 312
cache-as-ès èsplénkes tavau lès camps 302
camufet 303
chatte borne 299
gâre à l'atatche! 303
make à l'atatche! 303
pike-à-l'atatche 302
poûri-catî 303

V. Abbildungsnachweis

Abbildung 1: Spiele: *Teutsch-lateinisches Wörterbüchlein*, Nürnberg (1722: 140).

Abbildung 2: Kinderspielbild von Pieter Bruegel dem Älteren, 1560; Kunsthistorisches Museum, Wien.

Abbildung 3: Nachlaufen und Fangen mit Abschlagen (*Zikkenspiel*); Kupferstich von Conrad Meyer (1657: Nr. III).

Abbildung 4: Dramatisches Fangspiel (*Huenlein hueten*) mit Anführer („Henne"), Schutzbefohlenen („Küken") und Angreifer („Geier"); Kupferstich von Conrad Meyer (1657 [1922]: Nr. VII).

Abbildung 5: Nachlaufen und Fangen in paarweiser Aufstellung im Kreis als Spiel Erwachsener: Ausschnitt aus dem Oberrheinischen Wandteppich mit höfischen Spielen, um 1385; Germanisches Nationalmuseum, Nürnberg.

Abbildung 6: Nachlaufen und Fangen in paarweiser Aufstellung im Kreis als Spiel Erwachsener: Aprilblatt des Stundenbuchs der Herzogin von Bourgogne, Mitte 15. Jh.; Chantilly, Musée Condé, Ms. 76/1362, fol. 4v (Photo: Giraudon).

Abbildung 7: Nachlaufen und Fangen auf einem Bein, gespielt von Schuljungen; Holzschnitt von Heinrich Bürkel, 1861 (Mindt 1938: 307).

Abbildung 8: Dramatisches Fangspiel, gespielt von Schuljungen; Holzschnitt von Heinrich Bürkel, 1861 (Mindt 1938: 307).

Abbildung 9: Nachlaufen und Fangen in paarweiser Aufstellung in einer Reihe (*Böckchen, Böckchen, schiele nicht!*) als Spiel Erwachsener, Ende des 19. Jahrhunderts; Kupferstich in Georgens/Gayette-Georgens *Illustriertem Allgemeinen Familien-Spielbuch* (1882: 93).

Abbildung 10: Dramatisches Fangspiel (*Aux poussinets*), gespielt von Schuljungen; Holzschnitt „A tirer au Papegay, & autres ieux" von Guillaume LeBé, Paris 1587; Paris, BN, Ea 79 Rés. 4°, p. 63.

Abbildung 11: Nachlaufen und Fangen zweier Gruppen zwischen zwei Lagern (*Aux barres*), gespielt von Schuljungen; Holzschnitt „Aux barres, couppeteste, & autres ieux" von Guillaume LeBé, Paris 1587; Paris, BN, Ea 79 Rés. 4°, p. 62.

Abbildungsnachweis   399

Abbildung 12: Wettlaufen zu dem Zweck, Holzschnitt „Lauffspiele" in Comenius' *Orbis sensualium pictus*, 1658, Kap. CXXXV.

Abbildung 13: Sitzfangen mit Hüter, gespielt von Männern; Miniatur in *The Romance of Alexander*, 14. Jh.; Oxford, Bodleian Library, Ms. 264: fol. 130v.

Abbildung 14: Schlagen eines Spielers mit verhülltem Kopf mit einer geknoteten Kapuze, gespielt von Frauen; Miniatur in *The Romance of Alexander*, 14. Jh.; Oxford, Bodleian Library, Ms. 264: fol. 130v.

Abbildung 15 und 16: Schlagen eines Spielers mit verhülltem Kopf mit einer geknoteten Kapuze; Miniatur in *The Romance of Alexander*, 14. Jh.; Oxford, Bodleian Library, Ms. 264: fol. 70 v und 130ra.

Abbildung 17: Opfer-Hüter-Fußfangen: Miniatur in einem französischen Psalter und Stundenbuch; Paris, BN, Latin 14284, fol. 63.

Abbildung 18: Schlagraten und Sitzfangen mit Hüter, Elfenbeindiptychon, 14. Jh. (Koechlin 1924: PL CXCVII, Nr. 1173 u. 1174).

Abbildung 19: Opfer-Hüter-Fußfangen: Miniatur im Stundenbuch der Jeanne d'Évreux von Jean Pucelle, 1325-28; New York, Metropolitan Museum of Art, The Cloisters Collection, 1954. (54.2.1): fol. 16r: Verkündigung Mariae).

Abbildung 20: Opfer-Hüter-Fußfangen: Miniatur im Stundenbuch der Jeanne II de Navarre (Thompson 1899: Verkündigung Mariae).

Abbildung 21: Seilfangen mit Hüter (*Weinausruffen*): Kupferstich von Conrad Meyer, 1657, Nr. VI.

Abbildung 22: Seilfangen mit Hüter (*La poire*): Kupferstich von Jacques Stella (1667: 30).

Abbildung 23: Sitzfangen mit Hüter; Detail auf einem silbernen Meßweinkelch; Paris, 14. Jh.; Musée National de Danmark, Kopenhagen.

Abbildung 24: Opfer-Hüter-Fußfangen: Miniatur im *Chansonnier de Paris*, um 1300; Montpellier, Bibliothèque Interuniversitaire, Médecine, H. 196: fol. 88.

Abbildung 25: Fangen mit verbundenen Augen: Kupferstich von Conrad Meyer (1657: das erste Bild).

Abbildung 26: Fangen mit verbundenen Augen: Kupferstich von Jacques Stella (1657, 12).

Abbildung 27: Fangen mit verbundenen Augen: Ausschnitt aus dem Oberrheinischen Wandteppich mit höfischen Spielen, um 1385; Germanisches Nationalmuseum, Nürnberg.

Abbildung 28: Fangen mit verbundenen Augen in einem Rosengarten: *Le Petit Livre d'Amour* von Pierre Salas, um 1490; London, British Library, Stowe 955: f. 7v.

Abbildung 29: Spiel in der Dunkelheit (*Blintzelmaus*): Emblem in Theodor de Bruys *Stamm- und Wappenbuch*, 1593 (Warnecke 1894: 29).

Abbildung 30: *Die Berndreyberin*: Augsburger Flugblatt, 16. Jh; Museen der Stadt Gotha, Kupferstichkabinett.

Abbildung 31: Fangen mit verbundenen Augen: Französisches Stundenbuch, gedruckt von Simon Vostre, Paris 1510; BSB, Imm. mort. 37, August-Blatt.

Abbildung 32: Zwei Schlagratespiele mit verhülltem Kopf: Französisches Stundenbuch, gedruckt von Simon Vostre, Paris 1510; BSB, Imm. mort. 37, September-Blatt.

Abbildung 33: Seilfangen mit Hüter um einen Pflock: Fresko aus Herculaneum, 1. Jh. n. Chr. (Le Roux 1841, II: 87).

Abbildung 34: Einfaches Versteckspiel: Fresko aus Herculaneum, 1. Jh. n. Chr. (Le Roux 1841, II: 87).

Tafel 1

1. Spiele · *Teutsch-lateinisches Wörterbüchlein*, 1722

2. Kinderspielbild · Pieter Bruegel der Ältere, 1560

Tafel 3

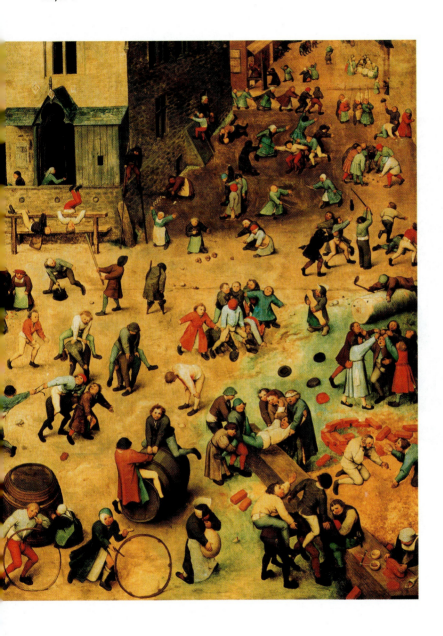

3. Nachlaufen und Fangen mit Abschlagen · Conrad Meyer, 1657

Tafel 5

4. Dramatisches Fangspiel · Conrad Meyer, 1657

5. Nachlaufen und Fangen im Kreis · Oberrheinischer Wandteppich, um 1385

Tafel 7

6. Nachlaufen und Fangen im Kreis · Franz. Stundenbuch, Mitte 15. Jh.

7. Nachlaufen und Fangen auf einem Bein · Heinrich Bürkel, 1861

8. Dramatisches Fangspiel · Heinrich Bürkel, 1861

9. Nachlaufen und Fangen in paarweiser Aufstellung hintereinander, 1882

10. Dramatisches Fangspiel · LeBé, 1587

Tafel 11

11. Nachlaufen und Fangen zweier Gruppen zw. zwei Lagern · LeBé, 1587

12. Wettlaufen zu dem Zweck · *Orbis sensualium pictus*, 1658

Tafel 13

13. Sitzfangen mit Hüter · *Alexanderroman*, 14. Jh.

14. Schlagen eines Spielers mit verhülltem Kopf · *Alexanderroman*, 14. Jh.

Tafel 15

15. Schlagen eines Spielers mit verhülltem Kopf · *Alexanderroman*, 14. Jh.

16. Schlagen eines Spielers mit verhülltem Kopf · *Alexanderroman*, 14. Jh.

17. Opfer-Hüter-Fußfangen · Französischer Psalter, 14. Jh.

Tafel 17

18. Schlagraten und Sitzfangen mit Hüter · Elfenbeindiptychon, 14. Jh.

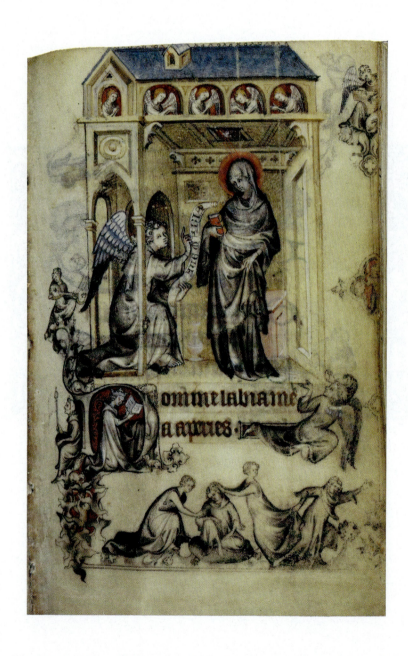

19. Opfer-Hüter-Fußfangen · Französisches Stundenbuch, 14. Jh.

Tafel 19

20. Opfer-Hüter-Fußfangen · Französisches Stundenbuch, 14. Jh.

21. Seilfangen mit Hüter · Conrad Meyer, 1657

Tafel 21

LA POIRE

Ie plains fort ce Soufre-douleur,
mais il espere en son malheur
tirer raison de cette offense;

Pourveu que des coups qu'il ressent
celuy qui veille à sa deffense
en puisse doner vn pour cent. 30

22. Seilfangen mit Hüter · Jacques Stella, 1667

23. Sitzfangen mit Hüter · Meßweinkelch aus Frankreich, 14. Jh.

24. Opfer-Hüter-Fußfangen · *Le Chansonnier de Paris*, um 1300

25. Fangen mit verbundenen Augen · Conrad Meyer, 1657

Tafel 25

LE COLIN MAILLARD

Ie plains fort ce Colin Maillard
en voyant cet autre gaillard
qui ne frappe pas de main morte

mais peut estre il luy revaudra;
et S'il heurte tant à la porte
quelque portier luy repondra.

26. Fangen mit verbunden Augen · Jacques Stella, 1657

27. Fangen mit verbundenen Augen? · Oberrhein. Wandteppich, um 1385

Tafel 27

28. Fangen mit verbunden Augen · *Le petit livre d'amour*, um 1490

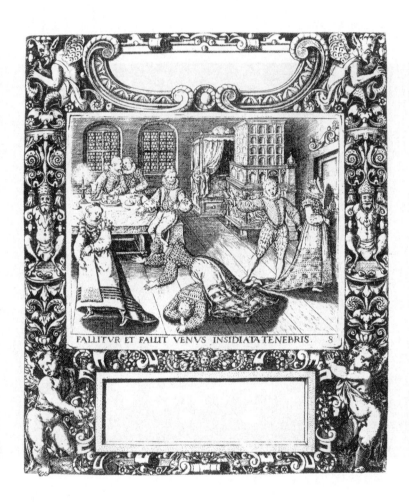

29. Spiel in der Dunkelheit · *Stamm- und Wappenbuch* von de Bruy, 1593

Tafel 29

30. *Die Berndreyberin* Augsburger Flugblatt, 16. Jh.

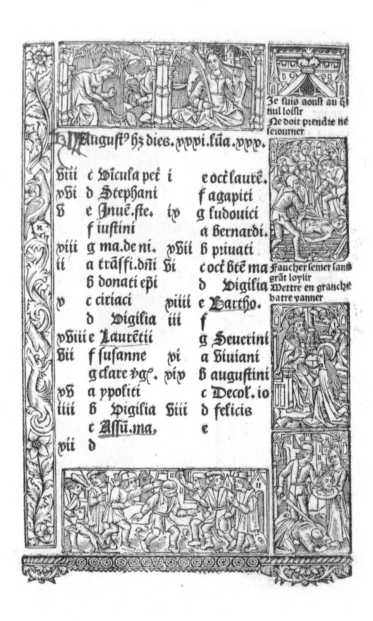

31. Fangen mit verbundenen Augen · Stundenbuch von Simon Vostre, 1510

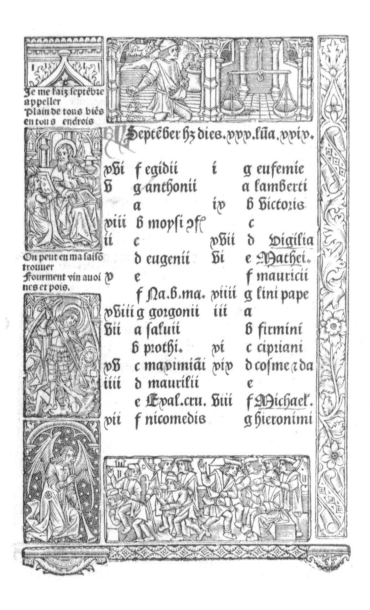

32. Zwei Schlagratespiele · Stundenbuch von Simon Vostre, 1510

33. Seilfangen mit Hüter um einen Pflock · Fresko aus Herculaneum, 1. Jh.

34. Einfaches Versteckspiel · Fresko aus Herculaneum, 1. Jh.